창비신서 127

한국의 역사가와 역사학 (하)

조동걸 · 한영우 · 박찬승 엮음

창비

엮은이의 말

역사를 읽는 방법에는 여러가지가 있을 수 있다. 그 가운데 올바른 역사 인식을 얻을 수 있는 최선의 방법은 '사학사(史學史)'를 읽는 것이다. 사학 사란 무엇인가. 사학사란 '역사의 역사', 더 정확히 말하자면 '역사학의 역 사'이다. 그것은 한 사람의 역사가, 한 권의 역사서, 더 나아가서는 한 시 대의 역사학을 역사적으로 정리한 것이다. 따라서 우리는 사학사를 읽음으 로써 멀리 고대부터 우리의 역사학이 어떻게 발전해왔으며, 그러한 발전과 정에서 오늘의 역사학이 어떠한 위치를 차지하고 있는지 알 수 있게 된다.

한국의 역사학은 오랜 역사를 가지고 있다. 이미 삼국시대부터 역사서가 있었던 것으로 알려져 있고, 고려시대에 씌어진 『삼국사기(三國史記)』『삼 국유사(三國遺事)』 등의 사서는 오늘날까지 전해오면서 삼국 시기의 역사 와 사회상을 자세히 전하고 있다. 조선전기에는 『고려사(高麗史)』와 같은 관찬사서가 여러 차례에 걸쳐 편찬되었고, 조선후기에는 『동사강목(東史綱 目)』과 같은 많은 사찬사서들이 쏟아져 나왔다. 그런 가운데 근대 역사학 이 태동하였고, 한말, 일제지배기 우리 역사학은 근대적인 사관과 방법론 을 도입하여 근대적인 학문으로 자리를 굳히면서, 민족주의사관·맑스주의 사관 등을 수용하여 식민사학과 대결하였다. 그리고 해방 이후 우리 역사 학은 식민지 시기의 왜곡된 사관을 비판, 극복하면서 새로운 한국사 체계 를 수립하기 위해 노력해온바, 최근에 이르러 비약적으로 발전하는 모습을 보여주고 있다.

우리 학계에서 사학사에 관한 정리가 시작된 것은 1960년대부터였다. 1976년에 창작과비평사에서 나온 『한국(韓國)의 역사인식(歷史認識)』(상·하, 李佑成·姜萬吉 편)은 당시까지 발표된 사학사 관계 주요 논문을 묶은 것으로 사학사 입문서로서 큰 구실을 하였다. 이후 한국사학사 연구는 더욱 활발해졌고, 그 중간결산으로서 1980년대에 한국사학사에 대한 개괄적인 정리를 한 책들이 몇 권 나왔다. 그런데 1990년대에 들어선 오늘의 시점에 이르러서 한국사학사를 다시 한번 정리해볼 필요성이 높아지고 있다. 그것은 우선 1980년대의 사학사 연구의 성과, 특히 근·현대사학사에 대한 연구성과가 크게 늘어나 이를 정리할 필요가 있고, 또 1990년대의 새로운 현실인식 위에서 한국 역사학의 앞날을 전망하기 위해 사학사를 다시 정리해볼 필요성이 제기되고 있기 때문이다. 최근 창작과비평사에서 『한국의 역사인식』을 잇는 새로운 한국사학사 책의 편집을 엮은이들에게 의뢰해왔다. 이에 우리는 그간의 사학사 연구의 성과를 새롭게 정리하는 한국사학사 입문서가 필요하다는 점을 인정하고 그 기획에 응하기로 하였다.

논의를 거쳐 마련한 이 책의 편집방침은 대체로 다음과 같은 것이었다. 먼저 그동안의 사학사 관계 서적들은 대부분 논문을 모아놓은 것이어서 일반인들은 물론 사학과 학생들도 쉽게 이해하기 어려운 점이 많았으므로 이를 모으는 방식은 피하기로 했다. 따라서 이번에는 본격적인 논문의 형태를 취하지 않고, 각 역사서 혹은 역사가별로 하나씩의 항목을 설정하여 비교적 평이한 서술로써 책을 만들기로 하였다. 이러한 취지로 책을 만들었기 때문에 책 제목도 『한국의 역사가와 역사학』으로 정하였다. 또 근·현대사학사가 지니는 중요성을 감안하여 그 비중을 크게 높이기로 하였다.

역사서 혹은 역사가를 중심으로 선정한 소항목은 41개에 이르렀다. (비슷한 성향의 역사서들과 역사가들은 하나의 항목으로 묶었다.) 따라서 한 권으로는 도저히 내용을 소화할 수 없어 고·중세편과 근·현대편의 2권으로 분책하였다. 그리고 맨 앞에 '총설'을 넣고, 각 시대별로는 그 시대의 역사학을 전체적으로 조망할 수 있는 '개관'을 넣었다. 1950년대 이후 남북한의 역사학에 대해서는 아직 개개인을 다루기는 시기상조라 생각되어 '개관'만을 실었다. 각 권의 끝에는 각 시대의 대표적인 사론(史論)을 원문대로 실어 관심있는 이들에게 도움이 되도록 했다.

　총설과 각 시대별 개관, 그리고 41개의 소항목의 집필에는 모두 40명의 필자가 집필에 참여하였다. 집필진은 학계의 원로부터 소장학자에 이르기까지 다양하게 구성되었는데, 특히 새로운 관점에서 사학사가 정리될 수 있도록 소장학자들을 다수 필자로 위촉하였다. 좋은 원고를 보내주신 필자분들께 진심으로 감사드린다. 그리고 원래 계획보다 책의 출판이 다소 늦어져 원고를 일찍 보내주신 분들께 죄송스럽게 생각한다. 또한 당초 기획했던 일부 항목이 빠지게 되어 해당 필자분과 독자들에게 미안한 마음을 금할 수 없다. 아무쪼록 이 책이 독자들이 한국사학사를 이해하는 데 좋은 길잡이 구실을 할 수 있기를 기대한다.

　끝으로 이 책을 기획한 창작과비평사 특히 고세현 편집국장에게 감사드리고, 필자들과의 연락과 원고정리 및 교정 등 실무에서 수고해주신 편집국 여러분에게 감사의 뜻을 전한다.

1994년 4월 엮은이 일동

차 례

제6부 민족국가 건설운동기

제7부 남북분단기

한국의 역사가와 역사학 상／차례

제 4 부

근대초기

근대초기의 역사인식
안종화
김택영·현채
정교·장지연·유근

제 1 장

근대초기의 역사인식

1. 근대사학의 태동

근대사학은 경사일체(經史一體)의 중세사학에서 역사학이 학문으로 독립하는 데서 출발한다. 그리고 한국사가 중국역사에 종속되었던 종래의 서술인 중화부용(中華附庸)적 역사서술에서 벗어나 독자적 민족사학으로 정립하는 것이 요망되었다. 그렇다고 그것만으로 근대사학이 성립하는 것은 아니다. 학문으로 성립하자면 서술방식이나 체제가 과학적이어야 한다. 중세적 역사서술인 왕실 중심의 서술이나 명분론을 앞세우거나 단순한 기억을 위한 편년체 방식의 서술에서 벗어나, 실증적인 사실에 따라서 역사담당자 전체를 주체로 한 서술과 인과관계에 의한 사회의 발전과 퇴보를 구명한 서술이 되어야 한다.

그러한 근대사학이 시도된 것은 조선후기 실학사서(實學史書)에서 비롯되었다. 그러나 19세기 세도정치의 압제로 학문으로 계승 발전하지 못하다가 개항을 전후하여 역사서술의 논의가 재론되기에 이르렀다. 그때 진보적 집권계층을 보면 실학정신을 이어가던 동도서기론자(東道西器論者)와 그에 만족하지 않고 급진적 개혁을 지향한 개화론자로 나누어지는데, 전자는 집권보수에 급급한 나머지 역사서술에 관심을 둘 여력이 없었고 후자는 개화

14

의 외향성으로 말미암아 외국역사에는 주목하면서도 자국사에 대한 관심은
적었다. 따라서 집권층에 의한 역사편찬을 기대할 수 없는 형편이었다. 그
러므로 역사편찬은 재야학자들에게 기대할 수밖에 없었다. 그러나 재야에
서 편찬한 근대적 역사서를 찾아보면 안종화(安鍾和)의 『동사취요(東史聚
要)』(1878) 정도 이상의 것을 발견할 수 없다. 그리고 『동사취요』에 근대
적 시각이 있다고 해도 서술내용이 근대 학문으로 평가하기는 부족한 점이
많고 또 필사본에 불과하다. 하지만 이 시기에 근대사상이 각 방면에서 고
양되면서 한국사 서술을 촉진하고 있었던 분위기를 『동사취요』가 대변한다
는 점에서는 주목해야 할 것 같다.

개항을 전후한 시기부터 시민적 지식인의 존재양식을 기준하여 시기를
나눈다면 개화운동기(1860년대~1893)·개화개혁기(1894~1903)·계몽운동기
(1904~10)로 나눌 수 있는데, 개화운동기에는 위에서 언급한 것처럼 역사
서술을 주목하지 못하였다. 그것은 당시 지식인의 성격을 대변한 것이기도
하다. 그후 역사서술이 거론되는 것은 1894년부터인 개화개혁기의 일이었
다.

1894년부터 역사편찬이 촉진되었다는 사실은 갑오경장 때인 1894년 6월
의, 의정부에 편사국(編史局)을 설치하자는 군국기무처의 건의안을 통해서
알 수 있다. 그리고 이듬해에 한성사범학교와 성균관 경학과와 4개의 소학
교를 설치하고 그의 학과정도표(교과과정표)가 발표되었는데, 거기에 '본
국사(本國史)' 과목이 설치된 것을 봐도 알 수 있다. 그것을 시대적 분위
기와 당시의 의식을 반영한 것으로 볼 수 있다면, 한국사에 대한 관심이
고조되고 있었다고 봐도 좋을 것이다. 그리고 그 해에 내무아문(內務衙門)
에서 각 도에 시달한 훈시(訓示) 제10조를 보면 인민에게 본국사(本國史)
와 본국문(本國文)을 가르치라 했고, 86조에는 조선왕조의 개국기원을 연
호로 사용하라는 시달이 있었다. 여기에서 한국사가 종래의 한문이 아닌
국문으로 서술되고, 연호 사용에서도 종래의 중국 연호가 아닌 조선 연호
가 대중화되고 있었다는 사실을 알 수 있다. 비록 교과서 편찬을 위한 기
준이었지만 이것은 실학사서보다도 발전적 시각이라는 점에서 주목해야 할
것이다.

그러한 기준에 의해 그 해에 학부에서 『조선역사(朝鮮歷史)』(국한문혼용)
『조선역대사략(朝鮮歷代史略)』(한문) 『조선약사(朝鮮略史)』(국한문혼용)의 3
서를 편찬 간행하였다.

2. 역사편찬의 변천

이와같이 실학사서 이후의 역사편찬은 관립학교의 교과서 편찬에서 비롯
되었다. 1895년에 간행된 『조선역사』『조선역대사략』『조선약사』의 3서는
학부에서 편찬한 것이므로 저술자가 밝혀져 있지 않다. 다급하게 편찬한
흔적이 거친 서술내용에 역력히 나타나 있다. 처음에는 『조선역사』와 『조
선역대사략』을 간행했는데 내용이 너무 어려워 초등학교 입문용으로 다시
『조선약사』를 편찬한 것 같다. 『조선역사』와 『조선약사』는 국한문을 혼용
한 최초의 역사서이고 조선건국기원(1392)을 사용하였다. 이것은 중화사관
을 극복하고 민족사관을 수립하려는 시도로 평가할 수 있다. 조선건국기원
을 사용하고 있는 것은 국가주의적 사고의 표현이라 하겠다. 민족주의의
표현인 단군기원은 계몽운동기에 이르러 사용하게 된다. 한편 당시는 역사
교육의 이론이 서 있지 않았으므로 교과서라고 해도 전문서적에 버금갈 정
도로 내용이 자세하다. 그리고 실증에 노력한 흔적이 보인다. 이런 점들을
감안할 때 근대사학에 접근하려고 노력했다고 하겠다. 그러나 편년체 방식
을 답습하였고 왕실 중심의 명분론 시각 등 중세적 잔영이 완연하기 때문
에 근대사학의 저술이라고 보기는 어렵다.

그런데 『조선약사』의 경우는 편년체를 떠난 것이어서 특별히 주목되어야
한다. 왕조의 변천은 요점만 밝히고 각종 제도와 사회생활에 비중을 두고
서술한 것이다. 인물도 종래와 같은 성리학의 사림학자가 아니라 국가공신
을 중심으로 소개한 점 등 역사의식이 크게 변한 서술내용이 담겨 있다.
소학교 입문용으로 편찬한 것이기 때문에 다른 책에 비하여 내용이 소략하
고 서툰 문장으로 서술되어 있으나, 서술방식만큼은 그때로서는 혁명적 변
화라고 해도 좋을 정도이다. 서술내용과 방식이 변화하는 것은 역사인식의

변화를 의미하기 때문이다.

문제는 그렇게 큰 변화를 나타낸 『조선약사』 서술방식이 그 후에 계승되고 있지 않은 데에 있다. 그 이유는 분명히 몰라도 등재인물이 크게 교체된 데 있지 않은가 한다. 오늘날 교과서 편찬에서도 인물 선정을 놓고 논란이 분분한데 하물며 지금부터 1백년 전의 일이었으니 옹졸한 숭조관념(崇祖觀念) 때문에 『조선약사』의 간행은 중단될 수밖에 없었을 것이다. 그에 따라 『조선약사』 방식의 서술까지 봉쇄되고 말았던 것 같다. 그리고 오랫동안 눈에 익은 편년체가 부활하여 새로운 서술방식은 발전하지 못한 것이 아닌가 한다.

1899년에 『동국역대사략(東國歷代史略)』『대한역대사략(大韓歷代史略)』『동국역사(東國歷史)』 등의 3서가 출간되었는데 이것도 관찬사서(官撰史書)이다. 앞의 두 책은 김택영(金澤榮)이, 뒤의 『동국역사』는 현채(玄采)가 편찬했다. 김택영과 현채는 학부 편집국에 종사하면서 당시의 역사교재를 담당하고 있었다. 그러므로 두 사람의 역사인식이 당시의 관찬사서의 인식을 대표한다고 봐도 좋을 것이다. 그들에 의해 편찬된 1899년의 3서는 1895년의 3서에 비하여 형식은 편년체를 답습했더라도 내용은 한결 정리되었다고 하겠다. 그러나 근대사서에 이르기에는 크게 모자랐다.

역사서술의 관찬체제는 1902년부터 사찬(私撰)으로 전환되어갔다. 관찬을 주도했던 김택영이 이 해에 『동사집략(東史輯略)』을 개인 저술로 간행하면서 사찬사서가 편찬되는 길이 열린 것이다. 사서의 사찬체제는 1905년에 이르러 완전히 개방되었다. 그렇다고 개화개혁기인 1904년 이전에 사찬사서가 전무한 것은 아니었다. 1896년 최경환(崔景煥)이 『대동역사(大東歷史)』(필사본)를 저술하여 독립협회 회원들이 읽었다고 한다. 1905년에 출간된 인쇄본으로 미루어보아 그것의 내용은 삼한 이전의 고대사에 국한되었는데, 주로 고대의 조선이 중국의 부용(附庸)적 위치에 있지 않은 독립국이었다는 것을 강조하는 것이다. 이는 중국에 대한 독립의식에서 결성된 독립협회의 성격을 반영한 것이라고 하겠다. 그리고 이는 독립협회 회원용에 불과했다.

이와같이 개화개혁기에는 관찬사서 외에 사찬사서는 독립협회 회원용의

필사본밖에 없었다는 사실이 갑오개혁이나 광무개혁의 역사성격을 대변하
는 일면이기도 하다. 즉 갑오·광무개혁은 동학농민전쟁이나 독립협회 등
의 민간개혁운동의 추동을 받았다고 하더라도 관찬사서가 역사서술을 주도
했던 것처럼 집권층에 의한 관 주도의 개혁이었다. 그리고 개혁 추진자들
의 역사인식에는 중국에 대한 사대주의 또는 모화사상에서 탈피·독립해야
한다는 절박감이 있었다. 그러한 나머지 일본제국주의의 침략을 의식하지
못했다. 그런 현실인식의 과오가 1902년에 간행된 김택영의 『동사집략』에
반영되어 있다. 일본의 침략의도에 동원된 왜곡된 역사가 침투하고 있는
것이다. 특히 임나일본부설(任那日本府說)의 수용이 그것을 말한다.

  침략의도에 동원된 일본인의 조선사에 대한 저술은 먼저 일본 역사서의
고전인 『일본서기(日本書紀)』에 등재된 조선기사를 계승한 하야시(林泰輔)
의 『조선사(朝鮮史)』(1892)와 『조선근세사(朝鮮近世史)』(1901)를 들 수 있
다. 일본 국수주의 국학에 의한 조선사 서술이라고 하겠다. 다음으로 들
수 있는 것은 침략을 위한 새로운 조선학 저술인 키꾸찌(菊池謙讓)의 『조
선왕국(朝鮮王國)』(1896) 쓰네야(恒屋盛服)의 『조선개화사(朝鮮開化史)』
(1901) 시노부(信夫淳平)의 『한반도(韓半島)』(1901) 등에 소개되고 있는 조
선사 서술이다. 이처럼 침략에 동원된 일본인의 역사서술이 상륙하면서 구
한말의 역사서술은 근대적 서술의 체제를 갖추기도 전에 크게 시련을 겪게
되었다. 그것을 단적으로 나타내 주는 것이 『동사집략』이었다.

  일본의 침략에 동원된 조선사 서술은 한국에 상주하게 된 일본학자들에
의해서 조직적으로 추진되어갔다. 1902년 시데하라(幣原坦) 등의 일본인이
한성에서 한국연구회(韓國研究會)를 결성한 것이 그것이다. 그후 침략적인
일본인의 조선사 서술은 식민사학의 모양을 갖추어갔다. 즉, 동조동근론
(同祖同根論)·타율성론(他律性論)·정체성론(停滯性論)을 이론적으로 정
립해갔다.

  이럴 때 대한제국은 1904년부터 계몽운동기를 맞이한다. 계몽주의의 기
조인 근대주의와 사회진화론과 국학사상이 부분적으로 역사서술에 반영되
기 시작하였다. 1905년에 간행된 두 종류의 『대동역사(大東歷史)』(崔景煥,
鄭喬)와 『역사집략(歷史輯略)』(金澤榮) 그리고 1906년의 『대동역사략(大東

歷史略)』(國民教育會) 『신정동국역사(新訂東國歷史)』(張志淵 · 元泳義 · 柳瑾) 『동국사략(東國史略)』(玄采)이 계몽주의 역사서로 간행되었다.

그러나 어느 책도 계몽주의를 반영하는 것은 부분적이고 미숙하였다. 먼저 근대주의라고 해도 역사서술의 근대주의인 근대사학의 수준에 이르지 못하고 있거니와 『동국사략』을 제외한 모든 책이 고려까지의 역사만 서술하고 있듯이 정작 근대사는 손도 못대고 있는 정도였다. 다음에 사회진화론의 역사관은 순환론사관을 극복하는 데는 의미가 있었지만 영웅사관의 범주를 넘지 못했고 또 제국주의 앞에서 무력했다. 그것은 사회진화론 자체가 제국주의 논리였기 때문이다. 국학사상은 국가주의 성격의 것이었다. 주로 국문 · 국사 · 종교 등을 통하여 나타나고 있던 국학사상에는 전통시대의 군주주의나 성리학의 보편주의에서 탈피한 발전적 측면이 있기는 하였으나 아직 민족을 발견한 서술은 못되었다.

계몽주의 역사서술에서 무엇보다 주목되는 것은 일본의 식민사학이 반영된 점이다. 앞에서 소개한 책 가운데 『역사집략』과 『동국사략』이 대표적이다. 모두 관학을 대표한 두 사람에 의한 사찬 저술이다. 일본의 하야시(林泰輔)의 것을 역술(譯述)했다는 『동국사략』은 유일하게 전통시대를 넘어서 근대까지 서술했고, 서술체제가 편년체가 아닌 근대사학의 방식의 것이다. 바로 그러한 근대방식의 서술형식에 식민사학이 편승하고 있었다. 이것이 계몽주의가 갖는 근대주의의 위험성이었고, 그것이 구한말 계몽운동의 한계였다.

이때 1908년 신채호(申采浩)의 「독사신론(讀史新論)」이 나왔다. 「독사신론」은 『대한매일신보(大韓每日申報)』에 연재된 것이지만 당시의 학계에 큰 파문을 일으켰으며 한국 근대사학사에서 크게 주목되어야 할 글이다. 근대사학의 방법을 개척했다는 측면에서, 또 일제 식민사학의 침투를 비판하면서 민족사학의 방향을 수립했다는 측면에서 그때까지 계몽주의사학의 한계를 극복한 그야말로 신론(新論)인 것이다.

1908년부터 1910년까지는 『대한력사』(헐버트 · 吳聖根) 『초등본국역사(初等本國歷史)』(柳瑾) 『초등대한역사』(조종만, 이상 편년체) 『초등대한역사(初等大韓歷史)』(鄭寅琥) 『초등대동역사(初等大東歷史)』(朴晶東) 『초등본국역사

(初等本國歷史)』(興士團) 『초등본국역사(初等本國歷史)』(安鍾和) 『신찬초등
역사(新撰初等歷史)』(柳瑾) 등 초등학교용 교과서가 많이 나왔다. 그러나
「독사신론」을 충분히 반영하고 있지 못했다. 모두 일제 통감부와 일본인
관리가 배치되어 있는 학부의 검인정 교과서로 나온 것이므로 민족적 의미
를 담을 수 있는 편찬이 불가능한 것이었다. 그리고 초등학교 교과서이므
로 역사학을 언급할 만한 수준의 저술이 못된다.

　민족적 의미를 담을 수 있는 역사서술이 불가능하게 되자 원영의(元泳
義) 같은 이는 조선시대 역사인 『국조사(國朝史)』(1910)를 등사판본으로
만들어 민족교육의 교재로 사용하였다. 또 황의돈(黃義敦) 같은 이는 『대
동청사(大東靑史)』(1909)를 저술하여 필사본으로 북간도의 명동학교(明東
學校)의 교재로 사용하였다. 『대동청사』는 편년체를 떠난 근대적 서술체제
를 갖추고 있다. 필사본이라고 해도 교재로 사용하여 널리 보급된 것이므
로 『대동청사』는 구한국시대 통사의 저술로 대표적인 것이라고 해도 좋을
것이다.

3. 역사서술의 인식변화

　이상과 같이 1895년 이후에 간행된 역사저술은 거의 교과서로 편찬한 것
이다. 그리고 역사방법론으로도 여러가지 한계를 가지고 있었다. 오랫동안
중화사상에 묶여 있던 전통사서를 극복해간 노력이 괄목할 만하기는 하지
만 영웅사관이나 국가주의 의식에 머물고 있는 저술이다. 역사서술에서 민
족을 발견하고 있는 것은 「독사신론」에서 비롯되는 것 같다.

　서술방식에서는 『조선약사』(1895) 『동국사략』(1906) 「독사신론」(1908) 『대
동청사』(1909)와 1908년 이후의 초등교과서 몇 책을 제외하면 모두 편년체
로 서술했다. 편년체가 아닌 것은 왕조별로 시대를 나누고 있는데, 『대동
청사』만은 중고사(中古史)와 근고사(近古史)의 구분을 고려때 문흥무쇠(文
興武衰)의 변화를 기준으로 하고 있는 독특한 면을 나타내고 있다. 그렇다
고 문무(文武)관계에 주안이 있는 것은 아니고 상고사(上古史, 부여족 창립

및 한족침입시대)·중고사(中古史, 부여족 웅비시대)를 대외관계에서 차지한 민족의 위상을 기준으로 한 것처럼 고려가 몽고의 지배를 받게 된 민족위상을 시기 구분한 것이다. 이것은 1909년 북간도에 망명한 동포들의 의식이 반영된 일면이라 할 것이다.

한말의 사서에서 논쟁이 되었던 점은 독립의식을 역사에 어떻게 반영할 것인가 하는 것이었고 그것은 모두 고대사 서술에 집중되어 있었다. 따라서 중화사관을 극복하는 문제에 먼저 관심을 쏟고 있었다. 전통사서가 중화사관에 묶여 있었던 점은 우선 중국 연호에 따라 역사를 서술한 데서 나타나고 있었기 때문에 1895년 『조선역사』는 1392년인 조선건국연호를 사용하면서 중국 연호를 배제하였다. 그후 중국 연호를 사용한 경우에도 조선기원이나 서기(西紀)와 병용하였다. 단지 김택영의 『동사집략』(1902)과 『역사집략』(1905)만은 전통사서 방식대로 중국 연호를 고집하고 있다. 단군조선을 부인한 그의 역사인식과 관계가 있는 것 같다. 서기를 사용한 최초의 책은 1899년 학부에서 편찬한 『동국역대사략』이다. 단군기원을 연호로 사용한 책은 없었는데 1908년 「독사신론」에서 국조(國祖)기원을 주장하고 있을 뿐이다. 『황성신문(皇城新聞)』이 1905년 4월 1일, 『대한매일신보』가 그해 8월 11일부터 단군개국연호를 사용한 점과 비교했을 때 늦은 감이 있다.

연호를 어떻게 사용했는가는 형식적인 문제이다. 조선기원을 사용한 1895년의 『조선역사』『조선역대사략』『조선약사』 3서는 모두 단군조선을 중국 하(夏)나라의 제후국으로 서술하고 있다. 그러니까 연호를 독립시킨 의미가 없는 것이다. 하나라 우왕(禹王)이 제후들을 소집한 도산회의(塗山會議)에 단군이 아들 부루(夫婁)를 참가케 했다는 방식의 중화사상은 1899년부터 변화하여 부루가 독립국 사절로 참가하였다는 식으로 서술하더니 「독사신론」에 이르러 도산회의 자체를 부정해버렸다.

중국과의 관계에서 기자(箕子)의 위치를 어떻게 보느냐 하는 데서도 역사인식이 반영되어 있다. 1895년의 3서는 모두 기자조선이 주(周)나라의 제후국이었다고 설명했으나(避之朝鮮因封說) 1899년부터는 독립국으로 인식하였다. 그것도 「독사신론」에서 새롭게 봤다. 「독사신론」에서는 기자가 처

음에는 단군조선의 수령(守令)으로 있다가 후에 군왕이 되었다고 했다. 이
것은 기자조선이 마한으로 이어졌다는 삼한정통설(三韓正統說)을 어떻게
보느냐 하는 것과도 관계가 깊다. 1895년부터 사서마다 삼한정통설을 앞세
우고 있었는데 「독사신론」에서는 이를 파기해버렸다. 「독사신론」은 단군
─부여─고구려─발해로 이어진 부여정통설에 입각하고 있다. 그러므로
다른 책과 달리 신라정통설도 파기하고 발해와 신라의 관계는 2국시대로
파악하였다. 단군의 발상지도 그때까지 묘향산(妙香山)이라 하던 것을 백
두산(白頭山)이라고 주장했다.

　한말 사서에서는 고려를 중국의 제후국으로 인식한 경우가 많다. 그것도
양국관계에 대하여 이해할 만한 설명도 없이 국왕의 지위를 제후로 봤다.
가령 국왕의 사망을 '붕(崩)'이 아닌 제후의 사망을 나타내는 '훙(薨)'으로
표기하고 있는 것이다. 이것은 조선초기 『고려사』 편찬의 인식을 비판 없
이 계승한 과오라고 하겠다. 이것을 앞에서 말한 연호를 어떻게 사용했는
가, 또 고조선에 대하여 삼조선설(三朝鮮說)·부여정통설·삼한정통설 등
어떻게 서술했는가와 관련시켜 봤을 때 역사인식에 굴곡이 많았다는 것을
알 수 있다. 역사 사실의 추적이나 구명의 문제가 아니라 연호나 용어와
정통설의 문제 자체가 전근대적인 문제이지만 그것조차도 일관성을 갖지
못한 경우가 많았던 것이다. 이것을 중세적 인식을 극복하고 근대 역사인
식으로 가는 모습으로 봐야 할는지, 또는 서술수준의 탓으로 봐야 할는지
는 속단하기 어렵다.

　서술체제가 어떠했든지 한말 사서 중 조선시대까지 서술한 통사는 1895
년의 3서와 1899년의 『대한역대사략』과 1906년의 『동국사략』, 1908년 이후
의 초등교과서뿐이었다. 그 외는 모두 신라말이나 고려말까지 서술한 것이
다. 그런데 1895년과 1899년의 관찬사서는 편년체 사서이고 실학사서의 수
준을 크게 넘지 못한 것이다. 그리고 1908년 이후의 초등교과서는 소략한
내용이다. 그리고 1906년의 『동국사략』은 일본의 하야시(林泰輔)의 것을
역술한 것이다. 하야시의 것보다는 민족적인 내용을 담았다고 해서 민족적
의미를 부여하려는 주장도 있지만 기본적으로 식민사학을 대변한 것이다.
그렇다면 한말 사서로서 근대적으로 서술된 최초의 통사는 황의돈의 『대동

청사』가 될 수밖에 없는 것이다. 물론 거기에도 조선후기까지 서술했다든지 서술내용에서 왕실 중심의 정치설화 방식이나 정통론의 잔영이 있는 등의 한계는 있다. 그러나 그러한 한계가 있다고 해도 편년체 서술에서 벗어났으며 정통론도 크게 극복하고 있다. 대외관계를 표준으로 한 것이긴 하지만 나름대로 역사발전을 기준으로 한 시대구분을 시도한 점이나 그에 따른 내용 서술에 노력한 점 등 근대사학에 가까운 통사로 볼 수 있다. 『대동청사』는 신채호의 「독사신론」의 영향을 크게 받은 것 같다. 우리 민족에 대해 부여족(扶餘族)의 관점을 지닌 것이나 대외관계에 역점을 둔 것은 「독사신론」이 뜻하는 바와 같다. 한편 정치나 문화현상에 대하여 비교적 자세히 논한 점으로 봐서 문화사학의 관점에 접근하고 있는 특징도 엿보인다.

그렇게 보면 근대사학은 신채호의 「독사신론」과 황의돈의 『대동청사』에 의해서 성립하였다고 할 수 있을 것이다. 신채호는 「독사신론」의 사론을 통해서, 황의돈은 통사 서술을 통해서 근대사학을 수립해갔다. 그리하여 1910년대 이후 민족사학의 기초가 되었다고 이해된다. 1909년을 전후하여 황의돈은 북간도로 떠났으며, 신채호는 연해주로 망명하여 그곳에서 언론과 교육에 이바지하였는데, 그것을 사학사의 측면에서 보면 이미 식민사학에 함몰해갔던 국내에서 탈출해 간 모습으로 이해되는 것이다. 〔趙東杰〕

제 2 장

안 종 화

安鍾和 1860~1924

1. 머 리 말

1876년의 개항(開港)으로 조선은 세계 자본주의체제에 편입되면서, 일본
과 서구열강 세력의 각축장이 되고 말았다. 아울러 개항은 조선의 전통사
회에서 겪을 수 없었던 많은 변화와 충격을 수반하였다. 즉 정치·경제·
사회·문화 등 모든 방면에서 개항 이후 수십년간의 외형적 또는 실제적인
변화는, 전통왕조 수백년 동안의 변화보다도 훨씬 빠르고 넓은 범위에서
이루어졌던 것이다.

역사학 분야의 변화도 마찬가지였으리라 짐작된다. 1900년대에 이르면
신채호(申采浩) 등으로 대표될 수 있는 역사가들이 나타나, 전통적인 역사
학과는 다른 방향에서 우리의 역사를 새롭게 인식하고자 하였던 것으로 알
려져 있기 때문이다.

그러나 1900년대에 역사인식의 변화가 갑자기 이루어질 수는 없었을 것
이다. 개항 전후부터 1900년대에 이르는 시기에도, 실학파(實學派)의 역사
인식을 계승하면서 1900년대의 서구문화를 수용하여 새로운 역사인식을 갖
게 되는 교량적 위치에서 우리 역사를 이해한 경우가 없지 않았을 것으로
생각된다. 그러나 그러한 관심은 최근 한영우(韓永愚) 교수가 안종화(安鍾

和)를 소개하기 이전까지는 별달리 찾아볼 수 없었다.

본고는 안종화가 개항 직후인 1878년(고종 15)에 완성한 『동사취요(東史 聚要)』라는 사서를 중심으로 개항 전후의 역사인식을 살펴보는 동시에, 그 시기의 전반적인 역사인식도 논의하고자 한다. 안종화라는 인물이 근대 역 사학의 모두(冒頭)에서 논의되는 것은 『동사취요』의 근대성 때문이라기보 다, 1870년부터 1890년대까지 찬술된 사서로 알려진 것이 거의 없기 때문 이다. 더욱이 그는 1900년대에도 역사가로 활동하고 있어, 그 개인의 역사 인식 변화를 살펴보는 것은 개항 이후 1900년대에 이르는 역사인식의 변화 를 파악하는 데 하나의 기준을 마련해줄 수 있지 않을까 한다.

2. 개항 전후의 역사인식

19세기에 들어와 조선의 근해에 이양선(異樣船)의 출몰이 빈번하고, 서 구열강의 수교와 통상 요구가 있게 되자 지배층인 유학자들의 대외(對外) 위기의식은 고조되지 않을 수 없었다. 더욱이 개항에 앞서 두 차례의 양요 (洋擾)를 겪고, 또 대원군(大院君) 집권하에서 쇄국정책(鎖國政策)을 경험 한 보수적인 성리학자들은 이러한 위기의식을 조선왕조의 사상체계로 일관 되어왔던 성리학의 강화로 극복하고자 하였다. 바로 전통유학의 화이론(華 夷論)과 명분론(名分論)을 기반으로 한 위정척사론(衛正斥邪論)이 전개되 었던 것이다.

이러한 보수적인 유학자들과는 달리 개항을 전후하여 실학의 전통을 이 어받아 세계정세를 인식한 지배층의 일각에서는, 조선도 서구문명을 수용 하여 열강과 마찬가지로 부국강병(富國强兵)과 자주독립을 이루어야 한다 고 믿고 있었다. 개화파(開化派)가 그들이었다. 이들은 서구문명을 조선에 이식함으로써 근대화를 이루어야 한다고 생각하였는데, 그러한 견해의 실 현을 위해서는 온건과 급진의 방법론적인 차이가 있었다. 동도서기론(東道 西器論)을 내세운 집권층 중심의 온건개화파는 유학을 벗어나지 않는 범위 에서 중국을 통한 서구 기술과학의 수용으로 문명개화를 추구하고자 하였다. 그러나 개화당이라고 불린 소장 급진세력은 사대의식의 배척을 내세우고, 서구문명의 이식에 성공한 일본을 모범으로 삼고자 하였다. 척사파와 개화당의 역사인식을 통하여, 개항을 전후한 역사인식의 전반적 분위기를 살펴보고자 한다.

척사파(斥邪派)의 대표적인 인물이던 이항로(李恒老)는 1852년부터 1864까지 12년에 걸쳐 제자 유중교(柳重敎)와 김평묵(金平默)으로 하여금 『송원화동사합편강목(宋元華東史合編綱目)』이라는 사서를 편찬케 하였다. 이 사서는 1880년대에 쓰어진 부록과 함께 1907년에 이르러서야 출간되지만, 개항을 전후한 시기 보수유학자들의 현실인식과 역사인식이 잘 드러나 있다. 척사파 유학자들은 기본적으로 화이론에 입각한 정통론을 전개하기 위하여 『송원화동사합편강목』과 같은 사서를 편찬하였던 것이다. 즉 송·원의 역사와 고려의 역사를 합편한 이 사서는 정통을 바로잡아 화이의 구분을 명확히 하고자 하였으며, 따라서 북방민족이 세운 원을 위통(僞統)으로 처리하고 있었다. 밀려오는 서구 제국주의 열강의 경제적 침투와 사상의 전파에 직면한 유학자들이 동양의 주자학적 문화전통을 무기로 삼아 그에 대처하고자 이 사서를 편찬하였음을 쉽게 짐작할 수 있다. 서양과 일본 세력의 침투를 목도한 전통유학자들은 송과 원의 경우를 들어 이민족의 침략을 경계하였던 것이다. 물론 이 사서는 고려의 역사를 다루며 그 정치적 자주성과 문화적 우월성을 매우 강조하였으나, 주자학적인 가치규범이 좀더 강화된 것을 부정할 수는 없다. 1860년대부터 본격적으로 전개된 척사운동은 개항 이후 1880년대 초에 이르러 영남만인소(嶺南萬人疏)를 비롯하여 각지의 유생들이 개화의 반대와 전통유학의 고수를 주장하면서 절정을 이루었다. 이러한 움직임은 정부의 개화정책 추진으로 성과를 거두지 못하였지만, 외세의 침략에 교조화한 주자학의 화이론과 명분론으로 대처하고자 한 보수적인 유학자들의 역사인식과 현실인식을 알 수 있다. 그같은 입장은 『송원화동사합편강목』이 1907년에 간행되는 것으로 미루어, 1900년대에도 바뀌고 있지 않음이 확인된다.

정치활동에 진력한 개화당의 인물들은 그들의 역사인식을 드러낼 수 있는 별도의 사서를 편찬하지 못하였고, 또 척사파 유학자들처럼 사서를 편찬할 재야의 지지세력이 존재한 것도 아니었다. 그러나 개화당의 역사인식은 그들의 활동과 몇가지 문건에서 어느정도 확인된다. 그들은 조선이 중국의 종속에서 벗어나 자주독립을 이룩하고, 자국 본위의 국민의식을 확립해야 한다고 주장하였다. 1884년에 일어났던 갑신정변(甲申政變)의 정강(政綱)이나 박영효(朴泳孝)가 갑신정변이 실패한 뒤 일본에서 쓴 「건백서(建白書)」에서 그러한 주장을 찾을 수 있다. 특히 박영효는 국민에게 한국사와 한국어를 교습할 것을 강조하였다. 이러한 점은 개화당이 전통적인 유학자들과는 달리, 화이론과 명분론에서 벗어나 있었음을 확인시켜준다. 그러나 신분이나 악습의 타파를 내세우고 자본주의 경제체제를 지향한 부르조아개혁의 실현을 염두에 둔 개화당은, 정치적으로 자주독립을 내세우면서도 문명개화의 방법은 존양주의(尊洋主義)의 입장에서 서구문명의 이식(移植)을 강조하고 있었다. 즉 전통을 모두 개량되어야 할 구습(舊習)으로 인식하고, 서구 일변도의 개혁을 추진하였던 것이다. 또한 세계질서를 진화론적으로 인식하였으므로, 자국사에 대한 긍정적인 인식이 과연 가능하였는지 의문이다. 사실 개화당이 인식한 서구문명은 일본에 수용되어 한 차례 굴절된 것이었으나, 그 차이에 대하여 어느정도 관심을 가졌는지 알 수 없다. 중국과의 단절이나 서구문명에 대한 관심은 역사의식의 성장으로도 이해될 수 있으나, 새롭게 서구열강과 일본을 모범으로 삼고자 하여 결과적으로 그들을 중국의 자리에 대치하고자 한 것은 이들 역사인식의 큰 한계가 아닐 수 없다.

　개항 전후부터 1890년대에 이르는 시기까지의 역사인식은 결국 보수적인 유학자들은 전통적인 주자학을 좀더 공고히할 수밖에 없었고, 개화파는 주자학으로는 현실개혁에 도움이 되지 않을 것이라고 확신한 데서 출발하였다고 하겠다. 그리고 일부 유학자들은 동도서기론의 입장에서 부분적인 서구문명의 수용을 추구하였다. 따라서 이들 여러 부류의 현실인식과 국가개혁방안에 대한 관심이 그 역사인식을 짐작하는 데 도움이 될 것이다. 그러나 어느 계층도 그것이 정치 엘리뜨들에 의하여 주도되는 것을 의심하지 않았다. 일반대중이 역사를 이끌 수 있다는 생각은 가지지 못하였던 것이다.

3. 개항 전후 안종화의 역사인식

안종화는 1860년, 바로 청나라의 북경이 영·불 연합군에 의하여 함락되던 해에 태어났다. 그리고 그가 『동사취요』라는 사서를 완성한 1878년은 개항이 이루어진 지 3년이 되던 해였다. 그는 충청도 홍양(洪陽, 지금의 홍성)의 몰락한 사족 집안에서 태어났으나, 1894년에 실시된 조선왕조의 마지막 과거(科擧)에 급제하여 짧은 기간이지만 벼슬에도 나아갔던 인물이었다. 본관은 광주(廣州), 호는 함재(涵齋), 자는 사응(士應)이었다. 즉 그는 서구세력의 침투가 국내외적으로 충격을 주던 서세동점(西勢東漸)의 시기에 태어나 우리 근대사의 비극적인 여러 사건을 목도하고, 결국 1910년 일제에 의한 국권의 침탈이라는 비극을 맛보았다. 따라서 생애의 후반 15년은 식민지 백성으로 살아야만 하였다.

『동사취요』는 아직까지 알려지지 않은 사서이다. 그것은 필사본으로 현재 충남대학교 도서관에 소장되어 있는데, 안종화의 후손이 기증한 것으로 생각된다. 그 복사본이 국립중앙도서관에 있다. 이 필사본이 『동사취요』의 원본으로 생각되는 것은 그 가운데 적지 않은 양의 첨삭이 이루어져 있고, 또 그 첨삭이 1904년에 활자로 간행된 『동사절요(東史節要)』와 같기 때문이다. 물론 안종화의 인장도 찍혀 있다. 즉 『동사절요』의 초고본이 『동사취요』였다. 한영우 교수는 『동사절요』만을 이용하였는데, 필사본과 활자본은 후술하는 바와 같이 약간의 차이가 있다.

우선 『동사취요』를 중심으로 개항 전후 시기 안종화의 역사인식을 살펴본다면, 그가 실학적인 역사인식의 영향을 받고 있었다는 사실부터 지적되어야 할 것이다. 그는 보수적인 척사유학자들과는 달리 실학적인 전통을 계승하고 있었다. 안종화의 부친 안기원(安基遠)은 김정희(金正喜)와 홍직필(洪直弼)의 문하에서 수학하였고, 온건개화파로 알려진 김윤식(金允植) 등과 교류하였다고 한다. 이처럼 실학과 관련이 있는 가학(家學)적인 측면뿐만 아니라, 그가 『동사취요』에서 한국사의 출발을 단군(檀君)에서 비롯

된 것으로 이해하고, 이 점을 매우 중시하고 있었다는 점도 중요하다. 그
것은 18세기 이래 실학자들은 성리학적인 화이론에서 벗어나 단군을 중시
하여, 우리 역사의 출발로 인식하고 있었다는 점과 무관하지 않다. 물론
단군에 이어 기자(箕子)의 계승도 중시하였으나, 단군을 우리 역사의 시원
으로 보았다는 사실은 중국과는 달리 독립적으로 역사발전이 이루어졌다고
인식한 결과였다. 바로 안종화의 경우도 그러하였다. 이에 비하여 전통적
인 성리학자들이 편찬한 사서는 기본적으로 화이론에 입각하여 단군보다
기자를 숭앙하였다. 앞서 언급한 『송원화동사합편강목』과 같은 경우도 여
전히 화이론과 명분론에 입각하여 서술되고 있었다.

실학파의 전통을 계승한 안종화는 단군조선을 우리 역사의 출발로 보았
고, 단군을 최초의 성인(聖人)으로 인식하였다. 단군조선대에 활동한 것으
로 알려진 몇 인물이 『동사취요』에 포함된 것도 한국사에서 단군조선이 차
지하는 위치를 강조하기 위해서였을 것이다. 안종화는 『동사취요』의 서문
에서 정사와 야사 모두를 자료로 취급하여 이를 절충하는 것이 필요함과,
기왕의 사서가 삼국 이전의 역사를 취급하지 않은 점에 대한 불만을 토로
하고 있었다. 아울러 범례(凡例)에서는 단군과 기자에 대하여 강조하였다.
이는 그가 무엇보다도 자료가 별로 없는 단군조선과 기자조선에 대한 관심
이 유별났다는 사실을 알려준다고 하겠다. 그것은 이미 언급한 대로 중화
와는 별도의 역사발전이 진행되었음을 강조한 독립의식의 발로이기도 하였
다. 그러나 '동사'라는 용어가 사용된 것으로 볼 때 중국 중심의 세계관을
완전히 탈피한 것은 아니었다. '동사'는 바로 중국을 중심에 놓고 사용된
용어였기 때문이다.

『동사취요』는 단군부터 고려말에 이르는 시기의 인물 800여 명을 모두
29개의 항목으로 분류하여 소개한 6권의 사서였다. 그러나 이 사서가 비록
1878년에 완성되어 서문과 발문까지 마련하였다고 하더라도, 안종화는 이
를 완성된 것으로 생각하지는 않았던 것 같다. 뒤에 활자본으로 출간되기
까지 여러 차례의 첨삭이 이루어지고 있었기 때문이다. 그 구성은 군주(君
主)·공족(公族)(권1), 후비(后妃)·요희(妖姬)·공주(公主)(권2), 상국(相
國)(권3), 장수(將帥)·직신(直臣)·절의(節義)(권4), 경술(經術)·효순(孝

順)·문장(文章)·명필(名筆)·은일(隱逸)·휴퇴(休退)·참위(僭僞)·찬역(簒逆)·간흉(奸凶)(권5), 폐행(嬖倖)·엄수(閹竪)·현환(賢宦)·외척(外戚)·양리(良吏)·장리(贓吏)·절협(節俠)·변사(辯士)·부략(富略)·열녀(烈女)·열전(列傳)(권6)으로 이루어져 있었다. 군주전을 기(紀)에, 기타 항목을 전(傳)에 해당하는 것으로 보면 『동사취요』는 기전체(紀傳體)에서 지(志)가 빠진 형태로 이루어졌다고 보아도 좋을 것이다. 그리고 인용서목(引用書目)이 전혀 언급되어 있지 않았다. 『동사절요』를 간행하면서 100여 종의 인용서목을 앞에 붙였던 것과는 다르다. 각 항목의 제목으로 미루어보아 『동사취요』는 비록 은일(隱逸)이나 휴퇴(休退)와 같이 도교적인 관점도 없지 않았으나, 기본적으로는 유교적인 관점에서 만들어졌음을 짐작할 수 있다. 특히 절의·효순·문장·양리·열녀 등의 항목과, 요희·참위·찬역·간흉·폐행 등은 후세에 대한 감계(鑑誡)로 삼기 위한 권선징악(勸善懲惡)의 성격을 지니고 있었다고 할 것이다. 다만 명필·절협·변사·부략 등과 같은 항목으로 인물을 분류한 것은 이전의 사서에 비하여 상당히 세분한 것으로, 국가운영에서 기능인의 활동을 주목했다는 점을 말해준다. 종래의 유교적 인물평가 기준보다는 확대된 시야를 보여준다고 하겠다. 그러나 안종화가 개항 직후에 인물을 중심으로 한 사서를 무엇 때문에 편찬한 것인지 그 편찬이유를 확실하게 밝힐 수가 없다. 서문이나 범례에 의하면 삼국 이전의 역사를 보충하고 권선징악을 강조하기 위해 사서를 편찬했다고 한다. 아마도 인물 중심으로 꾸민 것은 19세기 초부터 중인(中人)들이 인물 중심의 사서를 편찬한 것에 자극받았는지도 모르겠다.

그리고 17, 8세기 이래로 실학자들이 중시해온 정통론에 대한 그의 견해는 아직 확고하지 못하였던 것이 아닌가 생각된다. 그것은 『동사절요』에 이르면 다른 사서들과 마찬가지로 단군—기자—위만에 이어 삼한(三韓)과 열국(列國)이 논의되지만, 『동사취요』에서는 삼한이나 열국이 삼국 뒤에서 언급되기 때문이다. 또 여왕(女王)을 공주전에, 후백제의 견훤(甄萱)과 태봉(泰封)의 궁예(弓裔), 고려말의 우왕(禑王) 및 창왕(昌王)을 참위전에 놓은 것은 특기할 만하다. 이미 실학파의 사서에서도 이들이 군왕으로 논의되는데, 안종화는 『동사취요』를 저술하면서 그렇게 하지 않았던 것이다. 물론 이것은 『동사절요』에 이르면 모두 군왕기에 삽입된다. 이런 점으로 볼 때 그가 이 시기에 아직 주자학적인 명분론과 정통론을 벗어나지 못하였음을 알 수 있다. 따라서 『동사취요』는 실학적 전통을 계승하였지만, 전통유학의 역사관을 크게 넘어서지 못하였다고 할 것이다. 오히려 권선징악을 강조하고 있는 점으로 미루어, 개항과 같은 급변하는 정세에 대처하고자 하는 역사의식의 발로라고는 생각되지 않는다. 안종화가 약관(弱冠)의 나이에 사서를 편찬한 사실로 보아 아직 한국사 전반에 대한 정리가 이루어지지 않았고, 성리학에서 크게 벗어나지 못한 것에서 연유한 일이 아닐까 한다.

그러나 그렇다고 해서 안종화가 보수적인 유학자들과 같은 견해를 지니고 있었다고는 생각되지 않는다. 『동사취요』에서 안종화는 보수적인 유학자들과 같은 개항에 따른 위기의식과 그 대처방안을 표현하지 않고, 오히려 화이론을 극복하고자 하는 노력을 보이고 있었다. 또 그가 비록 실학적인 전통의 계승에 못 미치는 점도 있었고 전통유학을 벗어나지 못하였지만, 그렇다고 개화당과 같이 전통을 불신하여 서구화를 지향하고 있지는 않았다. 후술하는 대로 1900년대 그가 서구문명의 수용을 주장한 계몽운동에 적극적이었던 것으로 보아 개항 이후 그는 동도서기론에 공명한 것은 아닌지 모르겠다.

4. 1900년대 안종화의 역사인식과 활동

1900년대에 들어와 안종화는 사서의 편찬과 초등학교의 교과서 저술, 그리고 교육사업에 진력하였다. 또 일부 계몽단체에도 참여하였다. 그러한 사실은 그가 1900년대에 널리 전개된 국민계몽운동에 적극적으로 참여하였으리라고 짐작하게 한다. 그러면서도 1905년 을사조약(乙巳條約)이 발표되자 몇차례 반대상소를 올린 바 있었던 것은, 그의 계몽활동이 일제의 국권침탈에 저항하기 위한 노력의 일환이었음을 알 수 있다.

1904년에 안종화는 『동사취요』를 수정하여 『동사절요』라는 제목으로 출간하였고, 1909년에 『국조인물지(國朝人物志)』(1907년 완성)를 간행하였다. 조선시대의 인물 3000명을 다룬 『국조인물지』는 고려말까지의 인물을 다룬 『동사절요』의 짝으로, 결국 그가 인물을 중심으로 우리 역사 전반을 정리하고자 하였음을 알려준다. 한문으로 된 이 두 사서의 간행 이외에 초등학교의 교과서이지만 『초등본국역사(初等本國歷史)』를 1909년에 간행하였다. 사서가 아닌 것으로는 1907년에 『초등윤리학교과서』 『초등위생학교과서』 『초등대한지지(初等大韓地誌)』(1910년 신판 발행) 등의 교과서를 국한문으로 저술 또는 번역하였다. 그밖에 안종화는 저술시기가 확인되지 않는 3권의 『수학절요(數學節要)』라는, 전통수학을 내용으로 하는 책자도 한문으로 편찬하였으나 출간하지는 않았다.

그리고 그는 대한자강회(大韓自强會)나 기호흥학회(畿湖興學會)와 같은 계몽단체에 관여하였고, 『장학월보(獎學月報)』라는 잡지의 역사 및 지리 고시(考試)를 맡기도 하였다. 또 1909년에는 충주(忠州)에 통명학교(通明學校)를 세워 교육사업도 하였다고 한다. 이러한 활동으로 그가 계몽활동에 참여하고 있었음이 확인되는데, 그것은 실학을 계승한 대부분의 유학자들의 사상적 전환과 같은 모습이었다. 즉 전통적인 유학을 고집한 유학자들의 상당수가 의병(義兵)을 일으킨 것과는 다른 양상이었던 것이다. 1900년대의 국권회복운동에서 대체로 보수적인 유학자들이 의병투쟁에 참여한 것과는 달리, 실학 계열의 유학자들은 계몽운동에 참여하고 있었던 것이다. 안종화가 1910년에 간행한 『초등대한지지』의 신판 서문에서, 지식계발과 문화증진으로 국리민복(國利民福)을 이룰 수 있다고 한 것을 봐도 계몽운동에 대한 그의 입장을 짐작할 수 있다.

1904년에 간행된 『동사절요』는 앞서 말한 바와 같이 필사본 『동사취요』와 약간의 차이가 있었다. 즉 분류항목은 24개로, 권수는 5권으로 줄었으나, 수록인물은 800명에서 1000명이 넘었으며 내용도 증보되어 분량은 오히려 증가하였다. 또 김학진(金鶴鎭)의 교감(校勘)도 받고 인용문헌도 중국사서 10여 종을 비롯, 100여 종을 명기하였다. 『동사취요』의 인물 분류항목으로 제시되었던 요회·참위·찬역·간흉 등은 『동사절요』에서는 다른 항목에 합쳐졌다. 그리고 석교(釋敎)라는 항목이 새로 설정되었다. 이를 보면 1900년대에 이르러 그가 불교에 대하여 유학자로서의 이단배척의 입장에서 벗어난 것으로 짐작된다. 그리고 여왕전과 참위전에 넣었던 군왕들을 군주기에 넣은 것 또한 그가 유교적 명분론을 어느정도 벗어난 것으로 보아도 좋을 것 같다. 아울러 한국사에서의 왕조계승, 즉 정통론에 대하여 확고한 입장이 섰다. 그는 『동사절요』와 『초등본국역사』의 앞에 「동국역대전수도(東國歷代傳授圖)」 또는 「본국역대도(本國歷代圖)」를 제시하였는데, 내용과 맞추어보면 단군 — 기자 — 삼한 — 삼국 — 통일신라로 이어지는 삼한정통론을 취하고 있었음을 알 수 있다. 그것은 계몽운동에 참여한 역사가들 상당수의 공통적인 견해로, 안종화가 『동사취요』를 저술할 때에는 그러한 왕조계승에 확고한 입장을 가지고 있지 못하였던 것이다. 그리고 『동사취요』에서와 마찬가지로 발해(渤海)에 대한 관심을 드러내고 있었으나, 그것을 우리 역사의 한 부분으로 연결시키지는 못하였다. 이 역시 1900년대 역사가들의 공통된 점이다. 범례에서 그는 『동사취요』에는 없던 단군 이전의 환인(桓因)과 신시(神市, 환웅)에 대한 언급을 하고, 서문과 실제 저술에도 반영시키고 있다. 이러한 견해는 17세기 중엽의 학자 허목(許穆)의 『동사(東事)』에 영향을 받았던 것으로 보이는데, 그의 민족지향의식을 살필 수 있다.

안종화는 『동사절요』와 『국조인물지』를 당시 일반적인 풍조와는 달리 한문으로 간행하였다. 이 사실로 볼 때 그가 두 사서의 독자층을 유학자들로 생각하고 있었음을 짐작할 수 있다. 특히 그가 두 사서에서 모두 권선징악을 보이기 위하여 사서를 편찬한다고 밝힌 것으로 보아 더욱 그렇게 생각된다. 그는 여전히 유학자의 입장을 견지하고 있었던 것이다. 그러나 앞서 언급한 대로 그는 보수적인 유생들과는 견해를 달리하고 있었다. 본국의 역사·지리·위생학·윤리학 등의 교과서를 안종화가 저술한 것은 이른바 개신유학자(改新儒學者)들의 다방면에 걸친 관심을 보여주는 것인데, 더욱이 그것은 초등학교 학도들을 대상으로 한 것이었다. 『초등본국역사』에서 왕조를 중심으로 상고 — 중고 — 근고 — 근세로 시대구분을 하였는데, 이 역시 보수적인 유생들의 역사관과는 달랐다. 잡지에 쓴 논설들을 살펴보면 그는 기(氣)를 이(理)보다 우위에 놓았으며, 인류역사를 사회진화론에 입각하여 바라봄으로써 힘의 지배논리를 생존의 법칙으로 인정하고 있었던 것이다. 또한 그는 서구의 근대 시민사상을 터득하여 서양의 역사철학에 비상한 관심을 보이며, 과거의 시대와 지금의 시대가 다르다는 뚜렷한 시대감각도 보이고 있었다. 또한 문명의 시대에는 진보사상·인류통일사상·자유사상의 발달이 급선무라고 역설하여, 근대 시민사회의 형성을 역사적 과제로 인식하였던 것 같다. 즉 1900년대에 이르러 그의 역사인식은 상당한 변화를 보이고 있었다고 하겠다.

바로 안종화는 기존의 성리학만으로 위기에 놓인 국가를 바로잡을 수 없다고 생각하고, 서구학문도 일부 수용할 수 있다는 동도서기론을 경세론(經世論)으로 삼았다고 짐작되는 것이다. 역사인식에서도 그는 여전히 유교적인 역사관을 지니면서, 동시에 새롭게 서구문명을 수용하여 얻은 역사관도 받아들이고 있었다. 따라서 전통적인 역사인식과 함께 근대적인 역사의식을 공유하였다고 하겠다. 그리고 바로 이 점이 개항 이후부터 1900년대까지의 변혁기에 활동한 안종화라는 인물로 대표될 수 있는 과도기적 유학자의 공통된 성격이 아닐까 짐작해보는 것이다.

5. 맺 음 말

안종화는 개항 이후 한일합병에 이르는 격동기에 활동한 역사가였다. 이 시기에 보수적인 유학자들은 전통적인 주자학을 좀더 공고히하고자 하였으며, 개화파는 전통을 무시한 서구문명의 수용을 통하여 현실개혁을 이루고자 하였던 것으로 보인다. 일부 유학자들은 동도서기론의 입장에서 부분적인 서구문명의 수용을 추구하였다. 그같은 현실인식은 그들의 역사인식과 직결되어 있었다.

안종화는 동도서기론의 입장에 서 있지 않았나 짐작된다. 그는 실학파의 역사인식을 계승하여 전통성리학의 화이론과 명분론을 벗어나고 있었지만, 여전히 권선징악적인 유교사관에 얽매여 있었다. 그리고 그같은 역사의식은 1900년대에 이르러서도 여전하였다. 1878년에 완성한 『동사취요』나 그것을 1904년에 간행한 『동사절요』, 또 1909년에 출간한 『국조인물지』와 같은 사서가 권선징악을 내세우고 편찬되었기 때문이다.

그러나 안종화는 유교적 사관을 드러내면서도, 전혀 다른 역사인식을 1900년대에 보여주고 있었다. 그것은 사회진화론에 입각한 힘의 지배논리를 인정하고, 뚜렷한 시대감각으로 근대 시민사회의 형성을 역사적 과제로 삼는 형태로 나타나고 있었다. 그가 계몽운동에 적극 관여한 것도 그러한 인식의 결과라고 생각된다. 따라서 1900년대에 이르러 그는 유교사관을 견지하면서도, 다른 한편 서구학문의 수용으로 인한 새로운 역사인식을 지니고 있었다고 보인다. 즉 19세기 후반에는 전통적인 성리학적 역사인식을 부분적으로 벗어나는 데에 그쳤던 안종화는 1900년대에 이르러, 그 수준을 유지하면서도 근대적 역사관을 공유하였던 것이다. 이미 1900년대에 이르면 전통적 역사관을 완전히 벗어나는 역사가들이 등장하고 있었다. 그러한 면에서 안종화는 19세기 후반과 1900년대를 연결하고 있던 과도기적인 역사가라고 할 수 있을 것이다. 〔崔起榮〕

□ 참고문헌

鄭昌烈, 「韓末의 歷史認識」, 『韓國史學史의 研究』, 乙酉文化社 1985.
韓永愚, 「開化期 安鍾和의 歷史敍述」, 『韓國文化』 8, 1987.
吳瑛燮, 「19세기 중엽 衛正斥邪派의 歷史敍述 ── 華西學派의 宋元華東史合編綱目」, 『韓國學報』 60, 1990.

제 3 장

김택영·현채

金澤榮 1850~1927 玄采 1856~1925

1. 갑오개혁기의 국사교과서 편찬

1894년 6월 28일 군국기무처는 의정부 산하에 편사국(編史局)을 두어 "본국 역사의 편집을 관장"할 것을 결정하였다. 한편 이때 신설된 학무아문에는 편집국이 설치되고 여기에서 "국문 철자, 각국문 번역 및 교과서 편집 등을 관장"했다. 따라서 의정부 편사국에서는 종래 춘추관(春秋館)에서 담당해왔던 역사의 편찬을, 학무아문 편집국에서는 교과서의 편찬에 대한 업무를 나누어 담당하였다고 할 수 있다. 그리고 1895년 4월 2일에 반포된 「내각 및 각부 분과규정(分課規定)」을 통해 의정부 편사국은 내각 기록국 산하 사적과(史籍課)로 격하되었다.

그런데 1895년 4월 19일에 발표된 한성사범학교의 학생 모집광고에서는 속성과(速成科)의 입학시험 과목에 조선 역사와 지리를 넣고 있었다. 그리고 성균관 경학원(經學院) 및 소학교에서도 국사교육이 교육과정 안에 포함되어 있었다.

당시 학부는 대신 박정양(朴定陽), 협판 고영희(高永喜), 편집국장 이경직(李庚稙), 참서관 이상재(李商在)·조병건(趙秉健)·홍우관(洪禹觀) 등이 주요 간부로 있었다. 이 가운데 교과서 편찬의 실무자는 홍우관이었을 것으로 추정된다.

당시 국사교과서 편찬에는 일본의 교과서가 참조되었다. 그리고 박영효(朴泳孝)가 각 지방관에 지시한 「내무아문 훈시」에는 "인민에게 먼저 본국사와 본국문을 가르칠 것"(10조)과 "청국의 연호를 사용하지 말 것"(86조)이 규정되어 있어 화이관과 사대외교를 청산할 것을 지향했음을 알 수 있다. 반면에 "일본이 우리의 독립 자주를 돕는 것을 인민에게 효유할 것"(87조)이 포함되어 있다. 이러한 사고의 괴리현상은 실제로 국사교과서에 거의 반영되고 있었다.

결국 조선 최초의 국사교과서는 1895년 10월경 출판되었다. 이때 나온 것은 『조선역사(朝鮮歷史)』(국한문) 『조선역대사략(朝鮮歷代史略)』(한문) 『조선약사(朝鮮略史)』(국한문) 등이었다. 이때 누가 국사교과서의 편찬을 담당했는지에 대해서는 알려져 있지 않다. 일반적으로 김택영과 현채가 편찬했을 것으로 추정되고 있으나, 김택영은 당시 교과서 편찬업무를 담당한 학부 편집국 소속이 아니라 의정부 편사국에 근무하고 있었으며, 현채도 이 시기에는 관립 외국어학교 부교관으로 재직중이었다. 다만 이들이 학부의 편집위원이었을 가능성은 있다고 할 수 있으나 명확한 증거는 없다.

한편 각 교과서가 어느 학교에서 사용되었는지도 알려져 있지 않다. 『조선역사』는 한성사범학교용, 한문으로 씌어진 『조선역대사략』은 성균관 경학원용, 10과로 나뉘어 21장에 불과한 『조선약사』는 관립소학교용이 아니었을까 하는 추정을 해본다.

각 교과서의 내용을 보면 다음과 같은 공통적 특징을 지니고 있다. 단군을 정사(正史)에 정착시키되 묘향산에서 기원하였다고 서술한 점, 단군이 아들 부루(夫婁)를 하(夏)의 우왕(禹王)이 제후들을 모은 도산회의(塗山會議)에 보냈다는 것, 기자(箕子)가 주(周)에 의해 왕으로 봉해져서 조선에 와 교화(敎化)를 행하였다는 것, 진한(辰韓)이 진(秦)의 유민들에 의해 건국되었다는 것, 삼한정통론(三韓正統論)을 따르고 있다는 점, 편년체로서 왕실 중심의 서술체계를 가지고 있었다는 점 등이다. 따라서 이들이 근대적 역사서술이 되기에는 거리가 먼 것이었다.

한편 청에 대한 독자성은 강조하면서도 구미·일본에 대한 인식과 서술은 결정적으로 한계를 보이고 있었다. 즉 병인양요를 영국의 통상요구로, 강화도조약을 일본과 오랜 우호관계를 복구한 것으로 잘못 쓰거나 왜곡 서술하였으며, 신미양요는 "양선(洋船)의 침범"으로 서술하여 미국이라는 나라 이름을 의도적으로 누락시키고 있는 모습이 보인다.

이같은 결과가 나타난 이유는 무엇일까? 개화파들은 국사교육의 필요성을 강조했음에도 불구하고 그들 가운데 국사에 대한 체계적인 인식과 서술능력을 가지고 있었던 이는 없었다. 따라서 국사교과서의 내용은 근대적 서술을 이루지 못했으며 실학자들의 역사서술에도 못 미치는 결과를 가져왔다. 반면에 개화파가 가지고 있었던 근대주의적 인식 때문에 당대사(當代史)의 편찬에서 청에 대한 독립성은 강조되면서도 구미세력과 일본에 대한 민족의식을 고취할 수 있는 역사서술은 회피되고 있었던 것이다. 특히 미국에 대한 서술이 불분명한 것은 당시 학부를 장악하고 있었던 것이 친미파였던 정동구락부(貞洞俱樂部) 세력이었다는 점과 연결시켜 생각해볼 수 있을 것이다.

2. 김택영과 현채의 생애와 활동

(1) 김택영

김택영은 화개(花開)김씨로서 1850년에 개성(開城)에서 출생하였으며 호는 창강(滄江) 또는 운산소호당주인(雲山韶濩堂主人)이었다. 그의 집안은 이미 5대조 때부터 상업에 종사하였던 몰락양반이었고 부대(父代)에는 인삼가공업을 하고 있었다. 그런 가운데 김택영은 20세였던 1869년에 성균관 초시(初試)에 합격하였으며 진사(進士)가 된 것은 42세인 1891년의 일이었다. 그동안 그의 부친은 김택영으로 하여금 집안 일은 일체 신경쓰지 말고 글공부에만 전념하게 하였고 그가 진사가 되자 실성할 정도로 곡(哭)을 하며 가묘(家廟)에 고하였다고 한다.

그는 비록 집안은 내세울 것이 없었지만 빼어난 문장력을 가지고 있었다. 그의 뛰어난 글솜씨는 이건창(李建昌)에 의해 서울에 알려져 1882년 이후에는 김윤식(金允植)·황현(黃玹)·박은식(朴殷植)·장지연(張志淵) 등과 교유하였다. 특히 김윤식을 통해 청국에까지 그의 글재주가 알려졌고 임오군란 때 조선에 온 양무파(洋務派) 관료 장건(張謇) 형제와의 교류는 그가 훗날 중국의 통주(通州)에서 망명생활을 할 수 있었던 기반이 되었다. 한편 그가 역사편찬에 관심을 갖게 된 것도 김윤식의 권유에 의한 것으로 보인다. 『속음청사(續陰晴史)』상(上)에 실려 있는 김윤식의 편지(「答金生澤榮」)에는 그동안 역사서술이 당색(黨色)에 따라 편파적이었는데, 김택영은 당색에 구애받을 필요가 없으니 '술이부작(述而不作)'하여 역사서술에 나설 것을 권유하는 내용이 실려 있었다.

그가 처음 관직에 발탁된 것은 갑오개혁이 시작된 다음 총리대신 김홍집(金弘集)의 추천으로 의정부 편사국의 주사(主事)가 된 것이었다. 말하자면 그는 김윤식·김홍집 등의 동도서기론자(온건개화파)와 같은 정치적 입장에 서 있었다고 할 수 있다. 그러나 그는 정치에는 관심이 없었고 다만 사관(史官)의 직무에만 충실하였다. 1895년 4월 의정부가 내각제로 개편된 이후에도 내각 주사로서 기록국 사적과에서 근무하였다. 그리고 그해 9월에는 내각 참서관으로 승진하여 중추원 참서관을 겸직하게 되었다.

아관파천으로 그의 배경이 되었던 인물들은 제거되었으나 그는 계속해서 자리를 유지하였다. 그런데 1896년 당시 학부대신이었던 신기선(申箕善)이 『유학경위(儒學經緯)』를 발간했는데 이 책의 기독교에 대한 비난이 문제가 되어 사임하였다. 이때 김택영은 이 책의 서문을 썼다는 이유로 함께 자리에서 물러났다가 신기선이 복직됨에 따라 그도 역시 복직될 수 있었다. 이후에도 계속해서 사관의 직위를 담당하였고 1905년에는 학부 편집위원에 임명되었다.

그는 흔히 적극적인 항일의식을 지니고 있었던 것으로 이해되지만 그 자신은 일본의 강력한 영향하에 있었던 갑오정권에서 관리생활을 하였다. 그리고 관직에 있으면서 입수하게 된 일본 역사서를 무분별하게 수용하기도 하였다. 그가 쓴 책 가운데 대표작이라 할 수 있는 『역사집략(歷史輯略)』이 그런 책이며, 학부 학정참여관(學政參與官) 시데하라(幣原坦)의 서문을 받아 신기도 하였다. 그럼에도 불구하고 김택영은 복고적 사고가 강했던 까닭에 일본의 한국 지배가 결정적인 상황이 되자 홀연히 "일본의 종이 되기보다는 중국에서 늙어 죽는 것이 낫다"고 하면서 조국을 떠나 '망명'의 길을 택했다. 그후 그는 장건 형제에게 몸을 의탁해 서적 교정일을 하고 조선역사의 편찬에 힘썼다. 한편 일제의 침탈이 강화되는 상황에서도 민족적 과제를 해결하기 위한 어떤 운동에도 참여한 바 없었다.

(2) 현 채

현채는 1856년 조선왕조의 대표적 역관(譯官) 가문이었던 천녕(川寧)현씨가에서 출생하였으며 호는 백당(白堂)이었다. 1873년 18세의 나이로 역과(譯科)의 한학(漢學)에 급제하였으나 별다른 직책을 맡지 못하다가 1892년 부산항 감리서의 번역관에 발탁되었다. 이는 그동안 그가 일본어를 연마하였음을 알려준다. 또 현채 자신은 한학 출신이지만 천녕현씨 가문은 당시 가장 많은 왜학(倭學) 급제자를 배출한 가문이었다. 따라서 현채는 부산 시절 일본인을 위한 한국어 회화책 편찬에까지 간여할 수 있었다.

그는 부산항 서기관으로 승진하였다가 갑오개혁 이후 통리교섭아문 주사로 발탁되어 서울로 올라왔다. 이어서 1895년 윤5월 신설된 학부 산하의 외국어학교 부교관(副敎官)과 한성사범학교 부교관을 지냈다. 여기서 그는 일본어를 가르쳤을 것으로 추정된다. 그러는 동안 묘동(廟洞)에 을미의숙(乙未義塾)을 설립하기도 하였다. 그는 한때 평강(平康)군수에 임명되었으나 실제로 취임하지는 않았다.

대한제국 초기에는 그가 특별한 관직을 가지고 있었던 흔적이 나타나지 않는다. 다만 정교(鄭喬)에 의하면(『大韓季年史』下, 1899년 3월 21일자) 현채가 당시 학부 편집국 위원이었다고 씌어 있다. 그는 주로 번역업무에 종사하였는데, 한문과 일본어에 능통했던 그가 당시로서는 적임자였다고 할 수 있다.

그가 학부에 재직하고 있던 시기, 특히 을사조약 체결 이후의 학부의 분위기에 대해서 당시 언론에서는 "일본인 학정참여관 시데하라의 지휘하에 굴복하여 한마디도 항의하지 못하는 분위기였고, 한국의 무궁한 참화가 실은 학부에 원인이 있다"고 비판하였다(「신론교과서」, 『대한매일신보』1906년 3월 29일자). 심지어는 "국권을 회복하기 위해서는 먼저 학부 관리들을 제거해야 한다"(「학부관리지죄」, 『대한매일신보』1906년 5월 19일자)는 비난을 받기도 하였다.

그 대상 가운데 당연히 현채도 포함되고 있었다. 그는 1899년에 학부에서 발간한 『동국역사(東國歷史)』라는 소학교용 국사교과서의 편찬을 담당하였던 것이다. 이 책은 김택영이 집필한 『동국역대사략(東國歷代史略)』을 간추리고 국한문으로 쉽게 쓴 책이었다. 신채호는 이 책에 대해 "주체를 죽인 무정신(無精神)의 서술"이라고 혹평하기도 하였다. 한편 『동국사략(東國史略)』이 발간된 1906년에도 그는 학부 관리였다.

1907년 학부에서 해임된 이후 현채는 『유년필독(幼年必讀)』『동서양역사』『일본사기』를 비롯한 많은 역사저술을 남겼으며, 광문사(廣文社)를 통해 정약용의 저서 『흠흠신서』『목민심서』등의 간행을 주관하였고, 직접 인쇄소를 운영하면서 역사·지리 등에 관계되는 책들을 간행하였다. 그가 저술한 역사관계 서적은 그 양에서 타의 추종을 불허하고 있으며 당시의 대부분의 역사·지리책이 그의 책이라는 평가를 받을 정도였다.

그는 정치활동에는 간여하지 않고 저술활동에만 전념하였다. 반면에 그의 아들 현공렴(玄公濂)은 일찍이 1894년 일본의 쿠마모또(熊本)에 유학하였고 귀국 후 일본인이 세운 경성학당을 다니면서 이 학교의 광무협회 회장을 맡는 한편 독립협회에도 적극적으로 참가했다. 현채는 계몽운동기에 와서 국민교육회·태극학회·기호흥학회·대한중앙학회 등 주로 학회 활동에 참가하거나 보조금을 납부하였고 국채보상운동에 참여하였다. 그러나 결코 전면에 나서지는 않았다.

한편 그의 역사저술들은 많은 한계를 지니고 있었음에도 불구하고 통감부 및 총독부에 의해 탄압을 받았다. 그가 쓴 『월남망국사(越南亡國史)』『동국사략(東國史略)』『유년필독』『유년필독석의(幼年必讀釋義)』등 4책은 1909년 통감부의 출판법에 의해 압수된 7종의 책 가운데 들어 있었다. 당시 그의 책은 대성학교(大成學校) 등 여러 학교에서 교과서로 사용되었고 당시 청소년뿐 아니라 식자층에게 광범하게 읽혀졌다고 한다. 그리고 『황성신문』을 비롯한 신문과 각종 잡지류에 발췌되어 실리기도 하였다.

그가 1907년에 학부 편집위원직에서 해임된 것에 대해서 배일(排日)사상을 가지고 있었기 때문인 것으로 평가하는 경우도 있다. 그러나 사실은 국권이 강탈당함에 따라 국사교과서를 학부에서 더이상 편찬할 필요가 없어졌기 때문이며 '관리복무규율' 가운데 겸직금지 조항에 저촉되었기 때문이다. 그 근거로는 현채가 1908년 이후 1910년까지 저술한 책 가운데 『신찬초등소학(新纂初等小學)』이 수신(修身) 또는 윤리를 강조하여 일본의 지배체제에 순응하는 인간형을 육성하는 데 주안점을 두었다는 것을 지적할 수 있다. 특히 일본이 장악하고 있었던 경찰을 '경애(敬愛)'할 존재로 기술하였으며 일본의 근대화에 대한 선망을 강조하고 있었다. 따라서 이 책은 그의 다른 책들과 달리 1913년 총독부에서 교과서를 발간하기까지 각급 학교에서 문제 없이 사용되고 있었다.

현채는 그가 가진 많은 자산을 바탕으로 하여 1910년 이후에는 아들 현공렴의 사업(서점경영, 신식모자 판매, 일본어 교과서 편찬, 법률서적 편찬)을 후원하면서 노후생활을 즐겼다. 그는 1915년 『매일신문(每日新聞)』에 한일 양국이 일가(一家)가 되었다고 하면서 7차례에 걸쳐 임나일본부설(任那日本府說)·신공왕후삼한정벌설(神功王后三韓征伐說) 등을 전제로 한 일교류사를 연재하였으며 일본의 식민지배를 긍정하는 글을 실었다.

3·1운동 이후에는 일제의 기만적 '문화정치'에 협력하면서 작위를 받은 친일 고급관료들과 함께 서화협회(書畫協會)에서 서예활동을 하였다. 그러나 무엇보다도 결정적인 것은 1922년 12월에 구성된 조선사편찬위원회에 참여하였다는 점이다. 이 단체는 1926년 조선사편수회로 발전할 때까지 활동하였는데 단군을 '민족정신을 발휘한다'는 이유로 무시하였고, 서술은 일본어로 할 것을 결정하였다. 이어서 현채는 금서가 되었던 『동국사략』에서 문제가 될 소지가 있는 부분만 수정하여 1924년 『동사제강(東史提綱)』으로 출판하였다. 그는 1925년 70세의 나이로 죽었는데 그후 1928년 『조선역사(朝鮮歷史)』가 출판되기도 하였다.

3. 역사관

(1) 김택영

김택영은 현실인식면에서 동도서기론자였다. 따라서 김윤식·김홍집·신기선 등과 관련을 맺게 되었으며, 그들을 통해 역사에 관심을 가지게 되고 관직에 나가게 되었다. 그는 현실적으로 갑오개혁 정권하에서 관직에 종사했지만 유교를 수호해야 한다는 생각을 결코 버리지 않았다. 그가 신기선의 『유학경위』에 서문을 쓰고 그 파문에 휩쓸려 사직하였던 것도 그 때문이었다. 그리고 망명 후 장건을 찾아갔을 때 "중국에서 태어나지 못한 자가 어찌 중국에서 죽을 수 있습니까"라고 하였고, 신문주필을 맡기려는 장건에게 "동쪽에서 태어난 일개 도망자가 어떻게 중원의 사대부들과 함께 천하사를 논할 수 있습니까"라고 하면서 출판교정 일이나 하겠다고 하였다. 심지어 1920년 중국의 총리대신에게 「의진정서(擬陳情書)」를 제출하여 "과거 청의 공격에서 명이 조선을 구원했던 것과 같이 우리를 도와 일본을 물리쳐야 한다"고 하였다.

그가 지니고 있었던 유교에 대한 신념은 망명 후에도 변하지 않았다. 그는 신해혁명(辛亥革命) 이후의 공화제 수립에 대해 비판하면서 "공화제의 신민이 되고 싶지 않고 황제(黃帝)의 유민이 되겠다"고까지 하였다. 그는 기독교를 비롯한 다른 종교를 '잡교(雜敎)'라고 하면서 유교의 명맥이 위태로움을 한탄하였고 공자(孔子)의 도가 천하정치에 유용한 것이라는 점을 역설하였다. 다만 글만 읽을 것이 아니라 세상 일에 관심을 가져야 한다는 것이다. 즉 정덕(正德)에만 국한되지 않고 이용후생(利用厚生)을 도모해야 한다는 것이었다.

(2) 현 채

현채는 사실 역사가라기보다는 자신의 어학실력을 이용하여 시대적 요청에 부응한 교과서 집필자 또는 편역가(編譯家)에 가까운 사람이었다. 그 역시 유교적 기반을 유지하면서 당시의 현실에 적응해나갈 것을 생각하였다. 말하자면 구본신참(舊本新參) 논리의 소유자였다. 따라서 그는 국왕에 대한 충성심을 강조하였고 한국의 정치체제를 '황제독재'라고 규정하기도 하였다. 그는 역사편찬의 목적도 "군주를 존경하고 애국하는 대사업"이라고 생각하였으며 충군애국의 국가주의적 교육을 강조하였다. 그는 실력양성론에 입각하여 의병에 대해서 극히 부정적인 태도를 가지고 있었음은 물론이고 과거 인물에 대한 평가에서도 무장(武將)보다는 외교적 담판으로 전쟁을 피한 문신(文臣)들에게 높은 점수를 주었다.

이와 함께 그의 역사인식에 기반이 되었던 것은 다른 계몽 지식인들과 마찬가지로 사회진화론이었다. 사실 국제질서를 생존경쟁·적자생존으로 인식하는 사회진화론은 이미 개화파 및 독립협회에 의해 수용되었으나 본격적으로 국내 지식층에게 수용된 것은 광무연간에 소개된 양계초(梁啓超)의 저술을 통해서였다고 할 수 있다. 실제로 현채는 양계초에 대해 높은 평가를 내리고 있었고, 『청국무술정변기(淸國戊戌政變記)』를 번역하는 한편 다른 저술에서도 인용하는 경우가 많았다. 사회진화론이 종래의 화이관을 극복하는 데 중요한 계기가 되었던 것은 사실이다. 그러나 자강에 실패했을 경우 외세의 주권침해를 받아도 그 책임이 우리에게 있다는 패배주의에 빠지게 하였다. 이를 현채는 『맹자(孟子)』를 인용하여 "스스로 초래한 화는 벗어날 수 없다(自作孽 不可活)"라고 표현하였다.

4. 역사서술의 내용

(1) 김택영

그의 임무는 본래 의정부(내각)에서 사적을 정리하는 것이었으나 당시에 국사교과서의 편찬을 담당할 인물이 없었기 때문에 학부의 사업에 참여하면서 역사서술에 간여하게 된 것으로 보인다. 그의 역사관계 저작으로는

1899년에 학부에서 낸 중등학교 교과서 『동국역대사략』『대한역대사략(大韓歷代史略)』과 처음으로 집필자를 밝힌 1902년의 『동사집략(東史輯略)』, 그리고 이 책을 증보한 1905년의 『역사집략』과 중국 체류시절 쓴 『한사경(韓史綮)』 및 『한국역대소사(韓國歷代小史)』 등이 있다.

　『동국역대사략』에서는 1895년에 간행된 교과서에서 도입했던 조선건국기원을 버리고 중국의 연기(年紀)를 사용하였고 일본연기 및 서기(西紀)를 함께 사용하고 있다. 편년체로서 단군의 발상지를 묘향산으로 보았으며 기자수봉설(箕子受封說)을 외면하였고 삼국을 무통(無統)으로, 통일 이후의 신라를 정통으로 삼았다. 발해의 서술분량은 늘어났으나 정통에서는 배제되었다. 집필자의 견해가 표출된 '안설(按說)'은 도덕적 평가보다 사실의 고증에 주력하고 있다. 이밖에 신라 여왕을 여주(女主)로 표현하여 격하하고 있었던 점과 당대사에 대한 서술이 제외되었다는 점도 문제로 지적될 수 있다.

　『동사집략』은 『동국역대사략』을 정비한 책으로 고려까지만 서술하였다. 여기서도 단군을 황당하여 믿을 수 없다고 하면서 왕이 아닌 주(主)라고 하였고 그의 죽음은 몰(沒)로 표현하고 있는데 『춘추(春秋)』의 "의심스러운 것도 전한다"는 원칙 때문에 서술한다고 하였다. 이어서 기자가 주(周)에 의해 제후로 봉해졌으나 받아들이지 않았다는 설을 수용하고 기자의 후손을 주의 제후로 표현하였다. 여기에다가 신공왕후삼한정벌설·임나일본부설을 수용하고 있다. 따라서 조선의 고대 역사는 주의 제후국에서 시작되어 삼국시대에는 일본의 지배를 받은, 온통 식민지의 역사가 되고 마는 것이었다.

　더욱이 그가 자료를 보는 태도는 철저히 일본 우위였다. 즉 『삼국사기』와 일본 사서가 다를 때는 일본 것을 채용하고 있는 것이다. 그리고 책을 출판하는 과정에서 『일본서기(日本書紀)』와 하야시(林泰輔)의 『조선사(朝鮮史)』를 보게 되어, 『일본서기』를 옮긴 곳은 별지(別紙)를 오려 붙였으며 '보유(補遺)'는 주로 일본의 삼국 공격 관계 기사들로 채우고 있다. 따라서 김택영은 우리 역사학에서 최초로 식민사학을 수용한 사람이었다고 할 수 있다. 그는 이와같은 일본 사서의 영향을 "깜깜한 밤중에 갑자기 이웃집에 불난 듯 역사의 내용이 밝아진 것"으로 감탄하기까지 하였다.

『역사집략』도 순한문의 고등용 국사교과서인데, 여기에서도 편년체를 사용하고 있으며 정통론에 입각하여 체계를 잡았다. 또한 단군의 역사를 하야시의 견해에 따라 "불가(佛家)에서 나온 것으로 소출(所出)근거가 확실치 않다"고 하면서 왕으로 인정하지 않았다는 점도 『동사집략』과 같았다. 다만 기자에 대해서는 후세추존(後世追尊)된 태조왕(太祖王)으로 보았으나 단군을 인정하지 않고 있다는 점에서 중국의 분국(分國)이라는 점은 그대로 인정하고 있는 셈이었다. 그밖에 발해의 경우에도 일본에 대한 저자세 조공(朝貢)외교를 수행한 것으로 서술하고 있었다.

이것은 당시 식민사관의 침투가 이미 시작되고 있었다는 것을 시사해주는 것이다. 그는 과거의 사서에서는 중국사만을 중시해왔다고 비판하면서 일본의 사서를 인용하고 있는데 이것이 지나쳐서 정당한 고증 없이 무비판적으로 수용하고 있다. 이는 일본의 역사학에 굴종하고 있었던 당시 지식인들의 모습을 보여주는 것이다. 따라서 신채호로부터 "무정신의 역사"라는 비난을 받았던 것이다. 더욱이 조선시대의 역사에 대해서는 서술하지 않음으로써 민족사의 발전과정 및 외세의 침탈과정에 대한 교육이 불가능하게 만들었던 것은 비판되어야 한다.

    (2) 현 채

그는 『동국역사』『청국무술정변기』『만국사기(萬國史記)』『월남망국사』 『유년필독』 등 21종의 역사관계 서적을 썼다. 그 가운데 대표적인 것은 『동국사략』이었다. 그러나 이 책은 그의 저작이라기보다는 일본인 하야시의 『조선사』와 『조선근세사(朝鮮近世史)』를 역술(譯述)한 것이었다. 그는 이미 김택영의 『역사집략』에 써준 서문에서 그 책의 '체제불립(體制不立)'을 지적하여 종래의 편년체 서술을 비판하고 있다. 그는 이러한 방법론적 반성을 하고 있었기는 하지만 그 자신이 근대적 역사서술을 시도하지 못하고 하야시의 사서를 역술하는 것으로 대신하고 있는 것이다.

물론 『조선사』에서 부정한 단군을 인정한 점이라든지 한사군(漢四郡)을 삭제한 점, 임진왜란을 일본의 승리로만 보지 않고 의병활동을 강조한 점은 단순한 번역이 아니라는 것을 보여준다. 하지만 그런 부분은 극히 미미한 수준이며 일단 일본의 사서를 번역한 것이었다는 점에서 이 책을 한국에서 최초로 씌어진 근대적 역사서술로 평가하는 것은 부당하다.

더구나 신라인들이 본래 진(秦)·한(漢)의 유민(遺民)이라고 서술하고 있으며 임나일본부설의 수용, 탐라(耽羅)에 농사를 전한 것이 일본이라는 지적, 발해가 고구려의 유민이 세운 것이 아니라 속말말갈(粟末靺鞨)이라는 서술 등에서 보이듯이 식민사관이 이미 이 시기에 침투하고 있었다.

5. 사학사적 의미

개화파는 1880년대 이래로 꾸준히 청으로부터의 자주권 회복은 물론이고 민족적 '독립'을 강조해왔다. 이는 화이관과 사대외교를 바탕으로 한 중세적 동아시아 질서를 타파하고 근대적 국제관계를 수립하기 위해서였다. 그러한 맥락에서 우리 역사의 독자성을 강조하기 위한 국사교육이 강조되었다. 결국 이러한 시대적 과제를 반영하여 1894년 개혁정권은 국사교과서의 편찬을 추진하였다.

그러나 개화파의 현실인식과 갑오개혁의 내용에는 인식과 실천의 두 차원에서 모두 일정한 한계가 있었고 이는 국사교과서에도 그대로 반영되었다. 우선 청으로부터의 '독립'은 강조되었지만 일본을 비롯한 구미 열강에 대한 근대주의적 선망으로 말미암아 민족의식의 고양이 회피되고 있었다. 그리고 조선의 역사에 대해 지속적인 관심을 가져왔던, 국사교과서의 편찬을 담당할 인재가 부재했다.

따라서 아직 근대적 이념으로 전환하지 못했던 김택영과 같은 문장가나, 교과서 편찬의 모범이 되었던 일본의 언어를 해독할 수 있는 현채와 같은 역관 출신들이 갑자기 그 역할을 담당하게 되었다. 그 과정에서 이들은 일본의 사서(史書)와 초기 식민사관에 입각한 저서들을 접하게 되었고 그것들을 무비판적으로 수용하고 말았다. 그들에게는 비판할 수 있는 능력 자체가 결여되어 있었기 때문이었다.

따라서 그들의 역사서술은 결코 근대적인 것이 될 수 없었으며 그렇다고 해서 민족의식에 충실한 것도 아니었다. 결국 이들의 역사인식이나 역사서술의 한계는 당시 한국의 지식인들이 가지고 있었던 근대 인식의 한계를 보여주는 것이었다고 할 수 있다.

그럼에도 불구하고 이들의 역사서술은 당시에 신사학(新史學)으로 불리면서 대한제국 시기의 역사교육과 역사인식에 막대한 영향을 주었다. 우리는 이러한 교과서에 의해 교육된 세대가 가졌을 우리 역사에 대한 몰인식을 상상해볼 수 있을 것이다. 국사가 교육되었다는 사실만으로 의의가 있는 것이 아니라 무엇을 가르쳤는가가 중요한 것이 아닐까? 일제의 식민사관이 끼친 해독은 일본인들의 강요에 의해서 시작된 것만은 아니었던 것이다.

김택영보다 30세, 현채보다 24세 연하(年下)였던 신채호는 이들의 책들을 '무정신'의 주체성 없는 역사서술로 비판하였다. 그후에야 근대적인 민족사학의 수립을 위한 노력이 시작될 수 있었다. 〔朱鎭五〕

□ 참고문헌

金容燮, 「일본, 한국에 있어서의 한국사 서술」, 『역사학보』 31, 1966.
盧秀子, 「白堂 玄采 연구」, 『이대사원』 8, 1969.
金容燮, 「우리나라 근대역사학의 성립」, 『한국현대사』 6, 신구문화사 1970(『한국의 역사인식(하)』, 창작과비평사 1976에 실렸음).
金泰永, 「개화사상가 및 애국계몽사상가의 사관」, 『한국의 역사인식(하)』, 창작과비평사 1976.
金麗泍, 「개화기 교과서를 통해 본 역사인식(1)」, 『사학지』 14, 단국대 1980.
金麗泍, 「개화기 국사교과서를 통해 본 역사인식(1)」, 『서울교대 논문집』 13, 1980.
崔惠珠, 「滄江 金澤榮 연구」, 『한국사연구』 35, 1981.
金興洙, 「한말의 국사교과서 편찬」, 『역사교육』 33, 1983.

48

金昌洙, 「한말의 국학진흥운동과 민족의식」, 『南都泳박사화갑기념논총』, 1984.

鄭昌烈, 「한말의 역사인식」, 『한국사학사의 연구』, 을유문화사 1985.

金興洙, 「한말 역사교육의 실태와 그 성격」, 『汕澐史學』 1, 1985.

金麗沘, 「한말 역사교과서의 역사인식」, 『李元淳교수화갑기념 사학논총』, 교학
　　사, 1986.

尹明哲, 「한말 자강사학에 대하여」, 『국학연구』 2, 국학연구소 1988.

澤田哲, 「開化期の教科書編纂者としての玄采」, 『韓』 109, 1988.

田中隆二, 「白堂 玄采의 생애와 사상」, 연세대 석사학위논문, 1988.

趙東杰, 「한말 사서와 그 계몽주의적 허실」, 『한국민족주의의 성립과 독립운동사
　　연구』, 지식산업사 1989.

鄭昌烈, 「애국계몽사상의 역사인식」, 『국사관논총』 15, 국사편찬위원회 1990.

金昌洙, 「애국계몽운동기의 사서에 나타난 민족의식」, 『趙恒來교수화갑기념논
　　총』, 1992.

제 4 장

정교 · 장지연 · 유근

鄭喬 1856~1925　張志淵 1864~1921　柳瑾 1861~1921

1. 계몽운동과 역사연구

1905년 국권을 상실하고 실질적인 식민지로 전락한 후, 개항 이후 전개
되던 반제 · 반봉건 근대변혁운동은 '국권회복'이라는 문제를 전면에 내세운
국권회복운동으로 제기되었다. 부르조아적 식자층에 의한 문화계몽운동도
그 일환이었다. 계몽운동은 교육과 식산을 통하여 실력을 양성하고 자강을
이루어 국권을 회복하고자 하였던 운동이었다. 그들은 당시의 사회를 '우
승열패(優勝劣敗)' '적자생존(適者生存)'이라는 사회진화론에 의거하여 인
식하고, 약자인 조선이 살아남기 위해서는 강자가 되어야 하고, 강자가 되
기 위해서는 교육과 산업을 통하여 실력을 양성해야 한다고 하였다. 이를
달성하지 못한다면 강자의 지배를 받는 것도 당연하다고 생각하였다. 산업
이 발달하지 못한 당시의 상황에서 그들이 특히 강조하였던 것은 교육이었
다. 교육을 통하여 서구와 같은 문명화를 달성해야 한다는 점을 가르치기
도 하였지만, 특히 강조하였던 것은 국권을 회복하기 위해서는 애국심과
애국정신이 절실히 요구된다는 점이었다. 국권회복을 위한 사회경제적 여
건이 이루어지지 않은 가운데 강조할 수밖에 없었던 정신주의적 경향이었
다.

역사연구와 역사교육도 이런 점에서 제기되었다. '애국심·애국주의'는 자신의 역사와 문화를 배우지 않고는 얻어질 수 없다는 논리였다. 역사적으로 전래한 풍속·습관·법률·제도 등의 정신을 '국수(國粹)'라고 하면서, 이를 보존하는 것이 바로 '자강'할 수 있는 근본이라고 하였던 것이다. 그래서 그들은 우리의 역사 속에서 애국심을 일으킬 수 있는 여러 사건들을 강조하였고, 국난을 극복한 여러 영웅들을 강조하면서 또다른 영웅이 출현해야 된다고 주장하였다. 외국의 역사도 이런 차원에서 번역하여 소개하기도 하였다. 당시 역사연구가 관념적이며, 또한 영웅주의적이었던 점은 자연스러운 현상이었다.

이런 역사연구를 주도하던 사람이 박은식(朴殷植)·신채호(申采浩)·장지연(張志淵), 그리고 정교(鄭喬)·유근(柳瑾) 등이었다. 그들은 모두 독립협회 이래 대한자강회, 대한협회 등에서 계몽운동에 중심적으로 참여하였으며, 『대한매일신보』나 『황성신문』 같은 언론기관에서도 활동하였다. 그리고 그들은 공통적으로 유교적 소양을 가진 이른바 '개신유학적' 입장을 견지하였다. 그리하여 그들은 역사연구의 필요성을 공감하면서 서로의 역사연구에 서문을 써 격려하기도 하였다. 신채호의 『이태리건국삼걸전』에는 장지연이, 장지연의 『애급근세사』에는 박은식이 서문을 썼으며, 유근의 책들은 모두 장지연이 교정·교열하였다. 이런 점에서 서양의 문명개화론에 심취하여 근대주의적 경향에서 제국주의의 침략을 철저하게 인식하지 못했던 사람들과 차이가 있기도 하였다. 물론 그들 가운데 일부(정교·유근)는 정부(학부)에서 인정한 역사교과서를 쓰기도 하였지만, 이를 주로 담당하던 현채(玄采)나 김택영(金澤榮) 등과는 차이를 보였다.

2. 정교의 역사연구

추인(秋人) 정교는 1856년 서울에서 출생하였다. 1895년 수원부 판관과 장연군수로 임명되었으나 사직하였던 그는 독립협회 운동에 적극적으로 참여하였다. 독립협회가 1897년 8월 이후 '토론회'를 조직하면서, 그 활동이나 간부들의 구성에 변화가 있었는데, 그는 1898년 1월에 상임집행부 서기, 3월에는 제의(提議), 8월에는 평의원으로 선출되었다. 그리고 10월에는 사법위원이 되어 정부에서 노륙법(拏戮法, 처자까지 사형에 처하여 죽임)과 연좌법(連坐法)을 부활하려 하자 이를 저지하는 운동을 주도적으로 전개하면서 당시 법부대신 신기선(申箕善)을 고발하였으며, 12월의 만민공동회 기간중에는 상소기초위원이 되어 보부상을 동원하여 독립협회를 탄압하던 민영기(閔泳綺)를 규탄하였다. 이런 활동으로 그는 정부에서 독립협회 주모자로 지목되어 구속되었다.

그 뒤 그는 선교사 아펜젤러(H. G. Appenzeller)의 보호로 배재학당(培材學堂)으로 피신하여 약 6년간 지내다가 1904년 러일전쟁 후 다시 사회활동을 전개하였다. 이때부터 1910년 '합방' 때까지는 주로 교육과 연관된 관직생활을 하였다. 1905년 10월 내부대신 이지용(李址鎔)의 추천으로 제주군수로 임명되었으나 부임하지 않았고, 1906년 1월 학부대신 이완용(李完用)의 추천으로 학부 참서관, 2월에는 한성사범학교, 외국어학교장을 지냈다. 그해 12월에 곡산군수가 되었다. 학부 참서관으로 있으면서 1906년 6월 진학신(秦學新)·이순하 등과 여성교육기관인 양규의숙(養閨義塾)을 설립·운영하였으며, 이를 후원하기 위한 여성단체로서 여자교육회를 발기하여 여권신장의 일익을 담당하였다. 그런 가운데 1906년 9월에는 대한자강회의 평의원으로, 1908년에는 대한협회의 평의원·변법연구위원으로 활동하였으며, 잡지에 국제법·정당 등에 관한 학설을 소개하였다. 1910년 '합방' 이후 이리로 내려가 은거하였으며, 그곳에서 죽었다.

정교의 사상은 유교를 근본으로 하고 서양의 문명을 '예악·형정·복식·기용의 기(器)'라는 차원에서 수용하였던 '동도서기론(東道西器論)'이었다. 그는 단발령에 반대하고, 칭제건원(稱帝建元)하기를 원할 정도로 특히 유교적인 존왕사상에 철저했던 사람이었다. 그가 독립협회 운동에 적극적으로 참여하였지만, 그것은 "충애의 정성을 지니고 독립회를 창설하고 황실을 보호하기를 도모하고 국권을 유지"하고자 한 것이었다. 제국주의의 이권침탈과 상권침탈에는 철저하게 반대하였지만, 이 운동을 통하여 그가 추구하고자 한 것은 '충군애국'이었다. 따라서 독립협회 운동은 "직언으로 간언하여 성총(聖聰)을 보좌"해야 하지, 절대로 정부에 반항해서는 안된다고 주장하였다. 유교적·근왕적이면서 반제국주의적인 그의 입장은 역사연구에 그대로 반영되었다.

그는 역사를 정치를 위한 도구로, 교훈적인 '감계(鑑戒)'로 생각하였다. 현채의 『만국사기(萬國史記)』에 서문을 쓰면서, 역사를 "전의 일들을 모두 기록한 것으로, 치도(治道)의 관건으로 하고, 후래(後來)의 감계(鑑戒)로 삼는 것"이라 하였다. 이런 유교적인 역사론에 입각할 때, 역사서술도 ① 역사의 계통을 밝히는 것, ② 세년(歲年)를 기술하고, ③ 즉위한 일을 쓰고, ④ 붕조(崩殂, 임금의 죽음)를 구별하고, ⑤ 찬시(簒弑)를 엄히 하고, ⑥ 적종(嫡宗)을 차례로 하는 것과 같은 계통을 밝히는 정통(正統)의 문제가 중심적인 것이 되었다. 그리고 이 정통을 기본으로 하면서, "군자·소인의 출처·진퇴의 일, 기강·풍속 소장의 기괄(機括), 관직을 만들고 나누는 일의 소밀과 정편(正偏), 병제의 연혁과 우열, 재부(財賦)의 본말과 원류, 학술의 고후(高朽)과 융체(隆替), 종교의 숭벽 구별, 형법의 번간(繁簡)과 관맹(寬猛)" 등을 대상으로 서술하여야 한다고 하였다. 이를 위한 서술방법으로는 역시 중세적인 편년체나 기전체, 강목체만을 거론하였다.(「史說」, 『少年韓半島』 2-3)

그런데 이런 유교적인 역사만으로는 당시의 현실에 '감계'가 될 수 없었다. 여기에서 그는 자유와 자주를 강조하였다. 역사를 통해 "정교(政敎)의 융체(隆替)와 습상(習尙)의 같고 다름을 알게 하고, 어떻게 부(富)하게 되었으며, 어떻게 망하게 되었는지를 알게 하고, 자유(自由)하는 마음을 배양하고, 4천년 자주(自主)의 권한을 부식(扶植)"하자는 것이었다.(『만국사기』 서)

이런 입장에서 역사연구는 크게 두 부분으로 이루어졌다. 곧 고대사에 대한 연구인 『대동역사(大東歷史)』와 자신의 활동을 중심으로 당대의 역사를 기록한 『대한계년사(大韓季年史)』였다. 특히 『대동역사』는 그의 역사론을 집약적으로 표현한 책이었다.

『대동역사』는 동일한 책명으로 두 가지가 있다. 하나는 1905년 4월 최경환(崔景煥)이 편집하고 정교가 평열(評閱)한 책(5권 2책)이며, 다른 하나는

1906년 2월 정교가 편집하고 조신용(趙臣鏞)·김정현(金鼎鉉)이 참교(參校)한 책(12권 4책)이다. 이 책이 처음으로 씌어진 때는 독립협회 운동이 전개되고 있었던 1896년이었다. 당시 학부 편집위원이었던 현채가 이 책을 간행하려고 하였는데, 학부대신이었던 신기선(申箕善)이 이를 황당하다고 하여 반대하였다. 독립협회나 정교와 사이가 좋지 않았던 것이 이유였다. 그후 1905년에 정교에게 영어를 배웠던 유호식(劉鎬植)에 의해 간행되었다.

정교는 이 두 책의 서술에 직접적으로 관여하였다. 1905년의 책은 최경환이 자료를 수집하여 연대기적으로 서술만 하고, 정교가 서문과 범례 그리고 '안(按)' '사씨단왈(史氏斷曰)' '정의(正義)'와 같은 중요한 평론도 집필하였다. 1906년의 책은 1905년의 책을 5권 1책으로 그대로 수록하고(단군~마한), 이어서 나머지 7권 3책은 「삼국기(三國紀)」 「신라기」라는 이름으로, 1905년 10월 날짜의 양재건(梁在謇)의 서문을 새로 붙이고 「범례」도 새로 작성한 책이었다.

이 책은 편년체로 씌어졌고, 세부적인 기술에서는 강목체적인 방법이 도입되었다. 그리고 편년체 서술이 가지고 있었던 한계점을 극복하기 위하여 곳곳에 '안설'을 쓰고, '정의'란을 통하여 역사적 사실들에 대한 종합적인 해석을 가하고 그 의의를 지적하였다. 또한 근대적인 역사연구에서 필수적인 사료에 대한 고증과 분석을 중시하였다. 「범례」 속에는 그 인용서목을 열거하여 사료취급의 객관성을 유지하려 하였다. 1책 마한의 역사까지는 『동사강목』 『동국통감』 등과 청주한씨·행주기씨·연안차씨 등의 족보를 주로 이용하였으며, 「삼국기」 「신라기」에서는 『삼국사기』 『삼국사략』 『삼국유사』 『고려사』 『여사제강』 『동국통감』 등과 특히 실학자의 역사서인 정약용의 『강역고』, 유득공의 『발해고』 등도 참고하였다. 또한 사마천의 『사기』, 『한서』 등의 중국사서, 그리고 일본의 사서까지 이용하였다.

그리고 유교적인 입장에서 정통(正統)을 매우 강조하였다. 단군조선 → 기자조선 → 마한을 정통으로 처리하고, 삼국시대는 무정통으로, 신라통일 이후는 신라를 정통으로 하였으며, 각 시대의 나머지 나라들은 참국(僭國)·열국(列國)·소국(小國)·찬적(簒賊) 등으로 규정·분류하여 기술하였다. 왕의 칭호, 죽음의 표현 등 모든 부분을 철저하게 구분하였다. 신라의 여왕은 "음기로 왕의 자리에 있었다"는 점에서 여주(女主)로 표시하였으며, 신라 왕실의 동성 사이의 결혼도 유교적인 입장에서 비판하였다.

정교가 이 책에서 무엇보다도 강조하고자 하였던 것은 '자주와 독립'으로, 이는 당시의 식민지화라는 현실 속에서 제기된 것이었다. 즉 "우리 동방은 단군, 기자, 마한 이후로 자주독립국"이라는 사실을 천명한다는 것이었다. 1906년 8월에 조용구(趙鏞九)가 쓴 서문에서도 "4천년 나라의 독립자주의 권리를 보태어 도우고, 우리 2천만 민중의 독립자주의 기운을 분발"하기 위한 것이라 하였다.

그는 '독립'을 강조하기 위하여, 단군으로부터 우리나라의 역사를 기술하였다. 그는 『삼국사기』에서 단군을 언급하지 않았던 점을 비판하고, 오히려 『동국통감(東國通鑑)』을 중시하였다. 그리고 당시 학부에서 편찬한 책들이 주로 하야시(林泰輔)의 역사연구를 그대로 수용하면서 임나일본부 등을 인정하고 있었던 것에 비해 고대 일본과의 관계를 엄격히 정리하였다. 일본 신공황후의 신라정벌에 대해서는 『일본서기』의 히메꼬(卑彌呼)의 침략기사를 인용·소개하였으나, 신라의 항복이 아니라 "신라와 일본이 강화했다"고 서술하고, '안설'에서는 "이 설은 외국(일본)의 역사에서 나온 것으로 참고해야 한다"라는 수준에서 가볍게 처리하였다. 그리고 말썽 많은 임나일본부는 아예 거론하지도 않았다.

하지만 일제의 보호국이던 당시의 현실에서 일본을 보는 시각에는 '독립·자주'의 의지가 애매하였다. 마한 원왕 2년(신라 시조왕 9년)의 기사에 이은 '안(按)'에서는 역대 일본과의 관계를 기술하면서, 당시의 일본과의 관계도 기술하였다. 즉 러일전쟁에서 일본의 승리와 러시아의 연전연패를 지적하고 "우리 대한과 일본은 동문동종(同文同種)의 나라로 땅이 맞닿아 있어 순치보거(脣齒輔車, 입술과 이, 수레와 바퀴)의 세를 이루고 있다"고 하면서, 역대의 화전(和戰)과 정치개혁에 대해 초학자들이 잘 모르므로 그 대략을 적는다고 하였다. 이런 지적은 당시 일본의 침략이데올로기였던 '아시아주의'와 그 주장이 다르지 않은 것이었다. 이 점은 이 책의 집필의도였던 '독립·자주'라는 점과 차이를 보이는 것이었다. (명확하지는 않지만, 일본 우익단체였던 흑룡회에서 쓴 『일한합방비사』에 실려 있는 일진회의 합방성명에 찬성하는 진신(縉紳)·유생(儒生)들의 성명서에 정교의 이름이 들어 있으며, 또한 그들이 만들려고 했던 '합방기념비' 안에 넣을 유공자 명단에도 정교가 들어 있다.)

다음 『대한계년사』는 1864년에서 1910년까지의 근대사를 편년체로 서술한 것이다. 자신의 직접적인 기록과, 당시의 관보, 신문, 개인의 글 등을 '합방' 후에 정리한 것이었다. 특히 3·4권은 자신의 독립협회 활동을 바탕으로 기록한 『민회실기(民會實記)』와 거의 같은 것으로, 독립협회 운동이 한창이던 1898년 1년치의 기록이 전체 책의 1/3 정도가 될 만큼 자세하다. 물론 왕실에 관한 기사가 상대적으로 많지만 일제의 침략과 이에 대한 항쟁을 사실적으로 기술하여, 독립협회 연구는 물론 당시의 사정을 아는 데 지금도 중요한 자료로 이용되고 있다.

그외 명나라 의종에서 명의 멸망까지의 역사를 서술한 『남명강목(南明綱目)』(5권 2책, 1908), 언어의 어원을 조사한 『동언고략(東言攷略)』(2권 1책, 1908)이 있으며, 『홍경래전』이 있다고 하나 전하지 않는다.

3. 장지연의 역사연구

장지연은 경북 상주 출신으로 호는 위암(韋庵) 또는 숭양산인(嵩陽山人)이었다. 영남의 유학자 장현광(張顯光)의 12대손으로, 13세 때 족조(族祖) 장석봉(張錫鳳)과 장복추(張福樞)로부터 성리학을 공부하였으며, 19살 때는 허훈(許薰)으로부터 학문을 배웠다. 성리학적인 경학을 바탕으로 허훈을 통하여 근기학파(李瀷·安鼎福·黃德吉·許傳)의 학문도 배웠던 것은 그의 사상 형성에 매우 중요한 점이었다.

1896년 11월 상경한 후 잠시 대한제국의 관료(사예소 직원, 내부 주사)로 생활하기도 하였지만, 점차 유교적인 입장을 벗어나기 시작하였다. 시의(時宜)에 따르는 변화를 강조하여 "5상(常)은 변할 수 없는 것이지만, 예악(禮樂)·형정(刑政)·전장(典章)·법도(法度) 등은 시의에 따라 변통

할 수 있다"라는 것이었다.

이런 동도서기론의 입장에서 그는 1898년에는 『황성신문』의 창간에 참여하여 주필이 되었으며, 1899년에는 『시사총보(時事叢報)』의 주필이 되었다. 1901년에 다시 황성신문사의 주필, 1902년에는 사장이 되었다. 1905년 '을사조약'이 체결된다는 소식에 그 유명한 「시일야방성대곡(是日也放聲大哭)」을 지었다.

이 사건으로 황성신문사를 떠났다가 곧 계몽운동에 적극적으로 참여하였다. 대한자강회를 발기하였고, 대한협회에도 관여하였다. 그러다가 1908년 2월 블라지보스또끄로 가서 최봉준이 만든 『해조신문』의 주필이 되었으나, 8월에 환국하였다. 그리고 1909년 1월 영남지방의 인사들이 조직한 교남교육회(嶠南敎育會)의 설립에 참여하여 편집원으로 활동하였다. 그러다가 대한협회가 점차 친일화되고, 일진회와 연합을 추진하자 이를 반대하여 대한협회를 탈퇴하고, 곧 1909년 10월 당시 유일한 지방신문이었던 진주의 『경남일보』 사장으로 초빙받아 그곳에서 생활하였다. 1913년 진주에서 마산으로 옮겼으며, 1921년 11월에 사망하였다.

장지연의 역사연구는 기본적으로 그의 '자강운동론'에서 비롯된 것이었다. 그는 대한자강회 발기인의 한 사람으로, 그 단체의 '자강운동'의 방안을 제시하던 대표적인 이론가였다. 역사연구와 관련하여서는 다음의 세 측면이 지적될 수 있다.

첫째, 국가사상과 애국심을 강조하였다. 그는 당시 우리나라가 빈약한 원인을 열거하면서, 그 가운데 특히 경제의 빈약, 당파의 고질, 국민의 우매, 국가사상의 부족 등을 지적하였다. 이런 빈약함을 극복하고 자강을 이루기 위해서는 교육과 식산활동을 행해야 하며, '민지의 발달 여부가 국가의 흥망을 좌우한다'는 생각에서 교육을 강조하였다. 특히 진취의 정신, 애국의 열성을 가지고 국가사상을 깨닫고 독립으로 무장해야 한다고 하였다.

둘째, 국권회복을 위한 '정신 확립'을 위해서는 종교가 필요하다고 생각하였고, 이를 위해 유교개혁이 필요하다고 주장하였다. 당시 유교의 폐단에 대해서는 많은 비판이 가해지고 있었고, 이를 개혁하기 위한 여러 논의들이 제기되고 있었다. 박은식의 「유교구신론」은 이런 차원에 제기되었던 것으로, 장지연은 박은식과 함께 대동교(大同教)를 창시하고 편집부장이 되었다. 대동교에서는 유교의 문약·부패·허약 등의 보수적인 병을 고쳐, 보수가 아닌 진화(進化), 전제가 아닌 평등, 독선이 아닌 겸선(兼善), 문약하지 않은 강립(强立), 단순하지 않고 협잡하지 않는 박포(博包), 허위가 아닌 지성(至誠) 등의 6대주의를 주장하였다.

셋째, 현실에서 요구되는 실용적인 이용후생의 학문을 추구하고, 당시 사회의 폐단을 개혁하기 위해서 자연히 조선후기 실학에 주목하게 되었다. 그리하여 김육(金堉)·유형원(柳馨遠)·이익(李瀷)·정약용(丁若鏞)·박지원(朴趾源)·안정복(安鼎福) 등의 실학자에 관심을 두었다. 장지연은 현채·양재건 등과 시사총보사를 광문사(廣文社)로 개편하여, 정약용의 『목민심서』『흠흠신서』『아언각비』, 박지원의 『연암집』, 안정복의 『동사강목』 등을 간행하였다. 물론 그는 '실학적인 토지개혁론'을 주장하지는 않았지만 농업기술의 개량, 황무지 개척, 일본의 농업침탈 배척, 곡가의 안정 등을 주장하였고, 농학관계의 『농정전서』『소채재배전서』『화원지』『농학신서』 등을 저술하였다.

위와같이 자강운동을 위한 국가사상·애국심의 강조, 유교의 개혁, 실학의 계승 등이 바로 장지연의 역사연구의 출발점이 되었다. 그는 역사를 통해 "지난 자취를 참고하고 현재의 상태를 살펴보면 미래의 결과를 알 만하다"고 하여(「과거의 상황」, 『대한자강회월보』 11), 역사연구의 필요성을 지적하였다. 그리고 특히 "교육을 시작함에는 반드시 먼저 본국의 역사를 가르쳐 조국정신을 환기시키고 동족감상을 북돋움으로써 애국심을 배양하고 발전력을 공고히해야 한다"고 하여(『신정동국역사』 서), 애국심 배양을 위해서는 자국의 역사를 가르칠 것을 강조하였다. 지리에 대한 연구도 또한 그러하였다. 『대한신지지』의 서문에서는 "지리학이 발달하지 않으면 애국심이 생겨나지 않는다"는 말을 인용하고, 자신의 지리 연구에 대해서 "오직 4천년 조국정신을 이 한 권의 지리교과서에 담아 전국의 동포에게 알려주기 위함"이고 또한 애국지사의 책상에 놓이기를 위한 것이라 하였다.

이런 필요성에서 장지연은 많은 역사관련 연구를 행하였다. 정약용의

『아방강역고』를 증보한 『대한강역고』(상하 2권, 1903), 우리나라 의복제도를 역사적으로 고찰한 『아한의관제도고(我韓衣冠制度考)』(1903, 『황성신문』에 연재), 영국의 식민지 이집트의 민족운동을 서술한 『애급근세사(埃及近世史)』(1905, 역술), 프랑스의 위기를 구한 쟌느 다르끄를 다룬 『애국부인전』(1907, 번역 신소설), 대한제국의 형세·물산·풍토·인정은 물론, 정치·구획·시세변천의 긴요한 바를 정리한 『대한신지지』(건곤 2권, 1907), 『중국혼』(1908, 번역, 양계초 원저), 『여자독본』(상하 2권, 1908), 『만국사물기원역사(萬國事物紀原歷史)』(1909, 서양의 각 제도, 문물의 소개), 그리고 미간행된 『신정동국역사(本朝紀)』(원고. 편년체로 조선의 개국부터 1904년 2월까지만 남아 있고 뒷부분은 없음. 뒤에 보게 되는 유근의 같은 이름의 책이 고려시대까지만 서술되었던 점으로, 이를 계속하여 서술한 것으로 생각되며, 장지연의 저술일 수도 있지만 원고를 수정하고 있었던 점으로 이미 간행된 책과 마찬가지로 유근이 쓴 것을 교정하였던 것일 수도 있다) 등이 있다.

장지연은 역사연구와 서술이 "지리하고 번잡한 것, 필요없는 것을 없애고 간결하고 정교하게 요약하는 것"이라고 하였다(『신정동국역사』 서). 특히 "우리 민족의 국경을 연구하고, 고지명의 위치를 확인하는 작업이야말로 국사연구의 기초이고 잊혀진 고대사를 보충해주는 것"이라고 하였다. 그가 『대한강역고』를 간행하였던 것은 이런 필요성에서 비롯되었다. 그가 증보한 부분은 특히 옛 지명과 위치, 우리 민족과 이민족과의 국경에 관한 문제였다. 일본의 남한정벌설, 간도문제와 관련하여 「임나고」「백두산정계비고」를 덧붙이고, 때로는 '지연안설(志淵按說)' 혹은 '연안(淵按)'을 통하여 자신의 견해들을 서술하였다.

이런 증보작업은 물론 사료를 통한 실증적인 작업에서 가능하였다. 정약용 당시에 인용하지 않았던 일본의 역사서나 황초령비문, 여러 유학자의 설을 새로이 수집·증입하여 분석하였으며, 한사군·삼한·신라·고구려·북간도 등의 지도를 만들어 보기에 편리하도록 하였다. 이러한 사료의 취급태도, 언어학적인 방법, 자연 지명과의 관계 등을 고려하는 역사연구 방법은 실학자들의 역사연구를 계승하면서 근대사학으로 전환해가는 위치를 차지하는 것이라 할 것이다.

구체적인 역사연구도 조선후기 근기학자들의 주장을 대체로 수용·확대하였다. 단군을 민족사의 서두에 거론하였고, 그 강역이 서북으로 만주지방을 포함하고 동으로는 강원도에 이른다고 지적하였으며, 또한 단군의 후손이 북부여·고구려·발해로 이어졌고, 다른 한편으로 부여로부터 백제를 거쳐 일본으로 이주하여 일본 서해에서 번성하고 있다는 사실도 지적하였다. 또한 기자조선 문제도 당시 일반적인 연구처럼 마한으로 이어지는 흐름만을 보지 않고, 삼한의 국가와 종족을 분리하여 기술하였다. 한사군 문제도 낙랑군이 초기에 평양에 있었지만 고구려의 무력에 의해 요동으로 이동하였다고 기술하여 고구려의 강성함과 토착민의 자립 등을 지적하여 민족의 독자성을 어느정도 지적하였다.

민족적인 측면을 강조하는 그의 입장은 무엇보다도 만주문제에 대한 이해에서 잘 드러났다. 만주지역은 우리 국력의 강약에 따라 그 소속이 결정되어왔다고 보고, 단군·부여 이래 이 지역을 가장 오래 점령하였으므로 역사적 연고권이 우리에게 있으며, 고려시대 이후에도 이 지역에 대한 회복을 꾀하였으나 백두산정계비 이후 국경이 도문·압록 양강으로 정해지면서 강역이 축소되었다고 파악하였다. 이런 지적은 언젠가 만주지역, 특히 간도지역에 대해서는 우리가 힘을 길러 실지를 회복해야 한다는 점을 주장한 것이었다. 그는 국토에 대한 학문적 확신이 있어야 뒤에도 회복할 수 있다는 생각에서 "우리의 지금의 힘으로 기자와 고구려의 옛땅을 회복하는 것은 논할 수 없지만, 조종(祖宗)의 구거(舊居)를 회복하고 이를 상세히 첨부하여 경계를 명확히하여 자강·자수하여 나아갈 뿐"이라고 하였던 것이다. (『황성신문』 1903년 5월 7일자)

그러나 그는 이 책에서 임나일본부를 근본적으로 부정하지 못하고, 오히려 정약용이 거론하지 않았던 임나일본부를 따로이 추가하면서 이를 부분적으로 수용하였다. 물론 일본 학자들과 같은 전면적인 인정은 아니었고, 납공의 형태와 점거지역·점거기한 등을 축소하는 선에서 조정되었다. 이점은 당시 역사교과서와 함께 일제의 식민주의적 역사연구의 잔영들이 남아 있었다는 점에서, 훗날 신채호의 『조선상고사』에 의해 그 잘못이 지적되기도 하였다.

일제시대에 들어 1914년 5월 이후 그는 총독부의 기관지였던 『매일신보』에 글을 투고하기 시작하였다. 때로는 해박한 고전 지식을 이용하여 글을 쓰기도 하였으며, 혹은 1915년에는 총독부의 공진회를 찬동하는 글을 쓰기도 하였다. 부원개발을 통한 문명개화를 주장하던 일제의 침략이데올로기를 그대로 따르는 오류를 범하였던 것이다. 그리고 1차대전중에는 일본의 침략이데올로기였던 아시아주의를 탈각하지 못하고, 일본의 주도하에 동양 삼국이 협력함으로써 백인종과의 경쟁에서 황인종이 승리해야 한다고 주장하기도 하였다. (「황백인전쟁」, 『매일신보』 1918년 3월 19일자)

그러나 이때 그의 관심은 무엇보다도 유교에 있었다. 유교를 근본으로 하던 그의 '동도서기론'은 이때에 한층 강조되었다. 그는 이런 주장을 역시 『매일신보』에 투고하였다. 더불어 우리나라 유학의 역사를 유명한 유학자를 중심으로 정리하였으며, 때로는 여기에서 빠진 청빈한 선비, 알려지지 않은 영재, 혹은 여류인사에 이르기까지 그들의 이야기를 여러 문집 속에서 수집·정리하였다. 『매일신보』에 연재되었던 『조선유교연원(朝鮮儒敎淵源)』『일사유사(逸士遺事)』가 그것이었다.

4. 유근의 역사연구

석농(石儂) 유근의 본관은 진주로 경기도 용인 출신이었다. 그의 모든 활동은 친우이자 사돈간이었던 장지연과의 관계 아래서 전개되었다. 유근의 모든 역사책은 장지연이 교정·교열하였을 정도이다.

유근의 활동은 독립협회 운동에서 비롯되었다. 1897년 8월 독립협회가 '토론회'를 개최하면서 그 토론회원이 되었으며, 1898년 11월 만민공동회가 개최될 시기에도 적극적으로 참여하였다. 만민공동회가 해산될 때 구속되기도 하였다.

그후에는 주로 『황성신문』을 중심으로 한 언론활동과 계몽단체의 자강·교육운동에 참여하였다. 1898년 9월 장지연·남궁억(南宮檍)·나수연(羅壽淵) 등과 함께 『황성신문』을 창간하였으며, 1905년 11월 장지연의 「시일야

방성대곡」으로 『황성신문』이 정간되었다가 1906년 복간되자 장지연의 뒤를
이어 사장에 취임하였다. 그리고 국민교육회를 거쳐 장지연과 함께 1906년
대한자강회에서 평의원으로 활동하였으며, 대한자강회의 해산 후에는 1907
년 11월 권동진(權東鎭)·오세창(吳世昌)·윤효정(尹孝定)·장지연 등과
함께 대한협회를 발기하였다. 그외 기호흥학회의 평의원으로 활동하기도
하였다. 또한 1907년 4월 양기탁(梁起鐸)·안창호(安昌浩) 등이 조직한 신
민회에도 참여하였다. 아울러 교육운동에도 참여하여 노일전쟁 전에 휘문
의숙의 한문교사·숙감·숙장을 역임하였다.

그리고 박은식·장지연·김교헌 등과 함께 최남선이 주도하는 조선광문
회(朝鮮光文會)의 조직에 참여하였다. 국학관계 문헌의 출판사업에서 주로
편집을 담당하였다. 이 활동은 장지연과 마찬가지로 그의 역사연구의 입장
이 유교적·실학적 연원과 관련된다는 점을 보이는 것이었다.

1909년에는 나철(羅喆)·오기호(吳基鎬)·김교헌 등이 단군교(대종교)를
창립하자 이에 가입하였다. 단군교와의 관계는 말년까지 유지되었는데, 특
히 1917년 2대 교주로 취임한 김교헌이 탄압을 피하여 만주로 망명하여 포
교활동을 펴나감과 아울러 독립운동에 투신하자, 서울 남도본사(南道本司)
에서 강우(姜虞) 등의 간부진과 함께 교무를 전담하여 해외독립운동을 지
원하였다. 그는 대종교의 정교(正敎)까지 역임하였다.

'합방' 이후에도 한말부터 추구하고 있던 교육과 식산흥업을 통한 실력양
성론은 계속 견지하였다. 1915년 김성수(金性洙)가 중앙학교를 인수하자
그 교장이 되었고, 그후 1920년 『동아일보』의 창설에 참여하여, 편집감독
이 되었다. 『동아일보』라는 이름도 그가 지은 것이었다. 그리고 경성고등
보통학교 부설 교원양성소 학생들이 조직한 조선산직장려계의 민족운동을
지도하다가 1917년 박중화(朴重華)·안재홍·김성수 등과 함께 일시 일본
경찰에 체포되었다. 3·1운동 후 4월에 개최된 13도 대표자의 국민대회에
대종교계 대표로 참석하고, '한성정부'의 정부체제 선택과 각료 선정에 참
가하다가 붙잡혔다. 1921년 5월 20일에 사망하였다.

유근의 역사연구로는 한말에 간행된 『신정동국역사(新訂東國歷史)』『초
등본국역사(初等本國歷史)』『신찬초등역사(新撰初等歷史)』 등이 있다. 모

62

두 학부에서 인정한 초등·중등용 교과서로 집필된 것이었다.

『신정동국역사』(2권 2책)는 1906년 유근과 원영의(元泳義)가 국한문으로 단군에서 고려시대까지를 편년체로 서술한 중등용(휘문의숙) 교과서다. (원영의는 이 책에 연속하여 조선시대의 역사를 『국조사(國朝史)』로 정리하였다.) 교정을 담당하였던 장지연은 그 서문에서 당시의 역사연구가 잘못되어 스스로 국체(國體)를 깎아내리고 정의를 저해하였다고 평가하고, 이 책은 잘못된 것은 삭제하고 의심나는 것은 제쳐놓아서 오랫동안 믿을 수 있는 역사를 쓴 것으로, 특히 독립주의를 천명한 것으로 평가하였다. 이것은 저자들의 '애국·진보의 관념'에서 나온 것이라 칭찬하였다.

애국적·독립적인 입장은 가령 고대의 일본과의 관계에서도 보였다. 삼한 가운데 소국으로 임나가 존재하였다는 사실에 대해서는 언급이 없다. 단지 일본 신공황후의 침략과 강화를 서술하고 있으나, 임나일본부에 대한 것은 없다. 오히려 신라초기에 일본의 수많은 침략을 격퇴한 기사를 서술하였다. 신라·고구려·백제·가락을 각각 별항으로 서술하면서 「가락기」를 설정한 자체가 임나를 부정하였던 점과 연관된다고 할 수 있다. 이런 점은 이미 임나일본부를 수용하고 있던 장지연의 『대한강역고』보다도 나아진 점이었다.

이 책은 물론 서술방법이나 인식에서 유교적 한계가 있었지만, 편찬의도가 학부에서 편찬한 교과서보다는 분명하였다. 마한 정통을 내세우고 삼국시대를 무정통으로 처리하면서도, 위만조선을 인정하고, 이 땅에 설치된 한사군을 몰아내고 고구려가 성립되었다는 점을 지적하고 있다. 또한 발해는 '제왕도'에서 제외시켜 그 비중을 낮게 인식하고, 서술한 분량은 적으나 고구려의 계승자라는 점과 신라에서 북국(北國)으로 인식하고 있었다는 점 등이 지적되어 있다. 그리고 「고려기」에서는 정치·토지·문예·대외관계·민란에 이르기까지 다양한 분야를 서술하고 있었던 점은 당시 역사서술이 정치와 대외관계를 중심으로 서술되고 있었던 점에 비해 나아진 점이기도 하였다.

『초등본국역사』는 1908년 국한문으로 편찬된 통사로, 60면에 불과한 짧은 책이고 장지연과 안종화(安鍾和)가 교정하였다. 내용의 서술은 편년적인 방법에 의해 이루어지고 있으나, 전체적으로는 당시 새롭게 도입되고 있던 신사체(新史體)의 형태를 가지고 있었다. 단군·기자·위만·삼한을 상고(上古), 삼국시대·통일신라·발해·견훤까지를 중고(中古), 고려시대를 근고(近古), 조선시대를 국조(國朝)로 나누고 있는 것이다. 삼한을 '봉건시대'라고 보고 있는 것이 특이하며, 특히 '본조' 25에서는 병인양요·신미양요의 격퇴, 일본·미국 등과 통상조약, 임오군란, 동학당의 난, 대한제국의 성립, 고종의 양위와 순종의 즉위, 영친왕의 일본 유학 등을 서술하여, 고종 당시의 역사에 제법 많은 분량을 할애하였다. 이 책은 같은 해 8월 조종만의 이름으로 순국문 『초등대한력사』로 간행되었다.

『신찬초등역사』(3권 3책)는 1910년에 초등용 교과서로 편찬된 편년체 통사이다. 크게 단군조선기·기자조선기·삼한기·삼국기·신라기·고려기·본조기로 나누고, 그 안에 다시 권별로 학습에 편하도록 총 266개의 과(課)를 두었으며, 고려말의 이성계로부터 한말까지가 약 4할 정도 되었다. 이 책은 '합방'에 임박했던 당시의 사정 속에서, 또한 교과서에 대한 검인정이 실시되고 있었던 상황에서 위의 두 책에 비하여 민족적인 성향이 매우 약화되었다. 단적으로 1911년 총독부에 의해서 위의 두 책은 인가되지 않았으나, 이 책은 검인정으로 인가되었다. 이런 경향은 가령 앞의 두 책에서 기술하지 않던 임나일본부를 이 책에서는 기술하고 있었던 것에서도 잘 드러났다.

이런 점은 당시 일본의 침략과정을 기술하는 데서도 드러났다. 일본의 운양호사건에 대해서도 그 도발행위를 지적하지 않았고, '수호조규'의 체결도 일본과의 화친을 회복하는 것으로 기술하였다. 또한 청일전쟁도 "일본과 동맹하여 청병의 철퇴를 구하되"라고 하였으며, 이 이후 홍범14조도 "청국의 복속을 벗어나 자주독립의 일을 태묘에 서고(誓告)"한 것이라 하였다. 더욱이 러일전쟁은 일본이 우리나라를 보전하기 위한 것으로, 그리고 "이 전쟁이 일어나매 우리 조정은 동양의 평화를 확립하고 또한 아국의 부강을 협조할 뜻으로써 일본과 조약을 체결하여 양국의 친밀한 교의를 협정하니 이것이 을사조약이오, 그후에 우리 정부에서 7개 조약을 정하니 이것으로 일본의 통감은 아국에 와서 정치의 지도를 행함으로 양국의 친밀이 더욱 두텁게 되었다"라고 끝을 맺었다. 일본의 침략을 동양의 평화·문명화·부강화를 위한 것으로 인식하였던 것이다. 〔金度亨〕

□ 참고문헌

張志淵, 『韋庵文稿』, 국사편찬위원회 1956.

鄭喬, 『大韓季年史』, 국사편찬위원회 1957.

『나라사랑』 18, 위암 장지연 선생 특집호, 1971.

『韓國開化期敎科書叢書』, 국사편 8-10, 1977.

『張志淵全書』, 단국대 동양학연구소 1979.

千寬宇, 「張志淵과 그 思想」, 『白山學報』 3, 1967.

具滋赫, 「張志淵의 歷史意識과 敎育論」, 『歷史敎育』 27, 1980.

蘇英珠, 「秋人 鄭喬의 政治社會思想 研究」, 연세대 석사학위논문, 1982.

金度亨, 「韓末啓蒙運動의 政治論 研究」, 『韓國史研究』 54, 1985.

李薰玉, 「韓末 張志淵의 歷史認識」, 『한국민족운동사연구』 3, 1989.

趙東杰, 「韓末 史書와 그의 啓蒙主義的 虛實」(상·하), 『韓國民族主義의 成立과 獨立運動史研究』, 지식산업사 1989.

제 5 부

항일운동기

제 1 장

항일운동기의 역사인식

1. 1910년대의 역사서술

근대사학이 성립해가던 대한제국 시기의 사서는 식민사학에 오염되어갔다. 그때에 근대사학의 길을 연 것이 사론으로는 신채호(申采浩)의 「독사신론(讀史新論)」(1908)이었고 통사서술로는 황의돈(黃義敦)의 『대동청사(大東青史)』(1909)였다. 그후 민족사학은 망명지에서 발전하였다. 황의돈·신채호·박은식(朴殷植)·계봉우(桂奉瑀)·이상룡(李相龍)·김교헌(金敎獻)·장도빈(張道斌) 등이 만주나 연해주에서 민족사학을 일으킨 인사들이다.

반면 국내에서는 민족사학이 일어날 수 없었다. 그것은 일제의 식민통치로 민족사학자가 해외로 망명하지 않으면 안되었고 또 식민통치의 민족동화정책으로 말미암아 민족사학이 일어나는 길이 봉쇄당하고 있었기 때문이다. 그러므로 무단통치기인 1910년대에는 구한말의 민족사학을 계승하는 것조차 어려웠다. 그런 가운데 북간도 명동학교에서 망명생활을 하던 황의돈이 다시 국내에 들어와 안흥(安興)·오산(五山)·대성(大成)학교 등 서북지방의 민립학교에서, 또 1914년부터는 서울의 휘문(徽文)과 보성(普成)학교에서 역사를 담당하여 자신이 저술한 『대동청사』를 보급함으로써 민족

68

사학을 새롭게 일으켰다. 『대동청사』가 비록 필사본이었다고 하더라도 그것이 민립학교의 교재였기 때문에 영향은 컸다고 봐야 할 것이다. 그리고 『대동청사』가 1910년대에 크게 수정 보완되었을 것으로 생각된다. 그리하여 『대동청사』는 1920년의 『조선통사(朝鮮通史)』(출판금지당함) 또는 1922년의 『조선신사(朝鮮新史)』(필사본)로 발전해갔다. 한편, 장도빈이 1916년에 『국사(國史)』(필사본)를 저술했다고 한다. 그러나 내용을 분명하게 알 수는 없다. 『장도빈전집』에 전하는 『국사』는 8·15해방까지 서술되어 있으므로 1916년의 원본일 수 없기 때문에 당초의 내용을 알 수 없는 것이다. 장도빈이 1917년에 간행한 『조선연표(朝鮮年表)』(인쇄본)를 보면 정통론의 잔영이 남아 있기는 하나 남북조시대라든가 부족자치제의 설명이 새로운 특징으로 발견된다. 『국사』도 그런 내용일 것으로 짐작되고 특히 남북조시대나 부족자치제의 설명은 통사서술에서 처음으로 발견되는 내용이므로 주목된다. 그리고 『장도빈전집』에 전하는 『국사』의 내용이나 1923년에 간행한 『조선사요령(朝鮮史要領)』을 보면 1916년의 『국사』도 황의돈의 저술처럼 문화사학 유형의 서술일 것으로 짐작된다.

1910년대에 해외에서 저술된 것은 신채호가 만주의 동창학교(東昌學校)에서 교재로 사용했다고 전하는 『조선사(朝鮮史)』와 이상룡의 『대동역사(大東歷史)』와 김교헌의 『신단민사(神檀民史)』『신단실기(神檀實記)』, 그리고 박은식이 상해(上海)에서 출간한 『한국통사(韓國痛史)』가 있었다. 어느 것이나 독립운동 학교의 정신교재로 편찬한 것이다. 신채호의 『조선사』가 어떤 것인지는 알 수 없으나 「독사신론」에서 민기(民氣)를 강조한 점이나 그후에 발표한 논저로 보아 박은식의 『한국통사』와 함께 국혼(國魂) 등을 강조한 유심론적(唯心論的) 역사서술이 아닌가 한다. 유심론적인 역사서술이라는 점에서는 이상룡과 김교헌의 경우도 같았다. 그런데 그것이 신채호나 박은식의 경우와 다른 것은 철저하게 대종교(大倧教)적이었다는 점이다.

이같이 해외에서 저술된 여러 저술은 『대동청사』 외에는 모두 통사가 아니었다. 고대사에 국한하거나 아니면 『한국통사』처럼 근대사에 관한 서술이었다. 그러나 비록 통사는 아니었지만 민족적 역사의식을 고양하는 데는

적지 않게 공헌하였다. 1915년에 『한국통사』가 출간되자 일제는 크게 당황
하였다. 조선총독부에서 1916년에 이른바 '반도사편찬사업(半島史編纂事
業)'을 일으킬 때 『한국통사』 같은 역사책으로 조선인이 항일의식을 키워
가는 것을 우려하여 조선사 편찬을 서둘렀다고 했다. 그후 일제는 1922년
에 조선사편찬위원회를 설치했고 1925년에는 조선사편수회로 개편하여 식
민사학의 심화·확대에 박차를 가했다.

2. 3·1운동 이후의 역사서술

조선사편찬위원회에 이은 조선사편수회의 조직적인 활동으로 말미암아
민족사학은 위기를 맞게 되었다. 그리고 민족사학의 위기는 곧 민족의 보
존을 위협하는 것이었으므로 민족보존을 위한 노력으로 민족사학의 성장이
요구되었다. 그것은 특히 3·1운동의 민족적 궐기를 보면서 민족지성이 가
야 할 길이기도 하였다. 민족보존을 위하여 민족사학과 함께 다급하게 요
구된 것이 민족어(말)의 보존과 개발이었다. 그러므로 1920년에는 조선어
연구회를 결성하여 식민지 '국어'인 일본어에 대항하여 민족어인 '한글' 운
동을 일으켰다. 조선어연구회는 구한말에 설치되었던 국어연구소 또는 국
어연구학회의 후신과도 같은 것이었다. 한글운동처럼 조직운동으로 전개되
지는 않았지만 민족사학도 1920년부터 여러가지 교양잡지에 역사문제 관계
의 글을 싣고 토의하는 방식으로 일어났다. 1920년대 초에 역사관계 논설
을 많이 실은 잡지는 『개벽(開闢)』 『청년(靑年)』 『동명(東明)』 『서울』 등
이었다.
위에서 소개한 잡지에 실린 역사관계의 글에는 사회사의 문제를 다룬 것
도 있기는 하나 대체로 민족문화에 대한 내용을 소개하는 것이 많았다. 이
것은 일본어·일본역사·일본문화가 식민문화로서 상륙하고 있는 데 대한
상대적 현상이기도 했다. 그리고 때마침 일고 있던 문화주의 사조의 영향
도 컸다. 『개벽』에는 문화주의 논설이 수없이 실리고 있었는데, 거기에는
서유럽이나 일본에 만연한 문화주의 사조의 영향이 그대로 전달되어 있었

다. 장도빈이 「현대의 사조와 아인(我人)의 소질」(『서울』제4호)에서 문화주의는 현대의 사조이며 조선민족의 소질이라고 한 것은 당시의 사조를 대변한 것이기도 했다. 그러한 민족보존을 위한 노력, 조선민족의 전통적 소질, 세계적인 문화주의 사조 등을 복합적으로 의식하면서 발표한 역사관계 논설은 문화사적인 서술이 많을 수밖에 없었다. 그것은 정치논설을 쓸 수 없는 현실을 피해 가는 민족의 처지이기도 했고 또 어려운 경제사 문제를 피해 가는 방편이기도 했다.

이러한 사조 속에서 문화사학의 학풍이 일어나 조선역사의 통사저술이 출간되기 시작하여, 황의돈의 『신편조선역사(新編朝鮮歷史)』(1923), 장도빈의 『조선사요령』(1923), 안확(安廓)의 『조선문명사(朝鮮文明史)』(1923), 박해묵(朴海默)의 『반만년조선역사(半萬年朝鮮歷史)』(1923), 권덕규(權悳奎)의 『조선유기(朝鮮留記)』(1924) 등이 간행되었다. 이런 책들이 나오면서 구한말 역사서술에서 여러가지 모양으로 남아 있던 중세적 명분론이 극복되어간 점은 사학사의 면에서 특별한 의미가 있는 것이다. 사론에 대해서는 재론하겠지만 편년체 방식의 서술이 아니라 시대를 구분하고 있을 정도로 학문체제를 갖추어갔다. 시대구분은 문화사학의 관점에서 시도하고 있었다.

문화사학도 유심론사학과 같이 관념사관이다. 그런데 문화사학은 유심론처럼 일원론적 정신력에 의한 역사와 역사변천을 추적하는 방식이 아니라 사회의 상층구조의 현상과 그 변천을 추적하였다. 그러므로 같은 관념사관이라고 해도 서술방식에서는 차이가 많았다. 문화사학은 사회의 하층구조인 경제는 문물제도라는 측면에서 이해할 뿐이었다. 즉, 사회경제 현상을 문화총체(文化總體) 속에 내재한 제도로 이해하였다. 따라서 상고·중고·근고·근세 등의 시대도 그러한 문화총체의 특징에 따라 구분하였다. 그러니까 결국 왕조별로 구분하게 되었다. 황의돈의 『대동청사』만은 고려의 전후기를 나누어 몽고지배 이후 조선시대까지를 근고(近古)라 하여 문흥무쇠(文興武衰)시대라고 이름하였다. 거기에는 민족의 대외관계를 의식한 민족주의 의식이 반영된 듯하다.

민족주의 기준에서 보면 문화사학에 비하여 유심론사학이 좀더 철저했

다. 문화사학은 최남선이 1927년에 발표한 「불함문화론(不咸文化論)」처럼
보기에 따라서 흑백이 교차할 수 있는 문제가 많은 것이다. 그리고 근대사
서술에서도 민족성향이 약한 경우가 많았다. 문예면을 서술하는 데도 저자
에 따라 다르다. 즉 어문이나 학문·예술·종교·언론·교육의 어느 분야
에 비중을 두었느냐는 모두 다르다. 가령 권덕규의 경우는 종교와 어문에
비중을 두고 민족주의 성향을 좀더 강하게 나타내고 있다. 그리고 전통문
화에서 불교와 유교를 서술하는 관점도 다르다. 조선시대 유학자에 대하여
'가명인(假明人)'이라고 혹평한 권덕규는 다른 종교에 비하여 유교에 대한
서술이 간략한 것이다.

　이와같은 1920년대 통사서술에서 주목을 끌었던 새로운 것은 발해와 신
라의 관계를 모두 남북조(南北朝, 國)시대로 보고 있는 점이다. 이것은 조
선후기 유득공(柳得恭)의 『발해고(渤海考)』나 신채호의 「독사신론」의 사론
을 계승한 것이지만 여러 책이 한결같다는 점에서 크게 주목되어야 한다.
즉 통설로 정착하고 있는 것이다. 이를 볼 때 당시에 학회 같은 조직은 없
었다고 해도 어떤 형태든 토론의 광장이 있었던 것이 아닌가 생각된다. 통
설이 되었다고 해도 신라의 위치를 중시한 황의돈의 경우와 발해의 위치를
중시한 권덕규의 경우가 비교되는 것처럼 관점이 모두 같을 수는 없었다.
그것은 오히려 당연하다고 봐야 할 것이다. 그리고 일반적으로 남북조라고
한 데 비하여 장도빈은 남북국이라 했는데 1917년의 『조선연표』에서는 장
도빈도 남북조시대라고 했다. 지금까지 발견된 인쇄물로 보면 남북조시대
의 용어는 『조선연표』에서 처음으로 사용되었다. 문제는 그와같이 남북조
(국)라고 일컫던 것을 일제의 조선사편수회 또는 그 학술단체로 분장한 조
선사학회에서 '신라통일기'라고 명명하여 그것이 민족사학의 남북조(국)시
대설을 엎어버린 데에 있다. 이 문제는 앞으로도 거론되어야 할 학계의 과
제로 남아 있다.

　다음에 주목을 끄는 것은 조선시대 당쟁을 서술한 내용이다. 이미 1907
년에 시데하라(幣原坦)가 『한국정쟁지(韓國政爭志)』를 간행하여 당파망국
론이 엄습한 지 오래된 시기였는데 1923년 『조선문명사』에서 안확은 붕당
발전론을 제기하여 주목을 받았다. 그러나 조선사편수회의 오다(小田省吾)

가 『조선정쟁약사(朝鮮政爭略史)』(1925)를 내고 민족사학자들도 붕당발전
론에 호응하지 않아 안확의 사론은 퇴색한 듯했는데 근래에 학계에서 재론
되어 다시 주목을 끌고 있다.

　　장도빈·권덕규·황의돈 등은 앞에 소개한 저술에 이어 새로운 역사책을
계속 간행하고 있었다. 권덕규는 1926년에 『조선유기』 중권을 출간한 데
이어 29년에는 『조선유기략(朝鮮留記略)』을, 장도빈은 1928년에 『조선역사
대전(朝鮮歷史大全)』에 이어 1932년에 『조선사(朝鮮史)』를, 황의돈은 1926
년에 『중등조선역사(中等朝鮮歷史)』를 내놓았다. 1920년대에는 문화사학의
논설문도 많이 나왔다. 그러나 발표된 논제를 모두 소개할 수는 없다. 황
의돈·안확·장도빈·권덕규 등 통사를 저술한 위의 인사 외에 최남선(崔
南善)·이능화(李能和)·김원근(金瑗根)·차상찬(車相瓚)·이돈화(李敦化)·
이병도(李丙燾)·박종홍(朴鍾鴻)·문일평(文一平)·손진태(孫晋泰) 등이 1920
년대 신문과 잡지에 역사관계 논문을 투고한 횟수가 많았다.

　　그중에서도 먼저 황의돈의 「민중적 규호(叫號)의 제일성(第一聲)인 갑오
(甲午)의 혁신운동」(『개벽』 1922년 4월호)과 문일평의 「갑자이후(甲子以後)
육십년간의 조선」(『개벽』 1924년 1월호)이 사학사적 가치가 높다. 여기에는
1894년 동학농민전쟁에 대한 계급혁명이나 민중혁명적 시각이 정리되어 있
다. 이것은 천도교인들의 선교논리가 아니라 역사학자의 글이었고 과거에
동학란이라고 이해하던 것을 혁명운동으로 새롭게 이해했다는 점에서 의의
가 있다. 문일평의 글은 지배층 지식인의 갑신혁명(甲申革命, 1884)과 동
학당란(東學黨亂, 1894)의 계급혁명적 성격을 논하고, 3·1운동의 민족혁
명적 성격까지 정리하고 있다. 이러한 글은 근대적 역사인식을 제고하는
데 크게 이바지했다고 보아야 한다.

　　그리고 다음에는 역시 황의돈의 「광무융희연대(光武隆熙年代)의 계몽운
동」(『新民』 1926년 6월호)이 주목된다. 이것은 구한말 지식인의 언론교육운
동을 '계몽운동'으로 개념화한 뛰어난 역사인식을 보여주었다. 해방 후의
학계에서 애국계몽운동이라고 이름한 것인데, 굳이 애국이란 접두어를 붙
일 필요가 없다는 것도 새삼 확인할 수 있는 것이다. 그리고 문일평의 「고
려의 국가적 이상(理想)」(『한빛』 1928년 1월호)도 고려의 발해와 신라를 통

합한 통일국가로서의 성격과 북진정책의 민족사적 의미를 규명한 탁월한 글이다. 어느 글이나 모두 이 방면 역사인식의 선구적인 것이므로 사학사에서 특별히 기억해둘 만하다.

1910년대에 만주나 연해주에서 신채호·박은식·김교헌 등에 의해서 개척되고 있던 유심론사학은 1920년대에 와서 국내에도 보급되고 있었다. 박은식의 『한국독립운동지혈사(韓國獨立運動之血史)』(1920)는 보급이 어려웠지만, 신채호는 1924년과 25년에 걸쳐 『동아일보』에 새로운 논문을 연재하였고 그것은 1930년에 『조선사연구초(朝鮮史硏究草)』로 간행되었다. 그리고 1931년 『조선일보』에 연재한 『조선사』와 『조선상고문화사(朝鮮上古文化史)』에 이르러 단재사학은 절정을 이루었다. 그리고 1928년에 창간한 『한빛』에는 김교헌의 『신단민사』가 연재되었다. 이와같이 해외에서 개척한 유심론사학의 저술이 기회있을 때마다 국내에 보급되고 또 강한 민족주의 성향을 띠고 있어 주목을 끌었다.

해외에서 발표된 글은 계봉우의 것을 빼놓을 수 없다. 상해의 『독립신문』에 사방자(四方子)란 이름으로 연재한 「북간도(北墾島) 그 과거와 현재」와 뒤바보란 필명으로 연재한 「아령실기(俄領實記)」와 「의병전(義兵傳)」은 당시로서 현대사의 정리라는 측면에서 뜻있는 것이었다. 뒤바보는 북우(北愚), 즉 계봉우의 호였고, 사방자는 뒤바보의 또다른 필명이었다. 계봉우는 러시아의 연해주에서 민족교육에 이바지하며 민족사 개발에 힘써 1932년 이후 『동학당폭동(東學黨暴動)』『조선역사(朝鮮歷史)』『조선문학사(朝鮮文學史)』 등의 귀중한 저술(필사본)을 남겨놓았다.

끝으로, 이 시기의 역사고증은 언어학적 또는 어의학적 방법을 구사하고 있었다는 점이 특징이다. 일반적 경향이기는 하지만 그 가운데에도 신채호·정인보·권덕규·계봉우 같은 이의 저술이 대표적인데, 그들은 역사논저에 못지않게 국어학 관계 논저가 많았다. 그래서 이들을 국학자로 분류하는바, 이것은 역사뿐 아니라 국학을 종합적으로 연구한다는 뜻일 것이다. 그러한 국학자가 다소의 예외가 없는 것은 아니지만 민족주의 성향이 강한 일면을 보여주기도 했다. 그리고 언어학적 방법은 1930년대에 안재홍(安在鴻)이나 유물론사학을 대표한 백남운(白南雲)에게도 계승되고 있다.

3. 역사방법론의 반성

계몽주의 역사가들은 역사는 영웅의 의지와 역할에 따라 변천한다고 생각하였다. 대한제국의 쇠운도 국가적 영웅이 출현하지 못한 탓이라고 생각하였다. 당시에 을지문덕(乙支文德)이나 이순신(李舜臣) 같은 위인의 전기 간행이 많았던 것이 그러한 역사인식을 반영하고 있다. 이러한 영웅사관은 1910년을 전후하여 국민 또는 민족의 민기(民氣)·국혼(國魂) 등으로 표현된 정신상태에 의하여 흥망성쇠가 결정된다고 하는 생각으로 변해갔다. 그런데 민기나 국혼 같은 정신력에서 흥망성쇠의 동력을 찾는 관점은 한두 사람의 영웅이 아니라 국민이나 민족을 역사의 주체로 본 것이므로 영웅사관과 구별된다. 그러나 의지나 민기나 국혼이라는 정신력에서 역사변천의 동력을 찾고 있다는 점은 공통된다. 그러한 역사이해의 방법론을 유심사관 또는 유심론사학이라고 이름해둔다. 이러한 유심론사학의 대두는 대한제국의 운명이나 국권회복을 위한 독립운동의 정신적 자세와 밀접한 관계가 있었다. 그래서 박은식·신채호·김교헌·이상룡 등 해외 독립운동가들에 의해서 유심론사학이 개척되었다.

그런가 하면 3·1운동과 더불어 인도주의 사상이 고양되어 정의·인도의 사회를 추구하면서, 역사변천의 동력 문제뿐 아니라 역사변천의 방향에 대한 이상주의적 요구를 고려하여 사회의 문물제도의 발전을 중심으로 역사변천을 추적해보려는 문화사학이 대두하였다. 문화가 관념의 소산이라고 보면 문화사학도 유심론사학과 함께 관념사관이다. 그러나 앞서 말한 바와 같이 사회를 문화총체로 보아 현상론적이며, 이상주의적 제도나 사회를 대상으로 한다는 점에서 일원론적인 유심론사학과 다르다. 그리고 이상사회의 목표가 설정되어 있으므로 발전적 시각에서 역사를 보려는 것도 특징이 될 수 있다. 이러한 문화사학은 3·1운동 후에 밀려온 문화주의 사조의 영향을 크게 받고 있었다. 황의돈·최남선·장도빈·안확·권덕규 등이 서술방식에서는 차이가 있어도 1920년대 문화사학을 대표한다고 할 수 있다.

그런데 문화사학은 3·1운동과 더불어 부양(浮揚)한 인도주의에 용기를 얻어 이상주의 성향을 강하게 가지고 있었다. 그리하여 문화사학자의 고대사 서술에서는 주(周)나라 봉건제도의 이상사회를 대입하고 있으며 부족공동체사회는 자치제도의 사회로 이상화하고 있다. 그리고 안확 같은 이는 붕당발전론에서 보듯이 고려시대나 조선시대의 역사를 발전사적으로 설명하느라 고심하였다. 그러나 일제의 식민통치는 인도주의나 문화주의 이상을 짓눌러버렸다. 1920년대가 깊어갈수록 3·1운동 때 부상한 인도주의의 희망이 희석되어갔다. 따라서 문화사학의 저술도 존재기반이나 후원자를 잃은 채 발전을 보지 못하고, 민립학교의 교재 정도로 생명을 부지해가는 역할 이상을 하지 못하였다.

그것은 사회경제에 문제의식을 가지고 있지 않았기 때문이며, 따라서 패배의식까지 생성시켜갔다. 당시의 문화사학은 사회경제 문제를 문화총체 속의 문물제도 정도로 서술하고 있었으므로 사회경제적 문제의식이 있어야 포착할 수 있는 '중세'는 시대구분에서 설정하지 못하고 있는 것이다. 그리하여 단순하게 왕조별로 시기를 나눈 상고·중고·근고·근세 방식으로 시대구분을 했다. 이것은 식민사학에서 말하는 고대와 최근세(근대)의 양분법과 크게 다를 바 없었다. 그러한 시기구분 자체가 1892년에 나온 일인학자 하야시(林泰輔)의 『조선사』에서 태고·상고·중고·근세로 구분한 방법을 1906년 현채의 『동국사략』에서 수용한 이후, 민족사학자가 한결같이 답습하여 1920년대 신진학자로 꼽히는 이병도(李丙燾)에 이르기까지(『동아일보』 1923년 9월 29일자) 예외없이 수용한 것이었다. 구한말에는 경제사학이 수용되지 않았던 때이므로 그 정도에 머물렀다고 하더라도 1920년대에는 사정이 달랐다. 1920년대는 경제사학이 다양하게 논의되던 시기였다. 그러므로 일본 역사주의 경제사학을 대표한 후꾸다(福田德三)가 제기한 데서 비롯된 식민사학의 정체성론에 대하여 문화사학은 어떤 대답도 내놓을 수 없었다. 오히려 그것을 긍정하는 결과를 낳았다. 따라서 문화사학자 중에는 민족적 기력을 잃고 최남선처럼 식민사학에 흡수되어가는 이도 있었다.

이 때문에 식민지하에서 민족적 욕구를 강하게 반영해주는 유심론사학이 각광을 받았다. 해외동포 사회에서는 물론이었지만 국내에서도 신채호나 박은식의 저술이 주목을 받았다. 그러나 유심론사학은 한국사를 통사로 서술해주지 못하였다. 통사로 서술하지 못하므로 식민사학을 구체적으로 극복할 방도가 나오지 않았다.

이럴 때에 조선총독부에서 1922년에 설립한 조선사편찬위원회와 1925년의 조선사편수회를 통하여 식민사학의 출판물이 홍수처럼 쏟아져 나왔다. 식민사학의 방법론은 문화사학과 역사주의 경제사학의 방식이었다고 할 수 있지만(식민사학의 초기에 크게 대두한 일본 국수주의 국학론자들은 조선사편수회나 경성제국대학과는 별도로 재야 식민사학자로 활동하고 있었는데, 아오야나기(青柳南冥)·호소이(細井肇)·샤꾸(釋尾東邦) 등이 그 대표자이다) 그에 대응할 민족사학의 개척이 저술의 수량과 방법론상의 질적인 면에서 함께 요구되고 있었다.

여기에서 화제를 잠시 돌려보기로 한다. 1923년에 박해묵이 『반만년조선역사』(덕흥서림)를 간행했는데 이것은 황의돈의 저작권침해 소송으로 1923년 말부터 서점가의 화제가 되었다(『동아일보』 1924년 1월 11일자). 구한말 이래 번안작품이 많던 당시에 그 소송사건이 지적 소유권 보호에는 이바지했을는지 모르지만 민족사학 저술의 수량적 성장을 봉쇄한 결과를 초래하였다. 알려진 대로라면 『반만년조선역사』가 황의돈이 1922년에 저술했다는 『조선신사』의 표절도 아닌 도작 또는 위작이었으므로 동정의 여지는 없다(『동아일보』 1925년 12월 2일자). 그러나 표절이나 번안저술에 의해서라도 민족사학의 출판물이 넘쳐야 역사방법론도 개척되면서 질적으로도 발전할 수 있었던 그런 시기에 2년여에 걸친 소송사건 이후에는 저작권법상 창작과 표절의 한계를 분간할 수 없어 역사저술의 폭이 좁아진 것이 사실이었으니 아쉽게 느껴질 따름이다. 더구나 민족사학이 식민지 법관에 의해서 요리되었다는 것을 생각하면 안타까운 일이었다.

아무튼 1920년대 후반기는 식민사학이 조직적으로 확산되어가는 가운데 민족사학의 방법론 개발이 민족적 과제로 제기되고 있던 시기였다. 민족사학의 연구인력도 식민사학의 연구인원보다 더 적은 형편이었다. 뿐만 아니라 1920년대에 통사를 간행한 학자 중에는 대학에서 역사학을 전공한 사학자가 없었다. 그러므로 역사방법론을 논의할 민족사학의 광장이 형성될 수 없었다. 따라서 민족사학의 연구학회 같은 것도 나타나지 않았다. 20년대의 방법론으로 뛰어났던 안확의 『조선문명사』도 그후 안확이 분류사에 전념했던 탓인지는 몰라도 계승 발전되지 못했다. 이럴 때 유물사관 또는 유물론사학이 대두하게 되었다. 유물론사학이 국내잡지에 소개된 것은 1920년부터인데 1925년까지 한국인이 발표한 논설문은 다음과 같은 것을 찾아볼 수 있다.

우영생(又影生), 「맑스와 유물사관의 일별(一瞥)」, 『개벽』 1920년 8월호.
윤자영(尹滋瑛), 「유물사관요령기」, 『아성(我聲)』 1921년 3월호.
신백우(申伯雨), 「유물사관개요」, 『공제(共濟)』 1921년 4월호.
이순탁(李順鐸), 「유심사관과 유물사관」, 『연희(延禧)』 1925년 4월호.

어느 것이나 간단한 논설문에 불과하지만 당시에는 유물론과 유물사관이 별개의 논리라는 주장이 있을 정도로(일본 카와까미(河上肇)의 초기 주장) 유물사관에 대한 이해가 초보단계에 불과했으므로 전문적인 논문을 기대할 형편도 아니었다. 그러므로 유물사관으로 역사를 설명하고 서술한다는 유물론사학은 적어도 1920년대에는 불가능하였다.

그러나 1925년에 창립한 조선공산당의 활동과 더불어 1920년대 후반기에는 유물사관의 논의가 활발하게 일어났다. 그때에 유물사관의 이론이 발전하기도 했지만 문화사학이 문물제도의 범위에서 이해하던 사회경제에 대하여 새로운 관심을 갖게 되었다는 점이 주목된다. 따라서 문화사학의 이론도 변화가 예상되었다. 그것은 경제적 수탈이 가혹한 식민지 현실에서, 더구나 20년대 후반기 경제공황이 심화되어가던 가운데서 얻은 극히 당연한 결과이기도 할 것이다. 이러한 문제들은 1930년대 민족사학의 과제로 넘겨졌다. 〔趙東杰〕

제 2 장

신 채 호

申采浩 1880~1936

1. 신채호의 생애와 활동

단재(丹齋) 신채호(申采浩)는 1880년 충청남도 대덕군 산내면 어남리 도림마을에서 한 농촌 선비의 둘째 아들로 태어났다. 그는 고령신씨(高靈申氏)로서 신숙주의 18대손에 해당하는 양반가문에서 태어났다. 그의 조부 신성우(申星雨)는 문과에 급제하여 사간원(司諫院) 정언(正言)까지 지냈으나, 아버지 신광식(申光植)은 한미한 농촌 선비였으며, 신채호가 8세 되던 해에 젊은 나이로 작고했다. 이후 신채호는 조부를 따라 청원군 낭성면 귀래리 고두미 마을로 옮겨가, 서당 훈장을 하는 조부의 가르침을 받으면서 성장했다. 신채호는 조부의 소개로 18세 되던 해인 1897년 대한제국에서 학부대신을 지낸 신기선(申箕善)을 만나 목천(木川)에 있던 그의 본가에 가서 많은 장서를 빌려 볼 수 있었다. 그리고 이듬해에는 신기선의 추천으로 성균관에 입학했다. 이후 신채호는 한편으로는 유학공부를 계속하면서도 다른 한편으로는 당시 국내에 수입되고 있던 중국·일본의 신서와 개화파들이 간행한 신서들을 읽으면서 점차 개화자강론자로 변모해가기 시작했다.

결국 시세의 흐름은 신채호로 하여금 성균관의 유생으로 머물러 있게 하지 않았다. 러일전쟁의 와중에 휩쓸려 풍전등화와 같은 처지에 놓인 조선의 현실 앞에서 신채호는 1905년 장지연(張志淵)의 초청을 받고 『황성신문』의 논설기자로 입사하여 계몽운동에 뛰어들게 되었던 것이다. 그러나 『황성신문』은 1905년 11월 20일자 사설 「시일야방성대곡(是日也放聲大哭)」 때문에 무기정간처분을 당하였다. 이때 『대한매일신보』의 양기탁(梁起鐸)은 신채호에게 『대한매일신보』의 논설기자로 옮겨올 것을 요청하여 단재는 1906년 이후 이 신문에서 활동을 계속하게 된다. 당시 『대한매일신보』는 『황성신문』과는 달리 외국인이 발행인으로 되어 있었기 때문에 사전검열을 받지 않을 수 있었다. 따라서 단재는 이 신문에서 일본제국주의의 침략과 친일파의 매국행위를 통렬히 비난하고 애국심과 국권회복의식을 고취하는 열정적인 논설들을 쓸 수 있었다.

이같은 언론활동을 계속하면서 단재는 1907년 4월 양기탁·안창호(安昌浩)·전덕기(全德基)·이동녕(李東寧) 등이 조직한 비밀결사 신민회(新民會)에 참여하여 『대한매일신보』에 사실상 신민회의 입장을 대변하는 논설들을 쓰기 시작하였다. 단재는 또 1907년 10월에는 양계초(梁啓超)의 『이태리건국삼걸전』을 번역 간행했다. 또 그는 한국역사상의 삼걸로 을지문덕·이순신·최영을 뽑아 그들의 전기를 저술하였다. 그가 이같은 인물들의 전기를 쓴 것은 한국의 청소년들과 국민들이 이러한 영웅들의 사적을 읽고 본받아 일제 침략자들을 몰아내고 국권을 회복하는 데 영웅적으로 투쟁하도록 고취하기 위한 것이었다. 한편 그는 1908년 8월 27일부터 12월 13일까지 『대한매일신보』에 「독사신론(讀史新論)」이라는 사론을 발표하여 지식인들에게 큰 충격을 주었다. 이 글을 통하여 그는 전통적인 유교사관을 통렬히 비판하는 한편, 새롭게 침투해 들어오던 일인들의 식민주의사관에 대해서도 날카롭게 비판하였다.

1910년 조선이 일본에 의해 강제로 합병될 위기에 처하자 신민회는 국외에서의 지속적인 국권회복운동이 필요하다고 판단하고 국외에 독립군기지를 건설하기로 하였다. 이에 따라 신채호는 1910년 4월 안창호·이갑(李甲) 등과 함께 분산하여 망명길에 올랐다. 신채호는 신의주를 거쳐 만주 안동(安東)으로 가서, 그곳에서 다시 배를 타고 청도로 향하였다. 신민회

망명간부들은 청도(靑島)에 모여 독립군기지 창건에 관한 구체적인 실행책을 협의하였으며, 이에 따라 그들은 그해 9월 분산하여 노령 블라지보스또끄에 도착하였다. 그러나 독립군기지 창건사업은 여의치 않아 실패로 돌아갔고 일행은 뿔뿔이 흩어졌다.

신채호는 1911년 12월 블라지보스또끄에서 이상설(李相卨)·최재형(崔才亨)·정재관(鄭在寬)·이동휘(李東輝)·이종호(李鍾浩) 등이 중심이 되어 조직한 권업회(勸業會)라는 독립운동단체에 참여하여 그 기관지인 『권업신문』의 주필이 되어 논설집필을 담당하였다. 또 그는 1912년 윤세복(尹世復)·이동휘·이갑 등과 함께 블라지보스또끄에서 독립운동단체인 광복회(光復會)를 조직하였는데 이는 신민회 계통의 민족주의자들과 대종교 계통의 민족주의자들이 합작하여 조직한 것이었다.

신채호는 1913년 상해의 신규식(申圭植)으로부터 초청을 받아 상해로 가서 약 1년간 체류하였다. 그리고 1914년 다시 대종교의 윤세복으로부터 동창(東昌)학교의 교사로 초청을 받아 서간도의 환인현(桓因縣)으로 가서 약 1년간 체류했다. 이때 그는 서간도지역에 흩어져 있는 고구려와 발해의 유적지를 답사할 수 있었으며, "집안현(輯安縣)의 유적을 한번 보는 것이 김부식의 고구려사를 만번 읽는 것보다 낫다"고 그 소감을 피력할 정도로 큰 감동을 받았다.

단재는 1915년 이회영(李會榮)의 권고로 북경으로 옮겨가 3·1운동 때까지 약 4년간 머물렀다. 북경에서는 『중화보(中華報)』등의 신문에 논설을 집필하여 생활을 하면서 역사연구에 전념하였다. 후일 그가 당시 자신의 조선사연구가 ①조선사통론, ②문화편, ③사상변천편, ④강역고, ⑤인물고 등의 5책을 집필하는 것을 목표로 하고 있었다고 술회한 것으로 보아 이러한 주제의 글들을 쓰고 있었던 것으로 보인다. 또 1916년에 그는 자신의 독립사상을 소설 형식으로 쓴 「꿈하늘」을 집필하였다.

1919년 3·1운동을 북경에서 맞은 신채호는 조선의 민중이 직접 나서서 독립운동을 전개한 사실에 크게 감동하였다. 3·1운동은 신채호에게는 역사의 주체로서 새로이 떠오르고 있는 '민중'을 발견케 한 중요한 계기가 되었던 것이다. 그는 임시정부에 참여하기 위하여 상해로 가서 임시의정원

조직에 참가하는 등 그해 7월까지는 임시정부에 상당히 적극적으로 참여하
였다. 그러나 그해 8월 임시정부에서 이승만(李承晩)을 대통령으로 선출하
자 위임통치를 청원한 이승만을 대통령으로 선출하는 것은 인정할 수 없다
고 선언하고 뜻을 같이하는 이들과 함께 『신대한(新大韓)』이라는 신문을
만들어 임시정부를 맹렬히 비난하였다. 신채호는 1920년 임시정부의 압력
등에 의해 『신대한』의 발행이 중단되자 북경으로 자리를 옮기게 된다.

신채호는 북경에서 반임시정부노선을 걷는 박용만(朴容萬) 등과 함께 제
2보합단을 조직하였다. 1920년 9월에는 북경에서 박용만·신숙(申肅) 등과
함께 군사통일촉성회를 발기하였으며, 1921년 1월에는 김창숙(金昌淑) 등
의 지원을 받아 『천고(天鼓)』라는 잡지를 발행하였다. 1921년 4월에는 그
동안 군사통일촉성회가 추진해온 군사통일주비회가 북경에서 열렸다. 그런
데 이 대회에서는 이승만의 위임통치 청원 문제가 다시 제기되어 상해의
임시의정원과 임시정부를 부인하는 결의를 하는 한편, 당시 제기되고 있던
국민대표회의의 소집을 지지하였다. 이때 신채호는 이승만 성토문을 직접
작성하여 동지들의 서명을 받아 임시정부측에 송부하였다.

한편 신채호는 1922년 무력급진노선의 의열단 단장 김원봉(金元鳳)으로
부터 의열단의 혁명운동의 이념과 방법을 천명하는 선언문을 집필해달라는
요청을 받았다. 이때 신채호는 김원봉이 보낸 무정부주의 이론가 유자명
(柳子明)과 함께 작업을 진행하여 1923년 1월 「조선혁명선언」을 완성하였
다. 따라서 「조선혁명선언」은 신채호의 비타협적 민족주의 사상과 유자명
의 무정부주의 이론이 결합되어 작성되었다고 볼 수 있다. 이 일은 신채호
에게 무정부주의에 관심을 갖게 하는 계기가 되었다.

1923년 봄 신채호는 상해에서 열린 국민대표회의에 참석하여 상해 임시
정부를 부정하고 노령이나 만주에 '무장투쟁'을 독립운동 방략으로 하는 새
로운 임시정부를 세울 것을 주장하였다. 그러나 국민대표회의는 창조파와
개조파로 분열되고 신채호가 참여한 창조파가 노령으로 이동하여 새로운
임시정부를 세우려 했던 계획은 소련측의 입국거절로 인해 좌절되고 말았
다. 이 일이 있은 뒤 신채호는 실의와 좌절에 빠져, 1924년 봄에는 한때
승려가 되기 위해 북경 교외에 있는 관음사(觀音寺)에 들어가기도 했다.

그러나 그는 자신의 사명이 조선사연구에 있음을 깨닫고 1924년 가을 하산하여 조선사연구에 다시 침잠했다. 그는 1910년대부터 틈틈이 써놓았던 원고를 수정하고 중국측 문헌들을 섭렵하면서 본격적으로 연구작업을 진행하였다. 이 무렵 북경대학 교수로 있던 이석증(李石曾)의 도움을 얻어 북경대학 도서관의 도서를 열람할 수 있었던 것은 그에게 큰 도움이 되었던 듯하다. 또 그는 이 시기 양계초의 『중국역사연구법』(1922) 등을 통해 역사연구 방법론에 대한 이론적 공부도 게을리하지 않았다. 이러한 작업의 결과 그는 1924년 『조선사』(조선상고사)의 「총론」을 쓸 수 있었다. 그리고 그는 이즈음부터 국내의 『동아일보』와 『시대일보』에 「조선역사상 일천년래 제일대사건(朝鮮歷史上一千年來第一大事件)」 「평양패수고(平壤浿水考)」 「전후삼한고(前後三韓考)」 등을 발표하기 시작하였다.

그러나 신채호는 역사연구에만 만족할 줄 모르는 실천가형의 지식인이었다. 그는 여전히 민족해방운동에 관심을 갖고 있었고, 이즈음부터 무정부주의자로 서서히 변모해갔다. 1924년 4월 북경에서는 이회영을 비롯하여 유자명·이을규(李乙奎)·이정규(李丁奎)·정화암(鄭華岩)·백정기(白貞基) 등이 재중국조선무정부주의자연맹을 조직하였으나 당시 실의에 빠져 있던 신채호는 참가하지 않았다. 그러나 그해 가을 승려생활을 청산하고 나온 뒤 조선사연구를 다시 본격적으로 진행하면서, 그는 자신의 정신적인 갈증을 무정부주의자인 끄로뽀뜨낀(P. A. Kropotkin)의 저작 등을 통하여 풀고자 했다. 이후 그는 사상적으로 점차 무정부주의자가 되어간 것으로 보인다. 결국 그는 1926년경 재중국조선무정부주의자연맹에 가입한 것으로 보이며, 1927년 9월에는 광동에서 중국·조선·일본·대만·안남·인도 등 6개국의 무정부주의자들이 결성한 무정부주의동방연맹에 조선대표로 참가하는 등 본격적으로 무정부주의운동에 뛰어들었다. 「용과 용의 대격전」 등은 당시 그의 사상을 반영하는 것이었다. 신채호는 1928년 4월 조선인이 중심이 된 무정부주의동방연맹 북경회의에 적극 참여하였다. 그러나 신채호는 이 단체의 운동자금을 마련하기 위해 외국환을 위조하여 이를 각지로 발송한 뒤 1928년 5월 대만으로 가서 이를 찾으려 하다가 일제 경찰에 체포되고 말았다. (外國爲替僞造事件)

신채호는 체포 후 대련(大連)으로 호송되어 조사를 받고 7개월간 미결감에 수감되었으며, 1928년 12월부터 1930년 4월에 걸친 긴 공판과정을 거쳐 치안유지법위반과 유가증권위조 등의 혐의가 유죄로 인정되어 10년형을 언도받았다. 이후 국내의 친지들은 신채호의 글을 좀더 널리 읽히기 위해 이미 발표된 그의 글을 묶어 책으로 간행하는 한편, 미발표된 원고들을 찾아 신문지상에 발표하였다. 즉 홍명희(洪命熹)는 1924~25년 『동아일보』에 발표했던 신채호의 조선사관계 논문들을 묶어 1930년 6월 『조선사연구초(朝鮮史研究草)』라는 이름의 책을 간행하였다. 또 안재홍은 신채호가 1920년대초에 써놓았던 『조선상고사』를 1931년 6~10월 『조선일보』에 연재하였으며, 1910년대 후반에 쓴 것으로 추정되는 『조선상고문화사』도 1931년 10~12월, 그리고 1932년 5월에 40회에 걸쳐 『조선일보』에 연재하였다.

단재는 자신의 글이 국내의 신문에 실리고 있다는 말을 옥중에서 듣고 아직 완성되지 못한 글이니 연재를 중단해줄 것을 요청하기도 하였으며, 옥중에서도 '조선사색당쟁사' '육가야사' 등을 구상하면서 자료를 검토하는 등 조선사연구에 대한 그의 정열은 결코 사그라지지 않았다. 그러나 평소부터 병약하던 단재에게 옥중의 추위는 큰 고통이었으며, 마침내 1935년 그의 건강은 급격히 악화되어 1936년 2월 18일 출옥을 1년 8개월 앞두고 뇌일혈로 쓰러져 의식을 잃었다. 소식을 듣고 달려온 가족들의 임종요청이 일제측에 거절당하여 아무도 임종하지 못한 가운데, 단재는 2월 21일 의식불명상태에서 57세를 일기로 순국하고 말았다.

2. 신채호의 현실인식과 정치·사회사상

신채호는 역사가이기 전에 국권회복운동과 독립운동의 최일선에서 활약한 민족운동가였다. 그리고 신채호의 역사학은 그러한 민족운동과 별개로 성립한 것이 아니라, 민족운동의 일환으로서 이루어진 것이었다. 따라서 그의 역사학과 역사관을 이해하기 위해서는 그의 민족운동의 기초가 되고 있던 현실인식과 정치·사회사상에 대하여 먼저 이해할 필요가 있다.

신채호의 현실인식과 정치·사회사상은 크게 세 시기로 나누어볼 수 있다. 첫번째 시기는 1905~1908년의 언론을 통한 계몽운동 시기이다. 이 시기 신채호는 개화자강론에 동의하여 우리 민족이 실력양성에 힘을 쏟는다면 언젠가는 국권회복의 기회가 올 것이라고 생각하였다. 그러나 그는 당시 일부 자강론자들이 주장하는, 보호정치하에서 일본의 보호와 지도를 받으면서 문명개화·실력양성을 꾀하자는 비주체적인 실력양성론을 격렬히 비난하고 자력(自力)에 의한 주체적인 실력양성을 주장하였다. 이러한 그의 실력양성론은 당시 국내에 유행하고 있던 이른바 '사회진화론'의 영향을 받은 것이었다. 사회진화론은 주로 양계초의 『음빙실문집(飮氷室文集)』을 통하여 국내의 지식인들에게 소개되었는데, 특히 당시의 국제질서를 생존경쟁과 약육강식의 논리로 이해하는 것이었다. 이 논리에 따라 당시 개화자강론자들은 한국이 일본의 보호국으로 전락한 것은 실력이 없어서이므로 먼저 실력을 기른 연후에 독립을 도모하는 것이 순서라고 생각하게 되었던 것이다. 하지만 신채호는 일부 자강론자들이 일본의 보호정치를 한국의 문명개화를 이끌어주는 것으로 보는 데 대해서는 이를 통렬히 비판하고, 일제가 한국을 보호국화한 것은 어디까지나 침략이며, 이른바 보호정치는 약취(掠取)와 점탈(占奪)에 불과한 것이라고 비판했다. 그러나 이 시기 신채호도 사회진화론에 입각하여 현실을 인식하고 있었고, 따라서 일본의 한국침략을 약육강식의 국제질서 속에서 피할 수 없는 대세로 인정하지 않을 수 없었다. 사회진화론적 현실인식에 입각하고 있는 한, 제국주의국가의 약소국에 대한 침략을 근본적으로 부정하는 것은 불가능하였던 것이다.

두번째 시기는 1909년경부터 1920년대 초반까지 국외의 독립운동에 참여하던 시기이다. 이 시기 신채호는 일제에 대한 비타협적인 투쟁노선을 일관되게 주장하였다. 1910년대 그는 의병·독립군이나 암살 등 일제에 대한 무력항쟁, 그리고 이를 뒷받침하기 위한 교육과 실업의 진흥이 필요하다고 생각하였다. 이는 실력양성 우선주의에서 벗어난 것으로, 그의 글인지는 명확치 않지만 이미 1909년경 『대한매일신보』에 실린 한 논설은 실력만 양성하면 국권회복이 될 것처럼 주장하는 논자들을 비판하고, 실력양성이 국가의 독립에 전제조건이 되는 것이 아니라 오히려 독립이 부강의 전제조건이 되는 것이라고 지적한 바 있었다. 1916년 그는 「꿈하늘」이라는 소설 형식의 글에서 일부 논자들이 의병과 암살을 통한 독립운동을 비판하면서 오직 교육과 실업을 통하여 차차 백성을 깨우치자고 주장하는 것은 "더운 피를 차게 하고 산 넋을 죽게 하는 것"이라고 통렬히 비판하였다. 무력항쟁 노선을 중시하는 그의 이같은 태도는 1910년경 신민회가 국외에 독립군기지를 건설하여 장기항전에 돌입하는 전략을 세운 것과 궤를 같이하는 것이었으며, 1910년대 러시아 연해주 혹은 서간도지역에서 역시 무장투쟁의 역량을 기르기 위해 노력하고 있던 독립운동 주류의 노선과도 궤를 같이하는 것이었다. 그러나 그의 이같은 노선은 1919년 3·1운동 이후 상해에 세워진 임시정부에서 무장투쟁노선보다는 외교노선을 더욱 중시하게 되고, 외교노선을 대표하는 이승만이 대통령이 되었으며, 반임시정부운동으로 전개한 국민대표회의운동마저 좌절되는 상황에 부딪히면서 큰 시련을 겪게 된다.

세번째 시기는 1920년대 중반 이후 1936년 옥사할 때까지 그의 사상이 무정부주의로 기울어졌던 시기이다. 사회진화론에 입각한 부르조아민족주의로써는 당시 제국주의에 대한 철저한 비판의 논리를 갖출 수 없으며, 또 1920년대 이후 세계적인 혁명운동의 고조 속에서 자본주의체제로써는 평등한 사회를 이룰 수 없고, 공산주의체제로써도 자유로운 사회를 이룰 수 없다는 현실인식은 그로 하여금 무정부주의에 기울어지게 만들었던 것이다. 당시 그에게 무정부주의는 제국주의와 지배계급에 대한 철저한 비판의 논리를 갖추고 있고, 개인적 자유와 사회적 평등을 동시에 추구하는 이념으로 비쳐졌다. 신채호는 무정부주의에 입각하여 '민중직접혁명론'을 주장한 「조선혁명선언」을 집필하였다. 그는 여기에서 이족통치, 특권계급, 경제약탈적 제도, 사회적 불평균, 노예적 문화사상을 파괴하고 고유한 조선의, 자유로운 조선민중의, 민중적 경제의, 민중적 사회의, 민중적 문화의 조선을 건설할 것을 주장하였다. 여기서 가장 주목할 것은 그의 역사의 주체로서의 '민중'에 대한 새로운 인식이다. 이 시기 신채호의 '민족' 주체의 민족주의 사상은 '민족' 내부의 '민중' 주체로 한 단계 더 발전하였던 것이다.

3. 신채호의 역사학과 역사관

신채호의 역사학은 크게 세 시기로 나누어볼 수 있다. 첫번째 시기는 「독사신론」으로 대표되는 1905년에서 1908년까지의 시기이다. 두번째 시기는 『조선상고문화사』로 대표되는 1909년에서 1920년대 초까지의 시기이다. 세번째 시기는 『조선상고사』와 『조선사연구초』로 대표되는 1920년대 전반의 시기이다. 1920년대 중반 그가 무정부주의자로 기울어진 이후에는 이렇다 할 역사관계 서술이 없다.

첫번째 시기에 씌어진 「독사신론」은 한국 근대사학의 성립과정에서 민족주의사관을 처음 제시한 글로 평가되고 있다. 먼저 그는 이 글의 서론에서 "국가의 역사는 민족의 소장성쇠(消長盛衰)의 상태를 서술한 것"이라고 말하고, "민족을 버리면 역사가 없을지며 역사를 버리면 민족의 그 국가에 대한 관념이 크지 않을지니 오호라 역사가의 책임이 막중할진저"라고 하여, 역사서술상의 주체를 '민족'으로 설정하였다. 이는 중세의 역사서술이 왕조 중심으로 이루어져오던 데에서 벗어난 것, 즉 왕조사관을 극복하고 민족사관을 정립한 것으로 볼 수 있다.

또 그는 같은 글에서 "금일에 민족주의로 전국의 완몽(頑夢)을 깨우치고, 국가관념으로 청년의 머리를 새롭게 하여, 우열존망의 십자가두(十字街頭)에 처하여 겨우 명맥을 유지하고 있는 국맥(國脈)을 보전코자 할진대 역사를 버리고는 무엇이 있겠는가"라고 하여, 민족주의와 국가관념의 계몽을 위한 역사서술의 중요성을 지적하였다. 여기서 그의 역사학이 철저히 '민족주의'에 입각하여 출발하고 있음을 확인할 수 있다. 이때 그가 말하는 '민족주의'란 『대한매일신보』에 실린 「제국주의와 민족주의」라는 논설에서 말하고 있는 것처럼 "타민족의 간섭을 받지 않는 주의" "아족(我族)의 국(國)은 아족이 주장한다는 주의"를 뜻하였으며, 그는 제국주의에 저항하는 길은 오로지 이 민족주의를 분휘(奮揮)하는 데 있다고 생각하고 있었다. 그러나 앞서 현실인식 부분에서 살핀 것처럼 그의 민족주의는 사회진화론과 연결되어 있어 제국주의국가를 국제사회의 경쟁에서 승리한 우자(優者)

로 인정하고 있었고, 따라서 제국주의에 대한 철저한 비판으로 나아갈 수는 없었다. 결국 그의 역사학의 출발점이 되었던 '민족주의'는 서구의 근대 민족국가 수립과정에서 형성된, 부르조아민족주의의 성격을 띠는 내셔널리즘을 수용한 것이었고, 이는 제국주의에 대한 본질적인 비판까지는 나아가지 못한 한계를 지닌 것이었으며, 그의 민족주의 역사학도 그러한 한계를 지니지 않을 수 없었다.

한편 「독사신론」은 이전까지의 중세적인 역사관, 즉 주자학적인 명분론과 정통론 그리고 사대주의적인 존화(尊華)사관을 철저히 비판하였다는 점에서 한국사학에서 근대적인 역사관을 처음 제시한 사론으로 꼽히고 있다. 특히 한말 당시의 사서(史書)와 학부편찬의 교과서가 조선후기 유교사가들의 '단군─기자─마한─신라(혹은 삼국)'의 정통론을 채택하고 있는 데 대해, 단재는 정통론이란 "오활(迂闊)한 선비의 완몽(頑夢)"이며 "노예의 헛소리"라고 비판하였다. 또 그는 기자(箕子)가 동래(東來)하여 단군의 자손으로부터 왕위를 넘겨받아 평양에 도읍을 정하고 팔조교(八條敎)를 펴고 정전제(井田制)를 실시하여 백성을 교화하였다는 기존의 기자조선설을 부정하고, 기자가 동으로 오자 부여왕이 작위를 내려 기자는 그 작위를 받고 평양에 살면서 정교(政敎)를 펴니 부여왕은 군왕이고 기자는 신하이며 부여본부는 왕도이고 평양은 그 속읍(屬邑)에 지나지 않았다고 하는 새로운 설을 주장하였다.

또 「독사신론」에서는 당시 일본인들이 새롭게 들고 나오던 임나일본부설과 신공후침공설(神功后侵攻說) 등을 "한국을 옛날부터 자기 소유물같이 인정하여 한국을 침략하기 위해 만들어낸 근거없는 무설(誣說)에 불과한 것"이라고 비판하고, 이러한 신공후침공설 등을 받아들인 현채의 『동국사략』을 아울러 비판하였다. 이로써 「독사신론」은 한국 근대역사학의 또하나의 과제였던 식민주의사관과의 투쟁을 시작한 최초의 글이 되었다.

한편 그는 자신의 사론을 통해 새로운 이론들을 제시함으로써 신사학(新史學)의 수립을 지향했다. 예를 들어 부여-고구려 주족(主族)론, 단군=추장시대론, 만주영토설, 삼국문화의 일본유입설, 삼국통일 및 김춘추 비판, 발해-신라 양국시대론 등이 그것이었다.

「독사신론」에서는 기존의 기자 — 마한 — 신라로 이어지는 한족(韓族) 중심의 정통론을 부정하고, 대신 부여주족론(夫餘主族論)을 제기하면서 부여·고구려·발해의 역사를 더 강조하였다. 그러나 이것은 고구려 중심의 새로운 정통론은 아니었다. 그는 우리 민족은 하나의 종족으로 구성된 것이 아니라 여러 종족이 연합하여 구성되었기 때문에 그중에서 가장 주동력이 되는 한 종족을 '주족(主族)'으로 간주하고, 그렇지 못한 종족은 '객족(客族)'으로 취급하여 주족을 중심으로 민족사를 서술해야 한다고 보았던 것이다. 그리고 그는 부여족을 주족으로 간주하면서, "사천년 동국역사는 부여족 성쇠소장(盛衰消長)의 역사"라고 주장하였다. 그가 이처럼 부여주족론을 내세운 것은 부여족이 살았던 만주를 근대국가의 영토로 수복하고 이를 토대로 국권회복의 힘을 길러야 한다는 생각이 있었기 때문이다. 그러나 부여주족론은 결국 '강자' 중심의 역사관이라 할 수 있는 것으로, 이는 당시 그의 사회진화론적인 현실인식에서 비롯된 것으로 보인다.

「독사신론」에서 특히 주목할 것은 진화론(발전론)적인 역사관이다. 그의 진화론적인 역사관은 19세기 서양의 사상계를 지배한 역사학의 진화사관, 사회학의 사회진화론, 인류학의 문화진화론의 영향을 받은 것이었다. 신채호는 인류의 진화과정을 동물 중에서 인류가 이루어지는 단계, 금수와 경쟁하여 승리를 얻는 단계, 사회생활을 영위하는 단계, 국가적 생활을 영위하는 단계, 세계공통적 시대의 다섯 단계로 나누어 보았다. 그리고 이 가운데에서 국가적 생활을 영위하는 단계를 다시 추장시대, 귀족시대, 전제시대, 입헌시대로 나누어 이해했다. 이러한 역사관은 역사를 발전적인 것으로 보는 것으로서, 순환사관에 입각한 중세적인 역사관에서 벗어나 근대적인 역사관을 갖게 된 것을 의미한다. 다만 그가 조선중엽 이후 우리 역사가 다시 퇴화하기 시작하였다고 본 것은 그의 진화론적 역사관이 아직 철저하지 못하였다는 것을 말해주는 것이다.

「독사신론」은 신채호의 말대로 사평(史評) 형식의 글이기 때문에 이 글을 통하여 한국 근대사학의 구체적인 방법론을 정립할 수는 없었다. 그러나 적어도 사관의 측면에서는 중세적인 역사관을 극복하고 근대적인 역사관을 제시하였으며, 또 식민주의사관에 대한 비판을 통하여 반제국주의적인 민족주의사관을 처음 제시한 글이었다고 평가된다.

두번째 시기에 씌어진 『조선상고문화사』는 단군조선 2천년의 역사를 쓴 것이다. 이러한 글이 씌어졌던 밑바탕에는 그의 이른바 '국수보전론(國粹保全論)'이 있었다. 신채호는 이미 한말부터 '국수의 보전'을 매우 강조하였다. 그는 1909년경 『대한매일신보』의 논설에서 실력양성에 앞서 더욱 중요한 것은 국민들이 '국가정신'으로 무장하는 것이라고 강조하고, 국가정신으로 무장함에 있어 '국수'의 보전이 중요하다는 점을 지적하였다. 여기서 '국수'란 그 나라에 역사적으로 전래하는 풍속·습관·법률·제도 등의 정신을 가리키는 것으로, 신채호는 국민정신의 유지와 애국심의 환기는 이 국수에 근거를 두고 이루어질 수밖에 없다고 생각하였다. 1909년을 전후한 시점에서 이같은 국수보전론은 당시 지식인들 사이에 크게 확산되면서 '국수'의 상징으로서 특히 '단군숭배'의 기운이 일어나 1909년 대종교(大倧敎)가 창건되었다. 그리고 1910년대에 들어서는 특히 만주에 망명하여 무장투쟁을 위한 준비를 하고 있던 독립운동가들의 대다수가 대종교에 입교하는 현상을 낳았다.

신채호도 예외가 아니어서 1910년 3월 망명 직전에 「동국고대선교고(東國古代仙敎考)」라는 글을 써서 중국에서 도교가 들어오기 전에 우리나라에서 삼신(三神, 환인·환웅·단군)을 숭배하는 선교(仙敎)가 성립되었다는 주장을 하여 단군신앙에 대한 관심을 표시했으며, 망명 직후인 1911년경에는 대종교에 입교하였다. 그리고 그는 1912년 대종교 교단에서 발행한 『단기고사(檀奇古史)』의 서문을 쓰기도 하였으며, 1916년 「꿈하늘」에서는 단군 이래의 종교적 무사혼(武士魂)인 선교(仙敎)를 통한 자강·독립의 정신혁명을 촉구하기도 하였다. 그리고 1910년대 후반에서 20년대 초에 씌어진 것으로 추측되는 『조선상고문화사』를 통해 단군조선 2천년의 역사를 서술하였던 것이다.

『조선상고문화사』를 통하여 단재는 삼국성립 이전까지의 상고사의 흐름은 조선족, 즉 부여족의 국가활동이 주류를 이루어온 것으로서, 부여족의 국가인 단군조선은 2200여 년간 지속되면서 그간에 통일과 분열의 기복은 있었으나, 국가활동 자체는 단절 없이 지속되다가 삼국으로 이어지는 것으로 서술하였다. 그리고 이른바 기자조선·위만조선·한사군은 단군조선의 강역 전체를 포괄하는 것이 아니라 요서·요동 등 일부 지역을 점령한 것에 불과한 까닭에 조선족의 국가활동에 단절을 가져온 것은 아니었다고 보았다. 또 우리 민족의 대표적인 이름은 부여족이요, 국명은 조선이라 했으며, 만주족(여진족)과 구이(九夷)를 부여족의 일부로 간주하였다. 그리하여 요하(遼河) 이서의 중국땅에서 활약하던 구이족의 국가활동을 모두 부여족의 식민활동으로 간주하였던 것이다.

『조선상고문화사』에서 또하나 주목할 만한 학설은 한사군의 새로운 위치 비정(比定)과 남북 양 낙랑설이었다. 단재는 한사군에 의해 멸망당했다는 위씨국(衛氏國)의 강역과 관련하여 기존의 '패수=대동강' '왕검=평양' 설을 비판하고, 위씨국의 위치를 요동반도로 비정하였다. 그리고 한무제의 4군은 원래 홍경(興京) 이동이나 압록강 이남의 조선 열국을 점령하여 설치한 것이 아니라 요동반도에 있는 위씨국을 멸하고 그 땅에 군현을 두면서 조선 열국명을 따다가 군현명을 지은 것이라고 주장하였다. 또 그는 낙랑군과 낙랑국은 다른 것으로 한군현이 요동반도에 존재했으리라 생각되는 그 기간에 오늘날의 평양을 중심으로 한 낙랑국(崔氏)이 따로 존재했다고 주장했다.

세번째 시기에 씌어진 『조선상고사』와 『조선사연구초』는 신채호사학의 가장 대표적인 글이라 할 수 있다. 『조선사연구초』 가운데 특히 주목되는 글은 「평양패수고」「전후삼한고」「조선역사상 일천년래 제일대사건」이다. 이 글들은 『조선상고사』의 집필과정에서 씌어진 것으로 추정되는데 내용이 서로 통하기 때문에 『조선상고사』와 함께 살펴보기로 한다.

먼저 『조선상고사』의 총론은 '사(史)의 정의와 조선역사의 범위' '사(史)의 삼대원소와 조선 구사(舊史)의 결점' '구사의 종류와 그 득실의 약평(略評)' '사료의 수집과 선택에 대한 생각' '사(史)의 개조에 대한 우견(愚見)'으로 구성되어 있다. 총론은 양계초의 『중국역사연구법』과 형식과 내용 면에서 상당히 유사하여 이로부터 영향을 받은 것임을 알 수 있다. 그러나 단재는 『중국역사연구법』에 실린 내용을 자기 나름대로 소화하여 독특한 사론을 전개하였다.

단재는 역사의 정의와 관련하여 "역사란 무엇이뇨? 인류사회의 아(我)와 비아(非我)의 투쟁이 시간부터 발전하며 공간부터 확대하는 심적(心的) 활동 상태의 기록이니, 세계사라 하면 세계인류의 그리 되어온 상태의 기록이며, 조선사라 하면 조선민족의 그리 하여온 상태의 기록이니라"라고 하였다. 이를 다시 추리면 "역사는 아와 비아의 투쟁의 정신사이다"라고 될 것이다. 그리고 단재에 의하면 '아'는 주관적 위치에 선 자이고, '비아'는 객관적 위치에 선 자를 가리키는 것으로, 조선이 '아'가 되면 다른 나라가 '비아'가 되지만 다른 나라가 '아'가 되면 조선은 '비아'가 된다고 한다. 또 지주나 자본가가 '아'가 되면 무산계급은 '비아'가 되고, 무산계급이 '아'가 되면 지주나 자본가는 '비아'가 된다는 것이다. 그런데 주의할 것은 단순히 아와 비아의 투쟁을 역사로 보는 것이 아니라 그 밑바탕에 깔린 투쟁의 정신사를 역사로 보고 있다는 점이다. 여기에 단재의 역사관의 특징이 있다. 즉 단재는 「조선역사상 일천년래 제일대사건」에서 한국사를 '선교·불교, 독립사상, 진보사상'과 '유교, 사대주의, 보수사상'의 대립을 축으로 놓고 보면서, 양자가 격돌하여 후자의 승리로 귀결된 결정적인 계기가 된 것이 묘청(妙淸)의 난이었다고 주장한 바 있듯이, 역사를 정신사·사상사 중심으로 파악하고 있었던 것이다. 여기서 단재의 역사관은 관념사관의 성격이 대단히 강한 역사관임을 알 수 있다.

단재는 또 "역사는 역사를 위하여 지으란 것이요, 역사 이외에 무슨 딴 목적을 위하여 지으라는 것이 아니다. 좀더 자세히 얘기하자면 객관적으로 사회의 유동상태와 거기서 발생한 사실을 그대로 적은 것이 역사요, 저작자의 목적에 따라 그 사실을 좌우하거나 더하거나 혹은 고치라는 것이 아니다"라고 하여, 역사학의 학문적 독립성을 강조하였다. 이는 과거 역사가 유교적인 명분론에 종속되어온 현실을, 혹은 정치적 목적 등에 의해 왜곡되거나 자의로 해석되는 경향이 있음을 지적한 것이었다. 그밖에도 단재는 자료의 해석과 역사서술에 있어 계통과 회통(會通)을 구하고 심습(心習)을 제거하고 본색을 보존해야 한다고 주장함으로써 역사인식에서 체계성·종합성·객관성·사실성을 강조하였다. 이러한 논의는 결국 우리의 역사학을 근대적인 역사과학으로서 성립시키고자 하는 이론적 작업에 다름아니었으며, 이러한 이론적 작업은 한국 근대사학의 성립과정에서 대단히 중요한 의미를 지니는 것이었다. 그러나 단재의 역사학은 기본적으로 독립운동의 일환으로서의 역사학, 관념적 민족주의에 입각한 역사학으로 이데올로기적인 성격을 불가피하게 띠고 있었고, 따라서 그 자신의 이론적 노력에도 불구하고 과학성과 객관성을 충분히 확보하지는 못하였다. 과거의 역사를 '독립사상 대 사대주의'라는 일원론적인 기준에 의하여 통시적으로 파악하려 했다든가 한 것이 그 예이다.

한편 단재는 『조선상고사』를 통하여 자신의 독자적인 상고사 인식체계를 제시했다. 그는 우선 상고사를 신수두시대, 삼조선분립시대(중국의 전국시대에 해당), 열국쟁웅시대〔대한족(對漢族) 격전시대〕로 시대구분하였다. 신두수시대에는 대단군왕검이 삼신오제(三神五帝)의 신설(神說)로써 우주의 조직을 설명하고 그 신설에 의해 인간세상 일반의 제도를 정하였다. 대단군은 신한이 되고 불한·마한 두 부왕(副王)이 있어서 삼한이 삼경(三京)을 중심으로 다스리며, 그 밑에는 돗가·개가·소가·말가·신가의 오가가 있어 중앙의 국무대신이 되는 동시에 지방의 오부를 나누어 다스리는 지방장관이 되었다고 한다.

단재에 의하면 대단군왕검 중심의 단군조는 삼경의 삼한을 중심으로 자체 분열하였다고 한다. 이 분립시대는 중국의 전국시대에 해당하는 B. C. 4세기경으로 이때에 대단군조는 신조선·불조선·말조선으로 삼분되었다고 한다. 이때 분열된 조선을 삼조선 혹은 삼한이라 불렀는데, 이는 뒷날 반도 안에 형성된 진한·변한·마한의 삼한과도 다르다고 한다. 한반도 안에 뒷날 형성된 삼한을 단재는 후삼한 혹은 남삼한이라 부르고, 앞의 삼조선을 전삼한 혹은 북삼한이라 불렀다. 단재는 후삼한은 전삼한의 유민들이 남하하여 세운 것이라고 보았다. 이상이 단재의 이른바 '전·후삼한설'이다. 단재의 전·후삼한설은 부족 및 지명 이동설을 차용하여 나온 것으로 실증적으로는 아직 미흡한 주장이었지만, 종래의 삼한에 대한 이해가 정적이고 평면적이었던 데 비하여 한 단계 발전한 것임에는 틀림없었다.

여기서 또하나 주목되는 것은 전삼한의 영역이다. 그는 신조선은 대단군왕검의 자손 해씨(解氏)에 의해 계승·발전되었는데, 지금의 봉천성의 동

북 및 서북 지방과 길림성·흑룡강성을 거쳐 연해주 남단을 포함한 일대의
영역을 차지하고 있었으며, 후일 북부여와 동부여로 분립된다고 보았다.
불조선은 기자의 후손 기씨(箕氏)에 의한 왕조로, 지금의 요동지방에 해당
하는 곳으로서 개원(開原) 이남과 홍경(興京) 이서 지방에 해당하는 영역
을 갖고 있었으며, 말조선은 한씨에 의한 왕조로서 압록강 이남 평양을 중
심으로 세워졌다가 그후에 국호를 말한(마한)이라고 고치고 남방의 월지국
(月支國)으로 천도하였다가 불조선왕 기준(箕準)에 의해 멸망하였다고 하
였다. 이같은 전삼한의 영역설정은 신라·고려·조선시대와는 다른 상고사
의 역사무대를 제시한 것으로, 과거 유교사가들과 당시의 식민사관론자들
이 애써 강조해온 한반도 중심의 역사무대를 만주 요동반도 및 요서지방과
중국 동북지대에까지 확대한 것이었다.

4. 신채호사학의 사학사적 위치

신채호사학은 박은식사학과 함께 한국사학을 근대적인 학문으로 성립시
키는 데 큰 공을 세웠다는 평가를 받고 있다. 그것은 그의 역사학이 역사
관의 측면에서 주자학적 명분론, 정통론, 존화사대주의적 세계관, 순환사
관 등 중세적인 역사관을 극복하고 근대적 합리주의, 근대적 세계관, 발전
사관 등 근대적인 역사관을 제시했기 때문이다. 또 역사이론의 측면에서도
자료의 해석과 역사서술에서 객관성·사실성·체계성·종합성 등을 강조함
으로써 한국사학을 근대적인 역사과학으로 끌어올리고자 노력하였다.

신채호는 한국 근대 민족주의 역사학을 성립시킨 장본인으로 평가받고
있다. 그것은 신채호가 과거의 왕조 중심의 역사관을 극복하고 민족 중심
의 역사관을 처음으로 제시함으로써 민족주의사학을 개척하였으며, 일본인
들의 임나일본부설·신공후침공설 등 식민주의적 역사관을 비판하면서 한
국 근대 민족주의사학의 과제 중의 하나가 반식민사학에 있음을 분명히하
였기 때문이다.

신채호와 박은식의 역사학은 민족주의사관에 입각하였다는 점, 근대적인

역사학방법론을 수용하여 한국사학을 근대적인 학문으로 성립시키려 노력하였다는 점에서 공통되지만 양자간에는 약간의 차이가 있다. 단재가 특히 고대사에 더 관심을 쏟았다면, 박은식은 근대사에 더 관심을 쏟았다. 이는 박은식이 일본제국주의의 침략을 비판하고 민족운동에 정당성을 부여하는 일에 관심을 갖고 있었던 반면, 신채호는 한국민족의 강국시대였던 고대사를 웅혼한 모습으로 복원하는 데 더 관심을 갖고 있었다는 차이에서 비롯된 것이었다. 그러나 그러한 역사서술을 통하여 민족혼을 되살리고자 하였던 점은 양자에 공통된 것이었으며, 따라서 그들의 민족주의사관이 모두 관념적 성격을 강하게 띠고 있었던 것은 불가피한 일이었다.

신채호와 박은식에 의해 성립된 민족주의사학은 1930년대 정인보(鄭寅普)·문일평(文一平)·안재홍(安在鴻) 등에 의해 더욱 발전되어나갔고, 1940년대에는 손진태(孫晋泰)·안재홍 등에 의해 관념론적인 한계를 극복하면서 신민족주의사학으로 비약하게 된다. 〔朴贊勝〕

□ 참고문헌

김철준, 「단재사학의 위치」, 『나라사랑』 3, 1971.

김용섭, 「우리나라 근대역사학의 성립」, 『지성』 5, 1972.

신일철, 「신채호의 자강론적 국사상」, 『한국사상』 10, 1972.

안병직, 「단재 신채호의 민족주의」, 『창작과비평』 29, 1973년 가을호.

신일철, 「신채호의 민족사적 역사이론 —— '조선상고사' 총론에 대한 비판적 분석」, 『성곡논총』 5, 1974.

이만열, 「단재 신채호의 고대사인식 시고」, 『한국사연구』 15, 1977.

신일철, 「신채호의 무정부주의사상」, 『한국사상』 15, 1977.

최홍규, 『단재 신채호』, 태극출판사 1979.

단재신채호선생기념사업회, 『단재 신채호와 민족사관』, 형설출판사 1980.

신용하, 「신채호의 '독사신론'의 비교분석 —— 1908년경 시민적 근대민족주의사학의 성립」, 『단재 신채호와 민족사관』, 형설출판사 1980.

한영우, 「한말에 있어서의 신채호의 역사인식」, 『단재 신채호와 민족사관』, 형설출판사 1980.

이만열, 「단재사학의 배경」, 『한국사학』 1, 1980.

신용하, 「신채호의 애국계몽사상」, 『한국학보』 19·20, 1980.

한영우, 「1910년대의 신채호의 역사인식」, 『한우근박사정년기념 사학논총』, 1981.

신일철, 『신채호의 역사사상연구』, 고려대학교출판부 1981.

신용하, 『신채호의 사회사상연구』, 한길사 1984.

이만열, 「단재 신채호의 역사연구방법론」, 『산운사학』 1, 1985.

단재신채호선생기념사업회, 『신채호의 사상과 민족독립운동』, 형설출판사 1986.

박찬승, 「한말 신채호의 역사관과 역사학 —— 청말 양계초와의 비교를 중심으로」, 『한국문화』 9, 1988.

이만열, 『단재 신채호의 역사학연구』, 문학과지성사 1990.

제 3 장

박 은 식

朴殷植 1859~1925

1. 생 애

박은식은 1859년 황해도 황주에서 서당 훈장 박용호(朴用浩)의 아들로
태어났다. 본관은 밀양, 자는 성칠(聖七), 호는 겸곡(謙谷)·백암(白巖)이
며, 1911년 이후에는 무치생(無恥生)·태백광노(太白狂奴) 등의 필명을 사
용했다. 10세 이후 부친으로부터 시와 문장을 배웠고, 17세부터 관서지방
을 두루 여행하면서 학자와 지사를 만나 배움의 길로 나섰다. 20대에는 다
산학파의 학자 신기영(申耆永)과 정관섭(丁觀變)을 방문하는 등 조선후기
실학에 접했다. 1884년 화서(華西) 이항로(李恒老)의 문인이며 관서지방의
대표적 주자학자였던 운암(雲菴) 박문일(朴文一), 성암(誠菴) 박문오(朴文
五) 형제 문하에 들어가 주자학을 본격적으로 수학하였다. 1885년 향시에
합격하여 1888년부터 1894년까지 숭인전 참봉, 동명왕릉 참봉의 벼슬을 지
냈다.

1894년 동학농민봉기시 원주로 피신했다가 1898년 상경했다. 상경 직후
장지연(張志淵)·유근(柳瑾) 등이 창간한 『황성신문』 주필이 되었으며 독
립협회에도 가입했다. 이때부터 지금까지 자신이 이단사상으로 배척했던
불교·기독교 관계서적은 물론 중국에서 전래한 신문 및 서양 소개 서적을

두루 섭렵했다. 이를 계기로 보수적 위정척사론자에서 벗어나 개화자강사
상가로 변모했다. 그후 경학원 강사와 한성사범학교 교관을 역임하면서 틈
틈이 교육개혁에 관한 글을 집필하여 1904년 『학규신론(學規新論)』을 간행
했다. 그의 교육개혁론은 동양의 도덕인 유교와 서양의 실용적 학문의 병
행적 진흥을 주장하는 동도서기론적 입장으로서, 대한제국의 구본신참(舊
本新參)정책과 일맥상통하는 것이었다.

　1905년 일제가 한국을 강제로 보호국화하자 『대한매일신보』 주필로서 격
렬한 논조로 이를 비판했다. 곧이어 복간된 『황성신문』으로 자리를 옮겨
1910년 폐간될 때까지 일제의 침략상을 고발하고 친일정권을 비판하는 등
항일 언론활동을 계속했다. 언론인으로 활동하는 가운데 교육개혁을 실천
하기 위해 학회활동도 활발하게 전개했다. 1906년 신석하(申錫廈)·김달하
(金達河) 등 관서지방 인사들과 함께 서우학회(西友學會)를 창설했으며,
기관지 『서우』의 주필이 되었다. 1908년에는 서우학회와 한북흥학회(漢北
興學會)를 통합하여 서북학회를 발족시켰고, 『서북학회월보』의 주필로 활
동했다. 1907년 사범야학교 교장, 1909년 오성(五星)학교와 서북협성(西北
協成)학교의 교장을 역임하는 등 직접 교육에 종사하기도 했다.

　1905년에서 1910년 사이에 박은식은 청말 변법파 양계초(梁啓超)의 사상
을 수용하여 국권회복을 위한 자강론을 제시했다. 그는 사회진화론에 의거
하여 당시 국제사회를 약육강식·우승열패(優勝劣敗)하는 진화론적 생존경
쟁의 법칙이 지배하는 냉혹한 현실로 진단했다. 이러한 인식에서 국권상실
의 원인이 자강력 특히 민력(民力)의 부재에 있다고 보았다. 따라서 그는
구관습 혁파와 교육 및 산업 진흥을 통해 자강력을 양성해야 한다고 주장
했으며, 애국심 함양과 단체 결성을 통해 민족의 역량을 결집해야 한다고
역설했다. 그의 국가관은 종래의 왕조적 국가나 대한제국 체제가 아니라
민(民)의 단체적 결합으로서의 국가 즉 국민국가에 근접하게 되었다. 따라
서 국권회복운동에서 군주·정부보다는 민권(民權)·민지(民智)·민력(民
力) 등 민의 요소가 중시되었다.

　그는 1909년 「유교구신론(儒敎求新論)」을 발표하여 유교개혁을 주장했
다. 그의 유교개혁론은 공자의 대동사상과 맹자의 민본주의의 회복이라는

형식을 취했는데, 첫째 군주 중심의 유교에서 인민 중심의 유교로 개혁할
것, 둘째 공자의 구세주의적 실천정신을 회복하여 적극적으로 포교할 것,
셋째 사변적인 주자학 대신에 실천철학적인 양명학을 진흥할 것 등을 주장
했다. 이어 유교개혁운동의 일환으로 장지연·조완구(趙琓九) 등과 함께
대동교(大同敎)를 창건하고, 종교부장으로 활동했다. 이 대동교 운동은 대
동학회(大東學會)를 통해 유교계를 친일화하려는 일제의 공작에 대항하는
성격을 띠었다. 1910년에는 양명학의 보급을 위해 『왕양명실기(王陽明實
記)』를 간행하는 한편, 한문교재로서 『고등한문독본』을 편집했으며, 최남
선이 주관하는 광문회(光文會)에 참여하여 고전 간행에 힘을 쏟기도 했다.

1910년 한국이 일제의 식민지로 전락하자 이듬해인 1911년 5월 압록강을
건너 중국으로 망명했다. 망명 직후 서간도 환인현(桓仁縣) 윤세복(尹世
復)의 집에 머물렀다. 그리고 대종교도인 윤세복이 경영하는 동창(東昌)학
교 교사를 지내면서 대종교에 입교했다. 이때 고대사 연구에 몰두하여 『동
명성왕실기(東明聖王實記)』『명림답부전(明臨答夫傳)』『발해태조건국지(渤
海太祖建國誌)』『몽배금태조(夢拜金太祖)』『천개소문전(泉蓋蘇文傳)』『대
동고대사론(大東古代史論)』 등을 저술했다. 1912년 신규식(申圭植)·홍명
희(洪命憙) 등과 함께 동제사(同濟社)를 조직했고, 상해에 박달(博達)학원
을 세워 교포 자제를 교육했다. 1914년에는 홍콩의 한인교포 잡지 『향강
(香江)』의 편집을 잠시 맡았다가 다시 상해로 돌아와 강유위(康有爲)의 추
천으로 『국시일보(國是日報)』의 주간이 되었다. 이 해에 『안중근전(安重根
傳)』과 『한국통사(韓國痛史)』를 저술했는데, 『한국통사』는 1915년에 중국
의 대동편역국에서 간행되었다. 1915년 상해에서 이상설(李相卨)·신규식
등과 함께 신한혁명단을 조직하고 이 단의 취지서와 규칙을 작성했으며,
감독으로 선임되었다. 또한 신규식과 함께 대동보국단(大同輔國團)을 조직
하고 그 단장이 되었다.

1918년에는 러시아에서 한인교포 잡지 『한족공보(韓族公報)』 발행에 관
여하다가, 1919년 3·1운동을 블라지보스또끄에서 맞이하였다. 3·1운동
직후 블라지보스또끄에서 대한민국노인동맹단을 조직하고 그 취지서를 작
성했다. 이후 상해로 와서 대한민국 임시정부 수립에 참여하여 임정의 기

관지 『독립신문』 사장이 되었으며, 대한교육회 회장으로 선출되었다. 1920
년 『한국독립운동지혈사(韓國獨立運動之血史)』를 저술, 간행했다. 1923년
개최된 국민대표회의에서 임정에 대한 태도를 둘러싸고 창조파와 개조파가
대립할 때 개조론의 입장을 취했다. 1924년에는 임정 국무총리 겸 대통령
대리가 되었고, 1925년에는 임정 제2대 대통령으로 취임하였다. 대통령 재
직시 헌법을 개정하여 대통령책임제를 국무위원제로 바꾸었으며, 이에 따
라 임정 국무령 이상룡(李相龍)에게 임정 사무를 인계하고 대통령직을 사
임했다. 1925년 11월 "『한국통사』와 『한국독립운동지혈사』를 썼으니 늦었
더라도 건국사를 쓰고야 죽겠다"는 소원을 이루지 못하고 노환으로 서거하
였다.

2. 국혼론적 역사인식

   박은식사학의 가장 큰 특징은 국혼론(國魂論)에 있다. 그의 국혼론적 역
사인식은 4단계를 거치면서 발전했다. 제1단계는 1905~10년 자강론에 기
초를 두고 자국정신과 국사를 강조한 시기이며, 제2단계는 1911년 민족정
신의 표상인 민족적 영웅에 대한 연구를 수행한 시기이다. 제3단계는 1915
년 『한국통사』를 저술하여 자신의 역사관을 국혼론으로 체계화한 시기이
다. 제4단계는 1920년 『한국독립운동지혈사』를 통해 국혼론적 역사인식을
독립운동사 서술에 적용한 시기이다.
   1905년 이전까지 박은식은 정통 주자학자로서 한국을 유교적 예교(禮敎)
국가로 파악하는 중화주의적 역사관을 견지하고 있었다. 그러나 1905년 이
후 자강론을 제시하면서 애국심 함양의 중요성을 역설하는 등 민족자주의
식을 강조했다. 특히 국사교육을 애국심 함양의 최선책으로 중시하였다.
그는 종래 유학자들의 중화주의적 역사학을 노예학문이라고 비판하고 한민
족의 역사와 민족사적 영웅을 중시할 것을 주장했다. 이러한 자국사에 대
한 강조로부터 민족주의적 역사의식의 맹아가 형성되었다. 그러나 1905년
에서 1910년까지는 한국사에 대한 구체적 연구를 수행하지는 않았고, 과거

인물들의 전기를 단편적으로 소개하거나 국사교육의 중요성을 강조하는 정도에 머물렀다.

1911년 중국 망명 직후 만주지역의 고적 답사와 대종교 입교를 계기로 고대사 연구에 진력했다. 그의 고대사 인식은 전통적 유교사학의 틀을 벗어나 조선후기 이래의 반중화주의적 역사인식을 수용하고 있다. 이에 따라 과거 만주지역에 거주했던 여진족 등 여러 북방민족을 모두 단군의 후예로 보고 북방민족의 역사를 민족사의 범주에 포함시켰다. 만주지역이 한민족의 영토였다는 만주고토의식은 망명 지식인의 정신적 위안이었음은 물론, 만주지역 독립운동 진영의 근거지 건설론을 역사적으로 뒷받침하려는 것이기도 했다. 그는 1911년 『동명성왕실기』 『명림답부전』 『발해태조건국지』 『몽배금태조』 『천개소문전』 등 많은 고대사 연구 성과물들을 쏟아냈다. 위인전기나 역사소설의 형식을 취한 이 저서들에서는, 이민족과의 대외경쟁에서 자주독립정신을 구현한 인물들이 숭배해야 할 민족사적 영웅으로 묘사되었다.

1911년의 많은 저술들을 통해 나타난 박은식의 역사관은 전통적 유교사학의 중화주의적 역사관을 탈피하고, 민족의 자주독립을 지향한 실천적 역사학이라는 점에서 민족주의적 역사학의 특징을 뚜렷하게 지니고 있다. 동시에 구국의 영웅을 대망하면서 영웅들의 행적을 중심으로 민족사를 인식하는 영웅주의적 역사관의 성격을 띠고 있다.

박은식은 구한말 이래 자강·자주독립에 있어 정신의 요소를 중시했고, 역사를 국가의 정신으로 파악하여 자국사에 대한 인식을 중시했다. 이러한 정신사관적 요소는 1911년에 이르러서 민족사적 영웅들을 민족정신의 구현자로 부각시키면서 영웅주의적 역사관과 결합되었다.

박은식사학의 정신사관적 성격은 국혼론에서 분명하게 드러났다. 그는 1915년에 간행된 『한국통사』에서 국혼론을 체계화하였다. 그는 동양의 전통적인 혼백론(魂魄論)을 원용하여 국가 구성요소를 정신적인 국혼(國魂)과 물질적인 국백(國魄)으로 구분하여 파악했다. 여기에서 국혼은 국백보다 더 근본적인 요소로 간주되었으며, 종교·언어·문학·역사·풍속 등을 포함하는 민족문화의 개념으로 정의되었다. 그러나 국혼은 정신적인 측면이 강조된 개념으로서 오늘날 민족정신의 개념에 준하는 것이었다. 그는 국혼의 여러 요소 중에서 역사를 국혼의 소재처로 가장 중시했으며, 역사를 국혼의 전개과정으로 파악하고자 했다. 『한국통사』의 저술동기는 바로 여기에 있었는데, 그는 서언에서 다음과 같이 말했다.

　고인(古人)이 말하기를 국가는 멸망할 수 있으나 역사는 멸망할 수 없다. 대개 국가는 형(形, 형체)이나 역사는 신(神, 정신)이다. 이제 한국의 형체는 허물어졌으나 정신만은 독존할 수 없는 것인가. 이것이 『통사』를 저작하는 소이이다. 정신이 존속, 불멸하면 형체는 때맞춰 부활할 것이다.

　그의 국혼론은 국권이 강탈당하여 국백이 소멸된 상황에서, 국혼 유지를 통해 한민족의 자주독립을 실현하려는 실천적 동기에서 형성된 것이었다. 따라서 그의 국혼론적 역사인식은 실천적 역사학의 특징을 지닌다.

　그의 국혼론적 역사인식은 자신의 독립투쟁 실천을 통해 더욱 심화되었다. 이러한 모습은 국혼론이 독립투쟁사 서술에 적용되면서 나타났다. 국혼을 유지해야 한다는 『한국통사』에서의 주장이, 1920년 『한국독립운동지혈사』에서는 국혼이 강한 한국민족은 반드시 독립한다는 확신으로 굳어졌다. 말하자면 국망이라는 통한(痛恨)의 역사를 서술하면서 체계화된 국혼론적 역사인식은 독립을 위한 피의 투쟁사를 서술하면서 독립에 대한 확신으로 이어졌던 것이다.

　『한국독립운동지혈사』에서는 국혼론적 역사인식이 지니는 관념론적이며 영웅주의적인 한계를 극복해가는 모습이 발견된다. 즉 정신 자체가 아니라 그 표현인 독립투쟁의 실천과정을 서술함으로써 관념론적 한계를 점차 탈피해가고 있으며, 또한 독립투쟁에서 노동자·농민 등 민중의 역할을 중시하면서 영웅주의적 한계를 탈피해가고 있는 것이다. 그러나 독립운동을 민족정신의 전개과정으로 파악함으로써 정신사관적 기조는 굳게 견지하고 있었다.

3. 『한국통사』와 『한국독립운동지혈사』

(1) 『한국통사』

구한말부터 준비하여 1914년에 완성하고 1915년 중국 상해에서 순한문으로 출판한 『한국통사(韓國痛史)』(약칭 『통사』)는 1864~1911년의 한국근대사를 3편 114장으로 나누어 서술한 저서이다. 제1편에서는 우리나라의 지리적 환경과 역사의 대강을 다루고, 2편에서는 대원군 집권 이후부터 대한제국 성립 이전의 역사를, 3편에서는 대한제국 성립 이후 국망까지의 역사를 서술했다. 이러한 서술체제는 동양의 전통적 역사서술체제인 기전체나 편년체를 따르지 않고, 근대적 역사서술체제를 원용하여 사건 중심으로 장(章)을 나눈 것이었다. 그는 각 사건들의 내용을 설명할 뿐만 아니라 그 사건이 일어나게 된 원인과 결과까지도 서술, 논평함으로써 인과관계에 입각한 근대적 역사서술 방법론을 적극적으로 도입하였다. 그리고 특히 중요하다고 생각되는 17부분에 대해서는 사론(史論)을 부기하는 전통적인 방식을 원용하여 '안(按)'이라는 단서를 붙여 사실(史實)에 대한 역사적 평가를 내렸다.

『통사』는 근대적 방식으로 서술된 최초의 한국근대사라는 점에서 역사적 의의가 크다. 뿐만 아니라 제국주의에 대한 저항의식이 투철하고 민족국가 건설을 위한 실천적 지향성이 강하게 투영되어 있다는 점에서 근대 민족주의 역사학의 선구가 되었다. 『통사』는 내용상으로 일제의 침략과정을 서술하고 그 부당성과 횡포함을 폭로하는 한편, 이에 대응한 한민족의 자주독립운동의 성과와 한계를 반성한다는 의미도 지니고 있다. 그것은 한민족이 국권을 상실해가는 통한의 근대사를 자기반성적 관점에서 서술한 책이다. 그는 우리 민족에게 뼈아픈 고통의 역사를 통해 지치심(知恥心)과 지통심(知痛心)을 유발함으로써 독립운동의 정신적 동력을 제공코자 하였던 것이다.

박은식이 한국근대사를 평가하는 관점은 그의 안설(按說)과 논평에서 분명하게 드러난다.

그는 대원군의 외척 및 문벌 견제, 군포제 개혁, 서원철폐, 풍속교정 등 내정개혁에 대해서는 긍정적 평가를 내렸으나, 화폐정책과 전제적 정치에 대해서는 비판적이었다. 특히 대원군은 대혁신이 가능한 내외적 조건의 유리함에도 불구하고 배외주의적 폐쇄정책을 추진함으로써 중흥의 시기를 놓쳤다고 보고, 이를 애석하고 통탄할 일이라고 평했다. 이러한 이유로『통사』는 대원군 집정기부터 시작한다고 했다. 또한 자수자강(自修自强)의 실력을 구비하지 못한 상황에서 문호를 개방한 민비정권의 개항정책도 비판하였다. 특히 한반도 주변의 국제정세에 대한 통찰은 예리했다. 그는 일본·중국·러시아 삼국 사이에 세력균형이 이루어지면 약소민족인 한국이 자주 독립할 수 있으나 어느 일국이 우세를 독점하면 위험하다고 지적하였다. 미국·영국 등 구미 열강은 한반도에 적극적 이해관계가 없기 때문에 한국을 이용하여 일본의 환심을 사려는 입장이었다고 보았다.

갑신정변에 대해서는 여건미숙으로 인한 실패를 애석하게 여겼다. 그러나 '갑신혁당(甲申革黨)'의 '소년 영예(英銳)들'이 일제의 술책에 말려든 결과가 되었다고 평하면서 타력(他力)으로 독립이 불가능하다는 점을 명기했다. 갑오 동학농민봉기에 대해서는 '갑오동학란'이라고 표현하고 정치혁명으로서의 한계를 지적했지만, 신분해방을 실현한 개혁의 선구라고 보았다. 독립협회에 대해서는 '독립당'이라 칭하면서 '동학당'에 비해 긍정적인 '민당(民黨)'으로 비교적 높게 평가했으나 지식의 유치함과 조급성 때문에 실패하였다고 보았다. 대한제국에 대해서는 자강력의 부족으로 광무연간 각종 부원(富源)을 약탈당한 허명·허식의 독립제국에 불과하였다고 비판하였다.

박은식은 1905년 이또오 히로부미(伊藤博文)가 내한한 목적이 한국인을 회유하고, 민권신장 및 의회설립운동을 탄압하기 위한 것이었음을 지적하였다. 이어 그는 일제의 한국 침략에 이용당한 한국인을, 왕족으로서 일본에 재류(在留)한 자, 갑신정변과 갑오경장 주모자로서 일본에 망명한 자, 일진회의 지도적 인사 등 3종으로 나누어 분석했다. 이를 통해 일본을 이용하여 독립을 도모하려는 '선의의 친일파'에 대해, 약자가 강자를 이용하려고 하는 것은 큰 착오로서 오히려 국가와 민족을 멸망시키는 결과가 되고 만다고 경고했다.

이처럼 『통사』는 한국이 일제의 식민지로 전락해가는 통한의 과정에 초점을 맞추어 서술되었다. 그러나 일제의 침략에 대한 저항운동도 중시하여 의병항쟁을 정신사적으로 영구불멸할 것이라고 높이 평가했으며, 애국계몽운동 단체를 '애국당'으로 지칭하면서 그 교육구국운동의 성과를 긍정적으로 평가했다. 이외의 항일투쟁도 상세하게 서술함으로써 한국근대사의 주체적 전개과정을 밝히는 작업도 게을리하지 않았다. 그러므로 『통사』에서 이미 독립을 위한 피의 투쟁사인 『한국독립운동지혈사』가 예비되고 있는 것이다.

『통사』는 중국 상해에서 간행된 후 중국 및 러시아의 한인교포들 사이에 널리 보급되었고, 미주에서는 한글로 번역되어 교민들의 교과서로 사용되었다. 또한 국내에도 비밀리에 유포됨에 따라 일제는 이에 대처하기 위해 1916년 조선반도사편찬위원회(조선사편수회의 전신)를 조직하여 '조선반도사'의 간행을 준비하였다. 이렇듯 『통사』는 암울했던 일제시대에 민족과 함께 고통과 희망을 나누면서 일제의 식민통치를 위협하는 대표적인 역사서가 되었다.

(2) 『한국독립운동지혈사』

『통사』의 저술 후 박은식은 동지들로부터 '광복사' 저술을 권유받았다. 그러나 1919년 3·1운동이 발발하고 대한민국 임시정부가 수립되자 '광복사' 대신에 『한국독립운동지혈사』(약칭 『혈사』)를 저술하였다. 그는 1919년 임정 산하 임시사료편찬회에서 편찬한 『한일관계사료집』 4책을 토대로 『혈사』를 저술했다. 『혈사』는 1920년 중국 상해의 한국인 경영 출판사 유신사(維新社)에서 순한문으로 간행되었는데, 이는 『통사』의 속편으로서 제목 그대로 한민족의 독립을 위한 피의 투쟁사였다. 3·1운동을 중심으로 근대 항일독립투쟁의 전개과정을 서술한 『혈사』는 『통사』와 마찬가지로 근대적 역사서술체제에 따라 3편으로 구성되었다. 상편에서는 개항 이후 국망까지의 시기를 다루었고, 하편에서는 국망 이후 당시대의 독립운동을 다루었으며, 부편(附篇)에서는 3·1운동에 대한 세계의 여론을 수록했다.

앞서 말한 바와 같이 『혈사』에서도 국혼론적 역사인식은 계속되고 있으며, 더욱 심화된 측면이 있다. 그는 독립운동을 민족정신의 전개과정으로 보면서, 한민족은 국혼이 강고한 민족임을 강조했다. 이에 따라 한민족의 독립에 대한 그의 확신은 더욱 굳어졌다. 그는 한민족이 역사적으로 일본족을 경멸했고, 일본족에 대해 원한을 갖고 있으며, 일본족을 불신하였다는 점을 지적함으로써 양민족의 국민성이 빙탄(氷炭)과 같다는 점을 강조했다. 『혈사』는 한민족이 일본에 동화될 수 없고, 따라서 일제의 식민지 지배체제가 지속될 수 없다는 확신에 토대를 두고 저술되었다.

『혈사』 상편은 『통사』의 서술대상 시기와 중복되는데, 동일한 사건에 대한 평가에서 『통사』보다 진일보한 역사인식을 보이고 있다. 『통사』는 한국이 멸망해가는 통한의 근대사를 일제의 침략에 초점을 두고 자기반성적 관점에 입각하여 서술했지만, 『혈사』는 독립쟁취를 위한 피의 투쟁사라는 주체적이고 적극적인 관점에서 한국근대사를 고찰했다. 『통사』에서는 한국근대사의 폐부와 부정적 측면을 지적하는 데 중점이 두어졌지만, 『혈사』에서는 그 발전적이고 긍정적인 측면을 부각시키는 데 중점이 두어졌다. 이에 따라 『통사』에서 비판적으로 다루어졌던 개항 이후 일련의 변혁운동이, 『혈사』에서는 독립운동 발전과정의 일환으로서 그 역사적 의의가 부여되는 등 좀더 적극적으로 평가되었다. 예를 들면 갑신정변을 한국 근대 독립운동의 기점으로 새롭게 자리매김하고, 동학농민봉기를 『통사』에서는 '동학당의 난'으로 규정했으나 '평민혁명'으로 적극적으로 평가했고, 의병항쟁을 항일저항투쟁의 최고형태이며 독립운동의 모태로 보아 『통사』에서보다 더욱 높게 평가했다.

『혈사』 하편에서는 3·1운동과 그 이후 한민족의 독립운동을 감격적인 어조로 서술하고, 3·1운동에 대한 일제의 탄압과 만행을 격렬하게 규탄했다. 그는 3·1운동을 우연적으로 돌발한 사건이 아니라 한민족과 일본족 간의 역사·문화적 대립과 국망 이전 항일구국운동 경험의 축적에 기초를 둔 필연적 사건으로 보았다. 그는 『혈사』에서 3·1운동에 대해 다음과 같

106

이 말했다.

1919년 3월 1일은 우리나라 2천만 한국민족이 정의·인도의 기치를 높이 들고 충(忠)과 신(信)을 갑옷으로 삼고, 붉은 피로 포화(砲火)를 대신하여 창세기 이래 일찍이 없었던 맨손(徒手)혁명으로 세계무대에서 활동한 특기할 만한 날이다.

그는 3·1운동 발발의 국제적 배경을 논하면서 윌슨의 민족자결주의와 러시아혁명을 '세계개조의 신기원'을 이룩한 것으로 보았다. 이에 따라 3·1운동은 세계사적 변혁의 조류에 맞춰 세계혁명사에 신기원을 이룩한 사건이라고 평가했다. 특히 그는 3·1운동에 종교지도자·지식층뿐만 아니라 학생·농민·노동자·걸인·기생 등 전민족의 모든 계층이 참여한 점에 주목하여 전민족적 운동이라는 점을 강조했다. 이것은 그가 독립운동에서 노동자·농민 즉 민중의 역할을 중시하게 되었음을 의미하는 것이었다. 그는 3·1운동 이후의 시대는 노동자·농민 즉 민중의 힘이 증대하여 민중이 혁명의 풍조를 빚어내어 새로운 역사를 개척하는 시대라고 파악했다.

『통사』에서 체계화된 박은식의 국혼론적 역사인식은 『혈사』에서 피의 독립투쟁사로 형상화되었다. 이에 따라 그의 국혼론적 역사인식에 나타난 관념론적 한계를 탈피해갔으며, 역사발전에서 민중의 역할을 중시하면서 영웅중심주의적 역사관을 점차 극복해가는 모습을 보이고 있다.

4. 사학사적 의의

박은식사학은 구한말 역사학을 비판적으로 계승하면서 근대 민족주의적 역사학의 체계를 확립했다는 점에서 사학사적 의의가 크다. 그의 역사학이 갖는 사학사적 의의는 다음과 같이 네 가지로 정리될 수 있다.

첫째, 역사서술체제 면에서 볼 때 전통적 서술체제를 탈피, 인과관계에 따라 사실을 설명·분석·비판하는 근대적 역사서술체제를 개척하였다. 이를 통해 구한말 역사학의 서술방식에 나타난 과도기적 현상을 극복했다. 이 점에서 『한국통사』는 근대적 역사서술방법에 따른 최초의 시대사였다.

둘째, 민족적 과제를 실현하기 위한 실천적 역사학을 수립함으로써 저항주의적이며 개혁적인 민족주의적 역사학의 전통을 수립했다. 이것은 구한말 역사학이 지니고 있던 실천성의 결여를 극복하고, 그 이후 민족주의적 역사학 발전의 토대를 마련한 것이었다. 특히 국혼론적 역사인식에 나타난 정신사관적 요소는 이후 민족주의적 역사학의 기본적인 특성으로 자리잡게 된다. 일제하 민족주의 역사학자 정인보가 '조선의 얼'을 강조한 것은 박은식의 국혼론적 역사인식의 전통을 계승한 것이었다.

셋째, 역사가 박은식의 투철한 실천적 관심은 자신이 살고 있는 시대에 대한 인식의 중요성을 제고하였다. 이에 따라 신채호를 비롯한 대부분의 민족주의적 역사학자들이 고대사 연구에 집중한 것과는 달리 근대사 연구에 개척적인 업적을 남기게 되었다. 그의 근대사 연구는 질과 양 면에서 모두 독보적 위치를 점하고 있다. 특히 한국근대사를 일제의 침략과 그에 대한 저항이라는 각도로 파악하는 시각은 차후 한국근대사 연구의 기본적 구도로 자리잡게 된다. 이 점에서 그의 연구는 현재까지도 근대사 연구의 토대를 이루는 업적이라 할 수 있을 것이다.

박은식사학의 4단계에 걸친 발전과정은 한국 근대 민족주의운동의 발전과정과 궤를 같이하면서, 한국 민족주의의 형성에 중요한 기초를 제공했다. 그러나 그의 국혼론적 역사인식은 관념론적이며 영웅주의적인 요소를 지닌 한계가 있었다. 이러한 한계는 1919년 이후 독립투쟁사 서술, 민중의 역할에 대한 중시 등으로 점차 극복되어갔지만, 그의 사학이 지니는 정신사관의 기조는 지속적으로 견지되었다. 〔金基承〕

□ 참고문헌

洪以燮, 「박은식, 한국통사와 한국독립운동지혈사」, 『새교육』 101, 1963.
姜萬吉, 「한국통사, 박은식 저」, 『한국의 명저』 3, 현암사 1969.

108

洪以燮, 「박은식 선생과 독립투쟁사」, 『나라사랑』 8, 1972.

申一澈, 「박은식의 국혼으로서의 국사개념」, 『한국사상』 11, 1974.

李萬烈, 「백암 박은식의 사학사상」, 『숙대사론』 9, 1976.

李萬烈 편, 『박은식』, 한길사 1980.

愼鏞廈, 「박은식의 역사관」(상·하), 『역사학보』 90·91, 1981.

韓永愚, 「1910년대의 민족주의적 역사서술——이상룡·박은식·김교헌·檀奇古史를 중심으로」, 『한국문화』 1, 1981.

愼鏞廈, 『박은식의 사회사상연구』, 서울대학교출판부 1982.

金基承, 「백암 박은식의 사상적 변천과정——대동사상을 중심으로」, 『역사학보』 114, 1987.

朴成壽, 「박은식의 '혈사'에 나타난 3·1운동관」, 『윤병석교수화갑기념 한국근대사논총』, 한국근대사논총 간행위원회 1990.

尹炳喜, 「백암 박은식의 역사의식」, 『수촌박영석교수화갑기념 한국사학논총 (하)』, 탐구당 1992.

제 4 장

김교헌 · 이상룡

金教獻 1868~1923   李相龍 1858~1932

1. 김교헌

김교헌(金敎獻)은 김창희(金昌熙)와 풍양조씨의 아들로 1868년(고종 5) 수원에서 출생하였다. 그의 아버지 김창희는 공조판서를 지냈다. 김교헌의 본관은 경주이고, 호는 무원(茂園), 자는 백유(伯猷), 당명은 보화(普和) 이다.

17세 때인 1885년 정시문과(庭試文科)에 급제하여 예문관(藝文館) 검열 (檢閱), 춘추관(春秋館) 기사관(記事官), 성균관(成均館) 전적(典籍), 홍 문관(弘文館) 부교리(副校理), 시강원(侍講院) 문학(文學), 홍문관 응교 (應敎), 홍문관 수찬(修撰), 성균관 대사성(大司成), 승정원(承政院) 좌부 승지(左副承旨) 등을 역임하였다.

1898년에는 독립협회에 가입하여 활동하였고, 1907년 비밀결사인 신민회 가 결성되자 그 관계자들과 교우를 맺는 한편, 현채(玄采)·박은식(朴殷 植)·장지연(張志淵)·최남선(崔南善) 등이 만든 조선광문회(朝鮮光文會) 에 참가하였다.

김교헌은 1903년 『문헌비고(文獻備考)』 편집위원, 1909년 규장각 부제학 겸 『국조보감(國朝寶鑑)』 감인위원(監印委員)을 역임하는 등, 관직에 있는 동안 사서편찬에 깊이 관여하였는데, 이러한 경력은 그로 하여금 우리 역사에 대해 해박한 지식을 쌓을 수 있도록 해주었다.

김교헌은 1910년 대종교(大倧敎)에 입교한 이후 총본사(總本司) 부전무(副典務), 경리부장을 지내고 뒤이어 도사교 위리(都司敎委理), 남도본사(南道本司) 전리(典理), 총본사 전강(典講)을 역임하는 등 대종교의 핵심 간부로 활동하였다. 특히 식민지화 이후 대종교 본사가 만주로 이동한 뒤에는 국내의 남도본사에서 대종교의 교리와 민족사를 체계화하는 데에 열중하였다. 그가 남긴 『신단민사(神檀民史)』와 『신단실기(神檀實記)』는 모두 1914년 그가 남도본사에 있을 때에 저술한 것이다. 1916년 대종교 초대 교주 나철(羅喆)이 죽자 대종교 제2대 도사교(都司敎, 교주)에 취임하였으며, 다음해 만주 화룡현(和龍縣)으로 이주하였다.

만주에 건너간 직후 김교헌은 서일(徐一)·김좌진(金佐鎭) 등과 함께 적극적인 독립운동을 모색하였으며, 1919년 3월에는 만주에서 작성된 독립선언서에 수석으로 서명하였다. 또 같은 해 12월에는 무장독립군단인 북로군정서(北路軍政署) 조직에 관여하였다. 1920년 간도참변을 겪고 난 후에는 일본군의 탄압을 피하여 대종교 본사를 영안현(寧安縣)으로 옮기고 대종교 교세확장을 위한 조직정비와 교리정리, 그리고 대종교 관련 사서 편찬에 몰두하였다. 이때부터 김교헌은 교단 산하의 종경회(倧經會)에서 『신고강의(神誥講義)』『신리대전(神理大全)』『회삼경(會三經)』『신사기(神事記)』『조천기(朝天記)』『신가집(神歌集)』『종리문답(倧理問答)』『중정신가집(重訂神歌集)』『증산종례초략(增刪倧禮抄略)』『국한문삼일신고(國漢文三一神誥)』『신성대전(神聖大全)』 등의 서적을 교열하였으며, 이원태(李源台)의 방대한 역사서인 『배달족강역형세도(倍達族彊域形勢圖)』를 감수하다가 1923년 병으로 죽었다.

김교헌은 대종교에 입문한 이래 핵심간부로서, 또 교주로서 대종교 교리를 정립하고 이를 보급하는 데 핵심적인 역할을 담당하였다. 그의 역사서술은 모두 대종교에 입문한 이후에 이루어진 것이며, 따라서 그 역사인식도 대종교 교리와 표리관계를 이루는 것이었다. 대종교는 1909년 식민지화 직전에 중광(重光)되었는데, 단군 국조의식과 전통적인 삼신신앙이 결합한 민족주의적 종교였다. 대종교에서 내건 단군민족주의는 19세기 말, 20세기 초를 풍미하였던 사회진화론의 영향을 받아 팽창적 민족주의의 성격을 지니고 있었다. 여기에 독립운동 근거지로서의 만주에 대한 높은 관심도 작용하여 김교헌은 만주를 우리 역사의 중심에 놓고, 만주에서 삶을 영위하였던 여러 민족을 모두 단군민족의 갈래로 놓는 역사인식체계를 정립하였다.

김교헌이 직접 저술한 역사서는 『신단실기(神檀實記)』와 『신단민사(神檀民史)』 두 책이다. 두 책 모두 1914년 남도본사에 있으면서 저술한 것으로, 앞의 것은 대종교의 역사적 연원을 정리한 교리서에 해당하며 뒤의 것은 대종교적 역사인식에 입각한 통사에 해당한다.

『신단실기』는 「단군세기(檀君世紀)」 「삼신상제(三神上帝)」 「교화원류(教化源流)」 「신이징험(神異徵驗)」 「단사전묘(壇祠殿廟)」 「역대제천(歷代祭天)」 「족통원류(族統源流)」 「시사악장(詩詞樂章)」 「고속습유(古俗拾遺)」 「단군향수변(檀君享壽辨)」 「단군변(檀君辨)」 「강동릉변(江東陵辨)」 「부루변(夫婁辨)」 「태백산변(太白山辨)」 「평양급패수변(平壤及浿水辨)」 「단군강역고(檀君疆域考)」 「백두산고(白頭山考)」 「백악고(白岳考)」 「경사재액(經史災厄)」의 19항목으로 구성되어 있다.

「단군세기」는 단국(檀國)・부여(扶餘)・고구려・백제・신라・발해・예맥・동옥저・비류・삼한・정안국(定安國)・요(遼)・금(金)의 역사를 개관한 것이다. 김교헌은 이들 국가를 모두 단군족의 국가로 파악한 반면, 기자・위만・사군이부(四郡二府)는 이민족의 역사로 보아 제외하였다. 특히 숙신(肅愼)을 상고시대 동방구이(東方九夷) 가운데 최강국이라 하여 그들의 역사를 우리 역사의 당당한 주류로 선포하였는데, 이러한 인식은 이 책이 처음이다.

김교헌이 이 부분을 저술하는 과정에서 참고한 문헌은 『삼국유사』 『삼국사기』 『위지(魏志)』의 「동이전(東夷傳)」 『동국이상국집(東國李相國集)』 등 한국고대사 관계 사료와 조선후기 학자들의 문집이었다. 그는 각 항목의 말미에 대개 전거를 밝혀두고 있으나 전거를 명시하지 않은 부분도 적지 않다. 전거가 명시되지 않은 부분은 김교헌이 특별한 근거를 갖지 못한 채

112

창작하였을 가능성도 있다. 물론 당시까지 '고기류(古記類)'가 전해지고 있었다고 볼 수도 있겠으나, 각 항 말미에 전거를 충실히 밝혀놓은 서술체제에 비추어볼 때, 그가 별도의 '고기류'를 보았다고 믿기는 어렵다. 다만, 당시 민간에 전승되던 종교적 단군인식과 고대 설화를 대종교적 입장에서 재정리한 것일 수는 있다.

「삼신상제」는 삼신이 환인(桓因, 天)·환웅(桓雄, 神)·단군(檀君, 神人)임을 주장하고, 삼신산이 태백산(太白山＝白頭山)이라는 것을 『고금기(古今記)』『한서』『풍속고(風俗考)』 등을 인용하여 해명한 부분이다. 「교화원류」는 대종교의 유래를 설명한 항목이다. 이에 따르면, 단군이 창시한 신교는 부여에서는 대천교(代天敎) 혹은 배천교(拜天敎), 신라에서는 숭천교(崇天敎), 고구려에서는 경천교(敬天敎), 고려에서는 왕검교(王儉敎)로 단절 없이 전승되어오다가 고려말 몽고간섭기에 금압당했으며, 그것이 한말 대종교(大倧敎)로 중광되었다고 한다.

「신이징험」은 삼신상제가 인간에게 길흉화복을 내려준 여러가지 신이한 징험의 사례를 모은 것이며, 「단사전묘」는 마니산 참성단(塹城壇), 구월산 삼성사, 평양의 숭령전(崇靈殿)과 성제사(聖帝祠), 발해의 보본단(報本壇)과 목엽산묘(木葉山廟), 금(金)의 태백산묘(太白山廟), 고구려의 부여신묘(扶餘神廟)와 고등신묘(高登神廟)에 관한 기록을 『수산집(修山集)』『문헌비고』『춘관통고(春官通考)』『문원보불(文苑黼黻)』『고려사』의 「지리지」『요사』『금사』『후주서』에서 모아 정리한 것이다. 「역대제천」은 고조선·부여·예맥·삼한·고구려·백제·신라·고려·요·금 등에서 이루어지고 있었던 여러 제천행사를 소개한 것이다.

「족통원류」는 배달족이 분파된 과정을 설명한 것이다. 이에 의하면 배달족은 먼저 조선족·부여족·예맥족·옥저족·숙신족의 다섯 갈래로 나뉘었고, 이들 각각이 다시 나뉘어 다양한 종족 갈래를 형성했다고 한다. 조선족은 변한·진한·마한(기자 후예인 반배달족의 갈래)족을 거쳐 가락·신라·탐라족으로, 다시 고려와 현조선족으로 이어졌다. 부여족은 동부여족·고구려족·백제족·규봉족·선비족으로 나뉘었고, 고구려족은 발해족·여진족·금족·만주족으로 나뉘었으며, 백제족은 신라족과 결합되었고, 선비족은 거란족과 요족으로 이어졌다가 후일 여진족에 합류하였다. 예맥족과 옥저족은 각각 고구려족과 발해족에 합류되었으며, 숙신족은 읍루, 물길, 말갈로 이름을 바꾸었다가 발해족과 합류하였다.

「시사악장」은 조선과 중국의 여러 문인이 지은 단군에 관한 시사와 악장을 모은 것이며, 「고속습유」는 달·임금·서낭당(仙王堂)·고시네(高矢네)·단단(檀壇)·댕기(檀戒, 檀祈)·성주(成造)·단신제(檀神祭)·배(白) 등 민속종교·문화의 어원과 풍습의 유래를 밝힌 것이다.

「단군향수변」「단군변」「강동릉변」「부루변」「태백산변」「평양급패수변」「단군강역고」「백두산고」「백악고」 등은 안정복·정약용·박지원·허목 등 조선후기 학자들의 고대사 인식과 지리고증 성과를 수용, 또는 비판하면서 새롭게 고증한 것이다. 여기에서는 ① 1048년은 단군의 향수(享壽)가 아니라 단군조선의 역년(歷年)이며, ② 단군은 단국(檀國)의 임금을 지칭한 것이고, ③ 강동에 있는 단군묘는 1세 단군의 묘가 아니라 후세 단군의 무덤이며, ④ 부루는 2인이 있어서, 하나는 단군의 아들이요, 다른 하나는 해모수의 아들이고, ⑤ 태백산은 묘향산이 아니라 지금의 백두산이며, ⑥ 평양과 패수는 각각 여러 곳이 있었고, ⑦ 단·기시대의 강역은 요심 일대를 포함하여 서쪽으로는 요하를 넘어서고 북으로는 흑수를 넘어섰으며, ⑧ 한사군의 위치는 반은 요동에, 반은 여진에 있었고, ⑨ 백두산은 불함·개마·도태·백산·태백·장백산 등 여러 이름으로 불렸으며, ⑩ 백악은 백아강＝아사달＝구월산을 의미한다는 것 등을 주장하고 있다.

『신단민사』는 같은 해에 저술된 통사이다. 이 책은 1924년 중국에서 다시 출간되어 만주지역 독립운동가들이 설립한 각종 학교의 역사교과서로 사용되었는데, 그 서술체제나 내용에서 이전까지 볼 수 없었던 근대적 민족의식을 확연히 드러내고 있다.

이 책에서 주목되는 점은 첫째, 이 책이 국가사가 아닌 민족사로 편찬되었다는 점이다. 즉 『신단민사』는 배달족의 분파를 조선족·부여족·한족·예족·맥족·옥저족·숙신족의 7개로 설정하고 조선족을 그중의 주류로 파악하면서도 이들 종족의 활동사를 모두 민족사의 관점에서 우리 역사체계 속에 편입시키고 있다. 여기에서 유교적 역사인식의 특징인 정통론적 역사인식은 사실상 소멸되어 있다.

그런데 앞의 『신단실기』는 조선족과 부여족을 이원화시켜 전자에서 삼한·신라·고려·조선이 이어지고 후자에서 고구려·발해·백제·여진이 이어지는 것으로 보았으나, 『신단민사』는 조선족과 부여족을 일원화하여 우리 역사를 체계화하고 있다. 이는 민족사 체계에서 한족보다도 부여족의 위치를 높인 것을 의미하며 이 경우 한반도보다도 만주가 더 중요한 민족 활동무대의 지위를 점하게 된다. 이는 다시 만주의 실지를 수복함으로써만 민족의 재통일이 이루어지고 민족사가 곧 국사가 될 수 있다는 논리로 귀결하여 만주 독립군기지 건설운동을 역사적·이론적으로 뒷받침하는 근거로 작용하게 된다.

둘째, 사화(史話)와 전설을 폭넓게 수록함으로써 문헌자료로 입증할 수 없는 과거사를 복원하려 하고 있다는 점이다. 특히 사화나 전설은 민족적 자부심을 고취하는 내용이 상대적으로 많기 때문에, 이는 곧 제국주의의 침략을 받은 상황에서 민족운동의 정신적 기반을 마련한다는 목적성을 지니는 것이었다.

셋째, 종교·제도·문학기예·풍속을 반드시 각 시대마다 서술함으로써, 문화사를 통한 민족의 고유성 발견에 주력하고 있다는 점이다. 문화사 서술에서는 종교를 항상 우위에 두고 있으며, 그중에서도 신교를 유교·불교·도교 등 다른 종교보다 먼저 서술함으로써 민족의식의 고취에 주력하고 있다. 물론 신교에 대한 설명은 자료적 근거가 박약한 점과 관련하여 다소 미화한 부분이 있으나, 제도와 문학기예, 풍속을 차례로 서술하여 한국문화의 전체상을 제시하고자 노력한 것은 돋보이는 점이다. 또 유교에 대해서도 우리 고대문화가 중국의 유교문화와 같은 성질을 지닌 것이라는 입장에서 접근함으로써 중국문화의 일방적인 해독을 강조했던 조선후기 일부 사학자들이나 신채호 등의 민족주의 사학자들과는 다른 태도를 취하고 있다.

넷째, 시대구분에서 신사체(新史體)를 채용하여 상고·중고·근고·근세의 체제를 갖추었으며, 장·절의 제목이나 역사용어도 완전히 근대적인 것으로 바꾸어놓았다는 점이다.

『신단민사』는 대종교의 입장에서 한국 역사와 고대문화를 이해한 까닭에 종교의 비중이 강조되고 원시종교인 신교가 지나치게 미화되었으며, 사화·전설이 사료의 중요 구성요소로 채용되었다는 점에서 일종의 종교사화와 같은 성격을 가지고 있다. 뿐만 아니라 만주를 주 활동무대로 한 북방민족을 모두 배달민족으로 이해하여 국사에 편입시킴으로써, 민족적 정체성을 오히려 혼란시킨 면도 없지 않다. 이는 민족적 자부심을 강조하고 만주를 독립운동 근거지로서뿐 아니라, 민족의 신영토로 개척하고자 하는 저자의 주관적 의지가 지나치게 작용한 결과였을 것이다.

그럼에도 불구하고 『신단민사』는 근대적 민족주의를 바탕으로 하여 유교 중심, 중국 중심의 국사체계를 부인하고, 배달족이라는 단일민족을 설정하여 민족사 체계를 통사로서 구성했다는 데에 의의가 있다. 더욱이 종교·신앙·풍습 등에 중점을 두어 문화사 체계를 재구성하려고 한 것은, 그 이전의 역사학이 미처 다루지 못한 새로운 경지를 개척한 것으로 보아야 할 것이다.

김교헌사학은 조선전기 이래의 각종 사서에 수록된 단군 국조인식과 민간에 전승되어온 신앙적 단군 인식을 근대 민족주의적 입장에서 통합해낸 것이었다. 따라서 이는 식민지 상황에서 민족사를 말살하려 한 일제의 문화침략에 맞서 민족적 자부심을 고취함으로써, 민족독립운동의 정신적 기반을 구축하는 의미를 지닌 것이기도 하였다.

그런 점에서 김교헌사학은 실증이 불충분하고 여진족·거란족 등 이민족의 활동을 민족사에 억지로 끼워넣는 등의 여러 한계를 안고 있었음에도 불구하고 당시로서는 획기적인 의미를 갖고 있었다. 김교헌에 의해 체계화된 단군민족주의적 역사학은 박은식·신채호 등 초기 민족주의 사학자들에게 커다란 영향을 주었고, 이들의 초기 저작은 어느 것이나 대종교적 역사관에 영향을 받은 것이었다.

그러나 김교헌사학은 1930년대 이후 최남선 등의 대동아주의자들에게도 영향을 끼쳐, 대동아공영권론의 역사적 정당성을 부여하는 데에 이용되기도 하였다. 민족의 외연을 자의적으로 확대하는 태도는 김교헌 당대의 강렬한 민족주의적 의지와는 달리 후일 단군민족주의적 역사인식이 일제의

황국사관(皇國史觀)과 결합하면서, 대동아공영권 이론체계에 흡수될 수 있는 계기를 부여하였다. 1930~40년대에 출간된 것으로 판단되는 『규원사화(揆園史話)』『환단고기(桓檀古記)』『단기고사(檀奇古史)』등은 모두 김교헌사학의 영향을 강하게 받으면서도 단군족 범위를 한층 확대하여 일본민족까지를 단군족의 일부로 설정하고 있다. 특히 1930년대에 유포된 『규원사화』는 동이의 여러 종족이 연합하여 중국을 정벌할 것을 제창하고 있어 일제의 중국침략을 방조하는 구실을 하였던 것이다.

이러한 문제는 김교헌사학이 19세기 말~20세기 초 우리나라 사상계를 지배했던 사회진화론적 민족팽창주의의 영향을 적지 않게 받았던 점과 관련이 있다. 결국 대종교 민족주의는 서구 부르조아 의식의 영향을 극복하지 못한 채 이를 한국사에 그대로 적용함으로써, 한편으로는 강렬한 민족의식을 고취하는 데 기여한 반면, 다른 한편으로는 오히려 제국주의의 식민지 이론에 흡수될 소지를 스스로 만들어낸 약점도 안고 있었던 것이다.

2. 이상룡

이상룡(李相龍)은 1858년(철종 9) 경상북도 안동에서 이승목(李承穆)의 맏아들로 출생하였다. 본관은 고성(固城)이며, 자는 만초(萬初), 호는 석주(石洲)이다. 조선개국공신 이원(李原)의 19대손이다. 퇴계의 학통을 이은 김흥락(金興洛)에게서 사사하였다. 처종조부 허위(許蔿)와 외삼촌 권세연(權世淵)은 한말 의병장으로, 처남 김대락(金大洛)은 만주에서 독립운동가로 각각 활동하였다.

이상룡의 활동은 유림의 입장에서 의병항쟁을 모색하던 시기(1894~1907년)와 계몽운동에 투신한 시기(1907~11년), 만주로 망명하여 무장투쟁을 계획하는 한편 재만 한인의 권익옹호를 위해 활동한 시기(1911~32년)로 나누어볼 수 있다.

이상룡은 1894년 청일전쟁 발발 후 도곡선재(陶谷先齋)에 은신하면서 병학(兵學)을 연구하다가 1896년에 박경종(朴慶鍾)과 함께 가야산에 진지를

구축하여 의병항쟁을 시도하는 한편, 외삼촌 권세연이 이끄는 의병을 지원
하였다.

그러나 1904년 러일전쟁의 와중에서 일본의 군사력을 목도한 이후부터는
일본을 상대로 한 직접적 무력항쟁은 어렵다고 판단하여 계몽운동에 투신
하였다. 그는 1907년 유인식(柳寅植)·김동삼(金東三) 등과 함께 근대적
사립학교인 협동학교(協東學校)를 설립하였으며, 1909에는 대한협회 안동
지회를 결성하여 회장에 선출되었다. 1910년 일제강점 후 주진수(朱鎭
洙)·황만영(黃萬英) 등을 통해 신민회의 국외 독립군기지 건설운동 소식
을 접하고 1911년 초 서간도 회인현(懷仁縣)에 도착하였다가 같은 해 4월
유하현(柳河縣)으로 이동하여 이동녕(李東寧)·이시영(李始榮)·이회영(李
會榮) 등과 함께 경학사(耕學社)를 설립하고 사장에 추대되었다.

이후 만주에서 이상룡의 활동은 독립운동기지 건설운동과 만주 교민의
생활안정을 위한 중국 당국과의 교섭에 집중되었다. 1913년에는 재만 한인
의 토지소유권을 확보하기 위해 유하현 지사를 상대로 교섭을 벌였으며,
재만 한인의 중국 귀화권 승인을 촉구하였다. 또 1917년에는 길림(吉林)
총독에게 재만 한인의 권익보호를 요구하기도 하였다.

1919년 3·1운동 이후 군정부가 조직되자 총재로 추대되었으며, 11월에
는 군정부를 서로군정서(西路軍政署)로 개칭하여 대한민국 임시정부를 지
지하는 한편, 남·북만주의 항일단체와 독립군단의 통합을 시도하였다.
1921년에는 관전현(寬甸縣) 삼도구(三道溝)에서 남만통일회를 개최, 서간
도 일대의 항일단체와 독립군단을 통합하여 대한통군부(大韓統軍府)를 조
직하였다. 1922년 8월에는 이를 확대 개편하여 대한통의부(大韓統義府)로
하고, 그 산하에 의용군을 조직하였다. 1924년 10월 정의부(正義府)가 발
족되자 그 독판(督辦)에 선출되었으며, 1925년 9월 대한민국 임시정부 국
무령에 취임하였다. 그러나 곧 사임하고 삼부통합운동에 몰두하다가 1932
년 5월 길림성 서란(舒蘭) 소성자(小城子)에서 죽었다.

이상룡이 깊은 친교를 맺었던 인사들은 박은식·김좌진·서일·여준(呂
準)·허혁(許爀)·김창숙·유인식·김동삼·이동계(李東桂) 등 주로 유학
자에서 출발하여 계몽운동가로 전신한 인사들이었다. 또 이들은 대개 1910

118

년대 전반기에는 대종교와 관련을 맺고 있었으며, 계몽운동을 펴면서도 무
장투쟁을 중시하는 입장을 지니고 있었다. 이상룡도 예외는 아니어서, 그
의 역사인식은 유학자적 소양에 입각해 있으면서도 당시 계몽운동의 사상
적 지주였던 사회진화론에 영향을 받고 있었다. 즉 그는 "야만족이 문명족
의 지배를 받는 것은 천연(天演)의 공례(公例)"라고 판단하여 사회진화론
을 승인하고 있었다. 그렇다고 해서 그가 일부 우파 계몽주의자들처럼 한
국의 식민지화를 불가피한 현실로 받아들인 것은 아니었다. 오히려 그는
우리 역사 속에서 민족의 진화·발전 가능성을 포착하기 위해 노력하는 한
편, 만주지역을 우리 역사의 무대에 적극적으로 끼워넣어 이 지역을 새로
운 '영토'처럼 만들고자 하였다. 그는 만주가 역사적으로 단성(檀聖)의 구
강(舊疆)이요, 만주인의 조상이 우리와 동일종족이라는 점을 전제함으로써
국사의 중심무대를 만주에 설정하였다. 따라서 만주에서 영위되었던 숙
신·단군조선·부여·발해·고구려의 역사에 주목하게 되었던 것이다. 이
점에서 그의 사학은 대종교도의 그것과 일치한다.

 이상룡의 역사관계 저술은 「서사록」(1911) 「대동역사(大東歷史)」(1913)
「봉기자우조선(封箕子于朝鮮)」(1915) 「요동평양(遼東平壤)」(1915) 「조선평
양각유기자묘우유정전제(朝鮮平壤礵有箕子墓又有井田制)」(1915) 「존화양이
변(尊華攘夷辨)」(1914) 등이다. 1910년 「국사」를 초하였다 하나 그 내용을
알 수 없고, 「대동역사」 또한 전해지지 않는다. 이들 중 이상룡의 역사지
식을 가장 폭넓게 수록하고 있는 것은 「서사록」으로, 이는 1911년 1월 5일
부터 4월 13일까지 이상룡이 일가를 거느리고 서간도로 망명하는 과정에서
쓴 일기이다. 그는 여기에서 자신이 직접 경험한 사실과 그동안 사서(史
書)를 통해 얻은 지식을 토대로 하여, 만주사에 관한 새로운 해석을 시도
하고 있다. 여기에서 그가 참고한 서적은 『만주원류고(滿洲源流考)』『만주
지지(滿洲地誌)』『요사(遼史)』『한서』『진서(晋書)』 등이었다. 특히 『만주
원류고』와 『만주지지』를 주로 참고하여 부여·발해·숙신·고구려·백제·
신라 등의 역사를 새롭게 이해하고 있으며, 그밖에 기자의 동래(東來) 문
제, 한사군의 위치 등에 대해서도 새로운 해석을 시도하고 있다.

 「서사록」은 우선 과거 유학자들이 체계화했던 단군조선 → 기자조선 → 위

만조선→삼한→사군이부→신라로 이어지는 한국사 체계를 부인하고, 단군조선→북부여→동부여→졸본부여(고구려)→발해로 이어지는 흐름을 국사의 주류로 설정하였으며, 나아가 숙신과 왜국(倭國)까지도 구이(九夷)의 한 갈래로서 단군에 신속(臣屬)한 나라로 간주하고 있다. 이러한 이해는 한말 여러 역사서들 중 최초의 것이며, 특히 왜국을 단군에 신속한 구이의 한 갈래로 파악한 것은 이상룡에 특징적인 것이었다. 1930년대 이후 일본의 '내선일체' 정책이 강화되면서, 일부 친일적 지식인들에 의해 동조동근론적 입장에서 일본민족과 한국민족의 동일혈통을 강조하는 경향이 출현한 것을 제외하고 민족운동 진영에서 이러한 견해를 피력한 것은 이상룡이 유일하였다.

또 단군·숙신·부여·고구려·발해의 강역에 대해서도 그 중심지를 길림·영고탑(寧古塔) 등 동북만주지방으로 새롭게 비정(比定)하여 흑룡강 이남의 만주 전역이 고대 우리나라의 영토였음을 강조하고 있다. 그와같은 맥락에서 기자조선과 사군을 요동지역에 국한시키고 기씨의 도읍인 평양이 요동의 요양(遼陽)을 가리키는 것이라 주장하였다. 그는 한사군의 위치도 모두 압록강 이북으로 새롭게 비정하였는데 현도(玄菟)는 요동의 개평(慨評)·해성(海城)·복주(復州) 등지에, 임둔(臨屯)은 개원(開原)에, 낙랑(樂浪)·진번(眞蕃)은 요동에 비정하였다.

그는 특히 기자조선 문제에 대한 기존의 인식을 통렬히 비판하였는데, 단군 강역의 한 변방을 차지한 데 불과한 기씨(箕氏) 때문에 단군후예가 부여로 천도한다는 것은 있을 수 없으며, 시간적으로 보더라도 고등왕(高登王)이 부여(흑룡강, 길림 등지)로 천도한 것은 기씨가 동래한 것보다 197년이나 앞서는 것이기 때문에 성립될 수 없는 것이라고 주장하였다.

이러한 인식에 따르면 당연히 기씨, 한사군 시대에도 단씨(檀氏)의 혈통은 끊이지 않은 것이 되며, 한반도는 삼한이 자치하고 있었으므로 만주와 한반도 모두 단군조선의 맥이 끊임없이 이어진 것으로 설정된다. 이러한 인식에 기반을 두어 이상룡은 고대 우리 민족의 활동무대가 만주뿐 아니라 요하(遼河) 이서지방으로까지 확대되어 있었다고 주장하였다. 고구려의 강역이 당(唐)의 영주(營州)에까지 달하였을 뿐 아니라 고구려가 멸망한 이후에도 발해와 신라가 모두 만주를 지배하고 있었다고 하였다. 즉, 발해는 영토가 북으로 송화강을 넘고 남으로 조선의 함경·평안 2도를 점령하였으며 서쪽으로 요하를 넘어서 과이심(科爾沁)에까지 이르러 그 폭원(幅員)이 5천리나 되는 동방최대국이었다고 하였으며, 신라도 당 용삭(龍朔)연간(661~63, 신라 문무왕 1~3)에 여·제(麗濟) 양국과 말갈을 겸유하여 만주의 홍경(興京)·개원(開原)·길림 등지를 영유하였다고 하였다.

그렇다고 해서 이상룡이 한반도에서 이루어진 역사활동에 무관심했던 것은 아니다. 그는 한반도는 삼한의 자치국으로서 중국문화의 영향을 받지 않은 채 신라·백제·가락으로 정통이 이어졌다고 보았다. 결국, 이상룡이 수립한 한국고대사 체계는 만주를 중심으로 한 단군 → 부여 → 고구려 → 발해의 흐름과 한반도를 중심으로 한 삼한 → 신라·백제·가락의 이원적 체계였으며, 그중에서도 만주에서 이루어진 역사를 더 중시하는 체계였다.

「서사록」에서 주목되는 또 한 가지는 중국민족·중국문화에 대한 입장이다. 이상룡은 일본제국주의의 대륙침략으로 인해 한·중 양민족이 같은 처지에 놓여 있으며, 그로 인해 한국인의 독립운동은 중국인의 절대적 지원을 받을 수 있을 것이라고 생각하고 있었다. 이러한 생각은 그로 하여금 다른 독립운동가들과는 달리 중국으로의 귀화를 적극적으로 고려하게 하였다. 그는 한국인의 전통적인 의관을 금지하여 호복(胡服)·치발(薙髮)로 전환시키고 귀화권을 부여하여 국계와 민족의 구별을 없애자고 주장할 정도로 철저한 귀화론을 폈다. 심지어 이상룡은 이러한 자신의 입장을 피력하는 과정에서 중국 관헌들에게 "나의 선조는 본래 농서(隴西)의 이씨(李氏)로서 동방에 종군하였다가 자손이 그 뒤로 조선에 세거하였으니 중화 또한 씨족의 구관(舊貫)이다"라 하여 자신이 혈연적으로는 중국인에 연결되어 있다고까지 주장하였다. 이와 관련하여 그는 당시 대다수의 계몽운동가들이 망국의 원인을 유교의 지나친 성행에서 찾았던 것과는 달리 유교의 확장을 강조하고 중국과 우리나라의 동족·동문(同文) 관념을 주장하였다. 그는 역사적으로 중국과 우리나라가 지리적으로 가장 가까울 뿐 아니라, 혈통이 같고 유교를 숭상한 문화전통이 같으며, 운명공동체의 성격도 가진 것으로 생각하였다.

　그의 이러한 주장은 자칫 유교적 모화사상의 결과로 이해될 수도 있겠으나, 그 주장은 중국에 귀화함으로써만 만주지역에서 한인의 활동이 보장될 수 있고, 그를 전제로 하여 비로소 만주가 확고한 독립운동기지로 자리잡을 수 있다는 현실인식에 기반을 둔 것이었다. 또 이를 통하여 일제의 대륙침략에 한·중 양민족이 공동으로 저항할 수 있을 것이라고도 판단한 때문이었다. 그에게 만주는 역사적으로 우리의 영토였으며, 민족적으로도 만주인은 우리의 동포이기 때문에 재만 한인에게 귀화권을 부여하여 중국인으로 만드는 것이 하등 문제될 수 없는 일이었다.

　1915년을 전후하여 이상룡은 다시 「봉기자우조선」 「요동평양」 「조선평양각유기자묘우유정전제」 「존화양이변」 등의 논설을 발표하였다. 「봉기자우조선」에서는 기자의 수봉설을 비판하고, 기자의 도읍이 요양이며 그 국호가 한이기 때문에 한사군은 바로 요동에 있었다는 것을 논증하였으며, 「조선평양각유기자묘우유정전제」에서는 평양의 기자묘와 정전제의 사실성을 부정하고, 기자묘는 만주의 요동지방에 있으며, 정전제도 당군(唐軍)이 실시한 둔전제의 유제일 것이라는 점, 단군이 기자를 피하여 당장경(唐莊京)으로 도읍을 옮기고 기자가 조선의 왕이 되었다는 주장은 사실이 아니라는 점, 단군의 정통은 북부여·동부여·고구려로 계승되었다는 점 등을 주장하였다.

　이렇듯 이상룡의 한국사 인식은 만주를 중심으로 하는 북방사와 한반도를 중심으로 하는 남방사를 이원적으로 체계화한 것이었으며, 그중에서도 북방사에 중심을 둔 것이었다. 그는 만주와 중국 북부가 고대 우리 민족의 영토였다는 점을 부각시킴으로써 민족적 자부심을 고취하고 그를 통해 독립에 대한 신념을 주입하기 위하여, 다른 한편으로는 만주를 독립운동 근거지로서뿐 아니라 신영토로 개척하기 위한 역사적 근거를 확인하기 위하여 북방사를 강조했다. 그런 점에서 그의 역사이해는 현실적 필요성에 의해 연역적으로 유추된 것이었다고 해도 무방할 것이다.

　그러나 그의 고대사 인식과 한·중 양민족 공동운명체론은 거꾸로 독립운동의 주체, 독립국가 건설의 주체에 대한 모호성을 담보로 한 것이기도 하였다. 그가 만주지역을 신영토로 만들기 위해 끌어댄 근거는 자칫 한민족의 중국민족으로의 귀화=동화를 인정하는 위험을 안고 있는 것이었으며, 더욱이 숙신뿐 아니라 왜국까지도 구이의 한 갈래로서 고대 한국민족과 밀접한 관계를 맺고 있던 민족으로 이해한 것은 일제 식민사관의 주요 기둥인 '일선동조론' '만선사관'을 합리화할 소지를 안고 있는 것이었다. 만주가 우리 민족의 독립운동 근거지로 남아 있는 한, 일본에 대항하기 위해 만주를 신영토로 개척한다는 이상룡의 구상은 나름대로 설득력을 지닐 수 있는 것이었지만, 만주일대가 일본의 신영토에 편입된 이후——만주사변 이후——에는 이는 거꾸로 '만선사관'과 영합하는 성질을 지닐 수도 있는 것이었다. 여기에서 지나치게 현실적 요구에 압도된 역사인식이 갖는 한계가 드러나는 것이다. 〔全遇容〕

□ 참고문헌

尹炳奭, 「石洲遺稿 解題」, 『石洲遺稿』, 고려대학교출판부 1973.
金泰永, 「開化思想家 및 愛國啓蒙思想家의 史觀」, 『韓國의 歷史認識(하)』, 창작과비평사 1976.
朴永錫, 「大倧敎의 獨立運動에 관한 硏究」, 『史叢』 21·22합집, 1977.
李萬烈, 「民族史學」, 『한국사』 22, 1978.
韓永愚, 「1910년대의 民族主義的 歷史敍述——李相龍·朴殷植·金敎獻·檀奇古史를 중심으로」, 『韓國文化』 1, 서울대학교 韓國文化硏究所 1980.
朴永錫, 「日帝下 在滿韓人社會의 形成——石洲 李相龍의 活動을 중심으로」, 『韓國史學』 3, 1980.
金杜珍, 「檀君古記의 理解方向」, 『韓國學論叢』, 국민대학교 한국학연구소 1982.
朴永錫, 「大倧敎의 民族意識과 獨立運動——金敎獻 敎主 時期를 중심으로」, 『韓民族獨立運動史硏究』, 一潮閣 1982.
尹明喆, 「韓末 自强史學에 대하여」, 『國學硏究』 2, 국학연구소 1988.
韓永愚, 「民族史學의 成立과 展開」, 『國史館論叢』 3, 국사편찬위원회 1989.
박광용, 「대단군민족주의의 전개와 양면성」, 『역사비평』 1992년 겨울호.

제 5 장

황 의 돈

黃義敦 1887~1964

1. 머 리 말

한국 근대역사학의 동향을 흔히 민족주의사학, 사회경제사학, 실증사학
으로 분류한다. 각 학파의 사관(史觀) 또는 사풍(史風)에 근거를 둔 이러
한 구분은 그동안 한국사학계의 조류를 설명할 때 대체로 유용하게 사용되
어왔다. 그런데 막상 일제하에 활약했던 여러 역사관계 저작물을 검토하다
보면, 위의 기준 속에서 한꺼번에 설명하기보다는 좀더 세분화해서 취급하
면 좋을 듯한 저술이나 논고들이 눈에 띤다.

1920년대에 주로 활약했던 해원(海圓) 황의돈(黃義敦)을 비롯한 최남
선·안확·권덕규(權悳奎)·장도빈(張道斌) 등의 일련의 연구가 그것이다.
종래 민족주의 사학자로 분류되던 이들은 신채호와 박은식이 해외에서 활
약하고 있던 시기에 국내에서 식민사학과 대항하면서 국사 연구에 관심을
기울였던 인물들이다. 일제하의 대부분의 역사가들이 그랬듯이, 그들은 민
족주의적인 성향을 강하게 지녔으면서도 각기 독자적인 학문적 영역을 추
구하였다. 하지만, 그들은 공통적으로 문화사관의 입장에서 한국사를 체계
화하고 있다는 점에서 사학사적으로 주목된다.

그런데 같은 문화사관의 입장이라도, 황의돈은 독특한 사론과 함께 일찍

부터 한국사의 체계화를 꾀함으로써 초창기 근대역사학의 성립에 기여한 바 적지 않다. 실제로 근대역사학의 안목으로 씌어진 통사 저술인 『대동청사(大東靑史)』(1909) 이후 해원이 크게 활약했던 1920년대에 쓴 『조선신사(朝鮮新史)』(1922) 『신편조선역사(新編朝鮮歷史)』(1923) 『중등조선역사(中等朝鮮歷史)』(1926) 등 통사를 비롯하여 「민중적 규호(叫號)의 제일성(第一聲)인 갑오(甲午)의 혁신운동」(1922) 「광무융희연대(光武隆熙年代)의 계몽운동」(1926) 등은 당대의 학문적 수준에 비춰볼 때 크게 뛰어난 것이었다. 그의 저술활동은 이후 식민지시대를 거쳐 생을 마감하는 1960년대 초까지 지속되어 『해원문고(海圓文庫)』(1961)로 정리된다.

한말부터 일제시대를 통하여 이렇게 활약했던 황의돈을 오늘날 사학계(史學界)에서 기억하는 사람은 많지 않다. 이처럼 해원에 대한 연구가 적은 것은 그의 업적에 대한 정리작업이 제대로 이루어지지 않아 아직 평가의 기회가 마련되지 못했기 때문이라고 생각된다. 그를 민족주의 사학자의 대표적인 인물 가운데 한 사람으로 평가하는 움직임이 이루어지기 시작한 것은 극히 최근의 일이다. 해원에 대한 평가는 이제 시작에 불과하지만, 그의 학문세계를 접하는 사람은 누구나, 그가 탁월한 역사적 안목과 혜안을 지녔음을 알게 될 줄로 믿는다.

이 글에서는 지금까지 잘 알려지지 않은 황의돈의 생애와 주요 저작을 소개하고, 그가 근대사학사에서 차지하는 위치를 주로 1920년대에 비슷한 입장에서 역사연구에 종사하던 장도빈·권덕규와의 비교를 통하여 살펴보려고 한다.

2. 생애와 활동

황의돈은 1887년 충남 서천의 전통적인 유가(儒家)의 가문에서 출생했다. 조부 밑에서 한학을 수학한 그는 20세인 1906년까지 전통적인 한문학의 습득에 정진하였다. 그러던 중 러일전쟁 이후 고조되는 국가존망의 위기는 향촌에 머물던 그로 하여금 새로운 자강의식(自强意識)을 갖게 하였다. 그리하여 그는 1907년 21세의 나이로 군산고등보통학교 보습과(補習科)에 입학하여 1년 만에 수료한 후, 약 2년간 서울과 일본을 왕래하며 새로운 학문과 사상을 접하였다.

그는 곧 미국유학을 결심하고 블라지보스또끄로 갔으나 여의치 않자, 해외 독립군기지인 북간도에 들어가 서전서숙(瑞甸書塾)의 후신인 명동학교(明東學校)에서 김약연(金躍淵)·정병태(鄭秉泰) 등과 함께 구국인재를 양성하는 교육자의 길을 걷게 된다. 이때 국사교재의 필요성을 절감한 그는 그의 첫 역사저술이자 통사인 『대동청사』를 집필하여 독립정신을 고취하였다.

그후 잠시 귀국한 해원은 국권상실에 분개하여 다시 중국으로 향하던 중 안석(安奭)·이경구(李鏡龜)·이승훈(李昇薰)을 비롯한 민족인사들의 권유로 안흥·육영·오산·대성학교 등에서 교편을 잡으면서 본격적으로 교육계에 투신하였다. 특히 1911년 대성학교에서 문일평(文一平)과 함께 역사를 담당했던 그가 항상 시험제목으로 '국권회복'이란 문제를 냈으며, '폭탄과 암살이 최선책'이란 답안에 만점을 준 것이 탄로되어 학교가 폐쇄되었다는 일화는 그의 투철한 구국의지를 잘 보여주는 사례이다. 1912년 대성학교가 폐교를 당하자 향리로 내려간 그는 1914년 다시 휘문학교에서 교육활동에 전념하게 되었다. 이때 훗날 학문적 벗이 되는 휘문출신인 권덕규·이선근(李瑄根) 등과의 만남이 이루어진다. 그러던 중 1916년 기독교 청년회관에서 국사를 강의한 것이 문제가 되어 휘문학교에서 파면당하였다.

3·1운동은 사가(史家)인 해원에게도 새로운 충격을 준 사건이었던 것 같다. 1920년대에 들어와 그의 민족에 대한 관심은 본격적인 저술활동으로 표출된다. 우선 그는 1920년 보성학교에 부임하여 그의 두번째 통사인 『조선통사(朝鮮通史)』를 저술하였으나 일제에 의해 압수를 당했다. 그러자 1922년에 다시 『조선신사』를 집필하고, 약간의 보완·수정을 거쳐 1923년에 『신편조선역사』를 간행하였다. 그런데 이를 간행하는 과정에서 표절하는 사태가 벌어졌다. 바로 박해묵(朴海默)의 『반만년조선역사(半萬年朝鮮歷史)』(1923)가 그것인데, 해원은 이를 법원에 제소하여 저작권을 처음으

로 보호받기도 하였다.

한편, 일선 교직에 몸담고 있던 해원은 1926년에 중등용 교재로서 『중등조선역사』를 발간하였다. 그러자 문일평은 당시 우리의 손에 의해 씌어진 교과서가 거의 전무한 형편에서 권덕규의 『조선유기(朝鮮留記)』(1926)와 해원의 『중등조선역사』가 간행된 것을 축하하는 한편, 뛰어난 교과서로 높이 평가하였다(「朝鮮史의 敎科書에 대하여」, 『동광』 1927년 2월호). 이처럼 해원은 교과서의 편찬을 비롯하여 통사저술에 남다른 애착을 보였다. 일제가 조선사편수회를 통하여 조직적으로 민족사를 왜곡하는 당시의 현실 속에서, 해원은 올바르게 씌어진 통사가 식민사관을 불식하는 유일한 지침이 될 뿐 아니라 민족의식을 함양하고 독립사상을 고취하는 데 중요한 수단이 된다고 파악하였기 때문이다. 이러한 점에서 1920년대 해원의 통사와 교과서 편찬은 민족교육의 선도적 위치를 점하는 것이라고 해도 과언이 아닐 것이다.

해원은 비단 저술활동뿐 아니라 보성·휘문·중동학교에서의 교육활동, 고적답사 그리고 청소년을 위한 각종 학술강연회 등을 통하여 한국사를 대중화하는 데에도 많은 힘을 쏟았다. 그는 특히 "역사의 천페이지를 읽는 것보다 한번 실물을 보는 것이 필요하다"라고 하면서, "과연 경주 일원에 잊혀 있는 쇠뭉치·돌덩이는 우리도 과거엔 현재와 같은 암흑의 생활을 누려온 민족이 아니오, 세계 어떤 민족에 비해 부끄럽지 않을 만한 문명의 생활을 하였다는 유일의 증거품이오 과장품이다. 따라서 그를 보는 우리의 심리에는 자존심과 자긍심이 솟구치게 되는 바이다"라 한 데서 알 수 있듯이, 고적의 답사를 통해 세계적인 문화민족이라는 긍지와 자부심을 일깨워 식민지 현실을 극복하고자 하였다.

또한 해원은 이 시기에 많은 논술을 각종 잡지와 신문에 발표하였다. 후술하겠지만, 「세계중(世界中) 최초의 물질불멸론자 서경덕선생」「희세(稀世)의 정치가이며 또 철학자 율곡선생」「민중적 규호의 제일성인 갑오의 혁신운동」「광무융회연대의 계몽운동」 등은 그 가운데서도 주목되는 논고들이다.

1930년 초 일제의 민족말살정책이 노골화되면서 국사를 연구하는 데에 대한 압박이 심해짐에 따라 해원의 강연은 물론이고 집필활동도 크게 줄어들었다. 이 무렵 그가 많은 시간을 선조 황희의 문집인 『방촌황희선생문집(尨村黃喜先生文集)』(1934)의 간행에 쏟았던 것은 이러한 시대적 배경과 무관하지 않은 것 같다. 그리고 1934년 진단학회(震檀學會)의 설립 때 안확·권덕규 등 26인과 함께 찬조위원으로 참석할 뿐 별다른 사회활동을 보이지 않았다.

중일전쟁 발발 이후 황국신민화정책 속에서 국어·국사교육이 금지되자, 1938년 해원은 19년간 몸담았던 보성학교를 떠나 조선일보사에 들어간다. 이후 『조선일보』가 폐간되기까지 그는 이곳에서 홍명희·문일평·송석하(宋錫夏)·최익한(崔益翰) 등과 함께 역사유적과 향토예술에 관한 조사활동에 종사하였다.

문화활동에 전념하면서도 해원은 「갑신정변의 원인과 결과」(『조광』 1939년 11월호) 「임오군란의 진상」(『조광』 1940년 2월호) 「무오사화의 숨은 동기」(『조광』 1941년 1월호) 등 여러 논고를 잇따라 발표하였다.

그러던 중 1942년 해원은 민족지도자들을 앞세워 창씨개명을 비롯한 황민화를 획책하던 일제에 의해 비협력자로 지목되어 57일간의 옥고를 치렀다. 그 후에도 일제의 끈질긴 탄압과 회유가 계속되자 그는 입산수도를 결행하는데, 이때의 참선생활은 해방 후 역사적 지식을 불교적 세계관에 의해 재구성하게 되는 계기가 되었던 것 같다.

산사(山寺)에서 해방을 맞이한 해원은 당시의 감격과 기쁨을 「축독립(祝獨立)」(필사본, 未刊)이란 시로 노래하며 흥분을 감추지 못하고 있다. 해방 후 그는 문교부 편수관이 되어 국사교과서를 편찬하고, 한국전쟁이 끝난 후 동국대를 비롯한 여러 대학에서 학문연구와 교육활동에 종사하였다. 이 무렵 그는 많은 시간을 참선에 몰두하면서도 「고구려 해군(海軍)의 활동」(『육군군의학교 교재』, 1951) 「국사연구의 기초지식」(『법경논설집』, 1954), 「항일의사열전(抗日義士列傳)」(『동아일보』 1956년 3~5월) 등을 저술하였으며, 역사학에 선학(禪學)을 접목시킨 「역사적 대국(大局)의 동향과 불교」(『백성욱박사송수기념 불교학논문집』, 1959)를 발표한 것을 거의 마지막으로 1964년 78세의 나이로 눈을 감았다.

128

3. 주요 저작

해원의 저술은 저술시기로 볼 때 1920년을 전후로 하여 크게 둘로 구분
된다. 그 하나는 1920년 이전의 저술로서, 1909년 『대동청사』가 그것이다.
『대동청사』는 그의 첫 저술이자 1920년 이전 그의 역사인식을 알려주는 유
일한 자료이다. 다른 하나는 1920년 이후에 씌어진 『조선통사』『조선신사』
『신편조선역사』『중등조선역사』 등과 각종 논고들을 들 수 있다. 1920년에
저술된 『조선통사』는 그 내용을 확인할 수 없지만, 2년 뒤에 씌어진 『조선
신사』의 골격을 이루는 것으로 이해된다. 그런데 『조선신사』는 이듬해 간
행된 『신편조선역사』를 위한 초고본으로 보인다. 왜냐하면 두 책이 고대사
의 목차와 내용을 약간 수정한 점을 제외하고는 거의 같기 때문이다. 1926
년에 편찬된 『중등조선역사』는 『신편조선역사』를 대폭 축약하여 중등용 교
재로 쉽게 편찬한 것이다. 그러므로 『신편조선역사』는 1920년대 해원의 한
국사인식을 가장 대표적으로 보여주는 통사라고 할 수 있다. 따라서 여기
서는 『대동청사』와 『신편조선역사』 그리고 1920년대 주목되는 몇가지 논고
들을 간략히 검토하는 것으로 그의 역사인식을 가늠해보기로 한다.

(1) 『대동청사』

'중등교재 대동청사'라고 명시된 『대동청사』(국한문, 2권 2책, 필사본, 총
206면, 약칭 『청사』)의 상고사(上古史, 단군~삼국이전)·중고사(中古史, 삼국
~몽고침입)·근고사(近古史, 몽고압제~조선말)로 짜여진 서술체계는 종래의
왕조정치사가 아니라 민족의 성쇠를 기준으로 한 점이 큰 특징이다. 즉 한
말 계몽주의 사서와는 달리 한민족사는 부여족이 창립되는 것이 그 출발이
라고 보고 이를 부여족이 웅비하는 역사로 체계화하였다. 이처럼 민족 성
쇠의 기준을 주로 이민족과의 대외관계 속에서 찾으려 했던 『청사』는 당시
어느 사서에서도 찾아볼 수 없는 독특한 형식의 통사였다. 이는 1909년 당

시 구국운동을 위한 대외저항과 국가보존의 교훈을 고취하는 데 초점을 맞춘 역사의식이 반영된 것으로 이해할 수 있다.

'부여족창립급한족침입시대(夫餘族創立及漢族侵入時代)'로 규정한 상고사는 위에서 말했듯이 우리 민족사의 시작을 부여족의 창립에서부터 보고 단군이 개국시조임을 분명히하면서, 한사군이 침입하여 쫓겨나기 전까지의 내용을 담았다. 다만 기자조선을 부정하면서도 그 치세를 자세히 서술하여 유교사관의 영향을 완전히 떨치지 못한 면이 엿보인다.

'부여족(夫餘族)의 웅비시대(雄飛時代)'로 규정한 중고사에서는 삼국(三國)이 돌기(突起)하여 한사군을 축출한 것을 4천년 역사상 최고로 장하고 영광스러운 시대로 이해하였다. 또 신라가 당병(唐兵)을 청하여 여·제(麗濟)를 친 것도 통일을 이루기 위한 방책이었다고 보고, 삼국통일이 당의 축출을 통해 달성된 것으로 파악하는 등 민족 내부의 문제보다는 이민족과의 투쟁에 초점을 맞추었다. 특히 발해사에 대한 인식은 주목되는데, "발해는 고구려의 유종(遺種)으로 조국의 멸망(覆亡)함을 분(忿)하야 만주 전지역(全幅)을 차지(據有)하고 동아대국(東亞大局)이 웅비하야 북으로 당(唐)을 격파하고 남으로 신라를 방어하야 부여족의 삼천리 구기(舊基)를 보유터니"라 하여 신라와 발해를 남북조로 이해하는 모습을 뚜렷이 보인다. 이어 발해가 거란에게 패하여 만주를 상실하고, 또 고려가 몽고에게 패하여 이민족의 지배를 받게 되었음을 통탄해 마지않았다. 이로써 볼 때 부여족의 웅비는 고구려를 계승한 발해를 염두에 둔 것 같은데, 그 웅비가 발해 멸망으로 꺾이고 몽고침입으로 인해 좌절된 것으로 이해하였다.

'문흥무쇠시대(文興武衰時代)'로 규정한 근고사는 그 기준을 문무의 강약에 둔 점이 주목된다. 즉 '문흥무쇠'란 몽고침입에 따른 삼별초 항쟁의 실패 이후 민족사에서 무는 쇠약해지고 문의 기운은 흥해진다는 것을 뜻한다. 그것은 몽고의 압제로 부여족의 웅비가 좌절된 민족사를 다시 문무의 관점에서 새로이 체계화한 것이었다. 특히 삼별초에 대해 "내(內)로는 괴뢰무상(傀儡無狀)한 정부를 반대하고 외(外)로는 포학무도한 강적(强敵)을 섬진(殲盡)코자 하다가 … 70장사(七十壯士)에 1인도 투항자가 무(無)하야 개개히 검(劍)에 복(伏)하야 사(死)하얏으니 그 의열(義烈)이 과연 하여

(何如)하뇨"라 하여 의열항쟁으로 높이 평가하고 종래 사가들이 오히려 역적으로 몰아붙인 점을 비판한 것은 특기할 만하다. 조선에 들어와서는 임진란을 큰 비중으로 다루고 특히 적병의 패주를 자세히 서술하여 결과적으로 임란이 승리했음을 시사하고 있다. 또 철판으로 만든 거북선을 소개하면서 비격진천뢰(飛擊震天雷)와 함께 세계적 발명품이라고 높이고, 사색(四色)의 분열에 의한 당쟁에 대해 비판적인 입장을 취하였다.

마지막으로 『청사』는 각 시대사의 말미에 문화면을 설정하였다. 이러한 서술태도는 기본적으로 이민족과의 투쟁을 강조하면서도 민족사가 발전해 왔다는 논리를 문화면을 통해 확인하려고 했던 것으로 이해된다. 다만 종교와 문학만을 다룸으로써 문화사에 대한 초보적인 서술에 그치고 있다.

이상에서 살펴본 바와 같이, 『청사』에서 우리 민족을 부여족으로 파악한 점과 민족의 성쇠를 기준으로 역사를 이해한 안목은 1908년 신채호의 「독사신론」의 영향을 받은 것이 아닌가 생각된다. 그 서술의 형식과 내용은 대체로 한말 사서들을 참고하였다. 그중 현채의 『동국사략』(1906)의 영향을 많이 받은 것 같다. 그러나 『동국사략』이 민족사관의 입장에도 불구하고 일인 하야시(林泰輔)의 식민사관을 답습한 부분이 많은 것과 달리 『청사』는 이를 철저히 불식하였다. 가령 『동국사략』에서 "가락(駕洛)과 임나(任那)는 일부락(一部落)이라 국력이 쇠약하야 신라 백제 급(及) 일본의 견제를 수(受)하얏나이다"라고 한 데 비해, 『청사』에서는 같은 내용을 언급하면서도 '일본'을 삭제한 것이 그것이다. 바로 임나일본부설의 허구를 지적한 부분이다. 오히려 "백제는 일본의 모국(母國)이다"라고 하여 일본에 대한 민족적 우월감을 강조하고자 하였다.

하지만 한말 사서의 대부분이 그러하듯이, 영웅에 의한 국권회복의 입장을 견지하여 역사의 주체세력으로서 민중을 인식하는 데에는 이르지 못하였다. 이 점에서 『청사』는 한말 계몽주의 사서의 성격을 완전히 벗어났다고 보기는 어렵다. 그러나 왕조의 구분이 아닌 새로운 시대구분의 시도나 사료비판의 안목, 인과관계에 의한 서술체제라는 점에서 볼 때 전근대 사서의 체제나 형식을 분명히 탈피한 역사서였다. 이러한 의미에서 1909년의 『청사』는 근대역사학의 선구적인 의미를 지니는 것으로 이해된다.

(2) 『신편조선역사』

『신편조선역사』(활판본, 1책, 총 161면, 약칭 『신편역사』)는 서문이 있고 단군부터 한말에 이르기까지를 상고사·중고사·근고사·근세사·최근세사의 5개 항목으로 구성한 통사였다. 특히 특정한 시대에 많은 비중을 두지 않고 각 시대를 균형있게 서술하고 있는 점이 두드러진다.

상고사는 단군―부여로 이어지는 『청사』와 달리, 단군―열국시대(列國時代)로 이해하였다. 이러한 서술은 '봉건국가시대(토성을 쌓은 집단생활)―열국시대―통일국가시대'라는 흐름을 동·서양사의 보편적인 발전과정으로 보고, 그 속에서 민족의 상고사를 이해하려는 인식에서 비롯된 것이다. 이 인식체계는 만주까지를 우리 영토로 확실히하고 그 안의 모든 종족을 같은 민족으로 취급하려는 의도가 깔린 것이었다. 즉 『청사』와는 달리, 단군이 부여가 아닌 만주지역로 옮겨갔다고 서술한 점은 이를 잘 대변한다. 이는 전근대 사서가 삼한정통론 등을 통해 특정한 왕조를 계승한 것에서 정당성을 찾으려 한 정통성의 문제를 극복하려는 흔적으로 보인다.

열국시대를 청산하고 통일국가시대로 들어선 것으로 파악한 중고사는 크게 삼국시대와 남북조시대로 구분하였다. 먼저 삼국시대는 창건과 성쇠를 다루면서 한사군의 축출을 강조하고, '삼국의 발전과 가락의 건국'이란 항목을 설정하여 가락에 대한 인식을 분명히하였다. 다음으로 발해사에 대한 인식은 『신편역사』에서 가장 특기할 만하다. 즉 신라와 발해를 '남북조시대'로 규정하고, 이를 삼국시대를 뒤이은 하나의 시대로 체계화하였다. 이로써 만주사인 발해사는 이제 우리 역사 속에 분명히 정착되는 계기가 되었다고 할 수 있다. 그리하여 남조인 신라의 내란으로 말미암아 후백제와 고려가 생겨나 발해·신라와 함께 '4국(四國)'이 분립한 것으로 이해한 점도 돋보인다.

근고사(고려시대)에서는 '발해인의 재흥운동'을 다루어 여전히 발해사에 대한 인식을 강하게 드러냈다. 그러나 『청사』에서 의열항쟁으로 평가하던 삼별초의 항쟁은 '난'으로 간략하게 취급하였는데, 이러한 인식의 변화는 종래 이민족과의 투쟁사를 중시하던 관점에서 역사를 보는 안목이 달라졌음을 의미한다. 이 점은 해원이 3·1운동 이후 역사발전에서 각 시대 개선운동의 결과물인 문화를 강조하고 있던 점과 무관하지 않은 것으로 보인다. 실제로 『신편역사』는 각 시대의 문화를 다루되, 제도(정치·관제·법제)·종교·학술·공예·산업·풍속 등 『청사』보다는 문화에 대한 인식의 폭이 훨씬 확대되고 있다.

근세사(조선~세도정치기)에서 특히 조선후기 국정의 부패와 서북인의 차별이 원인이 된 홍경래의 반기를 민중의 '혁명란(革命亂)'이라고 평가한 점은 주목된다. 다만 혁명이란 용어를 세조·중종·인조 등의 반정에도 쓰고 있어 혁명의 개념을 포괄적으로 사용했음을 알 수 있다. 또 조선의 문화에 대해서 "4천년 이래 전고(前古)에 비할 바 없는 황금시대를 이루었다"고 높이 평가한 뒤, "그러나 고루협애(固陋狹礙)한 유교적 심리가 전사회를 지배하여 예술에는 활발미려(活潑美麗)한 삼국시대적 작품이 없고, 학술에는 자유적·개척적 이상이 결핍되며, 동양학술상에는 공통 결점인 물질적 연구와 조직적 규모의 부족함은 최대 유감"이라고 결론지었다.

최근세사는 '흥선대원군의 집권' '민씨의 전권과 일본과의 통상' '임오의 군란' '갑신의 개혁란' '열국의 통상과 관계' '국정의 부패와 동학당의 혁명란' '일청전쟁과 조선의 관계' '갑오 이후의 변천' '갑진 이후의 변천' 등 9항목으로 짜여져 있다. 이때 1910년 이전까지를 하한으로 하였는데, 아마 그 이후 내용은 서술이 불가능했기 때문인 것 같다. 그런데 목차의 구성이 오늘날 근대사의 이해체계와 별차이가 없을 정도로 유사하다. 특히 동학 농민봉기를 혁명란으로 평가한 점은 후술하겠지만, 사학사적으로 매우 중요한 의미를 담고 있다.

이상에서 살펴본 바와 같이 『신편역사』는 단군에 의한 민족사의 출발을 확고히하는 한편, 그 활동무대를 만주까지 확대하여 이해하였다. 발해사에 대한 강렬한 인식과 더불어 이를 '남북조시대'라고 파악한 점은 바로 그 때문이었다. 이는 『청사』의 발해사에 대한 인식을 확대 발전시킨 것으로서, 당시 조선의 자주성을 부정하고 타율성을 강조하려던 일제의 만선사관(滿鮮史觀)을 정면으로 부정하는 근거가 되었다. 한편 『신편역사』는 민족사의 전개를 세계사의 기준 속에서 이해하고자 하였다는 점에서 근대역사학의 면모를 갖추고 있었다. 즉 동·서양사에서 집단생활의 변천과정을 보편적인 것으로 파악하고 이를 바탕으로 고대사를 인식한 점이 그것이다. 또한 『청사』와는 달리 민족적 감정을 표출하는 서술태도를 지양하고 비교적 객관적인 서술체계를 구사하였다. 다만, 내용상 전체적으로 사회경제활동에 대한 서술이 크게 부족한 것은 한계로 지적되지 않을 수 없다.

그러나 정치사의 흐름을 근간으로 각종 내외적 사건과 문화 들을 소개함으로써, 종래 단선적이기 쉬운 역사의 이해에서 벗어나 종합적으로 이해할 수 있는 한국사로 재구성하였다는 점에서 문화사관의 입장을 뚜렷이 보여주었다. 특히 인간생활사인 문화사를 크게 중시하여 이를 역사발전의 하나의 척도로서 이해하고자 했던 것이다. 그리고 『청사』에서 영웅들을 크게 부각시킨 것과는 달리 홍경래와 전봉준과 같이 역사 속의 자유주의·민주주의적인 사건이나 인물에 대한 평가가 새롭게 이루어진 점은 주목할 만한 일이라 하겠다. 이로써 볼 때 『신편역사』는 『청사』에서 보여주었던 계몽주의 사서의 한계를 완전히 벗어난, 근대역사학의 성립을 알려주는 사서 가운데 하나라고 평가해도 좋을 것이다.

(3) 그밖의 저술

해원은 1921년 「세계중(世界中) 최초의 물질불멸론자 서경덕선생」(『개벽』 1921년 8월호)을 발표하여 서경덕이 물질불멸론의 세계적 창시자로서 한국 유학사상의 거성(巨星)임을 논술하였다. 이어서 그는 「희세(稀世)의 정치가이며 또 철학자 율곡선생」(『개벽』 1921년 10월호)을 발표하여 서경덕(徐敬德)의 유기론(唯氣論), 이황(李滉)의 이기양원론(理氣兩元論), 기정진(奇正鎭)의 유리론(唯理論) 그리고 이이(李珥)의 일체양성론(一體兩性論)을 논증함으로써 한국 유학철학의 체계가 일찍이 성립되었음을 밝혔다. 이처럼 서경덕과 율곡을 높이 평가한 이유는 바로 조선 유학의 병폐가 이(理) 중심의 물질경시사상에 있었다고 판단했기 때문이었다. 따라서 해원은 물질을 중시하는 기(氣)철학 체계를 좀더 새롭게 인식하려고 하였다. 이처럼 조선유학사에 대해 비판적으로 수용하려는 입장은 다른 민족주의 사가들이 유교에 대해 전면적으로 비판적인 자세를 견지하였던 점과 비교된다.

1922년에는 「민중적 규호(叫號)의 제일성인 갑오(甲午)의 혁신운동」이라는 글을 발표하여 당시 논의의 와중에 있던 동학농민봉기에 대한 역사적 평가를 분명히하였다. 즉 동학농민봉기를 계급적 고통에서 신음하던 다수의 민중이 민주주의와 자유주의에 입각해 일어난 '혁신' 또는 '혁명'운동이라고 규정하고, 동학농민봉기에 대한 인식의 일대 전환을 촉구하였던 것이다. 이러한 인식은 3·1운동 후 해외에서 박은식이 『한국독립운동지혈사』(1920)에서 동학농민봉기를 '오국(吾國) 평민혁명(平民革命)'이라고 언급한 것과 그 맥락을 같이한다. 그러면서도 이 무렵 같은 발전사관과 민주주의 관점에서 역사를 이해하던 안확이 동학농민봉기를 부정적으로 평가한 것과 비교하면, 해원의 동학에 대한 인식은 당시 수준으로 크게 두드러지는 점이 아닐 수 없다. 그는, 동학농민봉기를 혁명운동의 시각으로 본 김상기(「東學과 東學亂」, 『동아일보』 1931년 8~10월)보다 훨씬 앞서서, 처음으로 동학농민봉기를 혁명운동으로 분석하였던 것이다.

1926년에는 「광무융희연대(光武隆熙年代)의 계몽운동」(『신민』 1926년 6월호)을 발표한다. 이 글에서는 광무와 융희 연간에 지식인이 중심이 되어 전개하였던 언론·교육·문화활동 등의 움직임을 '계몽운동'이라고 처음으로 규정하였다. 이 글은 이미 언급한 「민중적 규호의 제일성인 갑오의 혁신운동」과 더불어 근대사 인식구조의 탁월한 일면을 보여주고 있다. 특히 그가 정립한 '계몽운동'의 개념이 오늘날 우리 국사학계에서 널리 받아들여지고 있다는 점에서 의미있는 업적이 아닐 수 없다.

4. 근대사학사상의 위치

한국사학사에서 1908년 신채호의 「독사신론」은 근대적인 역사이해의 방향을 처음으로 제창한 저술이었다. 하지만 그것으로 한국사가 재구성된 것은 아니었다. 이 무렵에는 아직 계몽주의 사서들이 근대사학을 위장한 식민사학의 침투 속에서 그 영향을 일정하게 받으면서 민족사서(民族史書)의 역할을 대변하고 있었을 뿐이다. 이러한 배경 속에서 1909년 저술된 『청사』는 사대주의를 불식하고, 민족의 성쇠를 기준으로 한국사를 체계화하였다는 점에서 불완전하나마 근대사학의 안목과 형식을 반영한 통사였다. 더욱이 『청사』가 1910년 이후 황의돈이 몸담았던 국내 민족학교들의 교재로 사용되고, 1920년대 그의 통사에 기초가 된만큼 그 의미는 자못 크다고 하겠다.

황의돈이 근대역사학의 면모를 갖춘 통사를 저술하기 시작한 것은 1920년대에 들어와서이다. 3·1운동 이후 민족사학에서 두드러진 특징을 이루는 것은 한국사의 주체성을 부인 말살하려는 일인 연구자들에 적극적으로 맞서는 민족주의사학이 국내에서도 크게 일어난 점이다. 그것은 역시 국외의 활동처럼 자유로운 것은 아니었지만, 적어도 1910년 이후 한동안 표면상으로는 숨을 죽이지 않을 수 없었던 민족주의사학의 소생의 의미를 담고 있었다. 황의돈의 『신편조선역사』는 장도빈의 『조선역사요령(朝鮮歷史要領)』(1923), 권덕규의 『조선유기』(1926) 등과 함께 그 맥락을 같이한 대표적인 역사서였다. 이와같은 통사의 사학사적 의의는 발해를 신라와 함께 '남북국(조)'으로 정립시켜 한민족 중심의 만주사를 체계화함으로써 일인의 소위 '만선사관'을 뒤집어놓는 데 결정적인 역할을 하였다는 점이다.

이처럼 황의돈은 민족주의 역사학자의 한 사람이었음은 분명하다. 그러나 황의돈은 민족주의 입장에 서 있으면서도 신채호·박은식과는 또다른 사학사적 방법론을 개척하였다. 그것은 곧 '문화사학'이었다. 3·1운동을 체험한 그는 그것이 민족정신의 건재함 속에서 가능했다고 믿고 그 정신을 발현하는 민족문화에 대한 탐색을 시도하였다. 그리하여 그는 각지의 청년단체에 대해 「문화발전(文化發展)을 최촉(催促)하라」(『개벽』 1920년 12월호)고 권고하는 한편, 한국사를 문화사관의 관점에서 재구성하였던 것이다.

황의돈의 '문화사관'은 같은 관념사관이라고도 할 수 있는 신채호·박은식의 유심사관(唯心史觀)과는 그 접근방식에 차이가 있었다. 그는 역사 속에서 민족의 정신적 유산을 찾아내는 데 몰두하면서도 역사를 단편적인 양상이 아닌 종합적인 총체로 파악하고자 하였다. 다시 말하면 일원론적인 혼이나 정신을 부각시켜 민족정기를 살려보려는 유심사관과는 달리 역사 속에서 다원론적인 문화양상(제도·종교·학문·산업·풍속 등)의 발견을 통하여 민족정기를 찾아내려고 했던 것이다. 그가 통사에서 각 시대사 말미에 '문화'면을 설정하여 특히 강조한 것은 바로 그 때문이었다. 그것은 결과적으로 형체가 없는 유심사관의 지나친 강조가 식민사관과 같은 또다른 특수사관을 만들어낼 위험을 경계하는 것이다. 그러므로 문화사학이란 곧 문화사관에 의해 재구성된 역사학을 가리킨다.

이러한 문화사학의 영역은 물론 황의돈 홀로 이룩한 것은 아니었다. 당시 국내에서 활동하던 최남선·권덕규·장도빈·안확·문일평·이병도 등과의 교류 및 지면을 통해 영향을 주고받는 가운데 이루어지고 있었다. 그 가운데 특히 권덕규와 장도빈은 통사체계에서 문화사관의 입장을 띠고 있어 황의돈의 문화사학과 비슷한 면을 보인다. 따라서 권덕규·장도빈은 황의돈과 마찬가지로 문화사학자의 범주에 넣을 수 있을 것이다. 그런데 같은 문화사학이라고 하더라도 통사에서 서술체계나 인식은 조금씩 달랐다. 따라서 여기서는 황의돈의 사학(『신편조선역사』)을 장도빈(『조선역사요령』)과 권덕규(『조선유기』)의 사학과 비교하여 간략히 살펴보기로 한다.

우선 황의돈은 상고로부터 최근세사(1910년)까지 각 시대를 비교적 균형 있게 서술하였다는 점이 두드러진다. 장도빈과 권덕규가 삼국시대와 남북국시대에는 많은 지면을 할애하면서도 그 이후는 상대적으로 매우 적게 서술하고, 장도빈이 최근세사를 극히 간략하게 다루거나 권덕규가 최근세사를 아예 설정하지 않고 근세사에서 1904년까지 다룬 것과 비교하면 큰 차이가 있다. 이는 장도빈과 권덕규는 신채호·박은식처럼 고대사 인식에 큰 비중을 두고 있음을 뜻한다. 반면에 황의돈은 발해를 중시한 데서 알 수 있듯이, 고대사를 중시하면서도 그에 편중되지 않고 서술 가능한 범위 내에서 최근세사를 다루었다.

황의돈은 기본적으로 단군—부여—고구려—발해라는 신채호의 고대사 인식체계를 계승하고 있었다. 그러면서도 그는 정통성을 강조하는 신채호의 '단군—부여'의 체계가 초래하는 민족사의 축소를 방지하고자 하였다. 그리하여 그는, 권덕규가 신채호와 같이 '단군—부여'로 이해한 데 비해 장도빈과 함께 '단군 — 열국'의 체계를 견지하였다. 또한 권덕규는 '조선'을 세계 6대 문명지의 하나로 보고 중국의 '순(舜)'임금을 조선인으로 이해하는 등 고대사상(古代史像)을 지나치게 과장해 인식하는 면이 보이는데, 이는 황의돈이 철저히 문헌에 의해 고대사를 체계화한 것과 대비된다.

삼국에 대해서는 황의돈이 고구려·신라·백제 순으로 서술한 반면에 장도빈과 권덕규는 고구려·백제·신라 순으로 서술하였다. 이때 권덕규는 고구려의 『유기(留記)』를 본떠 그의 책 제목을 『조선유기』라고 할 정도로 고구려 계승의식이 강했고, 장도빈도 고구려와 백제의 멸망을 조선인의 대불행이라 할 정도로 아쉬움을 표시하고 있다. 그래서인지 삼국의 통합을 권덕규와 장도빈이 '흥륭(興隆)'이라고 한 반면에, 황의돈은 '통일(統一)'이라고 서술하여 고구려나 발해를 중시하면서도 신라를 비중있게 인식하였다. 이 점은 세계적인 문화를 남긴 신라에 대한 해원의 문화적 관심에서 비롯된 것 같다.

한편, 황의돈은 자유주의·민주주의의 입장에서 우리 역사 속의 민중항쟁을 재평가하고 있다는 점에서 주목된다. 즉 그는 영웅을 다루면서도 홍경래란과 동학농민봉기 등을 계급적 고통에서 신음하던 다수의 민중이 민주주의와 자유주의에 입각해 일어난 움직임으로 높이 평가하였다. 그것은 권덕규가 홍경래란을 민중의 혁명운동으로 이해하면서도 동학농민봉기에 대해서는 언급이 없는 점과 대비되며, 장도빈이 국난극복의 주역을 영웅으로 이해하는 영웅사관의 입장을 보인 것과도 큰 차이가 있다.

결국 황의돈의 한국사 인식의 구조는, 발전적인 역사인식에 토대를 두고 역사서술에 있어 자칫 국수주의로 흐르기 쉬운 민족의식을 객관적인 서술방식으로 극복하고 있는 점에서 높이 평가된다. 이 점은 같은 문화사학을 추구한 장도빈이 '애국심'을, 권덕규가 '신교(神敎)' 등의 정신사관을 강조하여 고대사에 대한 인식을 중요시한 점과 구별된다. 또한 자유주의·민주주의 관점에 입각한 황의돈의 역사인식은 근대사회의 주체를 뚜렷이 인식한 결과였다. 이 점은 장도빈과 권덕규가 영웅주의 역사관에서 아직 완전히 탈피하지 못한 점과도 크게 다르다.

그러나 1920년대 황의돈의 통사에서 '경제사'에 대한 서술이 부족한 것은 큰 약점으로 지적된다. 이미 문일평이 「조선사의 교과서에 대하여」에서 지적한 바와 같이, 해원은 통사에서 경제의 부분을 매우 간략히 취급하였다. 그는 각 시대의 문화를 중시하면서도 종교나 산업보다 제도를 우위에 두어 설명하였다. 그것은 그가 문화를 인간생활양식의 총체로 파악하되 주로 제도적인 측면을 강조하였기 때문이었다.

그의 역사인식에서 사회경제사의 관점이 결여된 것은 그가 추구하는 문화사학이 지니는 한계였다. 하지만, 역사연구 방법론에서 사회경제사의 인식이 결여된 것은 사실상 1920년대 민족사학이 지니는 불가피한 공통의 한계였다. 그러다 보니 문화사학은 물론 유심론사학의 경우에도 한국사에서 식민사학의 정체성론을 극복하기 위한 하나의 시기구분인 '중세(中世)'의 설정은 생각하기 어려울 수밖에 없었다. 다행히 이러한 한계는 1930년대 유물사관에 입각하여 한국사를 재구성한 사회경제사학에 의해 극복되어갔고, 그에 따라 민족사학의 역량은 새로운 지평을 열게 되었던 것이다.

이상에서 살펴본 바와 같이, 해원이 한국사학사에서 차지하는 위치는 계몽주의 사서를 배경으로 근대적인 역사이해의 방향에 따라 한국사를 체계화함으로써 근대역사학을 성립시키는 교량적인 역할을 수행했다는 데 있다. 실제로 그가 1920년대에 저술한 일련의 통사는 심화되는 식민사학에 대항하면서 민족사학이 근대역사학으로서 정착하는 데 공헌하였다. 특히 그는 철저히 민족주의의 관점에서 역사를 연구하되, 생활개선운동의 결과물이자 정신적·물질적 소산의 총체인 문화를 중시하는 문화사학을 추구하여 유심론사학과는 또다른 민족사학의 영역을 개척했던 인물 가운데 한 사람이었다. 그가 개척한 1920년대 문화사학은 1930년대 민족사학이 문화사학으로 발전해나가는 것은 물론, 실증사학·사회경제사학과 같이 새로운 영역을 찾아나가는 데 경험과 교훈을 주었다는 점에서 사학사적인 의의를 지니고 있다고 할 것이다.

5. 맺음말

여기서는 해원사학의 특징과 의의를 요약하는 것으로 결론에 대신한다.

첫째, 한말 계몽주의 사서에 기초를 두고 근대역사학의 성립에 기여했다. 해외에서 독립정신의 고취를 위해 저술한 『대동청사』는 신채호가 「독사신론」에서 주장한 근대사학의 이해방향을 통사로 체계화했다는 점에서 한국 근대사학의 효시라는 의미를 담고 있다. 그리고 『대동청사』가 근대사서로서 지녀야 할 영웅사관의 탈피 등과 같은 과제는 1920년대 그의 통사를 통해 극복되어나간다. 그러므로 1909년에서 1920년대에 이르는 해원의 통사는 한국 근대역사학의 성립을 보여주는 구체적인 사례로서 주목된다.

둘째, 한국사의 체계화에 전념하였다. 즉 해원은 1909년의 『대동청사』를 비롯하여 1920년대에 『조선통사』『조선신사』『신편조선역사』『중등조선역사』 등 많은 통사를 저술하였다. 그는 당시 국외에서 신채호·박은식이 주로 상고사의 체계화에 중점을 두었던 것과는 달리 한국사 전체를 대상으로 하였다. 그러한 점은 국내에서 함께 활약하던 장도빈·권덕규의 통사와 같다. 다만 장도빈과 권덕규가 상고사에 치중한 점에 비해, 해원이 각 시대를 균형있게 서술한 것이 돋보인다. 이처럼 해원이 한말 일제하에 걸쳐 통사 저술에 주력한 것은 국사의 체계화를 통하여 민족의식을 고취하는 한편, 식민사학에 대항하여 민족사의 왜곡을 방지하고 나아가 국권을 회복하기 위한 하나의 방편이었다.

셋째, '남북조시대'를 정립시켰다는 점에서 사학사적으로 큰 의의를 갖는다. 조선후기 실학자의 발해사 인식을 계승한 해원은 이미 1909년 『대동청사』에서 '남북국'에 대한 인식을 나타냈고, 1922년 『조선신사』에 이어 『신편조선역사』에서 '남북조시대'로 못박았다. 이는 1920년대에 들어와 한국사의 주체성을 말살하려는 일제의 이른바 '만선사관'이 뿌리내리는 시점에서, 한민족 중심의 만주사를 '남북조시대'로 체계화함으로써, 그 논리를 정면으로 부정하는 데 결정적인 역할을 하였던 것이다. 해원의 발해사에 대한 인식은 장도빈이 『국사』(1916)에서 '남북국'이라 서술한 것과 함께 '남북국시대'에 대한 선구적인 업적으로 평가된다.

넷째, 역사의 주체를 다수 민에 두는 민중 중심의 시각을 뚜렷이 보여주었다. 이미 서양의 신사조에 영향을 받았던 해원은 3·1운동을 통해 민중의 힘이 폭발한 것을 직접 목도한 이후 민 중심의 역사관에 확신을 얻게 되었던 것 같다. 그리하여 그는 우리 역사의 흐름 속에서 민 중심의 자유주의·민주주의 사건을 발견하는 데 몰두하였다. 바로 「민중적 규호의 제일성인 갑오의 혁신운동」이라는 논문이 3·1운동 이후 저술된 것은 우연한 일이 아니었다. 또한 통사에서 홍경래란을 민중의 '혁명운동'이라고 규정한 것도 민 중심의 역사관의 견지로 인해 가능했던 것이다. 이러한 인식은 홍경래란을 혁명으로 보면서도 동학을 난이라고 부정적으로 바라본 안확의 시각과 대비된다. 해원이 이미 1922년에 동학을 혁명운동으로 파악한 점은 주목해야 할 것이다.

마지막으로 그는 역사를 단선적이지 않은 종합사로서 이해하는 문화사학을 추구하였다. 해원은 3·1운동이 민족정신의 건재함 속에서 가능했다고 믿고 그 정신을 발현하는 민족문화에 대한 탐색을 시도하였다. 그러면서도 혼이나 정신을 부각시켜 민족정기를 살려보려는 신채호나 박은식의 유심론 사학과는 달리, 그는 역사 속에서 여러 문화양상(제도·종교·학문·산업·풍속)의 발견을 통해 민족정기를 찾아내려고 했다. 해원이 통사에서 문화면을 설정하여 강조한 것은 바로 그 때문이었다. 그것은 유심론사학이 만들어낼 또다른 특수사관을 경계하는 것이었다. 반면에 문화사학은 제국주의의 외향적 선진문화에 초점을 잃을 수 있는 약점을 지니고 있었다. 문화사학을 추구했던 최남선이 친일로 기운 것은 그 예가 된다. 하지만, 해원은 철저한 민족주의로 무장된데다가 자유주의·민주주의에 의한 민 중심의 역사관을 견지하고 있었기 때문에 일제의 끊임없는 감시와 유혹을 뿌리칠 수 있었다.

결국 해원 황의돈은 일제하 국내에서 국사연구와 민족교육을 통해 식민사학과 대항하면서 민족사를 체계화한 근대 민족사학의 선구자요, 유심론사학과는 또다른 민족사학의 영역인 문화사학의 개척자였다고 평가된다.

〔沈勝求〕

□ 참고문헌

황의돈의 주요 논저

『大東靑史』 2책(육필본), 1909.

『朝鮮通史』 1책, 1920.

「문화발전을 催促하라」, 『개벽』 1920년 12월호.

「갑오혁신운동과 전봉준」, 『개벽』 1921년 4·5월호.

「화담 서경덕전」, 『개벽』 1921년 8월호.

「철인 율곡선생」, 『청년』 1921년 6·7월호.

「민중적 叫號의 第一聲인 갑오의 혁신운동」, 『개벽』 1922년 4·5월호.

『朝鮮新史』 1책(육필본), 1922.

『新編朝鮮歷史』 1책, 1923.

「교육상으로 본 조선불교」, 『불교』 1925년 1월호.

「光武隆熙年代의 啓蒙運動」, 『신민』 1926년 6월호.

「단군고증에 대한 신기록의 발견」, 『동광』 1926년 11월호.

『中等朝鮮歷史』 1책, 1926.

「신라의 찬연한 문명과 신라 민중의 영화(1)」, 『삼천리』 1929년 6월호.

「갑신정변의 원인과 결과」, 『조광』 1939년 11월호.

「임오군란의 眞相」, 『조광』 1940년 2월호(1943년 1월 『반도사화』에 전재).

「近朝鮮의 치욕인 당쟁의 화」, 『조선일보』 1940년(1943년 1월 『반도사화』에 전재).

「무오사화의 숨은 동기」, 『조광』 1941년 1월호.

「고구려 해군의 활동」, 『육군군의학교 교재』, 1951.

「국사연구의 기초지식」, 『法經논설집』, 고시학회 1954.

「歷史와 僞史」, 『신태양』 1956년 9월호.

『항일의사열전』(1956년 『동아일보』에 게재, 민충정공(영환)전 3. 24~4. 5 연재, 안의사(중근)전 4. 6~5. 16 연재, 손의암(병희)전 5. 17~미완).

「歷史的 大局의 동향과 불교」, 『백성욱박사송수기념불교학논문집』, 1959.

『海圓文庫』, 1961.

주요 연구논저

文一平, 「朝鮮史의 敎科書에 대하여」, 『동광』 1927년 2월호.

李軒求, 「해원 황의돈 선생」, 『황의돈선생고희기념 사학논총』, 1960.

曺佐鎬, 「해원 황의돈 선생님을 추모하면서」, 『동국사학』 8, 1965.

金昌洙, 「세속에 초연했던 해원선생」, 『신동아』 1970년 2월호.

千寬宇, 「통사해제」, 『산운장도진전집』 1권, 1981.

朴永錫, 「해원 황의돈의 민족주의사학」, 『산운사학』 창간호, 1985.

沈勝求, 「해원 황의돈의 역사학연구」, 『북악논총』 9, 국민대 1991.

제 6 장

안 확

安廓 1886~1946

1. 생 애

안확(安廓)은 1886년 서울의 중인 집안에서 태어났다. 자산(自山)이라는
호로 더 알려진 그는 60년의 삶을 역사적 격변기와 암흑기에서 보내야 했
던 불행한 시대의 지성인이었다. 그가 걸어간 행로는 개화·계몽주의에 의
한 신학문의 수학, 계몽주의적 독립운동, 국학연구에의 매진 등 크게 세
단계로 나누어 볼 수 있다.

중인 출신이었던 때문인지 그는 일찍이 신학문에 눈을 떴다. 그는 근대
식 소학교를 다녔으며, 이 무렵에 독립협회의 토론 및 연설 지도를 받는
등 개화적 분위기에서 성장하였다. 그리고 유길준(兪吉濬)의 『서유견문(西
遊見聞)』에 크게 감명받으며 문화개화의 길을 추구하게 된다. 청소년기의
행적은 분명치 않으나, 상동교회 청년회의 인사들인 전덕기(全德基) 목사,
박용만(朴容萬)·이회영(李會榮)·이관직(李觀稙) 등과의 긴밀한 관계로
미루어 그는 상동청년학원에서 중등과정을 이수하거나, 아니면 상동청년회
를 중심으로 활동했던 것 같다.

그리고 청년기의 안확은 일제의 침략에 대응하여 전덕기·박용만 등과
국어연구에 힘쓰는 한편 서북 일대에서 학교설립 등의 교육사업을 통해 계

몽운동을 전개하였다. 그가 역사에 깊은 관심을 갖는 것도 이 무렵이었다. 망국 직전인 1909년에 마산의 기독교 선교학교인 창신학교 교사로 부임한 그는 학생들에게 민족의식을 고취하는 한편 조선국권회복단의 전신인 달성친목회(達城親睦會)를 중심으로 활동하였다. 그러나 1910년 망국의 충격 속에서 그는 민족적 울분을 참지 못하고 거짓 광인(狂人) 행세를 하는 기행(奇行)을 남기기도 하였다.

그런 가운데 그는 1913년경 일본대학 정치학과에 유학하여, 서양정치사와 근대 민주정치에 대한 이해를 넓혀갔다. 후일 그가 세계사에 대한 해박한 지식으로 한국사를 비교, 서술할 수 있었던 것은 이때의 공부를 기초로 가능한 것이었다. 한편 그는 일본 유학중에도 국학에 대한 남다른 열의를 가지고 있었으니, 『학지광(學之光)』에 발표된 국학 분야의 여러 논고들과 『조선문법』(1917)의 출간은 그러한 국학 연구의 결실이었다.

1916년 수업을 마치고 귀국한 그는 조선국권회복단 마산지부장을 맡으며 독립운동 대열에 참여했고, 1917년에는 운송업을 위장하여 전국 각지를 무대로 활동하다가 평양에서 투옥당하기도 하였다. 그리고 1918년에는 이회영이 주도한 광무황제(고종)의 망명계획에 참가하다가 3·1운동을 맞게 된다. 3·1운동 직후 그는 상해의 임시정부, 북경의 이회영 등 국외 인사들과 꾸준히 접촉하는 한편 조선청년연합회 기관지 『아성(我聲)』의 편집책과 『신천지』의 편집인 등을 맡으며 문화운동에 참여하기도 하였다.

그러나 그의 주된 관심은 3·1운동 이후 새로운 사조의 수용과 함께 혼미를 거듭하던 사상계의 정립에 쏠리게 되었다. 일제의 민족말살정책과 서양문화의 맹종적 수용 태도에 대항하여 민족문화의 보전과 민족사의 정립을 시급한 과제로 받아들였던 것이다. 그는 『조선무사영웅전』(1919)과 『자각론』(1920) 등을 발표한 데 이어 4개 부문 43책에 달하는 방대한 저술 계획을 세우게 된다. 그리고 1921년 5월 중국여행에 나서 북경·상해 등지를 다니며 다방면의 서적을 탐독하고 민족정신의 뿌리를 찾는 데 온 힘을 쏟았다. 이 무렵 그가 섭렵한 자료는 8500여 책에 달했으며, 그의 국학연구는 『조선문학사(朝鮮文學史)』(1922) 『조선문명사(朝鮮文明史)』(1923) 등을 잇따라 발표하면서 심화되어갔다.

그의 국학연구는 국어·문학·역사뿐 아니라 시가(詩歌)와 국악 분야까지 영역을 넓혀갔다. 그런데 그 과정에서 그는 이왕직아악부(李王職雅樂部)에 촉탁으로 재직하고 또 연구물을 일인 사학잡지인 『조선사학』에 발표함으로써 후일 그의 민족주의적 성향에 엇갈린 평가와 시빗거리를 남기게 된다.

식민지 현실에서 일선 독립운동 참여와 민족문화의 수호라는 두 갈래의 길에서 끝없이 번민해야 했던 그는 일제의 대륙침략이 본격화하던 1933년에 다시 국외유랑의 길을 나서게 된다. 5년 남짓한 해외여행 동안 그는 고구려의 옛 땅이던 만주와 상해·북경 등 중국 본토, 시베리아, 일본, 미주 등지를 돌아다닌다. 그리고 1938년경에 돌아온 그는 국학연구에 전념한 채 은둔하다가 해방을 맞이했으며 1946년 11월 서울에서 타계했다.

2. 안확의 역사인식

안확의 사학은 민족문화의 보전과 주체적 역사관의 확립에서 출발한다. 그가 『조선문명사』의 서언에서 "조선족의 생명을 기생적 또는 모의적(模擬的)인 것으로 말함이 많고, 독립적이고 특수한 문명을 발휘하였으나 생명을 생명으로 보전하지 못한 것으로 장치함이 많다"라고 밝혔듯이, 그의 관심은 조선역사를 바로잡고, 독립적이고 특수한 문명을 발휘한 조선역사의 실체를 찾는 데 집중되었다. 또한 그는 "옛 과학의 부족한 수필(手筆)로써는 분석적 역사를 저술하지 못한다"며, 역사연구에 과학적인 안목과 분석적 방법이 필요함을 역설하였다. 요컨대, 그는 근대적 사회과학의 토대 위에서 역사를 재구성하고자 하였던 것이다.

그러한 관점에서 그가 역사발전의 지표로서, 또 근대 민주정치에 이르는 실체로서 가장 주목했던 것은 자치제였다. 그래서 그는 역사 전반에 걸쳐 자치제의 존재와 발전과정을 정리하고, 조선의 자치제는 단군 시기부터 존재한 것으로 보았다. 그가 말하는 자치제는 주권재민에 의한 정치형태를 의미하는 것이었다. 때문에 그가 자치의 주체를 평민에 두고 평민을 문화

146

의 주체로 보았던 것은 당연한 귀결이었다.

이런 안확의 자치제론은 입헌공화제 확립의 기초를 자치에서 찾는 양계초의 『음빙실문집』이나, 신채호의 자치제 이론에 큰 영향을 받았다. 그런데 신채호의 경우는 국력이란 관점에서 자치력을 평가하여 고대 이후 중세와 근세에 이르러 자치력이 저하하였고 국력도 점차 쇠퇴한 것으로 본다. 반면에, 안확은 신채호의 퇴화론과는 다르게 시대변천에 따라 자치력이 발달한 것으로 보았던 점에서 특색이 있다. 즉, 그는 문명진보적 입장에서 자치제를 주목했던 것이다. 그리고 자치제를 통해 민주정치의 발달과정을 찾으려 했고, 그러한 안목에서 근세의 조선시대를 크게 부각시킬 수 있었다. 이는 1910년대 민족주의사학이 주로 고대사에 머물던 것에서 새로운 진전이었다.

그런 점에서 그는 역사를 정신 또는 혼으로 보려 했던 유심론적 역사관과는 달리 사회구조의 다원적 현상에서 한국문명의 우수성과 특수성을 밝히고자 하였다. 이러한 그의 사학은 역사방법론상 문화사학의 범주에 속하는 것이었다. 우리의 근대사학에서 문화사학은 3·1운동 이후 문화주의 사조의 부상과 함께 새로운 역사방법론으로 대두하였다. 문화사학이란 정치·경제·사회·문화 등 사회 전분야를 대상으로 역사발전의 구조와 의미를 파악하려는 역사적 방법론을 말한다. 1920년대 문화사학은 안확을 비롯하여 황의돈·장도빈·권덕규 등에 의해 자리잡아갔다. 그렇지만 문화사학은 인간의 정신과 문화를 중심으로 역사변천의 의미를 찾는 점에서 유심론사학과 함께 관념사학의 범주에 포함되는 것이다.

그러한 면모는 그의 역사인식에서도 나타나고 있음을 볼 수 있다. 삼국이전 1백년간을 서양 헬레네 민족의 이동에 비유하여 민족의 대이동기로 파악한 점이라든지, 그 시기에 이르러 조직의 변화나 민족관념이 형성됨으로써 사상의 일변을 이룬 것으로 파악한 점 등은 관념적 인식의 편린을 보여주는 것이라 하겠다.

아울러 그의 역사인식에서 지적되어야 할 것은 봉건제의 개념이다. 그는 서양정치사의 기준에서 볼 때 우리 역사에서는 봉건시대가 존재하지 않은 것으로 보았다. 그는 "조선은 본래 봉건제가 박약하여 천자 제후의 제도가 희미하고 희랍과 같이 부족 자치와 각왕 분립의 정치로 상고 및 중고의 역사를 이루었다"고 설명하면서 역사의 발전방식이 달랐던 점을 강조하였고, 봉건제의 공백을 자치제의 논리로 설명하고자 하였다. 그러나 이는 결국 중세부재론을 인정하는 것으로 식민사학의 근간을 이루는 정체성론의 봉건제결여론을 극복하지 못하는 한계를 지닌 것이었다.

한편 개화 내지 계몽주의 사상의 성향이 짙었던 그는 1880년대의 갑신정변, 1890년대의 갑오개혁과 독립협회, 1900년대의 계몽운동을 근대의 정통적 코스로 파악하고 있었다. 그리하여 그는 갑신정변을 문명의 깃발을 날리는 대개혁의 시행 기점으로 보았다. 그런데 홍경래란을 "민권운동을 표방한 혁명운동"으로 긍정적으로 평가했던 것과는 달리 동학농민전쟁을 사술파(邪術派)의 난리로 이해하는 등 개화파적인 역사인식의 한계를 나타내기도 하였다.

그러나 그는 외래문명에 대하여 맹종하는 정신적 사대주의를 크게 공박하였고, 우리의 역사를 세계사와 비교함으로써 보편적 가치기준에서 한국사의 특성을 찾고자 하였다. 그런 점에서 그는 한국사의 특색을 '독립적'이고 '진화적'인 것으로 인식하였고, 진보적 문명관에 의거하여 사대주의를 배척하고 민족사의 우수성을 찾는 데 관심을 보였던 것이다.

3. 『조선문명사』의 체재와 역사서술

안확은 원래 조선의 문명사를 민족사·미술사·학예사·문학사·정치사·경제사·외교사·육해군사 등 8개 부문의 분류사로 나누어 저술할 계획이었다. 그리하여 1922년에 『조선문학사』, 1923년에는 『조선문명사』(일명 정치사)를 발간하였다. 『조선문명사』는 그가 계획한 조선의 문명사 전 8책 가운데 제5권으로 정치사에 관한 것이다. 그런데 이후 그가 역사서를 저술하지 않음으로써 『조선문명사』는 그의 대표적 역사서가 되었다. 우선 『조선문명사』의 목차와 구성을 보면 다음과 같다.

『조선문명사』는 태고·상고·중고·근고·근세 등 5시기 140절로 구성되어 있다. 태고는 원시시대로 상정하여 단군 이전의 역사를 다루고, 근세의 하한은 "광무·융희연간의 변천된 정치는 흑막이 많고 비밀이 극하여 한가지로 능히 논시할 수 없으므로" 광무연간 이전으로 정한다고 하였다.

첫째, 시기구분에서는 단군 이전의 역사를 다루고 있는 점과 일정하게나마 근대적 시기구분법이 원용되고 있는 점 등이 주목된다. 1910년대 민족주의사학에서는 단군을 기점으로 한 민족사의 서술이 일반적인 경향이었다. 그런데 그는 민족사의 시원을 단군의 건국 이전으로까지 끌어올리고 있다. 이는 민족사 연구의 새로운 시각이고, 대종교적 민족주의사학의 극복을 의미하는 것이었다.

그리고 종래의 사서가 시간의 원근이나 왕조 중심으로 시기를 구분해왔던 것과 달리, 그는 각 시대의 정치형태나 국가지배 상태 등에 근거하여 분립시대 또는 귀족정치·독재정치 등으로 역사발전의 시대적 성격을 규정하였다. 물론 시기구분상의 기준이 이원적이고, 정치사적으로는 태고를 제외하여 4시기로 구분하는 등 시기구분상의 혼선과 중세를 설정하지 못한 점도 지적될 수 있으나, 그와같은 구분법은 당시의 수준을 진일보시킨 것으로 평가되어야 할 것이다.

둘째, 체재면에서는 통사체라는 점이 돋보인다. 통사형식의 서술은 한말 계몽주의 사서에서도 볼 수 있는 것이지만, 체재의 구성과 서술의 분량으로 볼 때 『조선문명사』는 통사체의 정형을 보이고 있는 것이다. 그리고 이 책의 전편에 걸쳐 시도되고 있는 세계사와의 끊임없는 비교는 비교사학의 견지에서 선구적인 것이라 아니할 수 없다. 그리고 곳곳에 저자의 독특한 학설과 탁월한 견해가 돋보이는 것도 이 책의 장점이 되고 있다. 그러면 시대별 절목의 주요 내용을 보기로 한다.

태고 부락시대(3절)에서는 조선족의 정주(定住)와 다른 종족과의 관계를 다루고 있다. 그는 조선족의 발원지를 흑룡강 부근으로, 발현지는 송화강 부근으로 상정하였다. 그리고 단군의 건국 이전에 조선족은 이미 광대한 지역에 식민지를 두었고, 중국 본토까지도 조선족의 지배 아래 있었다고 주장하고 있다. 또 순(舜)을 조선인으로 보았는데, 이러한 대외의식은 대종교적 민족주의의 영향과 식민지 현실의 극복이라는 시대적 고뇌의 반영으로 이해된다.

상고 소분립시대(11절)에서는 단군의 건국과 정치상 분열, 제방(諸邦)의 정치, 한토(漢土)에 대한 식민 등을 다루고 있다. 그런데 여기에서 주목되는 것은 단군에 대한 해석이다. 그는 고조선이 한 사람의 강력(强力)으로 만들어진 것이 아니라, 전민족이 공동일치하여 기초를 만든 것으로 보았다. 또한 단군의 역년(歷年)을 2백년으로 보고 단군의 직령(直領)도 소방(小邦)에 불과한 것으로 파악하여, 그 역대(歷代)가 제방국(諸邦國)과 같은 소분립정치시대라고 보고 있다. 그가 단군을 크게 부각시키지 않은 것은 민족주의 성향이 약해서가 아니라 자치제의 존재를 통해 역사를 파악하고 실증적 역사서술 태도를 지닌 데서 비롯된 것으로 보아야 할 것이다. 아울러 그는 한토(漢土)에 대한 식민을 역설하면서 대궁(大弓)의 무예를 선양한 것은 오직 조선족뿐이라는 점을 강조하였다.

중고 대분립정치시대(28절)는 전·후기로 나누어 전기를 삼국시대, 후기를 남북조시대로 구분하였다. 그리고 삼국 건설 이전(2절)의 1백년간을 조선민족의 대이동기라 규정하였다. 그는 부여의 천도로 시작된 민족의 대이동은 삼국 건설의 서장으로서 신정치의 진화와 신문명 생활의 기운을 열었으며, 이로써 사상의 일변을 이루었다고 하였다. 그리고 이는 헬레네 민족이 대이동을 통해 스파르타와 아테네를 건설함으로써 서양문명의 원천을 계발한 것과 같다고 평하였다.

삼국시대(18절)의 서술은 『삼국사기』와 달리 고구려·백제·신라의 순으로 되어 있으나, 신라에 비중을 두고 있음이 특징이다. 특히 그는 신라의

3성교체에 의한 왕권계승과 화백제·촌주제 등을 주목하면서, 이것을 자치제의 발달과정으로 보았다. 신라 왕위의 계승은 전제가 아니요 공립(共立)이라 하였다. 고구려의 경우 무강(武强)한 군국정치를 찬양했으며, 백제의 경우 해외 경략을 강조하였다.

남북조시대(8절)는 문무왕의 통일, 대조영(大祚榮)과 발해국, 대신라의 행정과 지방자치, 불교와 귀족 등을 다루고 있다. 그는 신라의 삼국통일에 대하여 추체험(追體驗)적 역사인식을 강조하면서 당시는 민족관념보다 각기 국민적 의식이 고조되던 시대로 파악하고 신라의 외세 이용과 삼국통일을 긍정적으로 평가하였다. 그럼으로써 그는 이 시기를 기본적으로 남북조시대로 인식하면서도 대신라주의를 성립시키고 있는 것이다. 당시 고구려 중심의 역사관이 주류를 이룬 것에 비해 대신라사관은 독특한 것이었다. 이러한 대신라사관은 그 바탕에 자치제의 발달이라는 시각이 강하게 투영된 것이다.

근고 귀족정치시대(29절)에서는 천수대왕의 혁명, 관제, 귀족정치의 요소, 지방정치, 행정제도, 노예운동 등을 다루고 있다. 그는 고려조를 역사의 분기점으로 파악하고 있다. 그전까지는 복체정치(複體政治)로 이루어지던 우리의 역사가 고려조 이후 단체정치(單體政治)로 이루어지고 있음을 강조하였다. 고려를 근고사로 인식한 것은 장도빈·권덕규와 같지만, 고려를 귀족정치시대로 보고 후발해의 분할 이후 정부가 단체로 조직되는 동시에 역사도 단순요소로 장식된 것으로 보았던 점이 특징적이다. 그리고 그는 왕건의 고려 건국을 대신라의 정치를 계승한 것으로 보면서도, 국토의 축소와 귀족정치로 말미암아 고려시대를 삼국과 남북조 시기에 비해 쇠퇴한 것으로 이해하였다. 그중에도 귀족정치에 대한 비판적 시각은 주권제한적인 측면에서 제기되었던 것으로, 그런 점에서 그는 고려시대의 노예운동에 깊은 관심을 표명하였다. 그리하여 그는 도감(都監)의 설치와 만적(萬積)의 난, 충주 노군(忠州奴軍)의 몽병(蒙兵) 격퇴 등을 노예의 3차운동으로 규정하고 긍정적인 평가를 내리고 있는 것이다. 이러한 노예운동의 부각은 한국 근대사학에서 처음 시도되는 것으로 자치제의 실체를 찾고자 했던 노력이었으며, 아울러 근대적 역사인식의 반영이라는 점에서 주목해야 할 것이다.

근세 군주독재정치시대(68절)는 우선 분량면에서 전체의 절반 정도를 할 애함으로써 근세부분, 즉 조선시대에 비중을 높게 두고 있다. 여기서는 이 태조의 혁명, 독재정치의 성질, 당파와 정당, 행정조직, 지방정치, 종교, 경제, 외교 등의 각 분야를 다루고 있다.

우선 조선의 건국에 대한 견해가 독특하다. 그는 고려와 조선의 왕조교 체를 사회혁명적인 발전과정으로 이해함으로써, 이성계의 위화도 회군의 당위성을 인정하고 조선 건국을 혁명당의 승리로 보아 그 역사적 의미를 강조하였다. 이성계의 회군을 비판적으로 평가하던 민족주의 사가의 일반 적 견해와는 다른 견해인 것이다. 그는 조선시대를 군주독재정치로 규정하 고 서양 전제정치와의 차별성을 역설하였다. 그는 군권의 발달과정에서 군 주의 권리신장만이 이루어진 것이 아니라, 군권을 매개로 하여 신권과 서 민의 지위향상도 이루어졌다고 보고, 이를 소수의 귀족만이 주권을 가졌던 귀족정치보다 발전한 정치형태로 파악했던 것이다. 그러면서 조선 계급구 조의 특색은 반상의 구별이 결코 종족적 세습제가 아니라 신분이동이 자유 로운 성취적 계급제였음을 강조했으며, 이 점에서 그는 고려시대의 귀족적 계급제도와의 차이를 분명히하였다. 그는 조선의 독재군주제를 근대의 완 전한 민주정치체제인 공화제의 실현을 위한 과정으로 해석하였던 것이다.

조선시대의 서술 중 가장 주목되는 것은 당파와 정치발달에 대한 새로운 견해이다. 그는 당파의 발생을 정치적 자유에 의한 논단의 양분으로 보았 고 적극적 정치의 발전현상으로 인식하였다. 당파를 정당으로 이해했던 그 는 "근대정치는 당파로 발달하는 것이니 당파가 진보치 못하고 두절되면 정치가 쇠한다"고 역설하였다. 그러면서 사화 이래 군권이 감해지고 정객 의 권리가 진작되어 정치적 자유를 획득한 점, 당파로 인하여 오히려 인재 의 등용이 진보한 점, 당파의 상쟁(相爭)·상탈(相奪)로 인한 정치상의 파 탄이 있었으나 가부를 성토(聲討)하는 가운데 중정(中正)의 도를 얻어 결 국 초월적 진보를 이룩한 점 등을 들어 당파의 발생을 긍정적으로 평가하 였다. 당쟁에 대한 이러한 새로운 해석과 평가는 이른바 당파망국론을 제 기한 식민사학이나 일부 사가들의 견해를 정면으로 배격하는 것이었다. 그

152

리고 조선시대사의 이해를 한 차원 높이는 탁월한 견해였다.

　그런데 당파긍정론의 적극적 입장에서 영·정조대의 탕평책을 혹평하고, 나아가 탕평으로 당파가 끊기고 세도정치를 불러일으켜 국정이 크게 쇠하였다고 본 부분은 탕평책의 본질을 놓치고 역사감각의 냉정성을 잃은 것으로 지적할 수 있다. 그러나 세도정치의 발생을 당파의 봉쇄에서 찾은 것은 주의해둘 만도 할 것이다.

　자치제와 관련해서 그가 주목한 것은 향회(鄕會)와 촌회(村會)였다. 근세정치의 원기를 향회에서 찾았던 그는 조선이 군주독재정치제였지만 향회로 인하여 실상 입헌군주제나 공화제와 다름없었고, 나라의 태평과 백성의 안락을 이룩할 수 있었다고 갈파하였다. 나아가 그는 민의 수렴의 기초조직인 촌회의 운영에서 자치제의 굳건한 기반을 찾아내고, 이를 통해 민주·자주의 실체로서 자치제를 확인하였던 것이다. 그러면서 그는 향회와 유회(儒會)를 통합하여 완전한 조직체를 이루었다면 오늘날 문명국을 이루었을 것이라고 아쉬워하였다.

　끝으로, 조선 멸망과 관련하여 그는 역사에서 일성일쇠(一盛一衰)는 진화의 형식이며 내용상 정치 그 자체는 성쇠의 순환으로써 진보 발전을 이룬다고 하였다. 그러므로 근세 말엽의 정치 쇠퇴와 민지(民智)의 타락은 역사 전환기에서 신구의 조화를 이루지 못한 작용이니, 새로운 세계에 적응하기 위한 새 표준을 작성하여 매진할 때 진보 발전할 것이라고 전망하였다.

4. 안확의 사학사적 위치

　안확이 『조선문명사』를 발간하던 1923년은 한국의 근대사학사에서 중요한 분기점을 이루고 있다. 이때를 전후하여 황의돈의 『신편조선역사』, 장도빈의 『조선사요령』, 권덕규의 『조선유기』 등의 통사류가 발간되기에 이른 것이다. 그리하여 1910년대까지 통사의 역사서를 서술하지 못했던 한계를 극복해갔다. 그런 점에서 한국 근대사학은 1920년대에 들어 본격적인 발전기를 맞이할 수 있었다.

그런데 『조선문명사』는 이들 사서 중에서도 통사체의 정형이란 면에서 단연 돋보이는 것이었다. 또한 『조선문명사』는 체재와 서술에서 역사발전의 과정을 충실히 담고 있으며, 시기구분에서도 근대적 관점이 반영됨으로써 역사연구의 새로운 지평을 여는 것이었다. 그리고 그가 과학적 역사인식을 바탕으로 주체적이며 발전적인 한국사 체계의 재구성을 시도하였던 점은 역사학방법론에서 1910년대의 역사학과 비교해서는 물론, 20년대 역사학에서도 독특한 경지를 개척하였다고 하겠다.

안확의 『조선문명사』가 한국 근대사학사에서 갖는 또다른 특징은 분류사와 비교사학의 견지에서 한국사를 체계화한 선구적 저술이라는 점이다. 분류사의 영역을 본격적으로 개척했던 점은 그후 다른 분류사 연구자의 분류사적 안목과 연구의욕을 제고했다는 점에서 높이 평가되는 것이다. 그리고 폭넓은 식견과 안목을 바탕으로 세계사와의 대비를 시도하면서, 보편적 가치 위에서 한국사의 특수성과 우수성을 밝히려 했던 것은 오늘날에 제기되고 있는 비교사학의 단초를 이룬다고 해도 과언이 아닐 것이다. 〔張錫興〕

□ 참고문헌

安廓, 『朝鮮文學史』, 匯東書館 1921(1984년 현대문체로 고쳐 을유문고(252)로 발간, 崔元植 譯).

安廓, 『조선문명사』, 匯東書館 1923(1983년 中央新書(109)에 현대문체로 고쳐 발간, 李泰鎭 校).

李東英, 「安自山(廓) 硏究」, 『青丘工專論文集』 2, 1965.

李基白, 「韓國史硏究에서의 分類史 問題」, 『韓國史學의 方向』, 일조각 1978.

崔元植, 「安廓의 國學 —— 朝鮮文學史를 중심으로」, 『心象』 1981년 8월호(『民族文學의 論理』, 창작과비평사 1982에 재수록).

李泰鎭, 「安廓의 生涯와 國學世界」, 『역사와 인간의 대응』(고병익선생회갑기념 사학논총), 한울 1984.

崔範勳, 「自山 安廓의 國語學史上의 位置」, 『한국어학과 알타이어학』(朴恩用博士

154

回甲紀念論叢), 1987.

李基文, 「安自山의 國語 研究 —— 특히 그의 周時經 批判에 대하여」, 『周時經學報』 2, 1988.

국사편찬위원회, 『韓民族獨立運動史資料集』 7·8·9, 1988~1989.

趙東杰, 「韓末史書와 그의 啓蒙主義的 虛實」, 『韓國民族主義의 成立과 獨立運動史研究』, 지식산업사 1989.

李泰鎭, 「安廓」, 『韓國史 市民講座』 5, 일조각 1989.

韓永愚, 「한국근대역사학과 조선시대사 이해」, 『인문과학의 새로운 방향』, 서울대학교출판부 1989.

趙東杰, 「植民史學의 成立過程과 近代史敍述」, 『歷史敎育論叢』 13·14 합집, 1990.

柳浚弼, 「自山 安廓의 國學思想과 文學史觀」, 서울대 석사학위논문, 1991.

趙東杰, 「민족사학의 발전」, 『한민족독립운동사연구』 9, 국사편찬위원회 1991.

趙東杰, 「民族史學의 分類와 性格」, 『擇窩許善道敎授停年退任紀念 韓國史學論叢』, 일조각 1992(『韓國民族主義의 발전과 獨立運動史研究』, 지식산업사 1993에 재수록).

朴杰淳, 『韓國近代史學의 展開와 高麗史 認識에 관한 研究』, 충남대 박사학위논문, 1993.

제 6 부

민족국가 건설운동기

제 1 장

민족국가 건설운동기의 역사인식

1. 민족사학의 과제

민족사학은 민족문화에 대한 관심이 고조된 1920년대에 크게 개발되었다. 주로 문화사학과 유심론사학의 방법으로 개발되어갔다. 그러나 당시 조선사편수회를 통하여 쏟아져 나오던 식민사학의 성과물에 대응하기에는 부족한 점이 많았다. 무엇보다 수량의 면에서 식민사학에 비할 바가 못되었다. 조선사편수회나 경성제국대학이나 그를 위장한 학술단체인 조선사학회나 청구학회(靑丘學會)를 통하여 발표되고 있던 무수한 양의 논저를 민족사학이 따라잡을 수 없었다. 그리고 식민사학 나름의 이론인 동조동근론(同祖同根論)과 타율성론(他律性論)과 정체성론(停滯性論)의 역사이론에 대하여, 민족사학이 어떤 연구조직도 없이 개인의 힘으로 대항하기란 쉬운 일이 아니었다. 연구의 광장이 있었다면 그것은 신문이나 잡지뿐이었다. 그래서 1920년대의 민족사학은 몇권의 저술 외에는 신문이나 잡지의 논설문으로 발표되면서 성장하고 있었다.

이런 가운데 두 가지 문제가 제기되었다. 첫째는 역사의 기록물과 논술은 구별되어야 한다는 문제였다. 역사학이 학문으로서의 위치를 수립하자면 기록물의 축적만으로 가능한 것이 아니었다. 그러한 것은 역사학을 산

만하게 만들고 또 혼란으로 몰고 갈 위험마저 가지고 있는 것이었다. 그런데 전통적인 '술이부작(述而不作)'이라는 겸손의 미덕이 기록물 방식의 글을 생산한 탓인지는 몰라도 1920년대 민족사학의 논저에는 기록물 성격의 것이 너무 많았다. 그래서 민족사학은 기록물의 광장이 아닌 역사학의 체제를 갖추어야 할 과제에 당면하게 되었다.

둘째는 1920년대에 민족사학이 유심론사학이나 문화사학의 방법을 통하여 체제를 갖추어가고 있었으나 방법론을 좀더 다양하고 광범하게 개발하여 민족사학의 학문적 발전을 도모해야 한다는 문제였다. 이것은 20년대에 이미 유물사관의 논의가 대두한 상황으로 보아 피할 수 없는 과제였지만 다른 한편으로 식민사학의 다양한 방법론에 대처하기 위해서도 긴요한 문제였다. 이러한 문제는 그동안 민족사학이 축적한 성과 위에서 당연히 거론될 수밖에 없는 것이었다. 그리고 연구인원의 연구경력이 다양화하면서 제기된 문제이기도 했다. 1920년대까지 민족사학의 방법론으로 개발된 유심론사학과 문화사학에서 유심론 사학자인 신채호·박은식, 그리고 30년대에 합류한 정인보(鄭寅普) 등의 연구경력은 한결같이 국학 또는 한학이었다. 문화사학은 황의돈·장도빈·안확·권덕규처럼 국학의 기초 위에 다소 신교육을 받은 인물들에 의하여 개발되었다. 그리고 1920년대 후반 또는 1930년대 초에 문일평(文一平)·이병도(李丙燾)·손진태(孫晋泰)·이순탁(李順鐸)·백남운(白南雲)·김상기(金庠基)·이북만(李北滿)·이청원(李淸源) 등 일본에 유학한 인물, 도유호(都宥浩)·이극로(李克魯)·이훈구(李勳求)·한흥수(韓興洙) 등 구미에 유학한 인물이 합류하여 연구인원의 연구경력이 다양화하면서 불원간 민족사학의 방법론도 다양하게 제기될 것이 예견되고 있었다. 1930년대에 이르러서는 연구인원이 증가하고 그 성격이 더욱더 다변화하면서 민족사학의 과제로서 방법론의 논의가 활발하게 전개되었다.

2. 민족사학 방법론의 발전

1930년대는 민족사학뿐만 아니라 민족운동 전반에 걸쳐 체제와 사상이 정비되고 발전한 시기였다. 1920년대의 민족운동 유사단체나 사이비 민족운동가는 주객관적 상황의 변화에 따라 떠날 사람은 떠나고 변절할 사람은 그 정체를 드러내면서 민족운동의 실체가 한결 분명해져간 1930년대였다. 그와 함께 민족사학의 윤곽도 방법론에 따라 정비되면서 발전해갔다.

민족사학의 방법론은 먼저 1920년대를 계승하여 유심론사학의 실체가 부각되었다. 우선 신채호의 『조선사연구초(朝鮮史研究草)』가 1930년에 간행되었고 『조선사』와 『조선상고문화사』가 1931년 『조선일보』에 연재됨으로써 세인의 주목을 끌었다. 그리고 1936년에는 정인보가 『동아일보』에 「오천년간 조선의 얼」을 연재하여 유심론사학을 일단 완성시켰다. 이럴 때 종래의 문화사학이 같은 관념사관인 유심론사학의 영향을 받을 법도 했는데 사실은 그와 반대로 유물론사학의 영향을 받아 새롭게 발전하게 되었다. 문화사학의 새로운 발전은 1920년대 문화사학을 이끌어온 학자인 황의돈·장도빈·권덕규·안확 등이 담당한 것이 아니라 문일평·손진태·최익한(崔益翰)·안재홍(安在鴻) 등 새 인물에 의해서 추진되었다.

1930년대 새로 일어난 문화사학의 특징은 먼저 사회경제문제를 1920년대 문화사학처럼 문화제도의 부분현상으로 이해한 것이 아니라 사회현상으로 파악하고 있는 점이다. 이러한 관점은 앞서 거론한 바와 같이 1920년대에 황의돈과 문일평의 동학에 관한 글 등에서 이미 나타나고 있었다. 그런데 1930년대에 이르러 황의돈의 연구는 크게 성장하지 못했으나 문일평의 사론은 손진태·최익한·안재홍 등의 사론과 함께 새롭게 다듬어지고 발전하면서 각광을 받았다. 상해(上海)에서 『독립신문』에 뒤바보(北愚)라는 필명으로 「아령실기(俄領實記)」와 「의병전(義兵傳)」을 발표했던 계봉우(桂奉瑀)는 1922년부터 1937년까지 소련의 이만과 블라지보스또끄에서 국어와 민족사 연구에 헌신했는데, 그의 역사방법론도 유물사관의 영향은 컸지만 문화사학이었다. 1920년대에 손진태는 민속조사를 통하여, 최익한은 사회

주의운동을 통하여, 안재홍은 신간회 운동을 통하여, 계봉우는 사회주의운
동과 소련사회의 생활을 통하여 사회경제문제·민중문제·계급문제에 대한
문제의식을 높였고 사회경제적 민족문제에 대해 고민하면서 문화사학 방법
론의 시야를 넓혔다고 진단된다. 그것은 1931년에 『동아일보』에 연재한 김
상기의 「동학(東學)과 동학당란(東學黨亂)」에서도 나타나고 있었다. 과거
에 종교반란으로 규정했던 것을 사회혁명이나 농민전쟁의 관점에 가깝게
재조명했던 것이다. 농민전쟁의 관점은 계봉우가 1932년에 집필한 『동학당
폭동(東學黨暴動)』(필사본)에 더욱더 잘 나타나 있다. 이 필사본은 현재 러
시아 사회과학원 동방학연구소에서 보관하고 있지만 문화사학의 관점이긴
해도 사회경제의 인식이 강조되어 있다. 계봉우가 소련에서 활동하고 있었
으므로 그의 『동학당폭동』이 유물사관에 의한 서술이라고 추단할 수도 있
으나 후기 문화사학의 관점이라고 보는 것이 옳을 것이다. 그가 1936년에
집필한 『조선역사』(필사본)도 그럴 것으로 추측한다. 『조선역사』의 내용은
살피지 못했으나 1950년에 집필한 『조선문학사』(필사본)를 검토한바, 유물
사관에 의한 서술이 아니라는 것을 확인했기 때문에 『조선역사』도 미루어
추측한 것이다. 이러한 1930년대 문화사학을 1920년대의 것과 구별하여 필
자는 후기 문화사학이라고 이름한 바 있다.

후기 문화사학이 일어난 것은 1920년대 후반기에 몰아닥친 세계경제공황
과 그를 직시하면서 일어난 신간회 운동과 같은 민족운동의 성장 등 그 객
관적 조건에 힘입은 바가 컸다. 그리고 유물사관의 영향도 컸고, 1930년을
전후한 실학자에 대한 연구도 크게 영향을 준 것으로 이해된다. 특히 안재
홍·정인보 등이 추진한 정약용(丁若鏞)의 『여유당전서(與猶堂全書)』의 간
행작업은 지식인사회에서 사회경제에 대하여 관심을 높인 촉진제가 되었
다. 『여유당전서』는 1934년 다산(茶山) 서세(逝世) 99년제를 계기로 간행
되기 시작하였는데, 그의 간행사업과 함께 '조선학운동'이 일어나 문화사학
의 지평을 넓힌 계기가 되었다. 조선학운동은 정인보·안재홍·문일평·백
남운 등이 추진하여 1935년 다산 서세 100년제 행사와 더불어 주목을 받았
다. 1930년대에 민족과 세계의 모순 없는 발전 논리를 모색하면서 안재홍
이 민세주의(民世主義)를 제창하고 있었던 사실도 1930년대 문화사학의 일

면을 나타낸 것이고, 그러한 경향은 1936년부터 『동아일보』에 65회에 걸쳐 연재한 최익한의 『여유당전서』 서평에서도 나타나 있었다. 이러한 조선후기 학자의 학문에 대한 연구와 조선학운동이 전개된 가운데 '실학'이란 용어가 역사용어로 대두하였고, 실학 당시인 조선후기에 대한 연구를 심화하면서 자본주의 맹아론을 제기하게 되었다는 점도 유의해야 한다.

안재홍의 민세주의는 1940년대에 이르러 신민족주의로 정리되었다. 신민족주의는 후기 문화사학과 표리관계에 있는 이념이라고 봐야 한다. 안재홍·손진태에 이어 이인영(李仁榮)·홍이섭(洪以燮)이 참여하지만, 홍이섭이 『조광(朝光)』에 연재(1942년 6월호~43년 3월호)한 과학사 연구를 기초로 하여 1946년에 간행한 『조선과학사(朝鮮科學史)』를 보면 유물론사학의 방법을 수용하고 있다는 것을 알 수 있다. 그런데 이상과 같은 1930년대와 1940년대 전반기까지의 문화사학은 1920년대의 경우와 달리 통사로 서술된 것은 없고 논설문에 불과했으니 그의 체계있는 서술의 정착은 해방 후의 일로 기다려야 했다.

유물론사학은 1920년대부터 소개되고 있었다. 그러나 그때의 것은 극히 단편적인 설명에 불과한 것이었다. 유물론·유물사관·사회주의·공산주의에 대한 개념파악도 안되어 있던 시기였으므로 무리는 아니었다. 그러므로 유물사관으로 역사를 설명한다는 것은 1920년대에는 불가능하였다. 그러나 민족사학은 1920년대를 대표했던 유심론사학과 문화사학으로써는 식민지 사회문제에 대한 역사적 해답을 얻을 수 없었을 뿐만 아니라 당시에 풍미하던 식민사학에 대응하여 자신의 위치를 확보할 수도 없었다. 이러한 민족사학의 과제는 1930년대에 해결의 실마리가 풀려갔다. 앞서 말한 바와 같이 문화사학이 새롭게 발전하고 있었다는 사실도 그것이지만 유물사관에 의한 역사서술이 시도되어 이른바 '신흥사학'의 바람이 일어난 것이다.

신흥사학, 즉 유물론사학이 크게 주목받게 된 것은 1933년 백남운의 『조선사회경제사(朝鮮社會經濟史)』(東京, 改造社)가 출간되면서부터였다. 『조선사회경제사』는 고대까지의 서술이었지만 유물사관에 입각한 시대구분——원시 공산사회, 고대 노예제사회, 중세 농노제사회, 근대 자본주의사회——을 전제로 한 통사체제로 서술했으므로 단편적인 논문과는 달랐다.

이 책은 출간되자마자 학계의 비상한 관심을 모았다. 따라서 학자들의 서평도 신문·잡지에 연이어 실렸다. 대개 공식주의에 함몰되어 있다는 내용이었다. 즉 조선사의 특수성은 외면하고, 맑스주의사학에 조선사를 대입했다는 평이었다. 그러나 민족사학의 새로운 방법론을 개척하여 학문의 광장을 넓힌 점과 유물사관의 보편주의로 식민사학의 특수론을 극복해간 점은 민족사학 발전에 크게 기여하였다. 때문에 민족사학 발전의 새로운 기원을 열었다고 평가되어야 할 것이다. 특히 식민사학의 정체성론에 대하여 반박한 이론의 제기는 특별히 주목되어야 한다. 백남운은 1937년에 『조선봉건사회경제사(朝鮮封建社會經濟史)』(東京, 改造社)를 간행함으로써 맑스주의 역사학 개척에 박차를 가했다.

유물론사학의 학자는 백남운을 비롯하여 이청원·이북만·김태준(金台俊)·김광진(金洸鎭)·한홍수 등이었고 1940년대에 이르러 김석형(金錫亨)·박시형(朴時亨)·전석담(全錫淡)·이진영(李辰永) 등이 합류하여 유물론사학 자체를 다양하게 발전시켜갔다.

백남운과 쌍벽을 이룰 만한 유물론사학의 저술가는 이청원이었다. 그는 1936년에 『조선사회사독본(朝鮮社會史讀本)』(東京, 白揚社)과 『조선독본(朝鮮讀本)』(東京, 學藝社)을 간행하고 이듬해에는 앞의 두 책을 합본하여 개정한 『조선역사독본(朝鮮歷史讀本)』(白揚社)을 내놓았다. 『조선역사독본』은 당대(현대) 문제까지 엮은 유물론사학 최초의 통사였다. 유물론사학에서 아시아적 생산양식에 대한 견해는 정설이 없었으므로 그를 둘러싼 논의가 분분했는데 이는 한국 학자에 국한된 것은 아니었다. 그런데 아시아적 생산양식의 문제와 관련이 있기는 하지만, 노예제가 봉건제로 전환한 시기에 대하여 백남운과 이청원의 의견이 첨예하게 대립되어 있어 이 문제가 학계의 주목을 받았다. 고려왕조를 전자는 봉건제사회로, 후자는 노예제사회로 보는 등 현격한 차이를 나타내고 있어 1930년대 중반의 민족사학 논쟁을 다원화시켰다. 후일 전석담이 노예제사회를 부정하고 삼국시대에 이미 농노제사회가 형성되었다고 주장함으로써 이 문제는 유물론사학의 중심과제로 부상하였다. 그런데 위에 소개한 백남운과 이청원의 저술이 모두 일본에서 간행되어 그에 대한 평가도 평가지만 폭넓은 독자층을 얻을 수 없었다. 그러나 그에 비하면 백남운이나 김태준(金台俊) 등의 국내잡지에 실린 유물사관의 논설문이 지식인사회에서는 큰 관심을 모았다. 1930년대는 사회주의운동이 이론적으로 고양되던 시기였으므로 지식인의 관심을 모을 수밖에 없었다. 이때 백남운은 유물론사학을 경제사학이라고 불렀다. 그런데 분류사로서의 경제사학과는 다르며 특히 당대에 주목받던 역사주의 경제사학과도 구별되어야 한다. 무엇보다 역사주의의 개별론은 맑스주의의 보편론과 같을 수 없었다. 역사주의 경제학자를 굳이 찾는다면 이극로·최호진(崔虎鎭)일 것인데, 이훈구도 그에 해당할는지는 알 수 없다.

유물론사학이 일어나면서 종래의 유심론사학과 문화사학에 비추어 새로운 문제가 여러가지로 제기되어 민족사학의 연구마당에 활발한 논의가 일었다. 당장에 사관의 비교 같은 역사철학의 논의까지 이르지는 못해도 시대구분의 문제를 비롯하여 노예제·농노제·봉건제 등 그때로서는 생소한 용어가 등장하였다. 그리고 그때까지 단군조선에서 비롯된 조선 역사의 일반인식을 넘어 원시사회를 설정함으로써 역사인식의 근본을 흔들어놓았다. 한편으로 식민사학도 또다른 주장을 펴고 있어 학설이 다양하게 분화되기에 이르렀다. 그리하여 경성제대(京城帝大) 출신 학자와 순수학문을 표방하던 젊은 학자들이 역사해석에 앞서 사실(史實)의 고증작업에 충실해야 한다는 소리를 높여서 실증사학의 바람이 일게 되었다. 이병도·김상기·송석하(宋錫夏)·이상백(李相佰)·도유호 등의 진단학회(震檀學會)가 실증사학의 본산으로 1934년에 탄생하였다.

진단학회는 1942년 조선어학회 사건이 일어나 해산할 때까지 『진단학보(震檀學報)』를 14호까지 간행하였다. 『진단학보』가 나오면서 종래의 신문이나 잡지에 싣던 역사논설이 논문체계를 갖추면서 발표되기에 이르렀다. 그리고 종래에 식민사학의 학술잡지인 『조선사학(朝鮮史學)』『청구학총(青丘學叢)』『조선학보(朝鮮學報)』에 일본어로 논문을 싣던 조선인 학자들이 『진단학보』에 모여들었다. 그런데 『진단학보』에는 유심론이나 유물론사학의 논문은 실을 수 없었다. 14호를 발행할 때까지 당시 총독부 검열에서 내용 때문에 말썽이 일어난 것은 한번도 없었을 정도였다. 『진단학보』에 도유호·김석형·박시형·전석담 등의 논문이 실렸다고 해도 그때는 실증사학의 범위를 벗어난 내용이 아니었다. 문화사학자의 글도 한가지였다.

아무튼 실증사학은 순수학문의 명분을 내걸고 민족사학을 발전시켰다고는 하지만 식민지 현실인식에 기초를 둔 민족주의사학에서 보면 의도적이든 아니든 식민지 권력에 무관심했거나 아니면 식민권력을 피해갔던 것은 사실이다. 그것이 의도한 것이었다면 조선후기의 고증학이 세도정권을 피하며 학문의 명맥을 유지해갔던 상황과도 비슷한 모습이 아닌가 한다.

이와같이 1930년대부터 민족사학은 유심론사학·문화사학·유물론사학·실증사학 등으로 다양하게 발전하여 1920년대에 비하여 민족사학의 이론광장이 한결 넓어졌다. 이것을 도식으로 표시하면 다음과 같다.

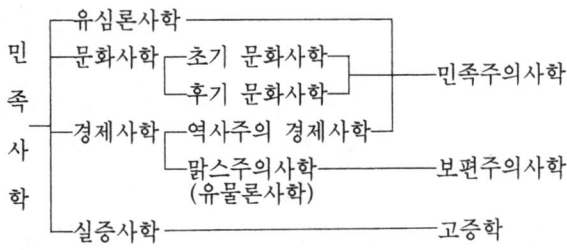

위의 도표에서 민족사학과 민족주의사학이 동일한 의미가 아니라는 뜻이 나타나고 있는 점에 유의하고 또 경제사학에서 역사주의 경제사학은 분류사일 경우가 많지만 맑스주의사학은 분류사일 수 없다는 점에도 유의해야 할 것이다. 그리고 종래에 사용하던 사회경제사학이란 용어도 당시의 용어대로 경제사학이라 해야 한다.

이러한 역사방법론의 다양한 발전은 1930년대 민족사학의 풍부한 소득이었다. 1940년대에 이르면 경성제대 졸업생을 중심으로 한 신진학자의 새로운 글이 나오기도 했다. 그러나 해방 전에는 실증사학의 글이나 기록물 성격의 것 외에 사관논쟁의 글은 발표될 수 없었다. 식민사학에 대항하여 사관논쟁을 제기할 학자는 아예 은둔생활을 택할 수밖에 없었다. 정인보·안재홍·장도빈·안확·황의돈·권덕규·백남운·김태준·도유호 등의 은둔생활이나 망명, 또는 학문을 떠난 생활이 그것을 말한다. 따라서 민족사학

은 해방 후에야 활기를 찾을 수 있었다. 1940년대에 논문이나 논설문은
『진단학보』 외에 주로 『조광』과 『춘추(春秋)』 등에 실렸다.

3. 분류사 연구의 확산

역사연구 인원이 증가하고 동시에 연구방법이 다양하게 발전하면서 정치
사·경제사·사회사·학술사·음악사·미술사·교육사·언론사·사상사·종
교사 등의 각 영역에 대한 분류사 연구가 시도되고 또 확산되어간 것이
1930년대부터 민족사학의 특징이었다. 민족사학이 근대사학의 연륜을 쌓은
지 오래된 것이 아니기 때문에 분류사 연구의 진척이 민족사학 발전에 긴
요한 과제였다. 따라서 민족사학이 일정 수준에 이른 1930년대에 분류사
연구는 학문활동을 한층 더 풍요롭게 장식하였다.

그렇다고 분류사 연구가 1930년대에 비롯된 것은 아니다. 분류사 연구는
장지연(張志淵)의 『조선유교연원(朝鮮儒敎淵源)』이나 안확의 『조선문학사』
등이 선구적인 것이었고, 자료집 성격이 짙은 이능화(李能和)의 『조선불교
통사(朝鮮佛敎通史)』 『조선여속고(朝鮮女俗考)』 『조선해어화사(朝鮮解語花
史)』 『조선무속고(朝鮮巫俗考)』 『조선기독교급외교사(朝鮮基督敎及外交
史)』도 분류사 연구의 표현이었다. 이능화는 그외에도 『조선도교사(朝鮮道
敎史)』 등의 필사본 저술을 많이 남겨놓았다.

1920년대에는 민족문화에 대한 관심이 고조되면서 다방면에 대한 분류사
연구가 추진되어 그 성과물은 1930년대부터 발표되고 있었다. 김윤경(金允
經)·최현배(崔鉉培)의 언어·문자에 대한 역사적 규명, 고유섭(高裕燮)의
미술사 연구, 조윤제(趙潤濟)·양주동(梁柱東)·이병기(李秉岐)의 전통문
학사 연구와 김태준·임화(林和)의 신문학사 연구, 문일평의 한미외교관계
연구, 손진태·송석하·유자후(柳子厚) 등의 민속 연구, 맑스주의사학의
일반사로서 경제사 외에 인정식(印貞植)·이훈구·최호진 등의 경제사 연
구, 함화진(咸和鎭)의 음악사 연구, 정노식(鄭魯湜)의 창극사 연구, 홍이
섭의 과학사 연구 들이 식민지시대에 각 영역에서 선구적 업적을 남겼다.

166

민족사학이 근대학문으로 성립한 시기가 오래되지 않아 일반사 연구만으로는 민족사학의 발전을 도모하기가 어려운 형편이었다. 따라서 위에서 본바와 같은 분류사의 연구·개발이 민족사학 발전에 여러가지 의미를 가지고 있었다. 이러한 분류사 연구는 해방 후에 일제하에서 미비한 점을 보완하여 명실을 갖춘 저술로 간행되면서 민족사학 발전에 크게 이바지하였다. 해방 후의 것도 여기에서 함께 소개하면 아래와 같다.

먼저 경제사 분야에서 최호진의 『조선경제사연구』『근대조선경제연구』, 유자후의 『조선보부상고』, 인정식의 『조선의 토지문제』『조선농업경제론』, 박문규(朴文奎)의 『조선토지문제론고』, 김희태의 『조선미작연구』, 이춘녕(李春寧)의 『조선농업기술소사』, 김한주(金漢周)의 『이조시대수공업연구』, 전석담의 『이조농민경제사』 외에도 경제사의 이름으로 출간된 맑스주의사학의 일반사 서술 논저도 적지 않았다. 사회사 분야에서는 최익한의 『조선사회정책사』, 최화성의 『조선여성독본』, 김두헌(金斗憲)의 『조선가족제도연구』, 이여성(李如星)의 『조선복식사』, 홍매경·홍무경의 『조선의복혼인제도연구』, 윤백남(尹白南)의 『조선형정사』, 김용락의 『조선 계의 이론과실제』 등이 주목을 받았다. 문화사에서는 홍이섭의 『조선과학사』와 이만규(李萬珪)의 『조선교육사』가 돋보였다. 홍기문(洪起文)의 『조선문화총화』『조선정음발달사』, 이상백의 『조선문화사연구논고』, 방종현(方鍾鉉)의 『훈민정음통사』, 이숭녕(李崇寧)의 『조선어 음운론연구』, 양주동(梁柱東)의 『여요전주(麗謠箋注)』, 백철(白鐵)의 『조선신문학사조사』, 구자균(具滋均)의 『조선평민문학사』, 이호로의 『조선문학연구』, 이명선의 『조선문학사』, 조윤제의 『국문학사』, 최상수(崔常壽)의 『조선민간전설집』, 이재욱의 『조선민요서설』, 손진태의 『한국민족설화의 연구』, 고정옥(高晶玉)의 『조선민요연구』 등의 어문학 연구가 있었다. 그리고 성경린의 『조선의 아악』, 함화진의 『조선음악통론』, 윤희순(尹喜淳)의 『조선미술사연구』, 고유섭의 『조선탑파(朝鮮塔婆)의 연구』『조선미술문화사논총』, 김영기(金永基)의 『조선미술사』, 김용준(金瑢俊)의 『조선미술대요』, 이재병의 『조선불교사연구』, 이능식·윤지선의 『조선교회사』, 유홍렬(柳洪烈)의 『조선천주교회사』, 현상윤(玄相允)의 『조선유학사(朝鮮儒學史)』 등의 음악·미술·종교

에 대한 연구가 있었고, 김상기의 『동방문화교류사』, 김재원(金載元)의
『단군신화의 신연구』, 이선근(李瑄根)의 『화랑도연구』, 최수정의 『정감록
에 대한 사회학적 고찰』 등 특수문제에 관한 연구도 있었다. 이러한 분류
사나 특수문제에 대한 연구가 사론과 일반사 연구에 큰 도움이 됐던 것은
물론이다.

4. 해방공간의 역사인식

역사방법론의 틀이 잡혀가던 1930년대의 민족사학이 1940년대에는 잠복
하고 말았다. 일본제국주의의 침략전쟁이 확산되어간 전시통제하에서 존속
자체가 위협받게 된 것이다. 그리하여 사상성이 없는 실증사학의 논설 외
에는 자취를 감추었고, 관계 학자도 은둔 또는 잠적해버렸다. 식민지 전시
통제가 기승을 부리며 1942년 조선어학회 사건이 일어나자 순수학문을 표
방하던 실증사학의 본산인 진단학회도 자진 해산하여, 민족사학의 단순한
고증작업조차 중단된 암흑기를 맞았다.

그런 절망적 암흑기에서 8·15해방을 맞았다. 해방을 맞자, 새 조국 건
설에 이바지할 학문의 역할을 다짐하면서 민족사학에 대한 연구 열의가 크
게 달아올랐다. 해방 이튿날인 8월 16일에 진단학회가 재건되고, 같은 날
백남운을 중심으로 조선학술원이 결성되었다는 사실이 그것을 말한다.

그런데 해방정국 속의 민족사학은 식민지하의 민족사학과는 처지가 달랐
고 표방하는 바가 달랐다. 식민지하에서는 민족국가 건설 자체가 역사적
과제였기 때문에 반식민주의 역사학이면 유심론사학이든 유물론사학이든
민족사학의 공동 광장에서 함께 고민하고 서로 도우며 연구했다. 그러나
해방정국에서는 새 조국 건설의 역사적 과제가 어떤 조국상이 되어야 하는
가의 해답을 찾는 데 있었기 때문에, 학문의 광장도 자연 분열되어갔다.
1945년 10월 21일 유물사관 학자의 집결체로 조선과학자동맹이 탄생한 것
이나, 당대 학자를 총망라한 모임으로 출범한 조선학술원이 1946년에 이르
러 사람들이 뿔뿔이 흩어지고 명의만 남게 되자, 학술원 산파역인 백남운

이 그해 5월 6일 자신을 중심으로 한 인사들만으로 민족문화연구소를 새로 결성했던 사실이 그것을 말해주고 있다.

이러한 경향은 1945년 12월 신탁통치 문제를 둘러싼 국민적 논쟁이 정치 쟁점으로 비화하고 남북분단이 고착화되면서 현실적·정치적 대립으로 나타나기 시작했다. 끝내 1948년 남북에서 각각 분단정부가 수립되자, 학자들도 자기 생존의 길을 찾아 남과 북으로 떠난 냉전시대를 맞아야 했다. 이 무렵에 결성된 조선사연구회가 『사해(史海)』 창간호(1948)를 간행하고 해체되었고, 그와는 별도로 경성대학 법문학부 교수 이인영을 중심으로 한 조선사연구실의 이순복(李洵馥)·임건상(林建相)·김사억(金思億)·손보기(孫寶基)·한우근(韓㳓劤)·이명구(李明九) 등의 젊은 학생들이 손진태의 서문을 받아(1946. 8. 15) 『조선사개설』(필사본)을 편찬했는데, 이들은 경성대학을 개편한 서울대학교 사학과 졸업을 기하여 1947년 8월에 조선사연구회를 결성한 바 있었다. 조선사연구회는 위의 인원 외에도 정태민(鄭泰玟)·이희수(李喜秀)·허경일(許景日)·이영복(李瓔馥)이 가담하고 있었는데 '국대안' 문제로 학교가 소란해지자 명동에 있던 김일출(金日出)의 역사과학연구소로 옮겨갔다가 다시 회원 이순복의 신당동 집으로 옮겨갔지만, 그 모임도 구성원이 남북으로 갈라서야 할 분단정국으로 말미암아 자연 해소되고 말았다. 필사본의 『조선사개설』은 1949년에 경성대학 조선사연구회 명의로 간행되었다.

이와같이 역사연구를 위한 연구학회는 연구자 밖의 조건에 눌려 발생 자체가 힘들었고, 발생했더라도 곧 소멸해갔다. 경성대학 조선사연구회의 인원구성을 보거나 『조선사개설』이나 『사해』의 편집내용에서 보는 바와 같이 역사학도들은 분단시각을 가지고 있지 않았다. 그때까지의 학문성과를 총괄 수용하여 민족사학 발전의 미래상을 정립하기 위하여 연구에 몰두하고 있었다. 그런데 분단정국의 경직성은 그러한 학계의 동향을 용납하지 않았다. 결국 학자들도 자기 생존의 길을 찾아 남북으로 갈라서지 않을 수 없었다. 그리하여 남북에서 상이한 연구체제가 성립하게 되었다. 남쪽에서는 신석호(申奭鎬)를 중심으로 과거 조선사편수회 사업을 수습하며 설립된 국사관(國史館, 1946)과 그를 계승한 국사편찬위원회(1949)가, 북에서는 조선임시인민위원회 역사편찬위원회(1947, 위원장 이청원)를 계승하여 백남운을 중심으로 한 역사편찬위원회가 설치되어(1948) 역사학을 이끌어갔다. 이때 남과 북에 공통적인 것이 있다면, 그것은 관학체제가 수립된 점이다.

해방의 자유를 맞자 처음에는 학문활동이 활발히 전개되어 역사학의 논문발표는 물론, 저술도 앞다투어 간행되었다. 분류사는 앞에서 소개했으므로 일반 통사의 저술만을 보면 개중에는 권덕규의 『조선사(朝鮮史)』와 이선근의 『조선최근세사(朝鮮最近世史)』, 정노식의 『조선창극사(朝鮮唱劇史)』의 경우처럼 기왕의 것을 복간한 것도 있고, 장도빈의 『국사(國史)』와 최남선의 『조선역사』나 정인보의 『조선사연구(朝鮮史硏究)』처럼 식민지시대의 연구를 발췌하거나 취합하여 간행한 경우도 있지만, 김성칠(金聖七)의 『조선역사(朝鮮歷史)』, 안재홍의 『조선상고사감』, 경성대학 조선사연구회의 『조선사개설(朝鮮史槪說)』, 손진태의 『조선민족사개론』『국사대요』, 이병도의 『고려시대연구』『조선사대관(朝鮮史大觀)』, 전석담의 『조선사교정』『조선경제사』, 이북만의 『이조사회경제사』, 이상백의 『이조건국의 연구』, 이인영의 『국사요론(國史要論)』 등과 같이 해방정국의 문제인식에 기초를 두고 새로이 정비 서술한 저술이 많았다. 그 가운데에서 안재홍·손진태·이인영 등은 신민족주의사학을 표방하여 주목을 받았다. 신민족주의사학은 역사방법론으로 볼 때 문화사학(후기) 범주의 것이다. 군이 신민족주의사학이라고 했던 것은 역사학의 현재성을 고려하여 해방정국의 이념의 갈등과 분단현실의 극복을 겨냥하고 있었기 때문이었다. 그러나 방법론상 불투명한 점이 있어 해명되어야 할 과제가 적지 않다. 그리고 이인영의 경우처럼 『학풍(學風)』에 실린 「우리 민족사의 성격」이나 「국사와 세계사」에는 후기 문화사학과 신민족주의 사상이 투영되어 있었으나, 『국사요론』의 통사 서술에는 신민족주의가 만족스럽게 적용되었다고 볼 수 없듯이 사론과 역사서술이 일치하지 않는 경우도 있었다.

문화사학이 갖는 도덕주의 성향이 가장 강하게 표현된 저술은 김성칠의 『조선역사』였다. 실증사학의 대표였던 이병도의 『조선사대관』은 원시·상대·중세·근세로 시대구분을 한 것과 동시에 민족의 통일·분열·재통일 등으로 시대를 이중 구분하였는데, 중세 개념을 도입하는 등 시대구분에서는 유물론사학이나 문화사학의 방법을 수용한 흔적이 보인다. 그리고 해방 전과는 달리 해방 후의 저술에서 유물론사학의 방법을 눈에 띄게 수용하고 있던 것은 홍이섭의 『조선과학사』이다. 아마도 식민사학을 극복하고 민족 문제를 해결하자면 어느정도 유물사관을 수용해야 한다는 현실인식의 반영 이 아니었던가 한다. 그것은 해방후 새 세대 학자의 저술인 『조선사개설』 의 내용에서도 발견할 수 있는 경향이다.

유물론사학은 해방 후에 이르러 논쟁점이 선명하게 노출되었고, 또 비로 소 확산되어갔다. 일제하에서는 학자들의 전유물처럼 논의 학자의 범위가 한정되었고, 논의의 초점도 백남운과 이청원의 논쟁 범위에 따른 것이었 다. 하지만 해방을 전후하여 김석형·박시형·전석담·박문규·이기수(李 基洙)·김한주·이진영·박극채(朴克采) 등의 소장학자가 가세하면서 토론 의 광장이 넓어졌고 그 내용도 질적으로 향상되어갔다. 그 가운데에도 전 석담의 『조선사교정』과 『조선경제사』는 종래의 백남운이나 이청원의 사론 과도 다른 신선한 주장을 개진하였다. 개별상황이 아니라 사회구성 또는 사회제도로서 고대의 노예제도는 없었다고 하면서 삼국시대를 농노제사회 로 논증함으로써 조선사의 일반성과 특수성 논쟁의 안목을 새롭게 열어놓 았다. 그리고 농노제 성립의 이론은 그후 북한 학계의 정설이 되었다. 북 한 학계에 영향을 준 전석담의 연구성과는 농노제 외에도 『조선경제사』에 서 상론한 동학농민전쟁과 3·1운동의 분석이 있었다. 그런데 조선사의 변 증법적 발전을 규명함에 있어 구시대의 잔재에 대한 인식 정도가 과도하여 새 시대의 발전과 성장력을 넓게 탐색하지 못한 점은 그의 한계라 하겠다. 그것이 식민사학과 같은 성격의 것은 아니지만, 정체성론의 논리는 해명이 요구되는 부분이었다. 조선후기에 대한 연구가 미진했던 당시였다고 하더 라도 정체성론의 과장이 지나친 사론(史論)이었다고 하겠다. 이러한 경향 은 경제사학의 통례로서, 이북만처럼 조선사를 불구자적(不具者的)이니 기 형적(畸形的)이니라고까지 진단하기에 이르러서는 식민사학을 무색하게 하 였다.

해방정국에서 가장 중요한 연구 문제는 식민지 잔재의 청산문제였다. 즉 식민사학의 극복문제가 당면한 과제였다. 식민사학은 조선사편수회에서

1932~38년에 30여 권에 이르는 방대한 『조선사』를 간행함으로써 절정에 달했다. 그로 말미암아 뿌리내린 동조동근론이나 정체성론 및 타율성론의 인식은 민족사학이 극복해야 할 당면과제였다. 그런데 해방공간에서는 식민사학의 실체를 규명한 연구물이 없었다. 그것은 먼저 학자 자신부터 반성해야 할 문제이다. 해방이 되자 지식 엘리뜨들은 경성대학 재건위원회를 결성하였다. 새로 민족대학을 건설한다는 것은 바람직한 일이지만 그것이 민족대학으로서 경성대학의 '창설'이 아닌 식민지시대 경성제국대학의 '재건'의 모습으로 나타나야 했던 것은 커다란 과오였다. 그런 의식이라면 식민사학의 극복이 급선무의 과제로 포착될 수 없었을 것이므로 식민사학 극복 문제는 학계가 먼저 반성해야 할 일이었다. 그렇기는 하지만 양극체제 속에 미군정(美軍政)과 식민지 잔재세력 또는 친일군상의 유착이라는 구조적 모순에 무엇보다 근본 이유가 있었다고 봐야 할 것이다. 따라서 근대사적 역사인식의 논의는 대학강단에서조차 외면당해야 했다. 1947년에 전석담·이기수·김한주가 펴낸 『일제하(日帝下)의 조선사회경제사(朝鮮社會經濟史)』 같은 책이나 독립운동사의 저술이 있기는 했으나, 분단정국의 경색 때문에 외면당하거나 지하서적이 되고 말았다. 그리고 분단이 고착화하면서 학자들도 남과 북으로 각각 이동하였다. 그 결과 남에서는 유물론사학이 자취를 감추어갔다. 유물론사학이 아닌 문화사학의 경우도 역사의 현재성을 강조하면 정치권력은 그 학문을 위험시하였다. 『학풍』에서 이인영이나 이상백이 역사의 현재성을 강조하고, 이상백은 실증사학을 실증주의사학으로 발돋움시켜본 흔적이 보이지만 그 주장은 희망과 꿈의 자취로만 남아 있을 뿐이다. 결국 민족사학의 광장은 좁아졌고 메말라갔다. 국제적 냉전시대를 대변한 분단정국과, 분단정국의 삼엄한 정치경색이 심화하는 가운데서 6·25를 전후한 민족사학은 또다시 창백한 실증사학으로 후퇴하면서 그것을 순수학문이라고 자위하는 것으로 만족할 수밖에 없었다.

〔趙東杰〕

제 2 장

정 인 보

鄭寅普 1893~1950

1. 생 애

위당(爲堂) 정인보는 1893년 5월 6일에 외가인 서울 종현(鐘峴)에서 태어났다. 자(字)는 경업(經業)이고 호는 수파(守坡)·미소산인(薇蘇山人)·담원(薝園) 등이 있었는데 아호가 위당이었다. 조선 명종대의 대제학 정유길(鄭惟吉)의 후손으로, 철종대의 영의정 정원용(鄭元容)의 증손이 되며 아버지인 정은조(鄭誾朝)는 호조참판을 지냈다. 그러나 한말 격변기의 시대상황에서 가세가 크게 기울어졌고 위당은 안정된 생활여건 속에서 성장하지 못했다. 위당은 소년시절부터 한학에 몰두하였는데 1910년 그의 나이 18세 때 양명학의 대가인 난곡(蘭谷) 이건방(李建芳)의 제자가 되어 학문영역을 더욱 확장시키고 훗날 구경(九經)·십통(十通)에 통달하게 되는 학문적 기초를 이루게 된다. 위당은 일제에게 국권을 빼앗긴 직후 중국 상해와 만주 서간도를 오가면서 국제정세를 살폈고, 상해에서 신채호(申采浩)·박은식(朴殷植)·신규식(申圭植)·김규식(金奎植) 등과 함께 동제사(同濟社)를 조직하여 동포들에 대한 정치·문화적 계몽활동에 참여하게 된다. 이후 1913년 가을 부인 성씨(成氏)가 사망함에 따라 상해를 떠나 귀국길에 오른다. 위당은 1923년 이래 연희전문에서 전임으로 재직하면서 한문학·국사학·국문학 등 국학 전반에 걸친 강의를 담당하였고 본격적인 저술활동과 함께 『동아일보』『시대일보』의 논설위원으로 활약한다. 해방 후 1947년 국학대학의 학장에 취임하였고, 1948년 대한민국이 수립되자 관기(官紀)와 사정(司正)의 중책을 지닌 초대 감찰위원장이 되었다. 그는 1950년 7월 말경 서울에서 납북되었다. 위당의 역사학에 관한 글들은 해방 이후 간행된 『조선사연구(朝鮮史硏究)』(1946)에 수록되어 전한다. 그외에 조선 양명학에 대한 체계적 기술을 담은 『양명학연론(陽明學演論)』이 있으며, 시문과 국학논고의 글들은 『담원문록(薝園文錄)』(1967)과 『담원국학산고(薝園國學散藁)』(1955)에 수록되어 있다.

2. 역사학의 체계와 역사인식

위당은 자신이 국사에 관심을 갖게 된 데 대해 해방 이후에 나온 『조선사연구』 부언(附言)에 다음과 같이 말하였다. "나는 국사를 연구하던 사람이 아니다. 어렸을 때부터 내 본생선인(本生先人)이 늘 말씀하기를 '너, 우리나라 사책(史冊) 좀 보아두어라. 남의 것은 공부하면서 내 일은 너무들 모르더라'고 하였건만, 딴 노릇에 팔려 많은 세월을 녹였다. 그러다가 어느 해인가 일인들이 『조선고적도보(朝鮮古蹟圖譜)』란 첫 책을 낸 것을 보니, 그 속장 이삼엽(二三葉)을 넘기기 전에 벌써 '분'한 마디가 나타나므로 '이것 그냥 내버려둘 수 없구나' 하였고, … 일본학자들의 조선사에 대한 고증이 저희 총독정책과 얼마나 긴밀한 관계가 있는 것을 더욱 깊이 알아 '언제든지 깡그리 부숴버리리라' 하였다. 그 뒤 신단재(申丹齋)의 『조선사연구초(朝鮮史硏究草)』가 들어와 그 안식(眼識)을 탄복하는 일면에 … 갈수록 민족적 정신이 여러가지로 흐려지는데다가 전(前)으로는 오래 내려오던 선민(先民)의 방향(芳香)이 끊인 지 오래요, 후(後)로는 자기를 모르는 분들이 적의 춤에 마주 장구를 쳐 마음속 영토나마 나날이 말려들어가는 때다. 비리비리한 한인(恨人)의 고분(孤憤)을 무엇으로 헤칠 길이 없었다."

이렇듯 위당의 한국사 연구의 계기와 지향점은 일제 식민사관에 대한 철저한 대응과 일제의 논리에 부응해간 일부 실증주의사관의 시정 및 민족주의사관의 계승에 있었다. 이의 연장으로 위당은 "사람의 고도리는 얼이다. 얼이 빠져버렸을진대 그 사람은 꺼풀 사람이다"라고 하여 정신사관으로서의 '얼'을 강조하였다. '얼'은 인간존재의 핵이며 '자성(自性)'이자 불사불멸(不死不滅)의 존재일 뿐 아니라 끊임없이 활동하는 것으로서 역사의 원동력이 된다고 했다. 따라서 역사연구의 궁극의 목적은 이 '얼'을 추색(追索)하는 데 있다고 규정하였다. 또한 그의 '얼'사관은 "우리를 구각(軀殼)에서만 찾는지라 고인(古人)이 우리가 아니요 우리가 고인이 아니지, 한번 그 '얼'에 들어가 생각하여보면 우리의 고인이 곧 우리다"라고 하여 역사를 단지 과거의 일로서만 취급하는 것이 아니라 '얼'을 통해 현재 속에서 과거를 느끼고 과거 속에서 현재를 인식해야 한다고 말한다. 그리고 '얼'은 불가탈(不可奪)의 것이며 어느 민족이나 지닐 수 있는 보편성에 비추어볼 때 언젠가는 되찾고 회복시킬 수 있음을 강조하였다. 위당은 외형적인 것을 모두 빼앗긴 조선민들에게 민족의 '얼'의 확립을 통해 독립 또한 이루어낼 수 있다는 신념을 강하게 불어넣으려 한 것이다. 위당의 '얼'사관은 앞선 초기 민족주의 사학자의 일군에서 보이는 정신사관의 면모가 상당부분 반영되어 있다. 그러나 한편으로 1930년대의 상황에서 우리 역사학이 지향해야 할 방향과 역사가의 역사의식 및 사명감을 다시 한번 추슬러준 것이었다.

위당의 역사학 연구는 대체로 조선후기를 중심으로 하는 근세 학술사와 고대사에 집중되어 있다. 오늘날 우리가 인식하는 조선후기 실학에 대해 실질 내용의 주추를 세우고 틀을 잡은 학자가 바로 위당이었다. 당시 위당은 조선후기 실학파 학자들의 학풍 발굴 및 소개 작업을 대대적으로 전개하였다. 『성호사설(星湖僿說)』을 교열하고(1929), 서(序)에서 조선학술사를 개관하면서 성호학파, 소론(少論) 학풍의 흐름을 주목하였으며, 아울러 경세학에 있어 기존 학풍과 대비되는 유형원(柳馨遠)·이익(李瀷)·정약용(丁若鏞)에 이르는 별도의 흐름이 있음을 지적하였다. 또한 그는 『조선고전해제(朝鮮古典解題)』(1931)를 간행하여 조선후기 학술사를 이해하는 데 필수적인 저술들을 소개하였다. 이를 전후하여 신경준(申景濬)의 『여암전서(旅菴全書)』, 홍대용(洪大容)의 『담헌서(湛軒書)』, 김정희(金正喜)의 『완당집(阮堂集)』 등에 서문을 붙이고 간행에 간여하였다. 위당은 조선후기의 신학풍을 실학이라 규정짓고 그 내용을 체계화하는 작업을 전개했다. 위당은 『성호사설』의 서에서 조선후기 실학의 특징을 '의독구실지학(依獨求實之學)'이라 하였고, 아울러 "학술의 이(理)는 허조(虛造)할 수 없는 것으로 반드시 실(實)에 의지해야 하며 실은 범류(汎類)할 수 없는 것으로 독(獨)에서 구해야 한다. 독이면 실이 되고 실이면 이를 얻을 수 있다" 하여 조선후기의 신학풍에 대해 '의독구실' 즉 독의 표현인 주조선(主朝鮮)과 실의 표현인 징실구시(徵實求是)라는 척도로 파악하고자 했다. 한편 위당은 징실구시라고 표현하면서도 실학이라는 용어를 남용하지 않았는데, 이는 실사구시(實事求是)라는 말이 가진 협의의 고증학풍의 특징 혹은 실학의 전통적인 어의(語意)인 수기치인(修己治人)의 유학과 혼동을 피하기 위함이었다. 위당은 실학파의 계보에 대해 유형원─이익─정상기(鄭尙驥) 등의 계열, 김육(金堉)─이이명(李頤命)─김만중(金萬重)─홍대용 등의 계열, 그리고 장유(張維)─최명길(崔鳴吉)─정제두(鄭齊斗) 등의 계열로 구분하였다. 그러나 위당은 실학파가 어느 특정학파 중심이 아님을 "삼계(三系)의 추향(趨向)이 거의 일 선생의 지수(指授)인 것 같음은 당시 조선인의 절지(切至)한 고민에 대한 성오(省悟)가 피차 서로 다를 리 없기 때문이다"라고 설명하였다.

위당은 1934년 다산(茶山) 서거 99년제를 맞아 안재홍과 더불어 교열한 『여유당전서(與猶堂全書)』의 간행을 계기로 본격적인 조선학운동을 전개하였고 자신도 다수의 정약용 관계 글들을 발표하였다. 조선학운동은 1930년대 초의 사상적 대립 속에서 비타협적 민족주의자들이 결집하여 전개한 문화운동이었다. 조선학은 특히 '문화적 특수경향'의 탐구와 이의 학문적 체계화를 목표로 한 것으로 일제 식민사관에 대한 문화적 대응인 동시에 계급론적 관점에 대한 대책이기도 했다. 1934년, 35년에 걸쳐 언론기관들은 학술강연회를 개최하고 상당량에 달하는 소개·논평의 글을 실어 조선후기 실학을 집중적으로 조명하였다. 이때 조선학이라는 용어의 사용과 함께 조선학을 어떻게 정의할 것인가에 대한 검토가 있었다. 참여한 학자들의 정치・사회적인 견해가 다양하게 표출되는 가운데 조선학의 연원으로 유형원・이익・정약용 등의 학문세계를 주목하고 이를 연결시키려는 지적들이 있었다. 그러한 예는 안재홍(安在鴻)・백남운(白南雲) 등에서도 엿볼 수 있지만 특히 위당의 경우 「다산선생의 일생」에서 "조선근세의 학술사를 종합하여 보면 반계(磻溪)가 일조(一祖)요 성호가 이조(二祖)요 다산이 삼조(三祖)"라고 계통을 밝혀 '조선 고유의 자아관의 확립'을 위한 조선학의 학문적 토대가 실학에서 기인할 수 있음을 구체적으로 지적하였다.

위당은 조선후기 양명학이 기존 신분질서를 부정하고 '지행합일(知行合一)'을 통한 실천적인 측면이 있었음을 강조하였다. 아울러 양명학 계열의 학자들이 중요한 정책론이나 과학・기술 등의 분야에서 비범한 성과를 도출한 사실을 지적하였다. 양명학에 대한 위당의 관심은 정주(程朱) 중심의 전통적 학문이 지니는 폐단을 직시한 데에서 비롯되었다. 『양명학연론』 서두에서, "오호라, 과거 수백년간 조선의 역사는 실로 '허(虛)와 가(假)'로서의 연출한 자취이어라"라고 전제하면서, 그 연유를 조선의 유학에 두고 있다. 따라서 그가 '실(實)'과 '진(眞)'을 추색하기 위해 실학과 더불어 양명학에 학문적인 매력을 느꼈던 것으로 보인다. 이러한 위당의 사상이 형성된 것은 전통학문에 기반을 둔 그의 학문적 배경에서 볼 때 쉽게 예측될 수 있는 부분이다. 위당은 급변하는 현실과 사회가 요구하는 역사적 과제에 나름대로 대응하는 모습을 이상의 사상적 편력을 통해 여실히 보여주고 있는 것이다.

다음으로 위당은 한국고대사 관계 연구를 통해 역사학자로서의 면모를 드러냈다. 이와 관련된 대표적인 업적으로는 『조선사연구』 상・하 두 권을 들 수 있다. 이는 위당이 1935년 1월 1일부터 1936년 8월 28일까지 『동아일보』에 연재한 부분을 해방 이후 간행한 것이다. "오천년을 내려꿰는 대저(大著)를 내어볼 작정을 하고 「오천년간 조선의 얼」이라는 제목을 걸었다"라는 기술을 보면 위당은 본래는 우리나라 전(全)역사를 다룰 예정이었던 것 같다. 그러나 『동아일보』의 정간으로 그 뜻을 이루지 못하고 단지 시조 단군에서 삼국 성장과정까지의 고대사 관계 사실만을 다루고 있다.

여기에서 위당은 첫째 단군은 조선의 시조이며 신이 아니고 인간임을 설명하고, 단군신화의 사실적인 측면을 강조하였다. 이어 고조선은 다수의 소국을 포함한 대통일국가이며 지금의 조선 이외에 개원(開原) 북쪽, 흥경(興京) 동쪽으로 길림·봉천 내지 흑룡강성까지 그 영역이 펼쳐져 있었다고 주장하였다. 둘째, 한사군(漢四郡)의 영역을 요하(遼河)에서 난하(灤河)에 펼쳐지는 발해만(渤海灣)의 광역에 비정하여 식민사관의 논리를 전면적으로 부정하였다. 위당은 한사군에 대해 "고정 확립된 군현이 아니라 진퇴(進退)가 무상(無常)한 일시적 점거일 뿐"이라고 했다. 이에 따라 한의 세력에 대한 이쪽의 저항이 어우러져 일종의 전쟁이 전개된 것이라 하여 명칭 또한 '한사군역(役)'이라 하였다. 위당은 한사군이 고조선의 일부인 위씨조선(衛氏朝鮮)의 영역에 건립된 것인데 진번(眞蕃)은 압록강 부근이 아닌 요서의 대릉하(大凌河) 부근이며, 임둔(臨屯)은 소자하(消子河)가 중심이고, 현도(玄菟)는 요동의 혼하(渾河)이며, 낙랑(樂浪)은 요동 패수(浿水) 동쪽 험독(險瀆)이라고 비정하였다. 아울러 한군(漢郡) 낙랑과는 별도로 평안도 낙랑국설을 제시하여 한군의 경계가 압록강 이동으로 침입한 적이 없었음을 논증하였다. 셋째, 백제의 요서 경략설(經略說)을 제시하였다. 백제가 고이왕(古爾王) 13년 이래 요하 부근에 대한 해상 경략을 시작으로 비류왕(比流王)대에 이르러 요서지역 내 유성(柳城)과 북평(北平) 사이를 차지했고, 그 지역에 '진평군(晋平郡)'을 설치하고 활발하게 대외무역을 전개했다고 주장하였다. 넷째 소위 '임나도독부(任那都督府)'의 허구성을 지적하였다. 위당은 임나의 위치에 대해 하나는 『삼국사기(三國史記)』 지리지(地理志)의 대가야국(지금의 고령)으로 추정하고 다른 하나는 합천의 옛 명칭이 대량주(大良州) 혹은 대야주(大耶州)인데 대가야의 일부 세력이 소멸 직전 신라로 먼저 들어와 '임나'의 옛 지명을 드러내고자 한 것으로 추정했다. 다섯째 삼국의 동원성(同源性)과 공통성을 강조하고 특히 삼국의 대외항쟁을 중시하였으며 삼국 각자의 역할이 민족 전체를 보존케 했다고 논하였다.

아울러 위당의 고대사에 대한 시각은 「광개토경평안호태왕릉비문석략(廣開土境平安好太王陵碑文釋略)」에서도 나타난다. 위당은 비문 전체를 서(序)와 기(記)로 구분하였는데, 이중 기에 해당하는 제1면 7, 8행의 비려

(碑麗)의 정벌 내용, 제2면 5행의 백제토벌, 제3면 4행의 왜(倭)를 파(破)한 내용을 중심으로 언급한 데에서 '석략'이라 하였다. 일장기말소사건으로 인해 1936년 8월 26일자로 『동아일보』가 정간되자, 281회째 계속되던 「오천년간 조선의 얼」은 '고구려패업과 영락대왕'의 16회 연재분에서 중단된다. 이 「석략」은 『동아일보』의 돌연한 정간으로 못다 한 후속 이야기를 남이 알아보기 힘든 고문체 한문으로 요약한 것이었다. 특히 위당이 삼국과 왜의 역학관계에 주력한 이유는 당시 절박한 현실과의 대비를 도모한 데 있었다. 위당은 제2면의 44자의 부분 중 '신민(臣民)으로 삼았다'의 주어는 왜가 아닌 백제였음을 주장하였고 '백잔연침신라(百殘聯侵新羅)'라 하여 치밀한 증명과정을 통해 연·침·신 3자를 보전(補塡)함으로써 일제가 한반도 침략의 역사적 전거를 확보하기 위해 제시했던 논리를 정면으로 반박하는 계기가 되었다.

3. 사학사적 의의

위당은 역사학자로서뿐 아니라 조선학을 제창한 국학자이자 한문학자 그리고 사상가로서 평가된다. 또한 문헌분석·자료학 등 역사보조작업의 분야에서도 공헌이 컸다. 위당은 과거 유교사관의 문제점은 물론 일제 관학자들의 근대사학의 오류까지도 냉철히 비판하였다. 1930년대 '얼'을 만회(挽回) 고심(顧尋)하는 작업의 하나로 제시한 그의 고대사 연구는 종래 유교사가들이 가졌던 반도중심적·편년체적 인식을 거부하였다. 먼저 위당은 중국사서의 이용에 따른 문제와 함께 『삼국사기』 이래 전개된 유교사관(화이사관)의 문제점을 들어 "학자가 아안(我眼)으로 아시(我視)하지 못함"을 경계하고자 했고 무엇보다 치밀하고 엄정한 사료비판이 수반되어야 함을 강조하였다. 이를 바탕으로 앞선 민족주의 역사학자들의 고대상(像)의 가설들을 계승하고 충실하게 입증하여, 궁극적으로 일제 식민사관의 위증적 역사지리 연구에 대해 강력히 대항하고자 했다. 특히 구체적인 사례의 제시를 통해 일제 식민사관의 한국사 타율성론의 핵심인 한사군(낙랑)과 임나일본부 문제를 정면으로 반박하였다. 다음으로 위당은 한문학과 고전에 대한 깊은 조예를 바탕으로 실학과 양명학 등 근세 학술사의 체계를 정립하는 데 주된 관심을 기울였다. 그가 조선후기 실학파의 계보를 세 계열로 정리하고 해당 학자들의 연구를 발굴・소개함으로써 당대인 1930년대 조선학의 학문적 연원을 해명했음은 물론 해방 이후 남북 학계의 실학연구 방법론에서 효시가 되었던 것이다.

반면 위당이 고대사의 여러 문제를 해명하기 위해 수행한 고증이 강렬한 주관적 신념을 수반함으로써 다소 무리한 부분이 나타나고, 이에 따라 다분히 교설적일 뿐 아니라 사료해석과 언어해석 상의 독단성이 두드러진다는 지적이 있다. 그런데 이 점은 앞선 1910, 20년대 초기 저항민족주의 단계의 사학자군에서 보이는 문제점이기도 했다. 이와 관련하여 위당의 사학이 단재사학의 확충, 전개라는 제한된 평가가 내려지기도 한다. 사실 위당은 단재에 대해 "세상이 다 아는 명실상부한 거벽(巨擘)"이라 칭송하였고 자신의 역사인식을 계발시켜준 장본인이라고 말하였다. 또한 단군으로부터 시작된 한민족의 역사무대를 한반도보다는 만주와 요하 방면에 역점을 둠으로써 상고사상의 여러 종족이 한반도와 만주에 분포하게 되는 줄거리를 설정한 데서 그 인식체계의 유사점을 볼 수 있다. 그런데 위당이 계승하려 했던 것은 단재의 뛰어난 역사인식과 학자적 자세이며 자기자신의 생활신조를 전이시킬 인물로서의 면모였다. 당시 위당은 단재에 대해 "주어진 기록의 해석에만 몰두하지 않고 눈을 상하사방으로 돌려 사실을 규명하는 열쇠를 찾으려 한 사가(史家)" 그리고 "역사인식의 변화에 따라 과거 사실의 해석을 매일 다르게 또한 다양하게 해석했던 학자"로서 규정하며 객관적으로 평가하려 노력했던 모습이 나타난다. 위당의 경우 단재와 달리 국내에서 교단을 지키며 저술활동에만 참여했는데, 그로 인해 관련 중국사료의 열람이나 유적지 답사 등 연구여건이 미비했으며 서술 공간이 상대적으로 제약되었음을 아울러 지적하지 않을 수 없다. 한편 1930, 40년대의 상황하에서 적극적으로 사회・정치활동에 투신했던 다른 인물들과 달리 위당의 경우 다양한 현실대응의 모습과 사상적 편력이 크게 두드러지지 않았다. 이를 두고 전통학문을 바탕으로 했던 위당의 소극적인 성향과 함께 그와

절친했던 육당 최남선의 일제에 대한 투항 사례에서 보듯 당시의 절박한 상황과 처지의 불우성이 지적되기도 한다.

중요한 것은 1930년대 중반 일제의 사상적 통제가 극심한 가운데에서도 일제 식민사관에 정면 대응하는 역사인식을 강렬히 표출하였던 점이다. 위당은 사회적으로 본의의 표출이 용납되지 않은 상황에서 논증을 위해 문체와 서식을 철저히 한문의 예로써 틀을 잡았는데, 이는 세밀한 학자로서 커다란 갈등 없이 선택한 방안이었다고 여겨진다. 그러나 당대에 일제 식민사관의 위증적 한국사관이 횡행하고 실증주의사관을 표방하는 한국인 연구자의 일부가 일제의 연구와 동궤의 동향을 드러낼 즈음에 위당의 연구경향은 이에 뚜렷이 대비되었다. 특히 저술과 강의를 통해 만주 일대를 우리 역사의 영역으로 비정한 사관을 후학들에게 적극 전수하려 했던 점을 주목할 필요가 있다. 이로 인해 문·사·철의 각 부분을 두루 겸비한 위당의 학문적 체계는 해방 이후 관련학계에 상당부분 전달되어 음미될 수 있었다. 해방 이후 비과학적이고 국수적이라고 규정되어 재해석이 기피되었던 고대사 분야에서 단재와 함께 그가 제기한 가설적 문제들이 점차 문헌의 종합적 연구와 고고학적 유물의 뒷받침을 통해 직·간접적으로 검증되고 일정부분 수용되고 있는 점이 주목된다. 가령 상고시대 한민족과 중국 기록의 동이(東夷)와의 비교 문제, 북삼한(北三韓)과 남삼한(南三韓)의 문제, 광개토왕비의 문제 등을 들 수 있다. 그중 위당의 광개토왕비문 연구는 남·북한, 중국, 일본 간의 광개토왕비문의 해석을 둘러싼 논쟁에서도 뚜렷한 위치를 확보하고 있다.

민족주의사학의 학풍과도 관련된 것이나 위당은 "민족의 성쇠존망(盛衰存亡)의 원인이 각 개인의 가장 징밀(徵密)한 자리에서 추진된다"라고 하여 지나치게 관념적인 정신사관의 면모를 노출하고 있다. 아울러 역사인식에 있어 허(虛)·가(假)와 진(眞)·실(實) 그리고 자심(自心)·실심(實心)과 타심(他心)·무실(無實)의 대비 등 극도의 이분법적 사유의 논리를 제시한다. 그러나 그는 역사연구의 최대 목표를 일관되게 '얼'과 같은 민족정신의 유지에 두었고, 그가 행한 서양학문과 유학에 대한 비판도 자심과 실심에 의해 여과하지 않은 채 무비판적으로 수용하는 교조주의적 태도에 대한 비판으로 보인다. 따라서 그는 실학과 양명학의 실천적·발전적 측면의 계승을 염두에 두었고, 그러한 노력이 근세 학술사에 대한 괄목할 만한 연구성과로 나타났다. 이를 통해 조선 고유사상의 내적 전화를 모색했던 위당의 고심을 엿볼 수 있다.

위당의 역사방법론의 전체계가 알려지지 않았으나 우리는 그가 국내 민족주의 우파가 투항·변절하는 절망적인 상황하에서도 꿋꿋하게 학문적 업적을 유지한 채 근세 학술사와 고대사 연구에서 새로운 경지를 개척하여나간 사실을 인정하게 된다. 그의 학문적 논고에 대해서는 객관적으로 진위를 밝히고 올바른 비판을 가한 후 이를 발전적으로 계승하는 것이 중요하다고 본다. 아울러 현재성에 투철했던 그의 역사인식을 역사의 시대성을 무시한 채 오늘의 역사인식과 이론적 수준에 따라 획일적으로 평가하는 점은 경계해야 할 것이다. 〔吳永敎〕

□ 참고문헌

『薝園鄭寅普全集』 1~6, 연세대학교출판부 1983.

洪以燮, 「鄭寅普論」, 『韓國史의 方法』, 탐구당 1962.

閔泳珪, 「爲堂 鄭寅普선생의 行狀에 나타난 몇가지 문제: 實學原始」, 『동방학지』 13, 1972.

閔泳珪, 「鄭薝園廣開土境平安好太王陵碑文釋略校錄幷序」, 『동방학지』 46·47·48 합집, 1985.

陳英一, 「爲堂 鄭寅普의 史學思想」, 『논문집』 21, 공주교대 1985.

陳英一, 「爲堂 鄭寅普의 古代史 認識」, 『공주교대논총』 22권 1호, 1986.

千寬宇, 「鄭寅普의 史學」, 『韓國近代史散策』, 정음문화사 1986.

河炫綱, 「爲堂 鄭寅普」, 『계간 연세 진리·자유』 창간호, 1989.

제 3 장

문 일 평

文一平 1888~1939

1. 문일평의 생애와 사상의 형성과정

호암(湖巖) 문일평(文一平)은 1888년 5월 15일 평북 의주에서 태어났으며, 본관은 남평(南平)이다. 비교적 부유한 집안에서 자랐으며, 1904년 17세가 될 때까지 고향에서 한학을 공부하였다.

1905년에 도일하여, 아오야마학원(靑山學院) 중학부와 마사노리학교(正則學校)를 거쳐 1905년 가을에는 메이지학원(明治學院) 중학부 3학년에 입학하여 1908년 이 학교를 졸업하였다. 이때는 홍명희(洪命憙)·이광수(李光洙) 등과 교유하며, 최광옥(崔光玉)·장응진(張膺震) 등 유력한 자강운동가들의 영향 아래 있었던 시기였다.

마사노리학교와 메이지학원에 다니던 3년 남짓한 기간은 그의 사상 형성과정에서 매우 중요한 전기가 되었다. 그는 이때 관서출신 유학생들의 자강운동 단체였던 태극학회(太極學會)에 평의원과 총무원 등의 자격으로 참여해 활동하였으며, 학회의 기관지인 『태극학보』의 편찬원으로도 참여하여 계몽적인 논설들을 기고했다.

이때 기고한 글은 6편이 남아 있는데, 이 가운데는 자유·진보·문명 등에 관한 계몽적인 논설과, 건전한 국민을 양성하기 위해 체육을 장려해야 한다는 논설이 있다. 특히 1908년에 쓴 「아국(我國) 청년의 위기」라는 논설에서는 국가의 독립을 위해서는 개인의 자주성이 필요하며, 개인의 진정한 자주를 위해서는 정신상·사상상·언론상의 자주가 필요하다고 역설하고 있다. 정신상 자주를 위해서는 "자국(自國) 국수(國粹)를 존경하며 자국 인물을 숭배하는 관념"이 필요하고, 사상상 자주를 위해서는 경영(經營) 행사(行事)에서의 독창능력 즉 "외계(外界)의 지식을 흡수 동화케 할 능력"이 필요하다고 말하고 있다. 국가의 독립을 위해 개인의 자주성을 강조하고, 개인의 진정한 자주를 위한 문화적 국수와 사상적 독창성을 강조하는 그의 사상은, 당시의 단순한 '문명개화론'을 극복하여 주권재민에 바탕을 둔 국민주권론과 국가독립론에 접근하고 있었다. 이로 볼 때 이 시기 그의 자강운동론은 이후 독특한 민족주의사관을 형성하는 데 매우 중요한 디딤돌이 되었다고 할 수 있다.

1908년 귀국한 후 1911년 다시 일본으로 건너가기까지 약 3년 미만의 기간은 교육을 통한 자강운동론의 실현 기간이었다. 평양의 대성(大成)학교, 의주의 양실(養實)학교, 서울의 경신(儆新)학교 등에서 교사생활을 하였으며, 서울에서는 최남선(崔南善)이 운영하던 광문회(光文會)에 출입하면서 상동청년회(尙洞靑年會) 토요강습소의 교사로도 일하였다. 그러나 일제에 의해 국권이 침탈되자 그는 교육에 대한 열의를 포기하고 정치학을 공부하기 위하여 다시 일본으로 건너가게 된다.

1912년 와세다(早稻田)대학 예과를 수료한 뒤에 정치학부에 입학하여 한 학기를 수강하였다. 그는 이때 정치학보다는 역사나 문학 쪽에 훨씬 관심을 많이 기울였으며, 유학생친목회의 기관지인 『학계보(學界報)』의 편집을 담당하여 창간호를 내기도 했다. 두번째의 도일 기간은 그가 역사에 관심을 기울이기 시작한 때라고 볼 수 있다. 그러나 이러한 일본에서의 생활은 1912년의 갑작스러운 상해행으로 중단되고 말았다. 일본 대학에서 정치학을 공부하는 것이 국권회복을 위해서는 쓸모가 없다는 것을 알고 대학생활을 포기했던 것이다.

그는 상해로 건너가 신규식(申圭植)의 소개로 상해의 대공화보사(大共和報社)에서 일본문의 번역을 담당하면서 신해혁명 직후의 공화주의적인 분위기로부터 많은 영향을 받았다. 또한 신규식이 1912년 5월 독립운동을 목적으로 조직한 비밀결사인 동제사(同濟社)에 가입하여 활동하였으며, 박달학원(博達學院)의 교사로도 활동하였다. 동제사는 신규식·박은식(朴殷植)·신채호(申采浩)·홍명희(洪命憙)·조소앙(趙素昻) 등이 중심적으로 활동한 단체였으며, 시민적 민족주의 사상과 대동사상(大同思想) 등을 정치사상으로 하고, 국혼(國魂)을 중시하는 민족주의 역사관과 대종교(大倧敎)의 국교적(國敎的) 신앙을 공통의 이념으로 갖고 있었다.

이때 문일평은 장자(莊子)에서 불교로 관심을 옮겨가며 다양한 학적 편력을 하였고, 김옥균(金玉均)의 피살장소인 동화양행(東和洋行)을 방문하기도 하였다. 또한 상해의 혁명당 영수 진기미(陳其美), 청년외교관인 고유균(顧維鈞) 등의 중국인사들과도 교유를 가졌다. 이 시기의 활동은 이후의 역사연구에 결정적인 영향을 끼치게 된다. 민족주의사학을 학습하고, 역사동력으로서 민중을 강조하는 사관 등이 이때에 형성되는 것이다. 또한 동제사의 외교론적 독립운동방략은 실리적 정치외교사 인식에 많은 영향을 끼친다.

그는 1918년경에 귀국하여 1919년에는 3·1운동에 참여했다. 1919년 3월 12일 「애원서(哀願書)」라는 제목의 글을 낭독하고 시위운동을 주도하여 징역 8월을 선고받고 복역한 것이다. 그는 이 「애원서」에서 민족자결주의에 기반을 두고 "조선 독립은 민족이 요구하는 정의 인도로서 대세 필연의 공리요 철칙이다"라고 주장하고 있다. 1920년 4월에는 『동아일보』 창간 기념으로 「삼각산(三角山)」이라는 한시를 기고하였는데 여기에서도 일본의 침략을 극복할 수 있다는 희망을 강하게 내비치고 있어 그가 3·1운동에 참여한 정서를 엿볼 수 있다.

복역한 뒤 생활이 어려워짐에 따라 '호구를 위하여' 중동학교, 중앙고보, 송도고보, 배재고보 등에서 역사를 가르쳤다. 생활문제로 역사연구에 필요한 자료를 대지 못하는 고민을 강의시간에 학생들에게도 이야기할 정도로 생활이 어려웠던 것으로 보인다. 그러나 이때에야 그는 본격적으로 역사연구에 전심하게 된다. 1923년 『동명』이라는 잡지에 「조선 과거의 혁명운동」이라는 논설을 기고했는데, 이 글은 과거의 혁명운동을 '계급쟁투적' 입장에서 서술하고 있어 그의 민중적 역사관이 글을 통해 드러나는 계기가 되었다.

역사연구에 관심을 가지게 됨에 따라 1925년 38세의 늦은 나이에 역사 공부를 목적으로 세번째로 일본에 건너갔다. 호구를 위한 교사생활을 청산하고 역사를 본격적으로 공부하기 위하여 노력하였음을 알 수 있다. 그러나 일본인의 식민사학적 역사관이 그를 만족시키지 못한 것은 당연한 일이었다. 그는 이번에도 채 1년이 되지 않아 귀국하고 말았다.

1927년 세번째 도일로부터의 귀국 이후 1939년 타계할 때까지의 12년 여의 기간이 사학자로서 그가 '본격적으로' 활동한 시기이다. 이 시기는 또한 그가 민족운동과 사회활동에 투신한 시기이기도 하다. 1927년 2월 창립되는 신간회에 『중외일보』기자의 자격으로 발기인으로서 참가하고 이어 간사를 맡게 된다. 또한 같은 해 8월에는 물산장려회의 이사로 선임되고, 그 기관지인 『자활(自活)』의 주필로 활동한다. 그러나 비타협적 민족주의 집단으로서 물산장려회의 활동이 이 시기에 오면 그리 활발하지 못하고, 신간회 활동에도 물산장려회 계열의 인사들이 활발하게 참여하지 않는 것으로 미루어보아, 그의 신간회 활동 참여 역시 그리 활발했던 것은 아니었던 듯하다. 그러나 이러한 민족운동에서 보여준 비타협적 측면은 그의 민족주의사학이 가지는 비타협성과 민중적 성격을 잘 말해주는 것이기도 하다.

1933년 방응모(方應謨)가 『조선일보』경영권을 인수할 때 입사하여 타계할 때까지 편집고문으로 활동하면서 사론과 논설을 정력적으로 집필하였다. 조선일보사에 안정적으로 자리를 잡으면서 역사연구에 전력할 수 있었던 것이다. 이때부터 『조선일보』에서는 그에게 지속적으로 연재지면을 제공하고 있는데 신문사에서는 발매부수의 신장을 위하여 역사관계 특집기사를 많이 게재하였다. 또한 문일평은 1934년을 전후하여 본격화하는 '조선학운동'에 참여하여 국학의 진흥에도 힘을 쏟았으며, 1934년 창립되는 '진단학회'에 참여하여 문헌고증사학적 방법론의 도입에도 관심을 기울였다.

1930년대 중반 문일평의 활동이 가지는 이러한 3중적인 측면은 그의 역사학이 하나의 독특한 경지로 나아가고 있음을 반증한다고도 하겠다. 곧 신문의 상업성과 결부된 대중적인 역사서술 체계, 조선학운동을 전후한

'조선심'의 강조, 문헌고증사학적 방법론의 도입 등이 그의 역사학 체계를 규정짓고 있었던 것이다. 그가 남긴 100편 이상의 글 가운데 90% 이상이 1927년에서 1939년 사이에 집필된 것으로, 그는 주로 신문과 잡지를 통해 대중적인 역사관계의 글들을 발표하였으며, 많은 대중강연을 통하여 한국사의 대중화에 노력했다. 특히 1933년 이후에는 모든 글이 『조선일보』와 그 자매지인 『조광』에만 발표되고 있다. 그러나 이러한 대중적인 형식의 '강제'가 그가 유달리 관심을 가지고 있던 문헌고증적인 방법론을 실제 역사연구에 적용하는 것을 가로막고 있었다는 점도 부인하기 힘들다. 그의 대표작인 「대미관계50년사」(『조선일보』 1934년, 101회 연재) 정도를 제외하면 문헌고증에 충실한 학술적인 논문은 찾아보기 힘들다.

그는 1939년 4월 52세를 일기로 타계하였다. 1939년과 1940년 사이에 조선일보사의 주선으로, 신문·잡지에 발표된 글들을 중심으로 『호암사화집』 『호암전집』(전 3권) 『소년역사독본』 등 5권의 유저가 출간되었다.

2. 문일평의 역사관

문일평이 민족주의 사학자로서 발전적인 역사관을 가장 전형적으로 보여주는 것으로 '조선심(朝鮮心)'과 '민중'의 개념을 들 수 있다.

문일평의 '조선심'은 다른 민족사학자들의 '혼'이나 '얼'이 가지는 정신주의적인 면모를 뛰어넘어 '문화주의적'인 색채를 강하게 띠는 점이 특색이다. 조선심은 조선인의 역사를 통하여 형성되는 것으로, 조선심은 또한 '조선사상'으로 구체적으로 표현된다고 한다. 이에 따라 훈민정음 즉 조선글의 발명을 '조선심'의 결정(結晶)으로 간주하고, 세종을 '조선심의 대표자'이자 '조선 사상계의 대위인'으로 부르고 있다. 다시 말하면 조선어·조선사, 순조선문학 등을 포괄하는 '조선학'은 조선글의 발명과 발달에 의하여 비로소 그 존재의 가치가 증대된 것으로, 조선글의 창정(創定)이 없었다면 조선말은 절름발이 말이 되고, 조선역사는 눈먼 역사가 되고, 조선문학은 얼빠진 문학이 되어, 조선학의 자립을 보기가 자못 어려웠을 것이라고 하여, 조선글이 조선학의 비료로서 존재의의를 지니고 있다고 보는 것이다.

이로 본다면 조선글이 발명된 조선시대 이후가 조선심이 가장 발달한 시대가 된다. 이조문명은 '이용후생(利用厚生)의 견실성'을 지닌 것이 특색으로 그 정수인 훈민정음을 만든 세종은 장차 올 민중시대에 가서도 사상계의 선도됨을 잃지 않을 것이라고 하고 있다. 이런 시각에서 문일평은 조선 후기의 실학을 조선심의 재현이라는 시각에서 높이 평가하고, 조선학의 자아확립 방법을 다산(茶山) 정약용(丁若鏞)을 비롯한 실학자들의 실사구시(實事求是) 정신에서 찾고자 하였던 것이다.

문일평은 또한 1920년대 초반 신채호가 제기한 '민중' 중심의 역사관을 역사서술에서 구체화하고자 하였다. 그는 근대에 들어 개성의 존귀에 눈을 뜨고 민족적 이해를 의식하는 데서 한걸음 나아가, 사회를 발견하게 되고 민중을 발견하게 되었다고 하면서 이를 '신세계'의 발견에 비유하고 있다. 곧 미래의 문명은 과거의 문명과 같은 소수인에 의한 '귀족문명'이 아니라, 다수인에 의한 '민중문명'의 단계로 접어들게 될 것이라고 하고 있다. 나아가 이조문명은 실용적 색채를 짙게 띠고 있으니만큼 미래의 민중문명을 암시 또는 배태한 것으로 보고, 이를 가장 잘 설명하는 것으로 훈민정음을 들고 있다. 이로써 우리 역사의 동향과 문명의 진운이 일치하고 있음을 알 수 있다고 하여, 민중이 미래의 문명을 창조하는 주체이고, 우리의 역사는 민중문명을 향하여 발전해온 역사였음을 밝히고 있는 것이다. (「史眼으로 본 조선」, 『조선일보』 1933년 연재)

이와같이 문일평은 그의 민족주의 역사관의 핵심을 이루는 '조선심'과 '민중'이라는 두 가지 개념을 가지고 독특한 '문화주의적 발전사관'을 제시하고 있다. 그에게 조선심과 민중이라는 개념은 별개의 것이 아니다. 민중은 역사를 창조하는 주체이고, 우리의 역사는 미래의 민중문명을 향하여 발전해온 역사이며, 이는 곧 조선심의 결정인 조선글의 발명에 의하여 가능해졌다는 것으로, 조선심과 민중은 우리 역사의 발전적인 측면을 설명하는 매개고리로 이어져 있는 것이다.

3. 문일평의 역사학 체계

앞서 본 바와 같이 문일평의 생애는 민족주의 역사학의 형성과 발전이라는 측면에서 크게 다음의 세 시기로 구분할 수 있다. 첫째 시기는 1905년 1차 도일로부터 1919년까지로, 이 기간에 그는 일본, 국내, 상해를 오가면서 민족주의 역사학의 기초를 다지게 된다. 일찍이 그는 문명개화론의 한계를 극복하고, 신채호·박은식 등의 민족주의 역사학을 흡수할 수 있었다.

두번째 시기는 1919년 3·1운동으로부터 1927년 신간회 활동 이전의 기간으로, 신채호의 강한 영향 아래 민족주의 역사학이 형성되는 시기이다. 특히 신채호의 「조선혁명선언」과 문일평의 「조선과거의 혁명운동」이 발표되는 시점이 모두 1923년이라는 점은 주목할 필요가 있다.

세번째의 시기는 1927년 이후 1939년 타계할 때까지의 기간으로, 그의 민족주의 역사학이 성립하는 시기이다. 그는 안재홍이나 정인보에 비하여 비교적 이른 시점인 1927년경부터 역사연구에 전념할 수 있었고, 이를 30년대 후반까지 지속시켜가게 되는 것이다.

그가 역사에 관한 글을 본격적으로 집필한 것은 비교적 짧은 기간에 지나지 않지만, 일제의 탄압과 민족운동의 환경변화에 민감하게 대응해야 했다. 세번째 시기에 집중되어 있는 그의 논설은 크게 외교사, 정치사, 문화사 및 사적(史蹟)과 자연에 관한 글 등의 네 가지로 분류할 수 있다. 인물 중심의 정치사와 문화사에 대한 관심은 지속되지만, 1934년을 전후하여 일제의 민족운동에 대한 탄압이 가중되고 합법적인 민족운동이 거의 자취를 감추는 시점이 되면, 국권의 상실을 강조하는 외교사 서술은 더이상 가능하지 않게 되었으며, 오히려 중요한 역사서술의 대상이 사적과 자연으로 옮겨가지 않을 수 없었던 것으로 보인다.

먼저 외교사에 관한 그의 논설들을 살펴보자. 이에 관한 그의 대표적인 논설은 「대미관계 50년사」이고, 그밖에 「조선인의 국제안(國際眼)」 「만주와 조선인」 「한말외교」 「서세동점(西勢東漸)의 선구」 등이 있다. 주로

1929년경부터 1933년경까지 씌어진 것으로 그 뒤로는 이러한 종류의 논설이 거의 없다.

안재홍·정인보 등 다른 민족주의 역사학자들이 고대사 연구에 치중했던 데 반해 문일평은 오히려 근대의 대외관계사를 중심으로 민족문제를 인식하고 있었다. 생존경쟁이 격심한 당시에 그는 민족 단위가 아니고서는 도저히 살 수 없기 때문에 민족적 역사가 필요하다고 하여 그의 시대에 있어 민족문제가 가지는 중요성을 간파하고 있었다. 이러한 문제인식을 바탕으로 「대미관계 50년사」에서는 미국의 대한정책의 본질을 실증적으로 파헤치고 있다. 전교(傳敎)와 이권의 획득에 노력하던 미국이 러일전쟁을 전기로 엄정중립 절대불간섭주의를 포기함으로써, 일미의 양해에 의해서 한국문제를 결말짓고 있다고 하여, 미국의 제국주의적 본질을 논파하고 있다.

나아가 조선인이 국가적으로 실패한 것은 지도자의 국제적 문맹(文盲)과 크게 관계가 있다고 하면서, "아무리 곤란한 국제정국에 있어서도 능히 실수 없이 이리저리 치를 틀어오던" 국제적 혜안(慧眼)의 중요성을 제국주의 침략과 관련시켜 이해하고 있다. 이에 따라 불완전한 신라의 통일을 소조선운동(小朝鮮運動)으로 격하하고, 고구려의 통일운동을 대조선운동(大朝鮮運動)으로 높이 평가하면서 연개소문의 개혁정책을 국제안을 갖춘 것으로 보고 있다. 특히 고려시대까지 유지되던 국제안이 조선시대부터는 무디어졌다고 파악하면서도 사대주의는 실리적 외교노선으로 높이 평가하고 있다. 또 갑신정변의 실질을 국제안이 혜명(慧明)한 일본에 의하여 이용당한 것이라고 평가하면서 일본의 침략을 지도자의 국제안의 부족과 관련시켜 이해하고 있다. 이와같이 실리적인 외교정책을 강조함으로써, 대외관계를 국제간의 아(我)와 비아(非我)의 논리로 설명하고 제국주의의 침략적 본성을 드러내고자 하였던 것이다.

다음으로 정치사에 관한 글로서는 「조선과거의 혁명운동」 「역사상의 반역아(叛逆兒)」 「한양조의 정치가 군상」 등이 있다. 그의 정치사에 대한 관심은 초지일관 지속된 것으로 보이는데, 정치사를 인물 중심으로 살피는 데 특징이 있다고 하겠다.

그러나 문일평의 정치사 연구의 가장 큰 특징은 역시 민중에 대한 강조에서 찾을 수 있다. 그는 민중의 '계급쟁투'를 역사발전의 동력으로 중요하게 여겼다. 즉 어느 국가든지 정치를 운용하는 지배계급이 부패하여 그 책임을 다하지 못할 때는 다른 새 계급이 교대하여 정치를 지배하는 것이 '혁명'인데, 혁명의 묘용(妙用)은 국력의 피폐를 건지고 사회의 정체를 막는 데 있다고 보았다. 그리고 조선의 혁명운동에는 왕위쟁탈 이외에 계급쟁투가 존재하였는데, 계급쟁투는 특권자에게 어육(魚肉)이 된 민중이 각자의 생존권을 위한 최후반항을 시도하는 것으로, 이러한 계급쟁투는 역사진화의 과정에서 반드시 경유하여야 할 일대 계단(階段)이라고 규정하고 있다.

조선의 역사에는 고려시대의 상전계급과 노예계급의 쟁투와 조선시대의 양반계급과 상민계급의 쟁투가 있었는데 그 가운데서도 '홍경래란'과 '동학란'을 "상민계급의 제1, 2차 혁명운동"이라고 하여 높이 평가하고 있다. 그러나 '동학혁명'이 실패하여 근본적 개조를 단행하지 못함으로써 양반과 상민이 공도(共倒)하고 말았다고 하여, 민중운동의 실패가 국가의 멸망을 가져온 것으로 파악하고 있다. 나아가 대외문제를 해결하는 데에서도 민중을 주체로 부상시키고자 하였다. 역사적으로 불가분의 관계를 가져왔던 만주(滿洲)가 민중이나 민족의 손에 의하여 현재에도 불가분의 새 역사로 창조되고 있다고 하여, 만주문제의 해결 역시 민중의 손에 달려 있는 것으로 파악하였던 것이다.

이러한 민중의 '계급쟁투'와 관련하여 그는 역사상의 '반역아' 연구를 강조하고 있다. 국가와 민생을 위하여 일어선 진정한 의미의 반역아일수록 그에 의하여 시대의 병폐와 사회의 결함이 그대로 폭로되기 때문에, 그를 연구하면 그 시대와 사회를 잘 알 수 있을 뿐만 아니라, 이는 그대로 한국사 창조의 일대 동력이 되어왔다고 주장하여, 민중의 계급쟁투와 반역아를 같은 틀 내에서 이해하고자 하였다. 이와같이 민중의 계급쟁투와 반역아의 연구를 강조함으로써, 사회 내부의 아와 비아의 논리로써 사회 내부의 모순관계를 드러내고, 이를 사회발전의 동력으로 이해하였던 것이다.

한편 문일평은 문화주의적 색채를 강하게 띤 연구를 해나감으로써 '문화주의적 발전사관'을 제시하고자 하였다. 이 부분에 관한 글을 가장 많이 남기고 있음은 물론이다. 문화사와 사적 및 자연에 관한 글은 「조선문화에 대한 일고찰」「세계문화의 선구」「문화적 발굴」「이조문화사의 별혈(別頁)」「근교산악사화」「고건물순례」「조선의 명산거찰」 등으로, 그가 우리 문화와 문예 전반에 관해 관심을 가지고 있었음을 알 수 있다. 이런 종류의 글들은 1933년 조선일보사 입사 이후에 주로 신문에 연재하였는데, 문화사에 대한 관심의 변용으로도 이해할 수 있을 것이다.

그는 한국사의 진행을 문화사적인 측면과 정치사적인 측면으로 나누어 파악했다. 정치사적인 측면에서는 신라의 소조선운동이 성공한 이래 계속하여 소조선으로 국한되고 말았으며, 이에 따라 왕조의 교대만 있고 계급의 교대가 없어, 국력이 피폐하고 사회가 정체한 것으로 이해하였다. 특히 조선은 소농 본위의 부락경제 상태를 벗어나지 못하였고, 상공계급 세력이 전무하여 근대조선이 신문명에 낙오하게 되었다고 하여 사회경제적으로도 정체한 사회로 이해하였다.

그러나 문화적으로는, 조선을 중심으로 볼 때 조선문화가 한 팔로 만주를 껴안고 또 한 팔로 일본을 껴안아 동방 일대에 엄연히 군림하였으나 현재는 신문화의 시련기에 있는 것으로 파악하고, 과학적 '신문화'에 조선이 양호한 성적을 낼 것인가에 조선의 운명이 달려 있다고 하였다. 또 조선심의 결정인 훈민정음이 창제된 이래 민중적인 문화가 발전해온 것으로 보고, 조선의 문화·예술·풍속 등의 발전된 면모를 보이는 데 노력하였던 것이다. 따라서 민중문화의 바탕인 조선학을 잘 발전시킴으로써 민족문화를 소생시킬 수 있을 것으로 전망하였으며, 나아가 세계문화에도 기여할 수 있을 것으로 보았다. 멀지 않은 장래에 조선까지 포함된 진정한 의미의 대세계사의 성립을 보게 되면, 세계문화를 섭취하여 조선아(朝鮮我)를 심화시키는 한편으로 조선학을 잘 만들어 세계문화에 특수한 기여를 하는 것이 우리의 임무라고 주장하고 있는 것이다.

4. 맺음말

문일평은, 비록 그가 제시한 '민중'이 역사적 내용을 명확히 지니는 것은 아니라 할지라도, 역사발전의 주체를 민중에 둠으로써 왕조중심적 역사인식을 극복했을 뿐만 아니라, 문화적인 측면에서 조선심을 강조함으로써 민족주의 역사학자들이 가지고 있었던 정신주의의 한계를 극복하고자 노력하였다. 그리고 실리 위주의 외교인식을 강조함으로써 제국주의 침략의 현실을 정확히 인식하고자 노력하였다. 나아가 근대역사학의 기본조건이라 할 수 있는 역사연구 방법론으로서의 실증에도 충실하고자 하였다.

요컨대 문일평은 민중을 역사의 주체로 하는 '문화주의적 발전사관'을 제시함으로써, 신채호가 제기한 민족주의 역사학의 여러 문제들을 진전시켜, 민중지향적인 민족주의 역사학으로 발전시켰던 것이다. 〔尹海東〕

□ 참고문헌

洪以燮, 「湖巖 文一平」, 『한국사의 방법』, 탐구당 1968.
金容燮, 「우리나라 近代歷史學의 發達」, 『문학과지성』 1971년 여름호.
李基白, 「民族主義 史學의 發展」, 『민족과 역사』, 일조각 1971.
李基白, 「湖巖 文一平과 그의 史學」, 『호암사론선』, 탐구당 1975.
李萬烈, 「民族主義史學의 韓國史認識」, 『한국근대역사학의 이해』, 문학과지성사 1981.
金光男, 「文一平의 人物論에 대하여」, 『사학연구』 36, 1983.
金光男, 「湖巖 文一平의 外交認識」, 『사학연구』 38, 1984.
姜萬吉, 「일제시대의 反植民史學論」, 『한국민족운동사론』, 한길사 1985.
文喆永, 「湖巖 文一平의 歷史認識」, 『한국학보』 46, 1987년 봄호.
韓永愚, 「民族史學의 成立과 展開」, 『국사관논총』 3, 1989.
趙東杰, 「民族史學의 分類와 性格」, 『한국민족주의의 발전과 독립운동사연구』, 지식산업사 1993.

제 4 장

안 재 홍

安在鴻 1891~1965

1. 생애와 활동

민세(民世) 안재홍(安在鴻)은 1891년 12월 30일 경기도 진위군(지금의 평택) 고덕면 두릉리에서 안윤섭(安允燮)의 8남매 중 2남으로 출생하였다. 본관은 순흥(順興)으로, 그의 집안은 '조선 농촌의 중산계급'이라고 일컬어질 정도의 경제적 여유가 있었다. 안재홍은 대원군의 문객(門客)이었던 조부의 근왕사상과, 『황성신문』『독립신문』의 독자였던 부친의 개화사상에 영향을 받아 일찍이 시국에 대한 관심을 갖게 되었다. 고향에서 한문을 수학한 민세는 17세에 평택 사립진흥의숙(私立振興義塾)을 거쳐 서울 황성기독교청년회(皇城基督敎靑年會, YMCA의 전신) 중학부에 입학하면서 신학문에 눈뜨게 되었다. 그가 황성기독교청년회 중학부에 입학한 데에는 부친의 영향이 지대했던 것으로 보인다. 그는 이곳에서 3년 동안 이상재(李商在)·남궁억(南宮檍)·윤치호(尹致昊) 등 계몽운동의 지도급 인사들로부터 신학문을 배우며 당시 유행하던 각국 흥망사(『미국독립전사』『서사건국지』『월남망국사』『이태리건국삼걸전』 등)와 양계초(梁啓超)의 저작을 탐독하였다. 또한 이때 후일 역사학자로서 싹을 틔우는 계기가 되는 신채호(申采浩)와의 만남도 이루어졌다. 신채호는 민세보다 11세 연상으로, 민세는

1913년 중국에서 다시 신채호를 만나게 되는데 이후 늘 존경하는 마음을 간직하게 되었다고 한다.

1910년 9월 일제의 조선 병탄(倂呑) 후, 부친과 스승 이상재의 권고로 일본 유학에 오른 민세는 1년간 토오꾜오 아오야마(青山)학원에서 어학을 공부하고 1911년 9월에 와세다(早稻田)대학 정경학부에 입학하였다. 민세는 1910년대 중반 일본유학생 가운데 대학본과를 졸업한 몇 안되는 인물의 하나일 정도로 학과공부를 열심히 한 사회과학도였으나, 심적으로는 미래에 대한 낭만적인 공상과 현실에 대한 참여에 더 많은 관심을 두고 있었다. 1911년 조선인유학생학우회의 조직을 주동하는 한편 중국 신해혁명(辛亥革命)이 발발하자 유학생 대표의 파견을 모의하기도 하고, 조소앙(趙素昻)과 함께 중국망명을 시도하다가 헌병대에 검거되기도 하였다. 그는 이 시절 중국이나 연해주 등 새로운 세계에 대해 많이 동경했는데, 그 동경심의 발로로 1913년 중국에서 제2차혁명이 일어나자 상해로 밀행하였다. 상해에서 혁명단체 동제사(同濟社)를 주도하고 있던 신채호·신규식·조소앙을 만나 동제사에 가담하고, 제남·천진·북경·봉천 등을 여행하였다. 그러나 이 중국여행은 민세로 하여금 낭만적인 공상을 현실적인 선택으로 전환하게 하는 계기가 되었다. 즉 경제적 토대가 없는 해외운동에 대한 기대를 버리고 국내에서 활동할 것을 결심하게 된 것이다. 그리하여 중국여행에서 돌아온 다음해인 1914년 여름, 민세는 와세다대학을 졸업하고 귀국하였다.

귀국 후 최남선(崔南善)이 경영하던 신문관(新文館)에 출입하면서 유학생 출신 등 신지식인층과 교류하며 새로운 활동을 모색하였다. 그러나 자금부족으로 뜻을 이루지 못하던 중, 1915년 중앙학교 학감, 1917년 중앙기독교청년회(황성기독교청년회 후신) 교육부 간사 등을 지내며 교육계몽활동을 시작하였다. 그리고 1915년 3월에는 '자급자작(自給自作)'을 통해 한국인 민족자본의 성장을 목표로 결성된 조선산직장려계(朝鮮産織獎勵契)에 참여했다. 이렇듯 귀국 후의 그의 활동은 한말 자강운동을 계승하며 당시 신지식층의 주류 입장이었던 실력양성운동 범주에서 전개되었다. 1919년 3·1운동이 발생하자 민세는 상해 임시정부를 지원하기 위한 국내단체 가운데 가장 먼저 창립된 대한민국 청년외교단이라는 비밀결사에 가입하여 이 단체의 총무가 되었다. 그해 11월 경상북도 경무부에 발각되어 민세는 징역 3년을 언도받고 대구형무소에서 복역하다 1922년 출옥하였다. 이 첫번째 투옥을 시작으로, 민세는 일제하에서 아홉 번에 걸쳐 7년 3개월의 옥고를 치르게 된다.

출옥 후 30대에 접어든 민세는 언론갸·민족운동가로서 만개하기 시작하였다. 1924년 잠시 『시대일보』에 몸담은 후 그해 9월부터 신석우(申錫雨)·이상재 등이 중심이 되어 인수한 『조선일보』에 주필 겸 이사로 입사하였다. 그는 이때부터 1932년 3월까지 『조선일보』를 통해 민족적이고 계몽적인 주장을 펴는 한편 일제에 비판적인 글을 발표하여 몇차례의 필화사건을 겪었다. 또한 그는 이 기간에 사회운동에도 적극 참여하여 특히 민족주의자와 사회주의자가 망라된 조직의 결성과 그 활동에 주력하였다. 1925년에는 조선사정연구회와 태평양문제연구회에 참여하였고, 1926년경에는 일제 당국과 야합한 일부 민족주의자의 '자치운동'을 저지하기 위해 비타협적인 민족주의자 및 제2차 조선공산당과 함께 민족협동전선인 신간회 결성에 주도적인 역할을 하였다. 신간회 창립 당시 그는 총무간사로 선출되고, 그가 몸담은 『조선일보』는 신간회의 기관지 역할을 하였다. 그는 1929년 12월 신간회 주최 광주학생사건 진상보고 민중대회 사건으로 구속되었다. 이 사건 이후 신간회 해소론(解消論)이 비등하여 신간회는 해체 위기에 직면하였는데, 이때 민세는 비타협적 투쟁을 전개하는 합법적인 결사운동의 필요성을 역설하며 신간회의 존속을 주장하여 반해소론의 대표적 이론가가 되었다. 그러나 당시 주·객관적인 정세로 미루어볼 때 민세의 활동은 신간회의 해소를 막기에는 역부족이었다.

1930년대는 세계사적으로나 우리 민족해방운동사에서나 하나의 분기가 된 시기인데 민세의 생애 역시 이때 시련과 함께 또다른 전환을 맞게 되었다. 세계 제국주의 열강의 블록화, 일제의 만주침략, 파시즘의 대두라는 정세변화 속에서 세계전쟁의 위기가 고조되는 한편, 국내적으로는 신간회 해소 이후 사회주의 노선과 민족주의 노선의 대립, 일제 파시즘 통치체제의 강화 등으로 민족해방운동의 조건은 더욱 악화되었다. 이러한 상황에서 민세는 신간회를 대체하는 표현단체의 재건을 시도하였지만 성사되지 못하였다. 또한 1931년 『조선일보』 사장에 취임하였으나 1932년 2월 공금유용 혐의로 구속되어 옥중에서 사장직을 사임하는 불운을 맛보게 되었다. 그는 그해 말 출옥했으나 이전과 같이 민족해방운동이나 언론활동의 일선에 설 수 없게 되었다. 그가 활동할 합법운동단체는 존재하지 않았으며 『조선일보』는 사주(社主)가 바뀌었고 일제의 탄압은 더욱 강고해졌기 때문이다.

국내에서 합법적 영역에서만 활동해왔던 민세는 이러한 상황을 민족해방운동의 정치적 실현이 어려워지는 현실로 인식하고 '차선책'으로서 문화운동, 즉 '조선학운동(朝鮮學運動)'을 새로운 목표로 설정하였다. 그리하여 민세는 1934년 위당(爲堂) 정인보(鄭寅普)와 함께 『여유당전서(與猶堂全書)』를 교열 간행하는 한편 한국고대사 연구에 몰입하였는데, 민세가 역사가로서 알려지게 되는 업적은 이 시기에 이루어졌다. 민세는 소년시절 역사가가 되기를 희망한 적이 있었는데, 1930년대의 암담한 현실은 그로 하여금 "국사를 연찬(硏鑽)하여 민족정기를 불후에 남기는 사명"을 다시 일깨웠던 것이다. 그는 이후 10년간 우리나라 고대사 연구에 몰두하였다. 그러나 1930년대 말부터 해방 직전까지도 민세는 늘 일제의 탄압 대상이었다. 일제는 중일전쟁과 태평양전쟁을 도발하고 황민화정책을 강화하면서 모든 민족적인 조직활동에 대해 철저히 탄압하였는데, 이때 이미 50대를 바라보는 민세는 일제의 패망 때까지 네 차례의 옥고를 더 치르게 되었다. 1936년과 38년에는 중국 남경에 있는 민족혁명당의 김두봉(金枓奉)에게 군관학교 학생을 소개한 혐의로, 1938년에는 흥업구락부사건으로, 1942년에는 조선어학회사건으로 구속되었다. 요컨대 민세는 일제말기 많은 명망가, 지도급 인사들이 친일·부일배로 전락한 상황에서도 끝까지 비타협적인 민족주의자로 남아 민족지도자로서 명망을 지켜나갔다.

이러한 비타협적 민족주의자로서의 명망은 해방정국의 민족국가 건설운동기에 정치가로서 다시 발휘되었다. 1944년 말부터 제2차 세계대전의 종전을 앞두고 일제는 안재홍과 여운형(呂運亨)을 조선민족운동의 대표 인물로 인정하고 종전에 따른 시국수습책을 협상하였는데, 1945년 8월 15일 일본이 항복하자 안재홍은 곧바로 여운형과 함께 조선건국준비위원회 조직에 참여하여 부위원장이 되었다. 그리고 8월 16일 민세는 '해내해외(海內海外) 삼천만 동포에게 고합니다'라는 방송을 통해 건국준비위원회의 결성 소식과 신정부 수립을 위한 구상을 연설하였다. 그러나 그의 구상은 민족주의 진영의 주도하에 국가를 건설하겠다는 것으로서 인민공화국을 구상하는 여운형의 입장과 대립하게 되어 그는 마침내 9월 4일 건국준비위원회를 탈퇴하였다. 민세는 건국준비위원회를 탈퇴한 이후 9월 24일 자유당·공화당·사회민주당·근우동맹·동지회 등 정당·사회단체를 통합하여 국민당을 조직하면서 중도 우익의 정치투쟁을 표방하였다. 그리고 그의 건국이념을 집약한 『신민족주의(新民族主義)와 신민주주의(新民主主義)』를 발표하였다. 1945년 12월 말 모스끄바 3상회의의 신탁통치안이 전해지자 민세는 이를 극력 반대하고 반탁운동을 전개하였다. 또한 한국의 즉시 독립이 어려워지고 남북분단의 가능성이 짙어지자 민세는 김규식(金奎植)과 함께 좌우합작운동에 착수하여 김규식과 함께 좌우합작위원회 우측대표로 참가하였다. 1946년 10월 임시정부 및 입법기구 구성 등 7개 원칙이 채택되어 과도입법의원이 탄생하였으나 1947년 5월 한국문제의 유엔 상정을 계기로 해산되고 말았다.

이러한 가운데 1947년 2월 민세는 미군정의 민정장관직에 취임하였는데, 미군정은 민세가 좌우익에 비교적 흠잡힐 요소가 적은 점을 들어 남한 단독정부가 수립되기까지 그에게 과도기적 임무를 맡겼던 것이다. 대한민국 수립 후 민세는 '신생활구국운동'과 1946년 창간된 『한성일보(漢城日報)』운영에 전념하다가 1950년 제2대 국회의원 선거 때 고향인 평택에서 무소속으로 출마하여 당선되었다. 그러나 한국전쟁이 일어나자 납북되었으며, 이후 북한에서 민세는 남북인사들로 조직된 평화통일추진협의회 최고위원을 지내다 1965년 평양에서 75세를 일기로 사망하였다.

2. 역사관·역사인식

안재홍의 역사인식은 한말·일제하 이래 민족운동가·정치가로서 지닌 현실인식 및 민족운동론과 밀접한 연관을 갖는다. 안재홍의 역사인식의 핵심은 그의 정치사상이기도 한 '신민족주의(新民族主義)'로 집약되며 해방 후 신민족주의사관의 대표적 이론을 구성하기도 한다. 민세가 자신의 사상을 '신민족주의'라고 명명한 것은 해방 후이지만 그 사상적 연원은 일제하부터 형성된 그의 민족관(民族觀)에서 비롯되었다. 민세의 민족관은 대내적으로는 다분히 자강론적 민족주의에 입각하여 실력과 자각을 갖춘 자본주의적 근대민족을 강조하였지만, 대외적으로는 강대국에 대항하는 약소국의 투쟁 주체로서 민족을 강조하는 것이었다. 그러나 이때 자본주의적 근대민족의 강조는 고유한 민족체가 근대적으로 성숙·발전하는 것을 의미하였다. 민세는 민족이란 "투쟁을 통하여 형성된 역사적 응결체, 즉 민족의 독립과 자유와 완전한 생존을 옹호하기 위하여 투쟁을 통하여 그 의식이 형성된 동일언어·동일혈연의 집단"이며 또한 인간의 의식적 노력의 산물인 인류역사를 추진하는 운명공동체의 기본단위라고 파악하였다. 따라서 그는 민족이나 민족의식이 단순히 자본주의시대의 역사적 산물이라고 파악하지 않았다. 민족주의란 각 시대마다 "민족자존의 생존협동체를 주도하는 이념"이라고 보았고, 해방 직후의 상황에서는 이를 '신민족주의'라고 명명하였다.

민세는 인간의 의식적 노력이 인류사회 발전의 추진력이 된다고 보고, 이로 인해 나타나는 인류의 역사를 '투쟁의 역사'라고 하였다. 그리고 투쟁은 자연을 정복하기 위한 투쟁, 종족·국가·민족간의 투쟁, 계급투쟁 등 세 가지가 있는데, 어느 투쟁에서든지 운명공동체로서 갖는 동류의식에서 비롯된, 공동의 투쟁대상을 향한 동족·동일국민·동일계급의 협동호애(協同互愛)와 단결이 필수적이라고 파악했다. 또한 투쟁으로서의 역사는 운명공동체로서의 역사와 불가분의 것이므로, 투쟁의 주체는 운명공동체인 민족이 되어야 한다고 보았다. 이러한 투쟁적 역사관은 역사를 '아(我)와 비아(非我)의 투쟁'으로 보았던 신채호의 사관으로부터 많은 영향을 받은 것으로 볼 수 있는데, 이러한 파악방식은 그가 다른 민족주의 역사학자들과 마찬가지로 민족항쟁사적인 관점에서 역사를 파악하는 근거가 되었다.

그러나 그의 신민족주의 역사관은 20세기 초 민족주의 역사가들이 민족의 고유성으로서 '한국혼' '낭가사상' 등을 전제하고 이를 절대시하던 배타적인 인식체계가 아니라 세계사적 보편성과의 병존을 강조하였다는 점에서 이론적으로 한 단계 더 진전한 것이었다. 이 점은 일찍이 1930년대 중반 '조선학운동'을 주도하면서 주장하였던 바, "민족에서 세계로, 세계로부터 민족에 —— 민세주의(民世主義)"와 같은 범주의 개념으로, 인류의 역사는 각 역사의 주체인 민족이 각기 다른 문화적 특수과정을 거치지만 세계적 보편성에 귀일하는 것이라는 일원적(一元的) 세계관에 기초를 두었다. 민세는 관념과 물질의 일원적 발전과정을 인류역사의 동인(動因)으로 파악하였는데, 이러한 일원적 사상체계는 인류역사에서 보편과 특수의 조화라는 역사관을 낳았다. 민세는 인류의 역사를 각각 절대정신의 자각 및 물질의 자기발전 과정이라고 규정한 헤겔의 관념적 변증법과 맑스·엥겔스의 유물사관을 모두 비판하면서, 물질과 정신이란 이원적인 존재는 항상 상호 작용하여 끊임없이 일원화되고 있는 것이기 때문에 인류역사도 곧 일원화의 노력의 역사라고 파악하였다. 이러한 철학적 인식의 기초는 조선적·민족적인 것을 찾는 노력이 반드시 보수반동이나 감상적 복고주의로 흐르는 것이 아니라 진보적·세계적·보편적인 것이 될 수 있다는 역사관을 낳게 되었다. 민세는 당시의 세계 문화의 특징은 국제주의를 추구하면서도 각개 민족의 민족문화를 순화·심화하는 노력이 병행되고 있으며, 이러한 세계적 추세에 따라 우리도 "민족으로 세계에, 세계로 민족에" 즉 "민족적 국제주의 —— 국제적 민족주의"로 나가야 한다고 하였다. 민족적인 것, 조선적인 것을 찾되 그것이 다시 세계적인 것, 보편적인 것과 만나야 한다는 시각에서 우리나라의 역사와 문화의 특징을 독자적으로 해석해갔다.

보편성과 특수성의 조화를 강조하는 그의 신민족주의 역사인식은 민족 내부의 사회적 모순을 해결하는 데에서도 계급적으로 극좌와 극우를 동시에 배척했다. 그는 사회혁명으로서의 계급투쟁을 인류역사의 한 구성요소로 인정하지만 민족과 계급을 중층적이고 병존적인 것으로 설정하여 양자는 민족공동체 안에서 조화되어야 한다는 논리를 제시했다. 민세는 그 이유를 수천년 동안 우리나라 역사가 지나온 특수성에 근거하여 설명하고 있다. 즉 수천년간 우리 민족은 내부적으로 계급적 대립과 차별의 청산이 필요한 시기가 많았으나 항상 주변 강대 민족의 국제적 침략으로 인해 전민족적 반항투쟁이 선결과업이었기 때문에 계급투쟁에까지 이르지 못했다는 것이다. 조선왕조 봉건정치의 붕괴도 민족 내부의 계급투쟁의 결과로 이루어진 것이 아니라 일제의 국제적 침략에 의해 패망의 형태로 이루어졌다고 보았다. 이러한 관점에서 볼 때 일제 강점하의 조선은 전민족이 피압박과 피착취로 초계급적인 몰락을 한 것이었고, 8·15해방 역시 전민족이 초계급적으로 맞이하게 된 것이었다. 따라서 일제하 민족해방운동이나 해방 후 민족국가 건설운동이나 모두 농민·노동자·지주·자본가 등 전민족이 계급관계를 지양 청산하며 모든 부문에서 균등사회를 만들어가는 객관적인 토대 위에서 전개되어야 한다고 보았다. 따라서 계급투쟁보다는 계급협조가 요구된다고 주장했다. 이것이 바로 모든 계급의 공생(共生)을 목표로 하는 '신민주주의(新民主主義)'이념이었다. 이러한 신민주주의는 극우와 극좌 모두를 배척하며 민족주의와 사회주의 이념의 적절한 조합을 통해 '중앙당(中央黨)'을 이루자는 정치노선으로 제시되었는데, 민세는 1920년대 중반 이후 이러한 자신의 사상을 '중앙당사상'이라고 즐겨 표현했다.

또한 민세는 신민주주의의 원형을 한국 고대의 민주주의 이념, 즉 '다사리주의'에서 찾았다. 민세는 '다섯'의 숫자에 대한 발음을 철학사상적으로 풀이하여 '다사리'는 '다사리=다 살린다'는 치리(治理)가 담긴 한국 고유의 민주주의 이념의 산물이라고 하였다. 고대에는 하층계급을 무시한, 공민(公民)계급에만 독점되었던 민주주의였으나 현대에는 마땅히 전민중이 향유하는 새로운 민주주의가 되어야 하는데, 이것이 곧 신민주주의라는 것이다. 따라서 자신이 주장하는 신민주주의는 서구의 민주주의나 손문(孫文)의 삼민주의, 모택동의 신민주주의와도 다르다고 주장하였다. 조선 고유의 전통에 대한 탐구가 철학사상·정치사상과 연결되어 사상가의 면모가 확립되어갔다고 할 수 있다.

그러나 안재홍의 신민족주의사관은 특수성과 보편성의 결합 논리를 강조하였지만, 시공(時空)을 초월한 민족의 고유성·특수성을 최고의 가치로 설정하여 특수성·고유성을 관념화하거나 절대화하는 한계를 갖고 있었다. 이는 일제하 민족주의 역사가들이 민족의 고유성을 정신의 문제로 파악하

던 것과 마찬가지로 민세 역시 민족의 고유성을 '민족정기'라는 관념으로
회귀시키는 결과를 낳았다. 그리고 이러한 인식은 고유한 민족정기가 형성
되어 민족성의 발휘가 최고의 수준에 달했던 고대사회를 영광스런 시대로
보고 고려·조선으로 내려오면서 퇴영의 길을 밟아왔다는 한국사상(韓國史
像)을 낳게 되었다. 국가사·민족사의 측면에서 볼 때 고대에서 근대로 오
면서 한국사가 퇴영의 길을 걸어왔다는 파악은 결과적으로 정체론적 시각
을 크게 벗어나지 못한 것이었다. 또한 문화적 특수사관에 입각하여 역사
발전의 후진성을 민족문화의 고유성으로 대치시켰지만 결국 역사발전의 후
진성을 인정하는 결론으로 귀착되어 한국사의 타율성·정체성론을 적극적
으로 극복하지 못하는 문제점을 가지고 있었다.

3. 『조선상고사감』과 고대사 인식

안재홍이 역사가로서 면모를 드러내고 역사연구를 본격화한 것은 앞에서
말한 바와 같이 1930년대 이후부터이다. 1930년 「조선상고사관견(朝鮮上古
史管見)」을 『조선일보』에 연재한 후 1934년경 '조선학운동'을 주창하면서
시작된 그의 역사연구는 주로 한국고대사 연구에 집중되었다. 그 결실이
1937년경부터 집필되고 해방 후에 간행된 『조선상고사감(朝鮮上古史鑑)』
상·하(1947·48)이다. 당초 민세는 한국고대사에 대한 개별적인 연구와 이
를 토대로 한 개설서로서 『조선통사(朝鮮通史)』의 집필을 계획했으나 통사
연구는 하지 못하고 고대사 연구에만 집중하였다. 고대가 민족의 형성과
강대함이 돋보이는 시기임에도 고대사는 일제시기 식민사학의 집중 공격으
로 역사왜곡이 가장 심했던 부분이었으므로, 그의 역사인식에서 비추어볼
때 고대는 가장 중심적인 연구대상이 되지 않을 수 없었다.

민세의 고대사 연구는 단재나 위당과 같이 비교언어학적인 방법에 기초
를 두면서도 당시 최신 인류학 이론인 모건(L. H. Morgan)의 저서 『고대사
회』의 내용을 원용하여 사회발전의 단계성을 파악하는 방식을 취하고 있었
다. 민세는 한국고대사의 발전과정을 여계(女系) 중심의 아사달(阿斯達)사

회에서 출발하여 남계(男系) 중심의 부족사회를 거쳐 부족연합국가(단군조선=부여조선), 근세류의 봉건귀족국가(삼국시대) 단계로 발전해간 것으로 보았다. 그는 비교언어학적인 방법을 통해 고대사의 각 발전단계마다 '기·지·치'계급이 수장(首長), 대인적(大人的)·족장적(族長的) 지위나 공경(公卿) 등의 위격(位格)으로 변화되어왔다고 해석하였다. 부여의 제가(諸加)·크치(仇台)·큰우커(簡位居), 고구려의 우치(乙支)·마리지(莫離支)·패치(沛者), 삼한의 한기(韓岐)·신지(臣智)·아치(邑借), 백제의 배치(百濟), 가야의 큰기(金官國) 등을 모두 기·지·치를 가리키는 위격으로 해석하였다. 특히 이러한 방법론에 입각하여 '기자(箕子)'를 고유명사로 보지 않고 '크치' 즉 대공(大公)을 가리키는 일반명사로 보아 기자조선의 성립을 '크치계급'에 의한 왕조혁명으로 해석하였다. 즉 기자를 중국 은(殷)에서 온 이주자로 보지 않고 고조선의 토착세력으로 보고 기자조선을 고조선사회의 발전단계로 파악한 것이다. 이는 오늘날 고대사 인식에서 상식화되어 있는 고조선사회에 대한 이해의 길잡이가 된 연구로서 그의 고대사 연구의 백미로 꼽히는 부분이다.

한편 민세는 고대의 종족 이름이 밝→ 발→ 배어 등으로 변하고 이것이 국명·지명·직명 등에까지 확산되어 쓰였다고 보았는데, 예컨대 백(白)·맥(貊) 등은 '밝'의 표음이고, 발(發)·불(不)·비류(沸流) 등은 '발' 또는 '불'의 표음이며, 예(濊)·부여(夫餘) 등은 '배어'의 표음이라는 것이다. 따라서 우리 민족은 예부터 '밝' '불' '배어'로 불려온 종족이며, 그들이 세운 국가는 한자로 백민국(白民國)·발국(發國)·부여국(夫餘國)·태백국(太白國)·환국(桓國)·단국(檀國) 등 다양하게 표기되었지만 모두가 같은 나라라는 것이다. 또 '밝주신'이라 불린 조선(단군조선, 부여국)은 기자조선(크치조선) 단계에서 '크치'들의 성장으로 왕조가 바뀌고 나라가 강성해졌는데, 당시 동방에는 이밖에도 대동강 유역, 송화강 유역, 요서의 의무려산(醫巫閭山), 한강 이남 지역 등에 여러 크치들의 나라가 분립하여 바야흐로 대공분립(大公分立)의 시대가 전개되었다고 보았다.

민세는 고대사 서술에서 신채호·정인보 등 민족주의 역사가들과 유사하게 한민족 전체가 혈족 및 문화적으로 단일민족임을 강조하였으며, 단군조선에서 삼국시대까지의 한국사의 대계를 고조선사회의 발전과정으로 정리하였다. 그는 『조선상고사감』에서 삼국과 가야도 함께 다루고 있는데, 삼국시대가 그 전단계와 다른 점은 '근세류의 봉건국가'를 이룬 것이라고 파악하였다. 그러나 그 민족은 모두가 밝족, 즉 부여족에서 분파하였고 정치제도나 문화는 기본적으로 부여국의 그것을 계승했으며 다같이 '밝 신도 (神道)'의 종교를 가지고 있었고, 귀족적 민주제를 시행하고 있었다. 즉 부여·고구려의 제가평의(諸加評議), 신라의 화백(和白) 등이 모두 같은 성격의 귀족민주제로서, 이는 홍익인간(弘益人間)·제세이화(濟世理化)의 건국이념을 계승한 우리 민족 고유의 만민공생사상, 즉 '다사리사상'의 출발점이 된다고 서술하였다.

특히 민세는 고대사의 계승관계를 밝족(부여족)에 의해 세워진 단군조선=부여의 혈통이 고구려로 계승된 것으로 파악하였다. 고구려는 동명왕 이전에 이미 부여국에 복속되었던 구려국(駒驪國)시대가 수세기간 있었다는 점에서 삼국 중 가장 먼저 건국된 나라이며, 동명왕의 뜻이 '새밝한' 즉 동백왕(東白王), 동부여왕(東夫餘王)의 어의라는 점 등에 비추어볼 때 고구려의 왕통은 단군의 혈통을 계승하였다는 것이다. 이러한 계승관은 신채호나 정인보의 서술방식과 같은 것으로 고구려에 대한 연구는 그 정치제도와 문화가 부여의 것을 그대로 계승하였다는 시각에서 이루어졌다. 고구려의 국가성격은 5부족 연합의 통합국가로서 처음에는 연나부(椽那部)가 왕통을 계승하다가 뒤에는 중앙부인 계루부(桂婁部)의 군장이 이를 대신하였으며, 각 부의 대가(大加)는 그 밑에 직관을 두었다고 보았다. 신라는 6부족이 연합하여 국가를 세운 것으로 처음에는 '붉의뉘(赫居世)'라고 하는 여계 중심의 신정시대(神政時代)를 열었다가 불부(梁部) 출신의 공자(公子) 발치한(海尺)이 비로소 국가를 세웠다고 보았다. 박혁거세는 인명이 아니라 신정시대를 가리키는 말이므로 신라의 건국은 『삼국사기』의 기사와 다르며 고구려·백제보다 뒤늦다고 보았다. 민세의 고대사 중 가장 늦게 씌어진 백제사는 이마니시(今西龍)를 비롯한 일본인 학자의 백제사 연구에 자극을 받고 이를 극복하기 위해 집필되었다. 백제는 국명이 아니라 부여공(夫餘公)을 의미하는 '배치'에서 유래하였고, 비류(沸流)와 온조(溫祚)가

부여의 왕손이며 신앙상으로 부여신을 제사하고 수도도 부여라 했으므로 백제는 본질적으로 부여국의 하나라고 파악하였다.

이와같이 민세의 고대사 연구는 신채호나 정인보의 발상에서 출발하였지만 고대사의 체계를 한층 더 심화하고 확대한 것이었다. 그는 인류학의 이론과 비교언어학적인 해석, 조선철학에 대한 지식, 사회경제사적인 이론 등을 이용하여 다각도의 분석을 행함으로써 한국고대사에 대해 일가를 이루었다 할 수 있는 독창성을 보여주었다. 뿐만 아니라 사회사나 사상사의 안목에서 고대사의 이해수준을 한 단계 높여놓았다. 그러나 그의 역사학에서 또하나 주목되는 것은 그의 고대사 연구가 그에 앞선 조선후기 이래 실학(實學) 시기의 고대사 이해를 참작 도입하고 있었다는 점이다. 그가 '조선학운동'을 주창하며 정인보와 함께 『여유당전서』를 교열 간행한 것은 단순한 출판작업이 아니라 학문의 계승이라는 뜻이 내포되어 있었다. 민세가 학문연구의 대상으로서 다산 정약용(丁若鏞)의 생애와 학문을 검토하고 그의 사상을 근대적인 것으로 찬양한 것은 이 때문이다. 그는 우리의 전통적 역사학의 기반 위에서 민족사의 주체적인 인식과 그 체계화를 구상하고 있었다.

4. 사학사적 의의

안재홍은 신채호·정인보류의 민족주의 역사학을 발전적으로 계승하면서, 해방 후 새로운 민족주의사학을 모색하는 단서가 된 신민족주의 역사학을 주창했다는 점에서 한국 근·현대사학사에서 중요한 의미를 갖는다. 안재홍은 사학자이면서 특히 정치가로서 '신민족주의와 신민주주의'를 제창하였고, 이러한 정치사상이 역사인식과 불가분의 관계를 맺으면서 그의 신민족주의사관을 형성하였다. 신민족주의사관은 그 자신의 독특한 민족주의·민족운동에 대한 해석과 1930년대 조선학운동을 주도하면서 축적된 사상적·실천적 경험을 학문적으로 체계화한 것이었다. 극좌와 극우를 배격하며 조선 고유의 이념을 발견하되 국수성에만 집착하지 않고 민주성·보편성을 찾아 재해석하는 신민족주의사관은 이전의 민족주의 사가와도 구별되고 1930년대 일기 시작한 맑스주의 역사가들의 세계사적 보편성 이론과도 일정한 차이가 있었다. 민족사의 고유성과 세계적 보편성의 중화(中化)·협동을 지향한 그의 역사이론은 일제하 민족주의 역사학의 발전적인 전형을 보여주었다.

안재홍의 역사학이 갖는 사학사적인 의의는 사론적인 측면에만 국한되는 것은 아니었다. 그의 역사연구의 백미는 한국고대사에 대한 심도있는 연구에 있다. 한국고대사는 한민족의 형성과 민족사의 시원을 밝히는 연구영역으로서 당시 논란이 많았던 부분이고 특히 일제 관학자들의 식민사학에 의해 왜곡이 가장 심한 부분이었다.

따라서 고대사 연구에서 일제 관학자들의 식민사학을 압도할 만한 정설의 확립이 요구되었는데, 이러한 이유에서 안재홍은 단재나 위당과 마찬가지로 고대사에 대해 깊은 관심을 나타냈다. 그의 고대사 연구는 단재나 위당이 세워놓은 우리나라 고대사의 계통을 그대로 좇으면서도 사회사적인 방법론을 도입하여 고대사의 체계를 한층 더 심화하고 구체화하는 탁월함을 보여주었다. 그는 단재나 위당처럼 비교언어학적인 방법을 통해 고대사회의 여러 문제를 해명하려 하면서도 삼국 이전의 수천년의 역사에 대해 모건의 『고대사회』의 이론을 적용하여 사회발전이라는 좀더 본질적인 성격 규명을 위해 천착함으로써 고대사 연구의 시야를 확대하는 데 독보적인 공헌을 하였다. 오늘날 고대사 인식에서 상식화되어 있는 고조선사회에 대한 이해는 그의 연구가 이룬 대표적인 성과라고 할 수 있다.

그러나 안재홍의 역사학은 특수성과 보편성의 조화에 의해 민족 고유성을 강조하면서도 결국 그 고유성을 관념화함으로써 한국사의 발전을 체계적으로 이해하는 데에 일정한 한계를 보였다. 그는 문화적으로 단일함이 형성되는 한국 고대사회의 고유 이념, 즉 '민족정기'를 시공을 초월한 보편적인 가치로 설정하여 민족성의 발휘가 최고 수준에 달했던 고대사회를 가장 영광스러운 시대로 파악하였다. 물론 이는 국가사·민족사의 차원에서 그러하다고 보는 것인데 결과적으로 고대사에서 근대로 내려오면서 한국사가 퇴영의 길을 걸어왔다는 파악은 정체론적인 시각을 크게 벗어나지 못한 것이었다. 이 점은 민족주의사관이 혈족성의 강조와 관념적인 측면을 극복하지 않고는 되풀이할 수밖에 없는 한계이기도 하였는데, 안재홍 역시 그의 선배 민족주의 사가들과 마찬가지로 민족의 고유성을 정신의 문제로 관념화함으로써 그러한 시각을 벗어나지 못하였다.

안재홍의 역사연구는 1930년대 당시 한국인 역사학계에서 크게 호응받지는 못하였다. 1934년 창설된 진단학회를 중심으로 한 역사학자들은 사관보다는 실증 자체를 중시하였기 때문에 문헌고증적 수준에서 이들의 수준에 미치지 못하는 안재홍의 고대사 연구에 그다지 관심을 보이지 않았다. 또한 새로운 방법론을 도입하여 한국사를 연구하던 맑스주의 연구자들은 부르조아 역사관·민족관을 비판하며 초월적 관념에 의한 민족발전의 특수성을 부정하였다. 이러한 1930년대 학계의 상황에서 안재홍은 일제 관학자의 식민사학과 맑스주의 역사학자들의 계급주의·국제주의를 비판하며 민족주의 관점을 견지하는 대표성을 보이고 있었다고 할 수 있다. 이러한 대표성은 해방 후 학문적 전환기에, 일제하에서는 학맥을 달리했던 손진태(孫晋泰)·이인영(李仁榮)에게 계승되어 자주적 민족국가의 수립과 민족적 자유·평등이라는 시대적 과제와 관련하여 좀더 체계화된 신민족주의 역사학을 수립하는 기초가 되었다. 〔李智媛〕

□ 참고문헌

안재홍의 주요 논저

『신민족주의와 신민주주의』, 민우사 1945.
『조선상고사감(상·하)』, 민우사 1947·48.
『한민족의 기본진로』, 민우사 1949.
『민세안재홍선집』 1~5, 지식산업사 1982~1992.

주요 연구논저

김용섭, 「우리나라 근대역사학의 발달」, 『문학과지성』 1971년 여름호.

이기백, 「신민족주의 사관론」, 『문학과지성』 1972년 가을호.

김정배, 「신민족주의사관」, 『문학과지성』 1979년 봄호.

이만열, 『한국근대역사학의 이해』, 문학과지성사 1981.

정윤재, 「안재홍의 정치사상에 관한 재검토」, 『한국현대사회사상』, 지식산업사 1984.

강만길, 「일제시기의 반식민사학론」, 『한국사학사의 연구』, 을유문화사 1985.

유병용, 「안재홍의 정치사상에 관한 재검토」, 『한국민족운동사연구』 1, 한국민족운동사연구회 1987.

한영우, 「안재홍의 신민족주의와 사학」, 『한국독립운동사연구』 1, 한국독립운동사연구소 1987.

한국역사연구회, 「한국사인식의 방법과 과제」, 『한국사강의』, 한울 1989.

조동걸, 「민족사학의 발전」, 『한민족독립운동사』 9, 국사편찬위원회 1991.

이지원, 「신민족주의사관 무엇을 계승할 것인가」, 『역사비평』 1991년 가을호.

이지원, 「일제하 안재홍의 현실인식과 민족해방운동론」, 『역사와 현실』 6, 한국역사연구회 1991.

제 5 장

백 남 운

白南雲 1894~1979

1. 생애와 활동

　백남운(白南雲)은 1894년 2월 전북 고창군 아산면 반암리에서 백낙규(白
樂奎)의 차남으로 태어났다. 집안은 대대로 주자학 연마와 예학적 생활관
을 중시한 노론 계열의 향반가였고, 그의 부친 백낙규 역시 노론 기호학파
의 학통을 이은 송병선(宋秉璿) 문하 출신의 유생이었다. 경제적으로 극히
어려운 소년기를 보낸 백남운은 부친에게서 엄격한 봉건적 주자가례(朱子
家禮)와 한학을 배우며 성장하였다. 이러한 소년기 성장 환경은 그의 성격
및 행동양식 형성에 적지 않은 영향을 주었는데, 특히 그는 봉건적 의식세
계에서나마 일제 침략을 비판적으로 인식한 부친으로부터 민족적 현실에
대한 자각과 배일의식을 체득하였다.

　백남운이 봉건적 세계관을 완전히 벗어나 근대적 세계관을 형성하게 된
것은 1912년 수원농림학교에 진학하면서였다. 수원농림학교는 일제가 식민
지 수탈농정을 추진하기 위해 설립한 관립학교였다. 그는 이곳에서 자연과
학적 소양과 자본주의 농학·경제학의 기본이론을 습득하고 농촌 현장의
실상을 생생하게 관찰하는 가운데 일제 강점 이후 모순이 더욱 심화되고
있는 조선 농업의 기본문제와 민족적 현실을 구체적으로 파악할 수 있었

다. 그가 학문에 뜻을 품은 것은 이때였다. 그는 1915년 졸업과 함께 강화 공립보통학교에 부임하여 2년간 교편생활을 하였으며, 1918년 강화삼림조합 기수(技手)로 전직되자 사직하고 그해 10월 일본유학의 길에 올랐다.

1919년 3월 백남운은 동경고등상업학교(1920년부터 동경상과대학)에 입학하였다. 6년에 걸친 이 유학기간은 그의 사상적 토대와 학문세계의 골격이 형성되는 시기였다. 당시 동경상대는 일본 경제학계의 중추를 점하는 관립 학부로서, 특히 후꾸다(福田德三)가 중심이 되어 일본 역사학파 경제학의 본산을 이루고 있었다. 또한 자유주의·민주주의 사조와 사회개조를 주장하는 이른바 '다이쇼오(大正) 민주주의운동'의 산실이기도 하였다. 그러나 백남운은 이 대학의 학풍을 자신의 학문관으로 받아들이지 않고 오히려 비판대상으로 삼았다. 그것은 치열한 학문적 편력 속에서 역사학파를 비롯한 일본 부르조아 학문이 조선에 대한 식민지 침략과 지배를 합리화하고 있다는 것을 자각하였기 때문이다. 후꾸다가 확립한 한국사회 정체성론이 그 대표적인 예였다. 반면 그는 당시 유행하기 시작한 사회주의 사상을 일제를 타파하고 민족현실을 극복할 수 있는 이념으로 수용하였다. 그리하여 유물사관을 자신의 학문관으로 정립하고, 나아가 민족적 현실의 극복에 기여할 수 있는 '조선연구'의 진흥과 '조선사회경제사'의 체계화를 필생의 실천과제·연구과제로 삼았다.

졸업과 함께 1925년 4월 연희전문 상과 교수로 부임한 백남운은 조선사 정조사연구회에 참여하여 유학 당시의 학문적 성과를 정리하는 한편 한국 경제사 연구를 본격화하였다. 민족개량주의자들의 자치운동을 비판하는 등 때로 현실운동에 대한 관심을 표명하기도 하였으나, 그는 사회활동을 극히 절제하며 자료수집과 이론탐구에 심혈을 기울였다. 특히 맑스주의 원전을 두루 섭렵하며 유물변증법과 유물사관에 대한 이해를 심화해나갔고, 이를 한국사 연구에 어떻게 적용할 것인가 하는 방법론 문제에 관해 많은 고민을 하였다. 말하자면 1920년대 후반은 그의 학문과 사상이 확립되는 시기였다. 이러한 각고의 노력 끝에 그는 1933년 『조선사회경제사(朝鮮社會經濟史)』(東京, 改造社)를 출간함으로써 한국 근대학술사·사학사의 커다란 획을 그었다. 이 책의 간행은 곧 한국 맑스주의 역사학의 성립을 의미하였다. 이어 1937년에는 역시 개조사에서 『조선봉건사회경제사(朝鮮封建社會經濟史)』 상(上)을 출간하였는데, 그의 저서가 계속 일어로 출간된 것은 조선총독부가 한글 출간을 허용하지 않았기 때문이다.

한편 만주침략 이후 일제의 수탈이 새롭게 강화되는 1930년대에 접어들자 백남운은 개인적인 연구성과를 정리하는 데 만족하지 않고 적극적으로 학술운동을 전개하였다. 그는 민족해방을 전망하는 학문적 과제로서 무엇보다 한국 강점을 합리화하고 있는 일제 관학을 타파하고 나아가 일부 민족주의 계열의 관념론적 국학연구를 극복하기 위한 새로운 '조선인식(朝鮮認識)'의 확립을 역설하였다. 즉 한국의 역사・문화・현실에 대한 주체적 인식과 그 인식방법의 과학화를 주창하며 맑스주의 이론에 입각한 '조선연구'의 진흥을 창도하였다. 또한 학계의 조직화를 모색하여 1933년 조선경제학회 결성을 주도하였고, 1936년에는 인문사회과학과 자연과학을 망라한 학술원(중앙아카데미) 창설을 제창하였다. 이러한 활동을 통해 그는 해방 이후 한국 학계를 전망할 수 있는 지도적인 인물로 부각되었다. 그러나 중일전쟁 발발 이후 민족말살을 획책하는 일제의 폭압적인 사상탄압에서 그도 역시 벗어날 수 없었다. 그리하여 그는 1938년 3월 연전 동료 이순탁(李順鐸) 등과 함께 '학내적화운동' 혐의로 서대문형무소에 수감되었다가 1940년 7월 출옥하는 고초를 당하였다.

1945년 해방이 되자 백남운은 학계 인사들과 더불어 국가건설운동에 적극 참여하였다. 그는 해방 다음날 창립된 조선학술원 위원장으로 추대되어 신국가건설을 위한 경제 및 교육정책을 마련하고 이를 미군정에 반영하는 데 진력하였다. 또한 경성대학 재건에도 참여하여 학부독립과 대학자치제의 실현을 위해 노력하였다. 그러나 이러한 문화건설운동이 큰 성과를 보지 못하고 특히 신탁통치 문제가 제기된 이후 좌우대립이 심화되자 그는 국가건설의 모든 문제가 정치적 해결에 달려 있다고 생각하여 중도좌파 정당인 조선신민당 경성특별위원회(남조선신민당) 위원장을 맡아 정치활동에 참여하였다. 그는 미・소 분할점령이란 상황에서 국가건설의 요체(要諦)는 친일파를 제외한 모든 민주세력이 민족통일전선을 결성하여 좌우연합정부를 수립하고 민주개혁을 단행하여 신민주주의 국가체제를 확립하는 데 있다고 보아 이를 이론화한 연합성 신민주주의=인민성 민주주의를 제창하였다. 그리고 그 실천활동으로서 조선인민당의 여운형(呂運亨)과 함께 좌우합작운동을 전개하였다.

그러나 그의 정치활동은 미국의 한반도정책과 좌우대립의 심화, 좌익진영 내부의 갈등 등 여러 요인에 의해 성공적이지 못하였다. 그는 오히려 극좌·극우세력 모두로부터 기회주의자라는 비판을 받고 한때 정계를 은퇴하기도 하였다. 1947년 5월 그는 여운형을 중심으로 결성된 중도좌파 정당 근로인민당의 부위원장에 추대되어 정치활동을 재개하였다. 그리고 1948년 4월 평양에서 열린 남북연석회의에 참석한 뒤 북한에 잔류하여 북한정권 수립에 가담하였다. 이후 그는 북한 교육상, 과학원 원장, 최고인민회의 의장, 조국전선 의장 등 주로 행정관료직과 원로직을 역임하다 1979년 6월 사망하였다.

2. 역사관과 역사인식

백남운은 학문의 본질을 사회적 생산관계의 반영물로 간주하여 사회현실과 독립된 순수학문의 존재를 부정하고 학문의 실천적 역할을 중시하였다. 이러한 의미에서 그는 한국사 연구의 당면목표는 민족사에 대한 자기비판을 수행하고 "미래의 우리들을 전망"할 수 있는 실천적인 역사학을 수립하는 데 있다고 주장하였다. 역사학의 실천성이란 다름아닌 제국주의의 식민지 지배에 대해 절망을 모르는 적극적인 "갱생(更生)의 길"을 발견하여 민족해방에 기여하는 것을 의미하였다. 일제 강점에 대한 확신에 찬 타파의 길이 백남운의 역사학과 직접 관련되어 있었다. 그는 이러한 자신의 역사관과 방법론을 『조선사회경제사』서론과 총결론을 통해 제시하였다. 이는 신채호(申采浩)의 『조선상고사(朝鮮上古史)』총론과 더불어 일제하 반식민주의 역사학이 도달한 가장 높은 수준의 사론(史論)이었다.

백남운의 역사학은 1920·30년대 일반화된 상식적인 한국사 인식에 대한 근본적인 비판의식으로부터 출발하고 있다. 그는 당시 일반화된 한국사 인식의 기본성격을 역사의 보편적 발전을 인정하지 않는 특수사관으로 파악하였다. 즉 역사의 우연성을 중시하고 역사의 원동력을 인간의 자유의사에서 찾는 관념론적 입장을 취하여 역사적 사실을 현상적·특수적으로 관찰한다는 것이었다. 그는 이 특수사관을 자본주의를 영원불변한 사회체제로 파악하는 부르조아 역사학의 공통된 본질로 보았다. 그리고 이러한 특수사관에 의해 식민지로 전락할 수밖에 없는 낙후되고 타율적인 민족적·문화적·경제적 특수성이 한국사의 본질로 강조되고 한국사의 보편적 발전의 결여라는 '조선관(朝鮮觀)'이 상식화되었다고 주장하였다.

백남운은 특수사관의 흐름을 크게 두 부류로 구분하여 비판하였다. 하나는 식민지 지배이데올로기로 기능하고 있는 일제 관학의 한국사 연구, 다른 하나는 일부 한국인의 한국사 연구였다. 이 가운데 백남운이 일차적인 타파대상으로 삼은 것은 일제 관학이었다. 일제 관학은 학풍에 따라 국사학파·문화사학파·역사학파 등 여러 계열로 나뉘는데, 그는 그 모두를 순수학문·실증주의라는 "사이비 합리주의"를 내세워 한국사를 인멸시키고 식민지 침략과 수탈을 합리화하고 있는 관제 특수성론으로 간주하였다. 즉 국사학파와 문화사학파는 일선동조론·만선사관·임나일본부·지나문화수입설 등을 날조하여 고대 이래의 한국사의 주체성을 부정하고 민족말살의 이데올로기를 제공한 일제 관학의 첨병이었다. 나아가 이들은 1920년대 중엽 총독부 정책으로 추진된 『조선사(朝鮮史)』 간행을 주도하면서 한국사의 타율성과 민족적 열등감을 부식(扶植)하기에 전력을 다하였다. 역사학파의 특수성론은 후꾸다가 봉건제결여론과 토지공유제론(共有制論)을 날조하여 한국사의 정체성론을 확립한 이래 더욱 발달하였다. 이를 계승한 관학자들은 1920년대 후반부터 경성제대를 거점으로 조직적인 한국사회경제사 연구를 추진하여 일제하의 한국경제를 "산업혁명의 약진"으로 예찬하고 식민지 침략을 자본주의화의 은혜로 선전하는 데 진력하였다. 그리하여 백남운은 특히 식민지미화론을 학문적으로 합리화하고 있는 이들 역사학파 비판에 더욱 많은 심혈을 기울였다.

백남운이 또하나의 비판대상으로 삼은 한국인의 역사학은 민족주의 계열, 특히 1920년대 신채호와 최남선(崔南善)의 단군조선론이었다. 이들의 단군조선론은 서로 그 내용과 의미가 다름에도 불구하고 당시 민족주의자들의 정신적 기반으로 수용되었다. 그러나 백남운은 이들의 한국사 인식을 외관적 문화양상을 기축으로 삼아 단군으로부터 한민족의 초월적 절대적인 관념을 연역하여 민족의 특수성을 강조하는 관념론적이고 국수주의적인 특수문화사라고 비판하였다. 그는 우리 민족 스스로 특수성을 강조한다면 그것은 갱생의 길이 아니라 무의식적인 노예화의 길이라 하여, 그러한 단군 인식으로는 계급·민족·국가의 본질 등을 과학적으로 이해할 수 없고 따라서 민족해방에 대한 어떠한 전망도 기대할 수 없다고 주장하였다. 그리고 그 연장에서 1930년대 전반 신채호의 한국사 인식을 계승한 안재홍(安在鴻) 등의 '조선학'에 대해서도 비판적인 입장을 견지하였다.

그리하여 백남운은 민족사의 통일적 발전과정을 밝히고 식민지 현실을 극복할 수 있는 실천적 전망을 갖기 위해서는 과학적인 역사관과 방법론에 입각한 새로운 역사학이 수립되어야 한다고 주장하였다. 그것은 유물사관 즉 사적 유물론에 입각한 맑스주의 역사학의 제창이었다. 그는 『조선사회경제사』 서론 제1장 조선경제사방법론 첫머리에서 이러한 한국사 연구의 새로운 방법을 다음과 같이 역설하였다.

조선사 연구는, 바로 과거의 역사적 사회적 발전의 변동과정을 구체적으로 현실적으로 구명하는 동시에 그 실천적 동향을 이론화하는 것을 임무로 하고 있다. 그것은 인류사회의 일반적 운동법칙으로서 사적(史的) 변증법(辨證法)에 의해 그 민족생활의 계급적 제관계와 아울러 사회체제의 역사적 변동을 구체적으로 분석하고 다시 그 법칙성을 일반적으로 추상화(抽象化)하는 것에 의해서만 가능하다.

사적 유물론의 역사이론은 주지하듯이 인간역사의 발전과정을 계급투쟁의 역사로 파악하고 계급투쟁이 필연적으로 발생하는 합법칙성을 생산력과 생산관계의 모순 및 그 변증법적 해결이라는 사회구성체(社會構成體, social formation)의 계기적 발전과정으로 설명하고 있는데, 백남운이 위에서 말한 방법론은 바로 이와같은 사적 유물론의 계급투쟁론과 사회구성체론이었다.

백남운은 사적 유물론의 역사이론만이 혼돈에 빠진 낡은 특수사관을 청산하여 새로운 '조선관'을 수립하고 나아가 민족해방의 길을 실천적으로 전망할 수 있는 유일한 과학적 방법론이라고 주장하였다. 이러한 관점에서 그는 민족생활의 발전사에서 사회구성의 토대가 되는 경제구성의 역사적 발전과정의 해명을 한국사 연구의 기본과제로 삼았다. 즉 한국민족의 사회적 존재를 규정하는 경제조직·생산관계의 내면적 구성과 모순관계, 그리고 이행과정을 상부구조와 상호 관련시켜 구체적으로 분석하고 이로부터 일원론적 법칙성을 해명하여 한국사 역시 세계사적 보편사로서 계급투쟁사였음을 밝힌다는 것이었다.

사적 유물론에 입각한 백남운의 역사인식에서 가장 두드러지게 나타나는 특징은 크게 두 가지였다. 하나는 그가 한국사의 보편적 발전, 그 발전의 내재적 필연성을 철저하게 견지한 점이었다. 그 스스로 "역사법칙의 불퇴성"이라고 표현한바, 그는 역사과학에서 유일한 특수성은 시대적 특수성뿐이라 하여 보편성을 벗어난 초시대적인 특수성은 존재할 수 없다고 확신하였다. 이는 그의 한국사 발전단계론 구성에 잘 나타나 있는데, 이 점이 그가 한국사의 타율성과 정체성, 나아가 민족적·문화적·지리적 특수성을 주장하는 각종 특수사관의 특수성론을 거부하는 인식론적 근거였고, 식민지 현실에 절망을 모르고 비타협적 자세를 취할 수 있었던 사상적 기반이었다.

다른 하나는 그의 유물론적 역사인식 저변에서 끊임없이 한국사 인식의 실천성을 추동한 민족주체적인 관점이었다. 그는 사적 유물론의 역사관과 방법론에 철저하였지만 이를 교조적으로 받아들이지 않았다. 그리하여 당시 일부 맑스주의자들이 과학이란 이름 아래 한국사 인식의 민족적 주체성을 몰각하거나 민족적인 기치(旗幟) 일체를 국수적인 것으로 매도하는 극단의 계급주의적 편향에 대해서는 반대하였다. 그가 민족주의 역사학자들을 비판한 것은 그들의 인식방법과 사상적 본질이었지 그들의 비타협적 민족의식까지 거부한 것은 아니었다. 백남운의 계급관은 민족문제의 해결을 대전제로 삼고 있었고, 이 점에서 그의 역사인식은 어느 누구보다도 민족적이었다.

3. 한국사 발전단계론의 구성

백남운의 한국사 체계는 동경상대 재학중에 구상되고 오랫동안의 이론적 검토와 자료섭렵을 통해 다듬어졌지만 그 전모는 『조선사회경제사』에서 구체화되었다. 그는 이 책 서문에서 한국의 경제적 사회구성의 발전과정을 원시공산제사회, 노예제사회(삼한~삼국시기), 아시아적 봉건제사회(삼국말기~조선시기), 이식자본주의사회(일제하) 등 크게 네 단계로 설정하였다. 그는 또한 조선후기·한말 아시아적 봉건제의 붕괴과정과 자본주의 맹아 형성 문제를 별도의 분석대상으로 설정하였고, 한국 이데올로기 발전의 총과정이라고 하는 한국사상사의 체계화도 구상하였다.

그의 첫 저서인 『조선사회경제사』는 서론 3장, 본론 3편 14장, 총결론 등으로 구성되어 있는데, 그는 여기에서 원시공산제사회 및 노예제사회를 해명하여 한국사의 기원과 그 노예제적 발전과정을 밝히고자 하였다. 그리고 전 13편 92장의 방대한 체계로 구성된 둘째 저서 『조선봉건사회경제사』 상(上)은 첫 저서의 속편으로서 신라후기에서 고려시기에 이르는 봉건제사회의 구조를 해명한 것이었다. 그가 절대주의적 봉건제로 표현한 조선시기 이후에 대한 검토는 일제 탄압에 의해 중단되었지만, 위 두 저서는 한국사회경제사에 관한 최초의 통사적 작업이었다.

(1) 원시공산제사회론

백남운은 한국사의 시원을 민족시조 단군에게서 찾는 당시의 일반적인 역사관념을 부정하고 한국사는 단군 이전의 원시씨족제사회로부터 시작된다고 주장하였다. 그는 단군신화를 농업공산사회 붕괴기 즉 최초의 계급사회 돌입기에 출현한 남계 추장세습제의 지배예속관계를 관념화한 것으로 정의하고, 모건(L. H. Morgan)·엥겔스(F. Engels)의 이론과 어의학(語義

學)적 방법을 동원하여 이 계급분열 이전에 구석기시대와 신석기시대에 걸쳐 장기간 씨족제사회가 존재했다는 것을 증명하고자 하였다. 그리고 씨족제는 신석기 말기인 B. C. 3세기경 수공업·목축업의 발달, 결정적으로는 철의 이용과 농경의 발달에 의해 원시적 부족국가, 종족노예제사회로 이행하여 삼한, 부여, 초기 고구려 등의 성립을 보게 되었다고 논하였다.

(2) 노예제사회론

백남운의 노예제사회론은 그의 발전단계론 체계에서 가장 중요한 의미를 갖는 동시에 가장 논란이 많이 되어온 부분으로, 그 주요 논지는 다음과 같다. 첫째, 원시적 부족국가는 지속적인 생산력 발달과 소유 및 계급의 분화에 따라 정복국가인 삼국으로 발전하였는데, 이들 삼국은 모두 개인적 노동노예제·생산노예제에 입각한 노예소유자 계급의 국가였다. 즉 삼국은 순장(殉葬) 발달사에 잘 나타나 있듯이 귀족·국가 소유의 노예와 노예적 존재의 빈농(下戶) 등 노예군의 노동을 가장 기본적인 생산수단으로 삼고 있던 노예제사회였다. 둘째, 삼국은 국민적 규모로 권력을 집중하여 토지국유제를 확립하고 이를 집권적 군주제 강화의 물질적 기초로 삼았다. 그러나 이 토지국유제는 군사적·정치적 의미의 명목적 국가소유화로 그 내부에 이미 토지사유제가 현실적으로 존재하였고, 생산력의 증대, 개별경영의 성장에 따른 토지사유제의 발달이 노예제국가를 해체하는 원동력이 되었다. 셋째, 삼국의 노예제국가 형성과정은 부족·종족 단위를 넘어선 민족국가의 형성과정이며, 김부식(金富軾)의 위작에도 불구하고 민족국가의 발전사는 가장 선진국인 고구려를 중심으로 전개되었다는 것 등이었다.

백남운은 이상의 논지를 실증적으로 해명함으로써 무엇보다도 한국 최초의 계급사회가 노예제사회였음을 논증하려고 하였다. 그것은 1930년대 초까지 이른바 '아시아적 생산양식론'에 입각하여 동양사회는 노예제를 거치지 않고 아시아적 봉건제사회로 직접 이행하였다는 견해가 세계적으로 일반화되어 있었기 때문이다. 그는 또한 계급국가·민족국가 성립사를 통해 국가와 민족의 계급적 본질을 드러냄으로써 국가를 초계급적인 영속적 공동체로 인식하는 자본주의 국가론과 파시즘적 국가관, 그리고 민족을 초역사적으로 관념화하여 숭배하는 국수주의 민족관 등을 비판하고자 하였다. 더불어 토지국유제론을 통해 일제 관학자들의 토지공유론의 허구를 폭로하여 정체론적 한국사 인식을 청산하고, 토지조사사업을 근대적 토지사유제의 확립으로 미화하고 있는 일제 수탈농정의 학문적 기반을 비판하고자 하였다.

(3) 아시아적 봉건제사회론

백남운은 삼국말기에서 신라통일 이후 대토지소유의 발달과 함께 봉건적 사령(私領)이 형성되면서 노예제사회는 봉건제사회로 이행하였고, 특히 고려는 농노제에 입각한 가장 전형적인 한국형 아시아적 봉건제사회였다고 파악하였다. 아시아적 봉건제사회론의 이론적 토대는 토지국유제론과 농노경제론이었다. 봉건적 토지국유제는 노예제사회의 명목적인 국가적 토지소유와 달리 최고지주인 국가가 명실공히 하이어라키(hierarchy)적 과전제(科田制)를 성립시키며 확립한 집권적 공전제(公田制)를 말하는 것으로, 그는 이것이 고려 봉건제사회에 기구적으로 관철되고 있는 모든 아시아적 속성 —— 예컨대 중앙집권적 관료봉건국가, 농노경제의 대척적(對蹠的) 구성, 조세와 지대의 일치, 권농정책의 집권화, 경제외적 강제의 아시아적 잔학성, 병농일치의 군사조직, 곡물시장의 통제, 도시의 비독립성, 삼위일체적 상업=고리대의 상호의존적 발전 등등 —— 의 물질적 기초를 이루는 것으로 파악하였다. 농노경제는 이러한 아시아적 특수성 속에 관철되고 있는 세계사적 보편성으로서, 고려의 토지소유관계는 토지국유제하에서 법제화된 관료지주군의 대토지소유제와 일반농민에 의한 예농적 소토지경작제(소농경영)가 병렬적·대척적으로 구성되어 있지만, 그 생산주체인 농민은 어느 경우도 토지에 긴박(緊縛)되어 봉건지대를 착취당하는 농노라는 것이었다. 백남운은 이와같은 봉건제사회의 존재와 그 아시아적 특수성의 실체를 이론적·실증적으로 해명하여 유럽 내지 일본형과 구별되는 아시아적 봉건제의 '조선형'을 제시함으로써 한국사의 합법칙적 발전을 논증하고 후꾸다

이래 일본 관학자들이 주장한 봉건제결여론을 타파하고자 하였다.

(4) 봉건제해체·자본주의맹아론

백남운은 한국의 아시아적 봉건제사회는 조선후기에 이르러 해체단계에 접어들었다고 보았다. 즉 이 시기에는 상품화폐경제의 성장에 따라 봉건적 수탈과 사회적 모순이 심화되면서 봉건기구가 붕괴과정을 맞게 되었고, 이는 사상계에도 반영되어 봉건적 모순에 대한 사회개혁·토지개혁을 주장하는 실학파가 등장하였다는 것이다. 따라서 실학을 집대성한 정약용(丁若鏞)의 개혁사상은 봉건사상에서 근대 자유사상으로 넘어가는 과도적인 사상체계로 평가되었다. 나아가 그는 개항 후 특히 1894년을 분기로 정치적·사회경제적 분화의 촉진, 자본주의 맹아의 성장, 자유사상의 발달, 신분해방 등에 의해 봉건제사회의 해체가 더욱 촉진되었고, 이 과정에서 신흥계급(부르조아계급)이 도시와 농촌에서 성장하는 등 내재적 자본주의화 과정이 일정하게 진전하였지만, 이러한 내재적 발전은 일제 경찰국가의 폭력성과 이식자본에 의해 철저히 억압되었다고 파악하였다. 그는 이와같이 한국의 독자적 자본주의 발전 가능성과 이에 대한 일제의 왜곡화를 주장함으로써 조선후기·한말을 정체된 사회로 부각시켜 한국 강점을 자본주의 산업혁명의 계기로 선전하는 일제 관학자들의 식민지미화론을 거부하고 그 근대화 시혜논리의 침략적 본질을 폭로하고자 하였다.

(5) 이식자본주의사회론

백남운은 이러한 전제 위에 일제 강점하 한국의 경제적 사회구성을 봉건성을 내포하면서 기구적으로 일본 자본주의와 완전히 통일된 이식자본주의사회로 파악하였다. 그는 그 사회구성 전환의 결정적 계기를 1910년 정치적 주권의 상실에서 찾고, 이에 따라 한국인 토착자본의 부르조아적 발전은 근본적인 장애에 부딪히게 되었다고 보았다. 반면 폭력적인 권력의 비호와 압도적인 자본력을 앞세운 일제 이식자본이 한국 자본주의 발전의 주체가 됨으로써 1920년대에 이르기까지 한국은 일본 자본주의의 상품시장, 원료 및 노동력 공급지로 확립되었으며, 대공황기 이후 일본 자본주의의 위기에 따라 이식자본주의는 '자력갱생' 이데올로기 아래 통제경제를 동반한 독점적 단계에 접어들었다고 주장하였다. 백남운은 이러한 이식자본주의론에 입각하여 1930년대 일제의 각종 통제경제정책의 기만성을 비판하고 민족해방의 진로를 전망하고자 하였다. 특히 그가 중시한 것은 이식자본주의체제의 성격상 당시 한국사회의 기본적인 모순구조는 민족모순과 계급모순이 일체화되어 있다는 것으로, 따라서 민족해방의 달성이 우리 민족이 당면한 일차적인 정치적 과제라고 인식하였다.

4. 사학사적 의의와 한계

백남운은 사적 유물론의 계급투쟁사론과 사회구성체론에 입각한 한국사회경제사 방법론을 처음으로 체계화함으로써 한국사 인식의 새로운 지평을 열었다. 그러한 의미에서 백남운은 맑스주의 역사학의 개척자로서 한국 근대사학사의 한 획을 그었다. 일원론적 보편성과 내재적 발전의 필연성을 철저하게 견지한 그의 역사학에 의해 비로소 한국사를 세계사적인 시야에서 합법칙적으로 인식할 수 있는 실마리가 마련되었다. 그는 사회구성의 내면적 구조와 민족생활 및 국가의 발전사를 계급론적 관점에서 분석하여 한국사 발전의 주체인 민족과 계급에 대한 과학적 인식을 가능하게 하였고, 이러한 방법론적 전환을 통해 역사인식과 민족해방을 유기적으로 관련시켜 파악할 수 있는 길을 열어 역사학의 실천성을 새로운 단계로 끌어올렸다. 이로써 백남운은 당시 영웅사관과 관념론적 신비주의에서 탈각하지 못하고 있던 민족주의 역사학의 한계를 극복하면서 반식민주의 역사학의 지반을 크게 확장하였다.

백남운 역사학의 사학사적 의의는 이러한 방법론의 차원에만 한정되는 것이 아니었다. 그의 역사학의 진면목은 전인미답(前人未踏)의 방대한 연구성과를 통해 한국사의 합법칙적 발전과 그 단계적 성격을 이론화함으로써 한국 강점을 합리화하였던 일제 관학자들의 식민주의 한국사 인식을 극복하였다는 점에 있었다. 특히 토지사유제의 전개를 내포한 토지국유제론, 농노제에 기초한 아시아적 봉건제사회론, 자본주의맹아론과 이식자본주의 사회론에 입각한 한국자본주의발달사론 등은 일제 관학자들이 끊임없이 주장한 한국사회정체성론 —— 토지공유제론·봉건제결여론·식민지미화론 등 —— 의 허구를 타파하고, 향후 한국사회경제사 연구의 이론적·실증적 토대를 마련한 중요한 학문적 성과였다. 가혹한 일제 강점하에서 이처럼 식민주의 역사학에 정면으로 도전하여 그 허구성을 극복한 역사학은 신채호 이후 처음이었다.

그러나 이러한 사학사적 의의에도 불구하고 백남운의 역사학에는 또한 적지 않은 한계가 존재하였다. 가장 큰 문제는 『조선사회경제사』에서 제시한 그의 발전단계론이 중요한 논리적 모순을 안고 있었다는 점이다. 즉 서양의 고전적 노예제사회와 거의 차이가 없는 것으로 설정된 노예제사회가 아시아적 특수성이 전면화된 아시아적 봉건제사회로 이행하였다고 하는 사회구성 이행의 논리적 모순이 그것이었다. 이 한계는 그가 아시아적 생산양식의 문제를 해결하지 못한 점과 토지국유제론을 견지한 데에 연유하였다. 당시 맑스주의자들에게 절대적인 권위를 갖고 있었던 아시아적 생산양식론은 아시아사회의 정체성을 선험적으로 인정한 서양중심적 아시아관에 기반을 둔 이론이었다. 그런데 그는 아시아적 생산양식론의 정체적 아시아관을 부정하면서도 아시아적 생산양식은 봉건제사회라는 입장에서 자신의 발전단계론을 구성하였다. 요컨대 그는 정체성의 의미를 배제한 아시아적 생산양식 개념을 상정하고 그것을 아시아적 특수성으로 인식한 것이었다.

백남운은 이러한 특수성의 실체를 토지국유제에서 찾았다. 그가 발전단계론을 처음 구성할 당시 아시아적 생산양식을 봉건제사회로 파악하는 견해의 가장 중요한 논거는 맑스가 주장한 아시아사회 토지국유론(조세=지대론)이었기 때문이다. 따라서 그는 토지국유제가 명실공히 확립되는 고려 시기를 아시아적 특수성이 현저하게 드러나는 전형적인 아시아적 봉건제사회로 파악하였던 것이다. 더욱이 이러한 발전단계론의 모순은 1930년대 후반 아시아적 생산양식=봉건제사회라는 일반적 견해가 부정되면서 한층 부각되었다. 그리하여 그는 해방 후 아시아적 생산양식을 원시사회에 계기적으로 나타나는 과도기사회로, 고전적 노예제사회는 아시아적 노예제사회로 자신의 발전단계론을 수정하지 않을 수 없었다.

백남운이 이처럼 아시아적 생산양식론에서 끝내 벗어나지 못한 것은 결국 토지국유제론을 견지한 때문이었다. 그러나 이미 오래전 실증적으로 부정된 바와 같이 백남운의 봉건적 토지국유제론과 아시아적 봉건제사회론은 한국 봉건제사회의 실상과는 거리가 있는 것이었다. 그는 봉건제사회 성립의 동력으로서 생산력 발달에 의한 토지사유제의 형성과 전개를 확인하였음에도 불구하고 그 사유제의 역사적 의의를 더이상 발전시키지 못하고 그것을 토지국유제 속에 형해화해버리고 말았다.

백남운 역사학에서 간과할 수 없는 또다른 문제는 그의 고대 계급국가 발생사론의 한계이다. 즉 그는 원시사회 해체, 노예제사회 형성의 생산력 기반을 이루는 청동기문명을 이해하지 못함으로써 한국 최초의 계급국가 성립과정을 철기문명의 형성으로 설명하는 오류를 범하였다. 그가 고조선에 대한 검토를 유보하고 삼한·고구려 등으로부터 노예제국가 형성을 설명하게 된 것이나 단군신화를 철기문명 성립기의 고구려 건국신화와 연결시킨 것 등은 모두 이에 연유하였다. 나아가 이러한 한계는 민족주의 역사학, 특히 신채호의 고대사 연구를 편협하게 이해하는 요인이 되었다.

이외에 방법론의 문제로서 원시씨족제를 해명하는 데 모건·엥겔스의 고대사회론과 언어학적 방법에 지나치게 의존한 점, 대담한 추론과 결론의 비약에 비해 자료비판이 불충분하다는 점 등도 주요 한계로 지적할 수 있다. 그러나 그 한계의 많은 부분은 사실 사적 유물론에 입각한 한국사 체계를 처음 개척하는 데 따른 시대적 제약성이었고, 따라서 그것은 그의 후학들이 해결해야 할 사학사적 과제였다. 〔方基中〕

222

□ 참고문헌

백남운의 주요 논저

『朝鮮社會經濟史』, 東京, 改造社 1933.
『朝鮮封建社會經濟史』上, 東京, 改造社 1937.
『백남운전집』(하일식 엮음), 이론과실천 1991~1993.

주요 연구논저

李辰永, 「朝鮮社會經濟史 研究의 새로운 進展」, 『學風』 2-4, 1949.
金容燮, 「日本·韓國에 있어서의 韓國史敍述」, 『歷史學報』 31, 1966.
河炫綱, 「奴隷制社會와 封建制社會는 있었는가?」, 『新東亞』 1966년 8월호.
洪以燮, 『韓國史의 方法』, 探求堂 1968.
李基白, 「社會經濟史學과 實證史學의 問題」, 『民族과 歷史』, 一潮閣 1971.
木村誠, 「朝鮮前近代의 時代區分」, 『新朝鮮史入門』, 東京, 龍溪書舍 1981.
姜萬吉, 「日帝時代의 反植民史學論」, 『韓國史學史의 研究』, 乙酉文化社 1985.
근대사연구회, 「한국근대역사학과 조선후기사연구」, 『韓國中世社會 解體期의 諸問題(上)』, 한울 1987.
鄭昌烈, 「한국에서 민중사학의 성립·전개과정」, 『한국민중론의 현단계』, 돌베개 1989.
한국역사연구회, 「한국사인식의 방법과 과제」, 『한국사강의』, 한울 1989.
방기중, 「백남운의 역사이론과 한국사인식」, 『역사비평』 1990년 여름호.
방기중, 「백남운론」, 『계간 연세 진리·자유』 5, 1990.
이준식, 「백남운의 사회인식과 맑스주의」, 『사회학연구』 6, 1990.
趙東杰, 「年譜를 통해 본 鄭寅普와 白南雲」, 『한국독립운동사연구』 5, 1991.
趙東杰, 「민족사학의 발전」, 『한민족독립운동사』 9, 국사편찬위원회 1991.
李基白, 「唯物史觀的 韓國史像」, 『現代 韓國史學과 史觀』, 一潮閣 1991.
姜晋哲, 『韓國社會의 歷史像』, 一志社 1992.
방기중, 『한국근현대사상사연구—— 1930·40년대 백남운의 학문과 정치경제사상』, 역사비평사 1992.

方基中, 「日帝下 白南雲의 韓國資本主義發達史論」, 『東方學志』 77・78・79합집, 1993.

이준식, 「백남운의 사회사 인식」, 『한국 사회사 연구의 전통』(한국사회사연구회 논문집 제40집), 문학과지성사 1993.

제 6 장

이청원 · 전석담

李淸源 ? ~ 1956   全錫淡 1916~ ?

   이청원과 전석담은 유물론 사학자들이 대개 그러하듯 역사연구를 현실변
혁의 한 방편으로 생각하였다. 그들은 학문활동을 왕성하게 전개하던 초기
부터 혁명단체에 소속되어 있었으며 모두 월북하여 북한 사학계에서 중요
한 역할을 담당하였다. 그들의 현실지향적인 연구는 사료 취급에 소홀하다
든지 하는 비판을 받기도 하였으나 그들의 연구가 갖는 선명성 · 대중성으
로 인해 영향력이 매우 컸던 것 또한 사실이다. 여기서는 이청원과 전석담
이 월북하기 이전까지의 사학의 주요 내용을 추려 정리하고자 한다.

1. 이청원의 생애와 역사인식

(1) 경   력

   이청원의 출생연대와 출생지는 불분명하며, 그의 약력 중 1930년대 초반
에 일본에서 대학을 졸업하기 이전의 것은 알려진 바 없다. 그는 일찍부터
일본에서 일본공산청년동맹 중앙부 조직책, 일본반제동맹원, 일본노동조합
전국협의회 회원 등등 사회주의자로 활동하였다. 1934년 9월경에는 일본

경시청에 검거되었으며 같은 해 12월 10일 기소보류처분을 받아 석방되었
다. 그후에도 동경의 조선유학생 140여 명을 대상으로 '조선경제의 현단계'
라는 제목으로 공개강연(1936)을 하는 등 활동을 계속하였다. 1938년 5월
부터는 도피생활에 들어가는데 그 와중에서도 와세다대학 '우리동창회'의
고준석(高峻石)·송군찬(宋君讚) 등이 펼치던 조선공산당 재건운동을 도와
그 운동방침 문건을 함께 작성하였다. 또 권태섭(權泰燮) 등과 일본공산당
재건을 목표로 동지를 규합하고 대중계몽활동을 전개했다. 1940년 5월 14
일 경시청에 의해 다시 검거되었는데, 이번에는 기소되어 동경구치소에 수
감되었다가 1941년 9월 27일 보석으로 풀려나왔다. 그러나 재판에서는 징
역 2년을 선고받고 복역하였으며 1943년경에 석방되었다.

8·15해방 후에는 장안파 조선공산당에 가담하였으며, 1945년 9월 8일
선포된 조선인민공화국의 후보중앙위원과, 1946년 2월 14일 결성된 민주주
의민족전선의 토지·농업문제 연구위원을 역임하였다. 1946년중에 월북하
여 오기섭의 후임으로 북조선임시인민위원회 선전부장, 북조선임시인민위
원회 산하 조선역사편찬위원회 위원장직을 역임하였고 그후 김일성종합대
학 역사학교수, 조선로동당 후보중앙위원 등을 역임하였다. 월북 후에도
『조선근대사』(1947) 등 왕성하게 역사관계 논저를 저술했다. 그러나 1956
년 8월의 종파사건 당시 최창익 일파로 지목되어 숙청되었다.

(2) 우리 역사에 유물사관을 적용

이청원은 일본에서 사회주의자 혁명운동을 전개하면서도 역사를 정력적
으로 연구하였다. 특히 아시아적 생산양식에 관해 1931년 레닌그라드(현재
의 쌍뜨 뻬쩨르부르그)에서 전개된 논쟁이 1934년 일본에서 재현되었을 때 이
청원도 이에 큰 관심을 갖고 이 논쟁의 주요 장의 하나였던 『유물론연구
(唯物論硏究)』에 여러 편의 글을 기고하였다. 이때 그의 관심은 세계 유물
사학 진영(혁명진영)에서 논쟁중이던 '아시아적 생산양식론'을 조선에 어떻
게 적용할 것인가 하는 것이었다. 이러한 집필활동을 통해서 그는 아시아
적 생산양식론을 깊이 이해하게 되었으며 이후 아래에서 보듯이 많은 논저

를 발표하였다.

「조선사회경제사를 읽고」, 『유물론연구』 1934년 12월호.
「아시아적 생산양식과 조선봉건사회사」, 『유물론연구』 1935년 4월호.
「조선봉건사회사」, 『유물론연구』 1935년 5월호.
「조선사회경제사연구에 관하여」, 『사회』 1935년 7월호.
「조선원시공산체연구」, 『동아』 1935년 7월호.
「아세아적 생산양식에 관하여」, 『신동아』 1935년 9월호.
「진단학보 제3권을 읽고」(전 4회), 『동아일보』 1935년 11월 9~14일자.
「조선인 사상에 있어서 아세아적 형태에 대하여」(4회), 『동아일보』 1935년 11
    월 30일~12월 5일자.
「작년중 일본학계에 나타난 조선에 관한 논저에 대하여」(4회), 『동아일보』
    1936년 1월 1~6일자.
「고전연구의 방법론」, 『조선일보』 1936년 1월 3~7일자.
「작년 조선학계의 수확과 추세 일고」, 『조선중앙일보』 1936년 1월 1~25일자.
「조선원시사회연구」, 『비판』 1936년 3월호.
「조선농업의 생산관(1)」, 『비판』 1936년 4월호.
「진단학보 제3권을 읽고」, 『진단학보』 1936년 4월호.
『조선사회사독본』, 백양사 1936.
『조선독본』, 학예사 1936.
『조선역사독본』, 백양사 1937.

이 일련의 연구의 목적이 어디에 있었는지는 1937년에 발간한 『조선역사
독본』에 잘 드러나 있다. 그는 이 책의 서문에서 세계사의 운명은 동양에
서 결정될 것이라고 단언함으로써 중국을 비롯한 일본·조선의 혁명운동의
세계사적 중요성을 피력하고 잠에서 깨어나는 동양사회의 역사에 대한 해
명의 세계사적 중요성을 밝히고 있다. 그는 서문에서 조선의 학계에서 과
학적인 방법론에 입각한 역사학이 개척되지 못한 것을 개탄하였다. 특히
정인보를 비롯하여 '조선학'을 한다는 사람들이 조선의 역사적 과정을 세계
사와는 전연 별개의 독립적인 것으로 파악하고 '얼'에 의해 이루어진 신비
적인 역사로 조작하였다고 비판함으로써 그의 일련의 집필이 민족주의·민

족개량주의 역사학에 대항한다는 의미를 분명히하고 있었다. 즉 그의 연구 목적은 이들 사가들을 비판하고 동시에 세계적으로 논의되고 있던 '과학적' 방법론, 즉 유물사관을 우리 역사에 적용해 체계화하는 데 있었다.

이 점에서 그는 1933년에 『조선사회경제사』라는 거작을 낸 백남운과 입장이 동일하다. 그러나 서문에서 백남운의 『조선사회경제사』를 과학적인 연구의 선구로 높이 평가하면서도 공식주의적이라고 비판함으로써 백남운사학에 전적으로 동의하고 있지 않음도 밝히고 있다. 특히 백남운사학이 현실운동과 접목되지 않은 아카데미즘 사학이며 한계가 많다고 보았던 것이다.

(3) 유물사관에 입각한 최초의 통사 『조선역사독본』

이청원은 아시아적 생산양식 논쟁에 참가한 이래 많은 논문과 저작을 발표하였는데 1937년에 발간된 『조선역사독본』은 그의 사학을 체계화한 압권이라 할 수 있다. 이 책의 구성은 아래와 같다.

제1편 조선의 원시사회
　　제1장 원시사회의 경제와 문화
　　제2장 원시공산체의 해체과정
제2편 노예사회의 개시와 발전
　　제3장 계급사회의 기원과 국가
　　제4장 3국쟁패시대
　　제5장 통일 후의 신라
　　제6장 고려시대
　　제7장 노예사회의 구성상태
제3편 봉건사회로서의 이조
　　제8장 봉건제도의 확립
　　제9장 이조의 사회와 경제
　　제10장 봉건사회의 종말
제4편 자본주의의 침입

제11장 자본주의 침입에 따른 사회경제상태
제5편 이식자본주의 발달의 현단계
　제12장 현단계 조선의 사회와 경제

　　위의 내용은 다음 몇가지 특징을 보이고 있다. 첫째, 이청원은 원시사
회·노예제사회·봉건제사회·자본주의사회라는 소위 5단계론을 받아들여
이북만·김광진·전석담 등 노예제결여론자들과 우리 역사에 대한 입장을
달리한 반면 백남운과 입장을 같이하고 있다.

　　둘째, 이청원은 원시공산사회가 노예제사회로 이행하는 과정에서 완전히
해체되지 않고 노예제사회 내에 아주 오랫동안 잔존함으로써 아시아적 특
성을 드러내고 있다고 보았다. 그는 우리나라에서 고대노예사회는 고구려
의 경우 397년, 백제는 408년, 신라는 503년 등 4세기 말에서 6세기 초에
걸쳐 형성된 것으로 보고 있는데, 이 노예제사회는 씨족제도가 완강하게
존재하는 사회였다는 것이다. 그는 노예제국가의 성립에 의해서 씨족원은
그 정치권력을 국가에 바치고 의무만 지게 되었으며 또 종족재산은 알게
모르게 국가의 소유로 변경되어 노예제사회 내부의 원시공산사회의 영향은
점차 감소되어갔다고 주장하였다.

　　셋째, 그는 고려사회를 노예제사회로 파악하였다. 노예제사회 내에서 원
시공산사회의 영향이 완전히 소멸되는 시점은 고려의 성립 때였으며 고려
사회는 노예제사회였다는 것이다. 그의 고려 노예제사회론은 비판대상이
되었는데, 그는 이듬해인 1938년 「조선에 있어서 봉건적 구성의 성립과정
—— 고려의 사회성격」이라는 글을 『비판』지에 6회에 걸쳐 연재하여 이를
좀더 분명히하였다. 그는 노예제사회냐 아니냐는 노예의 수량에 의해 결정
되는 것이 아니라 그 사회의 운행법칙이 고대사회적이냐 아니냐에 있다고
밝히고 고려의 경우 전형적인 노예제사회처럼 생산노예가 주된 사회는 아
니지만 균전제적·국가적(공동체적) 토지소유와 부병제 하에 있던 일반 농
민은 국가노예적 성격을 띠고 있다고 주장했다. 농민들은 토지에 정착된
농노적 외관을 띠고 있으나, 공민으로서 토지를 매개로 하여 지배되었던
것이 아니라 국가로부터 인격 자체가 지배되었다는 점에서 고려는 농노제

사회가 아니라 노예제사회라는 것이다.

넷째, 우리나라의 봉건제는 이조 건국과 함께 완성된다고 보았다. 그는 봉건제가 한개의 우끌라드(uklad)로서 성립한 기원을 고려중기의 농민반란과 무신정권의 수립에서 찾고 그것을 촉진한 것은 몽고의 침략과 지배였다고 하였다. 이때 봉건적인 대토지사유제가 등장한다고 보았다. 그런데 이때의 대토지사유제 등장은 생산성의 획기적인 앙양, 공동체의 해체와 교환경제 및 고리대부 자본의 발전, 농업노동으로부터 수공업노동의 분리, 병농일치제도의 형해화라는 배경 속에서 이루어졌으므로 신라말에 있었던 그것과는 확연히 다르다고 보았다. 요컨대 봉건제도는 고려말에 태동하였으며 이조의 건국과 더불어 정착하였다는 것이다.

다섯째, 그는 "이양선(異樣船) 출현 이전 아직 자본가적 생산양식을 보지 못했던 우리 조선사회는 한번 외국 자본주의의 강요적 개국에 만나자마자 그 봉건적 구성은 와해되기 시작하였다"고 하여 외래 자본주의의 침략을 봉건제에서 자본주의사회로 이행하는 계기로 파악했다.

여섯째, 자본제적 상품화폐경제가 자연경제를 대신하게 되었지만, 이것은 농촌에서의 자본주의 발전을 의미하는 것이 아니라 선행하는 생산형태에 자본주의적 의상을 입혀 봉건적·관료적·고리대적 수취를 부활 갱생시킨 것에 불과하다고 평가하였다. 즉 자본주의적 외피에도 불구하고 봉건적 본질은 남아 있다는 것이다. 그에 의하면 토지조사사업은 농민을 봉건적 속박으로부터 해방시켜 자유롭게는 하였으나 이를 계기로 많은 농민은 무산자·준무산자가 되었으며 당시의 경작농민은 본질적으로 봉건적 지대 부담자라고 하였다.

이상에서 본 이청원의 『조선역사독본』의 취지는 결국 조선에서 원시사회는 해체되었으나 그 유물은 강고하게 잔존하여 아시아적 특수성을 지닌 노예제사회·봉건제사회가 존재하였으며, 그것으로 말미암아 봉건제에서 자본주의로의 이행이 타율적으로 이루어질 수밖에 없었고, 이러한 타율적 이행, 이식자본주의 사회구성의 성립 속에서 봉건적 본질은 온존하였다는 것이다. 이러한 인식은 당면 혁명의 성격은 봉건유제를 청산(=토지혁명)하는 것이라는 코민테른 노선(=조선공산당의 노선)을 역사적으로 뒷받침해주는 것이었다. 특히 현실적으로 강고하게 남은 봉건적 본질이야말로 당시의 혁명이 민족혁명인 동시에 반봉건 토지혁명이어야 하는 이유임을 역사적으로 밝힌 것이다.

이청원사학은 사료 취급에서 정확하지 못하였으며 그의 사학의 틀이 세계 사회주의운동의 정통파(일본에서는 강좌파)의 인식을 그대로 반복함으로써 정체론적 인식에 빠져버린 것은 비판받아 마땅하다. 그러나 그가 우리 역사를 최초로 유물사관에 입각하여 통사로 정리하였다는 점은 사학사에서 일단 평가되어야 할 것이다. 특히 그가 민족해방운동을 전개하면서 운동의 진로를 밝히려고 역사를 연구하였다는 점은, 민족해방운동사 차원에서 높이 평가되어야 할 것이다. 또 이청원의 사학은 사회주의 계열이 우리나라 민족해방운동의 주류로 부상하고 있던 1930년대 정통 사회주의 계열의 역사인식을 대변한다는 점에서, 당시 사회주의 지성사 연구의 대상으로서도 주목할 만한 가치가 있다.

2. 전석담의 생애와 역사인식

(1) 경 력

전석담은 1916년 황해도 은율에서 태어나 1940년 일본 토오호꾸(東北)대학을 졸업하였다. 졸업 이듬해에 「이조초기 토지문제」(『조광』 1941년 7월호)를 발표하였다. 여기서 여말선초 전제개혁 문제를 매우 심도있게 분석하였는데 이때의 분석은 이후 전석담사학의 기본 틀이 되었다. 그는 해방 직후 조선공산당 외곽단체인 과학자동맹에 소속되어 조선공산당의 부르조아민주주의 혁명론의 정당성을 역사적으로 뒷받침하였다. 1945년 10월 경성상업전문학교(구 경성경제전문학교)가 신설되자 이기수(李基洙)·김한주(金漢周)·박시형(朴時亨)·김창한(金彰漢) 등과 함께 교수로 임명되었다. 그러나 국립대학설립 반대운동에 참가한 그는 곧 이 학교를 사직하고 막 신설된 국민대학과 동국대학(구 혜화전문학교)으로 옮겼다. 국민대학에서는 경제학사와 경제사를, 동국대학에서는 조선경제사를 강의하였다. 강의에 충실하면서도 매우 정력적으로 집필활동을 하였는데 이 시기 발표된 그의 논저는 아래와 같다.

「천도교의 정체와 3・1운동」, 『조선해방과 3・1운동』, 1946.
「갑오동학란의 재검토」, 『과학전선』 1・2, 1946년 4・5월호.
「6・10운동 소사」, 『신조선』 1947년 6월호.
『일제하의 조선사회경제사』, 금융조합연합회 1947(전석담・김한주・이기수 외
　　2인 공저).
「조선사연구의 제문제」, 『조광』 1948년 7월호.
「토지국유제 기본적 모순에 관하여」, 『학풍』 1948년 10월호.
「왜란전후의 경제사정」, 『신천지』 1948년 11월호.
『조선사교정』, 을유문화사 1948.
「홍경래론—— 역사인물론」, 『신세대』 1949년 1월호.
『조선경제사』, 박문출판사 1949.
「사회 경제발전의 침체성에 관하여」, 『학풍』 임시증간호, 1949년 5월호.

그는 특히 국민대학 교수였던 허동(許東)과 함께 『자본론』을 번역하여 제1권을 1946년에 발간했다. 이 작업은 1948년까지 계속되었다. 월북 후에는 김일성대학, 인민경제대학, 중앙당학교 사회과학원 교수를 역임했다.

(2) 노예제사회 존재를 부정

전석담은 선학 백남운・이청원 등이 우리나라에서 노예제사회가 존재함을 주장한 데 반하여 노예제결여론을 주장하였다. 그는 서구라파에서도 여러 민족이 노예제사회라는 계단을 밟지 않은 것이 확실하고 더구나 동양에서는 일반적으로 애매하다고 전제하였다. 그는 우리나라에서 노예는 삼국시대는 물론이요 통일신라・고려시대를 거쳐서 이조시대에 이르러서도 농가에 많이 있었고, 노예노동이 하나의 노동형태로 적지 않은 사회적 의의를 가졌던 것은 사실이나 백남운 등이 노예제사회의 전형으로 생각하는 삼

국시대조차 노예노동이 지배적인 노동형태는 아니었다고 주장하였다. 그는 무엇보다도 노예 개념의 정립이 필요하다고 보았는데, 노예는 '말하는 도구'이고, 생산과정에서 어느정도 독자성을 가지는 농노와 구별되며, 따라서 옥저라든가 예맥을 고구려의 '종족노예(種族奴隷)'라고 강변하는 일부 논자의 노예사회 조작은 그 근거가 애매하다고 반박하였다.

그는 노예경제가 지배적인 생산형태로서 가장 전형적으로 발전한 그리스·로마를 보면 노예경제가 발전하기 위해서는 생산력이 발전하여 농업과 공업이 분리되고 일정 정도의 상품 및 화폐경제가 전제되어야 한다고 하였다. 그리고 지배적 생산형태로서의 노예경제는 비교적 대규모 생산이라고 주장하였다. 그러나 우리나라의 경우, 농업과 공업은 분리되지 않았고 화폐경제라고는 겨우 이조말기에 이르러 엽전이 비교적 광범위하게 유통되었을 뿐이며, 또한 농업과 공업 모두에서 대규모 생산이란 것은 행해지지 않았고 농업은 영세경작, 공업은 귀족이나 관료의 국한된 수요를 위한 약간의 수공업이었다는 것이다.

그는 우리나라에서도 최초의 계급분열 때 노예소유자와 노예의 대립이 있었으나 그것은 여러 공동체적 관계 안에 폐쇄되어 있었으며 공동체적 사회를 지양하고 독자적인 사회구성을 이루는 데까지는 이르지 못하였다고 보았다. 따라서 계급사회로의 진입은 극히 완만하나마 공동체적 관계의 내부에서 이루어진 광범한 농노화 과정이었다고 주장하였다. 요컨대 우리나라의 사회사적 발전의 정체성은 공동체적 관계의 강인한 존속에 그 근원이 있었던만큼 최초의 계급분열 형태인 노예제는 그 속에서 충분히 발전하지 못하였다는 것이다.

또 우리나라의 봉건제는 구라파형의 그것과는 달리 노예제적 구성의 혁명적 지양 위에 창출된 것이 아니라, 노예적 관계의 미발전에 의해 공동체적 관계가 강인하게 존속하는 가운데, 장기간의 완만한 과정을 밟아서 뒤떨어진 공동체적 유제를 다분히 포섭하면서 성립되었다는 것이다. 계급사회 형성의 제일보에 있어 노예제가 충분히 발전하지 못하고 따라서 낡은 공동체적 유제를 철저히 혁명적으로 지양하지 못한 것이 당시(8·15 직후)에 이르기까지 조선 사회경제의 낙후성의 원인이 된다는 것이다.

(3) 여말선초 전제개혁의 역사적 성격

앞서 밝혔듯이 전석담이 최초로 연구하였던 주제는 여말선초의 전제개혁의 역사적 성격 문제였는데 해방 후에는 이 문제를 한층 심화해나갔다. 그는 신라 멸망과 고려 건국 및 고려 멸망과 이조의 건국은 봉건체제의 물질적 기반인 토지소유관계의 변화에 따른 정치적 표현이라고 주장하여 토지제도의 변천을 왕조교체의 근본 요인으로 파악하였다.

그런데 이같은 변천의 내적 동력은 우리나라 토지제도가 갖고 있던 근본 모순인 '토지의 국가적 소유'와 그 내부에 필연적으로 배태하고 있는 '토지의 사적(私的) 점유' 사이의 모순이라고 보았다. 왕조 창건시에는 문란한 토지소유관계를 재편성하여 토지국유제를 확립하고 또한 지나친 수탈을 완화함으로써 토지경제의 기초를 강화하여 지배기구를 정비하지만, 체제를 정비하는 과정에서 신흥세력 통제를 위해 어쩔 수 없이 개국공신(開國功臣)이나 귀순한 전 왕조 유력자에게 훈전(勳田)을 나눠주고 동시에 세습권을 인정해줌으로써 점차 토지국유는 유명무실하게 되었다는 것이다. 이에 따라 농민층의 부담은 가중되고 생산은 급격하게 떨어지며 사회적 동요는 심화되나 무력한 중앙세력은 수습하지 못하고 왕건이나 이성계 같은 새로운 정치세력이 몇몇 대토지 사유자의 불만을 물리치고 토지개혁에 나선다는 것이다. 여말선초의 이 토지개혁은 자파 세력확장을 위해 사적 점유를 용인하여 농민의 삶을 보장하는 근본적인 개혁이 되지 못하였다고 결론을 내림으로써 조선공산당·남로당이 추구하는 토지개혁과는 차원이 다름을 분명히하였다.

(4) 갑오농민전쟁(동학농민전쟁)에 있어 '동학 외피론'

해방 후 1946년 3·1절을 앞두고 전석담은 「천도교의 정체와 3·1운동」이라는 글을 발표하여, 3·1운동과 농민전쟁에 있어 동학(천도교)의 역할에 대한 자신의 견해를 밝혔다. 이 글에서 그는 '갑오란'의 농민전쟁으로서의 본질을 파악하지 못하고 갑오란을 단순히 동학당의 폭동으로 보는 데 대해 비판을 가하였다.

그에 의하면 이조 성립 및 확립 과정의 이른바 '전제개혁'은 농업생산에서 가장 중요한 토지점유관계를 근본적으로 재편성한 것이 아니었던 한계로 인해 농민의 분화와 전반적인 몰락을 이미 예고하고 있었다. 그러나 중앙집권적인 통제력이 어느정도 권위를 발휘한 이조전기에는 "농민을 살리려고는 아니하되 죽여버리지는 않도록 배려"하였으나 중앙집권적 통제력이 해이해짐으로써 이조말기에는 농민생활이 한층 빈곤하게 되었다는 것이다.

이중 삼중의 착취에 시달린데다가 일본 자본주의를 비롯하여 구미 자본주의의 압박까지 받게 되자 각지의 농민들이 살길을 찾아 여기저기서 민란을 일으켜 이조말엽은 민란시대라고 해도 과언이 아니라고 하였다. '갑오란'의 도화선이 된 전라도 고부민란도 그 자체는 각지에서 일어났다 사라진 민란과 다름없다고 파악하였던 것이다. 따라서 그는 동학측의 역할은 대단히 약하게 보아 '동학란'이라는 일반적 표현 대신 아예 '동학'은 빼버리고 '갑오란'이라 불렀던 것이다. 또 그는 농민전쟁을 오랫동안 연구해온 김상기(金庠基)가 동학 교조 최제우(崔濟愚)를 프랑스혁명 전야의 사상가 루쏘에 비유하자 최제우보다 억압과 착취를 당하고 있던 농민들이 훨씬 더 혁명적이라고 하여 혁명사상으로서 동학의 의의를 부정하였다.

그러나 전석담은 동학의 역할을 완전히 부인하지는 않았다. 그는 고부민란을 지도한, 동학의 접주이자 농민적 생활의식을 가진 전봉준(全琫準) 등 동학 하층부와 광범한 농민층이 직접 연결된 것을 중시하였다. 고립분산된 농민대중은 동학의 하층부와 연결됨으로써 단시일에 위대한 힘을 가진 일대 집단을 형성하게 되었다고 파악하였던 것이다. 이 글에서 밝힌 주장을 이후 좀더 보강하여 농민전쟁을 독자적 논문으로 정리하였는데 그때는 이전에 사용하던 '갑오란'의 용어 대신 '갑오동학란'으로 표기하였다. 여기서 알 수 있듯이 동학조직이 농민전쟁의 외피로서 중요했다는 사실을 인정하고 있었던 것이다.

전석담이 '갑오동학란'을 봉건제 말기의 농민전쟁으로 이해하면서도 봉건제 해체기의 그것으로 강하게 확정짓지 못한 한계는 있지만, 이 동학 외피론은 이후 농민전쟁 연구의 한 이정표가 되었던 것만은 분명한 사실이다.

 이상에서 볼 수 있듯이 전석담은 해방 직후 한국사의 재해석이라는 시대적 요청에 적극 호응하여 짧은 시기에 많은 논저를 남겼고, 특히 그가 수립한 유물론적 역사상은 이후 북한과 남한의 진보적 사학자들의 근대사 인식에 큰 영향을 끼쳤던 것이다. 〔廉仁鎬〕

□ 참고문헌

임영태, 『식민지시대 한국사회와 운동』, 사계절 1985.
방기중, 『한국근현대사상사연구── 1930·40년대 백남운의 학문과 정치경제사
    상』, 역사비평사 1992.

제 7 장

손 진 태

孫晋泰 1900~ ?

1. 손진태의 생애

손진태(孫晋泰)는 1900년 12월 28일 경남 동래군 사하면(沙下面) 하단리 (下端里)에서 손수인(孫秀仁)의 차남으로 태어났다. 본관은 밀양(密陽)이고 아호(雅號)는 남창(南滄)이다. 1908년에 소학교에 입학했고, 1911년에는 서울의 중학으로 진학했다. 1920년에는 일본으로 건너가 와세다대학 사학과에서 역사학과 사회학을 전공했다. 1927년에 대학을 졸업하고 동양문고(東洋文庫)에서 연구했다. 1933년에 귀국하여 연희전문학교에 강사로서 교단에 섰고, 1934년에는 보성전문학교에도 강사로 나가면서 문명사를 강의했다. 이어서 보성전문학교의 전임강사가 되고 1937년 9월에는 동교의 도서관장을 맡았다. 연희전문학교에는 1941년까지 강사로 출강했다.

8·15해방 이후에는 서울대 사대학장, 서울대 문리대학장을 지냈고, 문교부차관 겸 편수국장을 지냈으며, 한국전쟁 때 납북되었다. 1950년에 작고하였다는 이야기도 있으나 확인되고 있지는 않다. 1981년에 태학사(太學社)에서 『손진태선생전집(孫晋泰先生全集)』 6책이 간행되어, 손진태의 저술 전체가 집대성되었다.

2. 민속학에서 한국사학으로 전환

손진태는 1923년부터 조선과 중국의 민족문화에 관한 논문을 발표하면서 민속학 연구에 몰두하였다. 그는 현실정치를 초월하여 한국을 학문적으로 인식·파악하기 위하여 민속학 연구에 투신하였다.

1930년대 후반에는 그의 학문연구에 변화가 오기 시작하였다. 1933년에 귀국한 이후에는 현지 민속조사활동이 현저하게 끊어졌고, 특히 1937, 8년 이후에는 이렇다 할 민속학 논문도 나오지 않으면서 1945년까지 손진태의 민속학 연구활동은 갑자기 부진상을 보였다. (이필영, 188면)

그는 1930년대 말의 연구에 대하여 "내가 신민족주의 조선사의 저술을 기도한 것은 소위 태평양전쟁이 발발하던 때부터이었다. 동학(同學) 수우(數友)로 더불어 때때로 밀회하여 이에 대한 이론을 토의하고 체계를 구상하였다"(손진태f, 「自序」, 2면)라고 말하였다. 동학 수우는 이인영(李仁榮)·조윤제(趙潤濟)·임건상(林建相)·정해영(丁海英)·손보기(孫寶基) 등이었다(김정배, 251면, 주 28). 손진태가 이들과 함께 신민족주의 이론을 토의하고 그 체계를 구상하던 시기는, 조윤제의 회고(조윤제, 381면)에 의하건대, 1939년 4월에서 1940년 3월까지의 시기였다. (김윤식, 3면)

늦어도 1939년에는 시작되었던 신민족주의사관의 토의의 바탕에는 깊은 고민이 깔려 있었다. 위의 동학 수우 중 당시의 상황과 고민에 대하여 증언을 남기고 있는 유일한 사람인 조윤제는, 1939년 무렵에 "나는 과거의 나의 연구와 학문에 대하여 큰 회의를 품게 되고 일종의 공포심조차 갖게 되었다"(조윤제, 378면)라고 하고, 이어서 다음과 같이 회고하였다.

나는 이 문제를 가지고 몇번이고 학우 손진태씨, … 학우 이인영씨와 논의하여보았다. 우리는 모두 자기 학문에 대하여 같은 번민을 느꼈다. … 우리는 같은 학풍에 젖어 그 학문의 취향이 같았던 것이다. 그러니까 나의 학문에 대하여 회의를 갖게 된 것은 동시에 (그들이 ─ 인용자) 그들의 학문에 대하여 회의를 갖는 것이 되겠고, 또 동시에 우리 학계의 학풍에 대하여 회의를 갖는

238

것도 되는 것이다. (조윤제, 379면)

우리는 여기에 과거의 우리 학문은 목적 없는 문자의 희롱이요 사관 없는
학문의 도락(道樂)이라 규정하고 그것을 배격하였다. 그것은 또 일본학풍에의
그대로의 맹종이라 보아서, 우리 학계의 입장에서는 일고의 가치가 없는 것이
라고 규정하여 그 학적 가치를 무시하였다. (조윤제, 380면)

손진태를 위시한 동학 수우는 아무런 사관이 없는, 일본의 학풍에 맹종
하였던 과거의 '도락으로서의 학문'을 배격하면서, 그에 대치(代置)될 수
있는 새로운 학문을 찾기 위하여 번민하였다고 생각된다.

학문은 오로지 우리들이 현재 부닥쳐 몸부림치는 현실문제를 여하히 해결하
여 우리의 생활을 건설하고 또 장래를 건설하느냐 하는 데에 그 목적이 있다
고 우리는 규정하였다.… 학문도 하나의 생활이다. 그러면 현실을 떠난 학
문이란 것은 우리는 생각할 수 없다.… 그러므로 우리는 과거의 우리 학문
을 학문도락적인 일종의 관념론이라 하여 배격하고, 현실문제를 해결할 수 있
고, 민족이 살아나갈 길을 명시하는 과학적인 학문을 요구하였다. (조윤제, 379
~80면)

번민의 결과, 과학적인 학문은 "현실문제를 해결할 수 있고, 민족이 살
아나갈 길을 명시하는 학문"임을 확인하였다. 손진태는 이 무렵에, 민속학
은 현실문제를 해결하고 민족의 나아갈 길을 명시하는 데에 적합하지 않다
고 판단하여 전공을 민속학에서 한국사학으로 전환한 것으로 보인다.

3. 역사관

(1) 역사의 목표

손진태가 위와같은 새로운 과학적인 학문으로서의 한국사학을 절실하게

의식하게 된 객관적 조건은, 첫째 1930년대 말 식민지적 억압과 착취가 한층 더 심화됨으로써 말미암은 민족말살의 위기였다. 둘째, 해방 후 자국의 세계지배를 위하여 민족독립을 부정하는(손진태e, 25면) 소련적 민주주의와 (손진태e, 17면), 약소민족을 자신의 자본주의체제에 종속시켜 약소민족의 민족적 발전을 불가능케 할 염려가 있는 영·미적 민주주의의(손진태e, 17면) 간섭과 모략으로 말미암아, 민족 멸망이 우려되는(손진태e, 25면) 상황이었다. 셋째, "전세계는 차차 모략(미·영·소 등 강대국의 모략—인용자)을 간파하게 되어 민족독립의 노선으로 지향하고 있"고(손진태e, 25면) "지금 세계는 모든 민족의 자유·독립과 공동번영을 지향하고 움직이고 있"으며 (손진태f, 「自序」, 1면) "모든 민족은 각자의 주지(住地)에서 각자의 생활을 자주 영위하게 되어가는 것이 현금 세계사의 동향"(손진태f, 6면)인 상황이었다.

이러한 민족적 위기와, 그 위기를 극복할 수 있는 가능성의 병존이라는 상황에서, '민족생존상의 필요'라는 관점이 필연적으로 제기되었다.

우리는 앞으로 이러한 투쟁(민족간의 투쟁—인용자)이 없기를 바라는 것이나, 누가 있어 능히 이것을 보장할 것인가. 이 보장이 완전히 이루어질 때까지는 우리는, 더구나 우리 같은 약소민족은 민족 자수(自守)의 정신을 굳세게 파지(把持)하여야 할 것이다. 민족주의의 역사적 근거는 실로 이에 있는 것이다. (손진태d, 3면)

민족이 존재하는 이상 민족의 생존상에 필요한 민족사는 없을 수 없다. (손진태d, 2면)

약소민족은 민족 자수(自守)의 생존상의 필요에서 민족사가 필연적이라고 하였고, 이 '민족의 생존상의 필요'와 '민족사'는 다시 다음과 같이 발전하게 된다.

우리가 이것(원시사상의 표출로서의 전설—인용자)을 역사상에서 취급하지 않는 것은 비록 그것이 사실(事實)이기는 할지라도, 역사학적 가치가 없는 까

240

닭이다. 민족생활상 필요를 느끼지 않는 까닭이다. (손진태d, 6면)

'민족생존상의 필요'='민족생활상의 필요'에 값하는 것만이 역사사실(歷史事實)=사실(史實)로서 가치가 있다는 논리가 도출되고 있다. 이러한 민족생존상·생활상의 필요에서, "현실문제를 해결할 수 있고, 민족이 살아나갈 길을 명시하는 과학적인 학문"(조윤제, 380면)이 요구되었고, "세계사적 기운과 민족적 요청에서 민족사관은 출발하는 것이며, 민족사는 그 향로(向路)와 방법을 명백하게 과학적으로 지시하여야 할 것이"(손진태f, 2면) 요구되었다.
민족사의 향로와 방법은 다음과 같은 것이었다.

우리는 그들(미·영·소의 민주주의 — 인용자)의 장점을 취하고 단점을 버리어 조선민족에게 적절하고 유리한 민주주의 이념을 창건하여야 할 것이다. 그러한 민주주의를 우리는 민주주의적 민족주의라고 하며, 간단하게는 신민족주의라고 한다. 신민족주의는 국제적으로는 모든 민족의 평등과 친화와 자주독립을 요청한다. 그러므로 국내적으로는 모든 국민의 정치적·경제적·교육적 균등과 그에 인한 약소민족의 단결과 발전을 요청한다. 그러므로 신민족주의는 국제적으로 전쟁을 부인함과 마찬가지로 국내의 계급투쟁을 거부한다. 인류의 이상은 투쟁과 파괴에 있지 않고, 친선과 건설에 있어야 할 것이니, 민족의 이상도 그러하다. (손진태e, 18면)

민족사의 향로는 "모든 민족의 평등·친화·자주독립과 모든 국민의 정치적·경제적·교육적 균등"이었고, 그 방법은 "약소민족의 단결과 발전, 전쟁의 부인과 계급투쟁의 거부"였다. 이렇게 볼 때 향로는 오히려 목표점이었다. 이 목표점에 조응되는 것만이 역사학적 가치가 있는 사실(史實)이 되고 그것이 민족사가 되는 것이었다.

(2) 민족의 개념

손진태는 민족에 관하여 딱히 어떤 개념규정을 하고 있지는 않으므로 그의 여러 말에서 미루어 짐작할 수밖에 없다.

　　우리가 유사 이래로 동일 혈족(血族)으로 동일 지역에서 언어, 의복, 풍속, 기타 문화를 가지고 외민족(外民族)과의 무수한 투쟁을 감행하여가면서 지금까지 민족을 지켜왔다는 이 뚜렷한 민족협력·민족투쟁의 중대한 사실은 장래의 민족국가에 있어 민족적 단결력과 민족적 친밀감을 더욱 굳세게 할 것이다. (손진태d, 4면)

　　유사 이래 우리가 동일 지역에서 동일 문화를 가지고 공동운명체로서 생활하여온 까닭에 우리가 다른 민족보다 특히 강렬한 민족의식을 가진 것은 우리의 장점이다. (손진태e, 23면)

혈연·문화의 공동성과 외민족과의 투쟁경험의 공동성에 의하여 "지금까지 민족을 지켜"온 한국 주민집단을 '한국민족'으로 규정하고 있는 것으로 보인다. 그런데 혈연·문화의 공동성은 씨족사회와 부족사회의 단계에서 이미 이루어진 것이었으나(손진태f, 50~53면) "그때는 신석기시대 씨족 공산사회의 극히 미개한 사회이어서 민족도 아직 형성되지 못하고 국가란 것도 존재치 아니하였으며"(손진태d, 5면)라고 함에서도 드러나듯이, 아직 민족이 형성되지 못했다고 하였다. 따라서 혈연·문화의 공동성만으로 민족이 형성되는 것은 아니었다.
　　외민족과의 투쟁은 귀족국가의 본질이었고(손진태f, 6면), 그 투쟁에서 민족의식이 발현되었으므로(손진태d, 21면) 결국은 귀족정치에 의하여 귀족국가에서 민족이 형성된다는 것이었다(손진태d, 16면). 손진태는 삼국의 성립을 귀족국가의 성립으로 규정하였다. 그는 한국사에서의 민족을 많은 경우에 '단일민족'이란 개념으로 쓰고 있다. (손진태d, 5면)
　　민족의 친화와 단결, 자주독립의식과 통일을 위한 강력한 요소이기 때문에, 그는 단일민족을 강조하였다(손진태f, 53면). 따라서 그에게는 '민족'이 비록 귀족국가시대에 형성된 것이지만, 그 핵심은 혈연·문화·지역의 단일성에 있는 것이었다. 예컨대 삼국의 경우에도, "이것(고인돌─인용자)은 고대 우리 삼국의 지리적·문화적·혈연적 단일성을 증명하여줄 뿐만 아니라"(손진태f, 책갈피 다음의 고인돌 설명)고 하듯이, 삼국을 통틀어 하나의 단일민족으로 보고 있다고 생각된다. 1927년에는 삼국을 세 개의 민족으로 파악하였으나(손진태b, 45면), 1939년 이후에는 삼국을 하나의 '단일민족'으로 파악하였다.

이와같이 손진태는 민족을 단일민족의 개념에서 파악하고 있으므로, 귀족국가시대의 민족이나 1940년대 당시의 민족이나 또는 나아가서 미래의 신민족주의국가에서의 민족이나 모두 일괄하여 단일민족이란 점에서 우선 동질화시키게 된다.

다만 부차적인 수준에서 일정한 차이가 설정되고 있다. 첫째, 단일성의 강약의 차이이다. 신라에 의한 고구려·백제의 병합을 경계로 한 앞뒤에서 강약의 차이가 설정되고 있다.

> 광대한 영토와 인민을 상실하기는 하였지만, 그러나마 우리는 신라의 통일에 의하여 민족 모체(母體)의 결정을 보게 되었으며, 5, 6세기에 긍한 종족 내부 상투의 비극은 이에 정지된 것이다. … 만일 신라의 통일이 없고 삼국이 함께 어느 외민족의 손에 망하였던들 현금의 조선민족이란 것이 과연 있었을는지 의문이다. 이 의미에 있어 신라의 통일은 조선민족사상에 중대한 의의가 있는 것이다. (손진태f, 126면)

둘째, 현재의 한국민족과 장래의 한국민족의 차이이다. 현재는 민족 내부에서 불균등과 계급적 반목이 있지만, 장래에는 정치·경제·사회·교육에서 균등이 실현되어 민족 내부에 계급적 반목이 없을 뿐만 아니라 외민족과도 투쟁이 없고 친선과 협조가 있게 된다는 것이다. 이러한 차이는 손진태의 민족 개념 자체에서는 부차적인 것이었다. 민족 구성원의 내부적 결합관계의 사회적·역사적 성격은 질문되지 않고, 그 단일성이 가장 핵심적인 사항으로 생각되고 있기 때문이다.

따라서 손진태의 민족 개념은 기본적으로는 역사학적인 것이 아니라, 후천적으로 형성되는 문화적 특징에 의하여 인류의 집단을 구별하는 단위집단으로서의 종족 개념과, 신체적·생물학적 특징에 의하여 인류의 집단을

구별하는 단위집단으로서의 인종 개념을 합성한 인류학적인 것이라고 생각
된다. 따라서 '민족'은 역사적·객관적으로 형성되는 것이 아니라, 민족 생
활상의 필요에 근거한 가치체계에서 거꾸로 규정해 들어감으로써 생겨나는
초역사적인 것으로 귀결되는 것이었다. (김윤식, 11~12면)

(3) 신민족주의사관

신민족주의사관이란 말은 1947년 4월의 「국사교육의 기본적 제문제」에서
처음 보이고(손진태d, 4면), 이어서 1948월 1월의 「자서(自序)」(손진태f, 1
~2면), 1948년 8월의 「국사교육 건설에 대한 구상」(손진태e, 18면), 『조선
민족사개론(朝鮮民族史槪論)』 상(上)과 『국사대요(國史大要)』에서 많이 보
인다.

국제적인 투쟁도 악이지마는, 민족 내부의 투쟁은 더욱 악이다. 그러므로
신민족주의사관은 그러한 동족상잔의 원인이 되는 계급적 불평등을 발본색원
적으로 없이 하자는 것이니, 계급주의사관처럼 계급투쟁을 도발하는 것도 아
니요, 또 자유주의사관처럼 방관 방임하는 것도 아니다. (손진태e, 18면)

신민족주의사관은 '모든 민족의 평등·친화·자주독립과 모든 국민의 정
치적·경제적·교육적 균등'을 목표점으로 하면서, 계급투쟁을 도발하거나
방관 방임하지 않고, 계급적 불평등을 발본색원하려는 목적사관이었다. 이
러한 목적사관의 성격 때문에 신민족주의사관은 다음과 같은 여러 측면을
띠게 되었다.
첫째, 한국사에서 민족 내부의 단결에 관련되는 사실(事實)이 높이 평가
된다. 한국에는 봉건제도와 봉건국가가 없었는데, 이것은 민족으로서의 단
결을 강하게 하였고, 한국민족의 민족의식을 강하게 하였던바(손진태h, 30
~31면) "우리는 개인적으로 다소의 고통을 참을 수는 있으나 민족의 분열
은 견딜 수 없는 일이다"(손진태h, 31면)라고 하여, 봉건제도의 결여를 민족
의 단결이라는 목표점에서 긍정적으로 평가하였다.

1254년 충주산성 방호별감 김윤후(金允侯)가 관노의 노비문서를 불살라 버리면서 "공이 있는 자는 귀천을 가리지 않고 모두 벼슬을 줄 것이요, 노예를 면하게 하리라"라는 약속을 함에, 노예군이 용기백배하여 몽고군의 침략에서 충주성을 지켜낸 사실을 평가하기를, "계급이 있으면 민족은 내부에 분열이 생기고 평등하면 저절로 단결되는 것을 우리는 뚜렷하게 알았다"(손진태h, 142면)라고 하였다. '민족의 단결'이 절대적 가치로서 등장함을 볼 수 있다. 그리고 봉건제도·봉건국가의 결여까지 '민족의 단결'에 기여하였다고 한 데서 알 수 있듯이, 민족단결의 절대적 가치는 초역사적인 것이기도 하였다.

둘째, 계급적 반목이나 알력을 죄악으로까지 단죄하게 된다.

무제한적인 사유재산의 기초 위에 개전(開展)된 귀족정치는 필연적으로 내부에 있어 계급알력의 불행을 야기하였다. 이것은 비록 세계 공통의 필연적 사실(史實)이지만 또한 인류의 역사가 범한 최대의 죄과임에는 틀림없다. (손진태f, 4면)

귀족정치의 계급알력은 세계사적 보편성이지만, 국민적 단결을 약화시키는 것으로서 인류사적으로는 죄악이라고 규정하였다.

귀족국가는 그 본질에 있어 붕괴와 혁명의 요소를 내포한 것이니 그것은 전체적이요 비민주적이며 지배계급 본위요 비민족적인 까닭이었다. 민족이 각성하는 날 그것은 필연적으로 붕괴할 운명에 있었던 까닭이다. (손진태d, 20면)

귀족정치는 비민주적·비민족적이기 때문에 필연적으로 붕괴된다고 하였지만, 그것을 필연적 붕괴로 이끄는 힘이 역사필연적으로 어떻게 성립·성장하게 되는 것인가에 대한 추구는 없고, '민족이 각성하게 되는 날'이라는 조건이 가정되어 있을 뿐이다. 따라서 결국은 계급알력·계급반목에 대한 윤리적 규탄과 죄과 규정만이 혼자 걸어가고 있다고 보인다.

셋째, 진실한 의미의 민족친선의 유무가 날카롭게 가름되고 있다.

대외적 관계에 있어서는 부단히 민족투쟁과 민족친선이 반복되었다. 그러나 진실한 의미의 민족친선이란 것은 유감이나마 과거의 역사에서는 거의 존재하지 아니하였으니, … 귀족지배기의 역사는 내부적으로는 계급알력 또는 계급투쟁의 연속이요, 대외적으로는 민족투쟁의 반복이었다. 이것도 귀족정치의 범한 역사적 죄과의 중대한 하나이었다. 그러나 이것 또한 엄연한 역사적 사실(事實)이며 이것이 우리의 감정에 불쾌하다고 해서 이 사실(史實)을 역사학에서 거부할 도리는 없다. 이 사실(史實)의 근원을 구명하여 장래할 세계 민족 친선의 참다운 향로(向路)를 발견하는 것이 과학자의 사명이며 민족사 연구의 종극적 목적일 것이다. (손진태f, 5~6면)

여기에서도 '민족친선의 참다운 향로'가 역사필연적으로 어떻게 무슨 힘에 의하여 열리는지에 대한 역사적 추적은 없다. 다만 과거의 민족친선의 유무가 구별되고 그 선악이 직접적으로 가름되고 있을 뿐이다.

넷째, 내부적으로는 균등하고 외부적으로는 친선하는 민족의 건설이라는 목표점에서 과거의 사실에 대하여 선악이 초역사적으로 구별되고 있다.

신민족주의사관은 그러한 동족상잔의 원인이 되는 계급적 불평등을 발본색원적으로 없이 하자는 것이니, 계급주의사관처럼 계급투쟁을 도발하는 것도 아니요, 또 자유주의사관처럼 방관 방임하는 것도 아니다. 봉건주의사관은 말할 나위도 없다. 그러므로 신민족주의사관은 민족의 입장에서 사실(史實)을 재비판하여 선(善)과 악(惡)을 명백하게 한다. (손진태e, 18면)

귀족정치의 역사필연적 현상인 국민착취에 대하여서도 민족의 죄악이라고 단죄하고, 그 폐기의 당위성을 강조하지만(손진태h, 216~17면), 현실적으로 폐기될 수 있는 역사적 과정에 대한 전망이나 추적은 없다.

다음으로, 민족이 초역사적인 것으로 규정되니까, 그 민족사는 반성의 대상으로, 즉 감계(鑑戒)와 교훈을 얻기 위한 소재로 등장하게 된다.

종래의 봉건주의 사가(史家)들은 이것(계급간의 반목·알력으로 인한 왕조의 쇠망―인용자)을 왕자(王者) 개인의 악정(惡政)의 책임, 또는 외민족의 강대한 무력 등으로 설명하였으나, 그것은 피상적이요 왕실중심주의적인 것이니 '왕자의 감계(鑑戒)를 위하여서의 역사'라는 것이 봉건주의 역사의 최대한 사명이었던 때문이다. 이것을 민족의 입장에서 재비판하는 것이 신민족주의 역사관의 방법이다. 민족사는 민족생활의 감계(鑑戒)를 위하여 존재한다는 것이 신민족주의사관의 정신이다. (손진태e, 24면)

신민족주의사관에서도, 봉건주의사관에서와 같이 감계(鑑戒)를 얻고자 함이 역사서술의 목적인데, 다만 후자가 왕조적 입장임에 반하여 전자는 민족생활의 입장이라는 점이 다르다고 하였다.

국가 흥망의 원인을 정확하게 알아 그 실패한 경험을 배제하고 성공한 경험을 살리어 장래(將來)할 민족국가 건설에 이바지하는 것이 역사교육의 가장 중대한 임무일 것이다. (손진태d, 21면)

손진태는 역사교육의 목적과 역사연구의 목적을 동일시하고 있었는데(손진태d, 4면 ; 손진태e, 16면), 위의 역사교육은 역사연구로 대체될 수 있는 것이었다.

이상에서와 같이 손진태는 민족 내부의 균등과 단결, 그리고 그것에 기반을 둔 민족국가 건설이라는 목표점에서 역사를 선악이분법(善惡二分法)으로 가름하고, 그것에서 반성과 감계와 교훈을 얻으려고 하였다.

4. 한국사 인식

손진태는 신민족주의의 입지(立地), 즉 민족의 입지에서 한국사를 파악하고 서술하였다. 따라서 그러한 입지는 한국역사의 시대구분에도 그대로 관철되고 있다. 손진태는 그의 『국사대요(國史大要)』의 서설(緖說) 「민족역사의 대강(大綱)」중의 '3. 사회의 발전과 왕조의 변혁'에서 다음과 같이 한국사를 시대구분하였다. (손진태h, 18면)

씨족공동사회

　　기원전 30세기경~기원전 4(5)세기경

　　신석기시대, 공동생산, 재산공유

부족사회 · 부족국가 · 부족연맹왕국

　　(북) 기원전 3(4)세기~1세기경

　　(남) 기원전 2(3)세기~3세기경

　　금석기병용, 계급과 재산사유 시작, 남북 9족

귀족국가

　　(북) 기원전 2(3)세기경으로부터

　　(남) 3세기경으로부터

　　금속기시대, 왕국시대, 귀족정치시대

　씨족공동사회는 원시 씨족사회라고도 일컬어지는데, 공산제도로서 계급이 없고 완전히 평등한 사회였고(손진태d, 9~10면), 민족도 아직 형성되지 못하고 국가란 것도 존재치 아니한(손진태d, 5면) 사회였다. 씨족사회에서 귀족국가로의 전환에 대하여 손진태는 다음과 같이 말하였다.

　아마 한(漢) 민족으로부터 수입된 듯한 금속기의 사용에 따라 생산이 급속도로 증가되어 일 가족의 생산으로서 일 가족의 식량을 얻고도 여유가 생기게 되자, 이에 씨족제도는 점차로 붕괴되고 사유재산제도와 가족제도가 일어나게 되었다. 이렇게 되면 힘에 의한 재산쟁탈전이 필연적으로 일어나게 되어 약소 씨족은 강대씨족에게 정복 또는 합동하게 되므로 말미암아 부족(部族)이 형성되고 또 나아가서는 부족적 국가가 형성되어 여기서 지배계급과 피지배계급이 생기고 따라서 정치적 · 경제적 · 사회적 모든 내부적 불평등의 씨가 발아하게 되었고 이러한 불평등과 불행의 사상(事象)은 삼국시대 이래 귀족지배국가에 이르러 최고조에 달하여 지금에 이른 것이다. (손진태d, 10면)

　부족사회 · 부족국가 · 부족연맹왕국은 씨족사회에서 귀족국가로 전환할 때 나타나는 과도기로 설정되고 있다. 그리고 그 전환의 기본적 동력은 생산력의 발전으로 파악되고 있다. 생산력의 발전에 따라 사유재산제도 · 가족제도·정복전쟁이 전개되고, 그 전개의 결과 국가의 형성, 지배계급과 피지배계급의 분화, 정치적·경제적·사회적 불평등의 현상들이 필연적으로 나타나는데, 국가형성에서 불평등까지의 현상들은 귀족국가에서 완성된다고 하였다. 따라서 한국사는 기본적으로는 씨족사회와 귀족국가로 양분되는 것으로 보인다. 이기백은 "그는 이렇게 셋으로 구분하였으나, 어찌보면 씨족공동사회와 귀족국가의 둘로 나눈 듯한 느낌이며, 그 사이에 과도기적인 시기를 하나 따로 독립시킨 듯이 보인다"(이기백a, 99면)고 하였다.

손진태는 또 귀족국가와 민족의 관계에 대하여, 민족은 귀족정치에 의하여 귀족국가에서 형성된다고 하였다(손진태d, 16면). 따라서 씨족사회에서 귀족국가로의 전환은 동시에 민족 미형성에서 민족 형성으로의 전환이기도 하였다. 즉 씨족사회 → 귀족국가의 전환은 사회조직과 민족의 양면에 걸친 시대전환임이 확연하게 드러나고 있다.

그런데 또 우리의 관심을 끄는 것은, 귀족국가의 하한의 문제, 즉 귀족국가와 근대사회의 경계의 문제, 근대사회의 시점의 문제이다. 이 문제에 대하여 손진태는 명백한 언급을 하고 있지 않다. 몇가지 단서를 가지고서 미루어볼 수밖에 없다.

먼저 귀족지배국가에서 완성된 정치적·경제적·사회적 불평등과 불행의 사상(事象)이 지금(그 글의 집필연도인 1947년 — 인용자)에도 이르고 있다고 하여(손진태d, 10면) 귀족국가의 하한을 '지금'에까지 연장시키고 있다.

> 귀족지배기의 역사는 내부적으로는 계급알력 또는 계급투쟁의 연속이요, 대외적으로는 민족투쟁의 반복이었다. … 모든 민족은 각자(各自)의 주지(住地)에서 각자(各自)의 생활을 자주(自主) 영위하게 되어가는 것이 현금(現今) 세계사의 동향이다. (손진태f, 6면)

귀족국가의 본질인 '타민족과의 전쟁'과 미래로 전망되는 "모든 민족이 각자의 주지(住地)에서 각자의 생활을 자주 영위"함이 서로 대극적으로 설정되고 있음에서 볼 때, 자본주의사회가 귀족국가사회와 이질적인 사회로서 의식되고 있지는 않은 것으로 보인다.

손진태는 귀족문화는 귀족적인 민족문화이고 앞으로의 민족문화는 민주주의적인 형태와 내용을 가진, 즉 신민족주의적인 내용을 가진 진정한 의미의 민족문화라고(손진태d, 16면) 하여, 양자를 상호 대극적으로 설정하고 있는데, 여기에서도 자본주의문화 내지 시민문화는 귀족문화와 이질적인 문화로서 의식되고 있지 않은 것으로 보인다.

> 왕자(王者) 일 인만이 국가의 주권을 전유(專有)하였던 귀족정치기에 있어서도 민족사상이 없었던 것은 아니요, 자본주의사회에도 또한 민족주의란 것이 있다. 그러나 그러한 민족사상은 모두 진정한 의의의 민족주의는 아니었다. 그것은 민족의 미명하에 그들 지배계급만의 권력과 부력을 획득 유지하려는 극히 불순한, 가면적이요 무마적인 것이었다. 진정한 민족주의는 민족 전체의 균등한 행복을 위하는 것이 아니면 안될 것이다. … 가장적(假裝的)인 민족주의 하에서 민족의 친화·단결이 불가능한 것은 과거의 역사 및 금일의 현실이 명백하게 이것을 증명하고 있다. (손진태f, 「自序」, 1면)

귀족국가의 민족사상과 자본주의사회의 민족주의는 '가장적인 민족주의'로 일괄되어 있고, 민족 전체의 균등한 행복을 위하는 '진정한 민족주의'와는 대극적인 것으로 파악되고 있다. 여기에서도 귀족국가의 민족사상과 자본주의사회의 민족주의는 역사적 단계를 달리하는 상호 이질의 것으로 자리잡혀 있지는 않다.

지금 그 형태와 내용을 전망할 수 있는 미래까지가 포함되는 한국역사에 대한 손진태의 시대구분은 크게 보아서, 씨족사회 → 귀족국가 → 신민족주의국가로 3분된다고 할 수 있다. 이것은 동시에 '민족 미형성 → 가장적 민족주의의 민족 → 진정한 민족주의=신민족주의의 민족'이기도 하고, 또 '균등사회 → 불균등사회 → 균등사회'이기도 하다.

이러한 시대구분에는 두 개의 역사전환이 있는데, 그것을 검토해볼 필요가 있다. 우선 첫째의 전환에는 생산력의 발전이라는 기본적 동력이 설정되어 있고, 그것에서 비롯되는 정치·경제·사회 관계의 질적 변동이 설정되어 있다. 말하자면 사회의 객관적·필연적 발전의 결과 역사적 전환이 이루어졌던 것이다.

그러나 둘째의 전환에 대해서는, "지금 세계는 모든 민족의 자유·독립과 공동 번영을 지향하고 움직이고 있다"(손진태f, 「自序」, 1면)라거나, "민족해방·민족자립운동이 세계적으로 맹렬하게 진전되고 있는 지금"(손진태f, 4면)이라거나, "모든 민족은 각자의 주지에서 각자의 생활을 자주 영위하게 되어가는 것이 현금 세계사의 동향이다"(손진태f, 6면)라는 지금의 세계사적 동향만이 언급되어 있을 뿐, 그 전환의 객관적 기초에 대한 파악은 결여되어 있다. 민족친선의 당위성과 민족내 균등의 당위성에 기초를 둔 채 '가장적인 민족주의'에서 '진정한 민족주의'=신민족주의로의 전환이 이루어져야 한다는 역사적 당위성이 강조되고 있을 뿐이다.

따라서 손진태의 한국사 시대구분에서 귀족국가와 신민족주의국가는 내재적 연관이 결여된 채 양단되고 있다고 할 수밖에 없다. 즉 씨족사회에서 귀족국가 말기까지는 객관적·내재적 역사발전과정이지만, 귀족국가 말기에서 신민족주의국가로의 전환은 내재적·객관적으로는 절단되어 있다고 보인다. 따라서 손진태의 시대구분에 의한 한국역사는 씨족사회, 귀족국가, 신민족주의국가로 3분되어 있지만, 객관적·내재적으로는 씨족사회·귀족국가와 신민족주의국가로 양단되어 있다고 할 수 있다.

5. 사학사적 의의

손진태의 한국사 시대구분에서 신민족주의국가 시대는 귀족국가에 내재적으로 연속되어 있지 않고 차단되어 있다. 신민족주의국가는 '민족 전체의 균등한 행복'의 필요에서 장차 도래(到來)해야 할 당위(當爲)로서만 설정되어 있다고 할 수 있다. 따라서 신민족주의국가의 역사적 현실성은 묽어지지 않을 수 없다. 이러한 '묽어짐'의 원인은, 손진태의 한국사 시대구분에서 자본주의사회 단계가 빠져 있기 때문인 것 같다. 손진태는 귀족국가와 신민족주의국가 사이에 자본주의사회 단계를 설정하지 않았던 것이다.

손진태는 자본주의사회의 민족주의는 지배계급만이 권력과 부력(富力)을 획득·유지하려는 극히 불순하고 가면적이며 무마적인 것이라고(손진태f, 「自序」, 1면) 파악하였다. 바꿔 말하면 자본주의사회는 계급알력과 계급투쟁이 극심한 사회라고 파악하였다.

그런데 손진태의 신민족주의사관에서는, 민족 생활상의 필요에 값하는 것만이 역사사실(歷史事實)＝사실(史實)로서 가치가 있고, 사실(史實)로서 가치가 있는 것만이 역사에 서술되는 것이었다(손진태d, 6면). 따라서 손진태의 한국사 시대구분에서는 귀족국가와 신민족주의국가 사이에 자본주의사회 단계가 설정되지 못하였다고 생각된다. 그 결과 신민족주의국가의 역사적 현실성이 묽어졌다고 보인다.

손진태의 신민족주의사관은, 참담한 민족적 현실을 타개하려는 적극적 실천성을 띤 사관이었다. 때문에 신민족주의사관은 식민주의적 한국사관(韓國史觀)·한국사상(韓國史像)·한국사학(韓國史學)에 정면으로 맞서 싸우면서 그것의 허위성·허구성을 폭로하였고, 또 종래의 관념적인 민족주의적 한국사관을 실천적·과학적인 민족주의적 한국사관으로 질적으로 발전시킴으로써, 한국사학사에서 커다란 의의를 지니고 있다.

그러나 다른 한편에서는, 선악이원론, 감계주의(鑑戒主義), 교훈주의, 계급투쟁 부정의식 등으로 말미암아, 한국역사에 자본주의사회 단계를 설정하지 못하였고, 이 때문에 장차 도래할 신민족주의국가를 건설할 수 있는 주체적 역량이 성립·성장·발전하는 역사적 경로를 설정할 수 없었다. 그리하여 신민족주의국가의 역사적 현실성이 묽어졌고, 따라서 신민족주의사관도 일정한 한계성을 가지게 되었다고 생각된다. 신민족주의사관을 계승하고 발전시키려면, 한국역사에 자본주의사회 단계를 과학적으로 설정하고 그것을 그 앞뒤의 단계와 역사 내재적으로 연결시키는 연구작업을 수행하여야 한다고 생각된다. 〔鄭昌烈〕

252

□ 참고문헌

손진태의 주요 논저

孫晋泰a,「조선의 동요와 아동성」,『손진태선생전집』 6, 太學社 1981(1927).
孫晋泰b,「조선민족의 구성과 그 문화」,『손진태선생전집』 6, 태학사 1981
　　(1927).
孫晋泰c,「진단학보 제10권」,『손진태선생전집』 6, 태학사 1981(1939).
孫晋泰d,「국사교육의 기본적 제문제」,『손진태선생전집』 6, 태학사 1981(1947).
孫晋泰e,「국사교육 건설에 대한 구상」,『새교육』 1948년 8・9월 합병호.
孫晋泰f,『朝鮮民族史槪論』 上, 을유문화사 1948.
孫晋泰g,『조선민족문화의 연구』, 을유문화사 1948.
孫晋泰h,『國史大要』, 을유문화사 1986(1949).

주요 연구논저

趙潤濟,「나와 국문학과 학위」,『陶南雜識』, 을유문화사 1964(1952).
金容燮,「우리나라 근대역사학의 발달」,『문학과지성』 1971년 여름호.
李基白a,「新民族主義史觀論」,『한국사학의 방향』, 일조각 1978(1972).
金貞培,「新民族主義史觀」,『한국고대사론의 신조류』, 고려대출판부 1980(1979).
李基白b,「손진태의 학문과 업적」,『韓國史像의 再構成』, 일조각 1991(1981).
李基白c,「한국사연구의 방법론적 반성」,『한국사상의 재구성』, 일조각 1991
　　(1982).
李昊榮,「역사의 현재적 비판 —— 손진태의 신민족주의 입장」,『史學志』 16, 단
　　국대 사학회 1982.
金允植,「陶南思想과 신민족주의사관 —— 南滄과 陶南」,『한국학보』 33, 일지사
　　1983.
李弼永,「남창 손진태의 역사민속학의 성격」,『한국학보』 41, 일지사 1985.
韓永愚,「손진태의 신민족주의사관」,『한국독립운동사연구』 3, 독립기념관 한국
　　독립운동사연구소 1989.

제 8 장

이 병 도

李丙燾 1896~1989

1. 가계와 생애

두계(斗溪) 이병도(李丙燾)는 94세의 비범한 장수기록을 세우면서 근 70
년간의 연구활동을 통해 해방 전후 시기의 우리나라 역사학 발전에 큰 발
자취를 남겼다.

조선시대 서인(西人)과 노론(老論)의 대표적 가문의 하나이던 우봉이씨
(牛峰李氏)의 후예로서 대한제국 성립 전 해에 태어난 그는 양반자제가 흔
히 그러하듯이 6세부터 훈장(訓長)을 가정에 초빙하여 한학(漢學)교육을
받기 시작했다.

그의 직계 중에는 중종 때 현량과(賢良科)로 입사한 이승건(李承健), 인
조 때 김장생(金長生) 문인이던 이유겸(李有謙), 현종 때 송시열(宋時烈)
문인으로서 이조판서에 오른 이익(李翊) 등 명류(名流)가 있다. 그러나 이
익의 손자 이관(李綰)이 숙종 때 신임사화(辛壬士禍, 노론 실각)를 계기로
하여 충청도 보령(保寧)으로 낙향하면서 그 후손들은 200여 년간 지방의
한사(寒士)로 지냈으며, 그 사이 거처를 보령에서 경기도 용인(龍仁)으로
옮겼다.

이병도의 직계조상이 다시 관계에 오른 것은 부친 이봉구(李鳳九)가 무

과에 합격하여 충청도 수사(水使)가 되면서부터이다. 그러나 을사조약 (1905)과 정미조약(1907)으로 국운이 기울어지고 지방에는 활빈당(活貧黨) 이 지주를 습격하는 등 어수선한 분위기 속에서 1907년 부친은 가족을 거 느리고 서울로 이사온 후 그해 타계했다. 그의 나이 12세 때 일이다.

5형제의 막내(재취 부인의 소생)로 태어난 이병도는 서울에 온 후 비로소 신학문에 눈떠 보광(普光)학교(교장 李鍾一)와 불교고등학교(日人경영)를 다 니고, 국치(國恥) 직후에 보성(普成)전문학교 법과에 입학했다(1912). 일 인(日人)이 경영하는 불교학교에 입학한 것은 당시 붐을 이루고 있던 일어 (日語)를 공부하기 위함이었다고 한다(『成己集』, 286면).

보성전문을 졸업한 그는 가족 몰래 일본으로 건너가 와세다대학 예과를 거쳐 '사학 및 사회학과'를 졸업하였는데(1916~19), 일인(日人)학자 요시다 (吉田東伍)의 『일한고사단(日韓古史斷)』에 자극을 받아 한국사를 전공으로 택하였으며, 토오꾜오제대의 이께노우찌(池內宏)와 와세다 강사 쯔다(津田 左右吉)로부터 개인적인 지도를 받아 문헌고증학의 기초를 다졌다.

3·1운동이 일어나던 해 귀국한 그는 중앙학교(교장 崔斗善)에 재직하면 서 김억(金億)·남궁벽(南宮璧)·염상섭(廉想涉) 등 일본유학생 출신 문인 들과 더불어 『폐허(廢墟)』 창간(1920)에 참여했으나, 사학(史學)의 뜻을 이루기 위해 이께노우찌의 권유와 추천을 받아 1925년에 설치된 조선사편 수회(朝鮮史編修會)에 촉탁을 맡으면서 학문활동을 시작했다. 이때 그의 나이 30세였는데 해방 직전까지 그 일을 20년간 맡으면서 규장각(奎章閣) 도서를 열람할 기회를 가졌다. 이것은 그가 학자로서 성장하는 데 큰 밑거 름이 되었다.

조선사편수회는 민족주의 역사가인 박은식(朴殷植)의 『한국통사(韓國痛 史)』(1915)가 출간되어 항일정신이 크게 고취되는 데 자극을 받아 우리 민 족의 독립정신을 말살하기 위해 만든 어용학술기관으로서, 비록 무보수라 하지만 그 촉탁을 맡은 것은 명예로운 일은 아니었다. 그러나 처음부터 독 립운동의 수단으로서 사학을 택한 것이 아니라, 일인 학자와 학문적으로 경쟁한다는 일념을 품은 이병도는 일본 학계와 긴밀한 관계를 가지면서 토 오꾜오대 중심의 역사전문학술지인 『사학잡지(史學雜誌)』와 『동양학보(東

洋學報)』그리고 조선사편수회 기관지인 『청구학총(靑丘學叢)』 등에 잇따라 논문을 발표하였다. 1926년부터 1934년에 『진단학보(震檀學報)』를 창간할 때까지 그가 일본 학계에 발표한 논문들은 크게 조선시대 유학사(儒學史)와 고려시대의 풍수도참(風水圖讖)사상, 그리고 한사군(漢四郡)의 강역에 관한 것들이었다.

일본인이 주관하는 학회지를 통해 발표된 13편의 논문은 그 주제가 민족의식을 고취하는 것과는 거리가 먼 것이었지만, 사실고증(史實考證)의 측면에서는 수준이 매우 높은 것이어서 엄밀한 의미에서 본격적인 사학 논문은 그에게서 시작되었다 해도 과언이 아니다.

1934년의 진단학회(震檀學會) 창립과 그 학회지인 『진단학보』의 창간은 이병도 개인의 학문생활에서뿐 아니라, 우리나라 역사학 연구와 나아가 국학(國學) 연구에 큰 획을 긋는 사건이었다. 일본에 유학하여 최초로 사학을 전공한 이는 구한말의 최남선(崔南善)이었으나, 그의 유학생활은 단기간에 그치고 말아 학자로서의 기초를 충분히 다지지 못하였다. 따라서 대학과정을 정상적으로 마치고 논문작성훈련을 쌓고 귀국한 것은 이병도가 최초라 할 수 있다. 그의 뒤를 이어 김상기(金庠基)·이상백(李相佰)·손진태(孫晋泰) 등이 와세다대학에서 역시 사학을 전공하고 귀국하였으며, 국내에서도 1924년에 경성제대가 창립되어 1930년대에는 유홍렬(柳洪烈)·신석호(申奭鎬) 등 사학자와 이숭녕(李崇寧)·조윤제(趙潤濟) 등의 국어국문학자들이 배출되어 어느정도 학회를 조직할 만한 인력을 갖추게 되었다. 여기에다 1930년대 초에는 유물사관의 백남운(白南雲)이 『조선사회경제사(朝鮮社會經濟史)』와 『조선봉건사회경제사(朝鮮封建社會經濟史)』 등 무게있는 저서를 내고 이청원(李淸源)·이북만(李北滿) 등이 비슷한 경향의 학문활동을 전개하여 우파 계열의 학인(學人)들로서는 이와 경쟁할 만한 학회를 결성할 필요성이 더욱 절실해졌다. 또한 국학을 전공한다면서 일본 학회지에 일문(日文)으로 논문을 쓴다는 것은 학인들 자신의 자존심을 상하게 할 뿐 아니라, 우리말로 글을 쓰던 민족주의 계열의 학인들에 비해 명분상으로도 불리할 수밖에 없었다. 진단학회는 바로 이와같은 여러 상황이 복합되어 탄생된 것이다.

256

『진단학보』는 이병도를 중심으로 하여 편집진용이 짜여졌는데, 와세다대와 경성제대 출신의 20~30대 소장학자들이 핵심위원으로 논문을 기고하였으며, 재정적 후원은 이병도 자신과 김성수(金性洙)·윤치영(尹致暎)·윤치호(尹致昊)·최규동(崔奎東)·이능화(李能和)·송진우(宋鎭禹)·조만식(曺晚植)·안확(安廓)·문일평(文一平)·황의돈(黃義敦)·권덕규(權悳奎)·최두선(崔斗善)·이광수(李光洙) 등이 맡았다.

우리나라 최초의 학술전문지인 『진단학보』는 '조선 및 인근 문화의 연구'를 표방하면서, 그러한 연구를 통해 '조선문화를 개척·발전·향상시킬 것'을 목적으로 한다고 창간사에서 밝혔듯이, 1930년대 민족개량주의자들이 벌인 문화운동과 궤도를 같이하는 학술활동을 대표하고 있었다. 그런 까닭에 진단학회의 활동은 비슷한 계열의 언론사인 『동아일보』『조선일보』 등으로부터 열렬한 환영을 받았고, 일제 당국으로부터도 별다른 박해를 입지 않고 활동을 계속하여 1942년에 자진 폐간할 때까지 14집의 학보를 발간할 수 있었다. 폐간의 직접 원인은 이해 조선어학회 사건으로 이윤재(李允宰)·이희승(李熙昇) 등 국어학 전공의 회원들이 투옥되는 사건이 발생한 까닭이었다.

『진단학보』가 발간되는 동안 이병도는 거의 매호마다 논문을 투고하여 40대의 무서운 연구의욕을 보여주었는데, 이 시기에도 역시 조선시대의 유학사와 풍수지리사상 그리고 고대사의 강역에 관한 연구가 중심을 이루었다. 특히 7회에 걸쳐서 연재한 「삼한(三韓)문제의 신고찰(新考察)」은 이병도사학의 대표로 불릴 만한 노작(勞作)으로서 학계에 끼친 영향도 매우 컸다.

50세의 장년으로 8·15를 맞이한 그는 경성대학 교수를 거쳐, 서울대학교 문리과대학 교수로 취임하여(1946. 9) 중앙도서관장(1947)·박물관장(1953)·대학원장(1954) 등의 보직을 맡는 한편, 밖으로 학술원·시사편찬위원회·국사편찬위원회 등의 위원을 겸임하여 국사학계의 중심인물로 활약하기 시작했다. 일제시대에 일반국민들에게 큰 영향을 준 것은 민족주의 역사가들이나 유물사관 역사가들이었다. 이들의 역사학은 강렬한 실천성을 띠고 있었기 때문이었다. 그러나 해방 후 그 실천성은 정치로 빠지게 되어

대학강단에 서는 사람은 극히 적었다. 그 공백을 진단학회 중심의 전문적 역사학자들이 메우게 된 것이다.

초창기의 서울대학에 들어온 진단학회 출신 교수들은 이병도를 비롯하여 김상기·이상백·손진태·이인영(李仁榮)·유홍렬 등이었는데, 모두 사학과에 소속될 수가 없어서 이상백은 사회학과에, 유홍렬은 사범대학 역사학과에 각각 소속되었다. 비단 역사학계뿐 아니라 국어국문학 분야도 진단학회 출신의 조윤제·이숭녕이 서울대학으로 들어왔다. 진단학회 회원이 학계를 완전히 장악한 것이다.

그러나 진단학회와 그 중심인물이던 이병도의 처지는 그렇게 순탄한 것만은 아니었다. 민족주의 성향의 인사와 그렇지 않은 인사 사이에 갈등이 일어난 것이다. 그것이 이른바 진단학회에서의 친일파 제명운동 사건이었다. 일제말기부터 손진태와 더불어 소위 '신민족주의사관'을 모색해오던 조윤제가 해방 후 친일파 제명을 주장하고 나선 것이다. 이러한 과정에서 이병도는 새로 재건된 진단학회의 위원장을 맡지 못하고, 송석하(宋錫夏)와 조윤제가 위원장과 총무를 맡게 되었는데, 송석하가 곧 타계하자 이상백이 그 뒤를 잇게 되었다(1948. 8).

해방 후 잠시 위축되었던 이병도는 6·25전란중에 민족주의자와 좌익인사들이 대거 월북하거나 납북되고, 극심한 반공주의 정책 하에서 친일파문제가 조용해지면서 학계의 최고 원로로서 그 위상이 한층 높아지게 되었다. 1954년에 그는 진단학회의 이사장으로 다시 취임하여 1989년에 타계할 때까지 35년간 실질적으로 진단학회를 이끌어갔다.

6·25 이후 이병도의 활동영역은 더욱 넓어져서 학내에서는 서울대학교 대학원장(1954)을, 학외에서는 학술원 부원장(1954)을 맡았으며, 1960년의 4·19혁명으로 자유당 정권이 무너지고 허정(許政) 과도정권이 들어서자 4개월간 문교부장관에 취임하기도 하였다(1960. 4). 그리고 이해 학술원 원장에 올라 20여 년간 학술원을 이끌었다. 그가 일시적이지만 관계로 나간 것은 허정과의 보성전문 동창관계가 인연이 된 것으로 보인다.

1961년 대학교수 정년제가 실시되면서 그는 서울대학을 물러나(1961), 국민대학 학장(1961), 성균관대학 교수(1965)를 역임하고, 각종 교육·문화

단체의 이사를 겸임하는 한편, 박정희(朴正熙)정권하에서는 국토통일원 고문(1970), 전두환(全斗煥)정권 시절에는 국정자문위원(1980) 등을 맡기도 하였다.

해방 후, 특히 6·25전란 후 우리나라 학계를 대표하는 위치에서 교육행정과 사회활동으로 많은 시간을 빼앗기는 생활 속에서도 이병도는 연구활동을 잠시도 멈추지 아니하고 근 60편의 논문과 28권의 저서를 출간하는 놀라운 저력을 보여주었다. 우선 저서만 가지고 말해도, 순수학술서적으로 고려시대의 풍수지리사상 연구서인 『고려시대의 연구』(1948), 한국고대사 연구논문을 모은 『한국고대사연구(韓國古代史研究)』(1976), 우리나라 유학사를 체계화한 『한국유학사(韓國儒學史)』(1987)를 대표로 꼽을 수 있다. 그밖에 대학생과 일반인들의 교양도서로 쓴 『국사대관(國史大觀)』은 수정판을 거듭 내면서 1940~60년대까지 국사개설서의 왕자(王者)의 자리를 누리면서 널리 읽혔고, 『삼국사기』와 『삼국유사』의 역주본은 지금까지도 이를 능가하는 업적이 나오지 못하고 있다. 그리고 그의 수상집 『두계잡필(斗溪雜筆)』(1956) 『두실여적(斗室餘滴)』(1975) 『성기집(成己集)』(1983) 『나의 인생관』(1984) 등은 그의 인생관과 학문관을 이해하는 데 도움을 준다.

2. 이병도의 國史觀

이병도는 94세의 생애중 60여 년간을 학자생활로 일관한 순수 역사학자이면서도 어떤 사관(史觀)을 표방한 일이 없었다. 그렇다고 어떤 사관을 특별히 비난하거나 비판하지도 않았다. 그는 엄밀한 문헌고증에 바탕을 두고 사실(史實)을 사실대로 밝히는 것이 역사학자의 임무라고 믿고 있었다. 그리고 그 신념은 일평생 변함없이 지속되었다.

그가 역사학자로 활약했던 1920년대에서 1980년대까지는 그야말로 이념의 홍수 속에서 민족주의와 사회주의가 양극구도를 이루었고, 많은 역사학자들이 그 주의를 내걸고 치열한 현실투쟁을 전개하던 때였다. 그러나 이병도는 한번도 이념과 현실투쟁에 몸을 던진 일이 없었고 초지일관 문헌고

증의 외길만을 걸어왔다. 이러한 그의 독특한 경력과 학문자세가 이념과
사관을 중요시하는 학자들에게서는 미더운 시선을 끌지 못한 것도 사실이
다. 그러나 바로 그 점 때문에 이병도의 학문생활에는 한시의 단절도 없었
고, 순수학자의 면모란 저런 것이구나 하는 좋은 본보기를 후생들에게 가
르쳐주었다고 할 수 있다.

  이병도는 주의와 사관을 표방한 일이 없으나, 역사학 자체에 대한 집념
과 애착은 대단하였다. 근대역사학의 아버지로 불리는 독일사가 랑케
(Ranke)가 '역사를 위한 역사'와 '있는 사실 그대로의 역사'를 표방하면서
역사를 철학으로부터 독립시켜놓은 것처럼, 우리나라 사학사에서 역사를
완전히 독립된 학문으로 정착시킨 이를 꼽는다면 아마 이병도를 첫째로 들
어야 할 것이다. 그는 우리나라의 랑케와 같은 존재였다.

  랑케의 사학이 메이지(明治)유신 이후 일본에 들어가 쯔다(津田左右吉)
등에 의해 고등문헌비판(高等文獻批判)사학으로 발전하고, 이병도가 다시
그 영향을 받아 한국의 고등문헌비판사학의 단서를 열었다고 할 수 있는
데, 이는 우리나라 근대사학이 반드시 거쳐야 할 단계였던 것이 사실이다.
더욱이 일제시대의 간난했던 시대조건에서 독립운동과 병행하여 사학을 하
는 역사가들이 대개는 아마추어 수준을 크게 벗어나지 못했던 것과 비교할
때 이병도사학은 그 문헌취급방법에서 한 단계 위에 있었던 것이 사실이
다.

  그러나 이병도사학은 그 방법론의 세련성에 비하면 문제의식이 뒤떨어져
있음을 부인할 수 없다. 그것은 강렬한 실천적 문제의식을 지닌 민족주의
역사가나 사회주의 역사가 어느 쪽과도 거의 교류가 없이 일인(日人) 고증
학자의 지도와 영향 하에서 학문생활을 꾸려온 그의 경력과 관련이 있다.
이병도사학의 문제의식은 독립정신을 고취한다거나 계급의식을 고취하기
위해서 혹은 역사발전에 대한 신념에서 출발한 것이라기보다는 그 자신이
항상 표명해왔듯이 일본인과의 학문적 경쟁의식이 더 큰 동기유발 요인이
었다. 다시 말해 우리가 흔히 말하는 식민주의 역사학과의 정면대결이 아
니라 일인 사학의 큰 테두리 속에서 한국인의 능력을 보여주고자 하는 동
참(同參)적 경쟁의식이라 할 수 있다.

이러한 이병도사학의 한계성은 무엇보다도 시대구분에서 잘 나타나는데, 고대에서 조선말기에 이르는 우리나라 역사는 귀족사회로 일관한다고 보고, 왕조교체에 따른 사회적 진보의 측면은 거의 인정하지 않고 있다. 특히 조선왕조시대는 고려시대보다도 더욱 부정적으로 인식되고 있는데, 이는 유교(특히 주자학)와 양반, 그리고 그들의 정치형태인 당쟁(黨爭)을 조선왕조의 정신문명과 물질문명의 발달을 저해한 중대원인으로 이해한 것과 관련이 있다. 그의 조선시대 이해태도를 보여주는 예로서 『국사(國史)와 지도이념(指導理念)』(1955)의 한 구절을 옮겨본다.

근조선(近朝鮮)의 모든 기구와 조직이 중앙집권적인 양반중심적인 점은 고려조보다도 더 심한 편이었고, 특히 불교 중심의 문화가 유교 중심으로 변한 것은 근조선의 성격을 가장 크게 특징지운 것이라고 하겠다. … 유교사상에는 물론 취할 점도 있지만 … 비난할 점도 적지 않다. 너무도 명분적인, 봉건적인, 사대적인, 상고적(尙古的)인, 허례형식적(虛禮形式的)인, 중농적(重農的)인 주의(主義)와, 숭문천무(崇文賤武)·남존여비(男尊女卑)·관존민비(官尊民卑)의 사상, 기타 차별(差別)·편파(偏頗)·배타적(排他的)인 점이 많다. 유교의 이러한 점이 원래 정체적(停滯的)이요, 인습적(因襲的)이요, 또 편파적인 반도(半島)국민에게 일층의 박차를 가한 것이라고 나는 본다. (40~41면)

조선시대에 대한 부정적 시각은 1920년대 초에 이광수의 「민족개조론(民族改造論)」이 나오면서 거의 모든 지식인들에게 보편적으로 나타난 것이지 이병도사학에만 특징적으로 보이는 것은 아니다. 그러나 민족주의 계열의 사가들 중에는 1920년대 초부터 조선시대 정치사와 문화사를 발전적으로 이해하는 경향이 나타났음을 유념할 필요가 있다. 이를테면, 안확의 『조선문명사(朝鮮文明史)』(일명 『朝鮮政治史』)나 1930년대 중반에 나타난 정인보(鄭寅普)·안재홍(安在鴻) 등의 조선학운동과 그 실천적 연구과제였던 소위 실학연구 붐이 그것이다.

이병도는 조선시대를 특히 부정적으로 인식하였지만, 우리나라 역사의 전체도 크게 보아 정체성을 특징으로 갖고 있다고 믿었다. 그는 국사의 특수성을 다음과 같이 적고 있다.

국사의 특수성은 무엇이라 할 수 있을까. … 첫째, 우리 과거의 사회생활이 대가족제와 농업자연경제를 주로 하여 오래동안 거기에 안정자족(安定自足)하고, 현실에 집착·감내하여온만큼 일면 평화성(유순성)과 아울러 강인성·정체성을 띠우고 있음을 부인치 못할 사실이다. … 이것이 한편으로 참신한 발달을 저해케 한 일인(一因)이었던 것이다. (『국사와 지도이념』, 9~10면)

이병도는 국사의 특수성을 평화성(유순성)·강인성·정체성으로 이해하여 전반적으로 부정적 시각을 보이면서도, 중국과 일본의 강대국 사이에서 민족사회를 유지해온 자기자성(自己自性)이 있었음을 주목하고, 그 자기자성을 '공동체적 정신'에서 찾고 있다. 그가 우리 민족의 지도이념이라고 강조하는 '공동체적 정신'이란 개인이 전체(씨족·부족·국가·민족)를 위하여 협동 부조(扶助)하는 정신을 말하는 것으로(『국사와 지도이념』, 12면) 이는 다른 말로 '타협주의'로도 이해되고 있다.

이병도에 의하면, 공동체는 공동사회(Gemeinschaft)와 이익사회(Gesellschaft)의 두 종류가 있는바, 개인의 이익을 중심에 두고 결합된 것이 '이익사회'라면, 개인의 희생과 종속 위에서 전체의 이익을 위하여 결합된 형태가 '공동사회'인 것이다. 그가 우리 민족의 최고 지도이념이라고 생각하는 공동체적 정신이란 바로 '공동사회'를 위한 협동정신을 말하는 것으로서, 신라의 화랑도정신과 고려 태조의 고구려통일정신, 『삼국사기』에 나타난 인종(仁宗)의 민족의식(김부식은 사대주의자)과 『삼국유사』의 민족의식, 그리고 고대로부터 면면히 이어져온 두레·향도(香徒)·계·향약 등의 민간협동체를 들고 있다. 이밖에 고대의 화백(和白)회의와 고려의 도병마사(都兵馬使) 그리고 조선의 비변사(備邊司)회의 등에서도 타협정신과 민주주의적 요소가 깃들여 있음을 지적하고 있다.

이병도가 우리 민족의 지도이념으로서 협동과 타협의 전통을 찾으려 한 것은 6·25 이후 국민적 단결을 호소하려는 데 현실적 목표를 둔 것으로서, 그의 냉정한 학문태도가 다소 이념지향적으로 변해간 것을 보여주는 대목이다. 그러나 우리나라 역사의 전반적 특성을 정체적·인습적·편파적이라고 규정한 입장과 협동과 타협의 아름다운 전통을 찾으려 한 두 입장 사이의 논리적 통일성을 찾기 어려운 것은 이병도사학의 자기갈등의 일면 을 보여준다고 하겠다.

3. 이병도의 국사 연구

(1) 고대사 연구

이병도의 국사 연구는 고대사와 고려시대 풍수지리사상, 그리고 조선시 대 유학사의 세 분야로 크게 압축된다. 이 중에서 가장 역작(力作)으로 꼽 히는 것은 고대사 연구로서 학계에 끼친 영향도 가장 크다.

이병도의 고대사 연구에서 가장 주목되는 것은 한사군의 위치와 삼한 문 제에 대한 일련의 연구이다.

한사군의 위치에 대해서는 조선후기 학인들 사이에서도 많은 논란이 있 어왔고, 일제시대 일인 학자 사이에서도 의견의 통일을 보지 못했던 난제 였다. 이병도는 낙랑(樂浪)이 지금의 평양이라는 통설에는 이의를 갖지 않 고 받아들였으며, 현도(玄菟)를 퉁가강(佟佳江) 방면의 고구려 지방으로, 임둔(臨屯)을 함경남도 지방으로, 진번(眞番)을 자비령 이남 한강 이북으 로 각각 비정하는 견해를 제시했다. 이중에서 낙랑·현도·임둔의 위치에 대한 고증은 대체로 안정복(安鼎福)·한진서(韓鎭書) 등 조선후기 남인(南 人)학자들의 주장과 비슷하나, 진번의 위치에 대한 비정은 특이하여 학계 의 주목을 크게 받았다. 이병도의 한사군 연구는 당시 신채호·정인보 등 민족주의 역사가들이 한사군의 허구성을 주장하면서 그 위치를 만주지방에 비정하던 것과는 대조적이며, 결과적으로 한사군의 중심지가 한반도에 있 음을 재확인하는 것이 되었다. 어쨌든 그의 학설은 오늘까지도 우리 학계 의 통설로 받아들여지고 있다.

다음에 이병도가 심혈을 기울여 쓴 것은 삼한의 위치와 그 변천과정이었 다. 원래 삼한 문제에 관해서는 조선후기 학자들간에 많은 연구가 있어 ①

삼한의 위치는 한강 이남이며, ② 삼한의 주민은 중국에서 주대(周代)부터 파상적으로 이주해와 이미 준왕(準王)이 남쪽으로 내려오기 전에도 마한(馬韓)이 있었으며, ③ 마한은 경기·충청·전라도로서 그 중심지는 익산(益山, 目支國)이며, 진한(辰韓)은 낙동강 동쪽의 경상도지방, 그리고 변한(弁韓)은 경상남도의 해안지방이라고 각각 비정하는 것이 통설처럼 되었다.

이에 대하여 이병도는 매우 다른 견해를 제시했는데, 그 요지는 이렇다. 준왕이 남천(南遷)하기 전에 이미 한강 이남에는 진국(辰國)이 있었는데, 그 중심지는 지금의 직산(稷山)으로서 그 지역을 월지국(月支國)이라고 불렀다. 위만에게 나라를 뺏긴 준왕은 지금의 광주(廣州)지방에 내려와 한왕(韓王)이라고 하였는데, 이는 소위 준왕의 성(性)이 기씨(箕氏)가 아니라 한씨(韓氏)인 까닭이다. 기자(箕子)는 우리나라에 온 일이 없으며, 소위 기자조선(箕子朝鮮)은 토착인 한씨가 세운 국가에 지나지 않는다. 준왕이 내려와 한왕을 자칭한 이후로 모든 한강 이남의 유이민(流移民)들이 한(韓)이라는 명칭을 쓰게 되었는데, 경기·충청·전라도 지방의 한을 마한이라 하고, 마한의 동북지방 경기도(한강유역)에 있던 것이 진한이며, 경상도지방의 한이 변한이라 불렸다.

이상과 같은 삼한에 대한 새로운 연구는 조선후기 이래의 통설을 뒤집은 파격적 해석으로서 특히 진국(辰國)의 존재를 확인한 것은 큰 수확으로 받아들여지고 있다. 그러나 진국의 위치나 삼한의 위치에 대한 비정은 많은 의문점을 지니고 있어서 학계의 호응을 얻지 못하였다.

한편, 기자동래설(箕子東來說)을 부인하여 한씨조선설(韓氏朝鮮說)을 주장했던 이병도는 위만(衛滿)에 대해서도 그가 상투를 틀고 왔다는 사실에 주목하여 조선족(朝鮮族)일 것으로 해석하였다.

이병도의 고대사 연구에는 이밖에도 임나일본부설(任那日本府說)을 부인하는 등 일본 학계와는 다른 모습이 많이 보이고 있으며, 우리나라 상고사의 전개과정을 토착사회의 자체적인 발전과정으로 이해하려는 노력이 주목된다.

(2) 고려·조선시대 연구

이병도는 1920년대 중반의 역사연구 출발 초기부터 고려시대 풍수지리사상에 관한 논고를 발표하여 해방 후 이를 모아 『고려시대의 연구』(1948)로 출간하였다. 이 책이 우리나라 최초의 박사학위논문이기도 하다(1952).

위 저서는 고려와 조선초기의 지리도참(地理圖讖)사상을 주로 국도(國都)문제와 관련시켜 연구한 것으로 우리나라 사상사의 큰 줄기의 하나인 지리도참 연구의 길을 터놓았다는 데 큰 의의가 있다. 그러나 저자의 문제의식은 풍수지리사상이 지닌 민족지리학(民族地理學)으로서의 긍정적 측면을 밝히기보다는 미신적·신비적 측면과 그 해독을 강조하고자 하는 데 있었다.

다음에 「이율곡(李栗谷)의 입산동기(入山動機)에 대하여」(1926)부터 시작된 이병도의 조선시대 유학사(儒學史) 연구는 권근(權近)(1929)·서경덕(徐敬德)(1936)·이구(李球)(1936)·이언적(李彦迪)(1936)·성해응(成海應)(1938)·정도전(鄭道傳)(1959)·박세당(朴世堂)(1966)·이이(李珥)(1957)·이덕무(李德懋)(1966) 등에 대한 개별연구로 이어졌다. 그리고 그는 우리나라 유학사에 관한 개설서로서 『자료한국유학사초고(資料韓國儒學史草稿)』(1959)를 한문으로 써서 등사판으로 펴낸 데 이어, 이를 한글로 풀고 설명을 보충하여 『한국유학사』(1987)를 저술하였다.

이병도의 유학사 연구는 20년간 조선사편수회에 참여하면서 규장각 도서를 참고할 기회를 가졌던 데서 얻어진 성과인데, 장지연(張志淵)의 『조선유교연원(朝鮮儒敎淵源)』 이후 실증적인 방법론으로 유학사 연구가 시작된 것은 그의 연구가 최초라 할 수 있다. 그는 『한국유학사』의 서설에서 '유교의 현대적 학문체계의 수립'을 가장 중요한 과제로 주장하면서 유교 자체에 대한 비판과 과거 유교사상에 대한 취사선택 및 동서사상의 절충을 강조하고 있는데, 이것이 바로 그가 유학사를 다루고 있는 시각이라 할 수 있다.

이병도의 유학사 연구는 대표적 유학자의 형이상학(形而上學)을 주로 소개하고 정치·경제·사회사상을 다루지 않아 사상사의 차원에는 이르지 못했으나, 성리학과 도맥(道脈)에 치중했던 조선조 학인들의 유학사 인식수준을 한 단계 높인 것은 인정될 수 있다.

4. 이병도의 사학사적 위치

이병도는 우리나라 지식인들이 좌와 우, 항일과 타협으로 양분되던 1920년대부터 우파 계열의 학인으로서 타협주의 노선을 따르면서 역사학의 전문성을 제고하는 데 앞장서온 인물이다. 그는 일본에서 사학을 공부한 최초의 유학생(최남선이 사학전공자로서 앞서지만 곧 중퇴함)으로, 귀국 후에는 조선사편수회에 참여하여 오직 자료수집과 연구활동에만 전념했고, 1934년부터 근대적 학술전문지인 『진단학보』 발간을 주도하면서 일평생을 학자로 일관했다.

이와같은 그의 독특한 생애는 지식인으로서의 양식(良識)에 충실하지 못했다는 한계를 지니고 있으나, 역사학이 근대적 학문으로 나아가기 위해 반드시 거쳐가야 될 고등문헌비판의 방법론과 역사학의 전문화의 길을 열어놓은 공로는 크다고 하지 않을 수 없다. '역사를 위한 역사'와 '역사학의 전문화'라는 과정을 밟지 않고 근대역사학의 발전을 생각할 수 없다면, 이병도는 바로 서양에서 그러한 과정을 열어놓은 19세기 초의 독일 사학자 랑케에 비유될 수 있다.

그러나 지식인의 양심과 학자로서의 전문성이 동시에 요구되었던 일제시대와 해방 후의 특수한 시대상황 속에서 학자로서의 전문성에만 치중해왔던 그의 인생관과 시국관은 자연히 그의 학문이 국민 속에 살아 숨쉬는 생기있는 역사의식을 고취하지 못하게 한 것도 사실이다.

더욱이 1950년의 6·25 이후 민족주의자와 사회주의 계열의 학인들이 자취를 감춘 상황에서 이병도의 사학은 독보적 위치를 차지하고 막강한 영향력을 과시하였으나, 1960년의 4·19 이후로 그의 영향력은 급속히 줄어들기 시작하였다. 사관과 학자적 전문성을 함께 갖추려는 새로운 학풍이 일

266

어난 것이다.

역사의식과 역사방법론(특히 실증적 방법론)을 '체(體)'와 '용(用)'의 관계로 비유할 수 있다면, 이병도사학은 '체(體)'의 역사학이 아니라 '용(用)'의 역사학을 발전시키는 데 큰 공을 세웠다고 할 수 있다. 〔韓永愚〕

□ 참고문헌

『譯註三國史記』(3책), 博文舘 1941.
『朝鮮史大觀』, 同志社 1948.
『高麗時代의 研究』, 乙酉文化社 1948.
『하멜 漂流記』(譯書), 一潮閣 1954.
『新修國史大觀』, 普文閣 1954.
『國史와 指導理念』, 一潮閣 1955.
『對譯詳註 三國史記』(3책), 春潮社 1956.
『譯註三國遺事』, 東國文化社 1956.
『斗溪雜筆』, 一潮閣 1956.
『資料韓國儒學史草稿』, 서울大 國史研究室 1959.
『韓國史(古代篇)』, 乙酉文化社 1959.
『韓國史(中世篇)』, 乙酉文化社 1961.
『韓國史大觀』(『國史大觀』 修補篇), 普文閣 1964.
『내가 본 어제와 오늘』, 新光文化社 1966.
『韓國古代社會와 그 文化』, 瑞文堂 1972.
『栗谷의 生涯와 思想』, 瑞文堂 1973.
『斗室餘滴』, 博英社 1975.
『修正版 譯註蘭船濟州島難破記』, 一潮閣 1975.
『韓國古代史研究』, 博英社 1976.
『修正版 譯註並原文 三國遺事』, 廣曺出版社 1976.
『國譯三國史記(全)』(原文國譯 각 1책), 乙酉文化社 1977.
『韓國의 儒學思想』(韓國思想全集 2, 共譯), 三省出版社 1981.
『成己集』, 正和出版文化社 1983.
『韓國史의 理解』, 三省出版社 1984.

『나의 人生觀』, 徽文出版社 1984.
『韓國儒學史略』(漢文本), 亞細亞文化社 1986.
『韓國儒學史』(國文本), 民族文化推進會 1987.
『震檀學報』 71호에 실린 특집 중 회고담.

제 9 장

김 상 기

金庠基 1901∼1977

　오늘날 한국 동양사학(특히 중국사)의 관계자들은 동빈(東濱) 김상기(金
庠基)를 '근대' 한국 동양사학의 개창자로 지적하는 데 주저하지 않는다.
그러나 동빈이 77년의 생애를 통하여 남긴 학문적인 성과 중 강의용의 간
단한 개설서 『중국고대사강요』(1948)와 『동양사기요』(1951)를 제외한 『동학
과 동학란』(1947) 『동방문화교류사논고』(1948) 『동방사논총』(1974)에 수록된
30편의 논문, 그리고 『고려사』를 분해하여 철저하게 재구성한 듯 정치(精
緻)한 고려시대의 통사 『고려시대사』(1961)를 보면 실제 본격적인 중국사
논문으로 분류될 수 있는 것은 2, 3편에 불과하며, 나머지는 사실상 국사관
계의 논문이다. 그러나 이 '국사' 논문들 중 대부분은 중국과의 교섭 및 문
화교류에 관한 것으로 이른바 '한·중관계사'의 범주에 속한다. 해방 이후
한국에서의 중국사 연구 초기 단계에서 성행한 이 범주의 연구들이 대부분
1948년 이후 서울대학교 문리과대학 사학과 교수로서 후학을 지도하기 시
작한 동빈의 학문적 관심에 직접 또는 간접적인 영향을 받은 것도 사실이
며, 혹자는 그가 '근대' 한국 동양사학 연구의 기점으로 인정되고 있는 이
유를 여기서 찾을 수 있다고 생각할지도 모른다.

　그러나 그의 '한·중관계사'의 목표는 단순히 한국과 중국의 피상적인 교
섭과 왕래를 확인·정리하는 것은 결코 아니었다. 그는 훗날 만년(晩年)의

연구성과를 정리한 『동방사논총』의 서문을 통하여 자신의 일관된 관심을 "일본의 어용학자들에 의해서 고의적으로 왜곡된 역사적 사실, 특히 대외 관계에서의 왜곡을 시정하고 본연의 주체성을 천명하는 것"으로 지적한 바 있지만, 초기의 저술 『동방문화교류사논고』의 서문 중 다음과 같은 구절은 그의 학문적 세계를 좀더 적절히 설명하는 것 같다.

　　문화의 발전이란 그의 상호의 교류에서 촉치(促致)되는 것이다. … 지금 조선의 문물 가운데에는 고유의 것도 허다하나 일면에 있어 대륙에 그의 계통을 가진 것과 직접 혹은 간접으로 대륙의 영향을 받아 변화를 일으킨 것 또한 적지 아니하다. 이러한 반면 조선의 문물이 또한 대륙에 흘러가 그들의 문화량을 더욱 풍부하게 한 것도 적지 아니하니 … 이와같은 관점에서 문화교류의 상황을 들추며 다시 한걸음 나아가 각 분야에 걸쳐 문화적 요소의 계통을 밝히고 문화발전의 자상(姿相)을 살펴보는 것이 오인(吾人)의 과업이라 할 것이다. 이에서 일찌기 동방(東方) 제국(諸國)의 문화적 또는 정치적 교섭에 관하여 고구(考究)해보려고 저으기 힘써보기도 하였다.

　　즉 그의 관심은 상호 교류하며 발전하는 '동방 제국'의 문화와 그 계통을 이해하는 것이고, 이 과정에서 각 나라와 민족의 주체적 능동성을 본연의 모습대로 확인하는 것이었다. 이것은 곧 오늘날 동아시아사 연구자들이 추구하고 있는 역동적인 '동아시아 역사상'의 선구적 발견이었으며, 그가 두 편의 논문집의 제명으로 모두 '한중'이 아닌 '동방'을 선택한 것은 바로 이 때문일 것이다. 뿐만 아니라 '동방' 안에서의 한국의 주체적 위상을 확인하거나, 한국사란 축에서 '동방문화'를 이해한다는 동빈의 노력은 한국에서 이루어지는 동아시아 연구의 당위적인 목표와 방향을 제시한 것으로 평가해도 좋을 것이다. 일견 국사학자처럼 보이는 동빈이 '근대' 한국 동양사학의 원조로 이의 없이 인정되고, 그의 연구가 여타 '국사' 논저들과는 또다른 시각에서 한국사의 거시적인 이해에 크게 공헌할 수 있었던 것은 바로 이 때문이다.

　　그의 주요 논저를 주제별로 보면 대체로 다음과 같이 분류하여도 대과는 없을 것이다. ①「한예맥이동고(韓濊貊移動考)」「동이(東夷)와 회이(淮

夷)·서융(徐戎)에 대하여」등 민족의 연원을 중국 고대의 '동이(東夷)'와 결부하여 모색한 것. ② 「묘청의 천도운동과 칭제건원론(稱帝建元論)」이 예시한 중국에 대한 자주독립운동. ③ 「삼별초와 그 난에 대하여」와 『동학과 동학란』 「이해학(李海鶴)의 생애와 사상에 대하여」등에 보이는 반외세 저항운동. ④ 「백제의 요서(遼西) 경략에 대하여」 「고대의 무역형태와 나말(羅末)의 해상발전에 대하여」 「나말 지방군웅의 대중(對中) 교통」 「여송(麗宋)무역소고」 「고려전기의 해상활동과 문물의 교류」등 우리 민족의 적극적인 해양진출과 무역의 활황을 추적한 것. ⑤ 「금의 시조에 대하여」 「여진관계의 시말과 윤관의 북정」등 여진에 대한 고려의 선진성을 부각시킨 것. ⑥ 「송대에 있어서 고려본(高麗本)의 유통에 대하여」 「고려와 금·송과의 관계」등 고려의 문화적 우수성과 국제적 비중을 강조한 것. ⑦ 「대각국사 의천에 대하여」 「이익재의 재원(在元) 생애에 대하여」 「김추사 일문과 오난설(吳蘭雪)과의 문학적 교환(交驩)에 대하여」등 중국문화 또는 중국학인과 직접 교류하여 양측의 문화발전에 기여한 인물. ⑧ 「국사상에 나타난 건국설화의 검토」 「화랑과 미륵신앙에 대하여」 「오백년왕자흥설(五百年王者興說)에 대하여」 「태한(太旱) 전설의 유래에 대하여」등 주로 왕자의 신성성 또는 권력의 정당성을 합리화하는 고대인의 사유방식. ⑨ 「초고본 해동금석존고(海東金石存攷)」 「소철(蘇轍)의 '고사(古史)'에 대하여」 「윤연재(尹淵齋)와 그 유저에 대하여」등 문화사적으로 중요한 전적과 문헌의 소개. ⑩ 「갈문왕고(葛文王攷)」 「김유신묘의 이설에 대하여」 「독서당(湖堂)고」 「상고 중국의 말자상속에 대하여」등 역사상 중요한 제도와 문물에 대한 소개 및 고증.

특정한 시대의 특정한 주제를 '좁으나 깊고 체계적'으로 연구한다는 현재 연구자들의 관점에서 보면 그의 연구는 '방만하고 비체계적'이며 뚜렷한 문제의식도 없는 '박학'에 불과한 것처럼 보이기도 하고, 실제 그를 이른바 '실증사학자'의 범주로 분류하며 평가하는 일부 논자들이 그에 대한 아쉬움을 표하는 것도 바로 이 때문인 것 같다. 그러나 그의 전체 연구를 이상과 같이 주제별로 분류해놓고 보면 그가 자신의 확고한 학문적 관심을 얼마나 일관되게 견지하였는가를 알 수 있다. 특히 그의 학문적 참신성과 독창적인 착안이 빛나는 부분은 ①·③·④로 평가된다. ①은 현재 일부 학자들이 설정하고 있는 '동이문화권' 가설에 지대한 영향을 주었지만, 동북의 '동이'예맥족과 은·주 이래 선진시대의 산동·회하 유역의 '동이'가 동족계 또는 동일문화계라는 가설은 현재의 고고학적 성과로는 입증되지 않는다. 그러나 이것은 한반도 또는 만주에 이주하기 이전 우리 민족의 실체를 시공적으로 확대하여 모색한 시도였다는 점에서 그 참신성이 있으며, 적어도 신석기시대 및 초기문명 단계의 문화와 집단의 부단한 이동이란 시각은 현재와 같은 국경과 민족의 경계를 넘어선 인식이 절대적으로 필요한 고대 연구에 계속 유효하다. 물론 ①은 ④의 배경적 의미가 있는 것은 결코 아니다. 그러나 ①이 결국 적어도 발해만과 요동·한반도를 동일한 '동이'의 세계로 본 것이 분명하다면 ④의 양자강 이남까지 확대된 동아시아 해상무역권의 형성도 결코 갑작스러운 것은 아니라는 생각을 떨쳐버리기가 어려운데, 어쨌든 ④에서는 「백제의 요서 경략에 대해서」가 단문이면서도 가장 정채(精彩)를 발한다. 이것은 삼국시대 백제의 위상뿐 아니라 그것을 둘러싼 동아시아 전체의 구도도 지금과는 달리 인식될 가능성을 시사했다는 점에서 중요한 의미가 있지만, ④의 논문들이 '조공(朝貢)'의 실체를 무역이라는 관점에서 파악하면서 종래 별로 강조되지 못한 우리 민족의 진취적 해상활동을 새로이 부각시킨 것은 당시 학계의 수준에서는 가히 독보적이었다.

이에 비해 ③은 비록 실패하였지만 외세의 침략에 능동적으로 저항한 역사의 부각이라는 문제의식이 주목되며, 특히 『동학과 동학란』은 동빈의 학문적 개성이 유감없이 발휘된 또하나의 예라 하겠다. 그가 대학을 졸업하면서(1931) 착수하기 시작한 것으로 알려진, 따라서 그의 최초의 연구성과인 이 저술은 몇가지 점에서 당시로서는 대단히 이례적인 것이었다. 우선 40년도 채 지나지 않아 그 관계자료도 거의 정리되지 못하였을 뿐 아니라 자신의 향리(전북 김제)도 그 역사적 현장의 일부였고 거기에 참여하였던 많은 사람들이 생존한 '현재'의 문제를 과감하게 역사학 연구의 대상으로 접근하였다는 점이다. 더욱이 그 궁극적인 목표가, 불과 10년이 막 지난 3·1운동에서 동학의 후신인 천도교가 중심세력이 될 수 있었던 역사적 배경의 이해였다는 것은 동빈의 문제의식이 얼마나 현재적 삶의 관심에서 촉발되었는가를 잘 말해준다. 그러나 그가 '동학란'을 조선왕조의 구조적 모순과 외침의 위기 속에서 안으로는 개혁과 밖으로는 반외세 저항을 요구한 '민중의 애국적' 운동으로 규정한 것은 비록 이 운동을 '난(亂)'으로 표현하였을지라도 오늘날 유행하고 있는 '반봉건 반제 농민혁명'론의 선구였다는 점에서 더욱 정채를 발한다.

물론 이와같은 현재성에 기초를 둔 문제의식은 그만의 특유한 것은 결코 아닐 것이며, 그 역시 식민치하의 암울한 현실과 그 부정적인 유산, 그리고 19세기 말 이후의 새로운 역사의 전개에 둔감할 수 없는 많은 지식인 중의 한사람이었다. 다만 그는 여러 대응방식 중 자신의 과업을 역사연구에서 발견, 스스로 확신한 방법론을 견지하며 그 과업을 일관성 있게 수행하였을 뿐이다. 그의 동시대 역사학자 중 많은 사람들은 자신의 사관을 '민족주의사관' 또는 '사회경제사관(유물사관)'으로 천명하고 화려한 수사를 동원한 사론을 통하여 사관의 필요성과 함께 자신의 사관이 가장 과학적이고, 따라서 민족의 주체적 발전원리와 방향을 제시할 수 있다고 역설하기도 하였으며, 오늘날 이들의 '민족주의' '과학성' '진보성'을 높이 평가하는 경향이 많은 것 같다. 이에 비해 동빈은 논문집의 서문을 통하여 자신의 연구과제와 그 설정동기를 극히 짤막하게 두번 언급하였을 뿐, 이른바 사관이나 역사이론을 운위하는 잡문조차 쓴 적이 없다.

비록 향리에서의 한학수업으로 신식학문에 접한 것이 늦어 엄격한 문헌비판과 고증학풍으로 유명한 와세다대학 사학과를 만학으로 졸업하였을지라도(31세), 남달리 학구적인 동빈이 당시 일본에 소개된 각종 서양의 역사이론, 특히 그 시대의 대부분의 청년 수재들이 일시나마 한번쯤 매료되었던 유물사관에 대한 일정한 소양과 나름대로의 평가가 없었다면 오히려 이상한 일일 것이다. 또 그 주변의 동학들이 벌이고 있는 일견 화려한 사관의 논쟁도 숙지하였을 것이며, 자신도 그 논쟁(극히 상식적인 수준인)에 적당히 기웃거리면 '지사적 논객' 또는 '진보적 이론가'의 '멋'을 즐길 수 있다는 것도 잘 알았을 것이다. 그러나 그는 철저히 침묵하였으며, 그 대가도 담담하게 감수하였다. 이것은 그가 학문과 연구의 본질 그리고 '학자'의 역할이 무엇인가를 철저히 체득하였기 때문일 것이다. 역사이론과 사관은 역사의 체계적인 이해를 위한 가설에 불과하며, 그 자체가 역사의 이해도 아니며 역사학의 궁극적 목표도 아니다. 따라서 이론과 사관은 역사적 진실의 접근에 유효할 때만 그 존재의미를 갖는다는 것은 췌언(贅言)이 필요없는 '상식'이다. 그러므로 이 점을 고려하지 않은 사관의 논쟁도 무의미하지만, 연구를 수반하지 않은 역사이론의 구호적 반복이나 역사의 왜곡도 불사한 특정 사관에 대한 교조적 집착은 이미 학문의 영역을 벗어난 태도이며, 그 구호나 사관이 내포하고 있는 이념적 가치를 오히려 공허하게 만들 뿐이다.

동빈은 이 평범한 '상식'을 너무나 잘 알았던 것이다. 때문에 그는 논객의 '멋'에도, 자신의 연구를 근사한 '이론'으로 포장하는 것에도 관심이 없었으며 오로지 자신의 문제의식을 연구를 통하여 계속 검증하고 확대·심화하는 입장을 견지하였다. 그러나 사실 '연구'는 문제의식과 열정만 있다고 누구나 할 수 있는 작업은 아니며, 그것을 수행할 수 있는 전문가적인 자질과 능력이 없으면 불가능하다. 이것은 곧 긴 세월에 걸친 자기 수련과 각고를 의미하지만 동시에 역사에 대한 '일가견'을 긴 안목에서 유보할 수 있는 인내심을 뜻하기도 한다. 연구에 본격적인 관심도 없이 학자를 자처하는 사람들이 '이론가의 멋'을 즐기며 '독선적 진보의식'의 강조로 자신의 존재의미를 찾으려는 것도 실제 이 능력의 부재에서 비롯된 경우가 적지 않지만, 동빈은 이 능력도 있었고 '속된 조급함'도 없었기 때문에 동료들과 진단학회에만 참여하면서 초연히 '연구'에만 몰두할 수 있었다.

동빈의 학문적 강점은 전통적인 학문과 근대적 연구방법의 겸비·조화에 있었다. 그가 '신식'교육에 접하기 이전 한학의 소양이 있었다는 것은 잘 알려진 사실이지만, 실제 근대의 사학자 중 문장과 서법까지 구사할 수 있는 한학의 경지에 도달한 사람은 동빈이 유일한 예라 해도 과언이 아닐 것이다. 즉 다른 사학자들이 연구자료를 해독하기 위해 한문을 배웠다면, 그는 문(文)·사(史)·철(哲)이 미분화된 전통적인 학문 자체를 수업했던 것이다. 그가 누구보다도 중국문헌을 광범위하게 섭렵할 수 있었을 뿐 아니라 조선학인의 저술 소개와 그 간행에 많은 공헌을 하였고, 특히 방대한

『역주 고려사(譯註高麗史)』(전 11책, 동아대학교 고전연구실 편) 사업을 성공적으로 주도할 수 있었던 것도 이 때문일 것이다. 또 그가 중국의 역사이론서 『사통(史通)』과 최동벽(崔東壁)·조익(趙翼) 등 청조 고증학자의 저술을 중시하여 스스로 자주 참고한 것은 물론 후학들에게 필독의 서로 권장한 것, 중국 고대 금문(金文)을 적극적으로 이용한 '동이' 관계의 저술, 서화도 이용한 이제현(李齊賢)·추사(秋史)·독서당에 관한 논저 등은 그의 학풍을 쓰다(津田左右吉)를 통한 랑케 실증주의사학의 영향으로 이해하는 것이 얼마나 피상적이고 도식적인 설명인가를 잘 말해줄 것이다.

그러나 일본에 유학하여 만학으로 수업한 '근대' 학문의 소양은 그가 전통적인 한학의 세계에서 안주할 수 없는 계기가 되었다. 동빈이 일본 대신 구미에 유학하였다면 사정은 또 달랐겠지만, 어쨌든 그는 와세다대학에서 당시 일본의 국력을 배경으로 수집된 중국 문헌과 자료를 광범위하게 섭렵함으로써 한학의 소양을 더욱 심화시킬 수 있었을 것이며, 동시에 일본에 소개된 '근대' 학문의 조류에 접하면서 세계를 새롭게 인식하는 한편 변화하는 시대의 '역사'와 이에 상응하는 자신의 과업을 탐색하였을 것이다. 그가 훗날 전통시대의 사서를 재편집한 성격이 강한 『중국고대사강요』와 『고려시대사』를 저술한 것도 신·구학문의 가교적 역할을 자임한 것으로 해석되지만, 유물과 유적의 보존에 쏟은 남다른 정력, 동학의 연구에서 보인 구전의 수집, 현장답사를 통한 문헌의 확인작업 등 그의 실증적 학풍을 더욱 강화시킨 연구방법의 확대도 이 모색의 과정에서 터득한 것으로 보인다. 어쨌든 그 학문적 모색의 첫 결실이 바로 앞서 소개한 『동학과 동학란』인바, 이것은 '민족'과 '혁명'에 매료될 수밖에 없는 식민치하의 청년 지식인이 학문의 열정을 처음으로 불태우기 적합한 주제였다.

만약 신·구학문의 조화에 기초를 둔 엄정한 학문적 자질이 없었다면, 그는 위대한 '민족'과 '혁명'을 노래하는 것으로 자족하였을 것이며, 그후에도 이것을 거듭 확인하는 계몽적 논설에 관심을 경주하였을 것이다. 그러나 그의 학문적 식견은 관련 당사자의 주관적 선의와 상관없이 전개되는 긍정적 혹은 부정적 결과들이 복합적인 인과관계를 이루며 끊임없이 이어지는 역사의 냉엄한 현실을 『동학과 동학란』을 집필하는 과정에서 발견하였으며, 이 초보적인 인식을 학문적인 실증을 통하여 더욱 심화하는 문제에 관심을 갖게 하였던 것이다.

묘청의 천도운동 및 앞에서 말한 ⑧에 속한 일련의 연구들은 종교·민간신앙 심지어는 미신조차 거대한 정치혁명을 조직할 수 있는 매개체라는 동학연구에서의 인식을 심화하는 작업의 성격을 띤다고 평가된다. 그러나 이처럼 비합리적 요소에도 적극적인 의미를 부여하며 동학란을 긍정적으로 평가한 그는 동학의 패인과 관련 그 부정적인 측면, 특히 일부 하층계급의 지나친 복수쾌감이 중간계층을 적대세력화한 문제뿐 아니라, 애국적 저항운동이 그 실패로 인하여 오히려 외세의 침략을 촉진한 '불의(不意)의 악과(惡果)'를 가져왔다는 것도 냉정하게 지적하였다. 그가 여기서 서술을 마쳤다면 아마 '민중혁명'을 고의로 무멸(誣蔑)하였다고 맹공 받았을 것이다. 그러나 그는 이어서 동학란은 그 실패에도 불구하고 갑오경장을 촉발한 계기도 되었고, 그 실패를 통하여 오히려 확고해진 동학의 전통적인 민중혁명사상은 훗날 천도교도들로 하여금 3·1운동의 일대 중심세력이 되게 하였다는 긍정적인 측면을 적극적으로 평가하는 것을 잊지 않았다.

훗날(1965년) 그가 동학과 제휴하지 못한 해학(海鶴) 이기(李沂)의 개혁사상과 구국활동을 분석·소개한 것은 동학운동에 나타난 하층계급의 고립화 문제를 그가 얼마나 장기간 아쉬워하였는가를 잘 말해준다. 이처럼 긴 세월에 걸쳐 복합적인 인과관계를 이루면서 때로는 긍정적으로 때로는 부정적으로 작용하며 전개되는 역사의 과정을 담담하게 서술한 특징은 몽고에 저항한 고려인의 기개를 과시하였다는 삼별초에 관한 연구에서 한층 뚜렷하게 확인된다. 우선 삼별초의 성격을 이해하기 위하여 그가 「고려의 무인정치 기구고」란 논고를 별도로 집필하였다는 사실은 그의 진지한 학문태도를 다시 한번 말해준다. 「삼별초와 그 난에 대하여」라는 논문은 항몽정신의 통속적인 찬양이 극도로 절제된 반면, '고려병제의 변천과 삼별초' '삼별초의 기원' '삼별초의 직능' '삼별초란의 기인' '삼별초란의 경과' 등의 세부적인 소제목들이 보여주듯이 삼별초가 항몽운동의 주역을 담당할 수 있었고 또 실패한 역사적 배경과 과정을 객관적으로 해명하는 것이 본론의 주제이다. 그러나 삼별초의 운명을 고려 무인정권의 성쇠(盛衰)라는 거시적 차원에서 파악한 것, 삼별초의 반란과 항몽투쟁이 한편 고려 내의 반몽고 세력의 일소와 몽고지배의 강화를 촉진한 부정적인 결과도 가져왔지만 이후 원과 고려의 밀착을 통한 문화교류의 활성화를 촉진한 획기적인 계기도 되었다는 것, 경제적인 면에서도 삼별초란은 결과적으로 고려의 극심한 피폐를 초래하여 고려왕조 몰락의 원인(遠因)이 되었다는 것 등의 결론부를 주의깊게 살펴보면 제목의 무성격과 본론부의 무미한 구성의 의미를 알 수 있을 것 같다. 즉 그의 주된 관심은 중요한 역사적 흐름의 인과관계를 집요하게 해명하는 것이었고, 그가 원과 고려의 정치·문화의 밀접한 교류를 예시하기 위하여 이제현의 재원(在元)활동을 소개한 별고를 다시 초한 것은 어느 의미에서 예상된 일이기도 하였다.

만약 그가 만년에 병고로 시달리지 않았다면, 파도처럼 퍼져나가는 이 인과의 고리를 더 많이 더 심도있게 해명하는 작업을 계속하였겠지만, 그가 남긴 적지 않은 연구성과만으로도 그는 동아시아 역사에서 우리 민족이 차지한 본연의 모습을 이해하는 데 크게 기여하였다. 물론 그의 논저들은 학문의 초기단계에서 불가결한 정리와 소개란 성격이 강한만큼 시대가 지날수록 그 중요성이 감소하는 것도 적지 않을 것이며, 그가 상정한 역사의 개념이나 연구방법을 찬성하지 않는 사람도 많아질지 모른다. 또 그의 커다란 장점인 전통학문 자체에 대한 심도있는 조예를 오늘의 역사학자들에게 기대하기 어려운 것도 사실이다. 그러나 화려한 사관이나 이론을 논하는 대신 비문헌자료를 포함한 연구자료의 광범위한 섭렵 위에서 오로지 실증적인 연구논문을 통하여 현재적 삶의 관심에서 촉발된 문제의식을 표출하고, 역사와 역사가의 임무가 과연 무엇인가를 분명히 제시한 그의 학문적인 태도는 한국 역사학계의 귀중한 전통으로 계속 남을 것이다. 그는 실증적 연구만이 학자의 실천적 삶이라는 교훈을 가장 철저하게 보여준 것이다. 동시대의 연구자들이 흔히 휘말리기 쉬운 '친일'과 '어용' 또는 천박한 저널리즘과의 영합이란 시비에서 유독 그가 초연할 수 있었던 것도 결코 우연이 아니지만, 5·16군사정권의 무정견한 교수정년제와 관련하여 서울대학교 문리과대학 사학과 교수 재임용을 거부한 의연한 결단은(1962) 그의 학문과 생을 상징하는 작은 예에 불과하다. 〔李成珪〕

제 10 장

홍 이 섭

洪以燮 1914～1974

1

시대적 배경으로 볼 때, 역사학자 홍이섭(洪以燮)의 생애 60년간은 전·후반기로 나눌 수 있을 것 같다. 생애 전반기의 30여 년간은 식민사관이 강요되어 한국사 연구가 극히 제약된 일제 식민지시대에, 그 후반기는 식민사관 극복과 민족사관의 확립을 위한 연구활동이 활발히 전개된 해방 이후 시대에 해당된다. 그는 일제 식민지시대에 고등보통학교와 전문학교에서 한국사를 독학했고, 졸업 후 한국사 연구에 힘써 역사학자로서의 기반을 닦았다. 해방 이후에는 대학에서 정열적으로 한국사를 연구 교육하는 한편, 학계와 사회 각계의 학술활동에도 적극 참여하였다.

일찍부터 그는 백암(白巖)·단재(丹齋)·위당(爲堂)·호암(湖巖)으로 맥이 이어지는 민족사학을 계승, 투철한 사관과 진보적 역사인식 방법으로 일생 동안 여러 분야에 걸쳐 주목할 만한 많은 연구업적을 이룩하였다. 홍이섭의 역사학을 제대로 이해하기 위해서는 그의 많은 연구업적을 모두 철저히 검토 분석해야 하지만, 이 글에서는 그의 대표적인 연구업적을 중심으로 역사학 형성배경, 사관과 인식방법, 연구경향 및 역사학의 성격을 간략히 살펴보고자 한다.

2

홍이섭의 역사학을 이해하기 위해서는, 우선 그 형성배경을 살펴보아야할 것이다. 먼저, 그가 듣고 경험했을 한국 근대사학의 발전경향을 대강살펴보기로 한다.

한말에 개화 혁신과 구국 독립을 이념으로 하는 계몽사학이 일어나면서백암·단재 등이 등장하였다. 이들 중, 특히 단재는 망명생활중 학문활동이 제약된 상황에서 전통문화를 비판하면서도 민족문화의 잠재력에 대해강한 신뢰를 가질 수 있는 인식기준을 설정함으로써 한국 근대사학이 성립할 수 있는 정신적 기반을 마련하였다. 뒤이어 일제가 한국지배를 굳히기위한 사업으로 1925년 조선사편수회와, 이듬해에 경성제국대학을 설립하면서부터 일본 역사학의 영향을 받은 문헌고증학풍의 사학이 등장하였다. 자료정리 이상의 결과를 가져올 수 없는 문헌고증학은 한국 전통문화의 이해와 근대적 발전을 꾀한 것이 아니라, 본질적으로 전통문화의 해체와 식민지 근대화로의 개편을 목적으로 한 것이라 하겠다. 1930년대에 들어서면서계몽사학의 한계성도 나타나게 되고, 문헌고증사학의 성격도 이해할 수 없게 됨에 따라 역사이해의 기반을 좀더 높은 차원으로 확대할 수 있는 새로운 인식방법을 모색하게 되었다. 이때에 등장한 것이 백남운(白南雲)의 사회경제사학적 방법과 손진태(孫晋泰)의 민족학적 인식방법 및 고유섭(高裕燮)의 미술사적 인식방법이었다. 이처럼 여러 분야에서 모색된 역사인식방법은 장래의 독자적인 자기 분야를 전망하면서 나타난 방법적 진전이라고 할 수 있다. 그러나 이러한 인식방법의 진전은 넓게 보아서 일본 문헌고증사학이 닦아놓은 기반 위에서 성장했다는 한계성을 갖는 것이다. 학문분야에서 어떠한 새로운 인식방법이 새로운 것으로 성립되려면, 시대적 제약을 극복하는 것이 선결문제이다. 뿐만 아니라 그 극복과정과 투쟁과정자체가 새로운 인식방법의 성립과정이라 할 수 있다. 그러나 우리에게는그러한 정당하고 정확한 과정을 밟은 경험이 충분치 못했기 때문에 극복되어야 할 선결문제는 그 당시는 물론, 해방 이후에 와서도 해결되지 못하고 자기 모순에 허덕이고 있는 형편이었다.(김철준,「홍이섭 사학의 성격」,『나라 사랑』 18, 1975)

또한 홍이섭의 역사학의 형성배경으로, 그의 가정환경과 교육과정을 살펴보아야 할 것이다. 먼저 가정환경을 보면, 그는 1914년 12월 6일 서울 종로구 사직동에서 홍병선(洪秉璇)의 맏아들로 태어났다. 가계는 중인 집안이고, 모친을 일찍 여읜 뒤 가정에 정을 붙이지 못하고 독서에 몰두했던 것으로 보인다. 아버지 홍병선은 1911년 일본 쿄오또 도오지샤(同志社) 신학교를 수료, 목사안수를 받고 선교활동에 힘썼던 한국 기독교계의 지도적 인사였다. 일찍이 덴마크 농촌을 시찰, 덴마크식 농업입국을 주창하고 전국적인 협동조합운동에 힘쓴 사회운동의 선구였다. 학구열이 높아 선교 및 교육 활동과 사회사업에 관계되는 10여 권의 저서를 펴냈고, 말년에는 역사분야에도 관심을 가지고 『기독청년회역사』를 집필하였다.(「고 홍병선목사 장례 식순」, 1967. 7. 21)

홍이섭의 학교교육 과정을 보면, 1929년 금화보통학교를 졸업한 후, 일본인이 세운 학교에 들어가지 않고 민족교육의 본거지였던 개신교 계통의 배재고등보통학교에 입학하였다. 재학중 호암으로부터 동양사와 한국사를, 그리고 이윤재(李允宰)의 '조선어문법' 강의시간을 통해서 한국사를 배웠는데, 이에 크게 감동되어 민족의식에 눈뜨게 되었던 것 같다. 1933년 배재고보를 졸업하고 이듬해에 역시 개신교 계통 민족사학의 명문인 연희전문학교 문과에 입학하였다. 그 당시 연희전문학교에서 용재(庸齋) 백낙준(白樂濬)은 서양사와 교회사를, 위당은 조선의 얼과 실학을, 외솔은 교육학과 한글갈을, 백남운은 유물사관에 입각한 역사해석을, 그리고 손진태는 동양사와 민족학을 가르쳤을 것으로 짐작된다. 재학중 용재·위당·외솔과 대학 밖의 호암 등 국학의 선각들로부터 학문을 전수하며 학과목에도 없는 한국사를 독학, 한국사 내지 국학 연구의 뜻을 굳혔다. 또한 백남운과 손진태 등이 문헌고증사학의 한계를 극복하기 위해 추구한 사회경제사학 방법과 민족학적 역사인식 방법에도 무관심할 수 없었을 것이다. 한편, 신백수(申百秀)·이시우(李時雨)·조풍연(趙豊衍) 등과 재학생 문학동인클럽인

'삼사문학(三四文學)'의 문학활동에 참여하여, 밤을 지새며 식민통치하의 민족현실에 대해 울분을 토로하기도 하였다. (「홍이섭선생 해적이」, 『나라사랑』 18, 1975)

3

홍이섭은 종종 사학계·문화계의 사관 빈곤문제를 비판하고, 그 극복방안을 모색, 제시하였다. 그러면, 그의 사관에 대한 인식과 그가 추구한 사관은 과연 어떤 것이었는가.

그는 역사학에 국한되지 않고 광범위한 부문에서 논의되어야 할 사관문제가 역사연구 내지 역사학에서 점하는 중요성을 강조하고 있다. 즉, 역사연구 내지 역사학에서 사관은 역사연구의 방향, 역사학의 기점과 도달할 목표, 사료의 선택과 비판, 역사인식론과 이해의 세계 등을 규정하는 요인이 된다는 것이다. (홍이섭, 「민족사관의 문제점」, 『서울대 상대신문』 1966년 10월 8일자)

이처럼 사관문제의 중요성을 강조하는 홍이섭은, 한국사학계에서 뚜렷한 사관을 지닌 역사학자였고, 그 뚜렷한 사관은 바로 근대적 안목으로 추구한 민족사관이었다. 그리하여 그는 무엇보다도 민족사관을 확립하는 데 가장 힘을 기울였으며, '올바른 주체적 민족사관의 확립'이 그의 투철한 기본정신이었다고 하겠다. 때문에 후학들이 일본인이나 그들의 사관을 비판 없이 추종하는 잘못을 범하는 것을 경계하여 식민사관이라는 말을 고안해냈고, 또한 식민사관을 극복하고 내세울 사관을 민족사관이란 말로 표현하게 되었다. 즉 오늘날 흔히 쓰는 '식민사관의 극복과 민족사관의 확립'이란 말을 그가 처음 사용하기 시작하였는데, 이 문제는 그가 일생 동안 힘을 기울여 추구한 과제였다고 할 것이다. (손보기, 「사료비판과 역사정신」, 『나라사랑』 18, 1975)

민족역사의 주체성 내지 자주독립성을 중요시하는 것이 민족사관의 기본성격이라 한다면, '주체적 민족사관' 앞에 붙은 '올바른'이라는 관형어의 의미는 무엇을 말하는 것인가. 이 점은 다음과 같은 그의 주장을 통해 대강 짐작할 수 있을 것이다.

사관문제는 역사학에서만 논의될 것은 아니다. … 오늘 우리 사회가 지니는 인문-사회의 제과학의 국제적 이해의 수준과 관조해 생각할 것만은 다시 생각할 것이 아닌가 한다. 고립된 한국사학만의 책무로의 민족사관이 논의되었다면 이것은 흔히 생각하는 편향적인 고루한 생각에 빠지게 되며, 논리의 공약에서 독단에 빠질 것이다. 이러한 위험한 폐쇄적인 경향에서의 민족사관의 추구를 피하는 작업이 겸행되어야 할 것은 우리의 목전에서는 무엇보다도 다급한 과제이다. (홍이섭, 앞의 글)

즉, 그가 추구한 올바른 주체적 민족사관이란 고립된 한국사학만을 책무로 하는 것이 아니라 세계사적 보편성과 객관적 합리성을 띤 민족사관을 의미하는 것으로 보인다. 이같은 그의 민족사관에 대한 진보적 인식은 그 당시 역사학계 수준의 반영으로 볼 수 있고, 민족의식과 개신교정신을 밑바탕으로 한 가정교육과 학교교육의 배경에서 그 원인을 찾아볼 수도 있을 것이다. 또한 그의 민족사관에 대한 진보적 인식은 서구 근대사회의 의식기반이 된 개신교정신이 추구하는 인류주의 내지 세계주의와, 민족의식에 잠재된 보수적이며 배타·폐쇄적인 속성이 절충 보완되어 나타난 결과로 이해할 수 있을 것 같다.

이상에서 살펴보았듯이 홍이섭이 식민사관의 극복과 민족사관의 확립을 위해 일생 동안 힘썼다고 한다면, 과연 그의 역사인식 태도 내지 인식방법은 어떠한 것이었는가. 그의 역사학은, 민족이 당면한 문제들을 회피함이 없이 정면으로 그리고 근본적으로 해결하자는 태도를 견지하는 데 고군분투한 사학이었다고 하겠다. 이러한 자기 주장에 대립하고 있던 문헌고증학과 대결하려는 의지와 이의 결함을 극복할 수 있는 정신기반을 발견하려는 노력은 그의 어느 연구에서나 일관되게 나타나고 있다. 그리하여 그의 역사인식 방법이라든가, 그 인식의 시대적 성격은 계몽사학은 물론 문헌고증사학보다도 앞서고 있는 것이다.

이러한 홍이섭의 역사인식 방법은 앞에서 지적한 바 있듯이 문헌고증사학의 한계를 극복하기 위해 여러 분야에서 새로운 역사인식 방법이 모색되고 있던 1930년대의 역사학계 현실에 대한 경험, 민족의식과 개신교정신이 의식기반을 이룬 가정교육과 학교교육을 배경으로 이루어졌다 할 것이다. 배재고등보통학교와 연희전문학교에서는 서구 근대의식 내지 문물이 일본을 거치지 않고 개신교 선교사들에 의해 직접 수용되어 교육 및 선교활동에 반영될 수 있었다. 이처럼 일제에 의해 굴절되지 않은 서구 근대문화가 수용될 수 있는 개신교 계통의 교육기관, 특히 백낙준·정인보·최현배·백남운·손진태 등이 서로 다른 분야에서 특색있는 강의를 담당했던 연희전문학교의 교육이나 학풍은 홍이섭의 역사인식 방법 형성에 적지 않은 영향을 주었던 것으로 보인다. 그리고 그가 역사학자로 성장, 활동하는 동안에 배재고등보통학교 때의 은사 호암의 역사관계 글을 탐독하면서 역사인식 방법이나 서술체계에 감명되어 많은 영향을 받았던 것으로 짐작된다. 이로써 홍이섭은 역사를 인식할 때 정치·경제·사회·사상 등을 유기적으로 종합하는 포괄적인 역사인식 능력을 가지게 되었던 것 같다.

또한 동양사나 서양사와의 비교를 통해 한국사의 객관화를 시도했고, 기독교사를 통해 외세침략 과정이나 근대의식의 성장을 이해하려 했으며, 조선의 얼과 민족문화 최후의 보루인 국어를 통해 역사를 이해하려 하였다. 이식적(移植的) 사상 내지 정신의 비판적 인식을 강조하고 변증법적 유물론을 객관적으로 평가 인식하려 했으며, 경제사적 지식으로 식민지시대의 실태를 좀더 구체적으로 파악하려 하였다. 민중의 역사적 기능의 성숙을 통해 역사발전을 이해하고자 했고, 사료비판을 철저히 할 것을 강조하는 동시에 문학작품의 사료화를 최초로 시도하기도 하였다. 이러한 사상적 내지 역사인식 방법상의 포괄성이나 탄력성은, 그 당시 일본 관공립학교의 교육이나 학풍에서 찾아볼 수 없는 것으로서, 식민지 근대화의 체질을 비판 극복할 수 있는 능력을 가지게 했던 것으로 보인다. (김철준, 앞의 글)

4

홍이섭은 위에서 살펴보았듯이, 올바른 주체적 민족사관 내지 민족사학을 확립하기 위해 문헌고증사학보다 앞선 진보적 역사인식 방법으로 일생 동안 여러 분야에 걸쳐 주목할 만한 많은 연구업적을 남겼다. 『조선과학사(朝鮮科學史)』 『정약용(丁若鏞)의 정치경제사상연구』 『한국근대사』 『한국정신사서설(韓國精神史序說)』 『한국사의 방법』 등 10여 권의 저서와 수백편의 논문·논설을 발표하였다. 이처럼 많은 연구업적을 여기서 모두 살펴볼 준비가 되어 있지 않기 때문에, 우선 대표적인 연구업적 내지 연구경향만을 소개하는 데 그쳐야 할 것 같다. 이를 위해서는 연세대학교출판부가 『홍이섭전집』 11권을 출간할 계획을 세우고, 우선 인쇄중에 있는 6권(제1권~제6권)의 구성 내용을 간략히 소개하는 것이 편리할 것으로 생각된다. 이 전집 6권 중에는 대표적인 논저들의 대부분이 편집, 수록되어 있기 때문에 각권의 제목과 주요 목차만 보아도 연구경향과 업적의 내용을 대강 파악할 수 있을 것이다.

제1권 『과학사·해양사』의 주요 목차를 보면, 제1부 조선과학사, 제2부 한국의 과학과 기술(「지나과학(支那科學)의 전래(傳來)」 등 논문 9편 수록), 제3부 한국해양사(「한국해양사개관」 등 논문 2편 수록)로 구성되어 있다. 제1권 『과학사·해양사』의 내용 중 주목할 부분은 널리 알려져 있는 것처럼, 1944년에 일문(日文)으로 처음 간행된 『조선과학사』일 것이다. 『조선과학사』를 펴냄으로써 객관적 인식방법으로 한국과학사의 체계화를 최초로 시도한 홍이섭의 업적은 높이 평가되고 있다. 즉, 그는 한국과학사의 올바른 이해를 위해 노력하여 그 참된 모습을 파헤쳤고, 과학사의 기본적 체계를 세우는 데 기여했으며, 과학사 연구의 방향을 분명히 제시했다는 것이다(전상운, 「조선과학사에서 본 한국과학사」, 『나라사랑』 18, 1975). 그의 첫 연구성과라 할 『조선과학사』는 식민사관이 강요된 일제 식민지시대 말기의 사상적 암흑기에 과학을 통해 민족사의 단절을 극복하고 그 정립을 꾀한 것이라는 점에서 한국사학사상 기념비적인 업적으로 평가되고 있다.

제2권 『실학』의 주요 목차를 보면, 제1부 정약용의 정치경제사상연구, 제2부 정약용의 생애와 학문(「다산(茶山)선생의 학문과 사상」 등 논문 14편 수록), 제3부 실학파의 사상체계(「실학에 있어 남인학파(南人學派)의 사상적 계보」 등 논문 14편 수록)로 구성되어 있다. 홍이섭의 젊은 시절, 즉 일제 식민지시대 말기의 주요 학문적 관심은 과학사와 정약용의 실학사상에 있었던 것으로 보인다. 1935년에 행해진 정약용 별세백년기념행사가 정약용의 실학사상에 관심을 가지게 된 계기가 되었다. 그러나 정약용의 실학사상에 관한 연구는 1954년에 그의 문집 『여유당전서(與猶堂全書)』를 입수함으로써 비로소 본격적으로 이루어지게 되었다. 그 연구결과가 1959년에 『정약용의 정치경제사상연구』라는 책으로 출간되었고, 이것이 그대로 제2권 『실학』의 제1부의 내용이 된 것이다. 이 『정약용의 정치경제사상연구』는 조선후기 실학사상의 최고봉인 다산을 그 경세학의 면에서 처음으로 유감없이 분석 종합하여 이 방면 연구에 길이 남을 이정표라고 평가된다. 그리고 다산의 실학사상 연구뿐만 아니라 조선후기 실학사상을 연구 개발하는 데 있어 홍이섭의 역할과 위치는 다음과 같이 평가되고 있다.

선사(先師) 위당·호암과 같은 분들에 의하여 시작된 전전(戰前)의 실학연구를 … 전후(戰後)에 이것을 재출발시켜 실학사상사를 전후 한국사학 최대의 수확의 하나로 성장케 하는 중대한 사명을 선생께서 몸소 감당하신 것이다. (천관우, 「홍이섭의 사학」, 『나라사랑』 18, 1975)

제3권 『서학·기독교』의 주요 목차를 보면, 제1부 한국의 기독교사와 그 자료(「한국기독교 발전상(發展相)의 일면」 등 논문 13편 수록), 제2부 한국 근·현대사와 기독교(「갑오경장과 기독교」 등 논문 11편 수록), 제3부 기독교와 한국문화(「기독교와 유교문화」 등 논문 6편 수록)로 구성되었다. 제3권 『서학·기독교』의 내용은 제2권 『실학』의 경우가 그러했듯이 대개 1950년대에 연구 발표된 논문들을 중심으로 구성되었다. 여기서 서학, 즉 기독교 문제는 실학과 연관시켜 고찰되어야 한다는 문제의식에서 거의 같은 시기에 실학과 함께 집중적으로 연구되었다는 사실을 짐작할 수 있겠

다. 홍이섭은 기독교사 연구를 통해 외세침략 과정이나 근대의식의 성장과
정을 이해하려 하였다. 또한 기독교를 매개로 서구사회와의 연관성을 해명
하고, 이를 통해 근대 한국사회를 세계사와 비교하여 객관적으로 평가 인
식하고자 했다. 이를 위해 기독교사 연구에서 연유되었을 것으로 생각되는
바, 한국관계 서양문헌의 발견·소개는 홍이섭의 독보적인 개척적 업적이
라 할 수 있다.

그가 한국근대사를 이해하는 데 있어 기독교 문제의 중요성을 인식하고,
그 연구에 힘쓰게 되었던 것은 개신교정신이 가정환경·교육과정과 거의
일생 동안 재직한 중고등학교 및 대학교의 정신적 기반이 되어, 그의 인생
과 역사의식이나 역사학에 직접·간접적으로 영향을 주었다는 점과 연관시
켜 생각해야 할 것 같다. 그리고 1950년대에 실학과 함께 기독교사를 집중
적으로 연구하는 과정에서 은사 백낙준으로부터 격려와 도움을 받았다는
사실도 지적되어야 할 것이다.

제4권 『사상사·정신사』의 주요 목차를 보면, 제1부 한국사상사의 이해
(「한국사상사의 방법」 등 논문 8편 수록), 제2부 한국사상과 유교(「조선유
가(儒家)의 척사론(斥邪論)에 대하여」 등 논문 7편 수록), 제3부 한국정신
사서설(「한국식민지시대 정신사의 과제」 등 논문 5편 수록), 제4부 한국인
의 사유양식(「해방 15년의 정신사──정체적인 혼란의 연속」 등 논문 14
편 수록), 제5부 일제식민지하의 작가정신(「1920년대 식민지적 현실──
민족적 궁핍 속의 최서해(崔曙海)」 등 논문 6편 수록)으로 구성되었다.

그리고 제4권 『사상사·정신사』의 내용을 구성하는 논문 40여 편 중 대
부분이 1960년대에 작성 발표된 것이다. 이처럼 한국 근·현대사상사 내지
정신사에 관한 폭넓고 깊은 연구업적은, 연구를 통해 구명하고자 하는 것
이 역사적 사실이기보다는 그 배후에 흐르는 사상과 정신이라 생각하는 역
사인식 방법과, 현재에 가까운 근·현대사를 중요시하는 역사학자로서 지
닌 강렬한 현실의식을 바탕으로 이루어졌다 할 것이다.

이러한 그의 근·현대사상사나 정신사에 관한 연구업적은 다음과 같이
평가된다. 즉 "홍선생의 학문적 염원은 한국 근대사회 사상사를 규명하는
것이고, 투철한 기본정신은 올바른 주체적 민족사관을 확립하는 것이며,

사상사를 폭넓은 통찰과 예리한 분석을 통해 연구하였다"고 하였다(박종홍, 「한국근대사회사상연구」, 『나라사랑』 18, 1975). 특히, 역사를 보는 그의 폭넓은 시야가 식민지시대의 사상사나 정신사를 이해하는 데 인식방법의 유연성이 랄까, 탄력성을 가지게 했다는 점을 주목하게 된다. 즉, 그는 맑시즘의 역사적 기능에 대해서도, 변증법적 유물론에 의한 인식은 식민지시대 한국인에게 새로운 비판정신과 전투적 정신을 부여하게 되었다는 객관적 평가를 내리게 되었다. 이와 동일한 인식논리에서 남북통일이론도, 보수적 민족주의나 좌익적 계급주의 어느 한쪽에 의해 상대방이 일방적으로 굴복되어서는 안되고, 양자가 함께 설 수 있는 공통의 기반을 마련해야 한다고 하였다. 또한 집념을 갖고 추구한 식민지시대의 정신사 구명을 위해 처음으로 문학작품을 사료로 이용하기 시작하였다. 조선시대 사회사상 연구에서도 찾아볼 수 있는, 문학작품의 사료화 시도는 "일반 역사가들이 역사적 자료로 이용하기를 금기로 여기다시피 하는 문학작품을 대담하게 사학의 지평으로 끌어들여 역사적 조명을 던진" 개척적 작업으로 평가되고 있다. (염무웅, 「역사의식과 문학」, 『나라사랑』 18, 1975)

이상 변증법적 유물론에 대한 객관적 인식과 문학작품의 사료화 시도는 그 당시의 역사학계 현실은 물론 연희전문학교의 학풍에 파급된 사회경제사학의 영향, 또한 전문학교 시절 재학생 문학동인회의 일원으로 활동했던 경험과 관련시켜 생각해야 할 문제로 본다.

제5권 『외교사·교섭사』의 주요 목차를 보면, 제1부 한국외교사, 제2부 근대 한국의 대외교섭사(「제정아라사(帝政俄羅斯)의 대외정책과 영국인의 극동여행의 진의(眞意)」 등 논문 14편 수록), 제3부 유럽인의 한국관(「서구인들의 조선발견사」 등 논문 11편 수록)으로 구성되었다. 이처럼 제5권 『외교사·교섭사』는 26편의 논문으로 이루어졌는데, 대체로 1940년대 후반과 50년대에 주로 발표된 근대 한국의 대외교섭과 유럽인의 조선발견에 관한 논문들을 1965년에 「한국외교사」(『한국문화사대계』 Ⅱ, 고려대 민족문화연구소 1965)로 종합 정리한 것이라고 하겠다. 이때 종합 정리된 「한국외교사」가, 그대로 제1부 한국외교사의 내용이 되는 것이다. 그는 외교사 연구의 급선무는 1876년 개항 이후 일련의 불평등조약을 강요당한 사실에 대한

반성으로서, 그렇게 될 수밖에 없었던 역사적 배경을 살펴보는 작업이라고 생각하였다. 이처럼 개항 이후의 불평등한 외교관계를 고찰, 식민지로 귀착되는 대외관계의 모순을 반성하여 식민지시대의 부정적 유산으로 혼란이 심화된 해방 이후의 복잡한 국제관계에 대처할 대응논리를 모색하려는 데 교섭사나 외교사 연구의 궁극적 목적이 있었던 것으로 보인다.

제6권 『한국근·현대사』의 주요 목차를 보면, 제1부 한국근대사(1800 ~1945), 제2부 일제의 침략과정과 지배정책(「근대 한국의 문명사적 위치 —— 비극적인 근대화과정을 밟아온 한국」 등 논문 15편 수록), 제3부 한국민의 독립투쟁과 3·1운동(「수교조약 이후의 반일(反日)세력」 등 논문 13편 수록), 제4부 현대 한국의 계기적(契機的) 전개(「한국민족의 역사적 도달점」 등 논문 12편 수록), 제5부 한국현대사의 제문제(「한국현대사의 제문제」 등 논문 8편 수록)로 구성되었다. 제6권 『한국근·현대사』의 내용을 구성하는 논문 40여 편은 1950년대부터 70년대에 걸쳐 발표된 것이나, 그 대부분은 1960년대에 발표되었다. 대체로 한국근대사 부분에서는 개항 이후 일제의 침략과정과 식민지배정책의 실태와 성격, 그리고 그에 대응한 한국민족의 국권수호운동과 3·1운동을 중심으로 한 항일독립투쟁의 성격과 역사적 의미를 분석 고찰하였다. 또한, 한국현대사 부분에서는 해방 이후 국토분단, 6·25전란, 4·19학생혁명, 5·16군사혁명 등 중요한 역사적 사실을 분석 고찰하였다. 그리하여 해방 이후 한국사회가 안고 있는 부정적인 역사현실들, 즉 일제 식민통치의 잔재, 반민주적 독재정치, 남북분단과 이념갈등을 극복하고 완전 독립된 자유민주적 통일국가 완성에 대응할 논리를 모색하고자 했던 것으로 보인다. 그리고 제6권 『한국근·현대사』의 연구는 궁극적으로 앞에서 살펴본 한국 근·현대의 『사상사·정신사』(제4권)에 접근하기 위한 전단계적 연구작업의 성격을 띤 것으로 볼 수도 있을 것 같다. 특히, 실학사상과 함께 그의 항일독립운동사 연구는 선구적 업적으로 높이 평가되고 있다. (천관우, 앞의 글)

5

이상에서 홍이섭의 역사학을 극히 피상적이고 간략하게 살펴보았다. 이 같은 개괄적인 고찰을 통해 엿볼 수 있었던 사실들을 토대로 그의 역사학의 성격과 위치를 요약 정리하고자 한다.

1938년 연희전문학교 문과를 졸업한 이후의 한국사 연구경향을 살펴보면, 대체로 1940년대 전반에 한국과학사를, 해방 이후 40년대 후반에 대외교섭사를, 1950년대에 실학사상과 기독교사를, 그리고 1960년대와 70년대 초반에는 한국 근·현대사를 중점적으로 연구하였다. 연구경향에 나타난 특징으로는, 현실의식이 강렬하여 현재로부터 가까운 근·현대사를, 또한 실증을 통해 역사적 사실을 복원하기보다는 그 배후에 흐르는 사상 내지 정신을 구명하는 데 치중했다는 점을 지적할 수 있다.

대체로, 민족사학 전통을 계승한 홍이섭의 역사의식은 민족의식과, 식민지시대에 민족의식과 비교적 친화관계에 있던 개신교정신에 기반을 두고 있다 할 것이다. 그는 민족의식을 기반으로 하여 식민사관을 극복하고 올바른 주체적 민족사관을 확립하려 하였다. 한편, 개신교정신에 포용된 서구의 진보적 역사의식을 수용하여 민족사학에 잠재된 보수적이며 배타·폐쇄적인 속성을 극복, 자신의 역사관이나 인식방법을 더욱 새롭게 했던 것으로 보인다. 그는 개신교 선교사들이나 미국에서 역사학을 전공한 용재 백낙준을 통해 일제에 의해 굴절되지 않은 서구의 진보적 역사의식을 수용할 수 있었던 것으로 보인다.

홍이섭은 한국사의 새로운 연구영역이나 역사인식 방법을 개척하였다. 또한 성격은 솔직하고 강직하여 그릇된 사관, 역사인식 방법 및 역사서술에 대해서는 신랄하게 비판하였다. 그리고 성격과 생활·의식은 서민적이어서 신분이나 계층을 거의 따지지 않고 만나서 강연하고 토론했으며, 민중의 생활·의식 및 역사적 기능을 중요시하였다. 그리하여 그의 역사학에서는 적극적인 개척정신과 철저한 비판의식 및 민중의식을 찾아볼 수 있다. 이러한 역사학의 성격은 농촌운동의 선구이고 강한 현실비판의식을 지닌 부친과 인간존중이나 평등의식이 강조되어 있는 개신교정신의 영향에서 비롯되었던 것으로 보인다.

1946년에 간행된 『세계사(世界史)와 대조(對照)한 조선사도해표(朝鮮史圖解表)』의 저술의도에 단적으로 나타나 있듯이, 홍이섭은 한국사를 세계사와의 비교를 통해 좀더 객관적이고 보편적으로 인식하려 하였다. 이같은 의식은 연희전문학교 재학중 백낙준으로부터 배운 서양사·교회사에 관한 지식과 인류주의·세계주의를 강조하는 개신교정신에서 비롯되었을 것으로 짐작된다. 또한 그는 한국사와 세계사의 차이, 역사의 시대적 차이 및 인문과학과 사회과학의 차이를 상당히 극복하고 역사적 사실을 비교적 객관적으로 인식할 수 있는 능력을 지녔던 것으로 보인다. 이것은 그가 광범위한 학문분야에 걸쳐 지식이 해박했다는 사실뿐만 아니라 성격이 서로 다른 여러 분야의 문제들을 통일적인 것으로 정리·이해할 수 있는 수준 높은 역사인식 능력을 지녔음을, 즉 역사인식 능력이 철학적 단계에 상당히 접근했다는 사실을 의미하는 것이다.

홍이섭은 민족사학 전통을 계승하여 일생 동안 식민사관을 극복하고 올바른 주체적 민족사관을 확립하는 데 힘을 기울였다. 한편 일본 사학의 영향을 받은 문헌고증사학에 저항하고 그 한계를 극복하기 위해 일제에 의해 굴절되지 않은 서구의 진보적 역사의식을 수용, 자신의 역사인식 방법을 새롭게 할 수도 있었다. 그는 역사학자로서의 학문적 입장이 궁색하지 않았기 때문에, 대개의 경우 그의 견해와 주장은 신념에 차 있고, 설득력이 있었던 것으로 생각된다.

또한 그의 역사학에서 적극적인 실천적 성격을 찾아볼 수 있다. 그는 대학교수로 재직하면서 국사편찬위원회 위원, 민족문화추진위원회 이사, 서울기독청년회 이사, 학술원 회원, 외솔회 회장, 세종대왕기념사업회 상임이사 등을 역임하여 관공서나 사회 각계의 편집회·강연회·좌담회 및 언론매체를 통해 민족사학을 확대 보급하는 데 힘을 기울였다. 이같은 민족역사의 확대·보편화를 위한 적극적인 활동은 그의 견해와 주장이 새롭고 신념에 차 있으며 설득력이 있었기에, 역사학계는 물론 각계 각층의 폭넓은 공감을 얻을 수 있었던 것으로 짐작된다.

　그리고 홍이섭의 역사인식 방법에서는, 정치사를 중심으로 실증을 통해 역사적 사실을 복원하는 데 치중했던 근대역사학의 단계를 극복하고, 연구 영역을 경제사, 사상사, 문학적 역사 등으로 확대하는 동시에 역사적 사실의 해석을 중요시하는 현대역사학을 지향하는 강한 의지를 엿볼 수 있다. 이로써 민족사학 전통을 이어받아 식민사관 극복과 민족사관의 확립을 끈기있게 추구한 홍이섭의 역사학이 한국사학 발전 내지 사학사에 점하는 위치는 더욱 높이 평가된다 할 것이다.

　흔히 홍이섭은 박식하면서도 문장이 경직되어 여유가 없고 난해하다고 한다. 그 중요한 이유는 학문에 대한 강한 집념을 가지고 어려운 여건 속에서도 연구를 계속하는 과정에서 형성된 강박관념 때문이었다고 한다. 또한 그의 학문활동의 상당부분이 계몽적 범주에 머물러 있다는 비판도 있다. 그 원인은 때때로 느끼는 것과 필요한 인식이라고 생각되는 것은 어떤 계통의 인식이라도 미처 정리되지 않은 채 절박한 감정에 지배되어 그대로 발표했기 때문이었다고 한다. 홍이섭의 역사학에서 지적되는 이상의 문제점은 천관우가 다음과 같이 지적한 것처럼, 그에게 지워진 과중한 사학사적 사명을 수행하는 과정에서 나온 결과는 아닐는지. "전후의 한국사학계에서 공동의 관심사가 된 여러 중요한 문제의 대부분이 선생(홍이섭)의 계발에서 이루어졌으며, 혹은 선생께서 손수 개척하신 것이었음을 새삼스럽게 돌이켜보는 것이다."(천관우, 앞의 글) 〔元裕漢〕

□ 참고문헌

홍이섭, 『朝鮮科學史』(日文), 東京, 三省出版社 1944.

홍이섭, 『朝鮮科學史』(국역재판), 정음사 1946.

홍이섭, 『世界史와 對照한 朝鮮史圖解表』, 정음사 1946.

홍이섭, 『學誨記略』, 정묘회 1952.

홍이섭, 『韓國海洋史』(공저), 1955.

홍이섭, 『丁若鏞의 政治經濟思想研究』, 한국연구도서관 1959.

홍이섭, "The History of Korea," Sohn, Kim and Hong, 유네스코 한국위원회
    1970.
홍이섭, 『韓國史의 方法』, 탐구당 1970.
홍이섭, 『세종대왕전기』, 세종대왕기념사업회 1971.
홍이섭, "Korea's Self-Identity," 연세대학교출판부 1973.
홍이섭, 『韓國近代史』, 연세대학교출판부 1975.
홍이섭, 『韓國精神史序說』, 연세대학교출판부 1975.
외솔회, 『나라사랑』 18, 정음사 1975.
『홍이섭전집』 1~6, 연세대학교출판부 1994.

제 11 장

이 상 백

李相佰 1904～1966

1. 생 애

누구보다 앞서 조선시대사를 근대사학의 방법에 입각하여 체계적으로 연구했고, 한국사회사를 개척하는 데 앞장섰던 상백(想白) 이상백(李相佰)은 1904년 아버지 이시우(李時雨)와 어머니 김신자(金愼子)의 3남으로 대구에서 태어났다. 그러나 이시우는 상백이 4살 때(1907년) 사망했기 때문에 상백과 그의 형제들은 백부(伯父) 이일우(李一雨)와 어머니에 의해 길러졌다. 이일우는 부친(李東珍) 대에 자수성가한 선각 토호로서, 한말～일제기에 걸쳐 자신의 재산을 교육사업과 항일운동에 쾌척(快擲)하였고, 김신자도 대구사회의 지도적인 여류인사로 활약했는데, 상백은 형제들과 더불어 이런 진취적인 집안 분위기에서 성장하였다. 상백에게는 모두 3명의 형제가 있었는데, 중국군 고위장교와 임정 의원을 지내면서 광복투쟁에 공헌했던 이상정(李相定)과 시 「빼앗긴 들에도 봄은 오는가」로 유명한 항일 시인 이상화(李相和)는 그의 형이며, 동생 이상오(李相旿)는 수렵에 관한 여러 저서를 남긴 정통 수렵가였다.

상백은 대구에서 중학교(대구고보)를 마치고 1920년 일본에 유학했으며, 1924년에는 와세다대학 사회철학과에 입학하여 1927년 졸업할 때까지 사회학·철학·역사학 등을 폭넓게 공부했다. 이어 상백은 대학원에 진학하여 동양학·사회학을 연구했는데, 특히 역사학자 쯔다(津田左右吉)의 인정을 받아 1935년 와세다대학 동양사상연구실 연구원, 1939년 와세다 대학 재외 특별연구원(중국 체재) 등으로 활동하면서 정력적으로 연구활동을 하였다. 그러나 그는 이 기간 동안 일본에서 체육활동에 깊이 관여하였으며, 이어 서 항일운동과 정치활동에도 관여하였다.

특히 체육분야에서 그의 활동은 눈부신 바가 있었다. 일찍이 대학 2학년 때 와세다대학 농구부를 만들어 주장을 맡았던 상백은, 1930년 일본농구협 회의 창설을 주도하였으며, 이후 일본체육회의 상무이사·전무이사를 맡는 등 일본 체육계의 지도적 인사로 활약하였다. 이러는 가운데 상백은 한국 선수들을 올림픽에 참가시키는 데 후원자 역할을 하기도 했다. 그의 이러 한 활동은 해방 후에도 이어져, 한국체육의 발전과 국제올림픽 운동에 혁 혁한 공로를 세우게 된다. 특히 한국체육이 해방 후 다른 분야보다 일찍 국제무대에 진출할 수 있었던 데에는 상백의 공헌이 컸다. 그 결과 상백은 1964년에 한국올림픽위원회(KOC) 위원장과 국제올림픽위원회(IOC) 위원 으로 선출되었다.

한편 상백은 항일운동과 정치활동에도 관여했다. 원래 상백은 일찍 개명 한 가문에서 태어났고 두 명의 형들이 모두 항일운동에 적극 가담했기 때 문에 민족의식과 정치의식이 남달랐지만, 그 때문에 상백은 오히려 학문에 만 전념할 생각을 가졌던 것 같다. 그러나 1940년경에 맺게 된 몽양(夢陽) 여운형(呂運亨)과의 관계 때문에 그의 인생 항로는 다소 달라지게 되었다. 몽양은 1944년 일본의 패전에 대비해서 비밀조직인 건국동맹을 결성하여 활동했는데, 상백은 여기에 가입하였고 중국에 파견되어 몽양과 해외 독립 운동세력, 특히 연안에 있던 조선독립동맹의 무정(武丁)과의 연락을 담당 했다. 해방 후에도 상백은 몽양이 주도한 건국동맹·조선인민당·근로인민 당 등의 핵심 간부의 한 사람으로 활동하면서, 몽양의 정치노선을 충실하 게 따랐다. 그러나 몽양 암살 이후 상백은 정치로부터 완전히 손을 떼고, 학계와 체육계 활동에만 전념하게 된다.

이렇듯 상백은 학자로서는 외도를 하기도 했지만, 학문적 활동을 통해서도 한국의 역사학계와 사회학계에 지워지지 않는 커다란 발자취를 남겼다. 그의 학문활동의 바탕이 된 것은 대학과 대학원에서 수학한 사회학·철학·역사학에 걸친 폭넓은 학문적 지식과 안목이었다. 게다가 상백은 대학원 시절 동양문고(東洋文庫)에 출입하면서 자료수집에 심혈을 기울였고, 많은 학자들과 학문적 교류를 가졌는데, 이런 경험은 그가 학자로서 성장하는 데 또하나의 바탕이 되었다. 이 때문에 그는 당시 한국인 학자로서는 누구보다도 철저하게 전문연구자로서 훈련될 수 있었고, 사료에 충실한 바탕 위에서 조선왕조 건국사와 조선시대 사회사에 접근할 수 있었다. 이 기간 동안 그는 실록 기사를 중심으로 수만 장의 자료카드를 작성하였는데, 그의 학문적 업적은 대부분 이런 가운데 준비되었다.

또한 상백은 해방 후에는 초창기 한국학의 진흥을 위한 활동에도 많은 노력을 기울였다. 즉 상백은 해방 후 진단학회의 재건에 힘썼고, 을유문화사가 발간한 '한국문화총서'의 편집에 깊이 관여하였으며, 자신의 폭넓은 학문적·예술적 안목과 국제적 경륜을 바탕으로 유적조사·국보지정 등 문화재 관련 업무나 한국학의 국제적 교류에도 크게 공헌하였던 것이다.

한편 그는 해방 직후 경성대학의 사회학과 교수가 되었고, 이어 1946년에는 서울대학교 사회학과의 창설을 주도함으로써 한국 사회학의 제도적 기초를 확립하는 역할을 맡았다. 또한 상백은 1957년에는 한국사회학회를 창립하고 초대 회장이 되었으며, 오랫동안 교수로 있으면서 많은 사회학도들을 길러냄으로써 한국 사회학의 발전에 크게 공헌하였다. 그러는 가운데 상백은 사회학 분야의 논문들도 다수 남겼는데, 그 속에는 「과학적 정신과 적극적 태도」 「질서와 진보」 등과 같은 빼어난 글들이 포함되어 있다.

이렇듯 상백은 역사학과 사회학 두 분야에 걸쳐 큰 업적을 남김으로써 결과적으로 두 학문분야의 교류에도 크게 공헌하였다. 특히 그의 역사연구는 그 자체가 "한국사회사를 창건"(신용하)하는 작업이었기 때문에, 장차 '사회사'가 역사학과 사회학에서 전문분야의 하나로 성장하는 데 초석이 되었다.

2. 역사관과 역사인식

상백은 흔히 이병도(李丙燾)·김상기(金庠基)·이홍직(李弘稙) 등과 더불어 대표적인 '실증사학자'의 하나로 간주된다. 이는 그가 랑케사학의 영향을 강하게 받고 있던 일본 대학에서 근대역사학의 훈련을 받았다는 점과 진단학회에 참여하여 활동했던 점, 그리고 무엇보다도 그의 저술이 철저한 사료고증을 바탕으로 하고 있다는 점 때문이라고 생각된다. 그러나 상백사학에는 다른 실증사학자들의 그것과는 다른 독특함이 있었다.

그의 역사관과 역사인식을 이해하기 위해서는 무엇보다도 그의 주된 저술의 하나인 『조선문화사연구논고(朝鮮文化史硏究論攷)』의 「서(序)」를 살펴보는 것이 지름길이 된다. 이 글은 비록 8페이지에 불과한 짧은 것이지만, 상백의 역사관 및 역사인식의 요체가 잘 드러나 있는 뛰어난 사론으로 평가된다.

이 글에서 상백은 우선 당시 한국 역사학의 과제를 역사철학의 확립과 역사과학의 실천으로 요약하고, 특히 역사과학과 역사철학의 합일을 강조하고 있다. 그런데 이 2대 과제의 합일은 개개(個個: 사실, 사건)와 보편(인간성 전체, 문화 전체)이 대립되는 것이 아니라, 상호 관련되어 있음을 인식하는 데서 찾을 수 있다고 상백은 파악한다. 즉 그는 "개개의 역사사실의 위에 일반적인 의미를 생각"하는 것이 역사학(역사과학)의 사명이라고 생각했던 것이다.

다음으로 상백은 역사연구의 방법에 관해 논하고 있다. 그것은 근대사학의 과학적 방법이다. 근대사학의 과학적 방법이란 우선 사료비판을 필요로 한다. 사료의 비판이란 "그 기재의 역사적 사실 여부의 변별만이 아니라, 그 문헌이 어느 때 누가 쓴 것이며, 그 술작(述作)의 정신과 동기와 목적이 어디 있는가를 명백히하는 것"을 포함한다. 그러나 과학적 방법은 사료비판만으로 끝나는 것은 아니다. 상백은 여기에 더하여 "역사가의 식견과 통찰력과 구성의 능력"을 강조하면서, "역사를 연구한다는 것은 이러한 의미에 있어 역사를 구성하는 것"이라고 주장한다.

그러나 상백은 이렇듯 역사가 역사가에 의해 구성된다는 점을 강조하면서도, 역사연구의 도정에서 "무슨 일반적인 법칙이나 공식만을 미리 가정하여, 그것을 어떤 민족의 생활에 견강부회하는 방법을 취하여서는 안된다"는 것을 동시에 강조한다. 이는 상백이 역사연구에서 역사가의 구성능력을 강조하면서도 이론의 획일적 적용에는 명백히 반대하고 있음을 보여주는 것이다.

마지막으로 상백은 자신의 실제 연구가 "역사상의 어떠한 특수점, 어떠한 단일사실, 또는 사실의 한정적 본체를 천명하기 위한 전공논문"임을 강조하면서, 그 서술형식은 다음 세 가지의 기본원칙을 지킨 것임을 천명하고 있다.

① 사료에서 추출한 역사적 사실은 그 인용사료의 참조와, 이러한 사료의 가치 평가를 첨부하여 표시할 것.
② 가능한 한 편년사적 계열에 따라서 제사실의 원인과 결과의 관계를 명시할 것.
③ 그 주제를 정밀히 지실(知悉)하게 할 것.

이 세 가지의 원칙은 간단히 말하자면 ① 사료비판의 원칙, ② 인과관계 확립의 원칙, ③ 탐구의 정확성 및 구체성의 원칙이라고 표현될 수 있겠는데, 이 원칙들은 상백사학의 구체적 성격을 잘 드러내주고 있다.

이러한 상백의 역사인식과 연구방법은 그의 다른 논문들 속에서도 그대로 관철되고 있으며, 적어도 기본 논리와 원칙의 측면에서는 다른 실증사학자들의 그것과 공통되는 점이라고 말할 수 있다. 그러나 그의 역사관이나 역사 연구방법에는 다른 실증사학자들의 그것과는 다른 독특함이 있었다. 필자는 이 독특함을 특히 다음 세 가지 측면에서 설명해보고자 한다.

첫째, 사론 자체에는 큰 관심을 보이지 않는 경향이 있었던 실증사학자들 중에서 그는 가장 적극적으로 자신의 역사관이나 역사방법론을 천명한 인물이었다. 이 때문에 그는 "실증주의사학이 내세울 수 있는 유일한 이론가"(김용섭)로 간주되기도 한다.

둘째, 그는 역사인식의 측면에서 대단히 개방적이고 균형잡힌 태도를 강조하였다. 그는 전통적인 역사학의 문제의식이나 접근방법에 얽매이지 않고 인접 학문분야와의 협력을 강조하였는데, 특히 그의 연구에는 사회학적 관점과 이론이 적절하게 투영되어 있다. 그러나 상백은 다양한 이론적 입장에 관심을 보이면서도 특정 이론에 집착하는 것을 경계하였다.

셋째, 그의 실제 연구는 대단히 구체적이고 예리한 문제의식의 소산이라는 점에서 독특함이 있다. 그는 연구주제에 관한 사실관계를 밝히는 데 머무르지 않고, 역사적 통념이나 선행 연구에 대한 의문을 기초로 대담한 가설을 세우고 이를 검증하여 인과관계를 밝히는 데 주력하였다. 인과관계를 밝힐 때도 정말 근본적인 요인이 무엇인가를 예리하게 짚어내고 이를 논증하는 데 관심을 기울였다.

이와같은 상백사학의 독특성은 그가 다른 학자들과는 달리 역사학은 물론 인접 학문분야에 이르기까지 폭넓은 학문적 이해를 갖고 있었으며, 대학 졸업 후에도 상당 기간 직업을 갖지 않은 채 (체육계 활동을 제외하면) 연구생활에 전념할 수 있었던 점과 관련이 있다. 바로 이 점에서 상백사학의 특징을 '순수한 아카데미 사학'으로 표현하였던 한영우의 견해는 적절한 것이다.

3. 역사학

사실 상백이 연구에 전력을 기울인 시기는 그리 길지 않았다. 앞에 서술한 바와 같이 그의 연구의 대부분은 1930년대와 40년대의 소산이다. 그러나 그는 이 비교적 짧은 기간 동안 한국사의 주요 영역을 개척하는 탁월한 업적들을 많이 남겼다. 이 시기의 연구들은 대부분 일본에서 여러 동양학 관련 학술지에 발표되었고, 일부는 『진단학보』에도 발표되었는데(김필동, 1993 참조) 이는 다시 해방 후 『조선문화사연구논고』와 『이조건국의 연구』라는 두 권의 책으로 정리되었다.

상백의 연구업적은 크게 보아 다음 여섯 가지 부류로 나누어볼 수 있다

(이것들은 다음 ④를 제외하면, 대부분 그의 사후 3권으로 편집되어 출간된 『이상백저작집』에 수록되어 있다).

① 전제개혁과 유불교체 문제를 중심으로 한 조선왕조 건국사 연구
② 신분제도를 중심으로 한 조선시대 사회사 연구
③ 기타 조선시대사에 관한 약간의 단편적 논문들
④ 조선시대사에 관한 개설적 저작(『한국사』근세전기편과 근세후기편)
⑤ (협의의) 사회학 논문
⑥ 기타(『한글의 기원』 및 「갑골학」 등)

이 중에서 조선시대사의 개설서인 ④와 역사학 이외의 분야에 관한 ⑤·⑥을 제외하면, 그가 역점을 기울인 것은 결국 조선왕조 건국사와 조선시대 사회사(특히 신분제)에 관한 연구였다고 할 수 있다. 따라서 여기서도 이 두 분야를 중심으로 그의 업적을 소개하고자 한다.

(1) 조선왕조 건국사 연구

조선왕조 건국사에 관한 상백의 연구 중 대표적인 것은 『이조건국의 연구』이다. 그러나 이밖에도 「유불(儒佛) 양교 교대의 기연(機緣)에 대한 일연구」와 「정도전론」이 이 범주에 포함될 수 있다.

『이조건국의 연구』는 '이조의 건국과 전제개혁문제'라는 부제가 말해주듯이 "고려와 이조의 왕조교체의 근본요인, 즉 고려말기의 정치투쟁의 근본동기는 … 역시 전제개혁운동에 있고, … 그것이 결코 그들이 소위 민생을 위한 인정(仁政)의 실현을 목표로 한 것이 아니라, 결국은 자파의 직접적인 이해문제에 관련된 것에 초미의 급무가 있었다는 것을 예증하여 보려"는 데 그 목적을 두고 있었다. 그 결과 상백은 "전제개혁운동의 근본 동기가 … 결코 사회혁명적·사회정책적인 데 있는 것이 아니요, 군국(軍國)의 당면의 수요와 신진관리의 녹봉의 충족이라는 단순한 재정정책적 견지에 있었"다고 결론짓는다.

「유불 양교 교대의 기연에 대한 일연구」는 고려말에서 조선 태종대에 이르는 시기 신진관료들에 의해 주도된 척불운동에 대해 주목한 것이다. 상백은 이 글에서도 유불교체의 근본적인 기연을 사상 그 자체의 갈등 또는 새로운 사상의 성숙에서 찾지 않고, 사원경제와 승려의 폐단을 시정하려는 경제적 동기, 즉 국가재정과 군자(軍資)문제에서 출발한 것으로 파악한다. 따라서 상백에 의하면, 유불교체는 "사상 혁신의 운동으로서 성공한 것이 아니라, 도리어 정치운동으로서 힘을 얻어 성과를 보았다"는 것이다.

「정도전론」은 이른바 정도전란(鄭道傳亂, 또는 戊寅難)의 전말을 상세히 추적하여, 이 사건은 근본적으로 왕자간의 왕위계승 싸움에서 일어난 것이요, 여기에 정도전 일파의 개혁정치에 불만을 품은 이색(李穡)의 문인들과 고려의 구신들이 가세하여 정치적으로 보복한 것임을 밝혀낸 것이다. 이로써 상백은 모든 책임을 정도전 일파에 전가하여 해석한 관변측 기록의 허구성을 폭로하고, 아울러 태종대의 정치세력이 여말의 보수적 구신(舊臣)들과 연결되었다는 사실을 밝혀냈다.

이상 조선왕조 건국사와 관련된 상백의 연구들은 그 자체 이 분야의 연구를 체계적으로 개척한 것이었다는 점에 일차적인 의의가 있다. 또한 그의 연구는, 비체계적이지만 어느정도 통념화되어 있던 종래의 견해들을 비판하면서 자신의 주장을 입증해냈다는 점이 돋보이는 것이다. 이를 위하여 상백은 처음부터 논점을 대단히 예리하게 잡았으며, 엄밀한 문헌고증과 광범한 사료수집을 통해 사실간의 인과관계를 분명하게 추구하였다. 그 결과 상백은 조선왕조 건국의 역사적 의미를 지나치게 과장(사회혁명)하거나 폄하(국제관계의 변화에 종속된 단순한 역성혁명)해버리는 편향된 시각을 극복할 수 있었다. 한편 상백은 이러한 연구를 통하여 정치가의 권모술수 일반의 속성을 드러냄으로써 일제의 침략과정을 간접적으로 비판하고자 했다. (이기백)

(2) 조선시대 사회사 연구

상백은 또한 한국사회사의 영역을 개척하였다. 이 분야의 연구로는 「서얼차대(庶孼差待)의 연원에 대한 일문제」「재가금지습속(再嫁禁止習俗)의 유래에 대한 연구」「서얼금고시말(庶孼禁錮始末)」「7서지옥(七庶之獄)」「천자수모고(賤者隨母考)」 등이 있는데, 서얼을 비롯한 조선시대의 신분사 연구가 그 중심이 되어 있다.

특히 서얼문제는 그가 각별한 관심을 보인 주제로서 모두 세 편의 논문을 남겼다. 이중 「서얼금고시말」은 조선시대 전기간에 걸친 서얼차별제도의 성립과 변천의 과정, 서얼신분층의 저항운동 및 제도 폐지까지를 포괄적으로 다룬 역작이며, 나머지 두 논문은 이중 두 가지 특수한 문제·사건을 다룬 것이다. 그런데 상백은 「서얼금고시말」에서, 한편으로는 서얼문제를 광범하고도 매우 구체적인 역사적 사실들에 비추어 검토하면서, 이를 신분구조 전체와 조선시대 사회구조 일반의 수준에서 조명하고 있으며, 결론에서는 논의를 신분이론의 수준에까지 연결짓고 있는데, 이는 상백 사회사학의 특징과 장점을 잘 보여주는 것이다.

상백이 서얼문제에 각별한 관심을 가진 이유는 그것이 우리나라의 독특한 신분제도의 하나일 뿐만 아니라, 조선사회의 구조적 모순을 가장 극명하게 보여주는 사례가 된다고 보았기 때문이라고 생각된다. 이와같은 문제의식은 사실 그의 신분사에 관한 연구 전체를 관류하는 것으로, 여기에는 양반제도의 문제점에 대한 그의 진보적이고 비판적인 사고가 반영되어 있었다. 상백이 '재가금지습속'이나 '천자수모'법을 다룬 것도 그 궤를 같이하는 것임은 물론이다.

한편 앞서 언급한 조선왕조 건국사에 관한 연구들도 접근방법의 측면에서 보면 훌륭한 '사회사적' 연구로 평가될 수 있을 것이다.

4. 사학사적 의의

이렇듯 상백은 연구업적과 학계활동을 통해 현대 한국사학의 발전에 많은 공헌을 했다. 그렇지만 그동안 그의 업적은 정당하게 평가되지 못하였다. 이는 상백이 해방 후 공식적으로는 사회학 교수의 지위에 있었고, 체육활동에 깊이 관여했다는 사실과 어느정도 관련이 있다. 그러나 어느 때보다도 역사학의 과학화와 개방화가 절실하게 요구되는 오늘날 상백사학의 의의는 새롭게 평가될 필요가 있다.

우선 상백은 역사과학에 대해 확고한 이론적 입장을 갖고 이를 실천했다. 상백은 랑케사학의 영향을 받은 일본 동양학의 '관학(官學) 아카데미즘'의 세례를 받았지만(김용섭), 이를 상대화할 수 있는 안목이 있었다. 이는 그가 폭넓은 학문적 바탕을 갖고 있었기 때문에 가능했다. 따라서 상백은 실증사학 일반의 문제점으로 지적되는 이론의 결여나 개별 사실에 집착하는 경향을 극복할 수 있었으며, 나아가 식민사학과 맑스주의사학을 적극적으로 비판할 수 있었다.

다음으로 상백은 사회과학적 관점과 상상력을 그의 역사연구에 적절하게 투영시키고 있었다. 그러나 그것은 이론 또는 방법의 일방적·기계적 적용이 아니라, 사회과학에서 정립된 일반이론적 관점을 활용하면서 구체적인 연구를 수행하는 것이었다. 이는 특히 연구의 기본단위로 개인보다는 집단을 중시한 점, 사상·제도 자체보다는 그것의 사회적·정치적 조건의 구명에 주력하는 지식사회학적 관점을 견지한 점, 그리고 대담하고 예리한 가설을 설정하고 이를 인과적으로 구명·논증하려 한 점 등에서 잘 발견된다. 이런 점에서 상백의 '실증주의'는 랑케의 그것만이 아니라 사회학적 실증주의로부터도 강한 영향을 받고, 나아가 이를 비판적으로 소화한 것이었다고 할 수 있다.

그러나 상백사학의 공헌은 무엇보다도 연구업적의 폭과 깊이에서 찾아야 한다. 그는 조선왕조 건국사와 한국사회사를 개척하는 데 결정적인 공헌을 했다. 사실 이 두 분야는 당시로서는 전인미답의 영역이었다. 게다가 상백은 이를 단숨에 높은 수준으로 끌어올렸던 것이다. 또한 그는 이를 바탕으로 말년에는 조선시대사를 두 권의 거저(巨著)로 체계화했다. 그의 연구에는 항상 거시적 통찰과 미시적 분석이 잘 조화되고 있었으며(한영우), 관점을 넓게 설정하면서도 근본 원인을 날카롭게 파고드는 예리함이 있었다. 물론 그의 연구가 정치적 갈등관계에 지나치게 편중된 것이라는 비판이 제기될 수 있고(홍승기), 원자료의 철저한 인용이 지나쳐 논문이 다소 방만하

302

게 된 점도 없지 않지만, 전체적으로 보면 그것은 사소한 것일 수 있다. 따라서 그의 연구가 갖는 부분적인 한계에 유의하면서 그의 연구의 장점을 되새겨본다면, 오늘의 역사학도들은 상백사학에서 많은 깨우침을 얻을 수 있을 것이다. 〔金弼東〕

□ 참고문헌

이상백의 주요 논저

『조선문화사연구논고』, 을유문화사 1947.
「과학적 정신과 적극적 태도」, 『학풍』 1-1, 을유문화사 1948.
『이조건국의 연구』, 을유문화사 1949.
「질서와 진보 —— '사회학비판'과 '진보적 입장'에 대하여」, 『학풍』 13, 을유문화사 1950.
『한국사: 근세전기편』, 진단학회 편, 을유문화사 1962.
『한국사: 근세후기편』, 진단학회 편, 을유문화사 1964.
『이상백저작집』(전 3권), 을유문화사 1978.

주요 연구논저

金容燮, 「일본·한국에 있어서의 한국사 서술」, 『역사학보』 31, 1966.
李基白, 「사회경제사학과 실증사학의 문제」, 『민족과 역사』, 일조각 1971.
김용섭, 「우리나라 근대역사학의 발달 2 —— 1930, 40년대의 실증주의 역사학」, 『문학과지성』 1972년 가을호.
愼鏞廈, 「이상백선생과 한국사회사 연구」, 『동아문화』 14, 서울대 동아문화연구소 1977.
韓永愚, 「이상백선생과 이조건국사 연구」, 『동아문화』 14, 서울대 동아문화연구소 1977.
洪承基, 「실증사학론」, 노태돈 등 공저, 『현대 한국사학과 사관』, 한림과학원총서 1, 일조각 1991.
최영선, 「이상백」, 한겨레신문사 편집부 편, 『발굴 한국현대사인물』 3, 한겨레신문사 출판국 1992, 101~106면.
김필동, 「이상백의 사회사 연구——방법론적 검토를 중심으로」, 『한국 사회사
    연구의 전통』(한국사회사연구회논문집 제40집), 문학과지성사 1993.

제 12 장

일제의 식민사학

1. 머 리 말

19세기 말～20세기 초 일본의 한국 침략이 본격화되던 시기, 그들은 제국주의 식민사관에 입각하여 우리 역사를 왜곡하기 시작하였다.

본래 제국주의적 식민사관은 제국주의 성립과정을 뒷받침하는 논리인 근대화론·사회진화론에서 비롯되었다. 제국주의자들은 후진국가를 침략할 때나 식민지를 경영할 때 자신들의 침략을 합리화하고 피지배 민족의 저항을 근원에서 무력화시킬 수 있는 이데올로기를 만들어내기 일쑤였다.

제국주의자들은 다아윈(C. Darwin)의 진화론을 사회진화론으로 발전시켜 제국주의 시대의 약육강식의 세계질서를 합리화하였다. 이에 따르면 강자인 제국주의국가가 약자인 후진국을 침략·합병하는 것은 자연의 이치이며, 그 자체가 역사발전의 한 과정이라고 한다. 아시아적 정체성 이론 또한 서구세력이 동양으로 진출하면서 생겨난 이론이었다. 아시아의 전제국가들은 여러가지 이유로 근대화를 이루지 못하고 전근대사회에 정체해 있으며, 서구의 진출은 이러한 정체를 극복할 수 있는 단 하나의 길이라고 설명되었다.

일본 또한 서구를 본받아 메이지(明治)시대 이후 문명개화가 곧 서구화라고 긍정하였다. 따라서 문명의 이름 아래 아시아에 대한 지도나 침략을 정당화하였다. 그러나 일본의 경우는 근대화론과 신황국사관이 결합되면서 한층 더 침략적으로 나타났다. 일본이 아시아의 여러 나라를 식민지로 두는 것은 아시아에서 서구의 지배를 몰아내려는 것이라고 주장하였다. 일본은 천황제 이데올로기에 입각하여 천황이 대표가 되는 일본 중심의 아시아 사회를 하나의 가정과도 같다면서 아시아 국가들에 대한 침략과 지배를 이 가정을 지켜나가려는 방편이라고 합리화하였다.

가령 조선에 대한 가혹한 탄압도 "엄한 아버지와 인자한 어머니가 내리는 사랑의 회초리와 눈물의 매질"이라고 하여 일본은 부모, 조선은 자식이라는 억지 주장을 폈다. 또 중국 침략에 대해서도 "마치 한 집안의 형이 참고 또 참아도 그래도 계속 난폭한 아우를 매질하는 것과 같아서, 미워서가 아니라 귀여운 나머지 반성을 촉구하는 수단"이라고 하여 자기를 형으로 중국을 아우로 보았다.

이처럼 식민사관이란 제국주의 침략과정에서 제국주의국가가 자신의 식민지지배를 합리화하려고 만들어 온 것이다. 그러므로 제국주의 논리에 맞추어 우리 역사와 사회를 해석하려는 내용은 모두 식민사관이라고 할 수 있다. 특히 일제가 직접 지배를 한 우리의 경우 식민사관의 극복은 식민지 유제의 청산이라는 과제를 해결하는 데 필요하다. 또한 일제의 식민사관은 서구 제국주의국가와는 달리 한국인의 민족의식을 말살하고 한국인을 일본인화하려는 의도까지 담고 있어서 그 내용이 매우 광범위하므로 더욱 엄밀하게 파악해야 할 것이다.

2. 식민사관의 형성과정

(1) 일본의 조선 침략과 한국사 연구

일제는 일찍부터 우리 역사를 왜곡하여 자신의 침략을 합리화하고 미화하는 작업에 손을 썼다. 그 목적은 한국인의 열등감을 불러일으키고, 일본인의 한국인에 대한 우월감을 부추겨서, 한국인들의 일제에 대한 저항을 그 밑바닥에서부터 없애려는 것이었다.

일본의 한국 연구는 이미 근대 이전인 에도시대(江戶時代, 1603~1867)부터 학자들에 의해 시작되었다. 그 가운데는 이른바 국학자들이 있었는데, 이들은 『고사기(古事記)』『일본서기(日本書紀)』 등 일본의 고전을 연구하여 신국(神國) 일본을 내세웠다. 또한 이들은 과거 일본의 신이나 왕이 한국을 지배했고 일본의 신이 한국의 신이나 왕이 되었으며 한국의 왕족·귀족이 일본에 복속했다는 등 일본의 한국 지배를 주장하였다. 이들이 조작해낸 조선사상·조선관은 바꾸후(幕府) 말기의 '정한론(征韓論)'과 메이지시대 이후의 조선 침략과 지배에 있어 사상적 지주가 되었다.

메이지시대에 이르러 한국을 침략하면서 한국문제는 일본에게 중요하고도 현실적인 과제가 되어 한국에 대한 정확한 인식이 필요하였다. 메이지시대 초기에는 근대적인 역사연구가 별로 없었다. 그러나 1869년 국사교정국(國史校正局)이 만들어지면서 국사편수의 입장에서 일본사와 관계있는 한국역사를 연구하였다. 이러한 흐름 가운데에서 『일본사략(日本史略)』(1877)이라는 책이 씌어졌다.

그러다가 1887년 제국대학에 사학과가 창설되면서 근대적 역사학이 성립하였던 것이다. 이때 사학과의 주임으로 랑케의 제자인 독일인 리스(Ludwig Riess)가 초빙되었듯이 처음에는 서양사에서 출발하였다. 토오꾜오제국대학의 국사학파(곧 일본사학파)는 메이지유신 이후의 일본의 국가이념을 대변하는 역할을 하였다. 여기에 속한 시게노(重野安繹)·쿠메(久米邦武)·호시노(星野恒) 등 세 명의 교수들은 『일본사략』을 개정하여 『국사안(國史眼)』(1888)을 썼다. 이는 일본의 역사를 다룬 책이었는데, 고대에서 근대에 이르는 한일관계를 일선동조론(日鮮同祖論)의 입장에서 다루었다.

이 무렵 청일전쟁이 일어나면서 한국문제에 관심이 집중되자 자연히 한국에 대한 연구가 활발하게 일어났다. 앞에서 보았듯이 당시 일본의 근대사학은 국학·한학의 계보 속에서 탄생한 것이 아니라, 토오꾜오대학이 중심이 되어 서양 학문의 영향 속에서 탄생하였다. 한국사·동양사에 관한 연구를 처음으로 시작한 시라또리(白鳥庫吉)는 토오꾜오대학 사학과 출신으로, 리스에게서 배웠다. 그와 그의 문하에서 배출된 인물들은 일본의 관학 아카데미즘의 학풍을 형성하고 한국사에 관해서는 식민사관을 수립하였다. 그와 함께 연구를 시작한 나까(那珂通世)도 당대 최고의 지식인으로 일컬어지던 후꾸자와(福澤諭吉)의 문하에서 양학(洋學)을 공부한 사람이었다. 하야시(林泰輔)는 1892년 『조선사』 5권, 1901년 『조선근세사』 2권을 저술하여 이 시기 한국사 연구의 개척자가 되었다. 그는 구래의 편년체적인 체제를 지양하고 서양사를 모방하여 새로운 체제로 한국사를 체계화하였다.

20세기에 들어 일제가 한국 병탄을 본격화하면서 일제의 한국사 연구는 그들의 침략행위를 합리화하는 방향에서 다양하게 펼쳐졌다.

먼저 만선사(滿鮮史) 연구가 이루어졌다. 러일전쟁 뒤 만주와 한국을 경영하기 위해 남만주철도주식회사(약칭 滿鐵)라는 국책회사가 만들어졌다. 시라또리는 만철 토오꾜오지사 내의 '만철지리역사조사실'(1908)을 중심으로 하여 동양사 연구에 열을 올렸다. 여기서는 외면적으로는 만주와 한반도의 역사지리에 관한 조사를 하는 것이 임무였지만 실제로는 그들의 식민정책의 토대를 다지려는 것이었다. 그래서 만선사관이라는 역사관이 만들어졌다.

둘째는 '일선동조론'이 고조되기 시작하였다. 에도시대의 국학의 전통을 이어받은 이 주장은 일제가 한국 병탄을 합리화하는 이념으로서 내세웠다. 일본 내에서 근대사학이 발전하였다고 해서 국학 전통을 이어받은 연구가 사라진 것은 아니었다. 일본이 조선을 합병한 직후 일본의 학술지 『역사지리』에서는 당시 일본의 역사학자 대부분을 동원하여 임시 증간 '조선호'를 냈다. 여기에는 시데하라(幣原坦)·호시노 등 관제 사학자들이 태곳적부터 병합까지의 일본과 한국의 관계를 분담 집필하고 있다. 이 시기에는 이 잡지 외에도 일선동조론의 입장에서 한국 병합을 예찬한 논문과 책이 여럿 나왔다. 특히 시데하라는 『한국정쟁지(韓國政爭志)』(1907)를 써서 당파성론을 처음으로 내놓기도 하였다.

셋째로 20세기에 들어서면서 식민사관의 근간을 이루는 이른바 정체성이론이 등장하였다. 이 방면의 연구는 한국사 연구와는 전혀 관계없는 경제 연구자들에 의해 이루어지기 시작했다. 이들은 대체로 한국을 여행하고 거기서 얻은 짧은 견문을 토대로 하여 정체성을 한국사회의 본질이라고 주장하였는데 식민지배를 정당화하려는 노력에 따라 자연스럽게 활용되었다.

이처럼 일본은 역사학을 가지고서, 조선이라는 한 나라를 멸망시켜 영토를 뺏고 예속시키는 데 대한 정당성의 기초를 다지려고 하였다. 이것이 제국주의 역사학의 기본적인 특징이었다.

(2) 식민지 조선으로 확대된 식민사관

한편 일제 식민세력은 합병 이후 조선 안에서도 조선사 연구를 계속하였다. 이들은 일본 안의 연구방법을 이용하면서 한편으로는 식민지배를 위하여 한국의 역사·지리·법제·풍속 등을 연구하였다.

일제는 조선인에게 민족의식을 불러일으킬 수 있는 역사책을 반포하지 못하도록 금지시키면서 한국사를 왜곡하여 재구성하려고 하였다. 일제는 1915년 7월부터 중추원에 편찬과(編纂課)를 두어 '조선반도사(朝鮮半島史)' 편찬에 나섰다. 용어에서 드러나듯이 그들은 한국사의 성격을 반도사로 축소시키고 있다. 조선반도사 편찬요지를 통하여 그들이 밝힌 반도사 편찬의 목적을 보면, 그 목적이 '조선인 동화'에 있음을 알 수 있다.

조선인은 다른 식민지의 야만 미개한 민족과 달라서 독서와 문장에 있어 조금도 문명인에 뒤떨어진 바 없는 민족이다. 예로부터 사서가 많고 또 새로이 저작에 착수된 것도 적지 않다. 그리하여 전자는 독립시대(병합 이전)의 저술로서 현대와의 관계를 결하고 있어 헛되이 독립국 시절의 옛 꿈에 연연케 하는 폐단이 있다. 후자는 근대 조선에 있어서의 일로, 일청간의 세력경쟁을 서술하여 조선의 나아갈 바를 설파하고 혹은 『한국통사(韓國痛史)』라고 일컫는 재외조선인의 저서 같은 것은 진상을 규명하지는 않고 함부로 망설을 드러내보이고 있는 것이다. 이러한 사서들이 인심을 현혹시키는 해독 또한 참으로 큰 것임은 말로 다할 수 없는 것이다. 그러나 이를 절멸시킬 방책만을 강구한다는 것은 헛수고에 그치는 일이 될 뿐 아니라 혹은 그 전파를 장려하는 일이 될지도 모른다는 점을 헤아리지 않으면 안되는 것이다. 오히려 구사(舊史)의 금압 대신 공명적확한 사서로써 대처하는 것이 보다 첩경이고 또한 효과가 더욱 클 것이다. 이 점을 조선반도사 편찬의 주된 이유로 삼으려 하는 것이다.

이처럼 그들은 조선사 연구가 객관성을 중시하는 실증주의사학에 기초를 두고 있다는 것을 내세워, 자신들이 왜곡한 조선의 역사상을 정당한 것처럼 주장하였던 것이다. 그뒤 중추원에서는 조선사에 관한 자료를 수집하였는데, 3·1운동에 큰 충격을 받은 일제가 1922년 조선총독부에 조선사편찬위원회를 설치함으로써 반도사 편찬사업은 일단 중지되었다.

조선사편찬위원회는 1925년 조선사편수회로 바뀌어 10개년간에 걸쳐 조선사를 완성한다는 계획을 세워 실행에 들어갔다. 그 결과 1931년부터 1937년 사이 35책에 달하는 방대한 분량의 『조선사』가 완성되었다.

사실 이 책은 역사책이 아니라 연대순으로 정리된 사료집이었다. 그런데도 이 책이 가지는 의미는 작지 않았다. 일제는 사료를 마음대로 골라서 자기네 입장에서 유리하고 필요한 것은 많이 싣고 그들에게 불리한 것은 싣지 않았다. 따라서 이 책을 가지고 한국사를 연구한다면 일제의 의도를 따르게 될 수밖에 없었다. 당시에는 일반인들이 원사료를 이용하기 어려웠는데, 이 책만은 비교적 보기가 쉬웠기 때문에 조선사 연구에 끼치는 영향이 컸다. 제국주의국가에서 서술하려는 식민지의 역사가 식민지 민족을 위한 연구가 될 수 없음은 너무도 명백한 일이었다.

한편 조선사편찬위원회가 발족되면서 그 직원이 중심이 되어 '조선사학회'를 만들었다. 여기서 『조선사대계』 5권을 만들었는데, 머리글에서 "역사는 사실의 기록임"을 강조하였다. 그러나 중요 내용을 살펴보면, 단군조선을 부인하였고 한사군에 대하여 아주 자세히 서술하였으며, 일본과의 관계도 일본 신화를 인용하여 임나국의 조공, 신공후(神功后)의 신라 정복 등을 소개하고 있다. 더욱이 왜(倭)를 '우리나라'라고 표기한 데서 보이듯이 이미 객관성을 잃고 서술하고 있었다.

조선사학회는 또 그뒤 『조선사학(朝鮮史學)』이라는 논문집을 발간하였는데, 그 발간사에서도 "우리가 조선사를 연구하는 것은 첫째 국사(일본사)를 위해서이고, 이미 국사의 일부가 된 조선사를 위해서"라고 하여 이들의 조선사 연구의 목적이 무엇인지 잘 보여주고 있다.

조선사편수회와 함께 일제침략을 합리화하는 데 주력한 기관이 식민지의 최고 학술기관이었던 경성제국대학이었다. 1926년 이 대학에 법문학부가 개설되면서 이곳은 조선사편수회와 함께 일본인들이 조선사를 서술하는 중심지가 되었다. 이 대학의 사학과 교수와 조선사편수회의 직원들이 모여 '청구학회(靑丘學會)'를 만들고, 『청구학총(靑丘學叢)』이라는 전문적인 역사연구지를 발간하였다. 이들은 토오꾜오대학 국사학파의 일선동조론, 만철지리역사조사실의 만선사관을 계승하여 "식민정책으로서의 한반도에 대한 학술적 연구"를 진행한다는 입장이었다.

한편 이 대학의 법학과 교수들인 모리야(森谷克己)·시까따(四方博) 등이 중심이 되어 '조선경제연구소'를 만들었는데, 그 목적은 조선 근대 사회경제사를 집중적으로 연구하여, 당시 발전하고 있던 맑스주의 이론에 대항하고 식민정책을 수립하는 데 기여한다는 것이었다. 이들은 "사실을 사실로서 관찰하고 조선의 있는 그대로의 모습을 아는 것이 '조선문제' 해결의 제일보"라고 하면서 자못 실증주의의 연구방법을 강조했지만, 그들의 실제 연구방법론은 철저히 '민족성론'과 '정체성론'에 입각한 것이었다.

여기서 『조선경제의 연구』『조선사회경제사연구』『국가의 연구』 등이 간행되었는데, 이 책들은 옛날의 조선사회를 부패하고 정체된 사회로 파악한 반면 식민지 통치하의 조선사회를 성장하는 사회로 보았다. 결국 식민통치를 은폐하고 합리화하면서 일제의 정책수립에 기여하고자 한 것이다.

이렇게 본다면 식민사관은 시기적으로는 일제가 침략을 계획할 때부터 만들어지기 시작하여 조선을 식민지로 지배하는 동안 끊임없이 발전해갔으며, 그 담당주체는 주로 일본 내의 토오꾜오제국대학·만철, 조선 내의 조선사편수회·경성제국대학 등 관변기관이나 어용학자들이었다고 할 수 있다.

3. 식민사관의 논리

(1) 타율성론

　한 나라의 역사발전은 그 민족이 주체가 되어야 함은 당연하다. 다른 민족이 일시적·부분적으로 개입할 수 있으나, 긴 역사과정에서 본다면 그것이 중심이 될 수는 없다. 그런데도 타율성론은 한마디로, 한국사의 전개과정이 한민족의 자주적인 역량에 의하여 자율적으로 이루어졌다기보다는 외세의 간섭과 압력에 의하여 타율적으로 이루어졌다고 보는 역사관이다. 저들은 이러한 역사이론을 정당한 것처럼 보이게 하기 위해 한국사에서 타율적 요소들을 뽑아내어 그것을 한국역사의 주된 흐름으로 서술하려고 애썼다. 반면 한국사의 자주적인 모습은 감추려고 하였다. 가령 한국사의 출발과 관련된 단군에 대해서는 "그 설이 황당하여 믿지 못할 것"으로 주장하여, 일본의 신화에 대해서는 전적으로 믿는 것과는 매우 다른 태도를 취하였다.

　하야시는 1892년 우리나라에 대한 본격적인 통사인 『조선사(朝鮮史)』에서 조선사는 고대부터 북부는 중국의 식민지로, 남부는 일본의 식민지인 임나일본부로 출발한 것처럼 서술하여 우리나라는 당초부터 식민지로 출발한 역사를 지니고 있다는 주장을 폈다. 또 근대에 들어서는 1876년의 강화도조약이 동양의 평화를 위하고 조선의 독립을 위한 것이라고 하여 두 나라 사이의 불평등한 조약을 미화하였다. 오다(小田省吾)가 쓴 『조선사대계』(1927)도 마찬가지다. 그의 책 목차가 제2장 지나 통치 이전의 북선, 제3장 지나의 군현, 제4장 고구려의 흥기, 제5장 일본부 설치 이전의 남선, 제6장 일본의 세력 수립 등인 것에서 나타나듯이 조선의 고대사는 북은 중국이, 남은 일본이 통치하고 있었던 것으로 서술하고 있다.

　만선사관도 타율성론을 뒷받침하고 강화하는 것이었다. 만선사를 가장 강력하게 주창한 사람은 이나바(稻葉岩吉)였다. 그는 중국사·만주사·한국사에 관해 많은 책을 썼는데, 한국고대사에 관해서는 앞에서 말한 식민사학자들과 같은 입장을 취하고 있었다. 그는 「만선불가분의 사적 고찰」 (1922)에서 한국사의 독자성·자주성을 부인하고, 민족·영토·경제의 세 방면에서 보아 한국은 태곳적부터 대륙 특히 만주와 분리할 수 없는 관계를 가졌다고 주장하였다. 그후 괴뢰 만주국이 세워지자 그는 만선불가분론을 더욱 발전시켜, 「만선사 체계의 재인식」(『만주발달사』, 1935)이라는 논문을 발표하여 한국에서 일어난 큰 역사적 사건은 모두가 대륙 정국의 반영이었다고 하였다. 이처럼 만선사관은 한국사의 주체적 발전을 부정하고 한국사를 대륙 특히 만주의 세력이 파급된 역사로 보아 한국사의 자주성을 철저하게 부정하였다.

또한 조선사가 타율적으로 흐른 이유로서 반도적 성격을 들기도 하였다. 미시나(三品彰英)는 『조선사개설』(1940)이라는 책을 쓰면서 서설에서 아예 '조선사의 타율성'이라는 제목을 달고 조선사의 성격을 "아시아 대륙의 중심부에 가까이 붙어" 있었고, "주변 위치 때문에 항상 그 본류로부터 벗어나" 있었으며, 동시에 "여러 이웃나라가 있어서" 항상 여러 세력의 여파가 미치고 그들에 의해 시달리거나 지배되었다고 보았다.

결국 반도적 성격으로 말미암아 숙명적으로 주변의 지배를 받았을 뿐 아니라 더 나아가 이러한 성격들이 조선인의 일상적인 행동과 사고에도 영향을 끼쳐 이른바 사대주의라고 하는 고질적인 성격이 조선인의 민족성으로 굳어졌다고 강변하였다.

이같은 타율성의 논리는 일본인에게는 한국을 멸시하는 근거가 되었고 일부 한국인에게는 열등의식을 불어넣어주는 계기가 되었다.

(2) 정체성론

인류가 생긴 이래 역사는 계속 발전해왔으며 이는 대체로 몇 단계를 거쳐왔다고 한다. 국가에 따라서 발전속도가 차이가 있을 수 있었다. 서구 제국주의는 침략과정에서 이질적인 동양사회의 성격을 파악하면서 동양사회의 특징은 발전의 속도가 매우 느린 것이라고 규정하였다. 그런데 일본은 이러한 논리를 받아들여 한국사에 적용하여 식민지배를 정당화하고자 하였다. 자신들은 동양사회에 속하지만 서구와 비슷한 역사발전단계를 밟아왔는데, 조선은 일본에 비하여 매우 뒤떨어졌다는 것이다. 이것이 곧 정체성론이다.

정체성론을 처음 주장한 자는 메이지시대 말기 경제학자 후꾸다(福田德三)였다. 그는 독일에 유학하여 역사학과 경제학의 대가 브렌타노(Lujo Brentano) 밑에서 공부하였다. 그는 러일전쟁 직전인 1902년 여름에 조선을 돌아보고는 그것을 자료로 삼아 「한국의 경제조직과 경제단위」(1904)라는 논문을 썼다. 여기서 그는 한국사의 가장 두드러진 특성으로 정체성을 들고, 그 원인으로는 봉건제가 없었기 때문이라고 하였다. 따라서 당시 한국의 발전단계를 일본에 비교한다면 봉건제가 성립되기 전인 고대말 10세기경의 후지와라(藤原)시대에 해당한다고 주장하였다. 그는 이를 이론적으로 증명하기 위해 한국은 토지사유제가 성장하지 않아 토지공유의 단계에 머물러 있으며, 교통경제·화폐경제의 발달이 낮은 수준이고, 씨족적 통제의 사회로서 상공업의 사회적 분화가 미숙하다고 주장하였다.

논리가 옳고 그르고를 떠나서 먼저 그의 주장은 극히 짧은 기간의 한국 시찰을 바탕으로 한 것이었으며, 그 자신이 "일찍 문명사회가 된 일본이 후진적인 조선을 문명 개화시켜야 한다는 사명감을 가졌다"는 제국주의적 선입견을 가지고 있었기 때문에 이러한 주장이 나올 수밖에 없었다. 곧 일본의 침략주의를 근대경제사 이론을 차용하여 뒷받침하고자 한 것이다. 이 글이 씌어진 시점이 러일전쟁 발발기라는 점에서, 그 정치적 의도를 짐작할 수 있다.

후꾸다의 주장은 실증적 근거가 매우 박약했지만, 그 뒤 그의 글이 끼친 영향은 매우 컸다. 그를 뒤이어 카와이(河合弘民)는 1913년 『경제대사서(經濟大辭書)』의 「한국」이라는 항목에서 역시 한국문화 일반의 수준은 일본에 비교하여 후지와라시대 단계에서 정체되어 있다고 서술하였다.

3·1운동 후 조선을 여행한 키다(喜田貞吉)도 그의 여행기 「경신만선여행일지(庚申滿鮮旅行日誌)」(1921)에서 한국인의 풍습·생활이 헤이안시대(平安時代, 794~1185)와 비슷하다고 주장하였다. 또한 학문적으로 후꾸다를 이어받은 쿠로다(黑田巖)는 「조선 경제조직과 봉건제도」(1923)에서 한

국에 봉건제도가 없었다는 것을 지적하면서 한국사회는 일본보다 약 600년 늦었다고 지적하였다.

정체론은 조선 내에도 유입되었다. 조선총독부의 편사사업의 중심인물이었던 이나바는 『일선 문화의 역사적 차별』(1925)이라는 책에서 당시의 조선문화는 일본에 비하여 600년은 뒤졌다고 주장하였다.

정체성론은 식민지 농업구조를 형성하기 위한 기초작업인 토지조사사업에도 이용되었다. 이 사업의 중심인물인 와다(和田一郞)는 『조선의 토지제도 및 지세제도 조사보고서』라는 방대한 저서에서 한국의 토지제도는 원시사회의 토지국유제가 국가적 규모에까지 확대된 것이며, 그 속에는 원시적 성격이 존재하고 있다고 주장하였다. 이러한 정체론적인 견해는 한국인의 토지를 국유지로 편입시켜 이를 합법적으로 수탈하려는 의도에서 나온 것이었다.

경성제대에 재직하면서 조선후기 사회경제사를 연구했던 시까따는 후꾸다와는 달리 식민지배를 찬양한 인물은 아니었으나 역시 정체론적인 입장을 가지고 있었다. 그는 「조선에서의 근대자본주의의 성립과정」과 그의 주장을 종합해서 정리한 「구래의 조선사회의 역사적 성격에 대하여」 등의 글을 남겼는데, 개항 당시의 한국은 자본축적도 없고, 기업적 정신을 가진 계급도 없고, 대규모 생산을 담당할 기계기술도 없었다고 주장하였다.

맑스주의 경제학자·역사학자 들도 맑스의 이론을 원용하여 한국사회의 정체성론을 재구성하였다. 모리야는 "이씨조선 시대의 반도도 경제면에서 보면 아직 농경단계 이상에까지 나아가지 못했다"고 하였는데, 이는 당시 맑스주의 진영의 이른바 아시아적 생산양식론과 연결되는 것이었다.

(3) 당파성론

'당파성론'은 조선시대 정치사를 대상으로 해서 만든 식민사관어라고 할 수 있다.

조선왕조의 정치를 당쟁이라고 규정하고 매도하기 시작한 것은 일본인들이었다. 시데하라의 『한국정쟁지(韓國政爭志)』는 그러한 주장을 펴는 데 앞장서는 역할을 한 책이다. 그는 1900년에 학정 참여관으로 한국에 와서 교육분야에 상당한 영향력을 발휘하던 자였는데, 7년 만에 이 책을 내놓음으로써 당파성 이론을 만들었다. 당쟁이라는 용어를 나름대로 개념 규정하여 처음으로 사용한 것이 바로 이 책이었다. 그는 조선시대의 정파는 "주의를 가지고 서로 대립하는 공당(公黨)이 아니라, 이해를 가지고 서로 배제하는 사쟁(私爭)이다"라고 규정하였다.

합병 뒤 일본인 학자들은 당파성론을 보강하였다. 하야시의 『조선통사』(1912)가 그것이다. 그는 시데하라의 견해를 본받아 "소위 당파란 것은 본래 뚜렷한 주의 강령이 있는 것이 아니라 오직 여러가지 돌아가는 형세에 따라 동서남북 여럿으로 분속된 것이다"라고 규정하였다.

경제사가 카와이는 「조선에서의 당쟁의 원인 및 당시의 상황」(『사학잡지』 27-3, 1916)에서 경제생활이 곤궁하고 그것에 따른 사회조직이 문란한 것이 당쟁이 뿌리내린 주된 원인이라는 경제결정론적인 해석을 내놓았다. 또한 호소이(細井肇)라는 자는 『붕당 사화의 검토』(1921)에서 정쟁은 여러 대에 걸쳐 계속되어 결코 고칠 수 없는 조선인의 체질이라고 강조하였다.

3·1운동 이후 한국민족의 민족운동을 분열시키는 데는 민족의 당파성을 강조하는 것이 매우 효과적이었을 것이다. 1922년에 기획되어 1925년에 완간한 『조선사강좌』 시리즈에서는 조선왕조의 정치에 관해 「이조정쟁약사(李朝政爭略史)」와 「근세조선사」에서 다루었다. 그 집필자인 오다(小田省吾)와 세노(懶野馬熊)는 그 뒤 줄곧 당쟁사 연구를 주도하는 위치에 있었다. 오다는 3·1운동 이후 조선에 와서 경성제대 예과부장(豫科部長)과 조선총독부 시학관(視學官)을 겸한 자로서 그가 연구에 참여한 데는 특별한 정치적 목적이 있었다고 보인다. 그는 1930년대에 쓴 글에서 천주교 박해나 홍경래란의 원인까지도 당쟁에서 찾았다. 또한 세노는 16세기의 사화(士禍)를 당쟁과 연결시켜 당파성론을 확대시켰다.

당파성론은 오늘날까지도 그 폐해가 매우 심하다. 아직까지도 우리 사회의 일각에서는 조선왕조가 당쟁으로 망했다든가 우리 민족은 파쟁의식이 심하다고 믿는 경우가 많은 것을 볼 수 있다.

(4) 일선동조론

한국사의 뿌리를 통째로 없애려는 논리로서, 일선동종론(日鮮同種論)이나 일한일역론(日韓一域論)도 이같은 내용이었다. 이에 따르면 일제의 조선지배는 두 민족을 원상상태로 복구시키려는 당연한 일로 간주되었다. 일선동조론은 주로 국학에서 영향을 받았다. 가령 앞에서 보았던 『국사안(國史眼)』(1888)에서는 일선동조론의 입장에서 고대에서 근대에 이르는 한일관계를 다루고 있다. 가령 출운신화(出雲神話)에 나오는 스사노오노미꼬또(素盞嗚尊)가 조선의 지배자가 되고, 이나히노미꼬또(稻氷命)가 신라의 왕이 되며, 그의 아들 아메노히보꼬(天日槍)가 일본에 귀복하며, 신공황후(神功皇后)가 신라를 치는 등 허황된 이야기를 늘어놓았다. 이는 두 나라의 조상이 같을 뿐만 아니라 고대부터 조선은 일본의 지배 아래 있었으므로 근대 이후 일본의 조선 침략은 당연하다는 역사해석이었다.

이러한 역사해석을 통하여 한국은 옛날부터 일본의 지배 아래 있었다는 역사상이 일본인에게 심어졌다. 이는 한국사 연구가 전혀 없었고 일본의 역사학이 아직 발달하지 않았던 시기에 학문적 검토를 거치지 않고 만들어진 것이다. 그런데도 이러한 역사상은 그 뒤에도 계속 살아남아 큰 영향을 끼쳤다. 가령 일선동조론의 입장에서 국사를 쓴 『국사안』이 1901년 이후 다시 간행되어 교과서의 저본이 되었다. 당시 일본의 역사가들 대부분이 속마음으로는 일선동조론을 품고 있었기 때문이다.

한국 병합이 이루어지면서 일선동조론은 더 거세질 수밖에 없었다. 일선동조론은 병합을 합리화하는 논리로서 안성맞춤이었던 것이다. 합병 직후에 일본의 학술지 『역사지리』는 당시 일본의 역사학자 대부분을 동원하여 임시 증간 조선호를 냈다. 거기에는 "일천만 백의의 민중은 이제야 제국에 새로이 붙은 신민(臣民)이 되었다"라고 간행사가 씌어 있었으며, 여기에 실린 글들은 모두 일본의 한국 합병을 '양국의 조상이 하나라는 설'을 근거로 예찬하였다. 가령 호시노라는 자는 「역사상에서 본 일한 동역(日韓同域)의 복고(復古)와 확정(確定)」이라는 글에서 한일합병은 과거로의 복귀라고 주장하였던 것이다.

또한 『국사안』의 공동 필자였던 쿠메는 전문적인 학술잡지인 『사학잡지(史學雜誌)』에 「왜한(倭韓) 모두 일본신국(日本神國)임을 논함」이라는 의도가 뻔히 드러나는 제목의 논문을 썼다. 그리고 키다는 『한국의 병합과 국사』(1910)라는 책에서 '일본과 한국이 같은 뿌리'임을 주장하고, 태고시대에는 일본이 한반도를 지배하였으며 일본은 부강한 본가(本家), 한국은 빈약한 분가(分家)이므로 일본의 한국 병합은 분가가 본가로 복귀하는 것이며 두 나라의 관계가 태곳적인 본래의 상태로 돌아간 것이라고 하였다.

그는 3·1운동 뒤에도 또 한번 「일한양민족동원론(日韓兩民族同源論)」(1921)을 써서 일제가 조선을 지배하는 것이 정당하며 한민족의 독립운동이 부당하다는 점을 역설하였다. 특히 이 논문에서는 일선동조론이 확대되어 일본과 한국뿐만 아니라, 만주·몽고의 여러 민족이 같은 조상, 같은 근원이라고 주장하고 있다. 이렇게 되면 대동아공영권의 주장과 비슷하게 된다. 이러한 논리는 그뒤 일제 말기 내선일체, 황국신민화 운동의 이념적 기초가 되었다.

4. 식민사관의 영향

이러한 왜곡된 식민사관은 피지배민족에게 크나큰 영향을 끼치기 마련이었다. 식민사관의 영향 또는 폐해를 살펴보자.

먼저 우리의 역사학에 식민사관이 침투해 들어오기 시작하였다. 현실적으로 자기 나라 자기 민족이 다른 민족의 침략을 받고 있는 상황인데다가 또 눈으로 침략자들의 눈부신 기술을 보고 그들의 무력에 압도된 상황에서 이러한 이론은 상당한 설득력을 가질 수밖에 없었다. 더구나 이러한 이론들이 세련된 방법론에 기초를 두고, 과학성과 객관성을 내세우며 제시될 때 아직 근대적 학문의 훈련을 겪지 못한 후진 국가의 지식인들이 이를 극복해내고 그 허구성을 밝혀내기란 여간 힘든 일이 아니었다.

일제의 식민주의사관은 이미 한말부터 침투하기 시작하였다. 한말의 우리나라 역사책에는 이미 식민사관의 내용이 들어 있었다. 학부(學部)에 근무하는 현채(玄采)가 지은 『동국사략(東國史略)』(1906)은 하야시의 『조선사』를 번역하다시피 한 책이었다. 그뒤 김택영(金澤榮)은 자신이 지은 『동사집략(東史輯略)』(1902)이라는 책에서 일본인이 주장하는 임나일본부설을 받아들였고, 기자조선에 대해서는 주나라 무왕의 봉건설을 채택하여 조선의 역사가 주의 분국으로 시작된다고 서술하였다. 그리고 최경환(崔景煥)도 『대동역사』(1905)에서 일본을 우리나라와는 "같은 글, 같은 종족"으로서 아주 긴밀한 관계를 가진 나라라고 서술하였다. 장지연(張志淵)조차 『대한강역고(大韓疆域考)』에 「임나고」라는 항목을 실었다.

이와같이 정신적으로 식민사관에 의하여 오염당하기 시작하면 제국주의자들의 침략에 논리적으로 대항할 수 있는 가능성은 사라진다. 오히려 침략자들은 문명의 전파자로, 근대화의 전도자로 받아들여질 가능성이 더 많아진다. 이같은 상황은 제국주의 침략자들이 가장 노리고 있는 점이었다. 구태여 총을 들고 싸울 필요도 없이 피지배민족을 정신적으로 굴복시킬 수 있기 때문이었다. 따라서 제국주의 침략자들이 침략해 들어올 때는 항상 근대적 학문과 기술과 종교를 앞세웠던 것이다.

이 때문에 일제는 이데올로기 조작을 통하여 조선민족을 세뇌시키고자 치밀하게 계획하였던 것이다. 이러한 작업을 통하여 일제가 조선인의 머리에 주입시키고자 하였던 것은 조선민족은 열등한 민족이며, 그 사회는 부패하여 도저히 자신의 힘으로는 나라를 꾸려가거나 근대화를 이룰 수 없다는 것이다. 따라서 조선이 식민지가 되는 것은 당연하며 먼저 근대화를 이룬 일본의 '따뜻한' 지도 아래 발전할 수밖에 없다는 것이다. 이에 따른다면 일제의 식민지배는 당연히 감사해야 할 것이며 저항이라는 것은 있을 수 없는 일이었다. 또한 민족에 대한 허무주의나 혐오감에 빠져버리거나 저항을 포기하고 일제의 정책에 적극 동조하게 만들기도 하였다.

그리고 일본인에게 교육을 받은 일부 조선 지식인들이 이러한 논리를 재생산하였다. 학문을 한다는 것 자체가 특권이라고 할 수 있었던 당시의 조선 지식인들은 일제가 차려놓은 교육기관에서 그들의 논리를 받아들이며 자라났다. 더구나 여기에 대한 저항적인 연구는 표면적으로 가능하지 않은 상황이었으므로 과학적이고 공정한 학문의 탈을 쓰고 식민사관이 재생산될 수밖에 없었다. 따라서 식민사관은 조선을 지배하는 이데올로기로서 중요한 기능을 하게 되었던 것이다.

가령 최남선은 '조선학'을 내세우고 '불함문화론(不咸文化論)'을 주장하였는데, 단군문화권을 확대하여 단군을 초민족적인 신격으로 희석하였고, 한일 두 나라의 종교적 일체성을 긍정하여 신사참배정책을 정당한 것으로 받아들였다. 그의 사관은 지극히 관념적이며, 종교적이었다. 불함문화론은 실상 일제관학자들이 만든 만선사관과 같은 맥락을 지니고 있었다. 그는 우리 문화의 기본 성격이나 우리 역사의 발전과정을 제대로 인식하지 못하고 우리 민족의 역량이 모자라고 민족성에 결함이 있다고 주장하면서 민족의 자각을 촉구하였는데, 이는 결과적으로 일제침략의 책임이 우리 자신에게 있다는 논리로 귀결되었다. 이와같은 논리를 받아들이면 당연히 조선민중을 비굴과 자조 속으로 이끌어가게 되는 것이었다. 최남선은 조선총독부의 조선사 편찬작업에도 협력하는 등 적극적인 친일행위를 하였다.

친일문학가로 널리 알려진 이광수도 문학작품을 통하여 식민사관의 논리를 가장 잘 반영하였다. 유명한 「민족개조론(民族改造論)」에서 그는 우리 민족사와 민족문화에 대하여 철저히 비판하면서 그 일차적인 대상을 조선조의 정치, 곧 당쟁으로 삼고 있는데, 이는 일본인 학자의 당파성론을 상당히 받아들인 것이었다고 할 수 있다. 또한 그의 많은 소설에서는 일제에 의한 식민지 신문명화를 찬미하면서 제국주의의 침략논리를 그대로 반복하고 있다. 특히 「부활의 서광」이라는 글에서는 "10세기간 정지되었던 정신생활을 다시 시작하여야 하겠다"고 하였는데 이는 앞에서 보았듯이 후꾸다의 왜곡된 주장을 그대로 받아들이고 있는 것이었다. 따라서 그는 『무정』이라는 소설에서 "교육으로 보든지, 경제로 보든지, 문학·언론으로 보든지, 모든 문명사상의 보급으로 보든지, 다 장족의 진보를 하였으며 … 아아, 우리 땅은 날로 아름다와진다. 우리의 연약하던 팔뚝에는 날로 힘이 오르고 우리의 어둡던 정신에는 날로 빛이 난다. 우리도 마침내 남과 같이 번쩍하게 된 것이로다"라고 하면서 식민지배를 노골적으로 찬양하였다. 식민사관을 식민지 대중에게 정서적으로 불어넣은 것이었다.

한편 조선에서 전문적인 역사교육을 받은 사학도가 1910년대 말기부터 나오기 시작하여 20년대 후반기부터는 연구와 저술활동에도 종사하였다. 그들은 일본에 유학하여 그곳 대학에서 동양사학을 전공하였고, 그뒤 경성 제대의 사학과에서도 졸업생이 나오기 시작하였다. 그들의 스승은 일본인 으로서 '관학 아카데미즘'의 학풍을 이어받았다. 20년대에 들어서 조선사편 수회 등 관변기관에도 조선학자가 많이 들어 있었다.

이들의 태도는 문헌고증학이라고 할 수 있는데 방법론은 매우 세련되었 으나 일제 식민주의사학을 방조했다는 비판을 받고 있다. 이들은 민족운동 의 수단으로서의 역사연구를 거부하였고, '역사를 위한 역사' 곧 역사학의 전문화와 과학화에만 의미를 찾고자 하여 식민사관을 제대로 극복하지 못 하였다.

다음으로 식민사관이 끼친 폐해는 일본인들에게는 조선에 대한 멸시감을 불러일으켰고, 식민지 조선에서는 자라나는 우리 어린이들에게 식민사관을 주입하는 데 큰 역할을 하였다는 점이다. 1920년대에 간행된 『보통학교 국 사』의 내용을 보면 조선 학생을 가르치는 책인데도 일본 천황을 중심으로, 일본을 우리나라로 기술하면서 조선을 부수적인 역사로 취급하였다. 따라 서 조선인을 가르치는 조선인 역사책인데도 역사의 주체는 일본이었던 것 이다. 가령 고대사 부분을 보면 조선의 북부지방은 애초부터 중국의 지배 를 받는 이민족의 식민지로 출발하였으며 남부는 일본과 일찍부터 내왕하 면서 일본에 의존하고 있었다고 한다. 특히 '신공황후'라는 과에서는,

황후는 군선을 이끌고 대마도에 건너가 그곳으로부터 신라로 밀려들어갔다. 군선이 바다에 가득하여 그 형세가 매우 성하매 신라왕은 크게 두려워하며 말 하기를 "동방에 일본이라는 신국이 있고 천황이라고 하는 훌륭한 군주가 있다 고 들었다. 이제 오는 것은 바로 일본의 신병일 것이다. 어떻게 맞아 방어할 수 있을까"라고 하였다. 즉각 백기를 들고 항복하여 황후의 앞에서 맹세하기 를 "만일 태양이 서쪽에서 뜨고 강물이 거꾸로 흐르는 경우가 있을지라도 매 년의 공물은 소홀히하지 않겠습니다"라고 하였다. 이윽고 황후는 개선하였으 나 그뒤 백제와 고구려 두 나라도 또한 우리나라에 복종하게 되었다.

고 허구에 가득찬 내용을 서술하고 있다.

근대사 부분에서도 마찬가지다. 조선정벌론(정한론)이 대두한 이래 일본의 계속된 침략은 조선이 잘못하였기 때문이며 식민화는 조선이 요구한 것이라고 서술하였다. 곧 하권에서는,

> 한국은 우리나라의 보호하에 있은 지 이미 수년에 이르러 정치는 점차 개선되었으나 다년간의 폐정을 완전히 제거할 수 없고 민심은 아직도 편안하지 않으므로 국리민복을 증진시키기 위해서 일한 양국을 합할 수밖에 없음이 점차로 분명해졌다. 한국민중에도 이를 희망하는 자가 적지 않았다. 이에 한국황제는 통치권을 천황에게 양여하고 제국의 신정에 따라 더욱더 국민의 행복을 증진시킬 것을 희망했고 천황 또한 그 필요함을 인정하여 메이지 43년 8월 드디어 한국의 병합을 보기에 이르렀다.

고 서술하고 있다. 이처럼 조선에 관한 내용은 철저히 타율적이고 일제에 의한 지배와 복속의 내용으로 채워져 있었다.

이와같이 일제가 조작한 역사책은 한·일 양국간의 관계를 넘어서 다른 나라의 한국에 대한 인식에까지 영향을 끼쳤다. 예를 들면 조선총독부가 만든 『조선사의 길잡이』라는 책이 있다. 이 책은 조선총독부가 시정 25주년을 기념하기 위하여 만든 책이다. 그런데도 해방 후 유네스코에서 한국사를 소개하는 자료로서 이 책을 번역하여 배포하였다고 한다. 오늘날에도 세계 각국의 역사책은 대부분 일본이 주장하는 왜곡된 우리나라의 역사상을 그대로 싣고 있는 것을 볼 수 있다. 식민사관의 피해를 단적으로 보여준다고 하겠다.

5. 맺음말

그렇다면 식민사관을 어떻게 극복할 것인가 하는 문제가 제기된다. 본래 역사는 사실과 해석으로 이루어졌다고 볼 수 있다. 먼저 역사적 사실에 대

한 엄정한 규명이 있어야 한다. 이는 사료를 제대로 접할 수 없고 사료에 대한 비판능력이 없는 일반 대중들이 할 수 없으며 역사연구자들의 몫이라고 하겠다. 사실 일반 대중들이 식민사관의 논리를 비판하기란 어려웠다. 더구나 식민지배는 수십년간 계속되었으므로 식민주의자들이 주장하는 논리가 옳다고 받아들이기 쉬웠다.

따라서 식민사관의 극복은 역사학의 중요한 과제였다. 일제시기에도 민족사학은 주로 고대사 분야를 연구하여 우리 민족의 주체성을 살리고자 하였으며 사회경제사가들은 우리 역사에 보편적 역사발전법칙을 적용함으로써 정체성론을 비판할 수 있었던 것이다.

그러나 학문적으로 식민사관을 충분히 비판하였던 것은 1960년대 이후였다. 당시 국사학계의 주된 관심이 식민사학의 유산을 청산하는 문제로 도아지면서 식민사관에 입각한 여러 논리들의 허구성이 공박되었다.

먼저 정체성론을 부정하는 연구에서는 일본학자들이 특히 '정체성'을 강조하였던 조선후기 사회의 발전적인 측면에 대한 연구가 진행되었다. 가령 농업부문에서 모내기의 보급, 견종법의 시행, 이모작의 확대 등 생산력의 발달이 있었으며, 광작 등 새로운 경영방식이 전개되었고 상업적 농업의 발전, 상업에서의 사상(私商)·도고(都賈)의 성장, 전국적인 장시(場市)의 발달, 수공업 분야에서의 선대제적 상품생산 등이 이루어졌음이 실증적으로 규명되었다. 따라서 조선후기에 전개되었던 사회변화의 여러 측면을 통하여 근대지향적인 면이 조선사 내부에 존재하고 있었음이 부각되었다.

식민사관을 지탱해온 타율성론에 대해서도 비판이 이루어졌다. 먼저 반도라는 지정학적 숙명론에 대해서는 인간사회의 내적 발전이라는 법칙을 무시한 논리를 비판하면서, 과거 우리 조상의 활동무대가 반도에만 한정되지 않고 만주까지 포함되었다는 점, 반도라고 하더라도 이딸리아처럼 유리한 조건이 되기도 한다는 점, 그리고 대륙과 해양으로부터 침략을 많이 받았으나 끊임없이 투쟁해왔다는 점 등을 들어서 공박하였다.

그리고 한국사의 여명기가 한사군 등 중국의 식민지 상태에서 시작되었다는 주장에 대해서는, 한사군보다 훨씬 앞선 시기에 청동기시대가 존재했음을 밝히고, 그를 토대로 한 고조선이라는 국가의 실체를 부각시킴으로써 실증적으로 이를 극복하였다. 또한 임나일본부설도 일본학자들이 만든 허구적 가설임이 논증되었다. 사대주의 문제에 대해서도 사대정책과 사대주의는 구분되어야 함이 강조되었다.

당파성에 대해서는 이 또한 어느 민족이나 정파간의 싸움은 있는 것이고, 다만 그 다툼의 방법과 양상에 차이가 있을 뿐이니 그것을 굳이 한국민족만의 특수한 양상이었다고 강조하는 것은 잘못이라고 비판하였다. 최근에는 조선시기의 붕당을 오히려 공론을 중요시하는 정치운영의 원리로서 평가하고 있다.

이와같이 오늘날 한국사학계의 연구성과가 축적되면서 식민사관이 극복되고 민족사의 독자성과 그 내재적인 발전과정을 추구하고 있지만 아직도 충분하다고 보기는 어렵다. 앞에서 보았듯이 현재 일제사가들이 주장한 식민사관은 해방 후 역사학의 성과가 축적되면서 거의 극복할 수 있었다. 그러나 이같은 식민사관의 뿌리가 된 근대화론과 같은 사상은 여전히 극복되지 못하고 있다. 오히려 60년대 이후 외국자본에 의존한 경제성장론에 따라 근대화론은 여전히 유효하게 이용되고 있는 실정이다. 이제 역사학계도 일제가 만든 식민사관의 극복이라는 대응적인 차원에서 벗어나 아직까지도 외세에 의존하는 근대화론과 같은 제국주의적 시각을 적극적으로 비판해나가야 할 것이다. 〔宋讚燮〕

□ 참고문헌

김용섭, 「일제관학자들의 한국사관」, 『사상계』 1963년 2월호.

김용섭, 「일본·한국에 있어서의 한국사서술」, 『역사학보』 31, 1966.

이용범, 「한국사의 타율성론 —— 소위 만선사관의 극복을 위하여」, 『월간 아세아』 1969년 3월호.

홍이섭, 「식민지적 사관의 극복 —— 민족의식의 확립과 관련하여」, 『월간 아세아』 1969년 3월호.

김영호, 「한국사정체성론의 극복의 방향 —— 시대구분과 자본주의 맹아의 문제」,

『월간 아세아』 1969년 3월호.

이만열, 「일제 관학자들의 한국사 서술」, 『한국사론』 6, 1976.

이태진, 「당파성론 비판」, 『한국사 시민강좌』 1, 1987.

이기백, 「반도적 성격론 비판」, 『한국사 시민강좌』 1, 1987.

강진철, 「정체성이론 비판」, 『한국사 시민강좌』 1, 1987.

이명화, 「일본 역사교과서의 한국사 기술과 한국사상 ── 현행 1986년도 고등학
　교 일본사 교과서를 중심으로」, 『한국독립운동사연구』 1, 1987.

조동걸, 「한말사서와 그 계몽주의적 허실」, 『한국민족주의의 성립과 독립운동사
　연구』, 지식산업사 1989.

이명화, 「일제총독부 간행 역사교과서와 식민사관」, 『역사비평』 1991년 겨울호.

제 7 부

남북분단기

분단시대 남한의 한국사학
북한 역사학계의 동향과 역사인식의 특성

제 1 장

분단시대 남한의 한국사학

1. 머 리 말

20세기 후반 남북한의 역사학은 후일 '분단'이라는 시대적 상황하에서 산출된 '분단시대의 역사학'으로 규정될 것이다. 그러나 분단시대의 역사학은 멀리 조선후기의 역사학에서부터 싹트기 시작하여 19세기 말~20세기 전반에 근대화와 외세 침략의 와중에서 성립, 발전해온 한국 근대사학에 그 뿌리를 두고 있는 학문이며, 앞으로 통일 이후에는 다시 하나로 통합된 역사학으로 발전해갈 것이다.

분단시대가 채 마감되지 않은 1990년대 중반의 현 시점에서 분단시대의 사학사를 정리한다는 것은 시기상조일 것이다. 왜냐하면 분단시대의 사학사 정리는 남북한의 역사학을 하나의 시야에 넣고 전체적인 구도 속에서 각각의 역사학의 조류들을 평가하는 방향으로 이루어져야 할 것이며, 따라서 분단시대 역사학에 대한 온전한 정리는 분단시대가 마감된 이후, 즉 통일 이후에나 가능한 일일 것이기 때문이다. 그러나 이제 한반도에서도 냉전의 어둠이 서서히 걷히면서 통일의 새벽이 다가오고 있다. 따라서 남한의 역사학도 이제 통일을 전망하면서 나름대로 통일 이후를 준비하는 역사학으로 탈바꿈해야 할 시점에 이르렀다. 이 글은 통일을 전망하는 역사학의 수립에 하나의 참고자료가 되기를 기대하고, 또 과분한 욕심이겠지만 통일 이후에 정리될 분단시대 사학사의 한 참고자료가 되기를 기대하면서 씌어졌다.

이 글에서는 본격적인 분단시대라 할 1950년대부터 1990년대 초까지 남한의 역사학이 어떠한 발자취를 밟아왔는가를 각 시기별로 정리하였다. 여기서는 주로 각 시기마다 전개된 사관과 역사학방법론을 둘러싼 논쟁, 학회를 중심으로 한 학계의 동향, 그리고 각 시기별 주요 연구동향과 논쟁 등을 정리하였다. 제한된 지면과 필자의 역량 부족으로 미흡한 정리가 된 것을 아쉽게 생각한다.

2. 1950년대의 한국사학 —— 재건을 위한 준비

1948년 남북한 분단정부의 수립과 6·25전쟁은 지식인들로 하여금 어느 한쪽만을 선택하도록 강요하였고, 많은 지식인들이 신념에 따라 혹은 상황에 이끌려 어느 한쪽을 선택하지 않을 수 없게 되었다. 역사학자들도 여기서 예외가 될 수 없었다. 1945년부터 48년 사이에 이미 대부분의 맑스주의 역사학자들이 북으로 자리를 옮겨갔지만, 1948년까지 남한에 아직 남아 있던 소수 맑스주의자들도 6·25전쟁의 와중에 휩쓸리면서 더이상 남한에 남아 있을 수 없는 상황이 되었다. 또 6·25전쟁은 그동안 중도적인 입장을 지켜오던 많은 지식인들로 하여금 설 땅을 잃게 하였다. 이들 중도적인 지식인들의 다수는 북한정권에 의하여 납북되었다. 이들 가운데에는 신민족주의 역사학을 제창했던 손진태(孫晋泰)·이인영(李仁榮) 등이 들어 있었다. 결국 남한의 역사학계는 분단과 전쟁과정을 통하여 전반적인 재편과정을 겪을 수밖에 없었다.

1948~50년경 남한의 한국사학계에는 서울대학교 문리과대학 사학과의 이병도(李丙燾)·김상기(金庠基)·손진태·이인영·유홍렬(柳洪烈) 등과 사회학과의 이상백(李相佰), 정치학과의 이선근(李瑄根), 고려대학 사학과의 신석호(申奭鎬, 국사관 부관장 겸임)·홍이섭(洪以燮), 연희대학의 이홍직

(李弘稙), 국립박물관의 김재원(金載元), 그리고 경제사 쪽으로 동국대학의 최호진(崔虎鎭)·전석담(全錫淡), 고려대학의 조기준(趙璣濬) 등이 있었다. 이들 가운데 신민족주의 역사학을 제창하고 있던 손진태·이인영은 6·25 때 납북되었으며, 맑스주의에 의거하고 있던 전석담은 6·25 때 북으로 자리를 옮겼다. 이로써 남한에는 기존 학자들 가운데에서 문헌고증사학자들만이 남게 되었던 것이다.

기존 학계의 한국사학자들의 이산은 한국사학계에 새로운 세대의 신진 사학도들의 대두를 가져왔다. 일제말기 경성대학에서 조선사를 전공하던 이들이나 혹은 일본 각지의 대학에서 조선사 혹은 동·서양사를 전공하던 이들이 해방 이후 다시 경성대학(후일 서울대학)에 적을 두고 학업을 계속하여 역사학계에 새로운 세대를 형성하기 시작한 것이다. 해방 후 제1세대라 부를 수 있는 이들은 손진태·이인영·이병도의 지도를 받으면서 다양한 학풍을 모색하고 있었다. 그러나 6·25는 이들 젊은 역사학도들까지도 남과 북의 어느 한쪽을 선택하도록 강요하였다. 6·25 이후 남쪽에 남게 된 신진 역사학도들은 이제 문헌고증사학자들만으로 재구성된 교수진에 의해 지도를 받게 되었다. 하지만 납북된 손진태·이인영으로부터 그들이 받았던 영향은 결코 쉽게 사라질 수 없었다.

이들 신진 학도들은 6·25전쟁 와중이던 1952년 피난지 부산에서 한국역사학의 재건을 기치로 내걸고 역사학회를 조직하였다. 역사학회는 발기취지서에서 "동학(同學)의 사(士)를 규합하고 학문에의 불타는 정열과 과학적인 냉철한 방법을 구사하여 … 역사학 재건의 초석"이 되고자 한다고 밝혔듯이 어떤 뚜렷한 개성을 표방하고 출발한 것은 아니었다. 아마도 전란으로 인한 많은 학자들의 이산, 진단학회의 활동중지, 그런 가운데에서 일본의 한국사 연구의 재출발 등으로 인한 위기의식이 이들 신진 역사학도들을 자극하였던 것으로 보인다. 그러나 그러한 측면 이외에도 이들 신진 역사학도들 가운데에는 내면적으로 기존의 진단학회가 지닌 문헌고증 위주의 학풍에서 탈피하여 새로운 방법론들을 모색해보고자 하는 분위기가 있었다. 역사학회는 회지의 발간을 위해 초창기 미국공보원, 자유아시아재단의 지원과 사상계(思想界)사의 도움을 받았지만 50년대 후반에는 1년에 1권밖에 내지 못하는 침체상태를 벗어나지 못하였다. 그러던 중 1959년부터 동아문화연구위원회에서 학보발간비와 학회활동비로 연 1천 달러를 받게 되면서 학보발간을 연 2회로 늘릴 수 있었으며, 진단학회와 함께 전국역사학대회를 1958년 개최할 수 있었다. 동아문화연구위원회는 하바드대학 옌칭연구소가 한국학 연구의 지원을 위해 1958년 조직한 것이었다.

한편 해방 이후 학회지 『진단학보』를 속간하는 등 학회활동을 재개한 진단학회는 1954년 법인체로 재출발하여(이사장 이병도) 통사로서 『한국사』를 발간하는 작업에 들어갔다. 『한국사』 발간 작업은 1950년 6·25직전에 미국 록펠러재단이 재정지원을 약속하여 계획이 추진되다가 전쟁으로 인해 중단되었다. 1954년 진단학회는 록펠러재단으로부터 1만 달러를 받아 집필작업에 착수하여 1959년부터 발간을 시작, 1965년에 완간하였다. 『한국사』는 전 7권으로 구성되었고, 이병도·김재원·이상백·이선근이 집필을 담당하였다.

당시 학계의 전반적인 학풍을 문헌고증사학이 지배하는 가운데, 사관에서도 식민사관의 정체성론이나 타율성론 등이 여전히 커다란 위력을 발휘하고 있었다. 그러나 그러한 가운데에서도 이러한 학풍에서 벗어나려는 움직임들이 없었던 것은 아니다. 한우근(韓㳉劤)·김철준(金哲埈)은 『국사개론』(1954)에서 "고증학은 사학의 출발점에 있어서의 필요조건에 불과하며 그 도달점에 있어서의 충분한 조건은 되지 못하는 것"이라고 비판하였다. 또 이인영은 1948년에 이미 일본인들이 당파성·사대성 등을 우리의 민족성이라 규정한 것과 한국사의 타율성을 강조한 데 대하여 비판을 가한 바 있었으며, 전석담도 1949년 일본인들이 한국사의 '절대적 정체성'을 강조한 데 대하여 비판한 바 있었다. 6·25 이후에 등장한 신진 역사학자들도 이러한 관점의 연속선상에 있었는데, 특히 김용덕(金龍德) 등은 일인들의 당파성론의 문제점을 지적하고, 한국사회의 정체성은 인정하면서도 그 가운데에서 우리 역사가 '완만하기는 하나 진전되어'왔다는 점을 강조했다.

문헌고증사학과 식민사학에 대한 비판적 극복을 위한 신진 역사학자들의 구체적인 연구성과는 『역사학보』 초창기에 실린 김철준의 신라 상대사회의 지배세력 연구와 천관우(千寬宇)의 유형원(柳馨遠) 연구 등에서 잘 나타난다. 김철준은 고대사 연구에서 재래의 문헌학적 방법론의 한계를 지적하고 인류학적인 연구방법론을 도입할 것을 제창하고 나섰다. 그가 이처럼 새로운 방법론의 도입을 제창한 것은 기존의 문헌고증적 방법론으로써는 고대 사회의 성격에 대한 충분한 이해기준을 가질 수 없다고 보았기 때문이다. 그리고 그의 이러한 주장은 이미 일제말기부터 인류학·민속학·고고학적인 방법론을 채용하여 우리 문화를 연구해왔던 손진태의 학풍에서 영향을 받은 것이었다.

천관우의 유형원 연구는 해방 이후 첫 실학 연구로, 실학의 성격에 대하여 비록 그것이 '근대적 사상'은 아니지만, "근대정신의 내재적 배반(胚盤)의 역할을 담당하였던 것"이라고 규정하였다. 그의 실학 연구는 1930년대 안재홍(安在鴻)·정인보(鄭寅普)·백남운(白南雲)·최익한(崔益翰)·문일평(文一平) 등에 의해 '조선학 연구'의 일환으로 행해졌던 '실학' 연구를 계승한 것으로서, 특히 안재홍과 정인보의 영향을 크게 받은 것이었다. 이와같은 천관우의 연구는 실학 개념에 관한 논쟁을 불러일으켰다. 1954년 이후 한우근은 이익(李瀷)에 관한 계속된 연구를 통하여 이른바 '실학자'들의 보수성을 지적하고, 1958년에는 '실학'이라는 용어 자체에 대해 문제를 제기하였다. 즉 '실학'이라는 용어는 조선후기 일부 학자들의 전유물이 아니라 고려말 주자학 수입 단계에도 사용되던 것이라는 것이다. 이 논쟁에는 이후 전해종(全海宗)·이가원(李家源)·홍이섭 등이 참가하여 '실학'의 개념과 성격을 둘러싼 논의가 이루어졌다.

한편 실학개념에 관한 논쟁과정을 통하여 식민사학의 정체성론에 대한 비판적인 인식이 싹트기 시작하였다. 즉 1950년대 전반까지만 해도 일본인들의 한국사학에 나타난 타율성론에 대해서는 비판적 관점이 어느정도 있었지만, 정체성론에 대해서는 오히려 이를 수긍하는 분위기가 일반적이었다. 그러나 이제 1950년대 후반의 이와같은 논쟁을 거치면서 조선후기사에 대한 연구에서 이 시대를 "근대의 싹이 있었는가, 싹이 없었다면 그런 소지라도 있었는가, 전근대적인 체제는 붕괴하고 있었는가, 도리어 그것이 강화되고 있었는가"하는 시각을 갖고 바라보아야 한다는 문제의식, 즉 정체성론에 대한 비판의식이 형성되어갔던 것이다.

이 시기 연구여건의 변화로서 특히 주목할 것은 한국사 연구를 뒷받침하기 위한 연구기관들이 각 대학을 중심으로 설립되기 시작하였다는 것이다. 연세대에 동방학연구소, 고려대에 아세아문제연구소·민족문화연구소, 성균관대에 대동문화연구소 등이 설립되어 각각 한국학 연구의 지원사업에 들어갔다. 동방학연구소는 『동방학지』를 발간하였고, 아세아문제연구소도 『아세아연구』를 발간하였다. 한편 국사편찬위원회에서 한국사학회를 조직하여 『사학연구』라는 학술지를 발간하고, 역사교육연구회가 발족(1955)하여 『역사교육』을 발간하기 시작하였던 것도 1950년대 후반의 일이었다.

이와같이 1950년대는 한국사 연구가 아직 식민사관이나 문헌고증사학으로부터 벗어나지는 못하였지만, 새로운 방향을 모색하기 위한 기초적인 여건을 하나하나 마련해가고 있던 시기라고 할 수 있다. 즉 1950년대는 한국사학계가 1960년대 이후의 질적인 비약을 위해 기초를 쌓은 준비기라고 할 수 있는 것이다.

3. 1960년대의 한국사학
—— 식민사관 비판과 내재적 발전론의 대두

1960년의 4·19혁명을 계기로 한 민족주의의 고양, 그리고 5·16 군사쿠데타로 들어선 군사정권의 굴욕적인 한일회담에 대한 반대운동은 당시 한국사학계에도 커다란 자극을 주었다. 특히 4·19혁명은 그동안 현실로부터 도피하여 상아탑 속에만 갇혀 있던 지식인들에게 스스로의 태만을 반성하고, 역사 속에서 '민족'을 재발견하게 하는 중요한 계기가 되었다. 1960년대 전반 한국사학계에 가장 커다란 영향을 끼친 것은 민족주의론의 물결이었다. 1950년대 냉전체제하에서 반공이데올로기에 갇혀 있던 지식인들이 점차 이에서 벗어나 '민족'을 재발견하기 시작하였던 것이다.

4·19 이후의 이같은 '민족의 재발견' 움직임은 세계사적으로 본다면 구식민지로부터 독립한 제3세계 민족국가들에서 크게 일어난 네오내셔널리즘 물결의 한 흐름이었다고 할 수 있다. 다만 제3세계의 민족주의는 구제국주

의만이 아니라 신제국주의에 대해서도 비판의 화살을 퍼붓는 민족주의였던 반면, 이땅의 민족주의는 구제국주의에 대한 비판에 한정되었다는 점에서 차이가 있었다. 이 시기 한국사학계는 구제국주의 일본의 한국사관을 식민사관으로 규정하고, 이에 대한 본격적인 비판에 착수하였다.

1960년대 전반 학계에서 점차 자리를 잡게 된 제1세대는〔1960년대 주요 대학 사학과의 교수진을 보면 서울대 문리대의 한우근·김철준(1964)·김용섭(金容燮, 1967), 사범대의 변태섭(邊太燮)·김용섭·이원순(李元淳, 1967), 연세대의 홍이섭·이홍직·민영규(閔泳珪)·김철준·이광린(李光麟)·손보기(孫寶基)·이종영(李鍾英, 1967), 고려대의 신석호·강만길(姜萬吉), 이화여대의 김성준(金成俊)·이기백(李基白), 숙명여대의 강진철(姜晉哲), 성균관대의 유홍렬·이우성(李佑成)·민병하(閔丙河), 서강대의 이기백(1963)·이광린(1964), 중앙대의 김용덕, 단국대의 차문섭(車文燮), 동국대의 이용범(李龍範)·안계현(安啓賢), 경제사 쪽으로 연세대의 최호진, 고려대의 조기준, 숙명여대의 김삼수(金三守), 고고미술사 쪽으로 서울대의 김원룡(金元龍), 고려대의 김정학(金廷鶴), 이화여대의 진홍섭(秦弘燮) 등이 있었다〕이제 본격적으로 식민사관에 대한 비판과 민족사관의 수립, 그리고 그에 기초를 둔 새로운 한국사상(韓國史像)의 건설을 제창하고 나왔다. 1961년 이기백은『국사신론(國史新論)』서론에서 "한국사의 올바른 인식에 장애가 되는 그릇된 모든 선입관과 이론을 속히 청산할 것"을 제창하면서 반도적 성격론, 사대주의론, 당파성론 등 식민사관의 문제점을 하나하나 지적하였다. 이 글은 1950년대에 산발적으로 진행되어온 식민사관 비판을 총정리하고, 한걸음 더 나아가 그동안 미흡하던 정체성론에 대한 비판의 포문을 처음 연 것이었다. 1950년대까지 우리 학계에서는 대체로 절대적 정체성론에 대해서는 비판적이었지만 상대적 정체성론에 대해서는 수긍하는 분위기였으나, 이 글에서는 동양사회 정체성론이 기본적으로 "소위 서세동점의 결과로 동양 제국이 서구열강의 식민지 내지는 반식민지로 화했다는 현실에 대한 해명의 필요에서 생겨난 역사적인 산물"이었다는 점을 지적하였다.

식민사관에 대한 이론적 비판은 김용섭에 의해 더욱 본격적으로 이루어졌다. 그는 일제시대 일본인들의 한국사 연구의 목적은 한반도 식민통치를 위한 학문적 기반의 확립에 있었으며, 따라서 그것은 학문에서의 식민정책이었음을 분명히 지적하였다. 그는 이같은 식민사관의 극복이야말로 당시 한국사학이 당면하고 있는 가장 중요한 과제라고 강조하였다. 그리고 그는 식민사관의 극복은 사실(史實)에 대한 부분적인 시정만으로는 불가능한 것이며, 오로지 새로운 한국사관의 수립에 의해서만 가능한 것이라고 지적하였다. 즉 식민사관의 궁극적인 극복은 감정적인 배일주의에 입각한 식민사관 비판을 넘어 세계사적인 보편성 위에 한국사적인 특수성을 살린 새로운 한국사상(韓國史像)의 수립에 의해서만 가능하다는 것이었다.

새로운 한국사상의 수립문제는 이론적으로는 식민사관의 타율성론, 정체성론, 사대주의론, 반도적 성격론 등에 대한 비판과, 세계사적인 일반성 위에서 세계사의 발전과 한국사의 발전과정에 대한 통일적인 파악 등으로 정리되어갔다. 이와같은 이론적 작업과 함께 식민사관을 극복하고 새로운 역사상을 세우기 위한 구체적인 작업이 학계에서 시작되었다. 1963년 한국사학회는 정체성론과 가장 깊은 관련을 갖고 있는 조선후기 사회를 집중 조명하기 위하여 '조선후기에 있어서의 사회적 변동'이라는 주제로 학술토론대회를 가졌다. 여기서 김용섭·유교성(劉教聖, 뒤에 劉元東으로 개명)·김용덕은 각각 조선후기의 농촌경제·상공업·북학사상 등을 검토하였다. 김용섭은 조선후기의 사회적 변동은 봉건제가 붕괴되어가는 과정의 표현이었다고 보았으며, 유교성은 조선후기 사장제(私匠制)의 등장, 수공업의 분업화현상 등은 봉건적 생산체제의 붕괴와 새로운 생산양식의 대두를 뜻한다고 보았다. 김용덕은 북학사상의 양반상인론 등은 단편적인 근대의 싹이라기보다는 오히려 이조봉건사회의 기반을 뒤흔드는 선각적 식견이었다고 주장하였다.

이즈음 이루어진 조선후기사 연구에서 특히 주목되었던 것은 경제사분야의 내재적 발전론이었다. 먼저 김용섭은 1960년대 초 양안(量案)에 관한 연구를 토대로 하여 조선후기 자작·자소작·순소작농 가운데에도 부농층이 있었다면서 특히 차경지의 경영을 통해 부농이 된 자들을 '경영형 부농'이라 명명하고, 이 경영형 부농층의 존재는 당시 농민층의 성장을 반영하는 것이라고 주장하였다. '경영형부농론'은 조선후기 농업사에서 자본주의 맹아의 존재를 확인하고자 하는 것이었다. 한편 강만길·김영호(金泳鎬)·송찬식(宋讚植) 등도 내재적 발전론에 입각한 조선후기 상업사·수공업사·광업사 연구에 착수하여 성과를 내놓기 시작했다. 조선후기 경제사에서 이루어진 이같은 내재적 발전론에 입각한 연구는 이후 조선후기 사회사(정석종 등), 사상사 분야의 연구(이우성·김용덕·천관우·김용섭 등)에도 큰 영향을 끼쳤다. 그리하여 조선후기는 중세적 신분제가 해체되고 있던 시기, 근대지향적 실학사상이 나타난 시기로 일반적으로 규정되었다.

내재적 발전론에 입각한 새로운 한국사상을 세우려는 연구경향은 조선후기사 분야에서만 나타난 것이 아니었다. 1960년대 초 전국 각지에서 청동기시대의 유물이 발견되고, 1964년 공주 석장리에서 구석기시대 유물이 출토됨으로써 일본인들에 의해 그동안 부정되어오던 구석기시대와 청동기시대가 한국사에서도 설정되기 시작하였다. 또 일본인들에 의해 주장되어오던 전근대사회에서의 토지국유론이 이우성 등에 의해 비판되고 사유론이 주장되었다.

내재적 발전론에 입각한 한국사상의 새로운 체계화는 역시 한국사 발전단계의 구분, 즉 시대구분 문제와 연결되지 않을 수 없었다. 시대구분에 관한 논의는 1966년 『신동아』 8월호에서 '한국사의 논쟁점'이라는 주제로 시대구분 문제를 주로 다루면서 시작되었다. 1967년 경제사학회는 '한국사의 시대구분문제'를 주제로 한 학술회의를 개최하였고, 1968년 3월 같은 주제로 『신동아』에서 토론회를 가져 시대구분의 기준 설정과 각 시대의 성격규명을 둘러싸고 논쟁이 벌어졌다. 당시 논쟁에서는 고대에서 중세로 이행하는 시기를 나말여초로 보는 견해(김철준), 고려후기 내지 조선건국으로 보는 견해(강진철), 원시사회에서 노예제사회를 거치지 않고 봉건제사회로 이행했다고 보고 이 봉건사회를 양분하여 삼한·부여시대를 고대사회, 삼국성립 이후를 중세사회로 규정한다는 견해(김병하)가 있었으며, 근대의 기점을 18세기에서 찾아보려는 견해(유원동), 19세기 후반에야 비로소 찾을 수 있다는 견해(조기준) 등이 나왔다. 시대구분논쟁에 참가한 이들이 가졌던 문제의식은 대체로 ① 한국사를 세계사적인 시야에서 합법칙적으로 인

식한다, ② 한국을 포함한 아시아 사회의 소위 정체성이론을 비판·배격한
다, ③ 우리나라의 근대화라는 현실 과제를 학문적으로 정리하는 이론적
토대를 구축한다는 것 등으로 요약된다(한국경제사학회 편, 『한국사시대구분론』
참조). 그러나 당시 이루어진 논쟁에서 각 논자가 제시한 시대구분의 기준
은 각기 다른 것이었다. 즉 어떤 이는 '농민의 사회적 존재형태'를, 어떤
이는 '지배체제'를, 어떤 이는 '생산력 발전'을 각각 기준으로 제시하였다.
따라서 이 논쟁은 한국사의 발전과정을 이론적으로 체계화해보는 계기를
만들었다는 점에서 큰 의의가 있었음에도 불구하고, "각자의 자로 잰 결론
을 문제삼기에 앞서 그 척도 자체의 타당성 여부가 문제되어야 하며, 그
공통점과 차이점이 밝혀져야"(김용덕) 할 것이라는 점이 지적되기도 했다.

1960년대의 한국사학계에서 특기할 사항은 1967년의 한국사연구회의 창
립이었다. 1961년 5·16쿠데타로 집권한 군부세력은 '근대화'를 쿠데타의
명분으로 들고 나왔으나, 이를 뒷받침해줄 수 있는 '자본'의 문제가 미국의
원조정책의 변경으로 벽에 부딪히자, 이를 일본의 경제원조로 충당하고자
하였다. 여기서 군사정권은 한일국교정상화라는 이름 아래 한일회담을 진
행하였다. 이에 재야·야당·학생 세력은 이 회담의 기저에 일본의 재침략
의도가 깔려 있다고 보고 이에 대한 광범위한 반대운동을 펼쳤다. 그런 가
운데 한국사 연구자들은 일본의 신식민주의사관의 침투를 크게 우려하고
이에 대처하기 위해서는 한국사 연구자들의 본격적인 양성, 대학에서 한국
사교육의 필수화, 국학연구기관의 창설 등이 절실히 필요하고 이를 위해서
먼저 한국사 연구자들의 연구회가 독자적으로 만들어질 필요가 있다고 생
각하였다. 한국사연구회는 이러한 분위기 속에서 창설되었다(회장 홍이섭).
한국사연구회는 발기취지문에서 "한국사를 과학적으로 연구하고 이를 더욱
발전시킴으로써 한국사의 올바른 체계를 세우고, 아울러 한국사로 하여금
세계사의 일환으로서 그 정당한 위치를 차지하게끔 한다"는 것을 자신들의
과제로 내걸었다. 1960년대 후반 식민사관의 극복, 새로운 한국사상의 스
립, 한국사의 과학적 체계화 등을 주요 과제로 내걸고 있던 한국사학계의
사정을 잘 보여주는 대목이다.

이러한 분위기와 관련하여 서울대에서는 1969년 사학과가 3분되어 국사

학과가 독립하였으며, 동아문화연구소(1961)와 한국문화연구소(1969)가 설
립되었다. 한편 고려대 민족문화연구소는 1964, 65년에 『한국문화사대계』
3권을 발간하였다. 특히 제1권에는 조지훈(趙芝薰)의 「한국민족운동사」가
실렸는데, 그보다 뒤인 1967년에 나온 김준엽(金俊燁)·김창순(金昌順)의
『한국공산주의운동사』(5권)가 여전히 냉전적 시각에서 벗어나지 못하였던
것과는 달리, 조지훈의 이 글은 사회주의운동도 민족해방운동사에서 제외
되어서는 안된다는 입장에서 민족운동사를 서술한 것이었다. 또 제2권 경
제사부분의 강진철·천관우의 「한국토지제도사」는 남한학계에서 최초로 토
지제도사를 정리한 것으로 이후 학계에 큰 영향을 끼쳤다. 한편 한국사 연
구의 전문화 경향에 따라 한국고고학회(1967), 한국미술사학회(1967) 등이
이 시기에 발족하였다.

4. 1970년대의 한국사학 —— 내재적 발전론의 심화

1970년대의 한국사학계는 1960년대 말에 시작된 민족사관에 관한 논의로
부터 출발하였다. 1960년대의 식민사관 극복과 민족사관 수립의 문제는 주
로 '내재적 발전론'이라는 시각에 한정된 것으로서, 역사 속의 민족과 계급
의 문제, 그리고 현실의 민족문제와 역사학의 민족사관의 관련성 등에 대
해서는 충분한 논의가 이루어지지 못했다. 새로운 민족사관의 수립문제는
먼저 20세기 이후 민족주의 역사학, 맑스주의 역사학, 문헌고증사학, 신민
족주의 역사학 등에 대한 이해와 평가를 통하여 모색되기 시작했다.

김철준은 일제하의 실증사학(문헌고증사학)은 일본문화의 후진성 위에
성립한 일본 문헌고증사학의 아류로서 문헌고등비평을 가장 과학적이라고
착각함으로써 한국문화의 성격이나 체질은 이해할 수 없었으며, 사회경제
사학(맑스주의사학)도 근대화 과정에서 일어나는 사회모순에 대한 인식 위
에서 성립된 것에 지나지 않는 유물사관을 도식적으로 한국사에 적용하려
한 데 불과한 것이라고 비판하였다. 반면 그는 신채호(申采浩)의 역사학은
일제의 식민지지배에 항쟁하는 독립운동의 실천 위에서 나온 것이며, 전통

문화에 잠재해 있는 우리 민족의 문화능력에 대한 끊임없는 신뢰를 바탕으로 나온 것이고, 그러면서도 전통문화에 대한 강한 비판정신을 토대로 성립한 것이라고 높이 평가하였다.

한편 김용섭은 1920~40년대의 민족사학(신민족주의사학까지 포함)에 대해 민족사학은 "민족과 민족정신을 기층에 깔되 그것을 세계사적인 사회발전의 논리로서 전개하고 체계화하려는 것으로서, 이는 요컨대 우리 역사인식에 있어서의 주체성의 확립 문제이고, 세계사와 관련된 이른바 보편성과 개별성의 조화의 문제"였다고 긍정적으로 평가하면서 그 발전적 계승을 강조하였다. 또 그는 1960년대에 이미 백남운의 맑스주의 역사학에 대해서도 그의 역사학이 일본인들의 정체성론을 정면으로 부정하고 한국사를 발전적으로 파악하였다는 점을 들어 높이 평가한 바 있었다. 반면 그는 실증사학에 대해서는 그것이 역사연구에서 새로운 이론구성과 그것에 기초를 둔 역사의 체계화를 배제하였기 때문에 결국 일제 관학자들이 세워놓은 틀 안에서 작업을 하는 데 머물렀다고 비판하고, 이와같은 학풍이 해방 이후, 특히 6·25 이후에 남한 역사학계의 주류를 형성하였다고 지적하였다. 이와 같은 그의 입장은 이후 한국사의 발전과정을 체계적으로 정리하는 데 사적 유물론의 방법론을 원용하면서도 '계급사관'에 매몰되는 것을 경계하면서 '신민족주의사학'에서 제기했던 '민족'문제도 크게 중시하여, 한국사 전체를 민족문제와 계급문제를 중심으로 파악하려는 시각으로 이어졌다.

이기백도 이미 1960년대에 민족주의 역사학의 발전적 계승을 강조한 바 있었다. 그리고 그는 현재의 한국사학이 일정한 학문적 수준을 유지할 수 있었던 데에는 실증사학의 역할이 컸다고 보았다. 다만 실증사학이 개개의 사실 위에서 일반적인 의미를 구체화하는 작업에 거의 의욕을 나타내지 않았던 점을 한계로 지적하였다. 또 그는 백남운의 사회경제사학이 기초를 두고 있는 유물사관의 일원론적 역사관은 유럽사가 기준이 된 것이므로 세계사적인 발전법칙은 될 수 없다고 지적하였다. 아울러 그는 이러한 방법론을 높이 평가해온 한국사학의 일부 경향을 비판하고, 일원론적 역사관이 아닌 다원론적인 역사관을 가질 것을 제창하였다. 그리고 그는 손진태의 신민족주의사학이 실증사학의 토대 위에서 사회경제사학과 민족주의사학을 흡수하여 빚어진 것이라고 하여 그 사학사상의 위치를 대단히 중시하였다. 특히 그는 손진태가 우리 역사의 주체를 계급이 아닌 민족에서 찾았고 그러면서도 신채호로부터 정인보에 이르기까지의 관념적 민족사관에 빠지지 않았다는 점을 높이 평가하였다. 다만 그가 현재적 관심에 따라 민족의 균등이라는 기준으로 과거의 역사적 사실을 가치판단하려 함으로써 사실상 일원론적인 역사관, 도덕적 사관을 갖고 있었다는 점을 들어 그 한계를 지적하였다. 결론적으로 이기백은 신민족주의 역사학은 한국 근대역사학의 전통을 비판적으로 계승 발전시켜서 새로운 독창적인 이론을 발견하였다고 높이 평가하고, 현대의 한국사학은 바로 이 점을 신민족주의사학으로부터 계승하여 더욱 발전시켜야 할 것이라고 주장하였다.

결국 김철준은 단재의 민족주의사학이 지닌 한국문화에 대한 이해의 태도를 계승할 것을 강조하였고, 김용섭은 민족주의사학과 맑스주의사학을 발전적으로 계승할 것을 강조하였으며, 이기백은 문헌고증사학과 신민족주의사학을 비판적으로 계승할 것을 강조하였다고 할 수 있다. 이들 외에도 사학사 검토를 통한 새로운 민족사관의 수립을 논한 이가 많지만 이들 세 사람의 논의가 대표적인 것이라고 할 수 있다.

1970년대의 식민사관 극복과 '민족사관' 수립의 방향 문제가 이처럼 학문적 차원에서 진지하게 논의되는 가운데, 학계와 사회 일각에서는 이 논의를 국수주의적·복고주의적 방향으로 유도하려는 경향이 있었다. 또 1960년대 말부터 1970년대에 걸쳐 '국가주의 이데올로기'를 앞세우면서 독재권력을 강화해나가던 박정희(朴正熙)정권이 국가주의의 강화에 한국사학계를 이용하려는 의도를 보여 한국사학계는 시련을 겪기도 하였다.

박정권은 1968년 「국민교육헌장」을 제정, 선포하여 교육을 비롯한 사회 전체적 차원에서 국가주의를 크게 강화하는 방향으로 나아갔다. 그리고 1972년 초 박정희는 '국적있는 교육'을 표방하면서, "우리의 국가현실에 알맞는 교육을 위하여 주체적인 민족사관을 정립하고, 민족주체사상을 확립하여 한민족 국가의 정통성이 우리 대한민국에 있다는 것을 자각하여 북괴의 남침야욕을 억지해나가야만 한다"고 강조하고 나섰다. 이러한 대통령의 지시에 따라 문교부는 1972년 5월 국사교육 강화를 위한 시책들을 발표하였으며, 이에 따라 초·중등학교에서 국사과목이 독립교과가 되었고, 국사교육강화위원회가 발족하였다. 그리고 1972년 10월에는 박정희정권의 정권연장, 독재권력의 강화를 위한 이른바 '10월유신'이 단행되었다. 박정권은 이러한 독재권력의 강화를 '한국적 민주주의'라는 말로 호도하였고, 서양식 민주주의를 비능률·비생산적인 것이라고 매도하였다. 그리고 독재정권에 저항하는 민주세력의 줄기찬 민주화운동을 탄압하면서, 국가를 위해 민권은 유보될 수 있다는 '국가주의 이데올로기'를 국민들에게 강요하기 시작하였다. 여기서 그들은 국수주의적·복고주의적 '민족주체사관'을 내세워 국가주의 이데올로기를 한층 강화하고자 하였다.

이러한 과정에서 정권측은 당시 한국사학계에서 주장하고 있던 국사교육의 강화, 한국학연구센터의 설치, 한국사 연구의 지원 등을 당근으로 하여 한국사학계를 국가주의 이데올로기 강화 책동에 끌어들이고자 했다. 그러나 한국사학계는 정권측의 의도를 읽고 이에 말려들지 않으면서도 이 기회를 한국사학계의 역량 강화와 한국사교육 강화의 계기로 삼기 위해 슬기롭게 대처하고자 하였다. 당시 일부 사회과학자들은 10월유신을 역사적으로 합리화하는 글을 발표하는 등 정권측의 의도에 부응하기도 하였으나, 역사학계는 학문적 양심을 지키기 위해 최선의 노력을 다하였다. 그리고 한국사학계는 이를 계기로 대학원 정원의 확대, 교수요원 정원의 확대 등 한국사학계의 가장 큰 과제였던 한국사 연구인력의 확대 문제를 해결하기 위해 노력하였다. 또 각급 학교에서 한국사교육이 크게 강화되고 특히 대학의 한국사교육도 필수화되자, 한국사학계는 오히려 이를 학생들의 역사의식과 현실의식을 고취하는 계기로 삼기 위해 노력하였다.

한편 박정희정권은 1977년 '국민정신교육의 강화'를 내세우면서 이를 위한 '국민정신교육원'의 설립 준비에 착수하였고, 1978년 이름을 바꾸어 '한국정신문화연구원'을 개원하였다. 한국정신문화연구원은 개원과정에서 한국학 관계자들이 상당수 참여하여 한국학연구기관으로 그 성격을 탈바꿈시키려 노력하였지만, 이를 국가주의 이데올로기의 생산과 보급의 기관으로 이용하고자 하는 정권측의 입장은 여전하였기 때문에 결국 이중적인 성격을 지니고 출발했다.

한편 1970년대 중반 사학계 일각에서는 '민족사관'의 논의의 폭을 식민사관 비판이라는 차원에서 벗어나 통일지향사관의 수립으로까지 확대하려는 움직임이 일어났다. 1975년 강만길은 해방 이후의 시대를 '분단시대' 혹은 '통일지향의 시대'라고 명명하고, 이 시대의 한국사학은 민족사학과 사회경제사학을 계승하여 식민사관을 극복하는 데는 일정한 성과를 거두었지만, 현재의 요구를 거의 반영하지 못하여 현재성 부재의 문제는 여전히 극복하지 못했다고 비판하였다. 그는 분단시대의 역사학은 식민사관을 극복해야할 뿐만 아니라 분단체제를 극복하는 통일운동의 일환이어야 한다고 주장하였다. 강만길의 분단시대론은 이후 여타 인문과학과 사회과학에서도 '분단시대의 학문적 과제는 무엇인가' 하는 문제가 제기되는 계기를 제공하였다. 그리고 역사학에서의 현재성의 반영 방법, 역사학에서의 가치판단의 문제, '분단시대 역사학'의 구체적 연구방법론 등을 둘러싸고 논쟁을 불러일으키기도 했다. (이기백·양병우)

또 1970년대 노동·농민운동의 대두와 함께 사회과학계에서 '민중'세력에 관한 논의가 일기 시작하여 이는 역사학계에도 영향을 끼쳤다. 이에 따라 역사 속의 민중에 대한 관심이 점차 높아갔으며, '민족사관'의 내용도 '민중적 민족사관'으로 채워져야 한다는 주장이 서서히 제기되기 시작하였다. 그러나 '민중적 민족사관'에 관한 본격적인 논의는 1980년대로 미뤄졌다.

1970년대의 '민족사관' 논의는 이처럼 당시 학계가 처해 있던 정치사회적 현실과 깊은 관련을 가지면서 전개되었다. 그런 가운데 1970년대의 한국사학계는 1960년대에 제시된 식민사관 비판과 새로운 한국사상의 수립이라는 과제의 연속선상에서 1960년대의 내재적 발전론을 이론적으로 더욱 다듬고, 실증적으로 더욱 구체화하는 작업을 진행시켰다. 그러한 작업은 해방후 한국사 연구의 제1세대와 함께 1960년대 후반 이후 새로이 등장한 제2세대들에 의하여 이루어졌다. 이들 제2세대는 대부분 해방 이후 교육을 받기 시작하여 1960년을 전후하여 역사학수업을 받은 이들로서 흔히 '4·19세대'라 불리는 이들이었다.

1970년대 한국사 연구의 성과를 각 분야별로 살펴보자. 먼저 고고학계에서는 북한지역에 한정하여 인정해오던 청동기시대를 남북한 전역에 걸친 것으로 인정하기 시작하였다. 또 해방 후 고고학계의 최대의 발굴로 꼽히는 무녕왕릉의 발굴(1971)을 비롯하여 경주 155호 고분(천마총)과 98호 고분의 발굴(1973), 안압지 발굴(1975), 황룡사지 발굴(1976), 단양 신라 적성비의 발견(1978), 고령·김해 일대의 가야유적지 발굴(1978), 중원 고구려비의 발견(1979) 등은 1970년대 고대사 연구를 크게 활성화하였다. 특히 무녕왕릉의 발굴은 백제 연구를 본격화하는 계기를 만들어 공주사대 백제문화연구소, 충남대 백제연구소, 원광대 마한백제문화연구소 등이 이후 활발한 활동을 전개하게 된다.

한편 1970년대 고대사학계에서는 국가형성문제, 신라 골품제 등에 관한 연구에서 인류학이론이 크게 활용되었다. 고대사 연구에 고고학과 인류학의 연구성과를 원용하여 문헌고증적인 연구방법론의 한계를 극복하려는 이 같은 시도들은 이미 1960년대에도 보였지만, 1970년대에는 더욱 본격화한 것이라고 할 수 있다. 그러나 아직도 역사학자들이 고고학이나 인류학의 성과를 활용하는 수준은 그리 높은 것이 아니었다. 1970년대 고대사학계에서 가장 뜨거운 쟁점이 되었던 것은 국가형성문제였다. 천관우가 기존의 '부족국가'설 대신 '성읍국가'설을 제기한 이후 이는 이기백·이종욱(李鍾旭) 등에 의해 받아들여졌고, 김정배(金貞培)는 '군장사회'설을 주장하였다. 그외에도 이진희(李進熙)의 광개토대왕비 비문 위조설 제기에 따라 이에 대한 논란이 있었고, 신라 촌락문서의 해석을 둘러싼 논쟁이 있었다. 한편 이우성은 신라-발해의 공존 시기를 '남북국시대'로 부를 것을 제기하였다. 이는 조선후기 유득공(柳得恭) 등과 1920년대 장도빈(張道斌) 등의 '남북국시대'론을 계승한 것이며, 또 현재를 '분단시대'로 인식하는 것과도 연결된 것이었다.

1970년대 고려시대사 연구에서는 고려전기 사회의 성격을 어떻게 규정할 것인가 하는 문제가 가장 중요한 쟁점으로 부각되었다. 즉 1973년 박창희(朴菖熙)가 기존의 귀족제설을 비판하고 관료제설을 제기하자, 이에 대해 김의규(金毅圭)·이기백·박용운(朴龍雲) 등은 관료제설을 공박하면서 귀족제설을 고수하였다. 이 논쟁은 기존의 '골품제사회(신라) ─ 귀족제사회(고려) ─ 양반제사회(조선)'라는 도식에 대한 재검토의 필요성을 제기한

의미를 가졌다. 고려전기 지배층의 정치사회적 성격을 둘러싼 이 논쟁에서
는 과거제와 음서제, 공음전시법의 성격을 어떻게 볼 것인가 하는 것이 주
요 쟁점사항이 되었으며, 이 논쟁을 계기로 이후 이 문제들에 대한 연구가
본격적으로 진행되었다. 한편 진단학회는 1973년부터 고전심포지엄을 시작
하여 『삼국유사』 『삼국사기』 『고려사』 등에 대한 검토를 진행하였다. 이
과정에서 특히 『삼국사기』의 사학사적 의의를 둘러싸고 논쟁이 전개되었다
(김철준·이기백·고병익·하현강).

조선시대사 연구에서는 1970년대 전반에 1960년대의 실학 연구를 결산하
는 여러 작업들이 이루어져 실학 연구가 1차 정리단계에 들어선 느낌을 주
었다. 1969년 실학의 지표를 '근대지향의식, 민족의식'으로 설정하였던 천
관우는 『한국문화사대계』(1970)에서 「한국실학사상사」를 정리하였고, 역사
학회에서는 『실학연구입문』(1973)을 펴냈으며, 호남문화연구소에서도 『실
학논총』(1975)을 펴냈다. 한편 김영호는 개화사상과 실학의 연관문제를 검
토하여 개화사상이 단순히 밖으로부터 영향을 받아 형성된 것이 아니라 실
학사상을 계승하여 이루어진 것이라는 점을 밝혔다. 이는 실학과 개화사상
을 사상 내재적인 발전의 관점에서 파악하려는 시도였다.

사회경제사에서는 김용섭이 1960년 이루어진 자신의 조선후기 농업사 연
구를 농촌경제·사회변동과 농업변동·농학사조로 구분 정리하여 『조선후
기농업사연구』 1·2(1970·71)로 펴냈다. 강만길도 조선후기 개성상인·경
강상인 등 사상(私商)의 문제를 중심으로 한 자신의 연구를 정리하여 『조
선후기 상업자본의 발달』(1973)을 펴냈고, 송찬식도 『이조후기 수공업에
관한 연구』(1973)를 펴냈다. 이들 저서는 1960년대~70년대 초의 내재적
발전론에 입각한 조선후기 사회경제사 연구를 결산하는 의미를 지닌 것이
었다. 한편 내재적 발전론과는 약간 거리가 있었지만 한우근의 '동학란' 발
생의 사회경제적 원인에 대한 정밀한 분석이 있었다.

1970년대 조선시대사 연구는 조선후기보다 조선전기에 대해 더 활발하게
이루어졌다. 먼저 조선전기사 연구에서는 조선초기 사회의 성격과 관련한
양천제(良賤制)-양반제 논쟁이 학계의 이목을 집중시켰다. 이 논쟁은 양천
제설의 한영우(韓永愚)·유승원(劉承源)과 양반제설의 이성무(李成茂)를

중심으로 전개되었는데, 전자는 15세기 사회가 기본적으로 양천 신분으로 구성된 비교적 개방된 사회였으며, 양반층은 16세기 이후 형성된다고 본 반면, 후자는 15세기에 이미 양반층과 양인층이 확연히 구분되었으며, 따라서 15세기는 양인의 신분상승이 현실적으로 불가능한 양반지배체제가 성립한 사회였다고 보았다. 한편 송준호(宋俊浩)·최영호(崔永浩)·와그너(Edward W. Wagner) 등은 조선시대 사회신분제를 기본적으로 양반·양인·노비의 3신분으로 파악하면서도 15세기는 사회계급구조가 상당히 개방적이고 유동적이었다고 보았다. 조선전기 사상사에서는 정도전사상 연구 등을 통한 조선초기 국가운영원리에 대한 한영우의 연구와, 조선전기 성리학의 수용을 새로운 중세사회의 운영원리로서 이해하려는 이태진(李泰鎭)·윤사순(尹絲淳)의 연구가 주목되었다.

조선시기사 연구에서 나타난 또하나의 경향은 사학사 연구와 향촌사회사 연구가 활발히 진행되었다는 점이다. 사학사 연구는 정구복(鄭求福)·한영우에 의해 주로 이루어졌고, 향촌사회사 연구는 김용덕·이태진·이수전(李樹健) 등에 의해 이루어졌다. 또 조선후기 신분제 문제에 관한 연구가 호적대장을 중심으로 한영국(韓榮國) 등에 의해 활발히 이루어졌다.

1970년대 근대사 연구에서는 아직도 20세기 전반 식민지시기보다는 19세기 말~20세기 초의 시기에 연구가 집중되고 있었다. 이 시기에는 특히 갑신정변·갑오개혁·독립협회운동 등 개화파와 개화사상에 관한 연구가 이광린·신용하(愼鏞廈)·유영익(柳永益) 등에 의해 집중적으로 이루어졌다. 이들은 대체로 내재적 발전론의 시각에서 개화파와 개화사상을 연구하고자 했다. 따라서 갑신정변·갑오개혁·독립협회운동 등을 근대사회를 열고자한 주체적인 부르조아개혁운동으로 보려는 시각을 갖고 있었다. 반면 김용섭은 『한국근대농업사연구』(1975)와 신용하의 『독립협회연구』(1976)에 대한 서평을 통하여 개화파는 지배층의 입장에서 지주계급의 입장을 반영하여 개혁을 추진코자 했으며, 외세의존적인 측면이 강했다고 보았다. 그는 오히려 광무연간에 이루어진 개혁이, 역시 지배층의 입장에서 행해진 것이긴 하였지만, 개화파에 비해서는 주체적인 성격이 강한 것이었다고 보았다. 이러한 김용섭의 주장은 1976년 이른바 '광무개혁논쟁'을 불러일으켰다. 신

용하는 대한제국기 개혁운동의 주류를 광무정권에 두려는 김용섭의 견해에
대해 이른바 '광무개혁'은 독립협회의 구국개혁운동을 탄압한 친러수구파
지배층의 수구고식책에 지나지 않는다고 비판하였다. 이 논쟁은 이 시기에
같은 내재적 발전론에 입각한 연구자들간에도 한국근대사를 어떻게 볼 것
인가에 대해 상당한 시각 차이가 있었음을 잘 보여주는 것이었다.

　한말 이래의 민족운동과 관련하여 신채호·박은식(朴殷植)에 관한 연구
가 신일철(申一澈)·신용하 등에 의해 이루어졌고, 안병직(安秉直)·윤병
석(尹炳奭)·김진봉(金鎭鳳)·조동걸(趙東杰) 등이 3·1운동에 관한 연구
를 내놓았다. 그러나 식민지시기의 독립운동사와 관련해서는 여전히 3·1
운동과 대한민국 임시정부를 중심으로 연구가 진행되는 수준에 머물러 있
었다. 그것은 1969~79년에 독립운동사편찬위원회에서 간행한 『독립운동
사』(전 10권)의 편제와 서술에서 잘 나타나 있다. 다만 김윤환(金潤煥)에
의해 일제하의 노동운동사가, 조동걸에 의해 일제하의 농민운동사가 개괄
적으로 정리되어 1980년대 들어 활발해지는 이 분야 연구에 큰 도움을 주
었다.

　이상 1970년대 한국사학계의 주요 쟁점을 중심으로 연구성과를 간단히
살펴보았다. 이러한 연구성과들을 바탕으로 하면서 한국사학계에서는 1960
년대 이래 과제가 되어온 새로운 한국사상의 수립이라는 문제와 관련하여
한국사의 이론적인 체계화작업이 70년대 말~80년대 초에 몇몇 학자들에
의해 이루어지기 시작했다. 이제 여기서는 그들 가운데 한국사의 전체적인
체계를 나름대로 제시했던 김철준·이기백·김용섭의 예를 들어보기로 한
다.

　김철준은 『한국문화전통론』(1983)을 통하여 다음과 같이 자신의 한국사
상을 정리하였다. 그는 한국사에서 고대를 기원전 10세기부터 통일신라기
까지로 설정하고 중세는 고려와 조선시대로 설정하였다. 그는 신라통일기
이전까지의 한국고대사는 청동기문화의 경험과 철기문화의 체득, 철기문화
의 자기완성 위에서 민족의 형성과 고대국가의 성립이라는 역사적 과제를
수행해낸 시기라고 보았다. 또 신라의 삼국통일은 비록 신라사회가 갖는
후진성으로 말미암아 한계를 지닌 것이었지만, 신라 국가세력의 자기성장

과정에서 쟁취한 성과였으며, 통일기 신라의 문화는 삼국문화를 계승하고 당(唐)문화라는 새로운 국제문화조류에 참여하여 자기확대를 이룬 문화였고, 민족문화의 고대적 기반을 확립한 것이었다고 평가하였다.

또 고려사회는 신라하대에 일어난 사회진통을 경험하는 가운데 고대사회의 모순, 즉 골품제라는 고대적 신분제와 가혹한 고대적 수취체제를 개혁하고 중세적인 새로운 사회운영원리를 세우는 가운데 이루어졌다고 보았다. 고려의 중세적 사회운영원리는 지방호족을 중앙의 귀족으로 편입시키는 중앙집권체제를 강화하고 이를 뒷받침하는 유교적인 정치사상체계를 도입하는 것으로 나타났다고 보았다. 이후 고려사회는 신구의 대립과 조화를 되풀이하는 가운데 중세로의 전환을 성공적으로 완수하였고, 이것이 무신집권기와 원(元)지배기를 거치면서도 자기 문화에 대한 자신감을 상실하지 않은 근거가 되었다고 보았다.

그러나 고려말에 와서 지배층의 보수적 성격이 강화되면서 고려사회의 한계가 드러나 이를 극복하려는 세력들에 의해 조선이 성립하였으며, 조선전기는 더욱 세련된 유교문화에 입각하여 전반적인 문화수준의 향상과 유교문화의 지방적 확산을 가져온 시기였다고 한다. 이후 조선조사회는 점차 관료체제의 보수성과 조선성리학 자체가 갖는 지방의식·족벌의식에 발목을 잡히면서 자체 문화의 한계성과 정체성을 드러내게 되었고, 영·정조대에 이르러 이에 대한 반성으로 실학이 대두하게 되었다고 보았다.

이상과 같은 김철준의 한국사상(韓國史像)의 체계화는 '문화'의 계승·발전을 기준으로 한 것으로, 이때의 '문화'란 인간이 한 사회에서 획득한 생활능력 전부를 말하는 것이었다. 즉 생산을 위한 생산기술, 법률·제도 등을 통한 사회운영능력, 철학·종교 등의 정신생활능력, 그리고 문학·음악·미술 등 심미적 활동능력 등 인간사회를 운영해나가는 데 필요한 생활능력 전부를 지칭하였다. 그는 어느 민족의 경우에도 문화는 시간적·공간적으로 전달되고 계승되어 그것이 민족문화를 형성하게 된다고 본다. 그리고 그 민족문화 내부에는 귀족문화와 평민문화 간의 대립, 지방문화와 도시문화 간의 대립 등이 있는데, 한 민족의 문화전통이란 이러한 각 시대의 모순과 대립을 극복하는 능력을 가질 때 비로소 성립한다고 보았다. 또 그는 모든 민족문화는 자기 전통문화의 기준에 서서 자기방향을 상실하지 않는 범위 안에서 새로운 외래문화요소를 복합하여 문화의 폭을 넓히는 과정을 통해 자기발전을 꾀해나가야 한다고 보았다. 김철준과 같이 '문화'의 계승・발전을 기준으로 하여 새로운 민족사관을 수립하려는 경향은 학계에서 흔히 '문화사관'으로 부르고 있다.

한편 이기백은 일원론적인 역사관을 반대하면서 다원론적인 역사관을 통해 한국사의 발전과정을 파악할 것을 주장하였다. 그리하여 그는 그러한 시도의 하나로 『한국사신론』 개정판(1976)에서 한국사의 발전과정을 사회적 지배세력의 변천과정이라는 기준을 통해 파악하고자 했다. 이 기준에 따라 그는 각 시기의 귀족세력이 성읍국가시기의 부족장과 씨족장, 삼국시대의 왕족과 왕비족, 신라통일기의 전제군주, 고려의 왕족과 육두품・호족 출신의 많은 문벌귀족을 중심으로 한 귀족, 조선의 양반사대부, 개항 이후의 개화세력 등으로 변천해왔다고 파악하였다. 그리고 그는 삼국시기의 골품제사회 ― 고려시기의 귀족사회 ― 조선시기의 양반사회로 이어지는 사회변동의 과정에서는 대체로 지배세력의 바로 밑의 계층이 새로운 지배세력으로 등장하여 지배세력의 사회적 기반을 확대시켜나갔다고 보았다.

이기백은 평소 다원론적인 역사파악을 강조하였지만 이 책에서는 다원적인 기준이 어떻게 설정될 수 있는지에 대해서는 구체적인 설명을 제시하지 않은 채 '지배세력의 변천'이라는 기준만을 제시하는 데 그쳤다. 다만 사회의 기층을 이루는 민중을 중심으로 한 역사파악도 가능하다고 언급하였으나, 구체적으로 민중의 사회적 존재가 각 시기마다 어떻게 변하였는가를 기준으로 한 한국사의 발전과정을 제시하지는 않았다. 그는 민중은 한국사의 오랜 기간 동안 지배세력의 지배대상이 되어왔을 뿐이며, 1894년의 동학운동과 3・1운동, 그리고 이후의 민족운동의 주동세력이 되면서 비로소 해방 이후에 직접적인 정치참여가 가능하게 되었다고 보았을 뿐, 고・중세사에서 민중(직접생산자)의 사회적 존재양태가 어떻게 변해왔는지에 대해서는 설명하지 않았다.

김용섭은 「한국농업사」(『한국문화사신론』, 1981)에서 원시 씨족공동체사회의 해체에 의해 이루어지는 최초의 계급사회인 읍락사회(읍락국가)는 호민

348

(豪民)·하호(下戶)·노비에 의해 구성되었으며, 그 주된 생산자층은 하호
였다고 보았다. 읍락사회는 대외적으로는 아직 공동체집단으로 존재하면서
고대국가로 통합되어갔으며, 이러한 과정에서 고대국가의 군주권과 읍락국
가 사이에 알력과 대립이 일어났다고 보았다. 그러나 고대국가의 통합력은
한층 강화되어 결국 고구려·백제·신라의 고대국가·고대사회가 체제를
완성하게 되었다고 한다. 삼국의 고대사회의 완성은 읍락사회의 해체와 고
대 신분제사회의 성립으로 나타나는데, 여기서 읍락사회의 지배층은 국왕
의 귀족으로서 중앙 혹은 지방의 관리가 되고, 하호층은 서민층 또는 평민
층으로서 국왕의 민이 되었으며, 노비층은 여전히 노비층으로 고정되었다
는 것이다. 그리고 귀족은 대토지소유자로 등장하여 토지를 노비노동 혹은
일반농민의 차경(借耕)으로 경작케 하였으며, 일반농민은 자영농민·차경
농민·용작농민 등의 처지에 놓이게 되었다고 한다.

한편 통일 이후의 신라는 고대사회의 사회적 모순을 해결하기 위하여 7
~8세기에 균전제를 점진적으로 실시하였으나, 충분한 성과를 거두지 못한
채 곧 붕괴되어갔다고 한다. 그리고 통일 이후 귀족층은 정복에 의한 노예
공급이 단절됨으로써 더이상 노예노동에 의한 장토경영이 불가능하게 되었
으며, 따라서 지주전호제에 의한 장토경영이 확대되어갔다고 한다. 또 균
전제가 붕괴된 이후 신라는 관료층에게 수조권을 지급하는 녹읍제를 시행
하였다고 한다. 이로써 한국 중세사회 토지제도의 특징인 지주전호제와 수
조권분급제가 성립하게 되었다고 보았다.

그는 한국 중세의 봉건적 경제제도의 특징으로서 첫째 토지사유제 위에
서 성립된 지주전호제를 들고, 이는 통일기 신라의 균전제가 붕괴된 이후
본격적으로 전개되며, 고려중엽 이후 이것이 더욱 발전하여 여말선초의 이
른바 농장경영으로 이어진다고 보았다. 또 두번째 특징으로서는 국가권력
에 의한 수조권분급제를 들고, 이는 신라의 녹읍제로부터 고려의 전시과·
녹과전, 그리고 조선의 과전법·직전법 등으로 이어진다고 보았다. 그러나
수조권분급제는 직전법 붕괴와 함께 소멸되어 마침내 토지 위에서의 수조
권과 소유권 간의 대립은 소유권의 승리로 결말이 나고, 이후 토지의 사적
소유 위에 전개되는 지주전호제만이 유일한 지주제로서 남게 된다고 한다.

그리고 이러한 수조권분급제의 소멸 이후 지주전호제에 기초를 둔 농장은 임란 이후 더욱 확대되고 그런 가운데 이앙법 등에 의한 생산력의 발전은 지주제의 확대와 농민층의 분화를 더욱 가속화하면서 지주제와 함께 중세 사회의 또다른 축인 신분제에도 커다란 변동이 일어난다고 한다. 즉 평민 층 내부에도 지주 혹은 부농으로 성장하는 이들이 나타나는 한편으로 양반 층 내부에서도 경제적으로 몰락한 이른바 몰락양반층이 나타난다는 것이 다. 결국 그는 조선후기 사회에서 농민층의 성장과 양반층의 몰락 위에서 신분제의 전면적인 동요가 나타나고, 지주전호제의 확대에 따라 지주-소작 농민 간의 항쟁이 나타나면서 중세사회는 해체의 길을 걷는다고 보았다.

이상에서 본 것처럼 김용섭은 농업생산력의 발전과 그에 따른 생산관계, 그리고 그 위에 선 신분제와 국가의 토지와 농민에 대한 파악 등을 기준으로 한국사의 발전과정을 체계화하고 있다. 그런데 그의 논지 가운데에서 고대사회의 농민의 사회적 존재형태에 대한 규정과 중세사회의 수조권과 소유권의 상호대립론 등은 충분한 논증과정을 거친 것은 아니었다. 한편 김용섭과 같이 사회구성의 변화를 중심으로 한국사의 발전과정을 파악하려 는 경향은 학계에서 흔히 '사회구성사관'으로 불리고 있다.

이상에서 1970년대의 한국사의 발전과정에 대한 대표적인 논의들을 살펴 보았다. 이들의 논의는 1960년대 이후 내재적 발전론의 연구성과를 흡수하 여 새롭게 한국사를 체계화해보려 한 것이었으나, 아직은 한 분야 혹은 지 배세력 변천과 같은 부분적인 기준을 통한 '부분적인 체계화'에 그치는 것 이었으며, 또 제시된 이론도 아직 실증적 검토를 거치지 못한 시론의 차원 에 머무르는 부분이 많았다. 이는 1970년대까지의 한국사학계의 많은 연구 성과에도 불구하고 한국사의 전체적인 발전과정에 대한 이론적인 작업과 실증적인 작업은 아직도 그만큼 미흡하다는 것을 반영하는 것이었다. 즉 1960, 70년대 한국사학계는 식민사관 비판에는 상당한 성과를 거두었을지 모르지만 새로운 한국사상을 제시하는 데에는 아직도 역량이 충분치 못하 였던 것이다.

한편 1970년대에 국사편찬위원회는 『한국사』 25권을 발간했다. 이는 70 년대 중반까지의 한국사 연구성과를 집약하여 서술한 것으로 당시 각 분야에서 이루어진 한국사 연구수준을 보여주는 것이었지만, '고대 — 고려시대 — 조선시대 — 근대'의 편제에서도 드러나듯이 한국사의 발전과정을 체계적 으로 제시하려는 의도조차도 드러내지 못했다.

5. 1980년대의 한국사학 —— 역사관의 분화

이른바 '유신체제'라 불리던 1970년대의 1인 독재체제는 박정희의 죽음과 함께 붕괴되었다. 그러나 국민들의 열화와 같은 민주화 요구에도 불구하고 일부 정치군부세력은 물리력으로 이를 억압하고 권력을 장악하였다. 이리 하여 1980년대는 광주민중항쟁으로 대표되는 민중들의 처절한 민주화운동 과 이를 물리력으로 철저하게 탄압하는 군부독재정권의 대결로 시작되었 다. 광주민중항쟁은 일시 민중운동의 좌절로 보였으나 실제로는 이후 민주 화운동에 거대한 힘의 원천으로 작용하였다. 1983년 이후 군부독재정권에 저항하는 청년학생운동과 노동·농민운동이 광범위하게 일어났고, 이는 점 차 독재정권의 물리적 탄압을 극복하는 수준으로 발전해나갔다. 이 과정에 서 독재정권에 대한 저항세력은 점차 새로운 현실인식을 획득해나갔다.

1980년대의 정치적 상황은 한국사학계에도 큰 영향을 끼쳤다. 먼저 신군 부세력의 집권 과정에서 이에 저항하는 민주화운동을 지지한 이우성·강만 길·이만열(李萬烈) 등 한국사 학자들이 대학에서 해직되었다. 한편 1987 년 정권교체기를 맞아 진보세력에 대한 탄압을 가중시키고 있던 정권측은 당시 대학원생들이 중심이 되어 청년학생층의 진보적인 역사인식을 반영하 여 서술한 『한국민중사』를 판매금지하고 발행인을 구속하는 조치를 취하였 다. 이 사건에 대하여 당시 역사학계는 서명운동을 통하여 학문적 성과에 대한 사법적 대응을 비난하였고, 몇몇 학자들은 재판과정에서 증언을 통하 여 그 부당성을 성토하였다. 당시 군부정권의 『한국민중사』 탄압사건은 같 은 시기 정권측이 전개하고 있던 현대사 재서술작업과 맞물려 일어난 것이 었다. 즉 1986년 하반기 군부정권은 당시 진보세력의 대두가 특히 청년학 생층의 한국현대사에 대한 부정적 인식과 밀접한 관련을 갖고 있다고 보

고, 이를 저지하기 위해 대한민국의 역사적 정통성을 강조하는 한국현대사
재서술작업을 펼치고 있었던 것이다. 정권측의 주문에 의하여 한국정신문
화연구원과 국사편찬위원회는 『대한민국사』『한국현대사』 등을 저술하였
다.

　1980년대 한국사학계가 겪은 또하나의 시련은 이른바 '상고사논쟁'이라고
하는 비학문적 논쟁이었다. 이 '상고사논쟁'은 1974년 국정 국사교과서가
출간된 직후 이른바 '재야사학자'라고 자처하는 국수주의자들이 한국고대사
학회·국사찾기협의회라고 하는 것들을 조직함으로써 시작된 것이었다. 국
사찾기협의회는 1978년 문교부를 상대로 법원에 국정교과서 오류시정 및
정사확인소송을 제기하였고, 이에 대해 역사학계의 10개 단체가 공동성명
을 발표하여 논쟁은 본격화하였다. 이들은 또 1981년 국회에 국사교과서
시정요구에 관한 청원을 제기하였고, 군부정권이 장악하고 있던 국회가 이
를 받아들임으로써 9월 국회 문교공보위원회에서 공청회가 열려 김철준·
이기백 등이 이에 출석하여 증언하기도 하였다. 이때 이들 '재야사학자'들
은 ① '단군조선'은 '신화'가 아니라 '역사'로서 동북아시아에서 가장 먼저
역사활동을 시작한 '역사국'이며, ② 고조선의 중심지는 대동강이 아니라
발해북안으로서 강역은 중국 하북성 동북부의 난하에서 청천강에 이르는
광활한 지역이었다는 것 등을 주로 주장하였다. 이들은 당시 극우적인 군
부정권과 일부 언론의 지원을 받으면서 세를 불려나갔고, 특히 1983년의
일본 역사교과서 파동, 1986년 당국의 현대사 재서술작업 등을 거쳐 1987
년 국사교과서 재편작업이 시작되자 더욱 목소리를 높였다. 그러나 이들은
1987년 6월항쟁 이후 군부독재정권이 주춤하는 모습을 보이자 그 목소리를
크게 낮추었다. 이는 이들 '재야사학자'들의 정치적 성격이 어떠한 것이었
는지를 잘 보여주는 것이었다.

　한편 1980년 광주민중항쟁에서 1987년 6월항쟁에 이르기까지 군부독재정
권의 가혹한 탄압 아래에서도 민족민주운동이 크게 성장한 사실은 학계에
도 엄청난 충격을 가하였다. 학계는 민족민주운동에서 제기하는 새로운 현
실인식에 충격을 받으면서 이를 수용하고자 하는 진보적인 계열과 이를 거
부하는 보수적인 계열로 점차 분화되어갔다. 그리고 진보적인 계열은 1980

352

년대 중반 소장 학자들을 중심으로 세력을 결집하기 시작하여 후반에 이르러 마침내 각 학문분야별로 각기 연구단체들을 결성하기에 이르렀다. 이러한 흐름에서 한국사학계도 예외가 될 수 없었다. 한국사학계에서도 1980년대 전반부터 소장 연구자들 사이에 진보적인 연구경향이 형성되기 시작하였고, 이들은 망원한국사연구실(1984), 한국근대사연구회(1987) 등을 거쳐 1988년 '한국역사연구회'를 결성하기에 이르렀다. 한국역사연구회는 이후 본격적인 활동을 개시하여 학회지로 『역사와 현실』을 발간하기 시작하였으며, 개설서로서 『한국사강의』(1988) 『한국역사』(1992)를 발간하였다. 한편 1984년 역사문제연구소가 역시 진보적인 연구자들에 의해 설립되어 특히 현대사 연구에 비중을 둔 연구작업을 시작하였으며, 대중들의 역사인식을 제고하기 위하여 계간지 『역사비평』을 발간하였다. 또 1988년 구로역사연구소(1993년 역사학연구소로 개칭)가 '민중 주체의 민족사 연구'를 주창하면서 창립되어 여러 대중용 개설서와 학술지 『역사연구』를 발간하였다.

한국역사연구회를 결성한 소장 연구자들은 대체로 1970년대 이후 대학에서 한국사를 수업한 이들로서 굳이 표현하자면 해방 이후 한국사학계의 제3세대에 해당한다. 이들은 1970, 80년대 한국의 정치·사회적 현실과 네오맑시즘, 종속이론, 사적 유물론 등에 크게 영향을 받아 대체로 진보적인 성향을 지니고 있었다. 따라서 1980년대 후반에 결성된 한국역사연구회는 1950년대 이래 보수적인 성향에 의해 지배되어온 한국사학계에 진보적인 성향의 학파가 처음 대두한 것을 의미하였다. 물론 1960, 70년대에도 진보적인 성향의 한국사 연구자들이 소수 존재했지만 이들은 하나의 학파로서 결집될 만한 세력을 갖지 못하였다. 그러나 이제 1980년대 들어 새로이 등장한 제3세대의 진보적인 연구자들은 급격히 세력화되어 하나의 학파를 형성하였던 것이다.

80년대에 등장한 진보적인 연구자들은 '민중사학' 혹은 '과학적·실천적 역사학'의 수립을 표방하였다. '민중사학'이란 용어는 주로 그들이 역사의 주체로서 민중을 설정하였던 데에서 비롯된 것이었다. '과학적·실천적 역사학'의 의미는 한국역사연구회의 창립취지문에서 잘 나타난다. 이 글에서는 기존의 한국사학이 한국사를 주체적 입장에서 과학적으로 체계화하려는 노력을 보여 상당한 성과를 거두어왔다는 점을 인정하면서도, "학문이라는 이름하에 비과학적인 역사인식이 횡행하고, 고립분산적인 연구풍토와 소소유자적인 세계관에 둘러싸여 연구주의·업적주의가 팽배해왔다"고 지적하고, "그 결과 한국사의 과학적 체계화와 연구자들의 실천적인 노력은 극히 개별적인 수준에 머물렀고, 지배권력의 이데올로기 공세에 적극적으로 대처하지 못했다"고 비판하였다. 이 글은 이어서 현 한국사회의 가장 중요한 과제로서 진정한 민주주의의 실현과 조국의 자주적 통일을 들고, 이러한 과제를 해결하는 데에 동참하는 역사학만이 실천적인 역사학이며, 역사의 진보에 대한 올바른 인식에 입각할 때만이 과학적 역사학이 될 수 있다고 주장하였다. 여기서 '과학적·실천적 역사학'이란 학문적 측면에서는 과학적 세계관에 입각한 역사학을 가리키고, 현실적 측면에서는 사회적 실천을 중시하는 역사학을 가리키는 것임을 알 수 있다.

그런데 '민중사학론'은 이들 소장 학자들에 의해서만 제기된 것은 아니었다. 1970년대 후반에서 1980년대 전반에 기존 학계의 일부 진보적인 경향의 사학자들도 이미 '민중사학론'을 제기한 바 있었다. 이는 강만길의 분단사학론과 이만열·정창렬(鄭昌烈)의 민중적 민족사관에 의해 대표된다. 이만열은 1980년대 초 "이제 우리는 민중의식을 기반으로 하고 민중을 역사의 주체로 하는 민족사를 보아야 할 단계에 왔다. 민족사관은 말하자면 민족을 중심으로 하여 역사를 인식하자는 것이며, 민족의 범주에는 계층적 의미에서 볼 때 민중이 가장 중요한 자리를 차지한다"고 하여, 민중의식을 기반으로 하는 민족사관을 제창하였다. 한편 정창렬은 좀더 구체적으로 한국 근·현대사에서 고유한 민중의 존재를 설정하였다. 그는 한국사회는 스스로의 힘으로 봉건사회를 청산하지 못한 채 세계제국주의에 편입 종속됨으로써 인간해방·계급해방·민족해방의 과제를 짊어지게 되었으며, 그 과제 해결의 주체는 민중으로 설정될 수밖에 없다고 보았다. 즉 역사의 주체로서 민중의 존재를 공간적으로 식민지 종속사회에, 시간적으로 근·현대에 국한시킨 것이었다. 조동걸도 '민중'은 조선후기 이후에 형성된 근대사적 실체로서 불특정한 대중에서 운동주체로 성장한 것이라고 보았다. 그런데 1980년대 일부 소장 민중사학론자들은 '민중'은 근·현대사에서 변혁운동과 민족해방운동의 주체였을 뿐만 아니라, 전근대사에서도 생산력 발전의 담당자로서 역사의 주체로 설정될 수 있다고 보아 '역사 속에서의 민중' 개념에 대해서는 서로 다른 의견들이 있었다.

이상 1980년대에 '과학적·실천적 역사학' 혹은 '민중사학'을 표방하고 대두한 진보적인 학풍에 대하여 개관해보았다. 한편 1980년대의 이같은 새로운 학풍의 대두에 대하여 기존 한국사학계에서는 다양한 반응을 보였다. 일부에서는 이들의 세력 결집을 '진보학풍'의 대두로 간주하고, 기존의 보수학계와 함께 자유·민주의 원칙 위에서 공존과 경쟁을 통해 한국사학의 발전을 기해나가야 할 것이라고 긍정적으로 받아들였다. 반면 다른 한편에서는 민중사관은 네오맑시즘에도 미치지 못하는 낡은 한국판 맑스주의 역사관으로서, 이들의 역사연구는 현재 한국사회에 적용할 수 있는 민중해방 내지 민중혁명 전략을 모색하는 작업에 불과하다고 하면서 부정적인 시각으로 보기도 했다. 그런가 하면 민중사관이 계급대립·계급투쟁을 지나치게 중시한다고 보고, 이를 비판하는 관점에서 우리 역사 속에서는 그러한 갈등을 해소·통합하는 전통이 더 강하였다는 주장도 제기되었다. 기존 학계의 시각이 이렇게 엇갈린 것은 사실이나, 80년대의 진보적인 학풍의 대두에 자극받은 기존 학계도 나름대로 새로운 방향을 모색하는 등 전체적으로는 학계에 긍정적인 효과를 가져왔다.

1980년대와 1990년대 초에 전개된 냉전체제의 붕괴, 사회주의권의 대변혁, 독일의 통일, 한반도를 둘러싼 국제정세의 급격한 변화 등은 한반도에서도 민족통일의 날이 멀지 않다는 전망을 가능케 해주었다. 이에 따라 한국사학계에서도 진보·보수학계를 막론하고 모두 '통일지향의 역사학'을 당위적인 명제로서 제시하기에 이르렀다. 일찍이 1970년대부터 분단극복의 역사학을 제창한 강만길은 "민족통일 과정을 지도하는 지도원리로서의 한시적 의미의 통일사관은, 통일의 방법론에서는 주체적·평화적·비흡수적 방법, 주체에서는 계급문제보다 민족문제를 우위에 두고 주체적·평화적·비흡수적 통일노선에 선 각 계급의 연합체, 체제에서는 자본주의와 현단계 사회주의체제가 가진 정치·경제·사회적 반역사성을 극복한 '제3의 체제'라는 관점에서 수립될 수 있을 것"이라고 보았다. 그러나 그는 통일 이후의 민족사적 단계까지를 전망하는 통일사관에 대해서는 그것이 21세기 이후의 세계사적 발전에 대한 확고한 사관의 정립이 전제되어야 한다면서 일단 유보하였다. 한영우도 그동안 남북 양측의 정권에서 추진해온 흡수통일 방식은 바람직하지도 가능하지도 않다고 전제하고, "민족 최대의 행복과 번영을 보장하는 통일은 결국 양극화된 두 체제의 상호 보완과 상호 수렴에 의해서 이루어져야 한다"고 주장하였다. 그리고 통일지향의 역사관과 관련하여 "계층과 계층 간에는 언제나 대립 투쟁만 있는 것이 아니고, 때로는 상호 보완하고 때로는 상호 이동한다는 것을 유연하게 이해해야만 우리 역사의 역동성이 제대로 밝혀질 수 있고, 통일을 위한 남북 주민의 대동적 단결에도 도움을 줄 수 있을 것"이라고 지적하였다. 한편 한국역사연구회의 『한국사강의』에서는 통일운동은 어디까지나 대중을 주체로 하여 이루어져야 한다고 강조하고, 권력엘리뜨에 의한 통일문제 독점을 경계하였다. 이 책은 또 통일운동은 외세배격의 민족자주, 무력을 배제한 평화적 통일, 남북이 상호간의 차이를 서로 인정하고 최대공약수를 찾는 민족대단결 등 3대 원칙에 입각해야 한다고 주장하였다.

1980년대 남한 역사학계의 동향과 관련하여 또하나 기록해둘 일은 1980년대 후반 북한 역사학이 남한에 대거 소개되었던 일이다. 이 시기 출판계는 '북한 바로알기 운동'의 일환으로 북한의 서적들을 대거 출판하였는데, 이 가운데 대종을 이루는 것이 역사관계 서적들이었다. 이 책들 가운데에는 북한 역사학계의 동향을 전체적으로 보여주는 『조선통사』『조선전사』를 비롯하여 『근대조선력사』『현대조선력사』『조선문화사』『조선철학사』 등 시대사와 분야사, 그리고 『력사사전』 등이 포함되어 있었다. 이같은 북한 역사학계 동향의 전면적인 소개는 남한 역사학계에 큰 영향을 끼쳤다. 우선 남한 역사학계는 그동안의 연구성과를 북한의 그것과 비교해보고 스스로 돌아보는 기회를 가질 수 있었다. 또 남한 역사학계는 남북한 역사학의 동질성과 차별성을 확인하면서, 그 차별성을 극복할 수 있는 방향을 모색하기 시작하였다.

다음에는 1980년대 한국사학계의 구체적인 연구동향에 대하여 살펴보자. 1980년대 한국사학계의 가장 커다란 변화는 한국사관계 연구논저의 숫자가

폭발적으로 늘었다는 것이다. 1970년대와의 비교는 접어두더라도 1980년대
에도 1984~86년 사이에 100여 권의 저서·역서에 1000여 편의 논문이 발
표되었던 데 비하여, 1986~89년 사이에는 저서·역서가 300여 권, 논문
2500여 편이 발표되었던 것이다. 이는 특히 1980년대 후반에 논문의 발표
가 급증하였음을 의미한다. 1980년대 한국사관계 논문이 이같이 대폭 늘어
난 데에는 몇가지 요인이 있었다. 먼저 한국사 연구자들의 숫자가 폭발적
으로 증가했다는 점이다. 1970, 80년대에 대학원 정원이 크게 늘어나 신진
연구자들이 대량 배출됨으로써 앞서 말한 것처럼 해방 후 제3세대가 급격
히 형성된 것이다. 또 1980년대 들어 단행본의 출간이 크게 늘어난 것은
1970년대에 본격적으로 활동을 개시했던 해방 후 제2세대들이 80년대 들어
서도 활발한 활동을 하면서 그 연구성과를 책으로 묶어 출판하였기 때문이
다. 이같은 연구인력의 증가 외에도 자료 공간(公刊)의 확대, 한국사 연구
지원의 확대 등도 한국사 연구논저의 양적 증가에 배경으로 작용했다.

연구논저의 양적 증가는 필연적으로 연구주제와 연구방법론의 다양화,
심도있는 연구의 진행, 각 주제에 대한 연구자들간의 활발한 논쟁 등을 가
능케 하였다. 각 시기별로 이를 살펴보면 다음과 같다.

먼저 고고학의 경우 1979년 발견된 경기도 연천 전곡리의 구석기유적에
서 양면핵석기가 확인되어 극동지역에서도 주먹도끼가 발견될 수 있다는
증거를 제시한 것은 큰 성과였다. 또 양양 오산리 등의 신석기 유적, 부여
송국리의 집자리, 전남지방의 고인돌(비파형동검과 동모 출토), 삼천포시
늑도와 해남 군곡리의 패총 등 신석기·청동기·철기시대의 유적 발굴이
활발히 이루어졌다. 또 서울의 몽촌토성, 경기도 이성산성, 경주 황룡사지
와 익산 미륵사지, 신안 해저유물선의 발굴이 진행되었으며, 충주댐 수몰
지역과 주암댐 수몰지역에 대한 발굴조사가 진행되는 등, 전국적으로 활발
한 발굴조사가 이루어졌다. 또 1980년대 후반에 들어 한국고고학은 한국고
대사와의 결합을 본격적으로 시도하여, 고대사 연구자들과 함께 한국 민족
문화의 기원, 『삼국사기』 초기기록의 재검토 및 그 내용의 역사적 실체 규
명, 국가기원의 문제 등을 놓고 활발한 논의를 전개하였다. 1980년대 후반
고고학계와 고대사 연구자들이 서로 연대하여 한국고대사연구회(1987), 한

국상고사학회(1987), 한민족학회(1987), 한국고대학회(1990) 등을 조직한 것
은 이러한 연구경향을 잘 보여준다.

1980년대의 한국고대사 연구는 고조선의 실체, 고대국가의 기원 내지 형
성의 문제, 신라사회의 성격문제(골품제), 『삼국사기』 초기기록의 신빙성
문제 등 몇가지 주요 쟁점들을 중심으로 진행되는 모습을 보여주었다. 고
조선의 실체는 상고사논쟁, 교과서개편 등과 관련하여 학계 안팎에서 큰
관심을 불러일으킨 문제였다. 이와 관련해서는 단군신화의 신빙성, 기자조
선의 존재 여부, 위만조선의 성격, 고조선의 성립시기, 고조선의 영역과
그 변동, 도읍의 위치, 고조선의 발전단계 및 정치·사회조직의 성격, 종
족구성 및 중국 또는 주변 여러 종족과의 관계 등이 논의의 쟁점이 되었
다. 이와 관련하여 학계에서는 윤내현(尹乃鉉)이 이른바 '재야사학'의 입장
을 반영하는 견해를 발표하였고, 김정배·최몽룡(崔夢龍)·이기동(李基東)
등은 이를 비판하는 견해를 각각 발표하였다.

고대국가의 기원문제에 대해서는 1970년대 천관우가 성읍국가 — 영역국
가설을 발표하고, 이기백도 성읍국가 — 연맹왕국 — 왕족중심의 귀족국가
— 전제국가설을 제기한 것, 그리고 김정배가 1970년대에 미국 인류학계의
신진화론, 특히 써비스(E. R. Service)의 군(群, band)사회 — 부족(tribe)사
회 — 군장(君長, chiefdom)사회 — 국가(State)라는 4단계설을 수용하여 삼
한사회를 '군장사회'로 볼 수 있다는 견해를 제시한 것 등이 도화선이 되어
1980년대에 논쟁이 본격화하였다. 1980년대 들어 최몽룡은 한국의 지석묘
사회가 군장사회에 해당한다고 주장하였다. 이종욱도 신라 사로국 이전의
6촌을 지석묘사회=군장사회 단계로 보고, 사로국은 이에서 한 단계 발전
한 '소국(小國)'으로 보았다. 이후 논쟁은 초기국가를 어떻게 보느냐를 둘
러싸고 '성읍국가설' '군장사회설' '소국설'로 나뉘어 전개되었다. 그런데
1980년대 후반 이후에는 이같은 인류학의 신진화론의 일반론적인 이론을
한국사라는 특수사회에 적용하는 데 대한 문제점 등이 지적되면서, 국가기
원의 문제를 인류학보다는 고고학의 성과에 의존하여 밝혀보려는 경향이
늘어갔다.

신라의 골품제와 관련해서는 1970년대의 김철준·이광규(李光奎)의 연구

를 바탕으로, 첫째 친족집단 계승의 원리의 문제, 즉 부계제인가 모계제인가, 아니면 이른바 이중혈통(double descent)인가 하는 것과, 둘째 친족집단의 규모의 문제, 셋째 씨족제의 존재 여부의 문제 등을 둘러싸고 논쟁이 전개되었다. 이 논쟁에는 이종욱·이기동·김의규·최재석(崔在錫)·이순근(李純根)·신동하(申東河) 등이 참여하였는데, 역시 인류학의 이론이 원용되었다. 다음 『삼국사기』 초기기록의 신빙성 여부와 관련해서는 이기동 등에 의해 신중론이 제기되었지만, 대체적으로 초기기록에서도 그 안에 담긴 나름대로의 의미를 찾아야 한다는 주장이 설득력을 얻어갔다. 한편 신라에 비하여 상대적으로 연구가 부진했던 고구려·백제·발해에 대해서도 1980년대 들어 학계의 관심이 고조되면서 연구가 활발하게 진행되기 시작했다(노태돈·김기흥·노중국·권오영·송기호).

고려시기에 관한 연구에서는 80년대 초반에는 70년대의 귀족제-관료제 논쟁의 영향으로 귀족제설을 보강하는 연구가 많이 이루어졌으며, 중반 이후에는 후삼국시대 호족의 성격과 고려초의 호족연합정권의 성격에 관한 논란이 있었고, 전시과에 의해 지급된 토지의 성격, 즉 전시과에서 지급된 것이 수조권(收租權)인가 면조권(免租權)인가 하는 문제와 전시과의 수조율의 문제 등에 관한 논란이 있었다. 먼저 귀족제설을 보강하는 연구로서는 박용운·노명호(盧明鎬)·변태섭·김광수(金光洙)·허흥식(許興植) 등에 의해 이루어진 음서제, 대간, 과거제, 기타 정치제도에 관한 연구를 들 수 있다. 후삼국시대의 호족과 관련해서는 '호족'이라는 용어에 대하여 일부에서 문제를 제기하는 가운데, 노명호·이순근·김갑동(金甲東) 등에 의해 각 지방의 호족에 대한 구체적인 연구가 이루어졌다.

전시과와 관련된 연구에서는, 강진철 등 기존 학계에서 '공전조 1/4'을 사유지에서 국가에 내는 조(租)로, '사전조 1/2'을 사유지 내에서 전주(田主)와 전호 사이에 형성된 조율이거나 전시(田柴)를 지급받은 관리가 수조지에서 전호로부터 수취하는 조율로 설명해온 데 대해, 이성무·김용섭·김당택(金塘澤)·박종진(朴鍾進) 등이 새로운 설을 제기하였다. 한편 전시과에서 지급된 것이 수조권인가 아니면 해당자의 소유지에 대한 면조권인가, 또 면조권을 지급했다고 할 때 전시과의 지급규정액은 지급상한선인가

아니면 면조상한선인가 하는 문제들을 둘러싸고 논란이 있었다(강진철·김
태영·이경식·김기섭 등). 그밖에 고려시기의 자녀균분상속설과 적장자단독
상속설에 관한 논쟁이 있었는데(최재석·신호철·이희권), 이 논쟁을 통해 국
가가 분급한 토지는 적장자단독상속이었으며, 민전은 자녀균분상속이었음
이 밝혀졌다. 민전에서 자녀균분상속이 이루어졌음을 확인한 것은 기존의
하따다(旗田巍) 등의 적장자단독상속설을 기초로 한 공동체적 소유론을 무
너뜨리는 것이었다. 한편 무인정권기와 원간섭기의 정치사(민현구·김당택),
고려시기의 불교사(최병헌·김두진·채상식), 노비제(홍승기), 부곡제(박종기),
농업사(이태진·위은숙), 농장(강진철·이경식), 사원전(김윤곤·이병희), 둔전
(안병우), 공납제(정형우·이혜옥) 등에 관한 연구도 활발히 이루어졌다.

조선전기에 관한 연구에서는 1970년대의 연속선상에서 조선초기 신분제
를 둘러싼 양천제-양반제 논쟁이 80년대 초반까지 계속되었고, 새로이 사
림파의 성격, 조선초기의 농업기술과 생산관계, 향약의 성격 등을 둘러싸
고 논쟁이 전개되었다. 양천제-양반제 논쟁은 1980년대 초 이성무의 『조선
초기양반연구』(1980)와 한영우의 『조선전기사회경제연구』(1983)를 통하여
1970년대의 논쟁의 구도가 더욱 선명해졌으며, 여기에 유승원·전형택(全
炯澤)·송준호 등이 가세하여 논쟁을 한층 뜨겁게 만들었다. 한편 사림파
의 성격에 관해서는 이태진이 '사림파=재지 중소지주=성리학 수용'이라는
통설을 사회경제사적인 측면에서 더욱 보강하기 위한 노력을 기울이는 가
운데, 이수건·이병휴(李秉烋)가 대체로 통설을 지지하는 입장에서 영남과
기호의 사림파에 대한 구체적인 연구성과를 각각 내놓았는데, 일부에서는
훈구파와 사림파의 구분이 여전히 애매하다는 점, 사림파의 기준이 불분명
하다는 점 등을 들어 통설에 의문을 제기하기도 하였다(와그너 등).

조선전기의 농업기술과 관련해서는 이태진·민성기(閔成基)·이호철(李
鎬澈)·김용섭 등이 14, 5세기 연작상경법의 도입, 시비법과 농기구의 체
계화, 저평지의 개간 등으로 인한 농업생산력의 발전을 증명해냈다. 다만
조선초기 수전농업의 수준, 호미·쟁기 등 농기구의 종류 등에 대해서는
이들간에 이견이 있었다. 한편 생산관계에 대해서는 조선전기에 양인 자작
농이 다수였나 농장을 경작하는 예속민이 다수였나, 혹은 지주전호제가 일

반적이었나, 15세기와 16세기는 동질적이었나 아니면 이질적이었나, 조선 전기는 고려후기와 어떻게 달랐나 하는 점들에 대해서는 이경식(李景植)·김태영(金泰永)·김홍식(金鴻植)·이호철 등이 각기 다른 해석을 내놓았다.

그밖에 조선전기사 연구와 관련해서는 사학사(한영우·정구복·변태섭), 권력구조(최승희·정두희·남지대·김돈·최이돈), 예법(이범직·정옥자·지두환·고영진), 향약(김용덕·이태진·한상권·정진영·이해준), 사회사상(한영우·김준석·김훈식) 등에 관한 연구가 집중적으로 이루어졌다.

1980년대의 조선후기사 연구는 1960, 70년대의 내재적 발전론에 입각한 자본주의맹아론·중세사회해체론의 연장선상에서 이를 더욱 보완하려는 경향과, 자본주의맹아론 등에 대해 근본적인 이의를 제기하면서 적어도 17, 8세기까지 중세사회체제가 강고히 온존되고 있었음을 밝히려는 경향이 서로 대립하였다고 할 수 있다. 양자는 토지소유구조와 농업의 변동, 신분제의 변동, 향촌사회구조의 변동, 붕당정치론 등을 둘러싸고 상당한 이견을 드러냈다.

토지소유구조와 농업변동에 대해서는 일본의 안병태(安秉珆)가 70년대 중층적 토지소유론을 제기한 이후 그 영향을 받아 80년대 들어 이영훈(李榮薰)이 이를 토지소유관계에서 국가의 규정성을 더 강조하는 국가적 토지소유론으로 발전시키면서 기존의 사적 토지소유론에 입각한 조선후기 지주제해체론에 대해 반기를 들었다. 이에 대해 김용섭·이세영(李世永)·이영호(李榮昊)·이영학(李永鶴)·이윤갑(李潤甲) 등은 기존의 사적 토지소유론을 고수하면서 조선후기 지주제 변동의 실상을 밝히려 노력하였다. 이때 후자의 입장에 선 이들은 대체로 중세사회 해체의 방향과 관련하여 김용섭이 제기한 '농민적 길'과 '지주적 길'이라는 두 가지 길의 이론에 입각하여, 농민층의 성장 혹은 지주경영의 변동에 초점을 맞추어 연구를 진행하였다.

신분제 연구와 관련해서는 기존의 호적에 대한 통계적 분석이 지닌 문제점이 지적되면서 조선후기에는 양반호가 격증하고 상민호는 격감한다는 기존의 통설이 크게 흔들리게 되었다. 기존의 호적 연구의 문제점이 구체적으로 지적되면서(한영국·이준구) 한 가문의 고문서를 분석하는 것을 통한 신분제 연구들이 나왔다(최승희·이해준·최영호). 그리하여 최승희(崔承熙)는 모칭·납속을 통한 호적상 양반으로의 신분상승이 반드시 실질적인 양반 취득을 의미하지는 않는다는 것을 밝혀냈다. 한편 송준호는 족보 분석을 통하여 18, 9세기는 오히려 양반제의 전성기였다고 주장하기까지 하였다. 그러나 아직도 학계의 대체적인 견해는 조선후기는 신분제가 '동요'하는 시기였다는 것이며, 다만 기존의 일부 주장처럼 조선후기에 양반제가 사실상 '붕괴'하였다고 하는 것은 무리라고 보고 있다. 한편 이 시기 중인 연구(한영우·정옥자·이훈상), 노비제 연구(전형택·이수환)도 활발히 이루어졌다.

1980년대 조선후기사 연구에서 특기할 것은 조선후기 향촌사회에 관한 연구가 활발해져 큰 성과를 냈다는 점이다. 이는 70년대의 조선후기 사회의 변동에 관한 연구가 주로 경제사에 초점이 맞추어 이루어짐으로써 향촌사회에서 나타난 구체적인 사회변동의 모습이 잘 드러나지 않았던 데 대한 반성에서 출발한 것이었다. 조선후기 향촌사회에 관한 연구는 주로 향촌사회의 구조와 그 변동과 관련하여 동족부락 등의 촌락(김인걸·이해준), 향약(김용덕·이태진·김무진·정진영·박경하), 계(김필동·김경일) 등의 연구가 활발히 이루어졌다. 한편 조선후기 향촌사회의 거대한 사회변동과 반봉건 농민항쟁과 관련해서는 향촌사회 지배세력의 변동(김인걸·한상권·정진영·고석규), 각종 변란(이이화·윤대원), 1862년 농민항쟁(정창렬·안병욱·고동환·송찬섭·이영호·김선경·망원한국사연구실) 등의 연구에서 큰 성과가 나왔다.

1980년대 조선후기사 연구에서 또하나 특기할 것은 정치사 연구의 활성화이다. 1970년대 말 이태진에 의해 제기된 '붕당정치론'은 80년대 들어 크게 호응을 받으면서 이론적·실증적으로 이를 더욱 보강하려는 연구들이 이루어졌다(이태진·홍순민·오수창). '붕당정치론'은 식민사관의 부정적인 '당쟁론'에 대한 비판으로부터 출발한 것으로, 내재적 발전론을 정치사에 적용하여 16, 7세기를 공도(公道)·공익(公益)을 위한 정치원리가 확립되어간 시기였다고 파악하는 것이었다. '붕당정치론'은 급격히 통설화되어 마침내 1987년 개정된 교과서에도 그대로 반영되기에 이르렀다. 이러한 붕당정치론에 대해 일부에서는 지나치게 긍정적인 면만 확대 강조하고 부정적인 면은 과소평가한 것이라는 비판을 제기하기도 하였다(김용덕). 또 정석종 (鄭奭鍾)과 이은순(李銀順)은 지배계급과 민중의 갈등, 혹은 현실적 실리론과 의리적 명분론의 대립에 초점을 맞추어 당쟁을 이해하기도 하였다. 한편 18세기 탕평책과 19세기 세도정치에 대해서도 연구가 본격적으로 이루어져(정만조·박광용·한국역사연구회) 조선후기 정치사 연구에 큰 진전이 이루어졌다.

그밖에 조선후기사와 관련해서는 사학사(한영우), 상업사(최완기·오성), 부세제도(김용섭·윤용출·방기중·백승철·정연식·오영교), 사상사(정옥자·김준석·최완수·유봉학·지두환·조성을·조광) 등의 분야에서도 활발한 연구가 이루어졌다.

1980년대 한국사학계의 가장 두드러진 특징은 근·현대사 연구가 크게 활발해졌다는 점이다. 앞서도 언급한 것처럼 1980년대의 정치·사회적 현실 속에서 대중의 근·현대사에 대한 관심이 크게 고조되어 특히 소장 연구자들이 이 분야에 대거 뛰어들었기 때문이다. 특히 일제하 민족해방운동사와 해방 직후의 현대사 분야에 대해서는 그동안 학계에서도 냉전체제하의 반공이데올로기에 학문의 자유가 규제를 받고 있는 상황을 의식하여 연구를 기피해왔다. 그러나 이제 소장 연구자들이 중심이 되어 스스로 연구의 자유를 쟁취하려는 움직임이 거세게 일어나면서 그동안 볼 수 없었던 자료들을 발굴하고 공동작업·공동연구를 진행하면서 연구성과가 폭발적으로 산출되었던 것이다.

이 시기 19세기 후반~20세기 초의 한국사는 주로 근대 변혁운동의 문제를 중심으로 연구가 진행되었는데, 그 안에는 크게 세 가지 시각이 존재하였다. 첫째는 근대 부르조아적 개혁은 개화파의 사상과 운동으로써만 가능하였다는 시각이고, 둘째는 개화파의 위로부터의 개혁이 가지는 지주적 성격을 지적하면서 농민적 입장의 개혁운동, 즉 '농민적 길'을 좀더 긍정적으로 보려는 시각이며, 셋째는 민중의 혁명역량은 정당하게 평가되어야 하지만 반봉건 근대화운동에서는 개화파의 지도역량이 더 강조되어야 한다는 시각이었다. 또 개화파의 개화운동과 관련하여 그 주체적인 측면을 강조하는 입장과 외세의존적인 측면을 강조하는 입장이 대립하였다. 한편 독립협

회운동과 계몽운동의 자강운동론이 의거하고 있던 '사회진화론'에 대해서도
이를 긍정적으로 해석하는 입장과 부정적으로 해석하는 입장이 대립하였
다. 이러한 논점들을 둘러싸고 개화사상과 갑신정변(이완재·신용하), 갑오
개혁(유영익·김정기·오두환), 독립협회(신용하·주진오), 계몽운동(김도형·조
동걸·이송희·최기영·박찬승)에 관한 연구가 활발히 진행되었다.

또 1894년 농민전쟁과 관련해서는 그 주체가 부농인가 빈농인가, 농민군
이 지향하고 있던 사회는 어떤 성격의 사회인가, 동학과 농민전쟁은 얼마
만큼 관련이 있는가, 전봉준(全琫準)이 호남지방의 동학교도들 사이에 지
도자로 부각되는 시점은 언제인가 하는 문제들을 둘러싸고 여러가지 견해
들이 제기되었다(신용하·정창렬·이이화·신영우). 그밖에 광무연간의 농민운
동(김도형·이영호), 의병전쟁(김상기·조동걸·홍순권·홍영기) 등에 관한 연구
가 활발하게 진행되었던 점도 빠뜨릴 수 없다. 한편 한말 일제하의 지주제
(김용섭·홍성찬·최원규), 개항과 외세의 정치·경제적 침략(김정기·이병천·
이헌창·김경태), 통감부 시기의 지배정책(권태억·정재정) 등에 관한 연구가
계속되었다.

식민지시기 민족해방운동사에 관한 연구는 소장 연구자들에 의해 1980년
대 후반에 본격화되었다. 1910년대의 민족운동에 대해서는 국내의 105인
사건에 대한 자세한 분석이 이루어졌으며(윤경로), 대한광복회와 국외의 대
동단결선언 등이 새로이 밝혀졌고(박영석·조동걸), 3·1운동 전후 러시아
연해주와 간도지역의 독립운동상황이 자세히 밝혀졌다(윤병석·반병률·박영
석·박환·서굉일). 3·1운동과 관련해서는 1989년 3·1운동 70주년을 맞이
하여 연구가 집중적으로 이루어지면서 33인에 대해 제한적인 긍정론과 비
판론이 제기되었으며, 운동이 민중운동으로 발전하면서 급진화하는 과정이
자세히 밝혀졌고(정연태), 각 지방의 운동사례도 본격적으로 분석되기 시작
하였다(이정은).

1920년대 민족개량주의운동에 대해서는 이를 비판적으로 보는 시각이 대
두하여 기존의 긍정적 시각과 대립하였다(박찬승·서중석). 사회주의운동과
노동·농민운동에 대해서는 1970년대까지 이를 단순히 사회주의운동, 혹은
사회운동으로만 해석해온 것을 소장 연구자들이 비판하고 '민족해방운동'으

로 볼 것을 제기하면서 본격적인 연구를 시작하였다. 그리하여 1920, 30년
대 사회주의운동의 조직, 현실인식과 운동론(김명구·신주백·오미일·하원
호·임경석), 노동운동(김경일), 농민운동(지수걸·이준식·강정숙)에 관한 연구
가 본격적으로 시작되었다. 또 신간회와 관련해서도 사회주의자들의 신간
회운동론과 각 지방 지회의 활동을 중심으로 연구가 본격화되었으며(이균
영), 근우회 등 여성운동(남화숙·박용옥), 학생운동(조동걸·김호일·김동춘)에
관한 연구도 활발히 이루어졌다.

국외의 운동에 대해서는 임시정부운동에 대해서 여전히 '법통론'적인 입
장에서 연구가 진행된(이현희·이연복) 데 반해 이에 대한 비판이 제기되기
도 하였으며, 독립동맹(한홍구), 한국독립당·민족혁명당 등 정당운동에 대
한 연구(노경채·강만길·염인호·한시준·김희곤·김영범)도 이루어졌다. 1930
년대 항일무장투쟁과 조국광복회에 대해서도 연구자들의 관심이 쏠려 이
주제에 대한 실증적 접근이 시작되었으나, 이에 접근한 한 연구자가 당국
에 구속됨으로써 이 주제는 아직도 민감한 주제임을 반영하였다.

일제의 지배정책에 대해서는 아직 연구자들의 관심이 그리 주어지지 않
았다. 다만 경제사의 측면에서 토지조사사업의 신고주의가 토지를 약탈하
는 제도적 장치였다는 기존의 설에 대한 실증적 비판이 제기되었으며(조석
곤·배영순), 산미증식계획(이애숙·정문종), 1930년대 농촌진흥운동(지수걸)
의 성격에 관한 연구도 진행되었다.

한편 1980년대 근대사 연구 가운데 또하나 활발하였던 분야가 사학사 연
구였다. 특히 신채호에 대해서는 신일철·신용하·이만열에 의해 본격적인
연구서가 출간되었으며, 한말 계몽사학, 박은식, 손진태, 문일평, 백남운
등에 대해서도 활발한 연구가 이루어졌다(조동걸·신용하·한영우·이기백·방
기중). 이로써 근대사학사는 1960년대 '민족사관' 정립을 위한 참고로서 언
급되던 수준에서 벗어나, 지성사·사상사의 수준에서 본격적으로 학문적
조명을 받기 시작했다.

해방 이후의 현대사에 대해서는 1979년에 나온 『해방전후사의 인식』 등
현대사 관계 서적이 대중의 폭발적인 호응을 얻고, 또 국외에서 브루스 커
밍스(Bruce Cumings)의 『한국전쟁의 기원』 등이 출간되었던 사실 등에 큰

자극을 받아 소장 연구자들의 관심이 집중되기 시작하였다. 이 부분에 대해서는 사회과학 쪽에서 먼저 연구를 시작하였으나, 점차 한국사학계에서도 현대사에 대한 연구가 필요하다는 인식이 확산되면서 이 시기에 대한 연구자가 나오기 시작하였다.

한국현대사에 대해서는 1950년대 이래 이른바 '전통주의적 시각', 즉 냉전체제하에서 소련과 북한에 대해 비판적인 시각이 지배해왔으나, 이에 대한 비판적 입장에 선 수정주의적 시각이 외국학자들에 의해 제기되면서 국내 연구자들도 이에 영향을 받는 경향이 늘어갔다. 또 해방 이후 한국의 분단과 한국전쟁의 책임문제 등을 둘러싸고 외세의 규정성, 특히 미국의 역할을 중시하는 연구경향이 늘어갔고, 이는 1980년대 일반 대중의 미국에 대한 비판적 시각에 큰 영향을 끼쳤다. 그런가 하면 다른 한편에서는 분단을 막아내지 못한 책임을 무조건 외부로만 돌리는 경향을 비판하고 분단의 내재적 원인, 즉 민족 내부의 계급갈등, 통일민족국가를 건설하려는 주체적인 노력의 미흡 등도 확인해야 한다는 지적도 나왔다. 그러나 전자의 입장에 선 이들은 후자의 시각이 분단의 궁극적 책임소재를 흐리게 하는 결과를 가져올 수도 있다는 점을 지적하였다. 해방 직후의 현대사에 대해서는 미군정과 지배정책(안진·김기원), 각 정당(심지연), 좌우합작운동(서중석), 남북협상운동(도진순), 10월항쟁(정해구), 4·3항쟁, 한국전쟁, 농지개혁(장상환) 등에 관한 연구가 진행되었으나 전체적으로 본다면 아직도 출발점에 서 있는 것이었다.

한편 한국사연구회는 1980년대에 두 차례에 걸쳐 『한국사연구입문』을 발간하였으며, 한국민족운동사연구회·한국사회사연구회·한국사상사학회 등 분과사학회가 다수 출범하였다. 또 1980년대 초반에 일어난 일본교과서 왜곡파동과 관련하여 세워진 독립기념관 내의 독립운동사연구소도 논문집 『한국독립운동사연구』와 자료집을 발간하였다.

6. 맺음말 —— 한국사학의 과제와 전망

이상 분단정부 수립 이후 남한의 한국사학에 대하여 개괄적으로 정리해 보았다. 1950년대 이후 남한의 역사학은 비록 분단이라는 상황하에서 이데 올로기적인 제약과 정치적 간섭에서 벗어날 수는 없었지만, 그러한 상황을 극복하려는 부단한 노력을 경주해왔다. 그리하여 1960, 70년대에는 식민주 의사관의 극복과 새로운 민족사관의 수립이라는 기치 아래 새로운 한국사 상을 수립하기 위한 많은 이론적·실증적 작업이 이루어졌고, 이로써 식민 주의사관은 거의 극복되었다고 할 수 있게 되었다. 또 1980년대 이후에는 역사의 주체·발전방향 등과 관련하여 진보적인 역사관이 대두함으로써 냉 전하에서 제약받아온 '사관의 장벽'을 서서히 무너뜨리면서 한국사상(韓國 史像)의 지평을 크게 넓혀가고 있다.

그러나 한국사학계는 아직도 새로운 한국사상의 수립이라는 과제를 충분 히 해결하지 못하였다. 이는 기본적으로는 각 시대의 역사상에 대한 충분 한 연구성과의 축적이 미흡한 데에서 말미암은 것이다. 새로운 방향에서 이루어진 한국사 연구는 1960년대 이후 겨우 30년이라는 일천한 역사를 갖 고 있을 뿐이다. 그러나 그외에도 그동안 한국사학계가 한국사의 전체적인 체계를 어떻게 세울 것인가에 대한 이론적인 검토작업을 소홀히하였다는 점도 지적되어야 한다. 분단상황하에서 뚜렷한 사관을 드러내기를 꺼려하 는 학계의 풍토에서 한국사 연구자들은 사관과 이론에 대한 검토에 의식적 이건 무의식적이건 무관심해왔다. 이제는 한편으로는 한국사학계의 축적된 연구역량을 바탕으로 각 시대마다의 구체적인 역사상을 추구하면서, 다른 한편으로는 이를 전체적인 한국사상으로 어떻게 연결시킬 것인지에 대한 이론적인 검토작업이 병행되어야 할 시점에 다다랐다고 생각된다. 한국사 학계는 이제 식민사관의 극복이라는 강박관념이나 분단상황하에서 냉전이 데올로기가 주는 제약에서 벗어나 문자 그대로 새로운 한국사상을 체계화 해볼 수 있는 단계에 이른 것이다.

끝으로 1990년대 이후 남한의 한국사학계가 어떤 방향으로 나아가게 될

지 전망해보기로 하자. 1990년대 한국사 연구의 동향은 기본적으로는 1980
년대의 연장선에서 크게 벗어나지 않을 것으로 보인다. 우선 1980년대 후
반에 폭발한 근·현대사 연구열이 상당 기간 이어지면서 이에 관한 연구성
과가 본격적으로 나올 것으로 전망된다. 고대사·중세사에 관해서도 80년
대에 이어 풍부한 성과를 낼 것으로 기대된다. 특히 80년대에 대거 등장한
제3세대 연구자들은 학계에서 하나의 세력을 형성하면서 새로운 시각에 선
연구성과들을 내놓을 것으로 전망된다. 이들 가운데 상당수는 진보적인 성
향을 띠고 기존세대와 함께 학계에 보수적인 시각과 진보적인 시각을 공존
케 하면서 논쟁 등을 통해 한국사 연구를 한 단계 높은 수준으로 끌어올릴
것으로 기대되고 있다. 또 학계 전체적으로 볼 때 인류학·사회학·경제
학·지리학·통계학 등 다른 학문분야와의 활발한 교류를 통해 다양한 방
법론과 시각이 제기되면서 한국사학의 내용도 더욱 풍부해질 것으로 전망
된다.

그런데 1990년대의 정세는 1980년대와는 상당히 다른 양상을 보이고 있
다. 1990년대의 세계사적 현실은 현실사회주의권의 붕괴와 변질, 그에 따
른 냉전체제의 종식, 자본주의국가 사회의 전반적인 보수화, 미국을 정점
으로 하는 세계질서의 형성, 미국·일본·EU를 중심으로 한 세계경제의
블록화·계서화(階序化)와 그로 인한 국가간 빈부격차의 심화, 구사회주의
권 등에서의 민족주의 물결의 고조와 이로 인한 민족갈등의 심화, 정보산
업을 중심으로 한 전반적인 산업구조의 개편, 지구환경의 급속한 악화, 외
래문화의 급속한 침투로 인한 민족문화 정체성의 위기 등으로 정리될 수
있다. 이같은 상황은 20세기 초 이래의 역사발전 과정에서 현시점이 하나
의 전환기임을 말해주는 것이다. 이러한 전환기를 맞이하여 기존의 세계관
과 역사관만으로는 더이상 현실과 역사를 제대로 설명하기 어려운 상황이
도래하고 있다. 세계사의 변동과 역사의 본질에 대한 더 넓은 시야와 깊은
성찰을 통해 한층 진전된 세계관과 역사관을 수립하는 일은 1990년대 한국
사학계만이 아니라 한국사회 지식인 일반의 과제로 제기되고 있다.

한편 2차대전 이후의 미국과 소련을 양축으로 한 세계질서, 곧 냉전체제
가 붕괴된 것은 한반도에 민족의 분단과 전쟁을 가져오고 그 이후에도 줄

곧 한반도의 정세를 규정해오던 기존 질서가 붕괴하였음을 의미한다. 또한 1990년대 들어 남북한 모두 권력구조 재편기를 맞이하여 내적으로 상당한 변화를 맞고 있다. 이같은 정세는 그동안 그 가능성이 의문시되었던 한반도의 통일이 조만간 어떤 형태로든 이루어질 것이라는 인식을 남북한 주민들에게 확산시켜가고 있다. 즉 통일문제는 이제 가능·불가능의 문제가 아니라 시간의 문제, 방법의 문제로 논의의 차원이 옮겨진 것이다.

이와같은 한반도의 정세 변화는 한국사학계에도 새로운 과제들을 제기하고 있다. 한국사학계는 1960, 70년대에 식민사관을 극복하고 민족사학을 수립하기 위하여 노력해왔고, 1970년대 중반 이후에는 냉전이데올로기와 분단의식을 극복하고 통일을 지향하는 역사학을 수립하기 위하여 노력해왔다. 이제 1990년대에 들어 한국사학계는 구체적으로 통일을 준비하고, 또 통일 이후까지를 전망하는 한국사학을 수립해야 하는 과제를 안게 되었다.

우선 다가오는 민족통일의 문제는 민족사적으로 올바른 방향에서 통일을 이루어내기 위한 민족주체 세력의 확립, 민족사적 정통성의 확립을 시급히 요청하고 있다. 이와 관련하여 민족주체적인 관점에서 한국 근·현대사에 관한 체계적인 정리를 이루어내는 것이 한국사학계의 시급한 과제이다. 또 분단시기 동안 형성되어온 민족내부의 이질성을 어떻게 극복하면서 동질성을 확대해나가야 할 것인가 하는 과제도 심각하게 제기되고 있다. 이와 관련하여 남북한 역사학계의 활발한 교류와 이를 통해 양자간의 역사인식상의 차이를 극복하려는 노력이 절실히 요청되고 있다.

한편 새로운 통일민족국가의 사회는 어떤 원리하에 운영되어야 할 것인가, 통일 이후 한민족이 세계사 속에서 어떤 위치를 차지하고 다른 민족들과 어떤 관계를 가지며 민족의 삶을 영위해나가야 할 것인가 하는 문제들도 과제로서 제기되고 있다. 따라서 한국사학계가 1960년대 이래 가장 중심적인 과제로 삼아왔던 한국사의 세계사적 보편성과 민족사적 특수성의 확인, 그리고 그것을 바탕으로 한 한국사상의 체계화작업은 앞으로도 여전히 한국사학계의 중심적인 과제가 될 것으로 생각된다. 〔朴贊勝〕

□ 참고문헌

이인영, 「우리 민족사의 성격」, 『학풍』 1948년 9월호.

전석담, 「사회의 경제적 발전상의 '침체성'에 .관하여」, 『학풍』 1949년 4월호.

김용덕, 「국사의 기본성격」, 『사상계』 1953년 11월호.

최호진, 「구래 조선농업에 있어서의 노동기구의 정체성연구」, 『경제학연구』 2-1, 1954.

천관우, 「갑오경장과 근대화」, 『사상계』 1954년 12월호.

김용덕, 「신라·고려·이조사회의 단계적 차이성에 대하여」, 『사상계』 1955년 2월호.

이병도, 「나의 연구생활의 회고」, 『사상계』 1955년 5월호.

김용덕, 「근세당쟁사론」, 『사상계』 1957년 10월호.

이기백, 「서론」, 『국사신론』, 일조각 1961.

김용섭, 「일제관학자들의 한국사관」, 『사상계』 1963년 2월호.

이기백, 「민족사학의 문제」, 『사상계』 1963년 2월호.

천관우, 「내가 보는 한국사의 문제들」, 『사상계』 1963년 2월호.

천관우, 「한국사연구의 회고와 전망 ── 근세후기」, 『역사학보』 20, 1963.

고병익, 「근대화의 기점은 언제인가?」, 『신동아』 1966년 8월호.

김삼수, 「봉건적 사회에서 토지는 국유였는가?」, 『신동아』 1966년 8월호.

김영호, 「자본주의성립과정은 어떠했는가?」, 『신동아』 1966년 8월호.

김용덕, 「고려조사회와 조선조사회는 질적으로 다른가?」, 『신동아』 1966년 8월호.

김원룡, 「선사문화는 어떠했는가」, 『신동아』 1966년 8월호.

노충회, 「고대국가가 형성되기까지는?」, 『신동아』 1966년 8월호.

천관우, 「또 무엇이 문제인가?」, 『신동아』 1966년 8월호.

하현강, 「노예제사회와 봉건제사회는 있었는가?」, 『신동아』 1966년 8월호.

홍이섭, 「일본통치기간의 성격은?」, 『신동아』 1966년 8월호.

강진철, 「한국사의 시대구분문제에 대하여」, 『역사학보』 31, 1966.

김용섭, 「일본·한국에 있어서의 한국사서술」, 『역사학보』 31, 1966.

김영호 「한국사정체성론의 극복의 방향 ── 시대구분과 자본주의맹아의 문제」, 『아세아』 1969년 3월호.

이기백, 「사대주의론의 문제점」, 『아세아』 1969년 3월호.

이용범, 「한국사의 타율성론 비판—— 소위 만선사관의 극복을 위하여」, 『아세아』 1969년 3월호.

홍이섭, 「식민지적 사관의 극복—— 민족의식의 확립과 관련하여」, 『아세아』 1969년 3월호.

이보형, 「역사학회가 걸어온 길」, 『이화사학연구』 4, 1969.

김용덕, 「1968년도 한국사학계 회고와 전망—— 국사, 총설」, 『역사학보』 44, 1969.

한국경제사학회 편, 『한국사시대구분론』, 을유문화사 1970.

김용섭, 「우리나라 근대역사학의 성립」, 『한국현대사』 6, 신구문화사 1970.

이우성, 「1969~70년도 한국사학계의 회고와 전망」, 『역사학보』 49, 1971.

이기백, 「일제시대 한국사관 비판—— 일제시대의 사회경제사학과 실증사학」, 『문학과지성』 1971년 봄호.

김용섭, 「우리나라 근대역사학의 발달—— 1930, 40년대의 민족사학」, 『문학과지성』 1971년 여름호.

김용섭, 「우리나라 근대역사학의 발달 2—— 1930, 40년대의 실증주의역사학」, 『문학과지성』 1972년 가을호.

이기백, 「신민족주의사관론」, 『문학과지성』 1972년 가을호.

이기백, 「신민족주의사관과 식민주의사관」, 『문학과지성』 1973년 가을호.

안병직, 「단재 신채호의 민족주의」, 『창작과비평』 1973년 가을호.

김철준, 「단재사학의 위치」, 『나라사랑』 3, 1973.

이기백, 「한국사의 보편성과 특수성」, 『이화사학연구』 6·7합집, 1973.

민현구, 「회고와 전망—— 국사, 고대」, 『역사학보』 60, 1973.

길현모, 「민족과 문화—— 문화방향의 倒錯」, 『월간중앙』 1974년 1월호.

양병우, 「'민족사관'의 재평가—— 참된 '민족사관'의 확립을 위해」, 『월간중앙』 1974년 2월호.

이기백, 「현대 한국사학의 방향」, 『문학과지성』 1974년 겨울호.

김철준, 「홍이섭사학의 성격」, 『나라사랑』 18, 1975.

강만길, 「광복 30년 국사학의 반성과 방향—— '민족사학'론을 중심으로」, 『역사학보』 68, 1975.

강만길, 「국사학의 현재성부재문제」, 『한국학보』 5, 1976.

좌담회 「역사학회 창립 당시를 회고하며」, 『역사학보』 75·76합집, 1977.

강만길, 「분단시대 사학의 성격」, 『분단시대의 역사인식』, 창작과비평사 1978.

이기백, 「한국사이해에서의 현재성문제」, 『문학과지성』 1978년 여름호.

김정배, 「신민족주의사관」, 『문학과지성』 1979년 봄호.

양병우, 「통일지향 민족주의사학의 허실——강만길교수의 '분단시대사학'극복론에 대하여」, 『문학과지성』 1980년 봄호.

이기백, 「역사학회의 어제와 오늘」, 『역사학보』 99·100합집, 1983.

김재원, 「광복에서 오늘까지」, 『진단학보』 57, 1984.

이만열, 「민중의식 사관화의 시론」, 『한국민중론』, 한국신학연구소 1984.

한국근대사연구회 편, 「총론: 한국근대역사학과 조선후기사연구」, 『한국중세사회 해체기의 제문제(상)』, 한울 1987.

김원룡, 「나의 한국고대문화연구 편력」, 『한국사 시민강좌』 1, 일조각 1987.

한국역사연구회, 「한국역사연구회 창립취지문」, 『한국역사연구회 회보』 1, 1988.

천관우, 「나의 한국사연구」, 『한국사 시민강좌』 2, 일조각 1988.

강진철, 「학창시절과 연구생활을 되돌아보며」, 『한국사 시민강좌』 3, 일조각 1988.

이만열, 「한국사연구대상의 변화」, 『한국근대학문의 성찰』, 중앙대 중앙문화연구원 1988.

이세영, 「현대한국사학의 동향과 과제」, 『80년대 한국인문사회과학의 현단계와 전망』, 역사비평사 1988.

이기백, 「학문적 고투의 연속」, 『한국사 시민강좌』 4, 일조각 1989.

김철준, 「연구생활의 일단면」, 『한국사 시민강좌』 5, 일조각 1989.

정창렬, 「한국에서의 민중사학의 성립, 전개과정」, 『한국민중론의 현단계』, 돌베개 1989.

이태진, 「민주화의 추구와 한국사인식문제」, 『조선유교사회사론』, 지식산업사 1989.

한국역사연구회, 「총론」, 『한국사강의』, 한울 1989.

이재룡, 「회고와 전망——한국사학계 1987~1989, 총설」, 『역사학보』 128, 1990.

이광린, 「나의 학문편력」, 『한국사 시민강좌』 6, 일조각 1990.

강만길, 「통일사관 수립을 위하여」, 『역사비평』 1991년 가을호.

김성보, 「'민중사학' 아직도 유효한가」, 『역사비평』 1991년 가을호.

이지원, 「신민족주의사관, 무엇을 계승할 것인가」, 『역사비평』 1991년 가을호.

윤무병, 「나의 한국고고학 연구」, 『한국사 시민강좌』 8, 일조각 1991.

조기준, 「경제사학에 뜻을 두고 40여년」, 『한국사 시민강좌』 9, 일조각 1991.

이기동, 「민중사학론」, 『현대한국사학과 사관』, 일조각 1991.

노태돈, 「해방후 민족주의사학론의 전개」, 『현대한국사학과 사관』, 일조각 1991.
한영우, 「통일지향사학의 과제」, 『우리역사와의 대화』, 을유문화사 1991.
「한국사연구회 창립 25주년기념 좌담회」, 『한국사연구』 79, 1992.
한국역사연구회, 「근현대역사학의 발전」, 『한국역사』, 역사비평사 1992.
국사편찬위원회 편, 『한국사연구휘보』에 실린 「회고와 전망」.

제 2 장

북한 역사학계의 동향과 역사인식의 특성

1. 머리말

분단 반세기의 현실이 유구한 민족사에 대한 반국(半國)적 인식을 불가
피하게 초래하였다면, 민족통일로 나아가는 길은 필연적으로 북한 역사학
에 대한 체계적 인식을 요구하고 있다.

여기서는 ① 지도사관, ② 연구조직 및 연구자, ③ 연구과업 및 연구성
과 등을 중심으로 북한 역사학계의 전반적 흐름을 시기별로 개관하고, 나
아가 ① 역사관의 문제와 ② 역사서술로 표현된 역사인식을 중심으로 북한
역사학의 전반적 특성을 검토하려 한다.

다만 지면의 한계로 이 글에서는 북한 역사학에 대한 체계적 정리를 주
로 하면서 약간의 논평을 추가하는 데 그칠 수밖에 없었음을 미리 밝혀둔
다.

2. 북한 역사학계의 시기별 동향

해방 후 북한 역사학계의 시기별 동향은 편의상 세 시기로 나누어 정리

할 수 있다. 북한의 정치·사상적 동향과 관련하여 시기별 역사학계의 동향을 지도사관, 연구조직, 기관지 및 연구업적 등을 중심으로 살펴보자.

(1) 기초 축성기: 1945년 해방~한국전쟁

이 시기 북한은 일반적으로 1947년 2월 북조선인민위원회 창설을 전후하여 반제·반봉건 민주주의혁명의 단계와 사회주의 이행기로 나눌 수 있지만, 크게는 인민민주주의혁명의 범주에 같이 포함되며 사상사적 맥락도 동일한 시기로 파악해도 별 무리가 없다. 이 시기는 북한 역사학계가 변증법적 유물론을 지도사관으로 받아들이면서 '조선력사편찬위원회'를 중심으로 북한 역사학의 기초를 다진 시기라 할 수 있다.

해방 전 북한에는 단 한 개의 대학도 없었고 다만 한 개의 지방 역사탁물관과 몇개의 작은 지방도서관이 있었을 뿐이어서, 해방 직후 북한 역사학계의 연구역량·연구시설·기초자료 등은 절대적으로 부족하였다.

해방이 되자 북한은 역사 연구와 학습의 중요성을 강조하였다. 1946년 3월 김일성은 '20개조 정강' 16~19항에서 의무교육제 및 교육기관의 확장, 민족문화 및 과학·기술의 발전, 과학·예술부분에 대한 지원 등을 강조하였다. 북한은 1946년 10월 김일성대학을 창설하고, 소련 유학생과 남한 학자들에 대한 '모셔가기 사업'으로 역사학계의 연구역량을 충당하였다. 또한 유물·유적의 발굴에도 관심을 보여 1947년 '조선고적보존위원회', 1948년 '조선물질문화유물조사보존위원회'를 내각 직속으로 설치하였다.

한국전쟁 이전 북한 역사학계의 활동은 조선력사편찬위원회를 중심으로 수행되었다. 북한은 1947년 '결정 제182호: 조선력사편찬위원회에 관한 결정서'를 채택하고, 이청원을 위원장으로 하는 25명의 조선력사편찬위원회를 구성하였다. 또한 1948년 10월 '내각 결정 제11호'로 조선력사편찬위원회의 확대·개편을 결정하여, 1949년 1월 조선력사편찬위원회는 백남운을 위원장으로 하여 산하에 원시사·고대사·봉건사·최근세사 등 4개 분과를 두게 되었다.

당시 조선력사편찬위원회의 편찬위원으로 선정된 인물을 보면, 최창익 등은 중국에서 들어온 연안파이고, 태성수·남일·김승화·기석복·박영빈 등은 소련에서 들어온 이들이며, 홍명희·백남운·이청원·김석형·박시형·김광진 등은 남한에서 올라간 사람들이었다. 즉 편찬위원들에는 김일성계열 이외에 다양한 계파와 성향의 인사들이 포괄되어 있었으며, 오히려 월북인사들이 주도하고 있었다.

편찬위원의 이러한 구성은 조선로동당과 비교되는 것이었다. 당시 조선로동당도 항일빨치산파·연안파·소련파·국내파 등 다양한 분파들로 구성되어 있었다. 분파들 사이에 사상적 차이와 대립은 있었으나, 그것은 반제 반봉건 민주주의혁명과 사회주의로의 이행이란 공동의 과업에 비하면 부차적인 차원이었다. 그러나 조선력사편찬위원회와는 달리 조선로동당은 김일성계가 주도하고 있었다.

이 시기 북한 역사학계의 동향은 1949년 초 내각수상 김일성이 새로 구성된 조선력사편찬위원회에 지시한 '6대 기본과업'을 통해 잘 알 수 있다. '6대 기본과업'은 ① 조선역사를 편찬하는 이론적 근거는 과학적 세계관에 근거할 것, ② 식민사학 및 부르조아사학의 잔재를 청산할 것, ③ 사회적 생산력의 생성·발전 및 전변관계(傳變關係)를 구명할 것, ④ 1949년 3월 말까지 최근세사, 12월 말까지 개괄적인 간이 통사(簡易通史)를 공간할 것, ⑤ 국내외 사료를 수집할 것, ⑥ 역사학계의 기관지로『력사제문제』를 출간할 것 등이었다.

'6대 기본과업'에서 알 수 있듯이 해방 직후 북한 역사학계의 지도적 사관은 '과학적 세계관' 즉 변증법적 유물론이었다. 당시 북한 역사학계에서는 식민사학 및 부르조아사학의 잔재를 청산하고 과학적 세계관으로 대체할 것을 공통적으로 주장하고 있었지만, 변증법적 유물론에 대한 이해는 극히 초보적인 수준이었다. 조선력사편찬위원회의 기관지인『력사제문제』에 수록된 북한 학자의 논문들은 대개 변증법적 유물론을 개설적으로 안내하는 수준이었고, 반면「외국사조」란을 통해 소련 학계의 상황과 논문을 주로 소개하였다.

당시 조선력사편찬위원회의 가장 중요한 목표는 최근세 민족해방운동사와 교육용 '간이 통사'를 정리하는 것이었다. 이는 북한이 역사교육을 정치사상사업의 중요한 부분으로 설정하고 있으며, 민족해방운동사를 시급히 정리하여 정권의 정통성을 마련하기 위한 것이라 볼 수 있다. 1949년 조선 력사편찬위원회는 최창익·이청원 주도 아래 『조선민족해방투쟁사』를 공간 하였다.

전반적으로 볼 때 이 시기 북한의 사상이론적 수준은 '소련을 향하여 배우라'라는 구호에서 알 수 있듯이 초보적이며, 모방적인 수준이었다. 소련 공산당 기관지 『볼셰비끄』에 비견되는 조선로동당의 『근로자』, 『소련공산 당력사』에 비견되는 『조선민족해방투쟁사』, 소련의 『력사제문제』에 비견되는 북한의 『력사제문제』 등이 그러한 수준을 상징적으로 보여주고 있다.

(2) 체계적 정립기: 한국전쟁~1960년대 후반

이 시기 북한은 일반적으로 한국전쟁(1950~53년)과, 전후 복구 및 사회 주의 기초 건설기(1953~61년), 사회주의의 전면적 건설기(1961년 이후)로 나눌 수 있는데, 정치·사상적으로 격동의 시기였다. 특히 1952년 조선로동 당의 '조직·사상적 강화사업'과 남로당 계열 숙청, 1955년 김일성의 '교조 주의·형식주의 퇴치'와 '사상에서의 주체 확립' 강조, 1956년 조선로동당 제3차 대회 이후의 이른바 '8월종파사건'과 '반종파투쟁' 등에서 알 수 있듯 이 1950년대에는 한국전쟁의 책임 규명과 전후 사회주의 건설의 방략을 두고 조선로동당 내에서 심각한 사상투쟁과 숙청사업이 진행되었다.

1950년대 전반 남로당계열의 숙청도 역사학계 특히 현대사 연구에 적지 않은 영향을 주었지만, 1956년 이른바 '8월종파사건'은 사회 전부분에 대한 광범위한 '반종파투쟁'과 '사상·이론적 논쟁'을 불러일으켰다. 1956년 조선 로동당 제3차 대회에서 1961년 제4차 대회까지 진행된 논쟁은 당의 지도이 념뿐만 아니라, 역사·경제·철학 등 학문적 방법론에 관해서도 광범위하게 진행되었다. 역사학 분야에서도 '조국의 평화적 통일 독립과 북반부에서 사회주의 건설 이론 논쟁' '민족부르조아지 논쟁' '인민정권과 인민민주주의 논쟁' '북한의 생산력과 생산관계 논쟁' '해방 전 조선의 사회경제구성 논쟁' '근·현대사 시기구분 논쟁' 등 실로 풍부한 논쟁이 전개되었다.

1950년대 후반 종파문제와 관련한 사상투쟁과 대논쟁은 학계의 중요한 논점들을 정리하였을 뿐만 아니라, 연구자의 세대교체를 가져왔다. 특히 역사학계는 한국전쟁 이전 지도적 위치에 있던 최창익·이청원 등에 대한 숙청으로, 기존의 '권위'가 뒤흔들리고 이른바 '대가' '이론가' 들이 물러서게 되었으며, 이들을 대신하여 북한정권 수립 후 성장한 '신세대'들이 광범위하게 등장하였다.

종파문제로 인한 조선로동당 및 역사학계의 사상투쟁과 숙청사업은 1958년 제1차 '당대표자대회'로 중간 정리되며, 1961년 조선로동당 제4차 대회에서 전반적으로 해결되었다. 따라서 제4차 대회에 이르면 조선로동당은 김일성계열로 확고하게 꾸려지게 되며, 당의 지도이념으로 맑스레닌주의의 일반적 원리에 덧붙여 북한사회의 주체적 기준으로 '항일무장투쟁의 혁명전통'이 결합하였다.

북한의 역사학계도 사상투쟁과 이론적 논쟁이 지속적으로 전개되면서 '주체적 맑스레닌주의'로 지도사관을 정립하는 한편, '조선력사연구소'와 '당력사연구실'로 연구조직을 체계적으로 정비하였다.

조선력사연구소는 독자적으로 결성되었다가, 조선과학원 산하로 편입되고, 다시 사회과학원 산하로 이전되는 세 단계의 발전을 하였다. 즉 북한은 1952년 3월 '내각 결정 제57호'에 의해 력사편찬위원회를 발전적으로 해체하고 조선력사연구소를 조직하였다. 그러나 1952년 4월에 열린 '과학자·기술자대회'에서 행정기관과 연구소, 연구소와 연구소 간의 긴밀한 협조 없이 개별적인 연구가 이루어지고 있다는 김일성의 지적에 의해 그해 10월 '내각 결정 제183호'로 '조선과학원'(원장 백남운)이 설립되었으며, 조선력사연구소는 조선과학원 산하 '력사연구소'(소장 김석형)로 편입되었다. 그후 1963년 김일성은 과학원 내 사회과학 부문의 연구소를 분리할 필요성을 제기하였으며, 이에 따라 1964년 2월 '내각 결정 제11호'에 의해 '조선사회과학원'(원장 허석선, 부원장 홍기문)이 조직되었다. 조선사회과학원은 력사연구소, 고고학·민속학연구소, 고전연구소, 경제연구소, 법학연구소, 언어학연구소, 문학연구소, 주체사상연구소 등 9개 연구소로 구성되었으며, 력사연구소는 고대사·중세사·근대사·현대사·김일성혁명력사 연구실 등 6개 연구실로 확대 개편되었다.

　한편 1954년 7월 당 중앙위원회 상무위원회의 결정에 따라 북한은 '당력 사'를 일반역사에서 따로 분리하여 고급학교에 가르치기 시작하였으며, 1956년 12월 당역사 연구의 활성화를 위해 당 중앙위원회 직속으로 '당력 사연구소'를 설치하였다. 또한 1957년 4월 13일 당 중앙위원회 조사위원회 는 '당력사 연구와 관련된 일체의 자료들을 당력사연구소에 집중시킬 데 대한 결정'을 채택하고, 당역사 연구와 자료 수집을 '전당적·전인민적'으 로 지원하였다.

　이 시기 북한 역사학계의 목표는 '과학발전 10개년 전망 계획'에 잘 나타 나 있다. 이 계획은 1956년 4월 조선로동당 제3차 대회의 '교시'에 따라 1957년 검토하기 시작하여, 1958년 제1차 조선로동당 대표자대회 및 그후 당 중앙위원회와 역사가들의 연석회의를 통해서 1959년에 완성되었다. 이 에 의하면 북한 역사학계가 '화력을 집중해야 할 4대 연구 분야'는 ① 조국 의 평화적 통일과 사회주의 건설, ② 조선인민의 혁명전통 및 애국전통, ③ 우리나라 사회발전의 합법칙성, ④ 민족문화 등으로 정리되었다.

　연구의 조직적 기반을 확대하고 사상·이론적 논쟁이 만개하는 가운데, 이 시기 북한 역사학계의 연구활동은 상당히 활발하였다. 과학원 력사연구 소에서 1955년부터 기관지 『력사과학』을 간행하면서 많은 논문들이 발표되 었고, 연구업적이 단행본으로 다수 출간되었으며, 『리조실록』 등 고전의 복각(復刻)·번역사업이 추진되었다.

　당시 대부분의 논쟁과 연구성과는 위의 '4대 연구분야'에 집중되어 있는 데, 그중에서도 특히 주체 확립과 관련된 '혁명전통' 연구가 가장 활발하였 다. 혁명전통 연구로는 1949년 최창익·이청원·허갑 등이 주도한 『조선민 족해방투쟁사』가 '종파주의' '수정주의'라 비판되면서, 1958년 이에 대한 대 체물로 이나영의 『조선민족해방투쟁사』가 간행되었다. 그러나 이나영의 저 작도 '반종파투쟁'에서 몇가지 '좌경적 오류'를 범하였다고 지적하면서, 북 한은 새로운 민족해방투쟁사 정리를 준비하여 1961년 『조선근대혁명운동 사』를 간행하였다. 즉 『조선근대혁명운동사』는 조선로동당 제4차 대회를 기념하며 이른바 '반종파투쟁'을 결산하는 저작이었다. 북한은 이러한 민족해방운동사에 대한 정리를 기반으로 하여 1962년 『조선통사』를 개정하여, 우리나라 역사를 전반적으로 다시 체계화하였다.

이 시기 단행본의 연구성과로는 1950년대 말에도 없지 않지만(『조선 봉건시대 농민의 계급구성』『조선에 있어서 부르조아 민족 형성에 관한 토론집』『삼국시대 사회구성에 관한 토론집』 등), 사상투쟁과 이론투쟁이 일단락되는 조선로동당 제4차 대회 이후 1960년대 전반기에 본격적으로 출간되었다. 주요한 저작으로는 우선 원시 및 고대사 분야에서 도유호의 『조선원시고고학』, 력사연구소의 『고조선문제에 관한 토론집』, 이지린의 『고조선사 연구』, 주영헌의 『고구려 벽화무덤의 편년에 관한 연구』, 김석형의 『초기 조·일관계 연구』 등이 있다. 중세사에서 계급투쟁에 관한 것으로는 김석형 등의 『봉건지배계급에 반대한 농민들의 투쟁』 고려편과 이조편이 있고, 대외항쟁에 관한 것으로는 김재홍의 『원침략에 반대하는 고려 인민의 투쟁』, 최길성의 『임진조국전쟁시기 우리 수군의 투쟁』 등이 있다. 이 시기에는 또한 봉건말기 우리나라 역사의 내재적 발전을 확인하려는 연구가 부각되는데, 철학연구소의 『다산 정약용선생 탄생 200주년 기념 론문집』, 력사연구소의 『우리나라 봉건말기의 경제형편』『김옥균론』, 허종호의 『조선 봉건말기 소작제 연구』 등이 주목된다. 일제시대에 관한 연구로 김인걸의 『1920년대 맑스-레닌주의의 보급과 로동운동의 발전』, 김인걸·강형욱의 『일제하 조선로동운동사』, 김을천의 『항일무장투쟁시기 장백산근거지』 등이 있다.

(3) 주체사관의 전면화: 1960년대 후반~현재

북한은 스스로 이 시기를 '사회주의의 전면적 건설과 완전승리를 위한 시기'로 규정하고 주체사상을 일관되게 강화하였다. 1960년대 중반 이후 북한은 이른바 '미국의 공세전략'에 맞서 경제건설과 국방건설을 병행하는 '병진노선(竝進路線)'을 채택하는 한편, '사상·문화적 공세'에 대응하여 이른바 '혁명적 조치'로 당내 갑산파(甲山派)를 수정주의자로 숙청하고 '온 당의 주체사상화'를 강령으로 선포하였다. 이리하여 1960년대 후반부터 1970년 조선로동당 제5차 대회 전후까지 북한에서는 주체사상이 맑스레닌주의 이해를 위한 '방법론적 지침'의 수준을 넘어, 사상으로서 맑스레닌주의와 나란히 주창되기에 이르는 것이다.

1970년대 중반 이후 북한은 김정일 주도로 주체사상의 전면화 작업을 더욱 강화하였다. 1974년 김정일은 '온 당의 주체사상화'를 넘어서 '온 사회의 주체사상화'를 조선로동당의 최고강령으로 선포하였으며, 1980년 조선로동당 제6차 대회는 이를 전당적으로 확인하였다. 이어 1982년 김일성의 70회 생일을 전후하여, 김정일의 주도로 주체사상은 철학적 원리까지 포괄하면서 전면적으로 체계화되었다(김정일, 1982). 북한에서 주체사상은 이제 맑스레닌주의를 적용하기 위한 지침으로서가 아니라 맑스레닌주의를 포괄하는, 더 상위의 철학적·사회역사적 원리로 체계화되었고, 드디어 '유일사상'으로 자리잡게 되었다.

1972년 '조선사회과학자대회'는 역사연구를 포함한 사회과학의 모든 분야에서 주체사상에 기초를 두고 연구할 것을 공개적으로 주장하였다. 여기서 양형섭은 역사학 분야의 네 가지 과업으로, "① 우리 력사에 대한 주체적 립장에서의 연구 심화, ② 미제와 일제의 침략적 죄행을 력사적으로 폭로 단죄함으로써 인민들을 반제혁명사상으로 무장시킬 것, ③ 독창적인 당 및 국가 건설리론을 더욱 깊이있게 해석·연구할 것, ④ 당의 령도를 강화하고 사회주의국가의 기능과 역할을 높이기 위한 투쟁에서 당과 인민이 이룩한 경험을 리론적으로 일반화하는 것" 등을 제시했다.

따라서 1970년대 일반 역사학자들의 과제는 주로 ①과 ②에 집중되었고, 당역사 관계자들은 ④에 집중되었다. 먼저 우리 역사의 주체성에 관한 연구(①)로는 주로 민족적 독자성에 관한 것, 고조선·고구려·발해에 관한 연구, 봉건말기의 자본주의적 관계에 관한 연구 등이 중심이었다. 예컨대 고고학연구소의 『조선사람 기원에 관한 인류학적 연구』 『고조선문제 연구론문집』 『고구려문화』, 이지린·강인숙의 『고구려사회연구』, 주영헌의 『발해문화』, 정성철의 『실학파의 철학사상과 사회정치사적 견해』, 전석담·허종호·홍희유의 『조선에 있어서 자본주의적 관계의 발생』, 김광진·정영술·손전후의 『조선에서 자본주의적 관계의 발전』 등이 대표적이다. 한편 미·일 제국주의에 관한 연구(②)로는 『미·일 제국주의의 문화적 침투와

죄악상』『미제의 아시아 침략사』『일제의 조선침략사』『일본 군국주의의
조선침략사 : 1868～1910년』『일본제국주의하의 조선』 등이 있고, 그외 당
의 지도에 관한 연구(④)로는 당력사연구소의 『조선로동당략사』가 대표적
이다. 력사연구소는 또한 이 시기에 북한 역사학계의 역량을 총동원하여
『력사사전』 1·2를 간행하였다.

1980년대에 들어와 북한 역사학계는 사회과학원의 '력사연구소', 조선로
동당의 '당력사연구소', 각 대학의 연구소 및 역사학과 등 지금까지 정비된
연구기관과 이에 속한 신·구세대의 연구역량을 총동원하여, 그간의 연구
성과를 주체사관에 의거하여 전면적으로 다시 정리하는 작업을 대대적으로
전개하였다. 『조선로동당략사』『항일무장투쟁사』(10권) 『조국해방전쟁사』
『조선전사』(33권) 『조선 근대 및 현대 경제사』『조국광복회운동사』『현대
조선력사』『근대조선력사』『조선통사』(2권) 등이 그 대표적인 성과물이다.

3. 역사관과 역사인식의 특성

(1) 변증법적 유물사관과 주체사관

일반적으로 역사관을 구성하는 요소는 ① 역사발전의 법칙과 동력을 어
떻게 파악하는가라는 역사의 본질에 대한 규정과, ② 후세의 역사가들이
과거의 역사적 현상과 사물을 평가·분석하는 기준 등 두 가지로 정리할
수 있다. 여기서는 이러한 두 가지 문제를 중심으로 하여, 해방 이후 북한
역사학계를 주도한 사관인 변증법적 유물사관과 주체사관을 비교·검토하
고자 한다.

① 역사의 본질 규정
주지하다시피 변증법적 유물사관의 기본교리는 ① 인류역사는 사회적 생
산(생산력)의 발전에 의한 사회제도(생산관계)의 합법칙적 교체과정이고,
② 인민대중이 역사의 창조자이며, ③ 계급사회 이후 역사발전의 가장 중

요한 동력은 계급투쟁이라고 규정하였다. 변증법적 유물사관은 역사에 대한 유물론적 본질과 생산력과 생산관계의 변증법적 관계를 밝힘으로써, 스스로 역사에 대한 기존의 온갖 관념론과 주관주의, 신비주의와 영웅주의 사관를 퇴치한 것으로 평가하였다.

주체사관 또한 변증법적 유물사관을 기존의 어떠한 역사관보다 우월하다고 평가하고 있다. 그러나 주체사관은 변증법적 유물사관을 완성품으로 보는 것이 아니라, '선행한 노동계급의 역사관'으로 그 선진적 의의를 일정한 수준에서 인정할 따름이며, 그 한계를 강조하였다. 주체사관에 의하면 변증법적 유물사관은 '인민대중을 역사의 창조자'라고 규정했음에도 불구하고, 바로 '역사발전의 추동력 문제'를 전면적으로 해명하지 못한 데서 '결정적 한계'를 지니고 있다고 한다. 주체사관은 그러한 비판의 근거가 되는 역사적 경험으로 생산력이 발전된 수준에서도 생산관계의 변혁이 일어나지 않거나, 생산력의 수준이 낮은 단계에서 생산관계의 변혁이 일어난 경우를 제시하였다. 주체사관은 '생산력의 발전에 의한 생산관계의 변화·교체'라는 변증법적 유물사관의 교리를 인정하면서도, 그러한 '객체의 운동법칙'을 규제하는 더 상위의 '보편적 법칙'으로 '주체의 합법칙성'이 존재한다고 주장한다(『주체사상총서』 1·2, 1985). 즉 변증법적 유물론에서 '물질과 의식의 문제'가 어느정도 규명되었다는 전제에서, 주체사관은 '주체와 객체의 문제'에 더 주목하게 되는 것이다. (『철학의 정립』 1·2, 1989·1991)

따라서 주체사관의 모든 논의는 '인민대중이 사회력사의 주체'라는 주체의 력사적 위치 규정에서 출발한다. 이러한 규정을 기반으로 주체사관은 '인류역사는 인민대중의 자주성을 위한 투쟁의 역사'라고 정의하였다. 주체사관은 '자주성을 위한 투쟁'의 역사적 내용으로, 계급적 착취와 민족적 억압을 벗어나기 위한 투쟁, 사상·기술·문화 분야에서 낡은 사회유물을 청산하는 투쟁을 제시하였다.

주체사관은 인류역사를 '투쟁의 력사'라고 보는 동시에 '인민대중의 창조의 력사'라 규정하고 있다. 투쟁의 역사가 주로 인민대중이 온갖 사회적인 예속으로부터 벗어나 사회적 존재로서 인간의 자주성을 되찾기 위한 계급적·민족적 투쟁의 역사라면, 창조의 역사란 인민대중이 자연의 구속에서 벗어나 자연을 인간의 이해와 목적에 맞게 개조하고 지배하기 위한 '창조적 노동의 역사' '물질적·정신적 재부(財富)의 창조사'를 의미한다. (허종호, 1981)

주체사관이 표방하는 역사의 본질에 대한 교리는 다음과 같이 정리할 수 있다. ① 인민대중은 사회역사의 주체이다. ② 인류역사는 인민대중의 자주성을 위한 투쟁의 역사이다. ③ 사회역사운동은 인민대중의 창조적 운동이다. ④ 혁명투쟁에서 결정적인 역할을 하는 것은 인민대중의 자주적 사상의식이다. (『주체의 사회력사원리』)

② 역사 평가의 기준

변증법적 유물사관에서, 후세의 역사가들이 과거의 역사적 현상과 사물을 평가하는 데 필요한 고전적 기준으로 내세우는 것은 이른바 '노동계급·당성의 원칙'과 '역사주의의 원칙', 두 가지의 결합이다. 주체사관 또한 두 원칙의 중요성을 인정하고 있다.

'노동계급·당성의 원칙'이란 교리는 역사적 사건과 현상 및 민족적 전통과 문화유산을 '인민·노동계급·당의 입장에서 분석·평가한다는 것'을 의미한다. 반면 '역사주의의 원칙'이란 역사적 사실을 당시의 구체적 조건 아래에서 과장하거나 축소하지 않고, 그 발생·발전하는 모습을 온당하게 연구하는 입장을 말한다. '노동계급·당성의 원칙'이 현재로 나아가는 기준이라면, '역사주의 원칙'은 과거에서 발전하는 바에 관한 기준인 셈이다.

변증법적 유물사관은 일견 모순되어 보이는 두 가지 기준의 결합을 매우 강조하며, 어느 하나라도 잘못되거나 누락되면 심각한 오류에 빠진다고 주장하였다. 북한에서도 당성의 원칙을 방기할 때는 흔히 우경적인 '수정주의'나 '복고주의'로, 역사주의의 원칙을 방기할 때는 좌경적인 '교조주의'나 '민족허무주의'로 빠진다고 비판하였다. 북한의 이러한 주장은 해방 이후부터 지금까지 줄곧 계속되는 것이지만, 특히 1950년대 후반~1960년대 주체확립을 강조하면서 역사연구의 여러가지 편향을 지적하던 시기에 본격적으로 나타났다. 당시 북한은 좌경적 민족허무주의자의 대표로 소련파의 박창옥, 우경적 복고주의자의 대표로 연안파의 김두봉을 지목하였다. (김재홍,

1965)

당시 북한 역사학계에서 '노동계급·당성의 원칙'과 '역사주의 원칙'의 결합을 통한 주체확립은 ① 역사에서 인민대중의 투쟁과 혁명전통 정리, ② 진보적 민족문화유산에 대한 수집과 보존, ③ 진보적·애국적인 영웅에 대한 정당한 평가 등의 문제와 연결되었다. 북한은 먼저 투쟁사와 혁명전통의 역사적 주체를 정리하기 위하여, 고대·중세의 농민봉기와 대외항쟁, 19세기 후반 삼남지역의 농민봉기, 1894년 갑오농민전쟁, 20세기 초 반일의병투쟁, 3·1운동 이전 부르조아 민족운동과 근대화운동, 1920년대 이후 사회주의와 노동자계급의 민족해방투쟁, 1930년대 항일 빨치산투쟁 등 계급투쟁과 민족항쟁의 역사적 흐름을 강조하였다.

다음 북한 역사학은 우리나라의 대표적 문화유산으로 원시시대의 고고학적 유물, 고조선의 야금기술, 삼국시대의 천문학·의학·건축·회화·조형예술, 고려시대의 자기·금속활자·팔만대장경, 조선시대의 한글·측우기·거북선 등의 과학기술과, 법률·철학·어학·문학·미술·음악·무용·동의학(東醫學) 등 민족문화의 발전, 조선후기 춘향전·심청전 등의 문학작품을 열거하였다. 또한 북한은 고구려 대당투쟁의 을지문덕, 고려 대여진투쟁의 강감찬, 조선시기 임진왜란의 이순신 등 '애국적 명장'과 16세기 후반 동의학의 새로운 경지를 개척한 허준, 대동법과 금속화폐에 공헌이 있는 김육, 홍대용·박지원·정약용 등 '선진적 실학자', 신채호·박은식 등 '애국적 정치문화활동가'들을 정당하게 평가해야 한다고 주장하였다.

북한 역사학은 혁명전통·문화유산·영웅에 대한 평가에서 우선 '역사주의 원칙'을 방기하고 '노동계급·당성의 원칙'을 교조적으로 적용하여, 노동계급이 나타나기 이전의 모든 것을 무시·부정하는 것을 '좌경적 민족허무주의' 또는 '교조적 사대주의'라고 맹렬하게 비판하고, 당시의 역사적 제한성과 현실성을 기초로 하여 진보성과 민족적 의미를 합당하게 평가하여야 한다고 강조하였다. (김석형, 「력사연구에서 당성의 원칙과 력사주의의 원칙을 관철할 데 대하여」, 1966)

당시 북한의 문제의식은 우리 역사에 대한 정당한 평가를 주장하면서 민족허무주의를 비판하는 데 주로 기울어져 있었지만, 아울러 '노동계급·당성의 원칙'을 떠나 우리 것이라는 이유로 과거의 것을 일방적으로 찬미하는 경향에 대해서도 '우경적 복고주의'로 비판하였다.

북한 역사학은 그러한 예로서 앞서 언급한 인물의 '탁월한 활동'을 그 제한성마저 무시해버리고 완전히 '인민적인 인물'로 묘사하거나, 팔만대장경 등의 문화유산에 대해 '당대의 슬기로운 지혜와 진보성을 적절하게 분간하여 계승하지 못하고 낙후성과 반동성까지 찬양하는 것' 등을 지적하였다. 그리고 복고주의에 빠지면 '과거의 애국명장'들과 '현재의 영웅'을 동일시하고, '양반 영웅주의'와 '출세주의'를 비롯하여 계급사회가 지니고 있는 온갖 불건전한 문화와 사상을 재생시킨다고 비판하였다. 또한 전통문화의 비판적 계승을 주장하면서 서민적 문화인 판소리도 그대로가 아니라 '탁성'을 제거하여 우리 창의 아름다움을 발전시켜야 한다고 했으며, 수묵화가 조선화의 전통이라는 견해를 철회시키고 채색화의 전통을 강조하였다.

당성과 역사주의 원칙의 결합, 이와 더불어 복고주의와 민족허무주의에 대한 비판은 북한 역사학계의 일관된 주장이었으며, 북한에서 주체 확립과 깊은 관련이 있다. 따라서 주체사관에서도 당성과 역사주의 원칙의 결합, 복고주의와 민족허무주의 비판은 여전히 유효하다. 그러나 주체사관에서는 주체의 문제가 당성과 역사주의 원칙의 정당한 결합을 통해 얻을 수 있는 결과물이 아니라, 오히려 당성과 역사주의 원칙을 보장하는 좀더 상위의 기준이 된다. 주체사관은 이것을 이른바 '주체성의 원칙'이라 표방하였다.

북한이 스스로 표방하는 '주체성의 원칙'이란 "매개 나라에서 혁명의 주체는 그 나라 대중이며 자기 나라의 혁명을 위해서 모든 것을 복종시켜야 한다"는 주체사상에서 비롯된 것으로, "역사연구에서 자기 나라 혁명을 중심에 놓는다"는 것으로 요약된다(허종호, 1981). 여기서 북한의 주체사관은 '프롤레타리아 국제주의'와 '사회애국주의'의 결합을 여전히 주장하지만, 실질적인 내용은 '나라와 민족'을 기본으로 하는 것이라 할 수 있다.

이처럼 북한의 주체사관은 변증법적 유물사관을 비판적으로 계승하면서도 일련의 특성을 지니고 있으며, 이것은 주로 민족적 문제에서 기인하는 것으로 보인다. 이러한 특성이 지나치게 강화될 경우 북한 역사학은 독특한 배타성을 지니게 될 것이다.

(2) 역사인식의 특성

북한의 연구성과 중에서 주체사관에 의해 우리나라 역사를 체계화하고 있는 것으로는 『조선전사』 33권이 대표적이다. 북한의 주장에 의하면 『조선전사』는 주체사관에 의거하여 이른바 계급투쟁·반침략투쟁·자연개조투쟁·인간개조투쟁 등을 중심으로 하여 우리 역사를 체계화하였다고 한다. (『력사과학』 1981년 제1호; 『력사과학』 1982년 제4호)

우선 『조선전사』의 전반적 체계를 파악하기 위하여 시기구분을 간단하게 정리하면 아래와 같다. (송호정, 1989; 도진순, 「북한 역사학계의 근·현대사 시기 구분 논쟁과 그 변화」, 1989)

① 원시시대: 기원전 60만~40만 년부터 기원전 10세기까지
② 고대사회: 기원전 10세기부터 기원후 1세기까지
③ 중세사회: 기원후 1~2세기부터 1860년대까지
④ 근대사회: 1860년대부터 1926년까지
⑤ 현대사회: 1926년부터 현재까지

이러한 시대구분 및 우리 역사의 체계화와 관련하여 『조선전사』에 나타난 역사인식의 몇가지 특성을 지적하면 다음과 같다. (안병우·도진순, 1990)

① 기원전 60만~40만 년 인류가 처음 발생했을 때부터 우리의 역사가 시작되었다고 보며, 원시시대사를 기원전 60만~40만 년부터 기원전 5000년까지 구석기시대, 기원전 5000년에서 기원전 2000년까지 신석기시대, 기원전 2000년부터 기원전 1000년까지 청동기시대로 규정하고 있다. 아울러 우리 민족의 기원문제를 '원인(猿人) ― 고인(古人) ― 신인(新人)'의 단계로 계통화하여, 우리 민족의 선조를 신인 단계의 '승리산 사람'에서 구하고 있다.

② 북한은 기원전 10세기 이후 고조선·부여·진국이 출현하였다고 주장하고 있으며, 이를 노예소유제적 사회인 고대국가로 규정하고 있다. 기원

전 1세기에서 기원후 2세기에 걸쳐 고구려·백제·신라가 수립되었으며, 이 세 나라가 우리 역사에서 중세적 봉건국가의 시발이라고 규정하고 있다.

이러한 고대사회 및 중세로의 이행에 관한 학설은 오랜 논쟁과 토론을 통해, 고대사회의 존재를 부인하는 견해, 봉건사회 성립에서 중국의 영향을 강조하는 '외인론', 원시사회에서 봉건사회로 곧바로 이행하였다는 '비약설' 등을 비판하면서 성립되었다.

북한 역사학의 고대국가 및 봉건국가 이해에서 또하나의 특성은 고조선과 고구려를 중심으로 계통화하고 있다는 사실이다. 이러한 인식은 남한 학계의 고대사 인식과는 많은 차이가 있다.

③ 북한은 봉건사회를 남한 학계에 비해 비교적 긴 시기로 설정하고 있으며, 계속된 농민들의 계급투쟁을 기축으로 하여 이해하고 있다. 또한 봉건말기에 봉건사회의 태내에서 자본주의적 관계가 일정하게 발생·발전하게 되었다고 보는 점은 1960년대 이후 남한의 연구성과와 비슷한 일면이 있다.

그러나 방법론적으로 철저하게 변증법적 유물사관 또는 주체사관에 입각한다는 점과, 자본주의 발생·발전의 '고전적 코스'인 '밑으로부터의 근대화'와는 다른 '위로부터의 근대화'를 우리나라 근대의 주류적인 경향으로 주장하는 데서 남한의 연구성과와 일정한 차이가 있다.

④ 북한은 근대를 1860년대 이후로 보며, 그 내용은 '반침략 반봉건의 부르조아 민족운동의 시기'로 본다. 또 우리나라 근대사에서 부르조아 민족운동의 발생·발전·종말의 과정을 '1870년대 개화파의 형성 — 1884년 갑신정변 — 1894년 갑오개혁 — 1900년대 애국문화운동 — 1919년 3·1운동'으로 계통화하고 있다. 이는 우리나라의 부르조아 민족운동을 '위로부터의 개혁적 코스' 중심으로 체계화한 것으로, 자본주의 발생 문제와 아울러 남한 학계와는 일정한 차이가 있다. 또한 당시 '밑으로부터의 운동'인 농민봉기·농민전쟁을 자본주의적·근대적 징표 그 자체가 아니라, 근대화를 '추동하는 동력'으로 파악하고 있다는 점도 남한 학계와 미묘하지만 중요한 차이이다.

⑤ 북한의 현대사는 '수령·당·인민의 3위일체 원칙'에 의하여 체계화되고 있는 점에서 주체사관의 뚜렷한 특징이 가장 잘 나타나고 있다. 북한 역사학은 이렇게 함으로써 식민지반봉건사회의 항일무장투쟁사, 북한의 인민민주주의 발전단계와 그후의 사회주의 건설사, 남한의 식민지반봉건·식민지반자본주의 사회 등 시기와 지역에 따라 상이한 객관적인 조건들을 주체의 입장에서 전면적으로 체계화하였다고 주장하고 있다. 이러한 '수령 중심의 현대사관'은 남한 학계의 현대사 이해와는 현격한 차이가 있다.

4. 맺음말

북한 역사학계의 초기 지도이념은 변증법적 유물론이었으나, 현재는 주체사상으로 일색화되었다. 북한은 주체사관이 변증법적 유물사관의 계승일 뿐만 아니라, 그 한계점까지 보완하여 사람 중심의 관점에서 역사를 전면적으로 다시 체계화하였다고 자부하고 있다. 또한 우리나라 역사가 기원전 60만~40만 년부터 시작한 것으로 보는 것, 우리의 조상을 구석기인에서 구하는 것, 고조선부터 고대 노예제사회로 보는 것, 삼국부터 중세사회로 보며 고구려 중심으로 이해하는 것, 근대화운동이 위로부터 시발되었다고 보면서 그 제한성을 강조하는 것, 1926년 김일성의 '타도제국주의동맹'부터 현대라고 보며 '수령·당·인민 3위일체'에 의해 파악하는 것 등이 남한의 역사인식과 구별되는 주요 특성들이다.

북한의 주체사관과 역사인식에 대해서는 현재 여러가지 논평이 있다. 어떤 사람은 주체사관을 변증법적 유물사관의 특정 부분에 대한 강조와 재정리의 수준에 머무는 것이라 하고, 어떤 사람은 주체사관은 변증법적 유물사관과 정면으로 배치되는 관념론에 지나지 않는다고 주장하고 있다(『철학의 정립』 1·2, 1989·1991). 앞서 살펴본 바와 같이 주체사관은 변증법적 유물론을 받아들이면서도, 이와 구별되는 일련의 특징을 지니고 있어, 어느 한 측면을 과도하게 주장할 경우 전혀 상반된 비판이 나타날 수 있다.

대체로 주체사관이 북한 자체의 현실적·사상적 필요성을 뛰어넘어 역사이론으로 일반화·과학화되는 데에는 여러가지 한계와 문제점이 있다고 지적되고 있다. 이러한 점이 적절하게 보완되지 않으면 주체사관이 강조하는 '사람' '인민대중' '나라와 민족' 등은 변증법적 유물론에 대한 비판적 강조이거나 북한의 현실을 경험적으로 반영하는 것에 지나지 않을 수 있다.

그런데 우리는 북한의 주체사관에서 변증법적 유물론의 한계라고 주장하는 부분은 주로 제3세계·식민지·민족문제 등에서 비롯된 것임을 주목할 필요가 있다. 이것은 북한 및 한반도의 정세가 동서간의 체제모순만이 아닌 민족모순을 강하게 띠고 있는 정황을 일정하게 반영한 것이며, 북한의 사상 및 사관이 소련 및 동구와 같이 '사회주의권의 역사인식'으로 일괄 처리될 수 없는, 일련의 민족적 또는 제3세계적 특징을 지니고 있기 때문이라고 할 수 있다.

남북한 역사인식의 전반적인 차이는 결코 사소한 것은 아니다. 여기서 남북 역사학계의 엄연한 차이를 무시하는 것도 잘못된 것이지만, 더욱 문제가 되는 이러한 차이를 영구적인 분리나 적대의 관계로 해석하는 경우이다. 우리는 엄연한 현실의 차이에 주목하면서도, 이를 통일의 관점에서 극복의 출발점으로 삼아야 할 것이다. 〔都珍淳〕

□ 참고문헌

(1) 남한측 연구

논 문
이광린, 「북한의 역사학」, 『동아연구』 16집, 서강대 동아연구소 1988.

도진순, 「북한학계의 민족부르조아지와 민족개량주의 논쟁」, 『역사비평』 1988년 가을호.

조동걸·노태돈·안병욱·도진순·한홍구, 「좌담: 북한에서는 우리 역사를 어떻게 보는가」, 『역사비평』 1988년 겨울호.

한홍구, 「북한관련 문헌해제」, 『오늘의 북한』, 『월간중앙』 1989년 1월호 별책.

도진순, 「북한 역사학계의 근·현대사 시기구분 논쟁과 그 변화」, 『역사와 현실』

1989년 창간호.

송호정, 「북한에서의 고·중세사 시기구분」, 『역사와 현실』 1989년 창간호.

정창현, 「북한사학계의 한국현대사 연구」, 『역사와 현실』 1989년 창간호.

도진순, 「북한의 종파문제와 1920년대 민족해방투쟁에 대한 인식」, 『역사비평』 1989년 가을호.

임영태, 「북으로 간 맑스주의 역사학자와 사회경제학자들」, 『역사비평』 1989년 가을호.

최영묵, 「북한의 역사연구기관·연구지 및 연구자 양성과정」, 『역사와 현실』 1990년 3호.

한영우, 「분단시대 북한의 역사학」, 『우리 역사와의 대화』, 을유문화사 1991.

단행본

극동문제연구소, 『북한전서』, 1980.

북한연구소, 『북한총람』, 1983.

국토통일원, 『장서목록: 특수자료편』, 1986.

김정배·노태돈 외, 『북한이 보는 우리 역사』, 을유문화사 1989.

편집부 엮음, 『철학의 정립』 1·2, 대동 1989·1991.

안병우·도진순 편, 『북한의 한국사 인식』 1·2, 한길사 1990.

(2) 북한측 자료

논문

허갑, 「당 투쟁사 연구대상과 그의 심오한 연구를 위한 몇가지 문제」, 『근로자』 1957년 제5호.

서적해제 및 평론: 「잡지 력사과학의 질을 더욱 높이자」, 『근로자』 1960년 제2호.

김창만, 「조선로동당 력사연구에서 제기되는 몇가지 문제」, 『력사과학』 1960년 제1호.

권두언: 「8·15해방 후 조선 력사학계가 걸어온 길」, 『력사과학』 1960년 제4호.

권두언: 「우리 력사를 조선 인민의 립장에서, 로동계급의 립장에서 연구 분석하자」, 『력사과학』 1961년 제1호.

김창만, 「조선로동당 제3차 대회 이후 우리 력사학계가 거둔 성과」, 『력사과학』 1961년 제5호.

김석형, 「해방후 조선 력사학의 발전」, 『력사과학』 1962년 제2호.

권두언: 「맑스-레닌주의의 기치를 높이 들고 력사과학의 당성의 원칙을 고수하자」, 『력사과학』 1962년 제3호.

김석형·김희일·손영종, 「'전세계사'(쏘련 과학원 편) 조선관계 서술의 엄중한 착오에 대하여」, 『력사과학』 1963년 제5호; 『근로자』 1963년 제8호.

김재홍, 「민족문화유산을 계승 발전시킬 데 대한 우리 당의 방침과 그 생활력」, 『력사과학』 1965년 제5호.

김석형, 「력사연구에서 당성의 원칙과 력사주의의 원칙을 관철할 데 대하여」, 『력사과학』 1966년 제6호.

서평: 「조선인민의 자주성을 위한 투쟁의 력사총서 '조선전사'」, 『력사과학』 1981년 제1호.

허종호, 「주체의 력사관 연구의 몇가지 문제」, 『력사과학』 1981년 제4호.

서평: 「주체사상의 기치 밑에 승리해온 우리 인민의 자랑찬 투쟁과 창조의 력사총서 —— 조선전사 16~23권의 출판에 즈음하여」, 『력사과학』 1982년 제4호.

전영률, 「위대한 수령 김일성동지와 친애하는 김정일동지의 현명한 령도 밑에 력사과학이 걸어온 자랑찬 40년」, 『력사과학』 1988년 제3호.

단행본

조선사편찬위원회 편, 『조선민족해방투쟁사』, 1949.

과학원 력사연구소, 『조선통사』 1·2권, 1판: 조선로동당출판사 1956(상)·1958(하); 2판: 사회과학출판사 1962; 3판: 과학백과사전출판사 1977; 4판: 과학백과사전출판사 1987.

김석형, 『조선 봉건시대 농민의 계급구성』, 1957.

과학원 력사연구소, 『조선에 있어서 부르조아 민족 형성에 관한 토론집』, 1957.

과학원 력사연구소, 『삼국시대 사회구성에 관한 토론집』, 1958.

김석형 등, 『봉건지배계급에 반대한 농민들의 투쟁: 고려편』, 1960.

김희일, 『미제의 조선침략사』, 1961.

사회과학원 력사연구소, 『조선근대혁명운동사』, 과학원출판사 1961.

정성철·정진석·김창원, 『조선철학사(상)』, 1961.

주영헌, 『고구려 벽화무덤의 편년에 관한 연구』, 1961.

사회과학원 철학연구소, 『다산 정약용선생 탄생 200주년 기념 논문집』, 1962.

도유호, 『조선 원시 고고학』, 1962.

김석형 등, 『봉건지배계급에 반대한 농민들의 투쟁: 리조편』, 1963.

김을천, 『항일무장투쟁시기 장백산근거지』, 1963.

김재홍, 『원침략에 반대하는 고려 인민의 투쟁』, 1963.

사회과학원 고고학연구소, 『고조선문제에 관한 토론집』, 1963.

사회과학원 력사연구소, 『우리나라 봉건말기의 경제형편』, 1963.

이지린, 『고조선사 연구』, 1963.

임건상, 『부곡제 연구』, 1963.

김인걸, 『1920년대 맑스-레닌주의의 보급과 로동운동의 발전』, 1964.

김인걸·강형욱, 『일제하 조선로동운동사』, 1964.

사회과학원 력사연구소, 『김옥균론』, 1964.

최길성, 『임진조국전쟁시기 우리 수군의 투쟁』, 1964.

홍기문, 『조선신화의 연구』, 1964.

허종호, 『조선 봉건말기 소작제 연구』, 1965.

김석형, 『초기 조·일관계 연구』, 1966.

박시형, 『광개토왕릉비연구』, 1966.

전석담·허종호·홍희유, 『조선에 있어서 자본주의적 관계의 발생』, 1970.

사회과학원 력사연구소, 『력사사전』 1·2권, 1971.

주영헌, 『발해문화』, 1971.

김광진·정영술, 손전후, 『조선에서 자본주의적 관계의 발전』, 1973.

정성철, 『실학파의 철학사상과 사회정치사적 견해』, 1974.

사회과학원 고고학연구소, 『고구려문화』, 1975.

사회과학원 력사연구소, 『미·일 제국주의의 문화적 침투와 죄악상』, 1975.

사회과학원 고고학연구소, 『고조선문제 연구논문집』, 1976.

사회과학원 력사연구소, 『일제의 조선침략사』, 1976.

이지린·강인숙, 『고구려사회 연구』, 1976.

사회과학원 고고학연구소, 『조선고고학 개요』, 1977.

사회과학원 력사연구소, 『미제의 아시아 침략사』, 1977.

사회과학원 력사연구소, 『일본 군국주의의 조선침략사: 1868~1910년』, 1977.

사회과학원 고고학연구소, 『조선사람의 기원에 관한 인류학적 연구』, 1978.

사회과학원 력사연구소, 『일본 제국주의하의 조선』, 1978.

조선로동당 력사연구소, 『조선로동당 략사』, 1979.

홍희유, 『조선 중세 수공업사 연구』, 1979.

김정일, 『주체사상에 대하여』, 1982.

사회과학원 력사연구소, 『조선전사』 1~33권, 과학백과사전출판사 1982.

김한길, 『현대 조선력사』, 1983.

이종현, 『근대 조선력사』, 1984.

사회과학원 경제학연구소, 『경제사전』, 1985.

사회과학원 철학연구소, 『주체사상총서』 1~10권, 사회과학출판사 1985.

사회과학원 철학연구소, 『철학사전』, 1985.

최윤구, 『조선 근대 및 현대 경제사』, 1985.

조선로동당 력사연구소, 『조국광복회운동사』, 1986.

한국사학사 관계 문헌

1. 申采浩, 讀史新論 敍論
2. 朴殷植, 韓國痛史 緒言·結論
3. 安廓, 朝鮮文明史 緒言
4. 申采浩, 朝鮮上古史 總論
5. 文一平, 史眼으로 본 朝鮮
6. 鄭寅普, 五千年間 朝鮮의 얼 序
7. 白南雲, 朝鮮經濟史方法論
8. 李淸源, 朝鮮社會史讀本 序文
9. 李相佰, 朝鮮文化史研究論攷 序
10. 全錫淡, 朝鮮史 研究의 實踐的 意義
11. 孫晋泰, 朝鮮民族史槪論 自序·緒說
12. 李仁榮, 우리 民族史의 性格

1. 申采浩, 讀史新論 敍論

敍　論

國家의 歷史는 民族 消長盛衰의 狀態를 閱敍할 者라. 民族을 捨하면 歷史가 無할지며, 歷史를 捨하면 民族의 其 國家에 對한 觀念이 不大할지니, 嗚呼라, 歷史家의 責任이 其亦 重矣哉인저.

雖然이나, 古代의 歷史는 東西를 無論하고 一般 幼稚하여, 支那ㅣ 馬遷·班固의 著述이 盡是 一姓의 傳家譜요, 西歐ㅣ 羅馬·埃及의 記籍이 無非 一編의 災異記니, 然則 吾國 古史도 어찌 今日 新眼孔으로 苛議함이 可하리요마는, 但 目下에 一篇 新歷史의 撰出이 遲遲하니, 吾가 瞿然함을 不覺하노라.

國家가 旣是 民族精神으로 構成된 有機體인즉, 單純한 血族으로 傳來한 國家는 姑捨하고, 混雜한 各族으로 結集된 國家일지라도, 必也 其中에 恒常 主動力되는 特別種族이 有하여야, 於是乎 其 國家가 國家될지니, 만일 一盤에 沙를 撒하듯이, 東來의 一種族도 此에 偶聚하며, 西來의 一種族도 此에 偶聚하며, 南來 北來의 一種族도 此에 偶聚하여, 彼丈夫 我丈夫의 異觀이 有할진댄, 此는 一 酋長政治도 鞏固케 行하기 不能할지며, 一 部落團體도 完全케 立하기 不能할지니, 況 國家建設 問題야 어찌 輿論하리요.

余가 現今 各學校 敎科用의 歷史를 觀하건대, 有價値한 歷史가 殆無하도다. 第一章을 閱하면, 我民族이 支那族의 一部分인 듯하며, 第二章을 閱하면, 我民族이 鮮卑族의 一部分인 듯하며, 末乃 全篇을 閱盡하면, 有時乎 靺鞨族의 一部分인 듯하다가, 有時乎 蒙古族의 一部分인 듯하며, 有時乎 女眞族의 一部分인 듯하다가, 有時乎 日本族의 一部分인 듯하니, 嗚呼라, 果然 如此할진댄 我 幾萬方里의 土地가 是 南蠻北狄의 修羅場이며, 我 四千餘載의 産業이 是 朝梁暮楚의 競賣物이라 할지니, 其然가. 豈 其然乎이리요.

卽 古代의 不完全한 歷史라도, 此를 詳究하면, 東國主族 檀君後裔의 發

達한 實跡이 昭昭하거늘, 何故로 我 先民을 誣함이 此에 至하뇨. 今日에, 民族主義로 全國의 頑夢을 喚醒하며, 國家觀念으로 靑年의 新腦를 陶鑄하여, 優存劣亡의 十字街頭에 幷驅하여, 一綫〔縷〕尙存의 國脈을 保有코자 할진대 歷史를 捨하고는 他術이 無하다 할지나, 此等 歷史로 歷史라 할진댄 歷史가 無함만 不如하도다.

歷史의 筆을 執한 者ㅣ 必也 其 國의 主人되는 一種族을 先을 現하여, 此로 主題를 作한 後에, 其 政治는 若何히 張弛하였으며, 其 實業은 若何히 漲落하였으며, 其 武功은 若何히 進退하였으며, 其 習俗은 若何히 變移하였으며, 其 外來各族을 若何히 吸入하였으며, 其 他方異國을 若何히 交涉함을 敍述하여야, 於是乎 歷史라 云할지니, 萬一 不然하면, 是는 無精神의 歷史라, 無精神의 歷史는 無精神의 民族을 産하며, 無精神의 國家를 造하리니, 어찌 可懼치 아니하리요.

大抵 我國의 舊史가, 許多 殘缺하며 許多 誕妄하니, 此를 一齊 刪除하고 新歷史를 撰出하려 할진댄, 第一, 本國文獻에 屬한 朝史 野乘을 畢集하여, 片鱗 殘甲의 材料를 探할지며, 第二, 如炬의 目光을 擧하여, 古今 政治風俗의 各方面을 精細히 觀察한 然後에, 筆을 可下할지니, 此는 歷史學에 專攻이 有한 高才博學일지라도, 拾餘年의 長歲月을 要할 바니, 嗚呼라, 誠 難矣哉인저.

余가 我東 歷史의 魯莽함을 悲歎하여, 才學의 空疎함을 不顧하고, 撰述에 拳拳하나, 塵埃 泪沒에 暇隙이 甚罕할뿐더러, 故籍 遺文의 蒐集이 極難하여, 一枝 短筆로 �躕 興感할 而已러니, 日日 時局風潮의 變遷을 隨하여 余腦의 刺激함이 尤甚하도다. 然則, 余가 曉曉의 道를 樂함은 아니나, 또한 어찌 曉曉의 名을 避하리요.

然이나, 現今 些少의 見聞과 些少의 硏究로, 遽然히 作者로 自命함이 不可할뿐더러, 且 其 是否得失도 自斷키 難하여, 讀史 餘暇에 隨感 隨錄한 바를 擧하여, 海內同志에게 質코자 하노니, 此가 整然히 組織한 一學說도 아니요, 燦然히 裁成한 一歷史도 아니요, 只是 感觸되는 바를 依하여 複雜 寫出한 바이나, 其 所論의 範圍가 我 民族 發達의 狀態에 不外하여, 民族의 大禍福을 釀한 事實이 아니면 不擧하며, 民族의 大利害를 與한 人物이 아니면 不論하니, 一定한 條理는 無하나 一貫한 精神은 有하니,

嗚呼, 讀者諸君은 義理에 舛한 바 有하거든 斥正을 加하며, 論斷에 誤한

바 有하거든 批評을 與하고, 又 或 考據에 可合한 珍書를 投하여 參考에 資케 하면, 此文의 完成만 易할 뿐 아니라 衆知衆力을 合하여 祖國歷史의 埋沒한 光明을 再放하리니, 此는 著者의 切望하는 바로라.

1. 人 種

東國民族을 大略 六種으로 分하니, 一曰 鮮卑族, 二曰 扶餘族, 三曰 支那族, 四曰 靺鞨族, 五曰 女眞族, 六曰 土族이니,

鮮卑族은, 最初에 我族과 遼滿等地에 并立하여 互相 血戰을 繼續하던 者라, 其後에 大斥逐을 被하여 其 窟穴을 失하고, 卽 今 西伯里亞 等地에 其 殘喘을 保하는 者요,

扶餘族은 卽 我 神聖種族 檀君子孫이 是也라, 四千載 東土의 主人翁이 된 者요,

支那族은, 韓·漢 兩國의 壤地가 接近한 所以로, 箕子 東渡하던 時부터 勝朝에 至하기까지, 支那의 一次革命을 經하면 其 前朝忠臣과 避亂人民이 續續 出來한 故로, 扶餘族 以外에 最多數를 占有한 者요,

靺鞨族과 女眞族은, 本來 高句麗의 屬部로, 咸鏡道·黃海道 等地에 居한 者러니, 高句麗가 新羅에 呑入하매, 句麗 遺臣이 此를 率하고 遼·瀋 等州에 遷入하여 渤海國을 創設하던 바인대, 支那 大金·大淸의 兩度 帝國도 皆 此族의 建設한 바요,

土族은, 古代 南北韓地方에 皆有하던 者이니, 三韓의 各種 部落과 東道의 穢貊 等族이 悉此에 屬한 바인대, 優存劣亡의 結果로 累代의 陶汰를 遭하여, 美洲의 紅人과 非洲의 土人과 같이 漸盡한 者요,

其外에 蒙古族·日本族 二種이 有하니, 日本族인즉 我 民族 四千載 對外敵國 中에 交涉과 競爭이 最烈하여 愈接愈厲한 觀이 有하나, 然이나 已往歷史는 豊臣秀吉 壬辰一役 以外에는 只是 邊境 沿海面에서 倏去倏來할 而已요. 內地幅員에 雜居하여 短兵相接한 事가 無하고, 蒙古族은 勝朝의 中·末 兩葉에 交涉이 最多하였으나, 但只 政治上의 密接關係를 與할 而已요, 我 國民의 經濟生活上에는 影響이 實無하니, 故로 東國史上의 大部分은 實로 此六種에 不過하니라.

按, 彼 蒙古·日本 兩族이 麗末 耽羅 牧胡와 世宗朝 三浦 降倭 等의 內

地 雜居한 特例가 或 有하나, 其後에 皆 叛誅하고, 瓠公·金忠善(此는 日本만 單指함) 等 歸化한 者가 時有하나, 此는 數百年間 一二人에 不過하고, 又按 新羅時 任那府 設置의 說은 我史에 不見한 바니, 彼史의 云云한 者를 貿然히 信筆로 據함이 不可함.

其 六種 中에 形質上 精神上으로, 他五種을 征服하며 他五種을 吸收하여, 東國民族 世位에 據한 者는, 實로 扶餘族 一種에 不過하니, 蓋 四千載 東國歷史는 扶餘族 盛衰消長의 歷史이니라.

現今에는 梯航이 四至에 東西가 大通하여, 彼蒼의 意가 我民族의 海隅에 長蟄함을 不許하시는 故로, 竟此 二十世紀 世界舞臺上에 出하여, 各洲 民族과 戎衣로 相見하니, 此後 我 扶餘族이 雄視濶步로 踊躍前進하여, 萬國史 中에 優勝의 一席을 占有할는지도 難知며, 或者 頑寐雌伏에 日退一步하여 此 祖先遺業까지 鳩居에 讓할는지도 難知어니와 已往 東國歷史는 卽 我 扶餘族의 歷史니, 此에 昧하고 歷史를 坐[座]談하는 者는 實로 譫語의 歷史家니라.

2. 地 理

歷史와 密接關係가 有한 者는 地理가 是라. 地理를 捨하고 歷史를 說하면, 骨脈에 昧하고 氣血을 論함과 無異하니, 奚可哉며 奚可哉리요. 故로 地志라 하는 것은 作史者·讀史者의 一般 着眼할 바어늘, 噫라, 我國은 祖先의 發祥地가 域外로 歸하여 沿革이 無傳하고 聚訟이 紛紜하니, 實로 無從下筆의 慨가 有하도다. 然이나 其 大勢를 觀察하여 簡短한 一筆로 評하리니, 蓋我 扶餘族 始祖가 白山墟의 高原에서 起하여 鴨綠江流로 趨下하여 附近 平原에 散處하니, 江 以西는 遼東이 是也오, 江 以東은 朝鮮(此朝鮮은 平安·黃海道만 單指함)이 是也니, 初民時代의 文明은 鴨綠江流域에서 發軔한 바라.

其 子孫이 漸次 繁衍하매, 一派는 遼東 及 滿洲 各地에 分布하며, 一派는 朝鮮 及 三韓 各地에 分布하여, 各其 本族을 結集하여 土蠻異種을 征服 或 吸集하니 此는 我民族 發達의 第一期요.

其後에 許多 蠻族이 皆 扶餘族 勢力下에 俯伏하여, 或 漸滅을 遭하며 或 同化를 被하매, 於是乎 本族內 競爭이 又行하여 三國이 對立에 戰鬪가 不

息하니, 此는 我民族 發達의 第二期요.

旣而오 北方에 在한 民族은, 內로 同族의 侵入을 遭하며, 外로 各族의 競逼을 被하여, 腹背受敵의 苦를 不堪하여, 句麗가 前에 覆하며, 渤海가 後에 亡하여, 內競이 旣絕하고 外寇가 亦遠하매, 梟雄悍賊이 此機를 乘하여, 群强을 鋤하여 一尊의 位를 定하며, 民氣를 摧하여 朝廷의 權을 張할새, 此 三千里 山河로 一大 鐵甕을 作하여, 一國 人民을 其內에 錮하고 一步地의 越出을 不許하니, 蓋 勝朝以來史를 讀하매 英雄 滿襟의 淚를 不禁할 바니, 此는 第三期 發達時代를 當하여 阻力이 太久하므로 反히 銷沈을 致한 바라.

此 三時期를 分하여 我 民族活動의 舞臺를 觀하매, 其 盛衰消長의 情勢가 刄을 迎하여 自現하나니, 大抵 全國의 文明이 鴨綠 以外에서 發源함이 何故오. 吾는 聞컨대, 初民時代의 文明은 恒常 平原・大河・海濱에서 起하는 者인대, 今 本國 內地에는 비록 三面에 大海가 環하였으나 處處에 山嶺이 重疊하여, 通商行軍에 大障礙를 作하고, 遼瀋等地와 같은 平原이 無하며, 且 內地 河流의 大는 遼河・鴨江에 比할 者ㅣ 少한 故니라.

我 民族이 西北으로 從하여 東南으로 遷入함은 何故오. 曰 西土는 寒冽하여 初民의 居住에 不合한 故니라.

檀君 以後로부터 勝朝初葉에 至하기까지, 西南이 常分立하여 凡 數千年을 經함은 何故오. 地氣의 寒暖이 旣殊하매 民族의 特性이 亦異하여 調合이 常難할뿐더러, 又 峰巒嶺嶽이 在在險峻하여 交通이 不便한 故니라.

西南 分立한 時代에, 西方이 常勝하고 南方이 常弱함은 何故오. 曰, 南方은 溫暖하여 人性이 文弱한 故니라.

末來의 句麗・渤海의 强으로도 滅亡을 不免함은 何故오. 曰, 彼 大陸强國과 北地諸胡가 我族의 鄰逼을 惡하여 慘憺血雨가 快霽할 日이 無한대, 南方의 民族이 每每 此機를 利用하여 東西 夾攻을 試한 故니라.

我 民族의 實力이 鴨綠江 以外를 越進하여 祖先의 發祥地를 還收치 못함은 何故오. 曰, 內地 天産이 豐富하여 需用이 自足하매, 得隴望蜀의 侈想이 不生한 故니라.

我國 地形이 希臘・伊太利 등과 類似한 半島나, 其 人民이 鎖國에 自安하여 航海 遠征의 思想이 不起함은 何故오. 曰, 此亦 天産이 豐富하여 域外 交通이 아니라도 生業이 自足한 故니라.

人民의 家族的 觀念이 厚하고 國家的 觀念이 薄하며 團結力이 渙散하여 孤立을 喜함은 何故오. 曰, 山峽이 深僻하여 各地가 迢隔하매, 中央政府의 干涉이 遍及하기 難하여, 人民이 朝家의 休戚을 痛癢無關으로 思하며, 惟 彼 靑鶴洞·愚伏洞과 如한 深巷에서 隱住하여, 家長政治만 發達된 故니라.

蓋 地理란 者는, 其 民族의 特質을 與하며 習慣을 與하여, 凡 人心·風俗·政治·實業에 一一이 密接 關係를 與한 者니, 國民된 者ㅣ 此에 硏究하여, 自家의 特性을 發揮하며 缺處를 補充함이 亦 其 天職也니라.

2. 朴殷植, 韓國痛史 緒言·結論

緒　言

大陸之元氣 東走於海 而極於白頭山 北開遼野 南爲韓半島 韓建國於唐堯之世 人文夙開 其民篤於倫理 天下以君子之國稱之 而歷史綿綿乎四千三百餘年矣 嗚呼昔日之文化 波及於極東三島 彼之飮食衣服宮室 出於我矣 敎宗與學術 出於我矣 故彼嘗師之矣 而今乃奴之耶 余生丁陽九 慟纏黍離 旣不能死 遂逃之 以庚戌歲某月日 朝辭漢京 夕濟鴨水 更溯北岸而上 望慰禮城而止焉 俛仰今古 曠感異常 低回依戀 久不能去 而異域逋蹤 對人增慚 街童市卒 擧若詈余 以亡國奴者 天地雖大 負此安歸 時渾河秋暮 蓬斷草枯 猿哀鵑啼 以余之哭辭 松楸桑梓 淚尙未乾 而有此觸目添悲 尤何以堪 瞻望故國 雲烟縹緲 佳哉山川 吾祖宅之 蔚乎森林 吾祖植之 膴原沃壤 吾祖耕之 金銀銅鐵 吾祖採之 家畜川魚 吾祖養之 宮室以避燥濕 衣冠以別禽獸 器皿以資利用 禮樂刑政以造文明 皆吾祖之手澤也 夫吾祖 竭其無限之腦之血之汗 而貽我子孫生産敎育之具者備焉 用克世世傳守 以厚吾生 以正吾德 流愷悌於長遠 奈何一朝被他族之豪奪 而糊口四方 顚沛流離 不堪其苦 亦將蹈滅絶之患耶 且夫世之强暴者 日以侵呑弱國 淘汰屛種爲事 受其慘毒者比比 而莫吾韓若矣 以古今亡國而比例之 瑞典之與那威 奧太利之與匈牙利 均謂之合邦 而其民族之待遇 無等級之懸也 韓人有是乎 土耳其 雖倂埃及 而猶存其王 使之奉祀罔替 而吾韓皇 夷爲王爵矣 英吉利之於坎拿大諸地 許其有憲法以保障之 立議會以維持之 其與他國所訂之約

俾皆一一保存之 韓人能獲此乎 彼其施政於韓者 一以施諸台灣者施之 而無差
殊 台非國也 而等焉 是亡國而尤下者也 且夫人者 絲身穀腹 非如食壤飲泉之
蟲 則所以資生者 惟產業耳 彼英之於印埃 法之於安南 美之於呂宋 雖以強力
佔其國權而民產 固任其自保矣 日本貧國也 多窮民 財政日絀 債臺日高 故苛
稅暴斂 加之韓民者 式繁其條 而窮民之赤手渡韓者 蜂擁而至 非奪我民之產者
無以爲活 自其政府 急於殖民 而亦無資以給之 雖欲施寬政於韓人存其生脈 而
勢有不能 以此觀之 古今亡國之慘 孰有甚於韓者乎 穹壤茫茫 殘喘耿耿 叫痛
呼冤 自不能已 而古人云 國可滅 史不可滅 蓋國形也史 神也 今韓之形毀矣
而神不可以獨存乎 此痛史之所以作也 神存而不滅 形有時而復活矣 然是編也
不過甲子以後五十年史耳 烏足以傳我四千年歷史全部之神乎 是在吾族念吾祖
而勿忘焉耳 夫耶路撒冷 雖亡 而猶太人流離異國 不同化於他族 至今二千年能
不失猶太族之稱號者 以能保其祖之敎也 印度雖亡 而婆羅門 能堅守其祖敎 以
待復興焉 若墨西哥之亡於西班牙也 敎化文字盡滅 今人種雖存 而所誦皆班文
所行皆班化 所慕皆班人之豪傑 則墨人種形雖存焉 而神已全滅矣 今吾族俱以
吾祖之血爲骨肉 以吾祖之魂爲靈覺 而吾祖有神聖之敎化 有神聖之政法 有神
聖之文事武功 吾族 其可他求耶 凡我兄弟 念念不忘 勿爲形神全滅 區區之望
也 是則求諸是編之外吾族隆盛時代之歷史 可也

結　論

　昔者渤海大氏 有地五千里 享國三百年 武功旣燺 文物並昌 天下稱爲海東盛
國 及其滅也 所謂渤海史者 不見於後世 何哉 余嘗東到龍泉 欲訪古蹟 但見其
蕙草蕭瑟 江水嗚咽 而高武文宣之宏勳偉業 悉已飄滅於無何有之鄉矣 夫文宣
之際 渤海之文人學士 入唐登科第者 先後相望 而何其無文獻之略存也 又其王
子王族及遺民 恥僕於遼 抱器入高麗者 萬餘人 豈其無一負鷄次之典而來者 且
其民 爲馬韓同族 其土 爲高句麗舊疆 高麗人士 當視爲一家 何不訪而述之 故
後人謂渤海史不修 知高麗之不振者 豈不信哉 蓋凡人類 宅此地球之上 脫野蠻
生番之陋 而成國家制度 有道德倫理政敎法制之具者 莫不有史 史之所存 國魂
所存也 試以亞洲最大且古之國 論之 中國之魂 托〔託〕於文學 突厥之魂 托
〔託〕於宗敎 中國 間被匈奴鮮卑氏羌金源蒙古之劫 而五千年文學之淵源不絕
故不化於他族而竟能化他族而一之 突厥 國勢寢弱 土地日削 受制列强久矣 而

一億萬教徒之力 尙强 可冀其復振 此魂强之國也 如鮮卑契丹蒙古 方其盛也
能征服大地 威振天下 而武力一隳 國命忽焉 此魄强之國也 蓋國教國學國語國
文國史 魂之屬也 錢穀卒乘城池船艦器械 魄之屬也 而魂之爲物 不隨魄而生死
故曰國教國史不亡 則其國不亡也 嗚呼 韓國魄已死矣 所謂魂者 存乎否乎 余
以檀君開國紀元四千一百九十年 而生於黃海之濱 呱呱墜地之日 已負國民之責
矣 而迄今老白首 荒廢厥職 使吾祖不祀 負此大罪 安所適歸 一日 訪吾同胞於
氂陽而宿焉 翌朝 主人告余曰 夢有人問君在此 曰斯人有述乎 是其有東方文獻
之責者 余聞而泫然曰吾祖 其黙有命於小子耶 然本朝 右文爲治五百年 培養士
林 恩深澤厚 文獻之述 當有其人 余非其材 何敢代斲乎 乃逡巡延竚 奄逾數年
而作者無聞 歲月如流 不我少延 余又廢此職也 則四千年文明舊國 亦將不類乎
渤海之國亡史亡耶 雖天下之人 誚我以蠻 亦烏得以辭耶 然四千年全部之史 有
非孤陋衰鈍 所能爲役 且非可以時月告功 是則有望於能者 而自余生世以後 目
擊之近史 庶可勉焉 乃自甲子迄於辛亥 爲三編一百十四章 名之曰痛史 不敢以
正史居也 幸我同胞 認以爲國魂所存 而勿棄擲也否

3. 安廓, 朝鮮文明史 緒言

제 1 장 緒 言

제 1 절 개 설

洋洋한 大觀의 朝鮮 오천년 역사! 천지가 개벽하여 세계가 생겨난 후
아시아 동편의 대륙과 반도의 전부――東西는 6, 7천 리가 되고 南北은
만여 리가 되는 광활한 地盤――인 이 神州의 주인공인 우리 조선민족이
오늘까지 5천년을 지나오면서 自民族을 보호함에는 외적의 침입을 막아 혈
전고투를 시험하였고, 자민족을 발달시킴에는 찬란한 제도를 베풀었으니
혹은 외래문화를 흡수하고 혹은 자발적 문화를 내놓아 改善進化를 겪어왔
다. 어떤 때는 군국주의를 행하며 어떤 때는 문화주의를 내세운 바 그 두
드러진 文明生活은 5천년 허구한 세월에 多變多革한 정치사에 드러나지 않

음이 없다.

　朝鮮政治史를 알면 조선민족의 생활사를 알 수 있으며, 조선족의 생활사를 살피려고 하면 그 정치사를 먼저 연구하지 않을 수 없을 것이다. 故로曰…… (1행 삭제당함—校閱者) 예부터 朝鮮史가 지어진 수효가 무릇 수백에 이르렀다. 그러나 정치사의 논평이 몽롱함에도 불구하고 그 저서에 기록된 文意를 살펴보면 조선족의 생명을 寄生的 또는 模擬的인 것으로 말함이 많고, 독립적이고 특수한 문명을 발휘하였으나 생명을 생명으로 보전하지 못한 것으로 장치함이 많다.

　근래 종종 학자의 논한 바를 볼지라도 또한 그러하여 조선인을 제2 중국족으로 밀어붙여 曲見謬說을 지껄임이 많다. 이는 다름아니라 지금까지의 정치가 宮廷 일각에 편중되어 귀족적 역사가의 안광이 숨은 사실에 미치지 못하여 그 이면의 정치사실을 찾아내지 못함이거나, 지금까지의 정치가 외교수단으로써 쓴 가면이 정치내용을 가리운 바가 많음으로 인하여 옛 科學의 힘이 부족한 手筆로써는 분석적 역사를 저술하지 못한 폐단이다. 또한 근래 인사는 혹 말하되, 高麗로부터 조선에 이르기까지 무릇 1천년간의 정치와 문명을 삼국시대보다 퇴보된 자취로 오인한 자가 있는데, 이는 근래 時勢에 見敗되어 史詩的 관념으로 옛을 그리워하는 생각에서 생겨난 것이라 하겠다.

　실상 조선정치사를 살펴보면 그 잘못된 관찰을 정정하기 어렵지 않다. 그동안 10여차 외적이 내침한 일이 있었으나 5천년의 왕위 계승표를 살필진대 결코 외족으로서 조선궁을 점령하여 帝王이 된 일이 잠시라도 없었고, 중국 당송의 법제를 채용하며 외래문명을 수입함이 많았으나 咀嚼과 활용을 잘하여 본래의 법제와 문명을 혼합 조화시킨 바 진보 발달을 위해 참고 이용을 보인 것일 뿐이다. 더욱 조선 자치제는 단군 건국시대로부터 있었던바, 그리스 정치와 같은 것으로 동양에서는 선진·독특한 생활이다. 또한 법제문화로 말할지라도 스파르타의 헌법과 같이 고정성이 있다 할지언정 殘落하다 할 수 없으며, 로마정치같이 변하기를 느릿느릿하게 했다 할지언정 퇴보라 할 수는 없다.

　옛 오류를 배제하고 새로운 견지에서 정당한 역사를 관찰하며 문명의 요체로서 생활사의 근본을 찾아 정치사를 건설함은 실상 오늘날 가장 긴급한 요구라 아니할 수 없다.

정치사에 대하여 가장 중요한 것은 시대구별이다. 근대과학적으로 社會組織·經濟·文化·地理上의 諸問題에 따라 그 범주를 취하면 조선정치사의 구분을 다음과 같이 세울 수 있다.

① 上古 小分立政治時代: 단군 건국부터 列國, 즉 삼한말까지 2천2백년간.

② 中古 大分立政治時代: 삼국초부터 남북조까지 1천년간.

③ 近古 貴族政治時代: 麗朝 凡 5백년간.

④ 近世 君主獨裁政治時代: 朝鮮 凡 5백년간.

위 구분을 서양정치사에 비견하면 봉건시대가 없다. 조선은 본래 봉건제가 박약하여 천자 제후의 제도가 희미하고, 희랍과 같이 부족자치와 각 왕 분립의 정치로 上古 및 中古의 역사를 이루었다.

4. 申采浩, 朝鮮上古史 總論

第1篇 總 論

1. 史의 定義와 朝鮮歷史의 範圍

歷史란 무엇이뇨. 人類社會의 '我'와 '非我'의 鬪爭이 時間부터 發展하며 空間부터 擴大하는 心的 活動의 狀態의 記錄이니, 世界史라 하면 世界人類의 그리 되어온 狀態의 記錄이며, 朝鮮史라면 朝鮮民族의 그리 되어온 狀態의 記錄이니라.

무엇을 '我'라 하며, 무엇을 '非我'라 하느뇨. 깊이 팔 것 없이 얕게 말하자면, 무릇 主觀的 位置에 선 者를 '我'라 하고, 그 外에는 '非我'라 하나니, 이를테면 朝鮮人은 朝鮮을 我라 하고, 英·美·法·露…… 등을 非我라 하지만, 英·美·法·露…… 등은 각기 제 나라를 我라 하고, 朝鮮은 非我라 하며, 無産階級은 無産階級을 我라 하고, 地主나 資本家…… 등을 非我라 하지만, 地主나 資本家…… 등은 각기 제 붙이를 我라 하고, 無産

階級을 非我라 하며, 이뿐 아니라 學問에나 技術에나 職業에나 意見에나
그밖에 무엇에든지, 반드시 本位인 我가 있으면, 따라서 我와 對峙한 非我
가 있고, 我의 中에 我와 非我가 있으면 非我 中에도 또 我와 非我가 있
어, 그리하여 我에 對한 非我의 接觸이 煩劇할수록 非我에 對한 我의 奮鬪
가 더욱 猛烈하여, 人類社會의 活動이 休息될 사이가 없으며 歷史의 前途
가 完決될 날이 없나니, 그러므로 歷史는 我와 非我의 鬪爭의 記錄이니라.
  我나 我와 相對되는 非我의 我도, 歷史的인 我가 되려면 반드시 兩個의
屬性을 要하나니,
  (1) 相續性이니, 時間에 있어서 生命의 不絶함을 謂함이요,
  (2) 普遍性이니, 空間에 있어 影響의 波及됨을 謂함이라.
  그러므로 人類말고 다른 生物의 我와 非我의 鬪爭도 없지 않으나, 그러
나 그 '我'의 意識이 너무 微弱(혹 絶無)하여 相續的・普遍的이 못 되므로,
마침내 歷史의 造作을 人類에뿐 讓함이라. 社會를 떠나서 個人的인 我와
非我의 鬪爭도 없지 않으나, 그러나 그 我의 範圍가 너무 弱小하여 또한
相續的・普遍的이 못 되므로, 人類로도 社會的 行動이라야 歷史가 됨이라.
同一한 事件으로 兩性 —— 相續・普遍 —— 의 强弱을 보아 歷史의 材料될
만한 分量의 大小를 定하나니, 이를테면 金錫文이 三百年 前에 地圓說을
唱道한 朝鮮의 學者이지만, 이를 '후루노'(브루노)의 地圓說과 같은 同樣의
歷史的 價値를 쳐주지 못할 것은, 彼는 그 學說로 因하여 歐洲 各國의 探
險熱이 狂騰한다, 아메리카의 新大陸을 發見한다 하였지만, 此는 그런 結
果를 가지지 못함이라. 鄭汝立은 四百年 前에 君臣綱常說을 打破하려 한
東洋의 偉人이지만, 이를 『民約論』을 著作한 '루소'와 同等되는 歷史的 人
物이라 할 수 없음은, 당시에 다소간 鄭說의 影響을 입은 劍契나 兩班殺戮
契 등의 電光一閃의 擧動이 없지 않으나 마침내 '루소' 以後의 波濤 壯潤한
프랑스革命에 비길 수 없는 까닭이라.
  非我를 征服하여 我를 表彰하면 鬪爭의 勝利者가 되어 未來 歷史의 生命
을 이으며, 我를 消滅하여 非我에 貢獻하는 자는 鬪爭의 敗亡者가 되어 過
去 歷史의 陳跡만 끼치나니, 이는 古今 歷史에 바꾸지 못할 原則이라. 勝
利者가 되려 하고 失敗者가 되지 않으려 함은 人類의 通性이어늘, 매양 豫
期와 違反되어 勝利者가 아니 되고 失敗者가 됨은 무슨 까닭이뇨. 무릇 先
天的 實質부터 말하면 我가 생긴 뒤에 非我가 생긴 것이지만, 後天的 形式

부터 말하면 非我가 있은 뒤에 我가 있나니, 말하자면 朝鮮民族——즉 我
——이 出現한 뒤에 朝鮮民族과 相對되는 苗族·支那族 등—— 非我——
이 있었으리니, 이는 先天的인 것에 속한 자이다.

그러나 만일 苗族·支那族 등—— 非我——의 相對者가 없었더면 朝鮮
이란 國名을 세운다, 三京을 만든다 五軍을 둔다 하는 등——我——의
作用이 생기지 못하였으리니, 이는 後天的인 것에 속한 자라. 精神의 確立
으로 先天的의 것을 護衛하며, 環境의 順應으로 後天的의 것을 維持하되,
兩者의 一이 不足하면 敗亡의 林에 歸하는 고로, 猶太의 宗敎나 突厥의 武
力으로도 沈淪의 禍를 免치 못함은 後者가 不足한 까닭이며, 南美의 共和
와 埃及 末世의 興學으로도 衰頹의 患을 救치 못함은 前者가 不足한 까닭
이니라.

이제 朝鮮史를 敍述하려 하매, 朝鮮民族을 我의 單位로 잡고,

(가) 我의 生長發達의 狀態를 敍述의 第一 要件으로 하고, 그리하여

一、最初 文明의 起源이 어디서 된 것,

二、歷代 疆域의 伸縮이 어떠하였던 것,

三、各 時代 思想의 變遷이 어떻게 되어온 것,

四、民族的 意識이 어느 때에 가장 旺盛하고, 어느 때에 가장 衰退한
것,

五、女眞·鮮卑·蒙古·匈奴 등이 본디 我의 同族으로, 어느 때에 分離
되며, 分離된 뒤의 影響이 어떠한 것,

六、我의 現代의 地位와 興復 問題의 成否가 어떠할 것인가의 等을 分敍
하며,

(나) 我와의 相對者인 四隣各族의 關係를 敍述의 第二의 要件으로 하고,
그리하여

一、我에서 分離한 匈奴·鮮卑·蒙古며, 我의 文化의 襁褓에서 자라온
日本이, 我의 巨×(室)이 되던 것이 아니 되어 있는 事實이며,

二、印度는 間接으로, 支那는 直接으로 我가 그 文化를 輸入하였는데,
어찌하여 그 輸入의 分量을 따라 民族의 活氣가 여위어 疆土의 範圍가 줄
어졌나,

三、오늘 以後는 西歐의 文化와 北歐의 思想이 世界史의 中心이 된바,
我 朝鮮은 그 文化思想의 奴隷가 되어 消滅하고 말 것인가? 또는 그를 咀

嚼하며 消化하여 新文化를 建設할 것인가? 등을 分敍하여 右의 (가) (나) 兩者로 本史의 基礎를 삼고,

(다) 言語·文字 등 我의 思想을 表示하는 연장의 그 利鈍은 어떠하며, 그 變化는 어떻게 되었으며,

(라) 宗敎가 오늘 以後에는 거의 價値 없는 廢物이 되었지만, 古代에는 확실히 一民族의 存亡盛衰의 關鍵이었으나, 我의 信仰에 관한 趨勢가 어떠하였으며,

(마) 學術·技藝 등 我의 天才를 發揮한 部分이 어떠하였으며,

(바) 衣食住의 情況과, 農商工의 發達과, 田土의 分配와, 貨幣의 制度와, 기타 經濟組織 등이 어떠하였으며,

(사) 人民의 遷動과 繁殖과, 또 疆土의 伸縮을 따라 人口의 加減이 어떻게 된 것이며,

(아) 政治制度의 變遷이며,

(자) 北伐進取의 思想이 時代를 따라 進退된 것이며,

(차) 貴賤貧富 各階級의 壓制하며 對抗한 事實과, 그 盛衰消長의 大勢며,

(카) 地方自治制가 太古부터 發生하여, 近世에 와서는 形式만 남기고 精神이 消亡한 因果며,

(타) 自來 外力의 侵入에서 받은 巨大의 損失과, 그 反面에 끼친 多少의 利益과,

(파) 匈奴·女眞 등의 一次 我와 分離한 뒤에 다시 合하지 못한 疑問이며,

(하) 從古 文化上 我의 創作이 不少하나, 매양 孤立的·斷片的이 되고, 繼續的이 되고 繼續的이 되지 못한 怪因,

등을 힘써 參考하며 論列하여, 右의 (다) (라) 以下 각종 문제로 本史의 要目을 삼아, 一般 讀史者로 하여금 거의 朝鮮 面目의 萬分의 一이라도 알게 될까 하노라.

2. 史의 三大元素와 朝鮮舊史의 缺點

歷史는 歷史를 爲하여 歷史를 지으란 것이요, 歷史 以外에 무슨 딴 目的

을 위하여 지으라는 것이 아니요, 詳言하자면 客觀的으로 社會의 流動狀態와 거기서 發生한 事實을 그대로 적은 것이 歷史요, 著作者의 目的을 따라 그 事實을 左右하거나 添附 혹 變改하라는 것이 아니니, 畵師가 人像을 畵할새, 淵蓋蘇文을 그리려면 狀貌 魁傑한 淵蓋蘇文을 그릴지며, 姜邯贊을 그리려면 形軀 矮陋한 姜邯贊을 그릴지니, 만일 彼此 抑揚의 心으로 毫釐라도 相換하면, 畵師의 職分에 어길뿐더러 本人의 面目도 아니리니, 이와 같이 英國史를 지으면 英國史가 되며, 露國史를 지으면 露國史가 되며, 朝鮮史를 지으면 朝鮮史가 되어야 하겠거늘, 由來 朝鮮에 朝鮮史라 할 朝鮮史가 있었더냐 하면 首肯하기 어렵다.

安鼎福이 『東史綱目』을 짓다가 慨然히 內亂의 頻煩과 外寇의 出沒이 東國의 古史를 蕩殘케 함을 悲歎하였으나, 나로써 보건댄, 朝鮮史는 內亂이나 外寇의 兵火에서보다, 곧 朝鮮史를 著作하던 其人들의 손에서 더 蕩殘되었다 하노라.

어찌하여 그러하냐 하면, 머리에 쓴 말과 같이 時間的 繼續과 空間的 發展으로 되어오는 社會活動狀態의 記錄인 고로, 時·地·人 三者는 歷史를 構成하는 三大 元素라. 一例를 들자면, 新羅가 新羅됨은, 朴·昔·金 三姓과 突山高墟 등 六部의 '人'으로써일 뿐이 아니라, 또한 慶尙道인 其 '地'와 高句麗·百濟의 同時인 其 '時'로써 新羅가 됨이니, 만일 그보다 進하여 二千年 이전의 王儉과 같은 年代거나 降하여 二千年 이후 今日의 우리와 같은 時局이면, 비록 赫居世의 聖智에 六部人의 質直에 鷄林의 本疆을 가질지라도, 當時에 되든 新羅와 꼭 같은 新羅가 될 수 없으며, 또 新羅의 位置가 歐羅巴에 놓이었거나 아프리카에 있었을지라도, 또한 다른 面目의 나라는 될지언정 新羅는 되지 않았으리니, 이는 至明한 理어늘, 已往의 朝鮮의 史家들은 매양 그 짓는 바 歷史를 自家目的의 犧牲에 供하여,

도깨비도 뜨지 못한다는 땅 뜨는 재주를 부리어, 卒本을 떠다가 成川 혹 寧邊에 놓으며, 安市城을 떠다가 龍岡 혹 安州에 놓으며, 阿斯山을 떠다가 黃海道의 九月山을 만들며, 迦瑟羅를 떠다가 江原道의 江陵郡을 만들어, 이와같은 許多한 '地'의 憑藉가 없는 歷史를 지어, 더 크지도 말고 더 작지도 말아라 한, 鴨綠江 以內의 理想的 疆域(『我邦疆域考』 曰 "不大不小 克符帝心")을 劃定하려 하며,

無亟(極) 一然 등 佛子의 지은 史册에는, 佛法의 一字도 流入하지 않은

王儉時代부터 印度의 梵語로 만든 地名·人名이 充滿하며, 金富軾 등 儒家
의 적은 文字에는, 孔孟의 仁義를 漠視하는 三國武士의 口中에서 經傳의
辭句가 慣用語같이 傳誦되며,『三國史』列傳에 累百年間 朝鮮의 全土의 人
心을 支配하던 永·述·安·南(永郎·述郎·安郎·南郎) 四大聖의 論說은 볼
수 없고, 支那 留學의 一學生인 崔致遠만 津津히 敍述하였으며,『麗史提
綱』에 元曉·義湘 諸巨哲의 佛學에 影響된 高麗 一代의 思想界의 어떠함은
볼 수 없고, 王太祖 統一 以前에 죽은 崔凝이 그 統一 以後에 올린「諫佛
疏」만 적히어, 이와같은 허다한 '時'의 拘束을 받지 않는 歷史를 지어, 自
家의 偏僻한 信仰의 主觀的 心理에 符合하려 하며,

　甚한 境愚에는 '人'까지 誣하여, 新羅의 金王을 印度의 "刹帝利(크샤트리
아)種"(『三國遺事』)이라 하며, 高句麗의 鄒牟王을 "高辛氏 後"(『三國史記』)라
하며, 게다 朝鮮 全民族을 "秦漢遺民"(『東國通鑑』『三國史記』등) 혹 "韓人之
東來者"(『東史綱目』)라 하기까지 하였다.

　李朝 太宗에 이르러서는 더욱 此等 盲目派의 急先鋒이 되어, 朝鮮思想의
根源되는 書雲觀의 文籍을 孔子의 道에 違背된다 하여 一炬의 火에 던졌
다. 李斗馨(李朝 正祖時人?)이 가로되 "近日의 어느 行狀과 墓誌銘을 보든
지, 그 書中의 主人이 반드시 容貌는 端嚴하며 德性은 忠厚하며 學問은 程
朱를 宗하며 文章은 韓(韓愈)·柳(柳宗元)를 尙하여, 거의 千篇一律이니, 이
는 其人을 誣할 뿐 아니라 其文도 價值가 없다" 하였으니, 이는 個人 傳記
의 失實에 對한 慨歎뿐이나, 이제 尊君 賤民의 春秋 斧鉞下에서 자라난 後
人들이 그 心習으로 三國 風俗을 이야기하며, 文弱 偏小로 自安하는 李朝
당대의 人臣들이 그 主觀으로 上古 地理를 그릴새, 이에 朝鮮(檀君)이나
扶餘나 三國이나 東北國이나 高麗나 李朝——五千年 이래 全朝鮮이 거의
한 도가니로 부어낸 것같이 地面의 漲縮을 따라 民族活動의 昇降한 점이
나, 時代의 古今을 좇아 國民思想의 갈린 금을, 도무지 찾을 수가 없다.

　'크롬웰'은 畵師가 自己의 像을 그릴 때에 그 左目上의 혹을 뺌을 不許하
여 가로되, "나를 그리려면 나의 本面대로 그리라" 하였으니, 이 말은 畵
師의 納諂함만 呵斥함이 아니라 곧 自己의 眞像을 잃을까 함이어늘, 朝鮮
史를 지은 已往의 朝鮮의 史家들은 매양 朝鮮의 혹을 버리고 朝鮮史를 지
으려 하였다. 그러나 그네들의 쓴 眼鏡이 너무 凸面인 고로, 朝鮮의 눈이
나 귀나 코나 머리 같은 것을 혹이라 하여 베어버리고, 어디서 無數한 혹

을 가져다가 붙이었다. 혹 붙인 朝鮮史도 已往에는 읽는 이가 너무 없다
가, 世界가 大通하면서 外國人들이 왕왕 朝鮮人을 만나 朝鮮史를 물으면,
어떤 이는 朝鮮人보다 朝鮮史를 더 많이 아는 고로, 慚愧한 끝에 돌아와
朝鮮史를 읽는 이 있도다. 그러나 朝鮮人이 읽는 朝鮮史나 外國人이 아는
朝鮮史는, 모두 혹 붙은 朝鮮史요 옳은 朝鮮史가 아니었다.

已往에 있는 記錄이 그와같이 다 틀리었으면, 무엇에 據하여 바른 朝鮮
史를 짓겠느냐. 沙金을 이는 者ㅣ 一斗의 沙를 일면 一粒의 金을 얻거나
혹 얻지 못하거나 하나니, 우리의 文籍에서 史料를 求함이 이같이 어려운
바라. 或者는 朝鮮史를 硏究하자면 위선, 朝鮮과 滿洲 등지의 地中을 發掘
하여 허다한 發見이 있어야 하리라. 金石學·古錢學·地理學·美術學·系
譜學── 등의 學者가 쏟아져야 하리라 하는 云云이 많으나, 이도 그러하
거니와, 現今에는 위선 救急의 方法으로, 存在한 史册을 가지고 得失을 評
하며 眞僞를 校하여 朝鮮史의 前途를 開拓함이 急務인가 하노라.

(이하 省略)

5. 文一平, 史眼으로 본 朝鮮

1. 古文化國의 新試鍊

조선에 대한 관찰이 시대와 사람을 따라 다르니 이를테면 고대에 있어
中國人의 눈에는 君子國으로 비치었고 근대에 와서 歐洲人의 눈에는 神仙
國으로 비치었음과 如함이 곧 그 一例이다. 그러나 고금을 통하여 歷史眼
에 비친 조선은 군자국보다도 신선국보다도 東方古文化國이라 함이 차라리
適稱일까 한다. 신라조의 우미한 예술적 문화라든지, 고려조의 장엄한 불
교적 문화라든지, 漢陽朝의 전아한 유교적 문화라든지, 각 시대의 특색을
돋친 文化證據를 낱낱이 들추어낼 것도 없이, 조선이 自來로 훌륭한 東方
文化國임은 누구나 공인하는 바이다. 이들의 문화가 비록 自我의 독창이
아니요 남의 것의 모방이라 하지마는, 오히려 일보를 더 나아가 儒·佛의
문화를 전적으로 완성한 것이 조선이다. 그뿐 아니라 일찍 儒·佛의 문화

412

를 일본에 전수한 것도 조선이니, 이것만으로도 조선이 넉넉히 東方史上에 있어서 문화적 중요한 역할을 하였다 하겠다.

조선문화는 그 연원이 멀리 삼국 이전에 발생하여가지고, 삼국시대에 이르러는 벌써 상당한 발달을 이루었고, 신라통일 이후에 미쳐서는 크게 발전을 보게 되었거니와, 문화 전수의 경로를 살피면 삼국 중에 있어 句麗는 그 국토가 만주를 포괄한 관계상 句麗文化는 滿洲文化의 연원을 지었고, 百濟는 그 국교가 일본에 密邇하였던 관계상 百濟文化는 日本文化의 연원을 지었고, 그리고 新羅는 반도 최초의 통일국가로서 온갖 의미에 있어 조선의 선구가 되는만치 新羅文化는 朝鮮文化의 연원을 지었다. 이것을 다시 간단히 말하면 句麗文化는 만주로 갈라 나고, 百濟文化는 일본으로 건너가고, 新羅文化는 조선으로 흘러내려오게 되었다. 조선을 중심으로 볼 때에 조선문화가 한팔로 만주를 껴안고 또 한팔로 일본을 껴안아 동방 일대에 엄연히 군림하였던 것이다.

그러나 이는 역사적 꿈자취뿐이다. 오늘날 대세는 일변하여 句麗의 舊疆인 만주는 말썽이 되고 있고, 신라의 후계인 조선은 볼 게 없게 되어 있고, 홀로 백제의 문화를 받은 일본만이 근대의 구미문화를 가미하여가지고 크게 강성하여져서 조선과 만주에 대하여 엄청나게 대규모로 문화의 역수입을 행하게끔 조선과 일본 사이에 문화상 지위가 아주 전도되고 말았다.

조선은 시방 新文化의 시련기에 있다. 일찍 儒·佛의 舊文化에 양호한 성적을 나타낸 것과 같이 금후 과학적 신문화에 역시 양호한 성적을 나타낼 것인가. 그 성적의 良否는 바로 조선 그것의 운명이 결정되는 바이다.

2. 歷史的 進行의 遲緩

조선은 오랜 내력을 가지니만치 변천도 많았으나 변천이 많은 푼수로는 변화가 적었으니, 그 현저한 일례로 신라 이래 2천년 貴族制를 들 것이다. 역대에 몇번이나 王統을 바꾸는 혁명이 일어나 金氏가 王氏로, 王氏가 李氏로 갈리었지마는 이것을 同期間에 20여차나 易姓革命이 있게 된 隣邦 中國에 견주어 본다면 본디부터 동일의 語가 아니다. 또 아무리 왕통의 更迭이 있을지라도 언제든지 정치는 의연히 專制政治를 그대로 지속하여왔다. 그러나 여기는 혁명이 희소하던 것과 전제가 지속되어온 것을 말하려

하는 것이 아니고, 신라 이래 2천년 동안 정치를 지배하던 사실상 일종 貴族制를 말하려 한다.

조선은 신라의 반도통일로부터 새 출발점을 짓느니만큼 오늘날 조선은 실로 신라의 연장이라 하겠다. 신라가 통일한 지 2백여 년 만에 천하가 亂麻같이 흩어져 백제 故地에 後百濟가 일어나고 句麗 舊疆에 後句麗가 일어나 서로 싸우더니, 後句麗에서 王太祖가 튀어나와서 갈라졌던 삼국을 다시 합쳐가지고 高麗朝를 세웠다. 그런데 특히 주의할 것은 王太祖의 정책이 백제에 대하여는 강압적이었으나 신라에 대하여는 회유적이었던 것으로, 公州江 이남은 大用하지 아니함에 반하여 신라인을 아주 중용하여 그 지배계급을 살짝 그대로 들어다가 고려의 지배계급을 만드는 기현상을 보게 되었다. 그러므로 고려 5백년간의 지배계급은 말하자면 신라의 지배계급에다가 王太祖의 약간 功臣을 가입해서 성립된 것이다.

麗末에 만주 문제로 출정이 있게 되매 군대 반란을 일으켜 일거에 王氏主權을 앗아 漢陽朝를 세운 이가 곧 李太祖이다. 이같이 李太祖는 고려의 臣으로서 임금의 보좌를 앗았다 하여, 이른바 '以臣代〔伐〕君'이라 해서 고려의 世家舊族들이 한양조에 벼슬함을 부끄러이 여겨 任〔仕〕宦에 단념하고 은퇴하는 杜門洞七十二賢 같은 고결한 패도 있었으나 대체로 고려의 지배계급이 그대로 한양조의 지배계급이 또 되고 말았다. 이로 보면 조선의 왕조혁명은 글자대로 다만 주권자 1인을 바꿀 뿐이요, 그 주권자를 에워싼 지배계급은 별로 큰 변동이 없이 내려왔었다.

그러므로 신라왕실이 망하고 고려왕실이 흥하며, 고려왕실이 망하고 李朝王室이 흥하나, 흥망을 不計하고 오직 지배계급만은 신라·고려·이조를 통하여 의연히 조선을 지배하여왔었다. 이것은 곧 신라 이래 2천년 동안 貴族制가 사실상 최근까지 남아 있게 된 소이이다. 貴族制뿐만 아니라 奴隷制도 甲午更張 전까지 남아 있은 것을 보면 조선의 역사적 진행이 얼마나 더디고 사회적 변화가 얼마나 적었던 것을 알겠다.

3. 文化론 優越하고 政治론 守拙

風風雨雨 수천년 동안에 때를 따라 消長盛衰가 없은 것이 아니로되 그래도 길이 일관한 강토와 문화를 가지고 온 것은 中國 이외에 오직 조선이

있을 뿐이니, 그 伸縮自在한 민족적 탄력과 玲瓏不壞하는 민족적 성능이야 말로 누구든지 경탄할 수밖에 없다.

그러나 한번 민족적 활동에 이르면 어찌 그리 적막한가. 유유한 반만년 사에 한 句麗를 제외하고는 다시 적극적 大雄圖를 볼 수 없고, 기껏해야 新羅의 唐兵 구축과 高麗의 女眞 征伐이 자랑거리가 되었을 뿐이다. 큰 나무 밑에 작은 나무가 생장하지 못하는 셈으로, 엄청나게 큰 中國帝國의 근방에 또다시 대등의 民邦이 있음을 허하지 아니함도 미상불 한 이유가 되려니와, 그보다도 잘 익은 과실이 벌레먹는 것과 같이 形勝한 반도는 고금 覇者의 必爭的 지점이 되어 있어 海陸으로부터 연방 달려드는 외구로 말미암아 부질없이 그 방어에 피폐하여져 민족적 정력을 潛蓄할 겨를이 적었음이 일대 根因이 될 것이다.

멀리는 말말고 중세에 契丹·몽고의 連年 入寇는 얼마나 고려로 피폐케 하였으며, 근세에 임진·병자의 2대난리는 얼마나 李朝로 피폐케 하였는가. 그러나 한층 더 들어가 본다면 피폐의 유래가 반드시 외부와의 관계에만 있지 아니하고 내부에도 있음을 발견할 것이니 그는 정치상 轉換作用이 없었음이다. 어느 국가든지 정치를 운용하는 지배계급이 부패하여져 그 책임을 다하지 못할 때는 다른 새 계급이 교대하여 정치를 지배하게 되나니 이것이 이른바 혁명이란 것으로 그 妙用이 國力의 피폐를 건지고 사회의 정체를 막음에 있다. 그러나 조선에는 왕통의 更迭이 있었지만 정작 필요한 계급의 교대는 없었으므로 국력의 피폐와 아울러 사회의 정체를 막을 수 없었다. 이 점은 저 漢土의 혁명도 마찬가지로되 조선이 우심한 바 있다. 일본은 國體上 본디 혁명이 없는 나라이지마는 그 실질에 있어서는 계급의 교대가 있었으니만치 혁명이 없고도 있는 셈이다. 이에 반하여 조선은 비록 역사에 혁명이 있기는 있었으나 실질에 있어서는 계급의 교대가 없었으니만치 혁명이 있고도 없는 셈이다.

문화를 떠나 정치로만 볼 때 조선사는 일종 惰氣의 연속이다. 한갓 부질없이 자기네끼리 私爭만 되풀이하면서 조그마한 반도의 울 안에 갇히어 鴨綠 이외에 일보라도 넘겨 딛지 못한 것은 아무리 변명하여도 남성적 역사라고 할 수는 없다. 東方大陸에 인류의 史劇이 열린 이래 漢土 주위에 있는 民邦치고서 모두 한두 번씩 중원을 뒤흔들지 않은 이가 없었건마는 조선인만은 천여 년을 두고 漢土의 一邊塵을 건드리지 못하였다. (中略)

7. 思想界의 3偉人

민중의 발견은 최근의 일이니 5백년 전에 있어서 민중 본위의 정치를 시행하고 민중 본위의 문자를 제정하였다면 누구든지 놀랄 바이어니와 世宗大王의 사상은 과거의 조선을 지도하였을 뿐 아니라 그 遺風·餘韻이 訓民正音을 통하여 길이 장래의 조선을 감화할 것이다.

思想界의 위대한 영향을 미친 이로 말하면 世宗 이전에는 元曉大師가 있었고, 世宗 이후에는 退溪先生이 있었을 뿐인데, 元曉는 佛의 聖이요 退溪는 儒의 賢이다. 이 두 분은 불·유의 철학을 완성하는 동시에 불·유의 교세를 弘通하니만치 고금사상계의 쌍벽으로 傳誦하는 바다. 특히 元曉는 海東의 初祖요, 계율을 타파한 혁명가로 그 발명한 바의 철학사상은 불교를 통하여 縱으로 世宗 이전의 조선을 풍미하여왔었고 橫으로 조선 이외의 세계 곧 東은 일본과 西는 漢土에까지 파급하게 되었으니, 걸핏하면 域內에 갇혀 고립하기 쉬운 조선인의 문화나 사상이 멀리 國外에 발전을 보게 된 것은 元曉大師로써 제일인자를 삼을 것이다.

불교사상에 元曉가 대표자라면 유교사상계에 退溪가 대표자일 것은 거의 이의가 없는 바이다. 비록 이전에 신라의 薛聰이 있고 고려의 崔沖이 있으나 그네들은 訓詁가 아니면 詞章을 일삼았을 뿐인즉 사상과 관계가 적었다. 유교 그것이 사상계에 세력을 가지게 된 것은 麗末에 宋學이 들어온 이후 일로서 유교의 지도원리가 불교의 지도원리를 대신하여 조선인의 생활을 규율함에는 다시 많은 세월을 요하였으니, 말하면 退溪 이전까지는 유교가 오히려 政治나 詞章의 餘習에서 벗어나지 못하던 것이 퇴계의 출현을 기다려 비로소 완전한 철학의 성립을 보게 되었으며 禮論의 발달도 또한 퇴계 이후에 있었은즉 퇴계로써 반도 儒宗을 삼는 것이 당연한 일이다. 퇴계는 東方朱子의 稱이 있느니만치 그 사상이 시간적으로 3백년 동안 조선을 지배하여왔었고 공간적으로 일본에까지 전하게 되어 德川時代 유학의 연원을 열어주었다. 퇴계의 사상이 이처럼 유교를 통하여 槿·桑兩城[域]에 군림하였던 것이다.

그러나 오늘날 와서는 불·유의 衰微하여짐을 따라 元曉와 退溪의 사상적 영역도 점점 좁아져 다만 哲學史上의 일개 학설로서의 그 잔영을 남길

날이 멀지 아니하다. 원효·퇴계의 철학사상이 현사회에서 그 자취를 감추게 되어감에 不計하고, 世宗의 실무적 사상은 오히려 그가 創定한 訓民正音을 통하여 조선인 대중 사이에 활개를 치고 있다. 원효·퇴계는 귀족문명시대에 있어서 사상계의 대표자가 되었다면, 세종은 장차 오는 민중문명시대에 가서도 사상계의 선도자 됨을 잃지 않을 것이다.

8. 儒·佛學과 朝鮮學

論者 혹은 말하되 元曉와 退溪를 사상계의 위인이라 함에 대하여는 이미 정평이 있는 바나 世宗을 사상계의 위인이라 함에 이르러는 적이 이의가 없지 못하니, 세종께서 비록 문화상 위대한 창작과 발명이 많았지만 사상상 독특한 創見과 發明이 있음을 듣지 못하였는데 어찌하여 사상계의 위인이라 하는가. 그를 문화의 大恩人이라 할지언정 사상계의 위인이라 함은 可한 줄을 모르겠다 한다. 그러나 여기 사상이라 함은 그 語義가 오늘날 그것과 판이하니, 학리상 創見이나 정치상 功利主義나를 물을 것 없이 다만 時代人心에 영향을 미치기만 하였으면 그것을 또한 사상으로 간주하여 막연하게 일컫는 것이다. 엄정하게 사상을 따진다면 세종께서도 역시 三綱五常의 유교적 전통을 벗어나지 못하였다. 그의 정치상 民本主義도 요컨대 유교류의 민본주의에서 脫化하니만치 오늘날 共和國의 민본주의가 아니요, 옛날 專制國의 민본주의이니 말하면 유교의 이상인 '保民'·'養民'의 민본주의이다. 그러므로 세종께서 사상계의 독특한 지위를 차지하기는 어렵다.

그러나 文化와 思想이란 것이 절대로 다른 것은 아니다. 서로 영향을 미치며 서로 연락을 지어 문화가 사상을 배양하고 사상이 다시 문화를 誕育하는 말하자면 인과적 관계가 있다. 세종께서 창조하신 문화는 朝鮮我에 눈뜬 제일보이니만치 그것이 곧 朝鮮思想의 연원을 지었다. 우리네 고유한 언어를 적기 위하여 독특한 문자를 창조함과 같음은 구원한 조선문화사에 있어서도 가장 推稱할 만한 조선사상의 고귀한 발로이다.

다만 조선사상이 그때나 이때나 무슨 체제를 가진 독특한 사상은 아니다. 그러나 中國思想 그것도 아니요, 印度思想 그것도 아니요, 조선사상은 어디까지나 조선사상이다. 비록 예로부터 조선이 中國·인도 사상의 감화를 많이 받았으나 특수한 환경에서 특수한 생활을 하게 된 조선인은 구원한 역사를 통하여 일종 특수한 朝鮮心을 형성함에 이른 것으로서 그것이 세종에게 의하여 가장 구체적으로 표현된 것이다. 이러한 의미에서 세종을 조선심의 대표자라 부르고 싶다.

원효를 불교사상계의 위인이라 하고 퇴계를 유교사상계의 위인이라 한다면, 또한 세종을 조선사상계의 위인이라 못할 것이 없다. 그러나 불교철학을 떠나서 원효가 독립할 수 없고 유교철학을 떠나서 퇴계가 독립할 수 없는 것과 같이 朝鮮學을 떠나서 세종이 독립할 수 없으므로, 불·유학이 衰해지고 조선학이 자라남을 따라서 원효·퇴계의 존재는 차차 멀어가고 세종의 광채는 더욱 增長될 것도 거의 의심없는 사실일 것이다.

9. 朝鮮學의 意義

근일에 사용하는 朝鮮學은 흔히 埃及學과 앗시리아學과 병칭하는 경향이 있다마는 여기는 다소 그 의의가·다르니, 광의로는 종교·철학·예술·민속·전설 할 것 없이 조선연구의 學的 대상이 될 만한 것은 모두 포함한 것이나, 협의로는 朝鮮語·朝鮮史를 비롯하여 純朝鮮文學 같은 것을 주로 지칭하여야 하겠다.

그러나 엄정한 입장에서 조선학이란 광의보다도 협의로 해석하는 것이 옳다고 하겠다. 특히 조선학이 유·불학과 대립하는 경우에 이르러는 협의로 해석할 것은 물론이다. 다시 말하면 조선인의 특수성을 표시하는 그 언어를 비롯하여 조선인의 過去相을 영사하는 그 역사이며 또는 조선인의 실생활을 조선말로 써낸 조선문학 같은 것이 조선학을 구성한 중심골자가 되어야 하겠다.

조선말은 조선인과 함께 아득한 옛날에 발생하였겠으나 그 사용은 조선글의 발명을 기다려 비로소 완성의 域에 이르렀으며, 조선사는 조선인과 함께 수천년 동안 진보하여온 것이나 문화적으로 가장 異彩를 빛낸 것은 아무래도 조선글을 創定하는 등 自我에 눈뜨던 그 시기가 될 것이며, 조선문학은 우리 先民들이 吏讀로 가요를 적기 시작하던 까만 고대에 벌써 남상하였으나 그것이 형식으로 내용으로 진정한 조선문학이 됨에는 조선말이 조선글로 적히게 된 이후의 일이다.

이로 보면 朝鮮學은 조선글의 발명과 및 그 발달에 의하여 비로소 그 존재의 가치를 증대하게 된 것은 史實이 증명하는 바이다. 만일 조선사에서 朝鮮文의 創定 그것을 뽑아버린다고 가상하자. 그럴 때는 조선말은 절름발이 말이 되고 조선역사는 눈먼 역사가 되고 조선문학은 얼빠진 문학이 되어 따라서 조선학의 자립을 보기가 자못 곤란하였을 것이다. 오직 이 조선말의 생명을 담은 조선글의 발명으로 해서 진정한 조선문학의 수립을 가능케 하니만치 조선글은 조선학의 독특성을 高調한 것이라 하겠다.

그러므로 조선글은 朝鮮心에서 생겨난 결정인 동시에 조선학을 길러주는 비료라 하려니와 조선글이 발명된 지 이래 5세기 동안에 조선의 사상계는 자는 듯 조는 듯 조선학의 수립에 대하여 각별한 진전을 보지 못하였다. 그러나 오늘날은 차차 舊思想에서 벗어나 新思想의 자극을 받게 된 조선인은 조선을 재의식할 때가 왔다. 한편으로 新文化를 받아들임과 함께 한편으로 조선학을 만들어 세계문화에 특수한 기여가 있어야만 할 것이니, 이는 文化族으로서의 조선인에게 부과된 일대사명인가 한다.

<『朝鮮日報』 1933. 4; 『湖岩全集』 2, 1939>

6. 鄭寅普, 五千年間 朝鮮의 얼 序

누구나 어릿어릿하는 사람을 보면 '얼'빠졌다고 하고 '멍'하니 앉은 사람을 보면 '얼' 하나 없다고 한다. '얼'이란 이같이 쉬운 것이다. 그런데 '얼' 하나의 있고 없음으로써 그 廣大·雄猛함이 혹 저렇기도 하고 그 屛陋·苟且함이 혹 이렇기도 하니, '얼'에 대하여 明察洞照함은 실로 遽論하기 어렵다 할 수도 있다. 무릇 '얼'이란 보이는 것이 아니라 항상 爲實에 비추어서 그 隱顯·存喪함을 찾아볼 수 있는 것이니, 기왕의 事爲 이제 보면 벌써 寒煙·冷風이로되 거기 비치는 '얼'의 輝然은 人物을 따라 流逝하지 아니하였나니, 설사 遠西의 往蹟일지라도 일은 갔으되 자취는 남았을진대 그 '얼'에 대한 感通이 있은즉 朝夕이요 咫尺이라 하려든, 하물며 우리의 先人의 綿遠悠長한 相繼 그 바이 있을 것이니 遙遙 5천년 간의 성쇠와 消長을 치더듬고 내리 만져서 어떤 때 輝輝함이 있는가, 어떤 때 열렬함이 있는가. 이와 마주쳐보면 아무리 일월이 오래다 하더라도 一血의 相受함은 고금이

있음이 아니니 或歌·或舞·或哭·或涕하는 그 어름에 忽然한 反顧 있기만
하면 차마 못가는 그 '얼'이야 그 자리에 나타날 것이 아니냐. 遠昔의 으슬
으슬하던 것을 거듭 살피어 보고 近古의 비리비리하던 것을 다시 뒤적여
보면 조선의 '얼'의 明迷 얼마나 중대함을 알 것이며, 또 우리로서 조선의
'얼'의 明迷로 조차〔좇아〕 조선의 일체를 按索하고 조선의 일체를 按索함으
로 조차〔좇아〕 조선의 '얼'의 明迷를 證照하여 風磨·雨洗한 久幹으로 하여
금 다시금 뚜렷하게 할 急務 얼마나 절박함을 알 것이다.

　우리로서 우리의 역사를 귀하다 함은 그 紙葉이나 行墨을 가지고 하는
말이 아니다. 進하여 말하더라도 그 詞說을 귀하다는 것이 아니요, 더 進
하여 그 事蹟의 造端과 展布와 末果와 紛紜·交互하여 내려오는 大幹·細
枝에 이르러는 역사의 가치 이에 있지 아니함이 아니로되 이것만으로는 오
히려 귀할 것이 없다. 무릇 世事는 萬端이다. 그러나 그 本함은 人心이요,
역사는 百變·千幻한다. 그러나 그 髓血을 循摩하여 보면 곧 人心의 蜿蜒
屈折함이다. 인심 또한 眞僞·虛實·詐誠·邪正의 遞代함이 巧算으로써 헤
일 수 없는 것이라. 그러나 그 脊柱는 이 이른바 '얼'이니, 이 '얼'이 있는
지라 變해도 또 幻해도 雲裏의 龍身과 같이 歷久一貫의 大線을 尋索할 수
있는 것이다. 저 事蹟의 幹枝 가다가다 이 '얼'의 섬광을 번쩍거리는 동시
幾無한 줄로 알게 된 것이 의연히 更發함을 보아 없는 듯한 속에 없어지지
아니한 그것이 內繼하였던 것을 알 수 있으며, 또 이 '얼'의 或隱·或顯함
을 따라 消長·성쇠가 생김을 事蹟에 依映하여 찾아볼 수 있는 동시 저 顯
하던 것이 隱함에 미치게 됨과 隱하던 것이 顯함에 이르게 됨이 무한한 苦
抵·力回의 積累함임을 形露한 자취로 조차〔좇아〕 들여다볼 수 있음을 알
수 있나니, 자취로 조차〔좇아〕 그 '얼'이 나타나고 片時의 閃現하는 그 '얼'
로 조차〔좇아〕 千秋·萬祀의 일관되는 六脊柱 엄연히 나타날새 事蹟이 이
에 귀하고 역사 이에 귀한 것이다.

　그러므로 事蹟의 幹枝를 구명함이 곧 '얼'의 大緒를 추색하려 함이라. 저
간지에 대한 究明을 固確하게 하지 아니하고는 구명이 구명답지 못할 것이
요, 이를 固確하게 하려 할진대 혹 至纖한 것까지에도 周察이 아니 미침이
없어야 할 것이요, 혹 至猥한 데까지라도 旁〔察〕探이 아니 이름이 없어야
할 것이요, 察하고 探함만으로도 오히려 浮游할 염려 없지 아니하므로 거
기다가 참고와 佐證을 가하지 아니할 수 없고 고증으로도 혹 孤隻하면 危

하고 혹 會聚하면 堅한지라, 古人은 旣往하였고 古蹟은 旣陳하였거늘 심상한 구명만 하여도 어렵다 할 것을 步一步 加深·加厲하여 어디까지든지 그 固確에 대하여 分毫의 疑가 없도록 하자 하는 것이 곧 史家의 노고이다. 그러나 그 證을 堅히 하려 함은 그 探·察로 하여금 浮游함에 橫入함이 없도록 하려 함이요, 그 探·察의 是實함을 期함은 그 구명의 固確함을 圖함이라. 證이 이미 堅하고 探·察이 이미 是實하고 구명이 이미 固確하였다면 다시 더 할 것이 없을까. 아니다. 그러면 구명은 또 무엇을 하려고 하는 것인가. 그 '얼'에 대한 추색을 事蹟에 의하여 하게 되는 까닭에 저 구명으로써 이 추색을 달하자는 것이다. 그런즉 '얼'을 제쳐놓고서 사적의 구명에 專하였다 할진대 구명도 구명답지 못할 것은 물론이려니와 설사 구명으로서 상당함이 있다 할지라도 이 이른바 無爲의 구명이라. 그러므로 유유한 往古를 어루만지는 그 손에는 반드시 有心人의 熱이 指爪까지 周匝함을 요하나니, 小乘과 淺辯으로써 오로지 雜引·旁羅를 醽하는 그네의 油指·粉腕으로 하여금 濫厠하게 함을 허락하기 어려운 것이다.

그뿐이랴. 5천년은 우리의 과거라. 기왕한 古人과 旣陳한 古蹟을 기술에 비기어 찾아본다 하기로소니 陳임과 往임에야 어이랴. 또 그 기술로 하여금 능히 旣往을 面前같이 하고 旣陳을 現下같이 하였다 할지라도 이러느저러나 기술이라. 그 人이나 그 事 아니다. 그러나 과거는 과거다. 과거야 아니라 하랴마는 이 과거가 남의 과거가 아니요 우리의 과거인 다음에는 어떤 때 誓圖, 丹衷에 激發되어 薪이 盡하더라도 火 傳하듯이 耿耿 長存하던 것이 과거로되 우리요, 어떤 때 烟收·雲空하던 것이 電閃·雷震하던 것이 과거로되 우리요, 恒沙에서 數粒을 주워 말하더라도 勳德이 皇天에 格하고 威武 四海에 被하던 것이 過去로되 우리요, "四方託境 廣獲民土 隣國誓信 和使交通"하던 것이 과거로되 우리요, 龜城平野에 遠山은 點點한데 風雨는 南來하고 旌旗는 北指하던 것이 과거로되 우리요, 沃沮 一夕에 錯莫하다 天心이여 饌進·劍發하고 身仆·民起하던 것이 과거로되 우리요, "이 몸이 죽어 죽어 일백번 고쳐 죽어 白骨이 塵土되어 넋이라도 있고 없고 임 향한 一片丹心이야 가실 줄이 있으랴" 하던 것이 과거로되 우리요, "水國秋光暮 驚寒雁陳〔陣〕高 憂心輾轉夜 殘月照弓刀"라 하던 것이 과거로되 우리다. 훨씬 더 올라가서나 자칫 내려와서나 아주 최근까지에 각양각색의 창피스럽고 악착 구구한 種種相이 꾸준하게 '새치기'를 한 것도 사실이로되 의연히 상존해온 一片奇偉 언제나 旁露・內朗하던 것이 과거로되 우리다. 우리를 軀殼에서만 찾는지라 古人이 우리가 아니요 우리가 古人이 아니지, 한번 그 '얼'에 들어가 생각하여 보면 우리의 古人이 곧 우리다. 그러므로 우리 古人의 往蹟으로 좇아 그 髓血을 접할진대 이 一段血脈이 곧 내 혈맥임을 驚悟할 것이요, 과거의 卓絶・奇偉・壯特・卓固함을 볼 때 내 속 어느 곳에든지 스며 내린 무엇이 있음을 自信하여 우리의 群星・諸烈의 雲旗・羽蓋 발딱발딱하는 이 혈맥 속으로 좇아 時降・時昇함을 몸서리치도록 解得할 것이다. 그런즉 과거, 의연히 살아 있는 것이니 뉘 陳타 往타 하는고.

그런즉 우리로서 自心에 自依하지 아니하고 일체를 外求하게 됨이 그 原由 多端하다 할 것이로되, 최대한 根因으로 말하면 우리로서 우리를 알지 못하고 또 알려고도 하여 보지 아니한 지가 오랜 까닭이다. 오호라. 5천년의 脊柱, 百變・千幻하는 별별 풍우를 겪을 대로 겪어도 가다가다 뚜렷하게 드러나는 것을 보면 의연히 輝耀・照爛하거늘 내리깐 눈을 조금도 올려 뜨지 못하여 지척만 가지고 千秋를 例〔窺〕視하려 할 뿐 아니라 顚倒・汨沒의 流, 꺼풀까지 孤負하는 것은 말할 것도 없거니와 설사 閔時・傷俗하는 苦抱를 가진 축이라도 스스로 族顯을 貶薄하여 "할 수 없어", "원체 그러니까" 하는 斷語를 서슴지 아니하고 붙이는 것도 거의 恒事이니, 우리로서 조금이라도 우리를 안다 할 것 같으면 아무리 추락하기로선들 여기까지에 미치지는 아니하였을 것이 아닌가. 사람이란 감격이 있다. 감격은 곧 '얼'의 유통되는 혈맥이니 우리 古典・往籍을 읽다가 어떤 때 眉宇가 들리고 어떤 때 悲淚 交下하는 것이 모두 감격으로서 통하는 혈맥이다. 그러나 이는 오히려 泛泛하니 골육의 相受인 그 부치로서는 固然한 혈맥인지라, 거기서 감격은 外他感激의 類 아닌즉 저 감격으로서 혈맥을 삼은 것과 이 혈맥으로서 감격이 생긴 것이 한갓 淺深・淡濃의 차로만 볼 것이 아니다. 그러므로 우리로서 우리의 과거를 어루만지지 아니한다면 모르되 만지기만 한다면 우리의 손이 다닫기 전에 벌써 옛 脈이 이제로 뜀을 體覺할 것이다. 우리로서 어찌 우리를 알려 하지 아니할 것인가. 우리의 '얼'이 어떠함을 어찌 按索하지 아니할 것인가. (이하 省略)

<『東亞日報』, 1935. 1; 『朝鮮史硏究』, 1946>

7. 白南雲, 朝鮮經濟史方法論 (번역)

1. 朝鮮史 硏究의 方法論

조선사의 연구는 바로 과거에 있어서의 역사적·사회적 발전의 변동과정을 구체적으로 현실적으로 구명하는 동시에 그 실천적인 동향을 이론화하는 것을 임무로 삼아야 할 것이다. 그러기 위하여는 인류사회의 일반적 운동법칙으로서의 史的 辯證法에 의해 그 민족생활의 계급적 제관계 및 사회체제의 역사적 변동을 구체적으로 분석하고 다시 그 법칙성을 일반적으로 추상화함으로써만 가능하다. 그것은 이윽고 全人類史의 한 부문으로서 세계사적 규모에 있어서의 현대 자본주의의 이식·발전 과정을 본질적으로 파악할 수 있게 함과 동시에 그 지구상의 社會平原에의 진로를 제시하게 될 것이다.

그런데 종래의 조선역사는 어떠한가. 먼저 그 내용을 보면 어떤 일정한 王朝를 중심으로 하여 정치적 권력의 외부적인 규정 및 흥망성쇠를 줄기로 한 왕조의 변혁사, 혹은 군주의 행동거지, 신하들의 진퇴 등에 관한 이른바 君臣의 言行錄, 또는 政令의 개폐, 군주의 득실, 신하들의 포폄 등에 관한 전제정부의 일기장, 그리고 전쟁사 등을 가득 싣고 있다. 다음 그 편찬의 체계를 본다면 중국의 綱目式을 답습한 年代記的 分類史이다. 나아가서 그 편찬자들의 태도나 방침을 살펴보면 正統主義 아래 놓여 있다. 그러한 여러 특징을 지니게 한 본질적인 이유를 규명한 결과 두 가지 특징을 발견하게 되었다.

그 하나는 역사의 機軸이 되어야 할 民衆生活 내지는 社會構成의 발전과정을 제외한 것이고, 둘째는 역사적인 事象의 단순한 병렬(Nebeneinander)이기 때문에 역사의 계기적인 변동의 법칙이 결여되어 있다는 것이다. 그렇지만 史官 내지 國史家들의 계급적인 임무는 별도로 하더라도 무의식적으로 제약된 당시의 사학 지식의 일반적 수준으로 보아 이러한 오류는 어쩔 수 없는 것으로 오히려 용서해야 할 결점이며 記錄史로서 후학을 위한 귀중한 선물이었다. 우리는 마땅히 그 고전적인 역사를 비판적으로 다루는 동시에, 현대사학의 최고수준에 의해 인멸되거나 혹은 묵살된 모든 자료 및 단편들을 수집·분석하고 통일적인 민족생활의 發展史學을 수립해야 할 의무를 부과받은 것이다. 그것은 단지 과거에 있어서의 자기의 비판에 그치는 것이 아니라 미래의 우리를 향한 전망이기도 한 것이다. 여기에 사학의 실천성이 있고, 일반적인 동향이 규정되어야 할 것이다.

최근의 우리 선배들은 조선사학을 위해 얼마만한 공헌을 하였을까. 혹은 문헌고증을 위해, 혹은 고적답사 및 유물수집을 위해 심혈을 기울이고 있다. 물론 어느 것이나 필요한 일이긴 하지만, 다른 면에서 보면 우리 사학의 영역에서 하나의 새로운, 그러나 불행한 刻印으로서의 '特殊史觀'이란 외래품을 일본에서 수입한 것도 우리의 선배들일 것이다. 저 특수사관인 역사학파의 이데올로기는 신흥 독일 자본주의가 영국에 대항하기 위한 국민적 운동의 소산이었는데, 이것이 신흥 일본의 자본주의적인 國情에 적합한 때문에 대량으로 수입한 결과 일본의 사학계는 아무튼 비약적인 발전을 하여온 것이다.

이와는 반대로 우리 선배들의 기민한 수입은 국정의 격변으로 말미암아 뿌리를 내리지 못하고 골동품을 수집하는 편력학도(fahrende Schüler)로서 정치적으로 버림을 받게 된 정세이긴 하지만, 적어도 관념적으로는 조선문화사의 독자적인 소우주(Mikrokosmus)로서 특수화하려는 기도가 비교적 뿌리깊게 습관화되어 있다. 이러한 종류의 특수성 외에 이것과는 외관상 다른 官製의 특수성이라는 것이 별도로 규정되어 유포되어 있다. 그것은 관리 諸公의 '조선특수사정'이라는 이데올로기가 바로 그것이다. 이런 두 가지 형태의 특수성의 차이를 찾아보면, 전자가 신비적·감상적인 데 대해 후자는 독점적·정치적이라는 점을 지적할 수 있지만, 본질적으로는 인류사회 발전의 역사적 법칙의 공통성을 거부하는 점에 있어서는 완전히 궤를 같이하고 있으며, 따라서 반동적이다. 이 두 가지 형태의 —— 사실은 닮은 꼴의 —— 특수성은 조선사학의 영역을 개척하기 위해서는 정력적으로 배격해야 할 현실적인 대상이다.

나아가 이론적으로는 인문지리학적인 자연환경론, 인종학적인 특수문화론, 리케르트流의 개별적 문화가치론 등도 모두 특수사관의 특수이론으로 조선의 특수문화사를 신봉하는 사람에게 있어서는 최상의 외래품으로 애용

되겠지만, 그것들은 역사과학에 있어서는 본질적으로 무가치한 것이다. (羽仁五郎, 『轉形期의 歷史學』, 128면)

"모든 人間史의 제1의 전제는 물론 생명을 지닌 인간으로서의 諸個人의 존재이다. 이들 제개인이 그에 의해 자기들을 동물과 구별하는 최초의 역사적인 활동은 思惟하는 것이 아니라 오히려 그 생활수단을 생산하기 시작하는 것이다. 그러므로 첫째로 확정되는 사실은 이들 제개인의 육체적인 조직 및 그것을 조건으로 하여 주어지는 외계 자연에 대한 그들의 관계이다. ……제개인의 존재는 그들이 그 생활을 표현하는 방법에 나타난다. 그러므로 그들이 무엇인가는 그들의 생산하는 방식(Weise)과 일치한다. 즉 그들이 무엇을 생산하고 있는가 또 어떻게 생산하는가에 달려 있다. 따라서 제개인이 무엇인가는 그 생산의 물질적 제조건에 의존한다. 여기에서 일정한 방법에 따라 생산적으로 활동하고 있는 일정한 제개인은 일정한 생산제관계 아래에서 특정한 사회적 및 정치적 제관계를 맺고 있다는 사실을 알게 된다"(河上肇・森戸辰男・櫛田民藏 공역, 『독일 이데올로기』, 77~79면). 즉 "인류의 존재는 그들의 현실적인 생활과정이다." 그러나 그것은 단지 수동적으로, 感受的으로만 생활하는 인간은 아니다. "인간은 생산에 있어서 단지 자연하고만 관계하는 것이 아니다. 그들은 일정한 방법에 의해 공동으로 일하며 그들의 활동을 서로 교환하는 것을 통해서만 생산한다. 그들은 생산하기 위해 서로 일정한 연락 및 관계에 들어가며, 또 이와같은 사회적 연락 및 관계 속에서만 자연에 대한 그들의 관계가 성립되고 생산이 이루어진다. ……각 개인이 그 안에서 생산하는바 사회관계, 즉 사회적 생산관계가 물질적 생산수단의, 따라서 생산력의 변동 및 발전과 함께 변화한다. 이러한 생산제관계는 그 총화에 있어서 사회관계 또는 사회라고 지칭되는 것을 구성하며, 또한 실로 일정한 역사적 발전단계상의 한 사회를, 즉 고유의 특수한 성질을 지닌 한 사회를 구성한다. 고대사회・봉건사회・부르조아사회는 이와같은 생산관계의 총화이며, 그 각각은 동시에 인류 역사에 있어서의 일정한 특정 발전단계를 표시하고 있다"(마르크스, 『임노동과 자본』, 河上肇 역, 53면). 즉 역사과학에 있어서의 유일한 특수성은 사회의 역사발전 단계의 특수성이며, 이것은 환상적인 특수성이 아니라 현실의 특수성이기 때문에 또한 실로 발전성 그 자체에 의해 하나의 계기적(nacheinander)인 연관을 이루는 것이다. (羽仁五郎, 앞의 책, 129면)

우리 조선의 역사적 발전의 전과정은 예컨대 지리적인 조건, 인종학적인 骨相, 문화형태의 외형적인 특징 등 다소의 차이를 인정한다 하더라도, 외관상의 이른바 특수성이 다른 문화민족의 역사적 발전의 법칙과 구별되어야 할 독자적인 것은 아니며, 세계사적인 一元論的인 역사법칙에 의해 다른 제민족과 거의 同軌的인 발전과정을 거쳐왔던 것이다. 그 발전과정의 완만한 템포, 문화양상의 특수한 濃淡은 결코 본질적인 특수성이 아니다. "니그로는 니그로다. 다만 그는 일정한 상태 아래서 비로소 노예가 된다." 즉 조선민족의 발전사는 그 과정이 아무리 아시아적이라고 하더라도 사회구성의 내면적 발전법칙 자체는 오로지 세계사적인 것이며, 삼국시대의 노예제사회, 신라통일기 이래의 동양적 봉건사회, 移植자본주의사회는 오늘날에 이르기까지의 조선역사의 기록적 총발전단계를 나타내는 普遍史的인 특징(!)이며, 그것들은 제각기 특유의 법칙을 갖고 있다. 여기에서 조선사 연구의 법칙성이 가능하게 되며, 그리고 세계사적 방법론 아래서만 과거의 민족생활 발전사를 내면적으로·이해함과 동시에, 현실의 위압적인 특수성에 대해 절망을 모르는 적극적인 해결책을 발견할 수 있을 것이다.

2. 朝鮮經濟史의 研究對象과 方法

조선민족은 특수한 전통의 아들이 아니며 생물학적으로 진화되어온 일반적·정상적인 인간이다. 그리고 그들이 동물과 구별되어야 하는 역사는 그 육체적 조직에 의해 조건지어진 생활자료의 생산에서 시작되었다. 그런 점에서 이 경제사는 조선민족의 발생사인 것이다. 또 그 생산의 구체적인 내용은 그 노동의 부담자와 생산수단과의 구성관계를 말하는데, 이 구성이야말로 사회의 기초가 되는 것이며, 그것이 역사적으로 형성·발달·전환되는 과정에서 조선의 정치사도 문화사도 그것과 관련되어 전개된 것이다. 그리고 조선경제사는 그 사회구성의 기초가 되는 경제조직의 역사적인 진화과정을 정치형태 내지는 관념형태와의 상호관계에서 연구해야 하는 것이며, 이런 의미에서 그것은 조선민족 발전의 基本史인 것이다. 혹은 조선경제사를 의복 내지 주거·농업·수공업·상업·교통·시장·화폐·조세·契·寶 등에 관한 연대적 기록사라고 생각할는지도 모르겠다. 그러나 그것들은 물론 경제사 연구에 중요한 자료는 될지언정 아직 사학이론으로서의 경제사는 아니다. 이런 외부적인 經濟事象, 경제적 제도 및 형식의 기술적 나열은 기계론에 빠지는 것은 물론 조선민족의 역사적 발전의 결정적 요소로서의 생산력 및 생산양식의 전환관계를 구명할 수 없는 것이다.

우리가 의미하는 조선경제사는 조선민족의 사회적 존재를 규정한 각 시대에 있어서의 경제조직의 내면적 관련, 내재적 모순의 발전 및 거기에서 일어나는 생산관계의 계기적인 交代의 법칙성과 불가피성을 과학적으로 논증하는 것이다. 좀더 구체적으로 말하면 조선민족의 출발점이어야 할 원시 씨족공산사회, 삼국(고구려·백제·신라) 정립시대의 노예경제, 신라통일기부터 최근에 이르기까지의 아시아적 봉건제, 현재 진행중인 상품생산제, 이 네 가지 사회적 구성이야말로 우리의 연구대상이 되는 것이다. 즉 역사 이전의 무계급사회로부터 계급사회로의 전환, 내면적으로는 혈족적 공동생활로부터 잉여생산물 내지 잉여가치의 흡인양식에 이르기까지의 역사적 생산양식의 발전과정을 구체적으로 확증하는 것, 이것이 곧 조선경제사의 임무가 되지 않으면 안된다. 이 임무를 완수하기 위해서는 단순한 경제적 자료의 수집만으로는 거의 절망적이기 때문에, 우리는 반드시 어떤 합법칙적인 방법론에 입각하지 않으면 안되는 것이다. 단적으로 말하면 근대 시민사회의 모든 비밀이 상품의 분석에 의해 해명된 것처럼, 과거에 있어서의 조선의 노동부담자와 생산수단과의 내면적 구성관계를 역사적으로 발전해온 時間線에 따라 분석·비판하여 본질적으로 파악해야 한다. 여기서 우리는 종래의 국내외 학자들이 의식적이건 무의식적이건 완전히 간과해버린 위대한 폐물(!)을 이용할 필요가 있다.

즉 화석화된 친족제도의 용어 분석에 의해 有史 이전의 씨족공산사회의 양상을 밝혀내고, 법률적 노예제의 구명에 의해 삼국 문명의 역사적 풍경을 묘사해내는 동시에 그 노예경제라는 것을 본질적으로 파악할 수 있다. 그와 마찬가지로 農奴로서의 노예 및 佃民의 노동관계의 통찰에 의해 신라의 통일기 이래 고려를 거쳐 이조말기에 이르기까지의 아시아적 봉건경제의 특질·발전·붕괴의 전과정을 총관할 수 있는 것이다. 하긴 조선의 경제사에 관한 자료는 대단히 풍부하지만, 어느 것이나 단편적으로 존재하거나 좀이 먹거나 혹은 관청 창고에 수장되어 있기 때문에, 그것을 摘記·수집·정리하는 데만도 상당한 시일과 노고가 따르지만, 더욱 나아가서 유일한 과학적 관점하에 그 자료로 하여금 과거를 말하게 하는 것이 보다 중요하며, 그것에 의해서 조선경제의 발전법칙을 역사적으로 규정하는 것이 우리 조선경제사의 임무일 것이다.

3. 朝鮮經濟史의 출발점

오늘의 조선은 우리의 특수문화사가들의 의도에도 불구하고 세계사적 규모에서 자본주의의 한 고리를 형성하고 있다. 그 前단계는 아시아적 형태로서의 봉건사회의 완만한 발전과정이며, 그 前단계에서는 노예소유자계급의 국가형태를 발견할 수 있다. 그뿐만 아니라 古文書에서 산견되는 원시사회 형태의 파편, 출토품, 原生語 등을 정밀히 탐구함으로써 원시적 공산체의 흔적과 만나게 되는 것이다.

그 원시공산사회는 야만시대에서 문명기에 이르는 사이에, 경제적으로 역사적으로 정신적으로 우리의 원시 조상들의 공동생활을 보장하는 유일한 사회구성이었으나, 그 물질적 생산력의 완만한 발전, 재산제의 배태와 함께 계급사회를 준비하면서 드디어 붕괴의 과정에 들어섰던 것이다. 이 원시공산사회야말로 우리가 연구해야 할 조선경제사의 출발점이다. 즉 조선경제사의 출발점으로서의 원시공산사회는 여러 방면에서 논증할 수 있지만 그 형태는 물론 전형적인 것은 아니다.

원래 원시공산체의 존속기간은 대단히 유구하고, 그 생산력의 완만한 발전과 함께 그 형태도 스스로 변하여 전성기와 후기에서는 그 공동체의 속성도 변하고 있다. 그리고 우리는 편린으로써 전모를 엿볼 수 있는 것처럼, 거의 타락에 가까운 농업공산체의 흔적으로 능히 그 모습을 추리할 수 있을 것이다. 여기에서 신화·전설·고문헌·분묘의 출토품 등에 의해 원시 조선에 있어서의 씨족공산체의 면모를 묘사하게 될 것이다.

<『朝鮮社會經濟史』, 1933. 9. 9 ; 이기백 편, 『歷代韓國史論選』에서 轉載>

8. 李淸源, 朝鮮社會史讀本 序文 (번역)

과거의 朝鮮은 많은 특수성·정체성을 지니고 있지만, 그럼에도 불구하고 과거 및 현재를 통하여 역시 세계사의 일환으로서의 발전을 해온 데 지나지 않았다. 그러나 조선의 과거와 현실은 모든 점에 있어서 과학적 구명의 처녀지이며, 도끼를 가하지 않은 원시림이다.

특히 국제적인 모든 관계는, 그리고 세계사의 운명은 동양에서 결정되려는 것과 같은 양상을 띠고 있으며, 게다가 이들 문제와 관련하여 근년 국제적 규모에 있어서의 '아시아적 생산양식'의 논쟁은, 동양에 있어서 비교적 올바른 이론적 건설을 가져왔다. 그런데도 불행히 우리 조선에 관해서는 과학적 노력이 행해지지 않고 있다. 행해지고 있다고 하더라도 문제되지 못할 정도이다. 다시 말해서 정확한 의미에서의 과학적 구명은 거의 행해지지 않고 있다. 물론 朝鮮經濟史·朝鮮文化史·朝鮮法制史·朝鮮農政史 등의 당당한 제목을 지닌 많은 서적이 지난 2, 30년에 걸쳐 많은 양을 나타내고 있지만 이들은 신화·전설을 전제로 하고 집필한 것이며, 역대 왕조의 흥망·성쇠를 기록한 보고서, 애절·현란한 이야기들이다.

그리고 최근의 국제적·국내적인 일련의 사정은 필연적으로 '조선의 과거와 현실'을 이해하려는 기운을 높이었다. 그러나 儒敎訓話的인, 정책적인, 半封建的 '朝鮮學'은 조선의 역사적 과정을 세계사와는 전혀 별개·독립적인 고유의 神聖不可侵한 '5천년간의 얼'을 탐구하는 데 열심이어서, 그 公式의 천재는 '檀君'에 粉飾하고, 그 전체적인 영웅은 '李舜臣'의 옷을 빌려 입고, 그 재간 있는 사람들은 '丁茶山'의 가면을 쓰고 역사를 왜곡하고 있다. 이리하여 '얼'에 의하여 이루어진 신비적인 역사가 만들어진 것이다.

신흥 歷史科學은 물론 이와 대립한다. 조선에 있어서의 모든 형태의 경제적 대립을 구체적으로 연구하고, 이것을 역사의 발전법칙에 비추어서 역사의 진실을 파악할 것을 요구하고 있다.

우리의 역사과학은 종래의 신비적·훈화적 역사학에 대립하여 종합적 과학의 날카로운 解剖刀를 아직 만족스럽게 적용하지 못하고 있다. 그러나 역사과학 영역에 있어서의 활동의 그 유치함에도 불구하고, 종래의 역사를 착실한 진실의 연구로부터 축출하고, 과학의 우월성을 단연 확보하고 있다. 하지만 우리 역사과학은 단순히 조선을 여러가지로 해석할 뿐만 아니라, 현실의 조선을 발전적으로 이해하기 위한 활동이다. 바꾸어 말하면, 가장 뒤떨어진 문화와 가부장적 생활의 조선을 지양하는 것이다. 하지만 이것은 종래의, 그리고 현재의 정책적인 '朝鮮學'의 騎士 제군이 할 수 없는 바이다. 그리고 또 외국인에 의해서는 하기가 용이하지 않다. 물론 이 것은 조선의 연구는 조선인만이 모두 해야 한다고 말하는 것은 아니다. 그 러나 사실상 조선의 史料, 조선의 문자, 조선의 전통・생활은 조선인에 의 해서 비로소 긴밀한 접근을 할 수 있기 때문이다.

현재까지 세계사 속의 조선에 관한 부분은 정히 한 조박의 백지의 상태 에 머물러 있었다. 하지만 이제 우리는 이 공백을 메우기 위하여 일어서지 않으면 안된다. 그리고 白南雲씨의 『朝鮮社會經濟史』는 三國時代까지의 이 공백을 메우는 데 있어서 일대 획기적인 노작이었다. 그러나 그것은 유감 스럽게도 풍부한 내용에도 불구하고 '公式主義'에 빠지고 있다.

지금 여기에 간행하는 『朝鮮社會史讀本』의 기도하는 바는 '조선의 얼'을 깎아냄으로 해서 계몽상 하나의 기초를 확실하게 한다는 점에 있지만, 필 자는 본래 淺學菲才이며 또한 단시일에 집필한 것이기 때문에, 史料・理論 모두 불충분하다는 것을 필자 자신 이를 인정하고 있다. 그러나 한 권의 과학적인 通史조차 못 가지고 있는 우리 조선의 현재에 있어서는, 다소라 도 이 책이 종래의 역사서보다 우월성을 확보하고 있다는 것을 적이 자부 하고 있다.

<『朝鮮社會史讀本』, 1936 ; 이기백 편, 『歷代韓國史論選』에서 轉載>

9. 李相佰, 朝鮮文化史研究論攷 序

지금 우리 역사를 연구하는 학도들에게 긴급 초미의 과제가 되어 있는 사명은 歷史의 哲學을 확립할 것과 歷史의 科學을 실천하는 것이다. 역사 의 철학을 확립하는 것은 우리의 史觀을 확립하는 길이요, 역사의 과학을 실천하는 것은 近代史學의 科學的 方法에 의한 연구를 의미하는 것이다.

이곳에서는 우리가 건설하고 파악하여야 할 역사의 철학의 내용에 대하 여 운운할 기회도 아니요 또 그 이유도 없으나, 다만 위에 말한 바 우리의 2대 과제인 역사의 철학과 역사의 과학은 종래 생각하는 바와 같이 반드시 상반하는 관념이 아니라는 점만을 주장하여 두고 싶다. 재래에는 역사의 과학이 구체적인 사건을 대상으로 함에 대하여, 역사의 철학은 추상적인 관념을, 一은 국민·민족에 관심함에 대하여, 他는 일반 보편한 것을 관찰하는 것이라고 생각하였다. 이리하여 양자는 다같이 인간의 事蹟을 고찰하면서, 一은 사실 자체를, 他는 그 원리적인 것을 고찰한다 하여 個個와 普遍, 事實과 理念, 考證과 思索, 經驗學과 形而上學, 모두 서로 대립의 위에 서 있는 것으로 생각하였던 것이다. 그러나 역사의 철학은 이때까지 綜合的·普遍的이 되려고 하였으나 아직 충분히 학문으로서의 기초를 공고히 하지 못하였음에 대하여, 이 역사의 철학의 학문상의 정신을 계승하고, 그 위에 역사가 가진 입장을 떠나지 않은 새로운 역사의 과학이 있어야 할 것이라고 믿는다.

이것을 좀더 구체적으로 말한다면, 역사의 사실이란 것은 항상 人間性의 전체에 관련하는 것이다. 이것은 리케르트가 歷史的 個性이라는 것은 항상 역사의 전체에 편입되는 것이라는 의미와도 같은 것이다. 즉 이 歷史事實이라는 것은, 人間性 전체 위에 있는 의미있는 존재라는 것을 생각하여야 한다. 그러므로 個個가 全體에 관련하는 것은 그 개개를 조금도 변개함이 없이 전체에 관련할 수가 있다. 일개의 사건이 그 시간과 장소의 제약을 받으면서 넓게 그 시대 전체에 관련하고, 또 국민·민족의 전반에 관련하여 이해되고, 다시 인간 전체의 관련에 있어서 고찰할 수 있는 것은 이 때문이다.

이같이 개개의 歷史事實의 위에 일반적인 의미를 생각하는 것은 역사적 개성을 변경하는 것이 아니다. 이것은 역사를 個別化라 하고, 自然科學을 一般化라고 하는 논리적 대립을 문란하게 하는 것은 아니다. 또 實證主義的인 사건의 개개의 精密의 탐구라는 것도 시간·장소·인물에 대한 개별적인 탐색으로써 역사의 사실이 명백하게 되는 것은 그대로 全體 關聯에서 보는 데 조금도 지장될 바가 아니다. 오히려 人間生活의 전체의 이해에 있어서는 개개의 人間의 行爲가 정밀하고 정확하게 알려질 것이 필요하다. 시간적 관련은, 예컨대 悠遠한 과거시대의 사실이 시간적 의미를 그대로, 오히려 잘 인간의 전체적 의미를 더 명백히 볼 수 있게 하는 것이다. 먼 土地, 다른 장소에 일어난 사건도, 아무리 다른 곳에서라도 人間性의 표현을 볼 수가 있다고 생각한다.

특수한 國民의 역사, 혹은 어떤 時代의 역사가 普遍史가 될 수 있다는 것도 이로써 생각할 수 있다. 종래로 세계사, 보편사, 보편적 세계라고 할 역사의 形體가 광범한 諸民族의 歷史經驗을 남김없이 類聚하고 彙別하여 그 위에 세워져야 한다고 하였으나, 이것은 과도한 노력을 역사가에게 지우고, 장구한 노고에 의하여서만 완성되는 역사가 있다고, 오랫동안 幻影을 가지고 시간을 잊어버리던 역사가를 노고시킬 뿐이었다. 이같은 廣大無邊한 사실을 남김없이 기록하려는 보편적인 세계사가 결국은 否定당하게 되더라도 역사의 개개의 사건에 있어서 볼 수 있는 그 보편성의 인식은 부정할 수 없다. 이같이 생각함으로써 역사와 역사의 철학의 합일할 점이 있다고 할 것이다. 역사의 철학이 普遍史가 됨에도 이같은 의미의 역사사실의 보편성을 생각함으로써 달성할 수가 있다.

근세에 발흥한 소위 文化史도, 그것이 근대의 역사학의 진보의 결과이기 때문에 종래의 역사연구와 新舊 대립하는 것이라고 생각하고, 역사에 있어서의 個人의 考究에 이 新舊史學의 대립이 있다고 보는 사람이 많다. 종전의 역사연구는 특수한 개인, 일부 소수, 상층계급을 연구하였으나, 文化史研究의 발흥에 따라 집단의 생활,·일반 민중의 생활이 새로 주의를 끌게 되고 여기에 특수 영역이 발견되어 文化史는 民衆的 多數人의 역사 내지는 平凡人의 역사가 되므로 구래의 역사연구와 대립하고 그 특성을 이에 발견한다고 하였다. 이것은 흡사히 역사의 形體에 있어서는 政治史에 대하여 文化史가 대립한다는 論, 個人心理的인 종래 史學에 대하여 文化史學을 社會心理學的이라는 論과 같은 논리를 그 중에 발견할 수가 있다.

물론 위에 말한 文化史의 특색 강조에 진리가 있는 것도 사실이나, 일률적으로 문화사에 있어서는 개인을 대상으로 하지 않는다는 것이 오류인 것도 사실이다. 또 문화사가 너무 개인을 무시한다고 해서 문화사는 그 시야를 일반인에게 偏僻하고, 문예·신앙·사상 등의 정신적 일반 事象만을 편중한다고 공격하는 것도 소박한 종래의 역사가 가졌던 對象的 특징에 의한 학문 분류, 혹은 史料의 종류에 고착한 역사연구 방법, 소박한 實在論에 기초한 단순한 생각에 지나지 않는 것이라고 할 수밖에 없다.

문화사에 있어서는 역사상의 개인이 대상이 되는 것을 물론 회피할 것이 아니다. 위인이 人間性의 표현으로써 역사상에 중요한 의의가 있는 것과 같이 문화의 전개에 있어서의 의미가, 他에 비해서 著大한 것을 생각할 수 있다. 문화사가 위인의 人格的 行動을 문화의 관계에서 관찰하는 것은, 다못 문화에 공헌한 인물의 인격이 傳記的으로 대소 없이 기록되는 것이 아니요, 그 인물의 행동과 사상이 時代文化·人間文化上에 의미를 가지고 있는 한 고찰하는 데 있다.

이것은 개인에 관한 것뿐 아니라 역사에 있어서의 개개 사실, 또 그보다 더 넓은 관계로써 고찰할 수 있는 事象·狀態 또는 一時代 같은 것도 문화의 관련에 있어 의미있는 것으로 考究하는 것이다. 이같은 의미가, 그것으로 하여금 과거를 현대에 결부시키고, 개개를 전체에 도입하는 것이다. 시대와 격절한 것같이 보이는 것도, 일부에 국한한 것같이 생각되는 것도, 그것이 人間性의 전체 의식에 관련되는 한에 있어 역사적이요, 文化 전체의 발전에 의미있는 바가 있다. 文化史는 이같은 의식에 의하여 성립되는 계기를 가지고 있다.

近代史學의 科學的 方法에 대하여서도 새삼스러운 설명을 여기에 진술할 필요는 없으나, 한가지 부정하지 못할 사실은 우리가 아직 학문적 방법에 의한 훌륭한 연구를 가지지 못하였다는 것이니, 이것은 우리 史學徒의 중대한 책임이라고 하지 않을 수 없다. 물론 우리에게는 고래로 전해 오는 얼마간의 史籍이 있고 史料가 있다. 그러나 사료는 사료요 역사는 아니다. 사료는 그것이 여하히 풍부하다 하더라도 우리가 알려고 하는 역사상의 사실의 전반에 대한 지식을 공급할 수는 없다. 사료의 대부분은 우연히 후세에 잔존된 것이요, 遺失된 중에 史料로서 귀중한 것이 물론 많았을 뿐 아니라, 설령 당시의 기록이 전부 잔존되었을 경우를 가상하더라도 그 시대의 필자의 사상은 금일의 우리의 지식상의 요구와는 상이하므로 우리의 필요하는 사실이 기록되어 있다고 할 수는 없을 것이 당연하다. 더욱 후세에 遺存시키기 위하여 편찬한 사료에 있어서는 편찬자의 削棄한 부분에 도리어 우리의 요구하는 자료가 많았던 것이 실제의 상태라 하여도 가할 것이다. 또 사료인 문헌이 역시 인간의 기록인 이상, 그 개인의 관찰과 사상은 그 경우 地位·能力·性癖 등에 의하여 자연 제약을 받게 되므로, 그 기록에는 반드시 편벽된 곳이 있고, 또 그 대부분은 다소의 오류를 포함하고 있는 것이 보통 상태이다. 더욱 기록자나 편찬자가 무슨 의도로서 고의로 사실을 곡필하고 혹은 허구의 기사를 지을 경우도 적지 않다. 이에 史料의 批判이 필요하게 되는 바이다. 비판이라 함은 그 기재의 역사적 사실 여부의 辨別만이 아니라, 그 문헌이 어느 때 누가 쓴 것이며, 그 述作의 정신과 동기와 목적이 어디 있는가를 명백히하는 것이므로, 이 점에 있어서는 편벽과 오류와 허구가 역시 한 개의 역사적 사실인 것을 생각할 필요가 있다.

또 史料는 하나하나의 사건에 대한 지식을 공급할 뿐이요, 역사의 추이 발전의 경로와 정세를, 즉 역사 자체를 표시하는 것은 아니다. 그러므로 그것을 알려면 사료 외에 다시 무엇이 있어야만 되는 것이다. 그것은 즉 역사가의 識見과 洞察力과 構成의 능력이니 그것으로써 역사가 비로소 형성되는 것이다. 역사를 연구한다는 것은 이러한 의미에 있어 역사를 구성하는 것이다. 뿐만 아니라 역사의 연구에는 먼저 개개의 사실을 명백히하고, 그후 그 명백히 된 사실을 전체의 추이 발전의 系列로서 구성한다는 일면이 있는 동시에, 그 추이 발전의 정체가 대략 고려되어 있지 않고는 개개의 사실을 명맥히할 수 없다는 다른 일면이 있다. 어떠한 사실도 단독의 것 고립한 것은 아니요, 긴 역사 중의 한 과정이기 때문이다. 이 兩面 간의 교섭은 역사의 연구에 있어 자못 미묘한 바가 있다. 이 점에 역사가의 활동이 있고, 그 개성의 표현되는 바도 있다. 역사는 이리하여 個性있는 역사가에 의하여 비로소 구성되고 형성되는 것이다.

歷史의 科學的 研究라는 점에 대하여 우리는 특히 주의할 조목이 있다. 역사는 민족의 생활의 과정이요, 민족의 생활은 과거에 만들어온, 또는 과거에 얻어온 상태 안에 있으면서, 현재의 생활의 요구에 의하여 그것을 변화시키고, 미래에 향하여 새 상태를 만들어가는 것이요, 그에 민족의 의욕과 지향이 작용하기 때문에, 역사의 연구는 과거의 생활의 전개의 필연적인 경로를 명백히할 뿐 아니라, 그 경로 자체에 있어 이 自由한 志向과, 어째서 이것이 났는가 하는 유래와, 어떻게 이것이 작용해온 것인가 하는 정세를 구명하는 것이 필요하다는 것이다. 이 점에 종래로 어려운 문제가 되어 있는 自由와 必然의 교섭이 있다. 또 1민족의 생활에는 역사가 배양해온 그 민족의 特性이 있고, 이 특성도 역사적으로 부단히 변화해온 것이요, 또 변화해갈 것일 뿐 아니라, 그 점에도 생활의 의의가 있는 것이니, 특성이 있고 또 그것이 나타나는 것을 구태여 부인할 것은 아니다. 또 역사의 연구의 임무는 생활의 진전의 일반적인 인간에 普遍한 法則을 발견하려는 데에도 있는 것이나, 또 민족의 구체적인 생활의 실상과 그 진전의 정세를 구체적인 그대로 파악하여 역사로서 그것을 구성하는 데에도 있는 것이다. 따라서 그 研究의 道程에 있어서도 무슨 일반적인 法則이나 公式

만을 미리 가정하여 그것을 어떤 민족의 생활에 牽强附會하는 방법을 취하여서는 안된다. 더욱 古典의 기재를 무비판으로 승인하거나, 史料의 가치를 판단하지 못하고 그대로 이러한 公式을 결부시키는 것은 이중의 착오를 범하는 것이다. 또 생활의 진전에 인류 일반의 보편적인 경로가 있는 것을 부인할 수는 없고, 또 그런 것을 연구하는 여러가지 학문, 예하면 인류 일반을 통해서의 考古學이나 經濟學이나 民俗學이나 宗敎學이나 神話學 등의 성립을 의심할 수 없을 뿐 아니라, 이때까지 연구된 이같은 학문의 업적이 우리 조선에 있어서도 어떠한 특수한 우리의 생활상태를 考究하는 데 큰 효과가 있을 것을 주장하는 바이나, 그러한 업적은 현재에 있어서는 아직 불완전하고 미비한 바가 많기 때문에, 그것을 이용함에는 쓰는 방법이 있을 것을 알아야만 한다. 또 어떠한 원칙을 실증하고 결론을 단정함에는, 정밀한 관찰과 確乎한 사실을 전제로 할 것이요, 독단적 해석과 기계적 적용은 진리를 탐구하는 방도가 아니요, 참으로 과학적 방법이 아니라는 것을 알아야 한다. (이하 省略)

10. 全錫淡, 朝鮮史 硏究의 實踐的 意義

우리가 역사를 알고자 하는 목적은 과거의 종점인 동시에 미래의 시발점인 현재를 운동에 있어서 파악하는 데 있다. 그러므로 우리가 이제 조선역사를 알려고 애쓰는 것은 조선에 관한 여러가지 옛 이야기를 취미삼아 알자는 것이 목적이 아니라 조선의 미래를 우리 손으로 건설해 나아가자면 반드시 알아야 할 역사적 궤도를 찾아내자는 것이 목적이다.

이러한 의미에서 역사과학은 철두철미 실천적 의의를 띤 것이며, 따라서 실천을 떠난 역사과학은 학문이 아니라 고담·한화에 지나지 않는다. 그러므로 역사과학은 말이나 글자만으로는 해득할 수 없고 실천을 통하여 몸소 체득해야 한다. 제깐에 역사학자나 역사가로 자임하고 있는 부르조아 학자보다는 공장에서 해머를 쥐고 있는 노동자들이 실제로는 역사를 더 잘 알고 있으며, 세상 물계는 저 혼자 아는 체하는 경박한 지식인보다는 호미자루를 쥐고 있는 농부들이 인간 세상의 내력은 더 잘 알고 있다.

다만 그네들은 그러한 기회와 시간이 없었기 때문에 자신이 체득한 역사 인식을 정리하지 못하고 따라서 이것을 충분히 활용하지 못하고 있을 따름이다. 그러므로 노동자나 농민은 누가 조금만 깨우쳐주면 곧 모든 것을 알아채게 된다. 이와 반대로 역사학의 대가라고 하는 인사 중에도 역사의 진로를 깨닫지 못하고 오히려 역사의 수레바퀴에 짓밟히는 수가 드물지 않다.

이리하여 다른 모든 학문도 그렇거니와 특히 역사과학에 있어서는 이론과 실천의 종합이 요청되는 바이다. 즉 역사 창조의 실천적 행동에서 체득한 것을 이론적으로 정리하며 이리하여 이론적으로 파악한 것을 실천행동에 적용하는 것이 역사연구의 기본적 방법이다. 여기서 나는 역사과학의 실천적 의의를 보다 상세하게 설명하기 위하여 약간의 명제를 인용하려 한다.

(1) 한 국민은 다른 국민에게서 배워야 하고, 또한 배울 수 있다. (『資本論』初版 序言)

아는 바와 같이 우리 조선은 역사적으로 뒤떨어져 있다. 그러므로 우리는 선진 제국민이 밟아온 역사적 과정을 다른 어느 국민보다도 더욱 열심히 연구하여 그곳에서 얻은 성과를 민주조선 건설에 적극적으로 활용하여야 한다. 우리 사회에는 아직도 물심 양면으로 봉건적 유제가 뿌리 깊이 박혀 있다. 이것을 시급히 청산하고 세계사적 진운에 보조를 맞추어 나아가자면 불란서의 역사(특히 불란서 혁명사)도 알아야 하겠고, 러시아의 역사(특히 1917년의 勞農革命 전후)도 알아야 하겠다. 더욱이 오늘날에 있어서 '지구는 한 세계'다. 조선은 이미 극동의 일우에 고립해 있는 '소우주'가 아니고 세계사의 진운과 불가분리적으로 결부된 조선이다. 따라서 우리는 세계사적 방향을 똑바로 파악하는 동시에 그 방향으로 우리 자신의 역사를 적극 추진해야 한다.

(2) 한 사회는 그 자연적인 발전계단을 넘어 뛸 수도 없고 立法的으로 배제할 수도 없다. (同上)

조선역사는 이제는 이미 세계사적 진운과 불가분리적으로 결부되어 있지만 그렇다고 해서 그대로 세계사적 진운에 해소되고 마는 것은 아니다. 조선 사회는 역사적으로 조선 자체의 특수성이 있는 것이다. 그러므로 다른 국민이 이미 프롤레타리아 혁명을 성취하고 있다고 해서 우리도 이제 곧 프롤레타리아 혁명을 실시할 수 있는 것은 아니다.

이제 (1)과 (2)의 명제를 일괄하여 고찰하면 다음과 같은 결론이 나온다. 우리 사회는 아직도 半봉건적 상태에 있느니만큼 우리 사회에서 모든 봉건적 요소를 청산하는 부르조아 혁명이 당면한 역사적 과제가 되어 있다. 그러나 세계사적 발전은 이미 부르조아 사회로부터 사회주의 사회로 이행하는 과정에 있다. 그러므로 우리가 이제 모든 봉건적 요소를 청산하고 부르조아 혁명을 달성하면 영국이나 불란서처럼 2백년 내지 3백년 부르조아 사회를 경과하게 되는 것이 아니라 곧 뒤이어 보다 새로운 사회로 이행할 수 있는 것이다. 그렇기 때문에 조선의 부르조아지는 자기 자신의 미래적인 역사적 사명에 배위하여 도리어 외래 자본주의 및 봉건적 지주층과 결탁하고 이리하여 부르조아민주주의 혁명을 압살하려고 하는 것이다. 따라서 아는 바와 같이 조선의 부르조아민주주의 혁명은, 노동자·농민·진보적 소시민에 의하여 추진되고 있고 근로대중의 이러한 결집은, 그것이 곧 새로운 혁명의 원동력이 되는 것이다.

(3) 한 사회조직은 모든 생산력이 그 조직 내에서 아직도 여지가 있는 한 그 발전을 수행한 후가 아니면 결코 전복되지 아니하고 또한 새로운 보다 고도의 생산관계는 그것의 물질적 존재조건이 낡은 사회의 태내에서 성숙하기 이전에는 결코 발현해 나오지는 않는다. (『經濟學批判』序說)

이제 계란을 예로 들면 卵精이 계란 속에 들어 있는 영양소를 흡수하고 성장하여 그 이상 더 좁은 卵殼 속에서 견딜 수 없게 되어야 비로소 난각을 뚫고 병아리가 되어서 나온다는 것이다. 봉건사회 내부에서 생산력이 발전하고 자본제적 생산의 싹이 성장하여 봉건적 구속이 견딜 수 없는 질곡으로 化하게 되면 그 사회에서 발전한 생산 제력은 봉건적 생산관계를 타파하고 자본주의사회를 형성하게 된다. 그러므로 봉건적 구속에서 해방된 당초의 생산 제력에게는 자본주의사회는 광명의 세계였다. 하나 자본주의사회 내부에서 생산 제력이 가일층 증대하여 자본제적 생산양식과 격돌하게 되자마자 자본주의사회는 광명의 세계가 아니라 암흑과 폭압의 세계로 전화한다. 역사는 잠시도 고정해 있지 않고 무시로 변동하는 것이다.

만일 (3)의 명제가 타당한 것이라면 어찌하여 생산력이 가장 발전한 영국에서 프롤레타리아 혁명이 일어나지 않고 오히려 자본제적 생산이 비교적 뒤떨어져 있던 러시아에서 혁명이 일어났을까? 이러한 설문이 제기되는 것은 당연하다. 그러나 우리는 각 국민의 개별적 발전에만 집착해서는 안된다. 세계사적 관련에서 역사를 파악해야 한다. 특히 자본주의는 온 지구를 한 세계로 만드는 데 큰 공헌을 하고 있으니 자본주의의 발전은 필연적으로 각 국민을 세계사적 연쇄의 일환으로 만든 것이다. 그러므로 세계적 규모에 있어서 자본주의가 막다른 골목에 부딪치면 그 파열구는 약한 일환에서 먼저 폭발한다. 제2차 세계대전 이후 역사적으로 뒤떨어진 동양의 식민지・半식민지가 근저로부터 동요하고 있는 것도 이 때문이다. 자본주의가 발달한 諸국가에 있어서는 노동자의 힘도 크지만 그 반면에 자본가의 힘도 크다. 또한 이러한 자본주의 열강의 자본가들은 넓은 해외시장을 독점하여 많은 이윤을 뽑아내고 그 이윤의 일부를 사용하여 노동귀족을 기를 수도 있다. 그렇기 때문에 자본주의의 위기는 항상 약한 고리에서 우선 化濃〔膿〕하는 것이다. 수次 세계대전을 지난 후의 세계 자본주의는 심각한 일반적 위기에 당면하고 있다. 제아무리 富國이라 할지라도 국내 시장에만 의탁하여 자국의 발전한 생산력을 유지해나갈 수는 없게 되었다.

동구라파와 中歐의 일부 국가는 외래자본의 침입에 대하여 철의 장막을 내리고 있다. 이때에 있어서 동양의 식민지・半식민지 諸민족의 反帝鬪爭은 세계 자본주의의 존립에 결정적인 치명상을 줄 수 있는 것이다. 노동자 없이는 자본가는 존립할 수 없는 것과 마찬가지로, 최후적 단계에 다다른 자본주의는 방대한 식민지・반식민지 없이는 존속할 수 없기 때문이다. 그러므로 우리가 이제 수행해야 할 역사적 과업은 직접적으로 세계사적 과업과 결부되어 있다. 우리는 현재 조선의 역사를 창조하고 있지만 그것은 동시에 세계사 창조의 일환이다. 세계사의 동향은 우리 수중에 있다고 해도 과언이 아니다.

다음으로 (3)의 혁명에 관련하여 사회 발전에 있어서의 물질적 諸조건과 인간의 역할에 대하여 일언하고자 한다. 낡은 사회조직 내부에서 생산 제력이 충분히 발전하고 새로운 사회로 전이할 물질적 제조건이 이미 준비되어 있더라도 만일에 인간 자체가 활발하게 움직이지 않는다면 새 사회 건설은 지연되거나 또는 달성되지 않을 것이다.

나는 물질적 제조건이 역사 운행의 원동력이라면 인간 자체는 곧 작업기라고 생각한다. 물질적 제조건이 성숙할 대로 성숙하고 있는데 그 사회의 인간이 껌벅껌벅 졸고 있다는 것은 실제로는 생각할 수 없는 일이다. 원동기가 돌아가고 있는데 작업기가 휴식하고 있다는 것은 보지 못했다. 하나 高馬力의 원동기가 풀스피드로 운전되고 있는데 작업기가 변변하지 못하여 전체의 능률이 阻礙되는 경우는 우리가 넉넉히 상정할 수 있는 일이다. 이와 반대로 원동기는 시원하지 못하나마 작업기가 매우 정교한 까닭에 고도의 능률을 발휘하는 수도 응당 있을 것이다. 역사의 수레바퀴는 부단히 돌아가고 있다. 하나 그것을 앞으로 전진시키기 위하여는 인민의 힘이 필요하다. 인간은 역사의 피조물인 동시에 역사의 창조자이다.

다음으로 우리는 인민의 나라 건설의 역사적 위대성을 명심하기 위하여 낡은 조선의 안타까운 사정을 회고해보자. 낡은 조선의 결착점인 이조 말엽의 사회적 상태를 돌아보면 농업생산은 황폐하고 공업은 위축하고 상업은 未展開의 상태에 머물러 있고, 이리하여 이조사회 내부의 물질적 제조건은 새로운 사회로 발전할 싹도 보이지 않았다. 사람은 흔히 褓負商을 들추어내고 시장경제의 발달을 말한다. 그러나 이러한 것은 낡은 사회조직을 침식할 아무런 내재적 요인도 포함하고 있지는 않고 도리어 진부한 봉건적 생산양식을 그대로 반영하는 데 지나지 않는다.

구라파의 선진 제국이나 또는 일본에 있어서조차 봉건사회 말기에는 근대적 생산의 싹이 성장하고 상업자본이 대두하고 화폐경제가 발전하여 마침내 봉건적인 사회조직을 내부로부터 붕괴시킨 사실을 피차 대조하라!

그런데 이조 말엽에 있어서는 사회적 생산이 위축되어가는데도 불구하고 봉건적 지배층은 여전히 양반으로서의 전통적 권위와 관료로서의 권력과 지주로서의 수조권과 고리자금업자로서의 利殖 수탈권을 일신에 겸유하여 사회 전체가 쇠약해가는 반면에 양반 관료의 뱃살은 점점 두터워졌다. 이리하여 일신의 부귀와 기껏하여 일문·일족의 영달을 노리는 이외에는 국가도 민족도 안중에 없는 부패한 지배층, 갖은 폭압과 盜奪 밑에서 그날그날을 연명해 나아가기에 허덕이는 무기력한 인민, 이것이 낡은 조선의 구성원들이었다. 그리고 강자라고 보면 지나치게 비굴하고 약자라고 보면 人面獸心의 폭행조차 천연스럽게 해낼 수 있는 기형적 정신, 이것이 낡은 조선의 얼이었다. 이리하여 물심 양면으로 타락의 구렁 속에 빠져버린 사회——이것이 이조 말의 사회적 貌相이다.

역사적 출로를 찾지 못하고 낡은 사회적 체제 속에서 썩어버린 사회 ——우리는 불행하게도 이러한 역사적 실례를 우리 자신의 역사 가운데서 발견한다. 하나 그러니만큼 우리 민족이 걸어온 역사적 과정은 다른 무엇보다도 통절하고 생생한 실천적 교훈을 우리 가슴 속에 넣어준다. 우리는 무슨 까닭에 역사적 진로를 잃어버렸으며 또한 무엇 때문에 他민족의 발부리에 짓밟혔던가를 虛心하게 검토함으로써만 앞으로의 우리의 진로를 정당히 인식할 수 있을 것이며 역사 창조의 존엄과 위대성을 통절히 느끼게 될 것이다.

일찍이 혁명이란 것을 알지 못하고 싸울 줄을 모르고 진부한 사회조직과 퇴폐한 保身主義를 백년이 하루같이 지녀 내려온 사회가 왜 망하지 않겠는가? 우리는 마땅히 개혁해야 할 것은 그날 그시로 개혁하고 싸워야 할 때는 과감히 싸워서 지체없이 역사를 전진시켜야 한다. 또한 우리는 착취자를 미워할 줄 알아야 하고 생산하는 자를 존경할 줄 알아야 한다. 인민의 고혈을 빨아먹는 양반 관료는 대감이니 영감이니 해서 위해 바치고, 밭 가는 농부는 흙 파먹는 놈이라고 멸시하고 기술자나 공인에 이르러는 천민으로서 대우하여온 舊사회의 말로를 직시하라! 이제는 모두가 거꾸로다. 공장에서 기계를 돌리고 田野에서 식량을 생산하는 근로인민이 조선의 주인이고 모든 계층은 근로인민의 진정한 협조자가 되어야 한다. 근로인민의 협조자가 되기를 원하지 않는 자는 인민의 적이 될 뿐 아니라 조선역사를 또다시 굴욕과 암흑의 구렁 속에 몰아넣으려는 자다. 진실로 조선의 역사를 박해하려는 자다.

수천년의 우리 역사는 이제야 전환기에 도달하였다. 이러한 전환을 타협이나 교섭으로 성취할 수는 없는 것이다. 수천년래 쌓이고 또 쌓인 역사적 침전물은 한알의 소화제로 내리울 수는 없다. 여기에는 역사적인 대수술이 필요하다. 따라서 우리 청년의 역사적 임무는 용감히 몸을 내던져 스스로를 예리한 手術刀로 만들고 스스로를 강렬한 丸藥으로 만드는 데 있다. 우리의 역사적 침전물이니만큼 조선 청년의 역사적 임무는 세계 어느 나라의 청년의 그것보다도 몇배나 重且大하다는 것을 명심하여야 한다.

우리 청년들은 역사 창조의 빛나는 싸움터에서 역사를 체득하고 역사 창조의 가열한 쟁투 속에서 역사를 실현해야 한다. 우리는 다른 국민보다도 몇백년만큼 역사가 기니 짧으니 또는 과거의 역사가 아름다우니 추하니 하는 것을 쟁론하기 위해서 역사를 배우는 것은 아니다. 조선의 미래를 건설하기 위한 지침으로서, 역사를 창조하기 위한 실천적 무기로서, 우리 역사의 과학적 파악이 요청되는 것이며, 이러한 실천적 요청을 떠난 역사학은 閑人의 古談에 지나지 않는다. 이러한 종류의 역사학은 우리가 장래 필연의 세계에서 자유의 세계로 이주한 이후에 심심풀이로 이야기하게 되는지는 모르나 적어도 당면의 역사학은 실천의 자기비판이 되어야 하고 동시에 실천의 지침이 되어야 한다.

역사는 실천의 기록이다. 역사는 실천의 피조물이며 동시에 실천의 창조자다. 그러므로 역사를 실천하는 자만이 역사를 이해할 수 있다. 우리는 부단히 현재를 비판하고 현재를 옳게 이끌어 나아가기 위해서 항상 새로이 돌아보고 역사의 지침이 가리키는 방향으로 일체를 들어 돌진해야 한다.

<『朝鮮史敎程』, 1948. 5>

11. 孫晋泰, 朝鮮民族史槪論 自序·緖說

自 序

나는 新民族主義 立地에서 이 民族史를 썼다. 王者 一人만이 國家의 主權을 專有하였던 貴族政治期에 있어서도 民族思想이 없었던 것은 아니요, 資本主義 社會에도 또한 民族主義란 것이 있다. 그러나 그러한 民族思想은 모두 眞正한 意義의 民族主義는 아니었다. 그것은 民族의 美名 下에 그들 支配階級만의 權力과 富力을 獲得 維持하려는 極히 不純한 假面的이요 撫摩的인 것이었다. 眞正한 民族主義는 民族 全體의 均等한 幸福을 爲하는 것이 아니면 안될 것이다. 民族 全體가 政治的으로 經濟的으로 社會的으로 文化的으로 均等한 義務와 權利와 地位와 生活의 幸福을 가질 수 있을 때에 비로소 完全한 民族國家의 理想이 實現될 것이요, 民族의 親和와 團結이 비로소 完成될 것이다. 假裝的인 民族主義 下에서 民族의 親和 團結이 不可能한 것은 過去의 歷史와 및 今日의 現實이 明白하게 이것을 證明하고 있다. 民族의 團合이 없이 民族의 完全한 自主獨立은 있을 수 없고, 따라서 民族文化의 世界的 發展 寄與도 있을 수 없는 일이다. 그리고 民族의 團合은 오직 眞正한 新民族主義에서만 얻을 수 있을 것이다.

朝鮮民族史는 結局 우리 民族이 過去에 民族으로서 어떻게 生活하였느냐 하는 史實을 民族的 立地에서 嚴正하게 批判하여 앞으로 우리 民族의 나아갈 眞正한 路線을 發見하는 데에 그 硏究價値와 意義가 있는 것이다. 民族보다 王室을 重要視하던 封建時代에는 帝王을 爲한, 帝王 中心의 歷史만이 存在하였고, 資本主義의 極盛期에는 被搾取階級을 爲한 階級史觀이 一世를 風靡하였다. 그러나 지금 世界는 모든 民族의 自由 獨立과 共同繁榮을 指向하고 움직이고 있다. 지금 우리는 資本主義的 支配를 꿈꿀 때도 아니요, 階級鬪爭만을 일삼을 때도 아니다. 階級鬪爭은 民族의 內部 分裂을 招來할 것이며, 民族의 內爭은 必然的으로 民族의 弱化에 따르는 外民族으로부터의 受侮를 招來할 것이다. 階級鬪爭의 길을 우리가 반드시 取해야 할 必要는 없고, 民族均等이 實現되는 날 그것은 自然 解消되는 問題다. 階級의 生命은 짧고 民族의 生命은 긴 것을 認識할 때 우리는 우리 民族史의 나아갈 길이 오직 新民族主義에 있을 것을 스스로 알게 될 것이다. 眞正한 民族의 繁榮은 民族 內部의 反目과 鬪爭에 있지 않고, 民族의 全體的 親和와 團結에 있는 것이다. 이 世界的 機運과 民族的 要請에서 民族史觀은 出發하는 것이며, 民族史는 그 向路와 方法을 明白하게 科學的으로 指示하여야 할 것이다.

내가 新民族主義 朝鮮史의 著述을 企圖한 것은 所謂 太平洋戰爭이 勃發하던 때부터이었다. 同學 數友로 더불어 때때로 密會하여 이에 對한 理論을 討議하고 體系를 構想하였다. 民族解放 以後 未久에 이 著述에 着手하였던 것이나 解放 以後 輾轉하였던 公私의 일보다는 主로 나의 胃腸의 病으로 因하여 三年의 歲月을 費해서 지금이야 겨우 上卷이 脫稿되었다. 나로서는 이 著述에 相當한 勞〔努〕力을 하였다. 그러나 이러한 新企圖에 不少한 缺陷을 豫期하지 아니할 수 없다. 이 著述에 對한 缺點은 내 自身도 앞으로 고치어 가려니와 同學과 國民 여러분의 嚴正한 叱正이 또한 많이

계시기를 衷心으로 바라는 바이다. (下略)

一九四八年 一月　孫晉泰 識

緒　說

從來의 우리 歷史가 온전히 王室中心主義이었다는 것은 多言할 必要도 없다. 歷史의 記述 形式이 某王 機年 何月에 무슨 일이 있었다고 하는 所謂 紀年體임으로 보더라도 그것은 明白하거니와 지금 우리가 보아서 何等의 興味도 價値도 느끼지 않는 無數한 王室關係의 記事가 그 內容이 되어 있는 데 反하여, 民族生活에 關한 記事가 極히 稀貴한 것으로 보더라도 또한 明白하다. 이러한 王室中心主義는 何必 우리 歷史에 限해서만 볼 수 있는 일이 아니요, 이것은 世界 모든 民族의 共通的인 事象이었으나, 그 中에서도 特히 漢民族에 있어 그 思想과 傳統이 嚴格하였으며 極東의 諸 民族은 漢民族의 이 思想을 그대로 襲用하였던 것이다.

歷史의 體制와 記錄 內容에 있어서만 아니라 過去의 모든 文化 —— 이를테면 思想·道德·政治·經濟·法律·藝術 等等 모든 것이 또한 王室中心的이요, 따라서 貴族的 支配階級的이었으나, 이것은 本論의 處處에서 詳述하겠거니와, 이렇게 過去의 모든 文化가 王室中心的이요 貴族的 支配階級的이었던 것은 當時의 國家形態 政治形態가 나의 이른바 (王者와 貴族을 包含한) 貴族國家이었던 까닭이다. 이 事象은 貴族國家時代에 있어서 歷史的 必然의 所產이었다. 그리고 우리는 過去 二千年 동안, 貴族政治의 發生 初期 以來 이러한 生活에 思想的으로 政治的으로 沈漬되어왔고 痲醉되어온 것도 否定할 수 없는 事實이다. 그러므로 이 沈漬 痲醉 狀態에서 온갖 部門을 通하여 우리가 '우리 自身'을 冷靜하게 또 眞正하게 發見한다는 것은 決코 容易한 일이 아니다. 지금 이것을 우리 歷史部門에 限해서 볼지라도 이 舊殼을 破脫한 著述이 果然 몇이나 되며, 또 이 舊殼을 破脫하려고 眞摯한 努力을 하는 學徒는 몇 사람이나 되는가.

내가 아는 限에 있어 勇敢하게 이 舊殼을 깨뜨린 先驅者는 오직 白南雲 氏 한 사람이었다. 이 意味에 있어서 나는 氏의 著作 『朝鮮社會經濟史』와 『朝鮮封建社會經濟史』에 對하여 敬意를 갖는다. 그러나 나의 見地로 보면 氏는 '우리 自身'의 一部分만을 發見하였고, '우리 自身'의 全體를 發見하지

는 못했다. 그것이 氏의 意識的 結果인지 아닌지는 모르되, 氏는 被支配階
級을 發見하기에 너무나 熱中한 나머지 '民族의 發見'에 極히 疏忽하였다.
나는 이 小著에서 이 '民族의 發見'에 努力하였으며, 또 이 '民族'의 立地에
서 우리 歷史를 槪論하여 본 것이다. 내간으로는 이 새로운 見地의 民族史
를 開拓하느라고 相當한 心力을 傾注하였고 執筆 途中에 몹시 健康을 害하
여 病苦와도 長期의 奮鬪를 行하였다. 그러나 내 力量의 不足은 내 스스로
가 잘 알고 있는 바이므로 果然 어떤 程度의 成果를 거두었는지를 생각하
면 혼자 부끄러움을 禁하지 못하며, 만일 健康과 時間이 許諾한다면 앞으
로 좀더 변변한 民族史의 著述에 邁進하여 보려고 自期하는 바이나, 지금
나의 바라는 것은 이 小著가 或 朝鮮民族史의 先驅的 役割이나 하게 되었
으면 하는 것뿐이다. 그리고 앞으로 많은 國史學者가 輩出하여 나의 이 拙
劣한 著作을 하루 바삐 休紙로 化하게 하여주기를 心願하여 마지않는다.
다음으로 數言할 것은 民族史의 方法論이다. 歷史學은 오직 過去의 事實의
羅列만으로써 되는 것도 아니요, ·어떤 階級의 利益만을 中心으로 述作될
것도 아니요, 또 一國民이나 一民族만의 福利를 爲해서 考究될 바도 아니
다. 모든 史實을 史實 그대로 公正하게 把握하여, 또 그 複雜한 史實을 綜
合 批判하여, 거기서 民族의 참된 幸福의 길을 發見하고, 兼하여 人類社會
의 發展 向上과 平和를 齎來할 수 있는 理論과 方法을 攄得하는 것이 史學
의 至高 目的일 것이다.

　歷史에는 平和와 戰亂의 兩面이 있었다. 그리고 이 兩面은 各各 다시 國
際的과 國內的인 兩 部面을 가지었다. 國內的임과 國際的임을 莫論하고 平
和가 있을 때에는 民族生活의 幸福과 國際親善, 그리고 文化의 建設 成長
및 交流가 있었다. 그러나 戰亂이 있을 境遇는 國內的으로는 階級軋轢과
貴族의 政權爭奪이 일어나고 國際的으로는 民族鬪爭과 文化의 破壞가 惹起
되었다. 그러므로 우리가 國內的으로 民族의 幸福을 꾀하려면 階級軋轢과
政權爭奪을 除掃하여야 할 것이요, 國際的으로까지 幸福을 享取하고자 함
에는 全世界가 支配·搾取·鬪爭의 舊惡을 버리고, 모든 民族의 自主獨立
과 民族親善의 途를 講究하지 않으면 안될 것이다. 後者가 우리의 單獨으
로 成就할 수 없는 困難한 일임에 對하여, 前者는 우리 自身의 힘으로써
解決할 수 있는 일이요 또 比較的 容易한 일이다. 그렇다면 朝鮮史의 當面
한 根本命題는 國內의 階級軋轢과 政權爭奪을 淸算하고 民族 自存의 精神

을 堅持하면서 將來할 人類 平和의 理想社會 建設에 貢獻할 理論을 發見하는 데 있어야 할 것이다. 그래서 다음과 같은 見地에서 나는 우리 民族史를 짜보려고 한다.

(一) 朝鮮史는 곧 朝鮮民族史이니 우리는 有史 以來로 同一한 血族이 同一한 地域에서(비록 三國時代 末年에 領土의 北半과 그 住民을 離失하기는 하였지만) 同一한 文化를 가지고 共同한 運命 下에서 共同한 民族鬪爭을 無數히 敢行하면서 共同한 歷史生活을 하여왔고 異民族의 混血은 極少數인 까닭이다. 그러므로 朝鮮에 있어서는 國民 卽 民族이요, 民族史가 곧 國史가 되는 것이다. 이 嚴然한 歷史的 事實을 無視하고는 朝鮮 歷史를 科學的으로 理解할 수는 없다. 비록 民族이란 말이 過去에는 使用되지 아니하였을지라도 그것은 王室中心的인 過去의 貴族支配國家의 本質이 그러한 思想과 用語의 發達을 阻害하였던 때문이요, 民族 自體는 말의 有無에 不關하고 嚴然히 存在하였던 것이다. 民族의 存在가 現實 또는 將來에 있어 우리의 幸이냐 不幸이냐 하는 것은 딴 問題이요, 科學으로서의 歷史學에 있어 이 歷史的 重大事實을 無視하거나 看過할 수는 없는 것이니, 그것은 過去의 王者 主權制度와 貴族支配政治를 史學에서 無視할 수 없는 것과 마찬가지다. 歷史學徒는 歷史的 事實을 批判할 수는 있지마는 史實을 拒否할 수는 없다. 史實은 史實 그대로 이것을 認識하여 거기에 批判을 加하는 것이 眞正한 科學者로서의 取할 바 當然한 態度이다. 하물며 民族解放 民族自立 運動이 世界的으로 猛烈하게 進展되고 있는 지금에 있어서랴. 그러므로 朝鮮史에 있어 民族問題는 그 硏究의 核心이 되는 것이며, 따라서 第一義的 根本的인 重大性을 가지는 것이다. 朝鮮史가 經過한 모든 民族鬪爭·階級鬪爭·政治·文化 等 史實은 모두 民族의 立地에서 批判되고 價値가 判斷되어야 할 것이니, 民族은 實로 朝鮮史의 根本的인 眼目이 되는 것이다.

(二) 三國 以來의 政治形態를 나는 貴族支配政治라 規定하였다. 貴族支配政治란 것은 王者專制政治·權力貴族支配形態의 政治를 이름이니, 一千五六百年에 亘한 이 時代의 모든 文化는 王室中心 貴族中心으로 開展되었다. 이 貴族中心의 政治 乃至 文化는 民族問題와 同等으로 重大한 歷史的 事實에 屬하는 것이다. 그러므로 歷史科學은 이에 對하여 嚴正한 批判을 加할 義務를 가졌을 뿐이요, 이 史實을 無視 또는 看過할 權利는 갖지 못하였다. 나는 이 著述에서 貴族政治 貴族文化의 本質에 就하여 民族的 立

地에서 이것을 批判 究明하여 보았다.

（三）無制限的인 私有財産의 基礎 위에 開展된 貴族政治는 必然的으로 內部에 있어 階級軋轢의 不幸을 惹起하였다. 이것은 비록 世界 共通의 必然的 史實이지만 또한 人類의 歷史가 犯한 最大의 罪過임에는 틀림없다. 그리고 同時에 이것은 重大한 歷史的 事實의 하나이다. 이 罪過的 事實이 朝鮮民族의 歷史上에서는 어떻게 展開되었으며 또 그것이 民族의 生活과 民族의 生存에 얼마나 큰 惡影響을 미쳤는가 하는 것을 나는 또한 이 著述에서 檢討할 것이다.

（四）다음은 民族文化 一般에 關한 見解인데, 過去의 朝鮮文化의 主流가 비록 貴族中心的이라 할지라도（이것도 世界 共通的이다）이것은 決코 被支配民衆과는 何等의 關聯도 없는 單純한 貴族階級만의 文化는 아니다. 支配貴族階級이란 것이 被支配階級을 土臺로 하여 成長된 것과 同樣으로 그 文化도 民衆을 土臺로 하여 成長된 것이다. 그러므로 그 文化는 비록 貴族的이나 貴族階級만으로 造成될 수는 없었던 것이요, 두 階級의 關聯上에 있어서만 造成할 수 있었던 것이다. 或은 이것을 階級文化라고 하나 나는 이것을 一種의 民族文化라 하고자 한다. 民族은 한 階級만으로 形成된 것이 아니요 두 階級으로써 構成된 까닭이다. 그러나 그 民族文化가 民族的으로 보아 決코 理想的인 것도 아니었고, 理想에 가까운 것도 아니었다는 것은 贅言할 必要도 없다. 그것은 어디까지나 貴族主義的이요 支配階級的이었고, 民族이라든지 民衆이란 것은 恒常 從屬的이며 第二義的이었다. 하지만 그렇다고 해서 이것의 民族的 意義를 否定할 수는 없다. 우리는 오직 이 史實에 就하여 民族的 立地에서 批判할 義務를 가졌을 따름이다. 나는 이러한 見地에서 民族文化의 優秀한 것을 宣揚함과 同時에 그 그릇된 것에 對하여 明正한 批判을 加하려고 한다. 史實의 羅列은 토막토막의 古談에 不過한 것이다.

（五）以上은 民族 內部에 關한 事項이나, 다음에 對外關係를 보면, 對外的 關係에 있어서는 不斷히 民族鬪爭과 民族親善이 反覆되었다. 그러나 眞實한 意味의 民族親善이란 것은 遺憾이나마 過去의 歷史에서는 거의 存在하지 아니하였으니, 비록 新羅 統一 以來 一千三百年 동안 中華民族과의 사이에만은 큰 戰亂이 없고 平和가 維持되었으나, 이러한 異例에 있어서도 事大 稱臣에 因한 屈辱感은 없을 수 없었다. 이러한 民族 사이의 鬪爭과

446

反感은 貴族國家의 本質上 不可避한 일이었다. 貴族政治는 그 民族을 恒常 貴族支配의 手段으로서만 利用하였으므로 同一 民族의 內部에 있어서도 오히려 階級軋轢이 不絶히 繼續되었거늘 하물며 外民族과의 關係에 있어서랴. 이러한 見地로 본다면 貴族支配期의 歷史는 內部的으로는 階級軋轢 또는 階級鬪爭의 連續이요, 對外的으로는 民族鬪爭의 反覆이었다. 이것도 貴族政治의 犯한 歷史的 罪過의 重大한 하나이었다. 그러나 이것 또한 嚴然한 歷史的 事實이며, 이것이 우리의 感情에 不快하다고 해서 이 史實을 歷史學에서 拒否할 道理는 없다. 이 史實의 根源을 究明하여 將來할 世界 民族 親善의 참다운 向路를 發見하는 것이 科學者의 使命이며 民族史 硏究의 終極的 目的일 것이다. 貴族國家들은 帝王과 그 部下 貴族들의 領土慾·人民慾 때로는 虛榮慾을 爲하여 他民族의 生活과 生存을 威脅하는 戰爭을 자주 行하였으나, 結果에 있어 그것은 人類史 上에 罪惡을 남겼을 뿐이요, 모든 民族은 各自의 住地에서 各自의 生活을 自主 營爲하게 되어가는 것이 現今 世界史의 動向이다. 이러한 見地에서 나는 民族鬪爭의 史實에 對하여 또한 注意를 加하였다. 世上에서는 흔히 이러한 史實의 記述을 人類 不和의 原因이 될까 念慮하여 歷史書에서 이것을 除去하려고 하는 理想主義 人士도 있고 또 一方에서는 그와 反對로 民族의 自尊心을 昂揚하기 위하여 그 戰鬪에 勝利한 境遇만을 極口 讚揚하고 그 敗北한 史實을 極力 隱蔽하려는 愛國主義 人士도 許多하나, 나의 見解로서 본다면, 이 兩者는 모두 科學的 方法은 아니다. 科學은 公正하여야 할 것이요, 偏狹하여서는 안될 것이다. 이러한 見地에서 나는 民族鬪爭의 史實을 事實 그대로 取扱하여 勝利와 敗北의 原因을 究明함과 同時에 그 本質의 把握에 努力하여 써 民族의 幸福과 人類의 親善에 關한 一端의 理論을 發見하고자 努力하였다. 個人이나 民族을 莫論하고 自己가 經驗한 事實에 對하여 그 勝利와 失敗의 何者임을 不問하고 能히 그것을 冷靜하게 反省 批判할 餘裕를 가진 者는 進就할 것이요, 勝利에 徒然히 醉하기만 하고 失敗의 羞恥는 隱蔽하기로만 힘쓴다면 거기에는 進步가 없고 오직 再敗의 陷穽이 기다리고 있을 뿐이다. 우리처럼 勝利보다 失敗의 歷史를 더 많이 가진 民族으로서는 더욱이 이 點에 透澈〔徹〕한 自我反省과 覺悟를 가져야 할 것이다.

나는 大體로 前記한 五箇條項의 見地에서 우리 歷史를 述作하여 보려고 努力하였다. 그러나 지금 成果는 力量 不足으로 내 自身에게도 滿足을 주

지 않는다. 이러한 著作을 世上에 보내는 것은 甚히 汗顏한 일이나 그러나
書肆의 傳하는 바에 依하면 世間에서는 나의 民族史槪論에 대하여 相當히
燥急한 待望도 있는 모양이요, 周圍의 數三 學友들도 熱心으로 이것을 勸
說하며 또 한편으로 생각하면 이것도 우리 歷史의 啓蒙運動에 있어 若干의
도움이 될 것 같기도 하고 後來의 學徒에게도 무슨 參考가 될 듯도 해서
勇氣를 내어 燥急하게 이것을 組版에 올리기로 한 것이다. 앞으로 나의 健
康이 許諾하는 限에 있어 좀더 內容이 充實한 民族史를 지어볼까 하고 내
自身에게만 스스로 約束을 하는 바이다.

　끝으로 나는 本書의 敍述 形式에 關하여 數言할 必要를 느낀다. (一) 나
는 本書에서 全혀 西紀를 取하였다. 世上에서는 더러 檀紀만을 쓰는 이가
있으나 이것은 너무나 偏狹한 國粹思想이니, 國民의 歷史的 視野를 井中蛙
化하고, 그 知識을 混亂化하는 過誤를 犯하는 것이다. 朝鮮史는 朝鮮史만
으로 單獨 存在하는 것이 아니요, 恒常 世界史와 同時에 共存하는 것이며,
또 世界史와의 關聯上에 同時에 理解하여야 될 것임으로써이다. 만일 우리
가 檀紀를 쓰고 中國은 堯紀를 쓰고 日本은 神武紀를 쓰고 回回敎國은 마
호메트紀를 쓰고 歐美人은 西紀를 쓴다면, 歷史의 知識에 있어 極히 重要
한 時代의 理解가 錯亂하여 부질없은 換算의 勞力을 加重하게 될 뿐 아니
라, 만일 그러한 方法으로 國民敎育을 行한다면, 그들이 東洋史나 西洋史
等 外國史를 學習할 境遇에 莫大한 混亂과 支障을 招來할 것이다. 今日이
二十世紀 中葉이라 하면 全世界는 모두 이것을 알지마는 四十三世紀 末葉
이라 하면 朝鮮人 中에서도 理解할 사람이 적다. 지금 우리에게 만일 牢固
不拔한 檀紀에 대한 傳統이 있어 그것이 歷史 理解上 至極히 便利하다면
모르되, 일부러 有害 無益한 傳統을 新創할 必要는 없으며, 또 그것은 結
局에 있어 徒勞가 될 것이다. 民族生活과 民族歷史가 世界的 方向으로 進
展하는 이때에 이 世界的 動向에 逆行 孤立하려는 것은 昔日의 事大屈辱
(外民族 年號를 屈辱的으로 使用하던)에 對한 反動인 것밖에 아무것도 아
니다. 昔日은 그것이 屈辱的이었지마는 지금 우리가 耶蘇 紀元을 쓴다는
것은 何等의 恥辱도 되지 않는 것이다. 敎育的 能率과 效果를 爲하여 우리
는 世界 共通的인 西紀를 使用하는 것이다. 또 이렇게 하여야만 外國人이
우리의 歷史書를 읽을 때에도 容易하게 그 時代를 理解할 수 있을 것이다.
(二) 나는 史實을 敍述할 때에, 그 事實이 일어난 年代를 某王 몇年이라

하는 舊來의 方法을(特別한 必要가 없는 以上) 全廢하고 西紀 몇年으로 表記하였다. 某王 幾年式은 벌써 그 思想이 王室中心의 奴隷的인 表現法이니, 우리가 取扱하는 歷史的 事實은 王者 個人에 屬하는 것이 아니요, 民族 全體에 屬하는 것이며, 또 某王 幾年으로써는 時代를 理解할 수 없다. 그러한 表現은 不知中 王室思想을 扶殖(植)하게 되어 民族敎育上 極히 有害한 것이거늘, 近日의 敎科書에 許多하게 이 方法이 中世紀의 歷史書처럼 如前하게 使用되고, 甚하여는 歷代 王名表를 附錄하여 이것을 暗誦하게 하는 것은 無知 無定見의 甚한 者이다. 王者 中에서도 民族的 意義나 價値를 가진 者는 이것을 記憶할 必要가 있으나 그밖의 것은 반드시 記憶하여야 할 아무 理由도 없거늘, 하물며 王家의 世系를 무슨 까닭으로 民主主義 民族國家의 國民으로서 記憶하여야 할 것인가. 그것은 專門家의 硏究 以外에 何等의 所用도 없는 일일뿐더러 民主主義에 逆行하는 것이다. (三) 나는 朝鮮民族史의 時代를 大體로 氏族共同社會時代(新石器時代)·部族國家時代(金·石器 倂用期)·貴族國家時代(金屬器 使用·農業 主生産期)로 三大別하였으니, 그것은 從來의 王室中心主義를 廢하고, 그 時代의 政治·經濟形態와 民族의 發展을 中心으로 하여 時代를 區別한 것이다. 그래서 從來의 三國時代부터를 모두 貴族國家時代로 하여, 그 속에서 王朝를 區別하는 形式을 取하였다.

12. 李仁榮, 우리 民族史의 性格

우리 民族은 確實히 現今 世界 弱小民族의 하나로 우리는 지금 民族的 自由와 平等에 關하여 가장 큰 關心을 가지고 있다. 우리 民族은 果然 어떻게 形成되었으며 어떠한 經路로 오늘의 現實을 가지게 되었는가. 우리나라의 歷史가 世界史의 一部임에는 틀림없지만 또한 우리나라의 歷史는 어떠한 外國의 歷史와도 다른 것이다. 우리나라의 歷史라고 하면 곧 우리 民族의 歷史이며 우리 民族이 한 民族으로서 特殊性을 가진 것과 같이 우리나라의 歷史도 모든 나라의 歷史와 區別되는 特殊性을 가지고 있다. 勿論 特殊性은 普遍性과 區別되는 것이지만 特殊性은 普遍性을 無視하는 것이 아니요 도리어 그것은 普遍性과의 密接한 關聯 下에서만 充分히 指摘될 것이다. 그러면 우리 民族史의 特殊性이란 무엇이며 우리 民族史 全般에 亘하여 그 性格을 規定하여온 要素는 무엇이었던가. 우리는 여기서 대략 우리 民族社會의 內的 要素로서 小規模 農業社會的 性格을 들 수 있으며 外的 要素로서 國際上 中間存在的 性格을 指摘할 수 있으리라고 보는 바이다. 그래서 이 內外 兩 要素가 서로 緊密히 作用하여 거기서 우리 民族史의 全性格을 規定지었던 것으로 보는 바이다. 勿論 이러한 우리 民族史의 性格은 固定的인 것이 아니라 民族의 覺醒, 生活 環境의 改善에 따라 進展할 것만은 事實이다.

　우리는 우리 民族史의 性格을 構成한 要素의 하나로서 小規模 農業社會的 性格을 指摘할 수 있는데 그것은 大部分 우리나라 自然環境의 所産이었던 것이다. 우리나라는 北半球 溫帶에 位置한 亞細亞洲 東方의 半島國이다. 大陸性 氣候의 支配를 받아 一年 中 寒暖의 差異는 比較的 甚한 便이며 雨量은 夏節에 遍〔偏〕在한다. 中國의 中原 地方이나 日本도 대략 그렇지만 이러한 自然環境은 近代文明의 發源地 西歐洲가 우리나라와 마찬가지로 北半球 溫帶에 位置하면서도 海洋性氣候의 支配를 받아 寒暖의 差가 比較的 緩漫〔慢〕하며 每月 雨量이 거의 均等한 데 比하면 實로 對蹠的이다. 西歐洲의 氣候가 牧草의 自然 繁殖을 가져온 데 反하여 우리나라의 氣候는 牧草 繁殖에는 그리 適當하지 않으며 따라서 西歐洲에서 볼 수 있는 것과 같은 大規模의 牧畜業은 發達할 길이 없었다. 우리 民族의 生活 土臺가 農耕과 養蠶에 있었다고 하면 歐洲의 그것은 牧畜과 農耕에 있었다고 하겠다. 다시 歐洲는 그 北部의 大部分이 氷河로 덮여 있어 土質이 瘠薄한 데 對하여 우리나라는 中國도 그렇지만 夏節의 洪水로 山岳地帶의 土壤이 河口로 沖積하여 河川 流域의 土質은 肥沃해진다. 土地의 肥沃은 農耕에 依한 收穫을 增大하게 하여 能히 小面積의 耕作으로 그 收穫은 歐洲에 있어서의 廣大 面積의 收穫과 對等할 수 있었던 것이다. 自然環境에 있어서 우리나라와 中國과의 差異는 中國이 넓은 國土와 平原을 保有한 데 反하여 우리나라가 陜〔狹〕小한 地域과 山岳을 가진 데 있다고 할 것이다. 우리나라의 山岳이라고 할지라도 그리 險阻 高大한 것은 아니요 도리어 平凡한 山岳으로서 많은 小空間을 區分하고 있다. 우리나라와 中國과의 이러한 地理的 空間的 差異는 時間的으로 中國에 있어서는 統一民族國家의 出現을

促進시켰고 우리나라에 있어서는 統一民族國家의 出現을 遷延시킨 結果를
가져오게 하였다고 본다. 勿論 地理的 自然環境만이 民族의 形成과 分解에
作用하는 것은 아니지만 그것이 하나의 原因이 되는 것은 否認하지 못할
것이다. 中國은 秦漢의 統一을 거쳐 九百年을 經過한 때 우리나라에는 비
로소 新羅王朝에 依한 統一國家가 出現하였다. 統一國家 出現 以前에 있어
서 우리나라는 原始 氏族社會를 지나 部族社會 時代로부터서는 完全히 農
業社會로서 存續하였다. 農業社會에 있어서의 祭天 歌舞 飮酒는 必然的 現
象으로 우리 古代史에 있어서 夫餘의 迎鼓며 高句麗의 東盟이며 濊의 舞天
의 儀式은 모두 農業社會的 性格을 除外하고서는 理解할 수 없는 것이다.
우리 民族이 歌舞와 音樂을 즐겼다는 것은 先天的으로 賦與된 것이 아니라
生活 環境의 所産이 아니면 안될 것이다. 우리나라의 農業社會는 中國도
亦然이나 家族 單位의 小規模 經營이 土臺가 되어 있었다. 그것은 平和的
이며 定住的 安定性을 가진 것이었으나 孤立的이며 分割的이며 保守的이며
消極的이었다. 歐洲社會가 個人主義的이나 大規模 解放的이며 進取的이며
積極的인 것과는 對蹠的이다. 더욱이 血統的 家族的 觀念은 氏族社會 以來
우리 民族史를 通하여 꾸준히 發揮되어왔던 것이다. 小規模의 우리 農業社
會는 다시 말할 것도 없이 自作 自給이 最大 目標이었다. 따라서 商業資本
의 充分한 發達은 보지 못하였고 都市의 發達은 姑捨하고 旅館다운 旅館조
차 存在하지 않았다. 貨幣는 가끔 鑄造되었으나 거의 流通되지 않았고 商
品製造의 機械 發達을 보지 못하였던 것이다. 대개는 手工品이며 手藝品이
다. 이러한 手工品이란 永久 ○[實]用을 目標로 한 것이며 商品이 아니기
때문에 때때로 優秀한 作品이 生産되었다. 商人意識에서 生産된 것도 있으
나 그 生産量은 極少한 것이었는데 그것은 生産技術과 消費量에 있어서 制
限을 받기 때문이다. 木工書角 자개(螺鈿)製品 陶磁器 等은 모두 特出한
것이었다. 대체 美術品이란 人工의 極致를 이름일 것이나 人工과 自然과의
調和는 藝術에 있어서 더욱 端的으로 表現되어야 할 것이니 다같이 美라고
할지라도 한편으로 複雜 纖細 多彩로운 裝飾的 貴族的 人工的 美가 있고
또 한편으로는 單純 堅實 素朴한 實用的 平民的 自然的 美가 있다고 하면
우리 民族이 産出한 美는 後者에 屬할 것이다. 高麗 王氏王朝 時代의 瓷器
는 宋瓷의 影響이기는 하나 그 形態에 있어서 色彩에 있어서 象嵌技術에
있어서 宋瓷보다도 優秀하다. 그러나 李氏王朝 時代의 白磁器는 前朝의 靑

瓷보다도 單純하며 自然的이며 平民的이며 實用的인 點에 있어서 더욱 本
來의 民族的 美를 發揮하였다고 할 것이다.

　우리 民族은 北으로 滿洲와 蒙古의 諸 民族과 關係를 맺어왔으며 南으로
日本民族과 交通하여 왔다. 過去 東洋世界에 있어서 激烈한 民族鬪爭이 展
開되었던 것은 周知의 事實이거니와 特히 南北 民族의 —— 南方 民族으로
서의 漢民族과 北方 民族으로서의 滿洲 蒙古 諸 民族의 —— 對立 抗爭은
東洋史의 基本的 性格이었는데 이 南北 民族 對立 鬪爭에 있어서 우리 民
族은 언제나 그 中間的 役割을 擔當하여 왔던 것이다. 日本이 東洋史 上에
또는 世界史 上에 ○〔參〕與하게 된 것은 最近의 일이며 오랫동안 日本은
東洋史의 本流와는 거의 交涉을 가지지 못하였다. 南北 民族의 鬪爭이란
다시 말할 것도 없이 物資의 獲得을 위한 生存競爭이다. 中國서는 廣大하
고 肥沃한 土地에서 豐富한 物資를 生産하여 일찍부터 相當한 文化의 發達
을 보게 되었는데 北方의 諸 民族은 대개 遊牧民으로 物資의 生産과 獲得
은 그리 充分하지 못하며 文化도 低級하였으므로 中國의 文物이야말로 北
方 諸民族의 憧憬의 標的이 아닐 수 없었다. 北方 民族은 그 生活環境에
基因하여 언제나 活動的이며 侵略的이었으므로 一旦 統一國家를 形成함에
미쳐서는 例外없이 遼·金·元·淸과 같이 萬里長城을 넘어 中原에 侵入하
였던 것이다. 北方 民族은 能動的이었으며 中原의 漢民族은 受動的이었다
고 할 수 있다. 北方 民族의 中原 進出에 있어서는 東으로 우리 民族을 服
屬시켜 後顧의 念慮를 없애버릴 必要가 있었으니 北方 民族은 우리나라의
物資를 希求하였다기보다도 中原 進出의 政治的 軍事的 豫備 措置로서 우
리나라를 自己 勢力圈內에 隷屬시키지 않으면 안되었던 것이다. 北方 民族
의 數十萬 大軍은 여러번 服從을 强要하며 우리나라에 侵入하였다. 우리
民族은 이를 맞아 勇敢히 싸우기도 하였으나 대개는 不利한 形便이어서 遼
의 命令을 받들며 金에 朝貢하며 元에 臣屬하며 淸에게 降伏하지 아니하지
못하였던 것이다. 中國의 立場은 北人의 侵略을 防禦함에 있어서 또한 우
리나라를 援助할 必要가 있었다. 中國이 우리나라의 物資를 要求한 것은
아니었다. 도리어 우리나라가 經濟的으로는 中國의 文物을 希求하고 政治
的으로는 中國 天子의 承認을 必要로 하였다. 여기서 우리나라와 中國의
友好 關係가 成立되는데 그 條件은 우리나라가 形式上 中國의 一 諸侯國으
로서 臣을 稱하며 中國의 年號를 使用하며 年 數次의 朝貢을 바치는 것이

다. 中國은 우리나라 內政에는 거의 關與하지 않았으며 또 干涉할 必要조차 없었을 것이다. 朝貢이란 一種의 國際 統制貿易이었으니 우리나라는 朝貢의 形式을 通하여 實로 朝貢에 依하여서만 中國 文物을 마음껏 吸收할 수 있었던 것이다. 우리 民族이 北方 諸民族과 接觸함에 있어서 具體的으로 何等의 所得을 期待할 수 없는 限 우리나라의 對外 政策은 排北 親中이 아닐 수 없었다. 이러한 關係로 우리나라는 거의 傳統的으로 北方民族을 野蠻視하고 中國을 大國으로서 仰視하는 所謂 慕華 事大 思想을 抱懷하였던 것이니 小中華 東方禮儀之國으로 自處하며 箕子東來說을 信仰하기에 努力하였다. 箕子傳說은 實로 事大主義의 所産이다. 北方民族의 壓迫이 甚하면 甚할수록 民族의 團結과 檀君信仰은 强化되었으니 檀君信仰은 獨立主義 民族主義의 象徵이었다. 그러므로 金富軾이 親宋 事大主義者이었으니 檀君神話를 三國史記에 收錄할 理 없었으며 一然이 反元 獨立主義者이었으니 三國遺事 開卷 벽두에 檀君의 事蹟을 記載하였던 것이다. 如何튼 南北 民族의 對立鬪爭의 餘波는 間斷없이 우리 半島로 몰려왔으매 우리 民族은 閑暇롭게 自己의 生活을 營爲할 수 없었으며 自己의 힘으로 自己의 獨立을 固守하기에는 自己의 힘이 너무나 弱少〔小〕하였으며 外來의 勢力은 너무나 强大하였던 것이다. 最近 日本 帝國主義의 侵略은 過去 北方 民族의 그것과 바로 그 位置를 바꾸었을 따름으로 우리와 中國의 立場은 過去의 그것과 何等의 變動이 있는 것은 아니었다. 日本 帝國主義 侵略에 따라 우리 民族의 獨立思想은 힘차게 擡頭하였다. 大倧敎가 結成되어 神檀實記 三一檀誥 檀典 檀經이 出現하였고 崔南善氏 같은 이는 檀君 硏究로부터 不咸文化論을 提唱하게 되었는데 이것은 모두 時代的 潮流의 所産이라 하겠다. 지금 日本帝國主義는 우리나라로부터 물러갔다. 우리 民族의 꾸준한 鬪爭과 聯合軍 勝戰의 結果이다. 日本軍 武裝解除의 任務를 가졌던 美蘇 兩軍이 北緯 三十八度로써 우리나라를 兩分하여놓은 지 벌써 五年 美蘇의 對立은 바야흐로 世界를 兩分할 態勢이다. 主義의 對立──民族意識과 階級意識의 相克──은 民族 內에서도 顯著해졌다. 지금 우리는 이러한 世界史的 現實을 몸소 體驗하면서 우리 民族史의 性格을 回顧하려는 것이다. 回顧는 回顧만으로서 그칠 것이 아니라 要는 現實 打開에 있는 것이다.

　우리 民族史의 內的 要素로서의 小規模 農業社會的 性格은 비단 우리나라뿐만 아니라 中國 印度 等 東洋世界 全般에 亘한 顯著한 特色의 하나로

서 헤겔은 일찍이 이것을 世界史의 出發點인 東洋世界의 停滯性으로 規定
하였고 맑스는 이것을 亞細亞的 生產樣式으로 불렀으며 外的 要素로서의
東洋史上 中間的 性格은 日本 學者가 朝鮮史의 他律性이라 하여서 強調되
어왔던 것이다. 勿論 그들의 說을 그대로 是認하는 것은 아니다. 그들의
客觀的 見解에는 充○〔分〕히 參考할 點이 있는 것이다. 實로 以上과 같은
두 가지 性格은 우리 民族史의 基本으로 前者는 土臺가 되며 後者는 外的
作用으로서 影響을 주었다. 이러한 內外 두 要素의 相互 作用에 依하여 우
리 民族史는 形成 展開되어왔다고 할 것이다. 內的 要素가 消極的 停滯的
이어서 至極히 緩漫〔慢〕한 進行으로 量의 增加는 보았지만 自己 自身을 質
的으로 辨證法的으로 止揚할 수 없었던 것도 事實이다. 만일 이 點을 強調
할진대 우리 民族史는 純全히 外的 要素에 依하여 進行되었다고 하겠으나
우리 民族史는 結局 어떠한 外國史의 一部分도 아니며 참으로 우리 民族
自身이 만든 自己의 歷史이다. 다시 말하자면 如何한 外勢도 우리 民族史
로 하여금 外國史 되게 함에는 充○〔分〕하지 못하였던 것이다. 우리 民族
史의 主體는 亦是 우리 民族 自身이다.

　外來文化 中에서 우리 民族史上 偉大한 影響을 끼친 것으로서 佛敎와 儒
學 思想을 드는 것이 普通이다. 前者 일찍이 印度에서 일어나 中國을 거쳐
三國時代에 傳來하여 新羅 高麗 兩 王朝時代에 盛行하였으며 後者는 特히
朱子學이 麗末에 輸入되어 李氏王朝 時代에 極盛하였다. 그러나 極端的으
로 批判할진대 우리 民族이 信奉한 佛敎는 그 世界主義 慈悲思想이나 來世
觀이라기보다도 오히려 그 附隨的인 儀式的 面과 그 藝術的 面과 그 祈禱
的 面이었던 것에 틀림없으며 儒學도 또한 高麗王朝의 舊勢力을 打倒하려
는 李氏王朝 支配階級에게 利用되었다고 볼 수 있으며 朱子學의 理論은 李
氏王朝 支配階級 內의 新勢力이 舊勢力을 몰아내려는 鬪爭의 하나의 方便
으로 理論的 根據로서 採擇되어 드디어 그들이 勝利하자 李氏王朝 時代의
全 思想界를 휩쓸다시피 되었는데 朱子學 中에서도 同族主義 家廟思想이
特히 崇尙된 것도 事實이다. 世界主義 人道主義的 基督敎의 傳來도 또한
그러하니 天主敎는 十八世紀 末葉에 우리나라에 傳來하였지만 그것을 받아
들인 사람은 李氏王朝 社會의 支配階級에 屬하는 兩班이기는 하나 黨爭에
서 不利하여 政權과는 거의 關係를 가지지 못하고 그 熱情을 學問硏究 社
會改革 理論에 바쳐서 中國을 通하여 알게 된 西洋의 新思想 新學問을 愛

好한 南人들이었으니 그들은 天主教의 教理도 信奉하였겠지만 그보다도 더 한층 이에 따르는 새 文化 西洋文物에 對하여 더욱 眩惑하였던 것이다. 그리고 新教의 傳來는 十九世紀 末葉을 기다릴 수밖에 없었는데 新教의 傳道가 開始되자 破竹之勢로써 서울 以北 特히 平安道 平民層에 盛行하게 되었으니 그것은 美國 宣教師의 傳道 方針에 依한 것이기는 하나 新教徒들의 關心은 確實히 民主主義的 傾向과 新科學文明에 集中되었던 것으로 그들은 實로 民族主義 三一運動의 中心 勢力이었으며 最近 많은 民族主義 愛國者를 輩出하였다. 이것은 마치 過去 우리나라 佛教徒의 國家主義的 色彩와 一派 相通하는 現象이 아닐 수 없다. 이와같이 우리 民族은 어떠한 思想이나 主義도 結局에 있어서는 民族的 現實에서만 消化하였다고 할 것이다.

農業社會의 消極的 停滯性은 舊時代의 殘滓를 充分히 淸掃하지 못한 채 그것을 社會 一部에 保有하게 되는 것도 事實이다. 原始信仰의 殘滓는 아직도 呪術的 무당(巫覡) 行事로서 科學을 모르는 一部 民間에 남아 있으며 原始 氏族社會 以來의 血緣的 團結力은 大家族主義 形態로서 오랫동안 封建的 貴族社會의 地盤이 되었던 것이다. 헤겔의 말을 빌리면 지금 存在하고 있는 그것은 旣往에도 언제나 存在하고 있었던 것이다. 李氏王朝의 四色 黨爭이 他國의 그것과 特異한 點은 實로 血緣的 大家族主義와 結合된 것이니 國家 行政上 主義 主張의 對立 鬪爭이라기보다도 내종에는 純全히 血緣 團體의 對立 鬪爭으로 轉換하였으니 學派의 對立이나 朱子學의 理論이나 制度의 矛盾 같은 것으로서만 黨爭의 原因을 究明할 수 없을 것이다. 家族主義란 中國서도 그렇지만 同族 內에서는 超個人的 統一性을 尊重하는 同時에 族外的으로는 俳〔排〕他性을 갖게 되는 만큼 確實히 矛盾되는 兩面을 保有한 데 틀림없다. 그래서 家族主義는 때로는 民族 統合에 도움이 될 수 있으나 때로는 民族 分裂에 作用하는 것이다. 異民族의 侵略과 外來文化의 輸入도 그 程度 如何에 따라서는 또한 民族의 統一과 分裂 兩 方面에 作用할 수 있는 것이다. 一部 外國人 學者는 우리 國民性으로서 黨派性과 雷同性 또는 學問 硏究에 있어서의 獨創性의 缺如와 事大性 또는 人生觀에 있어서의 諦觀的 運命論 等을 指摘하였으나 그것은 大部分 李氏 王朝時代의 末葉 民族 沈滯期의 一現象에 不過한 것으로 우리 民族에 局限된 先天的 特殊性은 아니다. 무릇 先天的 民族性이란 嚴密한 意味에 있어서는 存在할 수 없는 것으로 生活과 環境의 改善에 따라 進取的 獨創的 民族性을 가지게 될 것이며 그렇게 됨으로써 自由 平等의 民族文化를 樹立할 것이며 民族文化의 確立에 依하여서만 世界文化에 貢獻할 것이다.

<『學風』 창간호, 1948. 9; 『國史要論』, 1950>

* 자료는 원문대로 싣는 것을 원칙으로 하되, 현재의 맞춤법에 따라 읽기에 편리하게 한 곳도 있으며, 외래어는 현대식으로 바꾸었다. 또 오자라고 생각되는 것이나 현재와 표기가 다른 것, 판독하기 힘든 것은 〔 〕안에 설명하였다. — 편집자

찾아보기 (인명)

466

찾아보기 (문헌)

ㄱ

476

필자 소개

趙東杰 국민대 국사학과 교수, 한국최근세사 전공
崔起榮 세종대 강사, 한국근대사 전공
朱鎭五 상명여대 사학과 교수, 한국근대사 전공
金度亨 계명대 사학과 교수, 한국근대사 전공
朴贊勝 목포대 사학과 교수, 한국근대사 전공
金基承 순천향대 인문과학대 교양학부(국사) 교수, 한국근현대사 전공
全遇容 서울대 강사, 서울대 박사과정 수료, 한국근대사 전공
沈勝求 국민대·한국체대 강사, 한국근세사 전공
張錫興 경원대 강사, 국민대 박사과정 수료, 한국근대사 전공
吳永敎 연세대 문리대 사학과 교수, 한국근대사 전공
尹海東 서울대 강사, 한국근대사 전공
李智媛 대림전문대 교양과 교수, 한국근대사 전공
方基中 연세대 사학과 교수, 한국근현대사 전공
廉仁鎬 서울시립대 강사, 국민대 박사과정 수료, 한국현대사 전공
鄭昌烈 한양대 사학과 교수, 한국근대사 전공
韓永愚 서울대 국사학과 교수, 한국근세사 전공
李成珪 서울대 동양사학과 교수, 중국고대사 전공
元裕漢 동국대 역사교육과 교수, 조선후기 사회경제사 전공
金弼東 충남대 사회학과 교수, 한국사회사 전공
宋讚燮 국민대학교 강사, 조선후기사 전공
都珍淳 창원대 사학과 교수, 한국현대사 전공

창비신서 127
한국의 역사가와 역사학 (하)

초판 1쇄 발행 / 1994년 5월 10일
초판 12쇄 발행 / 2024년 3월 27일

엮은이 / 조동걸 한영우 박찬승
펴낸이 / 염종선
펴낸곳 / (주)창비
등록 / 1986년 8월 5일 제85호
주소 / 10881 경기도 파주시 회동길 184
전화 / 031-955-3333
팩시밀리 / 영업 031-955-3399 편집 031-955-3400
홈페이지 / www.changbi.com
전자우편 / human@changbi.com

ISBN 978-89-364-1127-5 03910
ISBN 978-89-364-1988-2 (전2권)